企业所得税：
政策精析、财务处理与实务操作

吴　健　封　标　盛光明　**编著**

中国矿业大学出版社

图书在版编目(C I P)数据

企业所得税:政策精析、财务处理与实务操作/吴健，
封标，盛光明编著.—徐州:中国矿业大学出版社,2014.3
ISBN 978 - 7 - 5646 - 2283 - 1

Ⅰ.①企… Ⅱ.①吴… ②封… ③盛… Ⅲ.①企业
所得税—税收管理—研究—中国 Ⅳ.①F812.424

中国版本图书馆 CIP 数据核字(2014)第 038962 号

书　　名	企业所得税:政策精析、财务处理与实务操作
编　　著	吴　健　封　标　盛光明
责任编辑	齐　畅
出版发行	中国矿业大学出版社有限责任公司
	(江苏省徐州市解放南路　邮编 221008)
营销热线	(0516)83885307　83884995
出版服务	(0516)83885767　83884920
网　　址	http://www.cumtp.com　E-mail：cumtpvip@cumtp.com
印　　刷	赣榆县赣中印刷有限公司
开　　本	787×1092　1/16　**印张** 25.25　**字数** 630 千字
版次印次	2014 年 3 月第 1 版　2014 年 3 月第 1 次印刷
定　　价	65.00 元

(图书出现印装质量问题,本社负责调换)

序

税收是国家财政收入的主要来源,也是调节经济和收入分配的重要工具。改革开放 30 多年来,我国税收事业取得了令人瞩目的成就,为现代化建设作出了巨大贡献。税制是否科学完善、是否能够有效实施,直接表明国家治理体系和治理能力现代化水平。十八届三中全会通过的《中共中央关于全面深化改革若干重大问题的决定》明确要求:深化税收制度改革,完善地方税体系,逐步提高直接税比重。

2008 年 1 月 1 日,《中华人民共和国企业所得税法》及其实施条件施行以来,国务院以及财政部、国家税务总局等部委陆续出台了一系列的过渡政策和配套文件,这些政策、文件保证了《企业所得税法》的顺利实施。要真正准确把握企业所得税方面的各项法律、法规、规章,对税务人员来说,尚且不是一件轻而易举的事,对广大纳税人来说,就更加勉为其难了。

现有的企业所得税书籍大多是从法律的角度对企业所得税法及其实施条例的解读,这有助于对税法及条例具体条文的理解,但缺少财务处理的理论指导和对实务操作的应用范例,这种离开财务处理谈税法条文,不能完全满足基层税务干部和广大企业财务人员的工作需要。

《企业所得税:政策精析、财务处理与实务操作》一书从会计处理的视角,对与企业所得税相关的会计处理、税法与会计差异以及税务规划等相关内容,进行全面、精僻、透彻的解析,并辅以大量案例加以佐证说明。这对于广大基层税务工作者,能准确掌握税法的精髓和相关的财务处理有很大的帮助作用,对于纳税人的税务、财务处理也有很强的规范作用,使他们化解税收风险、降低纳税成本。

本书力图体现如下一些特点:

一是全面解析最新的企业所得税法及相关配套政策。作者长期从事税务咨询规划、企业涉税管理和税收征管等工作。有效融合税收管理者和被管理者的两种角色,以会计处理讲税法,以相关税务规定讲财务处理,精准解析到 2014 年 2 月 28 日国家出台的相关税收政策,如研究开发费加计扣除、跨地区经营汇总纳税、资产损失税前扣除以及孵化器税收优惠等新政。

二是侧重于案例分析。有关企业所得税方面的法律、法规纷繁而复杂,有的即使是专业人员也未必能尽其本意和寓意。通过对案例的剖析,往往能豁然开朗,达到事半功倍的效果。本书力图运用案例释意、释惑、明用、警行。

三是侧重于操作与应用。对企业所得税征收、缴纳中的一些疑难问题,如企业政策性搬迁财税处理、混合性投资业务处理、视同销售等等,都从税收政策的延续、变化和会计处理的更替进行了详尽说明和操作讲解。

本书坚持理论联系实际,可供税务工作者、企业财务人员、税务经理、注册会计师、注册税务师、律师等税务咨询服务人员、财经类相关专业师生等学习和参考。本书的出版得到了中国矿业大学出版社齐畅编辑的鼎力相助。作者在此谨致谢忱!

由于时间仓促和水平有限,漏误和不足之处在所难免,敬请读者批评指正!并请与我们联系:E-mail:wujian03@mpacc.snai.edu。

作　者

2014 年 2 月 28 日

目　录

第一章　企业所得税概述

第一节　所得税与现行税制

一个国家在一定时期内、一定体制下以法定形式规定的各种税收法律、法规的总和,被称之为税法体系。税法体系就是通常所说的税收制度,简称税制。它反映国家与纳税人之间的经济关系,是国家财政制度的主要内容。一个国家制定什么样的税收制度,是生产力发展水平、生产关系性质、经济管理体制以及税收应发挥的作用决定的。

税收制度的内容主要有三个层次:一是不同的要素构成税种,构成税种的要素主要包括:纳税人、征税对象、税目、税率、纳税环节、纳税期限、减免税等。二是不同的税种构成税收制度,构成税收制度的具体税种,国与国之间差异较大,但一般都包括所得税(直接税)、流转税(间接税)及其他一些税种,如财产税、行为税等。三是规范税款征收程序的法律法规,如税收征收管理法等。

我国现行税制就其实体法而言,是1949年新中国成立后经过几次较大的改革逐步演变而来,后经过1994年工商税制改革逐渐完善形成的,以货物劳务税和所得税为双主体的税制结构,现有税种按其性质和作用大致分为如下几类。

一、货物与劳务税

货物和劳务税,一般是以商品和劳务服务为征税对象,就其销售额或营业额征税的一个税类。现行税制体系中,增值税、消费税、营业税、车辆购置税和关税都属于货物和劳务税。

(一)增值税

增值税于20世纪50年代在法国首先初步实践成功,我国于1979年试点,1994年全面推行,它是一种对商品或应税劳务流转各个环节上的增值额课征的税。

(二)消费税

消费税是对消费品和消费行为征收的一种税。我国现行消费税作为一种选择型消费税,主要对在我国境内从事生产、委托加工和进口应税消费品的单位和个人就列举的产品销售征税。

(三)营业税

营业税是对在我国境内提供应税劳务、转让无形资产或销售不动产的单位和个人,就其取得的营业额征收的一种税。

(四)车辆购置税

车辆购置税是以在中国境内购置规定的车辆为课税对象,在特定的环节向车辆购置者征收的一种税。就其性质而言,属于直接税的范畴。

车辆购置税于2001年1月1日开始在我国实施,是一个新的税种,是在原交通部门收取的车辆购置附加费的基础上,通过"费改税"方式演变而来的。车辆购置税基本保留了原车辆购置附加费的特点。

（五）关税

关税是对进出口的货物或物品征收的一种税。通常可以分为进口关税和出口关税，凡从事进口货物的收货人、出口货物的发货人，不论其国籍，都是关税的纳税人。关税由海关负责征收管理。

二、所得税

所得税又称所得课税、收益课税，指国家对法人、自然人和其他经济组织在一定时期内的各种所得征收的一类税收。

（一）所得税的界定

所得是指单位或个人在一定期间内（通常是一年）的劳动、营业、投资或把财产、权利供他人使用而获得的连续性收入中，扣除为取得这些收入所需费用后的余额。西方对所得定义的研究，学术界将其概括为三种学说。

一是"源泉说"。源泉说认为连续取得的所得才是所得，至于因财产的转让等临时取得的所得并非所得。"源泉说"最早起源于英国，在英国税制中有很长一段期间对资产转让所产生的所得、偶然性或临时性的资本利得、意外所得等不课征所得税。源泉说的代表人物有弗里茨·纽马克、塞尔泽等。弗里茨·纽马克将"所得"表达为：只有从一个可以获得固定收入的永久性"来源"中取得的收入，才应被视为应税所得。

二是净资产增加说。净资产增加说认为不论所得发生的原因为何，在一定期间内净资产的增加，即一定期间的期末净资产额大于该期间的期初净资产额，则认定有所得发生。依此观点，每年连续不断取得的所得、继承或受赠所带来的财产增加，或资本性财产的销售利益、所领取的人寿保险金等都是所得。净资产增加说的主要代表人物是德国的经济学家范尚茨。在现行税制中，英国的所得税制长期以来以所得源泉说为基础，而美国的所得税制早就以净资产增加说为基础。

三是消费支出学说。该学说认为所得的客观性与现实性最终应表现在消费上，消费是经济关系的逻辑终点，因而所谓的所得应是以货币衡量的从消费得来的满足，具体说所得应包括消费开支与本期消耗掉的耐用消费品的价值之和。这种观点是消费支出税或称支出税的理论依据。代表人物主要有英国著名经济学家阿尔弗雷德·马歇尔、艾温·费雪以及尼古拉斯·卡尔多。由于其征管等各方面的要求，至今未被各国实践所接受，仍处于理论争论中。

现实情况是包括中国在内的许多国家都以"净资产增加说"为基础确定税制，但与净资产增加说也并不完全相同。这里需要说明的是"所得"不等于"应税所得"。"所得"是指理论上的所得，更具有理论意义，"应税所得"是实践层面上的概念，是各国税法实践中对课税范围的限定。"应税所得"的边界范围只能等于或小于"所得"的边界范围。

（二）所得税

所得税是对所得的征税。它随着资本主义制度和资本主义商品经济的发展，借助于战争催生剂而首先产生于英国。1798年英国积极组织反法联盟，进行对拿破仑一世的战争，财政大臣 W. 皮特为筹措战争军费，进行一系列财政、税制改革，创设"三级税"，实为所得税的雏形。但因税法不健全，漏税甚多，于1799年被废除，采用新的所得税法，从而奠定了英国和现代所得税制度的基础。由于所得税是以所得为负税能力标准，比较符合"公平"、"普遍"的原则，也有利于资本主义商品经济的发展，所以大多数西方国家相继开征所得税。所得税由临时税种发展成为经常税种、由次要税种发展为主要税种。

近代中国资本主义发展缓慢，缺乏实行所得税制度的社会经济条件，直到民国时期，北洋政府于1914年1月颁布《所得税条例》，这是中国历史上的第一部所得税法。

与货物和劳务税相比，所得税的特征为：① 所得税是对人税，而非对物税。所得税的出发点是先将人列入征税范围，然后才对他们的所得征税，这与货物与劳务税系由物及人不同。② 所得税为直接税。所得税类税种的纳税人本身就是负税人，一般不存在税负转移或转嫁问题，所以也称为直接税。③ 所得税是公平税。和其他税类相比，所得税负担最为公平。所得税以纯所得为标准，劳动所得和非劳动所得可以实行区别对待，可采用累进征收，可规定生计扣除，可给予特定减免等，从而使得税负更加公平合理。④ 一般采用累进税率和综合税制。所得税可以采用累进税率，一般实行超额累进税率。如我国个人所得税中的工资、薪金所得，采用3％～45％七级超额累进税率。应税所得额高者，税率高；应税所得额少者，税率低，体现了"多取富者，少取贫者"的基本原则。

根据纳税人的属性不同，所得税大致可以划分为两大类：

一类为个人所得税，包括对自然人的综合收入、专业收入、权利金收入，以及非居民纳税人取得的上述收入所课征的税；个人所得税是对自然人取得的各类所得课征的税收。个人所得税制度按照课征方法的不同可以分为三大类：一是分类所得税制，即对各类所得分别规定不同的费用扣除方法和税率，分别计税，从而形成工薪所得税、财产收入所得税、利息所得税等个人所得税制度的子项目；二是综合所得税制，即对纳税人的所得不加区分，将其全部汇总以后按统一的免征额、费用扣除标准以及税率表进行计税；三是混合所得税制，即将纳税人的全部应税所得分成若干部分，每一部分可以包括一类或几类所得，各部分分别按不同的费用扣除标准和税率进行计税。

分类所得税制度的优点是管理简便，适合于源泉扣缴，不需要纳税人普遍采用申报的方式纳税，但它的缺点是不够公平。综合所得税制度比较公平，但管理起来比较复杂，需要比较完善的法律环境，并要求纳税人具有良好的纳税意识和纳税遵从习惯，同时也要求税务机关、税务人员拥有很高的管理素质和管理能力。

我国目前个人所得税的基本规范是《中华人民共和国个人所得税法》(以下简称个人所得税法)和《中华人民共和国个人所得税法实施条例》(以下简称个人所得税法实施条例)。

另一类是企业所得税，企业所得税国际上又称之为"公司税"、"公司所得税"、"法人税"、"法人所得税"，是国家对企业或公司在一定时期内的生产经营所得和其他所得征收的一种税。它是国家参与企业利润分配、调节企业收益水平、正确处理国家与企业之间分配关系的一个重要税种。

我国现行的所得税包括企业所得税(由原内资企业所得税、外商投资企业和外国企业所得税修改合并而成，自2008年1月1日起施行)和个人所得税两个税种。主要是在国民收入形成后，对生产经营者的利润和个人的纯收入发挥调节作用。

所得税一般不容易向他人转嫁，纳税人缴纳税款往往直接负担税款，因而属于直接税。由于所得税以所得的多少为负担能力的标准，比较符合公平、普遍的原则，并具有经济调节功能，所以被大多数西方经济学家视为良税，得以在世界各国迅速推广。进入19世纪以后，大多数资本主义国家相继开征了所得税，并逐渐成为大多数发达国家的主体税种。目前，世界上有160多个国家和地区开征了企业所得税。经济发达国家的财政收入主要来源于所得税类,在我国现行税制中,企业所得税是仅次于增值税的第二大税种。

从世界各国看,所得税类主要包括对法人企业课征的企业所得税(也称公司所得税)、对自然人课征的个人所得税和社会保险税(也称工薪税)。目前,我国只建立了个人所得税和企业所得税。

三、财产行为税

财产行为税其实是两类税:财产税和行为税。财产税是对纳税人拥有的动产或不动产所征收的税,行为税是国家为了对某些特定行为进行限制或开辟某些财源而课征的一类税收。

财产行为税的作用主要表现在:① 筹集地方财政资金,提供地方政府行使其职能所需的部分财力。大部分实行分税制的国家,财产行为税多划归为地方税。② 调节经济,有利于促进社会发展和节制社会财富分配不均。由于开征财产税,使财产税税额与拥有或支配的财产成正比,有利于减轻无产者的税收负担,在一定程度上改变社会财富分配不均的现象,促进社会生产的发展。

在我国税收制度体系中,属于财产税的税种主要有:房产税、契税、车船税、资源税、土地增值税和城镇土地使用税等 6 个。属于行为税的主要有:印花税、城市维护建设税、耕地占用税、烟叶税等 4 个。

根据 2006 年 2 月 17 日,中华人民共和国国务院令第 459 号规定,1994 年 1 月 30 日中华人民共和国国务院令第 143 号发布的《国务院关于对农业特产收入征收农业税的规定》自 2006 年 2 月 17 日起废止。对该规定中的烟叶收入征税,另行制定办法。1950 年 12 月 15 日政务院第六十三次政务会议通过,1950 年 12 月 19 日政务院发布的《屠宰税暂行条例》自 2006 年 2 月 17 日起废止。

根据《国务院关于废止部分行政法规的决定》(国务院令第 516 号)规定《筵席税暂行条例》自 2008 年 1 月 15 日失效。根据全国人大常委会决定,自 2006 年 1 月 1 日起,废止《中华人民共和国农业税条例》。

根据 2012 年 11 月 9 日《国务院关于修改和废止部分行政法规的决定》(国务院令第 628 号),自 2013 年 1 月 1 日起,废止《中华人民共和国固定资产投资方向调节税暂行条例》(1991 年 4 月 16 日中华人民共和国国务院令第 82 号发布)。

第二节　企业所得税

一、企业所得税的特点

(一)以应纳税所得额为计税依据

企业所得税的计税依据,是纳税人每一纳税年度的收入总额,减除不征税收入、免税收入、各项扣除以及允许弥补的以前年度亏损后的应纳税所得额,它既不等于企业实现的会计利润额,也不是企业的增值额,更非销售额或营业额。

(二)以量能负担为征税原则

企业所得税以纳税人的生产经营所得和其他所得为计税依据,贯彻量能负担原则,所得多、负担能力大的,多纳税;所得少、负担能力小的,少纳税;无所得、没有负担能力的,不纳税。这种将所得税负担和纳税人所得多少联系起来征税的办法,体现税收公平的基本原则。

（三）纳税人与负税人一致

企业所得税的纳税人和实际负税人通常是一致的，因而可以直接调节纳税人的收入。特别是在采用累进税率的情况下，所得税在调节个人收入差距方面具有较明显的作用。对企业征收所得税，还可以发挥贯彻国家特定经济政策、调节经济的作用。

（四）计算复杂

企业所得税应纳税额的计算涉及纳税人的收入、成本、费用的各个方面，同时要就税法和会计的差异进行纳税调整，相对其他税种来说十分复杂。国家通过征收企业所得税，有利于加强税务监督，促使纳税人建立、健全财务会计制度和改善经营管理。

（五）实行按年计算、分期预缴

现行企业所得税按纳税年度计算，分月或分季预缴，年度终了之日起五个月内，向税务机关报送年度企业所得税纳税申报表，并汇算清缴，结算应缴应退税款。

二、企业所得税的作用

企业所得税调节的是国家和企业之间的利润分配关系，这种分配关系是我国经济分配制度中最重要的方面之一，是处理其他分配关系的基础和前提。所得税在实施国家宏观调控、促进经济社会发展、组织财政收入等方面具有重要的作用。

（一）财政收入作用

企业所得税是我国的第二大主体税种，对组织国家财政收入地位非常重要。随着我国国民经济的快速发展和企业经济效益的不断提高，所得税收入也取得了较快增长。2013年全国企业所得税实现收入 22 416 亿元，比上年增长 14.3%，企业所得税收入占税收总收入的比重为 20.29%。2013 年个人所得税实现收入 6 531 亿元，比上年增长 12.2%。个人所得税收入占税收总收入的比重为 5.91%。两个所得税共实现收入 28 947 亿元，占税收总收入的比重为 26.2%。

（二）宏观调控作用

企业所得税的低税率、加计扣除、加速折旧等众多的税收优惠措施，是贯彻国家产业政策和社会政策，实施宏观调控的主要政策工具。在为国家组织财政收入的同时，企业所得税作为国家宏观调控的一种重要手段，也促进了我国产业结构调整和经济又好又快发展和社会全面进步。

三、我国企业所得税的历史沿革

（一）新中国成立前的企业所得税制度

中国的所得税制度的创建受欧美和日本等国影响，始议于是 20 世纪初。清末宣统年间（约 1910 年），政府有关部门曾草拟过《所得税章程》，包括对企业所得和个人所得征税的内容，但因社会动荡等原因未能公布施行。1912 年中华民国成立后，以前述章程为基础制定了《所得税条例》，于 1914 年初公布，也未能真正实施。1936 年，国民政府公布《所得税暂行条例》，自同年 10 月 1 日起施行。这是中国历史上第一次实质性地开征所得税。1943 年，国民政府公布了《所得税法》，进一步提高了所得税的法律地位。

（二）新中国成立后至改革开放前的企业所得税制度

1949 年，首届全国税务会议确立了全国税收政策的基本方案，其中包括对企业所得税和个人所得税征税的办法。1950 年，政务院发布了《全国税政实施要则》，规定全国设置 14 种税，其中涉及所得征税的有工商业税（所得税部分）、存款利息所得税和薪给报酬所得税等

3个。工商业税（所得税部分）自1950年开征以后，主要征税对象是私营企业、集体企业和个体工商户的应税所得。国营企业实行利润上缴制度，不缴纳所得税。1958年和1973年中国进行了两次重大的税制改革，其核心是简化税制，其中的工商业税（所得税部分）主要还是对集体企业征收，国营企业只征一道工商税，不征所得税。

（三）改革开放后至2007年的企业所得税制度

从20世纪70年代末起，中国开始实行改革开放政策，税制建设进入一个新的发展时期。

1978年到1982年的企业所得税制度。改革开放以后，为适应引进国外资金、技术和人才，开展对外经济技术合作的需要，根据党中央统一部署，税制改革在"六五"计划期间逐步推开。1980年9月，第五届全国人民代表大会第三次会议通过了《中华人民共和国中外合资经营企业所得税法》，这是我国第一部企业所得税法。该法将所得税税率确定为30%，另按应纳所得税额附征10%的地方所得税。1981年12月，第五届全国人民代表大会第四次会议通过了《中华人民共和国外国企业所得税法》，实行20%~40%的五级超额累进税率，另按应纳税的所得额缴纳10%的地方所得税。

1983年到1990年的企业所得税制度。作为企业和城市改革的一项重大措施，1983年国务院决定在全国试行国营企业"利改税"，将新中国成立后实施了30多年的国营企业向国家上缴利润的制度改为缴纳企业所得税。1984年9月，国务院发布了《中华人民共和国国营企业所得税条例（草案）》和《国营企业调节税征收办法》。国营企业所得税的纳税人为实行独立经济核算的国营企业，大中型企业实行55%的比例税率，小型企业等适用10%~55%的八级超额累进税率。国营企业调节税的纳税人为大中型企业，税率由财税部门商企业主管部门核定。1985年4月，国务院发布了《中华人民共和国集体企业所得税暂行条例》，实行10%~55%的八级超额累进税率。1988年6月，国务院发布了《中华人民共和国私营企业所得税暂行条例》，税率为35%。国营企业"利改税"和集体企业、私营企业所得税制度的出台，重新确定了国家与企业的分配关系，使中国的企业所得税制度建设进入健康发展的新阶段。

1991年到2007年的企业所得税制度。为适应中国建立社会主义市场经济体制的新形势，进一步扩大改革开放，努力把国有企业推向市场，按照统一税法、简化税制、公平税负、促进竞争的原则，国家先后完成了外资企业所得税的统一和内资企业所得税的统一，标志着中国的所得税制度改革向着法制化、科学化和规范化的方向迈出了重要的步伐。

为完善我国的涉外所得税制，1991年4月，第七届全国人民代表大会将两部涉外企业所得税法《中华人民共和国中外合资营经企业所得税法》与《中华人民共和国外国企业所得税法》合并，制定了《中华人民共和国外商投资企业和外国企业所得税法》，并于同年7月1日起施行。该法适用于外资企业，实行30%的比例税率，另按应纳税的所得额征收3%的地方所得税，综合税率为33%。涉外所得税制的建立和完善对我国对外开放政策的深入贯彻起了重要的促进作用。

根据建立社会主义市场经济体制的要求，为贯彻"公平税负、促进竞争"的原则，1993年12月13日，国务院将《中华人民共和国国营企业所得税条例（草案）》、《国营企业调节税征收办法》、《中华人民共和国集体企业所得税暂行条例》和《中华人民共和国私营企业所得税暂行条例》进行整合，制定了《中华人民共和国企业所得税暂行条例》，从而统一了内资企业所得税制度,自 1994 年 1 月 1 日起施行。该条例适用于内资企业,纳税人为中国境内的国有企业、集体企业、私营企业、联营企业、股份制企业和其他组织。法定税率为 33%,年度应纳税所得额在 3 万元以下的企业,以及 3 万元以上 10 万元以下的企业分别适用 18% 和 27% 的照顾性税率。

（四）现行企业所得税制度

为进一步完善社会主义市场经济体制,适应经济社会发展新形势的要求,为各类企业创造公平竞争的税收环境,根据党的十六届三中全会关于"统一各类企业税收制度"的精神,2007 年 3 月 16 日,第十届全国人民代表大会第五次会议审议通过了《中华人民共和国企业所得税法》(以下简称企业所得税法),同日胡锦涛主席签署第 63 号中华人民共和国主席令,自 2008 年 1 月 1 日起施行,《中华人民共和国企业所得税暂行条例》和《中华人民共和国外商投资企业和外国企业所得税法》同时废止。从此,内、外资企业所得税制度实现了统一。

为了保障企业所得税法的顺利实施,财政部、国家税务总局、国务院法制办会同有关部门根据企业所得税法规定,认真总结实践经验,充分借鉴国际惯例,对需要在实施条例中明确的重要概念、重大税收政策以及征管问题作了深入研究论证,在此基础上起草了《中华人民共和国企业所得税法实施条例(草案)》,报送国务院审议。2007 年 11 月 28 日,国务院第 197 次常务会议审议原则通过。12 月 6 日,温家宝总理签署第 512 号国务院令,正式发布《中华人民共和国企业所得税法实施条例》(以下简称企业所得税法实施条例),自 2008 年 1 月 1 日起与企业所得税法同步实施。

新企业所得税法是贯彻科学发展观和"简税制、宽税基、低税率、严征管"的税制改革原则的产物,符合国际潮流,内容丰富而博大,是一项体制和制度的创新。

与外商投资企业和外国企业所得税法、企业所得税暂行条例相比,企业所得税法的重大变化,表现在以下方面:一是法律层次得到提升,改变了过去内资企业所得税以暂行条例(行政法规)形式立法的做法。二是制度体系更加完整,在完善所得税制基本要素的基础上,充实了反避税等内容。三是制度规定更加科学,借鉴国际通行的所得税处理办法和国际税制改革新经验,在纳税人分类及义务的判定、税率的设置、税前扣除的规范、优惠政策的调整、反避税规则的引入等方面,体现了国际惯例和前瞻性。四是更加符合我国经济发展状况,根据我国经济社会发展的新要求,建立税收优惠政策新体系,实施务实的过渡优惠措施,服务我国经济社会发展。

四、所得税征管范围的划分

（一）所得税收入分享改革前征管范围划分

为保证分税制的正常运行,理顺分配关系,便于征收管理,国家税务总局《关于企业所得税征收和管理范围的通知》(国税发〔1995〕23 号)对企业所得税的征收和管理范围问题作出具体规定。

1. 国家税务局系统的征收管理范围

（1）中央各部门、各总公司、各行业协会、总会、社团组织、基金会所属的企事业单位以及上述企事业单位兴办(包括以货币、实物、土地使用权、知识产权投资等形式兴办)的预算内、外的国有企业(包括境内、境外所得)的所得税。

（2）金融保险企业的所得税。包括政策性银行、商业银行及其分支机构、合作银行、城市及农村信用合作社、城市及农村信用合作社联合社;保险公司及其分支机构、保险经纪人公司、保险代理人公司；证券公司及其分支机构、证券交易中心、投资基金管理公司、证券登记公司；信托投资公司、财务公司和金融租赁公司及其分支机构、融资公司、融资中心、金融期货公司、信用担保公司、典当行（公司）、信用卡公司等从事资金融通业务企业的所得税。

（3）军队（包括武警部队）所办的国有企业的所得税。

2. 地方税务局系统的征收管理范围

（1）地方各级国有企事业单位的所得税，包括地方各部门、各总公司、各行业协会总会、社团组织所属企事业单位及其兴办的国有企业的所得税。

（2）集体企业所得税。指除金融保险企业外的集体所有制企业的所得税，包括中央各部门、各总公司、各行业协会总会、社团组织、基金会以及各企事业单位在地方兴办的集体企业的所得税。

（3）私营企业的所得税。

联营企业和股份制企业的征收管理，按财政部、国家税务总局的有关规定执行。

（二）所得税收入分享体制改革后税收征管范围

为进一步规范中央和地方政府之间的分配关系，建立合理的分配机制，国务院决定从2002年1月1日起实施所得税收入分享改革，并下发了《国务院关于印发所得税收入分享改革方案的通知》（国发〔2001〕37号），通知规定：除少数特殊行业或企业外，对其他企业所得税和个人所得税收入实行中央与地方按比例分享。中央保证各地区2001年地方实际的所得税收入基数，实施增量分成。

分享范围为：除铁路运输、国家邮政、中国工商银行、中国农业银行、中国银行、中国建设银行、国家开发银行、中国农业发展银行、中国进出口银行以及海洋石油天然气企业缴纳的所得税继续作为中央收入外，其他企业所得税和个人所得税收入由中央与地方按比例分享。分享比例为：2002年所得税收入中央分享50％，地方分享50％；2003年所得税收入中央分享60％，地方分享40％；2003年以后年份的分享比例根据实际收入情况再行考虑。

为了保证改革的顺利实施，防止所得税征管脱节，国发〔2001〕37号文件规定，改革方案出台后，现行国家税务局、地方税务局征管企业所得税、个人所得税（包括储蓄存款利息所得个人所得税）的范围暂不作变动。自改革方案实施之日起新登记注册的企事业单位的所得税，由国家税务局征收管理，具体办法由国家税务总局另行制定。

国家税务总局《关于所得税收入分享体制改革后税收征管范围的通知》（国税发〔2002〕8号）对所得税实行分享体制改革后，国家税务局、地方税务局的征收管理范围问题进一步明确如下。

（1）2001年12月31日前国家税务局、地方税务局征收管理的企业所得税、个人所得税（包括储蓄存款利息所得个人所得税），以及按现行规定征收管理的外商投资企业和外国企业所得税，仍由原征管机关征收管理，不作变动。

（2）自2002年1月1日起，按国家工商行政管理总局的有关规定，在各级工商行政管理部门办理设立（开业）登记的企业，其企业所得税由国家税务局负责征收管理。但下列办理设立（开业）登记的企业仍由地方税务局负责征收管理：

① 两个以上企业合并设立一个新的企业，合并各方解散，但合并各方原均为地方税务局征收管理的；

② 因分立而新设立的企业，但原企业由地方税务局负责征收管理的；

③ 原缴纳企业所得税的事业单位改制为企业办理设立登记,但原事业单位由地方税务局负责征收管理的。在工商行政管理部门办理变更登记的企业,其企业所得税仍由原征收机关负责征收管理。

(3) 自 2002 年 1 月 1 日起,在其他行政管理部门新登记注册、领取许可证的事业单位、社会团体、律师事务所、医院、学校等缴纳企业所得税的其他组织,其企业所得税由国家税务局负责征收管理。

(4) 2001 年 12 月 31 日前已在工商行政管理部门和其他行政管理部门登记注册,但未进行税务登记的企事业单位及其他组织,在 2002 年 1 月 1 日后进行税务登记的,其企业所得税按原规定的征管范围,由国家税务局、地方税务局分别征收管理。

(5) 2001 年底前的债转股企业、中央企事业单位参股的股份制企业和联营企业,仍由原征管机关征收管理,不再调整。

(6) 不实行所得税分享的铁路运输(包括广铁集团)、国家邮政、中国工商银行、中国农业银行、中国银行、中国建设银行、国家开发银行、中国农业发展银行、中国进出口银行以及海洋石油天然气企业,由国家税务局负责征收管理。

(7) 除储蓄存款利息所得以外的个人所得税(包括个人独资、合伙企业的个人所得税),仍由地方税务局负责征收管理。

国家税务总局《关于所得税收入分享体制改革后税收征管范围的补充通知》(国税发〔2003〕76 号,自 2003 年 7 月 1 日起执行,7 月 1 日之前已由国家税务局或地方税务局实际征管的内资企业,征管范围与本通知不符的,也不再调整)进一步明确规定:

(1) 原有企业凡属下列情况者,即使办理了设立(开业)登记,其企业所得税仍由原征管机关征管:① 原有企业整体转让出售(拍卖),原有企业仍继续存在并具备独立纳税人资格的。但如原有企业整体转让出售(拍卖)后成为收购企业的全资子公司,且纳入收购企业合并纳税范围的,则整体转让出售(拍卖)企业的所得税应当由负责收购企业的所得税征管的税务机关征管。② 企业采用吸收合并方式合并其他企业(被合并企业注销)而存续的。③ 合伙企业改组为有限责任公司或股份有限公司,且改组时没有吸收外来投资的。④ 按国家工商行政管理总局的规定应当办理变更登记的,如企业扩建、改变领导(隶属)关系、企业名称、企业类型、经济性质、经营范围、经营期限、经营方式、法定代表人、股东、股东或公司发起人姓名(名称)、注册资本、增设或撤销分支机构以及住所、经营场所变更等有关事项的。

(2) 原有内资企业改组改制为外商投资企业,并按规定征收外商投资企业和外国企业所得税的,不论企业办理何种工商登记,应当一律按照《国务院办公厅转发〈国家税务总局关于调整国家税务局、地方税务局税收征管范围的意见〉的通知》(国办发〔1996〕4 号)中关于外商投资企业和外国企业所得税管理权限的规定确定征管范围。

(3) 事业单位、社会团体的征管范围,按照国家税务总局国税发〔2002〕8 号文件和上述规定精神执行。

(三) 现行征管范围的划分

2009 年以后新增企业的所得税征管范围,国家税务总局《关于调整新增企业所得税征管范围问题的通知》(国税发〔2008〕120 号)作出了新的规定。2009 年起新增企业,是指按照财政部、国家税务总局《关于享受企业所得税优惠政策的新办企业认定标准的通知》(财税〔2006〕1 号)规定的新办企业认定标准成立的企业。

1. 征管范围划分的基本原则

以 2008 年为基年,2008 年年底之前国家税务局、地方税务局各自管理的企业所得税纳税人不作调整。2009 年起新增企业所得税纳税人中,应缴纳增值税的企业,其企业所得税由国家税务局管理;应缴纳营业税的企业,其企业所得税由地方税务局管理。

同时,2009 年起下列新增企业的所得税征管范围实行以下规定:

(1) 企业所得税全额为中央收入的企业和在国家税务局缴纳营业税的企业,其企业所得税由国家税务局管理。

(2) 银行(信用社)、保险公司的企业所得税由国家税务局管理,除上述规定外的其他各类金融企业的企业所得税由地方税务局管理。

(3) 外商投资企业和外国企业常驻代表机构的企业所得税仍由国家税务局管理。根据国家税务总局《关于明确非居民企业所得税征管范围的补充通知》(国税函〔2009〕50 号)规定,这里除外国企业常驻代表机构外,还应包括在中国境内设立机构、场所的其他非居民企业。

2. 对若干具体问题的处理

(1) 境内单位和个人向非居民企业支付企业所得税法第三条第三款规定的所得的,该项所得应扣缴的企业所得税的征管,分别由支付该项所得的境内单位和个人的所得税主管国家税务局或地方税务局负责。除此以外,国税函〔2009〕50 号文件规定,不缴纳企业所得税的境内单位,其发生的企业所得税源泉扣缴管理工作仍由国家税务局负责。

(2) 2008 年年底之前已成立跨区经营汇总纳税企业,2009 年起新设立的分支机构,其企业所得税的征管部门应与总机构企业所得税征管部门相一致;2009 年起新增跨区经营汇总纳税企业,总机构按上述(1)项的基本原则划分征管归属,其分支机构企业所得税的管理部门也应与总机构企业所得税管理部门相一致。

(3) 按税法规定免缴流转税的企业,按其免缴的流转税税种确定企业所得税征管归属;既不缴纳增值税也不缴纳营业税的企业,其企业所得税暂由地方税务局管理。

(4) 既缴纳增值税又缴纳营业税的企业,原则上按照其税务登记时自行申报的主营业务应缴纳的流转税税种确定征管归属;企业税务登记时无法确定主营业务的,一般以工商登记注明的第一项业务为准;一经确定,原则上不再调整。

第三节　纳税人与税率

一、纳税人

(一)企业所得税纳税人的界定

纳税人是税制的基本要素之一,是指法律、行政法规规定的负有纳税义务的单位和个人。企业所得税法第一条规定,在中华人民共和国境内,企业和其他取得收入的组织(以下统称企业)为企业所得税的纳税人,依照本法的规定缴纳企业所得税。个人独资企业、合伙企业不适用企业所得税法。

这里所称个人独资企业、合伙企业,是指依照中国法律、行政法规规定成立的个人独资企业、合伙企业。不包括依照外国法律、法规在境外成立的个人独资企业和合伙企业。境外的个人独资企业和合伙企业可能会成为企业所得税法规定的我国非居民企业纳税人(比如在中国境内取得收入,或在中国境内设立机构、场所并取得收入),也可能会成为我国居民企业纳税人(比如其实际管理机构在中国境内)。

由于一人有限(责任)公司属于有限公司的范畴,公司的股东承担有限责任,公司具有独立的法人资格,并且公司财产和股东个人财产明确区分,属于企业所得税的纳税人,应缴纳企业所得税。

原企业所得税暂行条例以实行独立经济核算的企业或者组织为标准来界定企业所得税的纳税人。独立经济核算的企业或者组织,是指纳税人同时具备在银行开设结算账户、独立建立账簿、编制财务会计报表、独立计算盈亏等条件的企业或者组织。而外资企业所得税法则采用法人实体来界定纳税人,外商投资企业在中国境内或境外的分支机构由总机构汇总缴纳所得税,外国企业在中国境内设立两个或两个以上营业机构具备一定条件的可由其选定其中一个营业机构合并申报纳税。

与内资企业所得税暂行条例相比,企业所得税法采用法人所得税的形式。以法人作为纳税单位,有利于在个人所得税与企业所得税之间划定合理界限,有利于实施消除重复征税的所得税一体化措施,与国际上大多数国家的做法保持一致。

(二)居民企业与非居民企业

按照国际惯例,企业所得税的纳税人一般分为居民企业和非居民企业,这是确定纳税人是否负有全面纳税义务的基础。我国根据国际惯例,按照登记注册地与实际管理机构所在地两个标准,企业所得税法将企业分为居民企业和非居民企业。坚持以依法登记注册地为基本判定标准,易于操作,但也容易规避;实际管理机构所在地标准,注重经济实质,合理但不易操作。

1. 居民企业与非居民企业的界定

企业所得税法第二条规定,居民企业是指依法在中国境内成立,或者依照外国(地区)法律成立但实际管理机构在中国境内的企业。依法在中国境内成立的企业,包括依照中国法律、行政法规在中国境内成立的企业、事业单位、社会团体以及其他取得收入的组织。

非居民企业,是指依照外国(地区)法律成立且实际管理机构不在中国境内,但在中国境内设立机构、场所的,或者在中国境内未设立机构、场所,但有来源于中国境内所得的企业。依照外国(地区)法律成立的企业,包括依照外国(地区)法律成立的企业和其他取得收入的组织。

实际管理机构,是指对企业的生产经营、人员、账务、财产等实施实质性全面管理和控制的机构。机构、场所,是指在中国境内从事生产经营活动的机构、场所,包括:

(1)管理机构、营业机构、办事机构;

(2)工厂、农场、开采自然资源的场所;

(3)提供劳务的场所;

(4)从事建筑、安装、装配、修理、勘探等工程作业的场所;

(5)其他从事生产经营活动的机构、场所。

非居民企业委托营业代理人在中国境内从事生产经营活动的,包括委托单位和个人经常代其签订合同,或者储存、交付货物等,该营业代理人视为非居民企业在中国境内设立的机构、场所。

2. 纳税义务

企业所得税法第三条规定:居民企业应当就其来源于中国境内、境外的所得缴纳企业所得税。所得包括销售货物所得、提供劳务所得、转让财产所得、股息红利等权益性投资所得、利息所得、租金所得、特许权使用费所得、接受捐赠所得和其他所得。

非居民企业在中国境内设立机构、场所的，应当就其所设机构、场所取得的来源于中国境内的所得，以及发生在中国境外但与其所设机构、场所有实际联系的所得，缴纳企业所得税。

非居民企业在中国境内未设立机构、场所的，或者虽设立机构、场所但取得的所得与其所设机构、场所没有实际联系的，应当就其来源于中国境内的所得缴纳企业所得税。实际联系，是指非居民企业在中国境内设立的机构、场所拥有据以取得所得的股权、债权，以及拥有、管理、控制据以取得所得的财产等。

3. 所得来源地的确定

(1) 企业所得税所得来源地的确定

根据企业所得税法实施条例第七条规定，来源于中国境内、境外的所得，按照以下原则确定：

① 销售货物所得，按照交易活动发生地确定；

② 提供劳务所得，按照劳务发生地确定；

③ 转让财产所得，不动产转让所得按照不动产所在地确定，动产转让所得按照转让动产的企业或者机构、场所所在地确定，权益性投资资产转让所得按照被投资企业所在地确定；

④ 股息红利等权益性投资所得，按照分配所得的企业所在地确定；

⑤ 利息所得、租金所得、特许权使用费所得，按照负担或者支付所得的企业或者机构、场所所在地确定；或者按照负担、支付所得的个人的住所地确定；

⑥ 其他所得，由国务院财政、税务主管部门确定。

【例1-1】 (CTA·2010)某日本企业(实际管理机构不在中国境内)在中国境内设立分支机构，2009年该机构在中国境内取得咨询收入500万元，在中国境内培训技术人员，取得日方支付的培训收入200万元，在香港取得与该分支机构无实际联系的所得80万元，2009年度该境内机构企业所得税的应税收入总额为(   )万元。

A. 500   B. 580   C. 700   D. 780

【答案】 C

【解析】 由题意可知，该日本企业为在中国境内设立机构、场所的非居民企业，依据企业所得税法规定，应当就其所设机构、场所取得的来源于中国境内的所得，以及发生在中国境外但与其所设机构、场所有实际联系的所得，缴纳企业所得税。因此，该企业来自境内的应税收入为500万元咨询收入和境内培训收入200万元，共计700万元；在香港取得的与该机构无实际联系的所得，不属于该境内机构的应税收入。

(2) 个人所得税所得来源地的确定

个人所得税法确定所得来源地的原则，与企业所得税法不完全相同，根据个人所得税法第五条规定，下列所得，不论支付地点是否在中国境内，均为来源于中国境内的所得：

① 因任职、受雇、履约等而在中国境内提供劳务取得的所得；

② 将财产出租给承租人在中国境内使用而取得的所得；

③ 转让中国境内的建筑物、土地使用权等财产或者在中国境内转让其他财产取得的

所得；

④ 许可各种特许权在中国境内使用而取得的所得；

⑤ 从中国境内的公司、企业以及其他经济组织或者个人取得的利息、股息、红利所得。

(3) 境内销售货物与提供劳务的界定

所得税法中所得来源地的确定原则,与流转税中所称的在中国境内提供应税劳务不是同一概念。根据《中华人民共和国营业税暂行条例实施细则》(财政部、国家税务总局令第51号,以称简称营业税暂行条例实施细则)第四条规定,在中国境内提供营业税劳务、转让无形资产或者销售不动产,是指:

① 提供或者接受条例规定劳务的单位或者个人在境内;

② 所转让的无形资产(不含土地使用权)的接受单位或者个人在境内;

③ 所转让或者出租土地使用权的土地在境内;

④ 所销售或者出租的不动产在境内。

《中华人民共和国增值税暂行条例实施细则》(财政部、国家税务总局令第50号,以下简称增值税暂行条例实施细则)第八条规定,在中华人民共和国境内(以下简称境内)销售货物或者提供加工、修理修配劳务,是指:

① 销售货物的起运地或者所在地在境内;

② 提供的应税劳务发生在境内。

(三) 境外注册中资控股居民企业

1. 境外注册中资控股企业依据实际管理机构标准认定为居民企业

境外注册中资控股企业(以下简称境外中资企业),是指由中国境内的企业或企业集团作为主要控股投资者,在中国境外(中国内地以外国家或地区(含香港、澳门、台湾))依据外国(地区)法律注册成立的企业。

为规范执行企业所得税法关于居民企业的判定标准,加强企业所得税管理,对境外中资企业依据实际管理机构判定为中国居民企业的有关企业所得税问题,国家税务总局《关于境外注册中资控股企业依据实际管理机构标准认定为居民企业有关问题的通知》(国税发〔2009〕82号)作出规定。

国税发〔2009〕82号文件第二条规定:境外中资企业同时符合以下条件的,根据企业所得税法第二条第二款和企业所得税法实施条例第四条的规定,应判定其为实际管理机构在中国境内的居民企业(以下称非境内注册居民企业,即指因实际管理机构在中国境内而被认定为中国居民企业的境外注册中资控股企业),并实施相应的税收管理,就其来源于中国境内、境外的所得征收企业所得税。① 企业负责实施日常生产经营管理运作的高层管理人员及其高层管理部门履行职责的场所主要位于中国境内;② 企业的财务决策(如借款、放款、融资、财务风险管理等)和人事决策(如任命、解聘和薪酬等)由位于中国境内的机构或人员决定,或需要得到位于中国境内的机构或人员批准;③ 企业的主要财产、会计账簿、公司印章、董事会和股东会议纪要档案等位于或存放于中国境内;④ 企业1/2(含1/2)以上有投票权的董事或高层管理人员经常居住于中国境内。

对于实际管理机构的判断,应当遵循实质重于形式的原则。

2. 非境内注册居民企业的认定

针对境外中资企业依据实际管理机构标准实施居民企业认定分为两类情况,一类是企业为解决股息重复征税而主动提出申请;另一类是为避免税收流失,税务机关对未提出申请的企业主动实施判定。

为完善依据实际管理机构实施居民企业的认定工作,根据《国务院关于取消和下放一批行政审批项目的决定》(国发〔2013〕44号),国家税务总局《关于依据实际管理机构标准实施居民企业认定有关问题的公告》(国家税务总局公告2014年第9号,适用于2013年度及以后年度)规定:符合国税发〔2009〕82号文件第二条规定的居民企业认定条件的境外中资企业,须向其中国境内主要投资者登记注册地主管税务机关提出居民企业认定申请,主管税务机关对其居民企业身份进行初步判定后,层报省级税务机关确认。经省级税务机关确认后抄送其境内其他投资地相关省级税务机关。按本公告实施居民企业认定时,经省级税务机关确认后,30日内抄报国家税务总局,由国家税务总局网站统一对外公布。国家税务总局适时开展检查,对不符合条件的,责令其纠正。

境外中资企业或其中国主要投资者向税务机关提出居民企业申请时,应同时向税务机关提供如下资料:① 企业法律身份证明文件;② 企业集团组织结构说明及生产经营概况;③ 企业最近一个年度的公证会计师审计报告;④ 负责企业生产经营等事项的高层管理机构履行职责的场所的地址证明;⑤ 企业董事及高层管理人员在中国境内居住记录;⑥ 企业重大事项的董事会决议及会议记录;⑦ 主管税务机关要求的其他资料。

境外中资企业被认定为中国居民企业后成为双重居民身份的,按照中国与相关国家(或地区)签署的税收协定(或安排)的规定执行。

3. 非境内注册居民企业的纳税义务

《境外注册中资控股居民企业所得税管理办法(试行)》(国家税务总局公告2011年第45号)规定,非境内注册居民企业应当按照企业所得税法及其实施条例和相关管理规定的要求,履行居民企业所得税纳税义务,并在向非居民企业支付企业所得税法第三条第三款规定的款项时,依法代扣代缴企业所得税。

根据国税发〔2009〕82号文件规定:非境内注册居民企业从中国境内其他居民企业取得的股息、红利等权益性投资收益,按照企业所得税法第二十六条和实施条例第八十三条的规定,作为其免税收入。非境内注册居民企业的投资者从该居民企业分得的股息红利等权益性投资收益,根据企业所得税法实施条例第七条第(四)款的规定,属于来源于中国境内的所得,应当征收企业所得税;该权益性投资收益中符合企业所得税法第二十六条和实施条例第八十三条规定的部分,可作为收益人的免税收入。非境内注册居民企业在中国境内投资设立的企业,其外商投资企业的税收法律地位不变。

国家税务总局公告2014年第9号进一步明确:境外注册中资控股企业自其被认定为居民企业的年度起,从中国境内其他居民企业取得以前年度(限于2008年1月1日以后)的股息、红利等权益性投资收益,应按照《企业所得税法》第二十六条及其实施条例第十七条、第八十三条的规定处理,即除连续持有居民企业公开发行并上市流通的股票不足12个月取得的投资收益外,作为企业的免税收入处理。

境外中资企业被判定为非境内注册居民企业的,按照企业所得税法第四十五条以及受控外国企业管理的有关规定,不视为受控外国企业,但其所控制的其他受控外国企业仍应按照有关规定进行税务处理。

（四）法人（其他组织）合伙人的税务处理

财政部、国家税务总局《关于印发〈关于个人独资企业和合伙企业投资者征收个人所得税的规定〉的通知》（财税〔2000〕91 号）所称的个人独资企业和合伙企业是指：① 依照《中华人民共和国个人独资企业法》和《中华人民共和国合伙企业法》登记成立的个人独资企业、合伙企业；② 依照《中华人民共和国私营企业暂行条例》登记成立的独资、合伙性质的私营企业；③ 依照《中华人民共和国律师法》登记成立的合伙制律师事务所；④ 经政府有关部门依照法律法规批准成立的负无限责任和无限连带责任的其他个人独资、个人合伙性质的机构或组织

根据 2006 年 8 月 28 日修订的《中华人民共和国合伙企业法》（以下简称合伙企业法）规定，合伙企业有普通合伙、特殊的普通合伙以及有限合伙三种形式。合伙企业法明确了法人和其他组织享有合伙人资格，法人和其他组织与自然人一样可以成为合伙企业合伙人。与原规定相比，合伙企业合伙人的范围就扩大了。为规范合伙企业合伙人的税务处理，财政部、国家税务总局制定印发了《关于合伙企业合伙人所得税问题的通知》（财税〔2008〕159 号），自 2008 年 1 月 1 日起执行。

1. 合伙企业纳税人的确定

合伙企业以每一个合伙人为纳税义务人。合伙企业合伙人是自然人的，缴纳个人所得税；合伙人是法人和其他组织的，缴纳企业所得税。

合伙企业生产经营所得和其他所得（包括合伙企业分配给所有合伙人的所得和企业当年留存的所得（利润））采取"先分后税"的原则。具体应纳税所得额的计算按照《关于个人独资企业和合伙企业投资者征收个人所得税的规定》（财税〔2000〕91 号）以及财政部、国家税务总局《关于调整个体工商户、个人独资企业和合伙企业个人所得税税前扣除标准有关问题的通知》（财税〔2008〕65 号）的有关规定执行。

2. 合伙人应纳税所得额的确定

合伙企业的合伙人按照下列原则确定应纳税所得额：

（1）合伙企业的合伙人以合伙企业的生产经营所得和其他所得，按照合伙协议约定的分配比例确定应纳税所得额。

（2）合伙协议未约定或者约定不明确的，以全部生产经营所得和其他所得，按照合伙人协商决定的分配比例确定应纳税所得额。

（3）协商不成的，以全部生产经营所得和其他所得，按照合伙人实缴出资比例确定应纳税所得额。

（4）无法确定出资比例的，以全部生产经营所得和其他所得，按照合伙人数量平均计算每个合伙人的应纳税所得额。

合伙协议不得约定将全部利润分配给部分合伙人。

二、税率

（一）基本税率

企业所得税法第四条规定：企业所得税的税率为 25%。非居民企业取得企业所得税法第三条第三款规定的所得，适用税率为 20%。

（二）优惠税率

企业所得税法第二十八条规定：符合条件的小型微利企业，减按 20% 的税率征收企业

所得税。

国家需要重点扶持的高新技术企业,减按 15% 的税率征收企业所得税。

根据企业所得税法实施条例第九十条规定:非居民企业取得企业所得税法第三条第三款规定的所得,减按 10% 的税率征收企业所得税。

《关于企业所得税若干优惠政策的通知》(财税〔2008〕1 号)规定,国家规划布局内的重点软件生产企业,如当年未享受免税优惠的,减按 10% 的税率征收企业所得税。

【例 1-2】 (CTA·2012)下列所得,可以减按 10% 的税率征收企业所得税的有(   )。

A. 符合条件的小型微利企业取得的所得

B. 经认定的新办软件企业第三个获利年度取得的所得

C. 当年未享受税收优惠的国家规划布局内的重点软件生产企业取得的所得

D. 在中国境内未设立机构、场所的非居民企业,取得的来源于中国境内的所得

E. 在中国境内设立机构、场所的非居民企业,取得与该机构、场所有实际联系的所得

【答案】 CD

【解析】 选项 A,符合条件的小型微利企业,减按 20% 的税率征收企业所得税。选项 B,我国境内新办软件生产企业经认定后,自获利年度起,第一年和第二年免征企业所得税,第三年至第五年减半征收企业所得税。选项 E,适用税率为 25%。

第二章 收 入

第一节 收 入 总 额

一、收入总额

（一）收入与利得

企业在会计期间内增加的除所有者投资以外的经济利益称为收益。在会计中收益被分为收入和利得，通过不同的会计科目进行核算。

收入是指企业在日常活动中形成的、会导致所有者权益增加的、与所有者投入资本无关的经济利益的总流入。收入只有在经济利益很可能流入从而导致企业资产增加或者负债减少、且经济利益的流入额能够可靠计量时才能予以确认。根据《企业会计准则第14号——收入》（以下简称收入准则）规定，收入包括销售商品收入、提供劳务收入和让渡资产使用权收入。而根据《小企业会计准则》规定，小企业的收入包括销售商品收入和提供劳务收入。

利得是指由企业非日常活动所形成的、会导致所有者权益增加的、与所有者投入资本无关的经济利益的流入。利得分为直接计入所有者权益的利得和直接计入当期利润的利得，在《企业会计准则》中，前者通过"资本公积"科目核算，后者通过"营业外收入"科目核算。根据《企业会计准则》，直接计入所有者权益的利得（损失）主要包括：可供出售金融资产的公允价值变动额、现金流量套期中套期工具公允价值变动额（有效套期部分）。直接计入当期利润的利得（损失）主要包括：非流动资产处置利得（损失）、非货币性资产交换利得（损失）、债务重组利得（损失）、盘盈利得、捐赠利得、政府补助取得的利得、因其他企业违约收取的罚款利得、采用公允价值模式计量的资产、负债的公允价值变动形成的应计入当期损益的利得（损失）等。

收入和利得的根本区别是看其是否是企业在日常活动中形成的。日常活动是指企业为完成其经营目标所从事的经常性活动以及与之相关的活动。

我国企业所得税法并没有对收入和利得进行单独区分，而是采用收入总额这一总收益的概念，它包括会计上的收入和利得两部分内容。

（二）收入总额

企业所得税法第六条规定，企业以货币形式和非货币形式从各种来源取得的收入，为收入总额。企业取得收入的货币形式，包括现金、存款、应收账款、应收票据、准备持有至到期的债券投资以及债务的豁免等。企业取得收入的非货币形式，包括固定资产、生物资产、无形资产、股权投资、存货、不准备持有至到期的债券投资、劳务以及有关权益等。企业以非货币形式取得的收入，应当按照公允价值确定收入额，即按照市场价格确定的价值确定收入额。收入总额包括销售货物收入，提供劳务收入，转让财产收入，股息、红利等权益性投资收益,利息收入,租金收入,特许权使用费收入,接受捐赠收入和其他收入。

1. 销售货物收入

销售货物收入,是指企业销售商品、产品、原材料、包装物、低值易耗品以及其他存货取得的收入。

2. 提供劳务收入

提供劳务收入,是指企业从事建筑安装、修理修配、交通运输、仓储租赁、金融保险、邮电通信、咨询经纪、文化体育、科学研究、技术服务、教育培训、餐饮住宿、中介代理、卫生保健、社区服务、旅游、娱乐、加工以及其他劳务服务活动取得的收入。

其中,加工、修理修配劳务以及交通运输业和部分现代服务业等已纳入"营改增"范围的劳务收入应征增值税,其他劳务收入应缴营业税。

3. 转让财产收入

转让财产收入,是指企业转让固定资产、生物资产、无形资产、股权、债权等财产取得的收入。

4. 股息、红利等权益性投资收益

股息、红利等权益性投资收益,是指企业因权益性投资从被投资方取得的收入。

股息、红利等权益性投资收益,除国务院财政、税务主管部门另有规定外,按照被投资方作出利润分配决定的日期确认收入的实现。

国家税务总局《关于贯彻落实企业所得税法若干税收问题的通知》(国税函〔2010〕79号)进一步规定:企业权益性投资取得股息、红利等收入,应以被投资企业股东会或股东大会作出利润分配或转股决定的日期,确定收入的实现。被投资企业将股权(票)溢价所形成的资本公积转为股本的,不作为投资方企业的股息、红利收入,投资方企业也不得增加该项长期投资的计税基础。

【例 2-1】 (CTA·2012)2010 年年初,A 居民企业通过投资,拥有 B 上市公司 15% 股权。2011 年 3 月,B 公司增发普通股 1 000 万股,每股面值 1 元,发行价格 2.5 元,股款已全部收到并存入银行。2011 年 6 月,B 公司将股本溢价形成的资本公积金全部转增股本,下列关于 A 居民企业相关投资业务的说法,正确的是(   )。

A. A 居民企业应确认股息收入 225 万元

B. A 居民企业应确认红利收入 225 万元

C. A 居民企业应增加该项投资的计税基础 225 万元

D. A 居民企业转让股权时不得扣除转增股本增加的 225 万元

【答案】 D

【解析】 国税函〔2010〕79 号规定:被投资企业将股权(票)溢价所形成的资本公积转为股本的,不作为投资方企业的股息、红利收入,投资方企业也不得增加该项长期投资的计税基础。因而,本题应选 D。

5. 利息收入

利息收入,是指企业将资金提供他人使用但不构成权益性投资,或者因他人占用本企业资金取得的收入,包括存款利息、贷款利息、债券利息、欠款利息等收入。

利息收入,按照合同约定的债务人应付利息的日期确认收入的实现。此外,还应关注如下两个问题。

（1）金融企业贷款利息收入确认

国家税务总局《关于金融企业贷款利息收入确认问题的公告》（国家税务总局公告 2010 年第 23 号）对金融企业贷款利息收入所得税处理问题作出如下规定，自 2010 年 12 月 5 日起施行：① 金融企业按规定发放的贷款，属于未逾期贷款（含展期，下同），应根据先收利息后收本金的原则，按贷款合同确认的利率和结算利息的期限计算利息，并于债务人应付利息的日期确认收入的实现；属于逾期贷款，其逾期后发生的应收利息，应于实际收到的日期，或者虽未实际收到，但会计上确认为利息收入的日期，确认收入的实现。② 金融企业已确认为利息收入的应收利息，逾期 90 天仍未收回，且会计上已冲减了当期利息收入的，准予抵扣当期应纳税所得额。③ 金融企业已冲减了利息收入的应收未收利息，以后年度收回时，应计入当期应纳税所得额计算纳税。

（2）金融企业向职工提供优惠利率贷款应按市场同类贷款利率计算纳税

《中华人民共和国营业税暂行条例》（2008 年 11 月 10 日国务院令第 540 号发布，以下简称营业税条例）第七条（原《营业税暂行条例实施细则》（财法〔1993〕40 号）第十五条）规定，纳税人提供应税劳务、转让无形资产或者销售不动产的价格明显偏低并无正当理由的，由主管税务机关核定其营业额。

因而，金融企业给职工的优惠利率贷款，应按金融企业当月市场同类贷款利率取得的利息收入申报缴纳营业税。同时，金融企业给职工的优惠利率贷款，还应按金融企业当月市场同类贷款利率取得的利息收入，进行企业所得税纳税调整。这一点企便函〔2009〕33 号文件也已明确。

6. 租金收入

租金收入，是指企业提供固定资产、包装物或者其他有形资产的使用权取得的收入。租金收入是转让有形资产的使用权收入，不含转让无形资产的使用权，转让无形资产使用权称为特许权使用费收入。

需要说明的是预收租赁费的税务处理问题：

（1）企业所得税处理

2008 年 1 月 1 日企业所得税法实施以前，根据国家税务总局《关于企业所得税若干业务问题的通知》（国税发〔1997〕191 号）规定，对纳税人超过 1 年以上租赁期，一次收取的租赁费，出租方应按合同约定的租赁期分期计算收入，承租方应相应分期摊销租赁费。此种处理，税务与会计是一致的，但企业所得税法及其实施条例施行后，关于一次性收取或支付租赁费的处理，应适用新规定。

企业所得税法实施条例规定，租金收入按照合同约定的承租人应付租金的日期确认收入的实现。对承租方而言，企业所得税法实施条例第四十七条规定，企业根据生产经营活动的需要，以经营租赁方式租入固定资产发生的租赁费支出，按照租赁期限均匀扣除。这时，出租方与承租方对租赁费的处理就不对称了。

根据《企业所得税法实施条例》第十九条的规定，国家税务总局《关于贯彻落实企业所得税法若干税收问题的通知》（国税函〔2010〕79 号）进一步明确：企业提供固定资产、包装物或者其他有形资产的使用权取得的租金收入，应按交易合同或协议规定的承租人应付租金的日期确认收入的实现。其中，如果交易合同或协议中规定租赁期限跨年度，且租金提前一次性支付的，根据《企业所得税法实施条例》第九条规定的收入与费用配比原则，出租人可对上述已确认的收入,在租赁期内,分期均匀计入相关年度收入。出租方如为在我国境内设有机构场所、且采取据实申报缴纳企业所得税的非居民企业,也按本条规定执行。

（2）营业税处理

在 2008 年 12 月 31 日以前,根据财政部、国家税务总局《关于营业税若干政策问题的通知》(财税〔2003〕16 号)规定:单位和个人提供应税劳务、转让专利权、非专利技术、商标权、著作权和商誉时,向对方收取的预收性质的价款(包括预收款、预付款、预存费用、预收定金等,下同),其营业税纳税义务发生时间以按照财务会计制度的规定,该项预收性质的价款被确认为收入的时间为准。按财务会计制度规定,预收租金应在整个受益期内分期确认收入。因而纳税人取得的预收性质的租赁费收入,可按照租赁合同的受益期限分期申报缴纳营业税。

2009 年 1 月 1 日起,新的营业税暂行条例及其实施细则开始施行。营业税纳税义务发生时间的一般原则性规定为:纳税人提供应税劳务、转让无形资产或者销售不动产并收讫营业收入款项或者取得索取营业收入款项凭据的当天。收讫营业收入款项,是指纳税人应税行为发生过程中或者完成后收取的款项。取得索取营业收入款项凭据的当天,为书面合同确定的付款日期的当天;未签订书面合同或者书面合同未确定付款日期的,为应税行为完成的当天。新的《中华人民共和国营业税暂行条例实施细则》(2008 年 12 月 17 日财政部、国家税务总局令第 51 号发布,以下简称营业税条例细则)第二十五条第二款规定,纳税人提供建筑业或者租赁业劳务,采取预收款方式的,其纳税义务发生时间为收到预收款的当天。因而一次性收取的房租等租赁费收入,应在取得预收租赁款时申报缴纳营业税。从税收征收角度而言,该种情况下的纳税义务发生时间,就具有了收付实现制的特点,而不完全属于权责发生制的性质。

（3）房产税处理

国家税务总局《关于房产税、城镇土地使用税有关政策规定的通知》(国税发〔2003〕89 号)规定,纳税人出租、出借房产,自交付出租、出借房产之次月起计征房产税和城镇土地使用税。江苏省地方税务局《关于明确房屋出租房产税纳税义务发生时间的通知》(苏地税函〔2000〕135 号)规定,出租房屋的纳税人,其纳税义务发生时间为实际取得租金收入的当天。

7. 特许权使用费收入

特许权使用费收入,是指企业提供专利权、非专利技术、商标权、著作权以及其他特许权的使用权取得的收入。特许权使用费收入是转让无形资产的使用权收入,而不是转让所有权收入,转让无形资产的所有权称为财产转让收入。

特许权使用费收入,按照合同约定的特许权使用人应付特许权使用费的日期确认收入的实现。由此可见,特许权使用费收入的确认时间与利息收入的确认原则是一致的。

企业所得税法实施前已按其他方式计入当期收入的利息收入、租金收入、特许权使用费收入,在新税法实施后,根据国家税务总局《关于企业所得税若干税务事项衔接问题的通知》(国税函〔2009〕98 号)规定,凡与按合同约定支付时间确认的收入额发生变化的,应将该收入额减去以前年度已按照其他方式确认的收入额后的差额,确认为当期收入。

8. 接受捐赠收入

接受捐赠收入,是指企业接受的来自其他企业、组织或者个人无偿给予的货币性资产、非货币性资产。

接受捐赠收入,按照实际收到捐赠资产的日期确认收入的实现。

9. 其他收入

其他收入,是指企业取得的除上述八项收入以外的其他收入,包括企业资产溢余收入、逾期未退包装物押金收入、确实无法偿付的应付款项、已作坏账损失处理后又收回的应收款项、债务重组收入、补贴收入、违约金收入、汇兑收益等。

【例 2-2】 (CTA·2012)下列收入中,属于企业所得税规定的"其他收入"范围的有( )。

A. 违约金收入 　　　　　　B. 股息收入

C. 债务重组收入 　　　　　D. 确实无法偿付的应付款项

E. 逾期未退的包装物押金收入

【答案】 ACDE

【解析】 选项 B 属于股息、红利等权益性投资收益。

根据国家税务总局《关于贯彻落实企业所得税法若干税收问题的通知》(国税函〔2010〕79 号)规定,企业发生债务重组,应在债务重组合同或协议生效时确认收入的实现。

国家税务总局《关于企业取得财产转让等所得企业所得税处理问题的公告》(国家税务总局公告 2010 年第 19 号)规定:自 2010 年 11 月 26 日起,企业取得财产(包括各类资产、股权、债权等)转让收入、债务重组收入、接受捐赠收入、无法偿付的应付款收入等,不论是以货币形式、还是非货币形式体现,除另有规定外,均应一次性计入确认收入的年度计算缴纳企业所得税。2008 年 1 月 1 日至本公告施行前,各地就上述收入计算的所得,已分 5 年平均计入各年度应纳税所得额计算纳税的,在本公告发布后,对尚未计算纳税的应纳税所得额,应一次性作为本年度应纳税所得额计算纳税。

而根据企业会计准则规定,企业在财产清查中盘盈的固定资产,应作为前期差错处理,通过"以前年度损益调整"科目核算,按重置成本确定其入账价值;企业发生固定资产盘亏时,报经批准转销后转入"营业外支出"账户借方。对无法查明原因的出纳长款应计入"营业外收入",无法查明原因的出纳短款应计入"管理费用"。盘盈的存货经有关部门批准后,冲减"管理费用";盘亏或毁损的存货,根据原因,分别如下情况处理:① 属于自然损耗产生的定额损耗,经批准后转作"管理费用";② 属于计量收发差错或管理不善等原因造成的超定额损耗,应先扣除残料价值和过失人赔偿,然后将净损失记入"管理费用";③ 属于自然灾害或意外事故造成的存货毁损,应先扣除残料价值和可收回的保险赔偿,然后将净损失转作"营业外支出"。

【例 2-3】 上市公司收到的由其控股股东或其他原非流通股股东根据股改承诺为补足当期利润而支付的现金,应如何进行会计和税务处理?

【解析】

国有股股权分置改革(简称股改),是把上市公司一些不流通的法人股或者国家股以一种特殊的方法,变成流通股,从而改变原来上市公司同股不同权的状况。在股权分置改革中,承诺主要有分红、业绩、股价、限售、注入资产及对价追送等形式,上市公司违背股改承诺,不仅仅是违背了"诚实信用"原则,还要付出相当大的代价。所以,上市公司为实现股改业绩承诺,一些公司通过关联交易使得利润剧增,从而达标。另有一部分上市公司股改后某个年份的业绩未能达到股改方案中承诺的目标,控股股东一般以现金的方式补足差额部分。

上市公司收到的由其控股股东或其他原非流通股股东根据股改承诺为补足当期利润而支付的现金,作为非日常活动产生的利得,根据《上市公司执行企业会计准则监管问题解答》(2009 年第 2 期)(会计部函〔2009〕60 号),会计上应作为权益性交易计入所有者权益"资本公积"科目,而非损益性交易计入"营业外收入"科目。这种规定有利于揭示企业的真实财务状况,更有利于投资者做出决策,且断了上市公司调节利润的后路。

但是,在企业所得税上,应作为"其他收入"计入收入总额,计算缴纳企业所得税。

【例 2-4】 实务中存在上市公司的非流通股股东通过向上市公司直接或间接捐赠(如豁免上市公司债务)作为向流通股股东支付股改对价的情形,应如何进行会计和税务处理?

【解析】

会计部函〔2009〕60 号文件规定,鉴于证监会公告〔2008〕48 号发布前对此类股权分置改革对价会计处理的具体规定不明确,对于证监会公告〔2008〕48 号发布日前有关股改方案已经相关股东会议表决通过的上市公司,如果能够在 2008 年年报披露日前完成股改,上市公司可以将非流通股股东作为股改对价的直接或间接捐赠计入当期损益(营业外收入)。除此之外,非流通股股东作为股改对价的直接或间接捐赠均应计入所有者权益(资本公积)。

从"实质重于形式"的角度分析,接受大股东业绩"补差"与债务重组收益的确认是同一道理。大股东向上市公司捐赠利润、豁免债务等显失公允的特殊交易,管理层一直要求视为权益性交易而非损益性交易进行会计处理。权益性交易与损益性交易最大的区别就是,权益性交易不得确认损益。

而在企业所得税处理时,根据国家税务总局《关于股权分置改革中上市公司取得资产及债务豁免对价收入征免所得税问题的批复》(国税函〔2009〕375 号)明确:根据财政部、国家税务总局《关于企业所得税若干优惠政策的通知》(财税〔2008〕1 号)的规定,财政部、国家税务总局《关于股权分置试点改革有关税收政策问题的通知》(财税〔2005〕103 号)的有关规定(即股权分置改革中非流通股股东通过对价方式向流通股股东支付的股份、现金等收入,暂免征收流通股股东应缴纳的企业所得税和个人所得税),自 2008 年 1 月 1 日起继续执行到股权分置试点改革结束。股权分置改革中,上市公司因股权分置改革而接受的非流通股股东作为对价注入资产和被非流通股股东豁免债务,上市公司应增加注册资本或资本公积,不征收企业所得税。

二、收入的确认

企业会计准则所涉及的收入,包括销售商品收入、提供劳务收入和让渡资产使用权收入。而根据小企业会计准则规定,小企业收入包括销售商品收入和提供劳务收入。

(一) 销售商品收入

国家税务总局《关于确认企业所得税收入若干问题的通知》(国税函〔2008〕875 号)规定,除企业所得税法及实施条例另有规定外,企业销售收入的确认,必须遵循权责发生制原则和实质重于形式原则。

1. 销售商品收入的确认条件

企业销售商品同时满足下列条件的,企业所得税上应确认收入的实现:

(1) 商品销售合同已经签订,企业已将商品所有权相关的主要风险和报酬转移给购货方;

(2) 企业对已售出的商品既没有保留通常与所有权相联系的继续管理权,也没有实施有效控制；

（3）收入的金额能够可靠地计量；

（4）已发生或将发生的销售方的成本能够可靠地核算。

《企业会计准则》中商品销售收入的确认条件与所得税上销售商品收入的确认条件略有不同，根据《企业会计准则第14号——收入》（以下简称收入准则）规定，销售商品收入同时满足下列五个条件的，才能加以确认：

（1）企业已将商品所有权上的主要风险和报酬转移给购货方；

（2）企业既没有保留通常与所有权相联系的继续管理权，也没有对已售出的商品实施有效控制；

（3）收入的金额能够可靠地计量；

（4）相关的经济利益很可能流入企业；

（5）相关的已发生或将发生的成本能够可靠地计量。

由此可见，企业根据收入准则确认销售商品收入时要求"相关的经济利益很可能流入企业"，这种企业经营中的商业风险不应由国家来承担。因而企业所得税上没有将"相关的经济利益很可能流入企业"作为企业所得税销售商品收入的确认条件。

而《小企业会计准则》规定，通常小企业应当在发出商品且收到货款或取得收款权利时，确认销售商品收入。

【例2-5】　（CTA·2012）根据企业所得税相关规定，下列确认销售收入实现的条件，错误的是（　　）。

A. 收入的金额能够可靠地计量

B. 相关的经济利益很可能流入企业

C. 已发生或将发生的销售方的成本能够可靠地核算

D. 销售合同已签订并将商品所有权相关的主要风险和报酬转移给购货方

【答案】　B

2. 不同销售（结算）方式下收入的确认

符合税法规定的收入确认条件，采取下列商品销售方式的，应按以下原则确认收入实现时间：

① 销售商品采用托收承付方式的，在办妥托收手续时确认收入；

② 销售商品采取预收款方式的，在发出商品时确认收入。在此之前预收的货款应确认为负债；

③ 销售商品需要安装和检验的，在购买方接受商品以及安装和检验完毕时确认收入。如果安装程序比较简单，可在发出商品时确认收入；

④ 销售商品采用支付手续费方式委托代销的，在收到代销清单时确认收入；

⑤ 销售商品以旧换新的，销售商品应当按照销售商品收入确认条件确认收入，回收的商品作为购进商品处理。

在以旧换新销售方式下，销售额与收购额不能相互抵减，其销售额按新货物同期销售价格确定，换入的旧货作为库存商品或原材料入库。会计处理为：

借：库存商品

　　银行存款等

　　贷:主营业务收入
　　　　应交税费
　　⑥ 采用售后回购方式销售商品的,销售的商品按售价确认收入,回购的商品作为购进商品处理。有证据表明不符合销售收入确认条件的,如以销售商品方式进行融资,收到的款项应确认为负债,回购价格大于原售价的,差额应在回购期间确认为利息费用。
　　⑦ 以分期收款方式销售货物的,按照合同约定的收款日期确认收入的实现;
　　⑧ 根据企业所得税法实施条例第二十四条规定,采取产品分成方式取得收入的,按照企业分得产品的时间确认收入的实现,其收入额按照产品的公允价值确定。
　　上述企业所得税法确认收入的原则,与收入准则和《小企业会计准则》规定本质上相同,没有实质区别。只是,《小企业会计准则》规定,采取产品分成方式取得的收入,在分得产品之日按照产品的市场价格或评估价值确定销售商品收入金额。收入准则解释还规定,对于订货销售,应在发出商品时确认收入,在此之前预收的货款应确认为负债。采用售后租回方式销售商品的,不应确认收入,售价与资产账面价值之间的差额,应当采用合理的方法进行分摊,作为折旧费用或租金费用的调整。

　　3. 收入金额的计量
　　(1) 商业折扣、现金折扣和销售折让(退回)
　　商业折扣,是指企业为促进商品销售而在商品标价上给予的价格扣除。现金折扣,是指债权人为鼓励债务人在规定的期限内付款而向债务人提供的债务扣除。销售退回,是指企业售出的商品由于质量、品种不符合要求等原因发生的退货。销售折让,是指企业因售出商品的质量不合格等原因而在售价上给予的减让。
　　根据国税函〔2008〕875号文件规定:商品销售涉及商业折扣的,应当按照扣除商业折扣后的金额确定销售商品收入金额。销售商品涉及现金折扣的,应当按扣除现金折扣前的金额确定销售商品收入金额,现金折扣在实际发生时作为财务费用扣除。企业已经确认销售收入的售出商品发生销售折让和销售退回,应当在发生当期冲减当期销售商品收入。
　　这与企业会计准则的规定是相同的。企业已经确认销售商品收入的售出商品发生的销售退回(不论属于本年度还是属于以前年度的销售),应当在发生时冲减当期销售商品收入。企业已经确认销售商品收入的售出商品发生的销售折让,应当在发生时冲减当期销售商品收入。《小企业会计准则》进一步明确规定:小企业应当按照从购买方已收或应收的合同或协议价款,确定销售商品收入金额。
　　(2) 买一赠一方式组合销售商品
　　企业以买一赠一等方式组合销售本企业商品的,不属于捐赠,应将总的销售金额按各项商品的公允价值的比例来分摊确认各项的销售收入。
　　(3) 递延收益的确认
　　根据国税函〔2009〕98号文件规定,企业按原税法规定已作递延所得确认的项目,其余额可在原规定的递延期间的剩余期间内继续均匀计入各纳税期间的应纳税所得额。
　　国家税务总局《关于广西合山煤业有限责任公司取得补偿款有关所得税处理问题的批复》(国税函〔2009〕18号)规定,广西合山煤业有限责任公司取得的未来煤矿开采期间因增加排水或防止浸没支出等而获得的补偿款,应确认为递延收益,按直线法在取得补偿款当年及以后的10年内分期计入应纳税所得,如实际开采年限短于10年,应在最后一个开采年度将尚未计入应纳税所得的赔偿款全部计入应纳税所得。

（二）提供劳务收入

1. 同一会计年度内开始并完成的劳务收入的确认

《小企业会计准则》第63条规定,同一会计年度内开始并完成的劳务,应当在提供劳务交易完成且收到款项或取得收款权利时,确认提供劳务收入。提供劳务收入的金额为从接受劳务方已收或应收的合同或协议价款。这与企业所得税处理是一致的。

2. 跨会计年度完成的劳务收入的确认

《小企业会计准则》第63条规定:劳务的开始和完成分属不同会计年度的,应当按照完工进度确认提供劳务收入。年度资产负债表日,按照提供劳务收入总额乘以完工进度扣除以前会计年度累计已确认提供劳务收入后的金额,确认本年度的提供劳务收入;同时,按照估计的提供劳务成本总额乘以完工进度扣除以前会计年度累计已确认营业成本后的金额,结转本年度营业成本。

企业所得税法实施条例第二十三条规定,企业受托加工制造大型机械设备、船舶、飞机等,以及从事建筑、安装、装配工程业务或者提供劳务等,持续时间超过12个月的,按照纳税年度内完工进度或者完成的工作量确认收入的实现。

国税函〔2008〕875号文件规定:企业在各个纳税期末,提供劳务交易结果能够可靠估计的,应采用完工进度(完工百分比)法确认提供劳务收入。对于跨年度工程,如果持续时间不超过12个月,可按照规定按完工百分比法进行预缴,待工程全部完成后结清税款。

完工百分比法,是指按照提供劳务交易的完工进度确认收入与费用的方法。

（1）提供劳务交易结果能够可靠估计的条件

根据收入准则第11条规定,会计上提供劳务交易的结果能够可靠估计,是指同时满足下列条件:

① 收入的金额能够可靠地计量;

② 相关的经济利益很可能流入企业;

③ 交易的完工进度能够可靠地确定;

④ 交易中已发生和将发生的成本能够可靠地计量。

而根据国税函〔2008〕875号规定,提供劳务交易的结果能够可靠估计,是指同时满足下列条件:

① 收入的金额能够可靠地计量;

② 交易的完工进度能够可靠地确定;

③ 交易中已发生和将发生的成本能够可靠地核算。

由此可见:企业根据收入准则确认提供劳务收入时要求"相关的经济利益很可能流入企业",这种企业经营中的商业风险不应由国家来承担。因而企业所得税法没有将"相关的经济利益很可能流入企业"作为企业所得税提供劳务收入的确认条件。企业会计准则规定,收入确认的基本条件包括经济利润流入的可能性和收入计量的可能性,而企业所得税应税收入的确认条件是经济交易完成的法律要件是否具备。两者存在一定差异。

（2）完工进度的确定方法

会计与企业所得税中,企业提供劳务完工进度的确定,都可以选用下列方法:

① 已完工作的测量;

② 已提供劳务占劳务总量的比例;

③ 发生成本占总成本的比例。

（3）劳务收入与劳务成本金额的确定

企业应按照从接受劳务方已收或应收的合同或协议价款确定劳务收入总额,根据纳税期末提供劳务收入总额乘以完工进度扣除以前纳税年度累计已确认提供劳务收入后的金额,确认为当期劳务收入。同时,按照提供劳务估计总成本乘以完工进度扣除以前纳税期间累计已确认劳务成本后的金额,结转为当期劳务成本。

【例 2-6】（CTA·2012）根据企业所得税相关规定,提花劳务交易的结果能够可靠估计,必须同时满足的条件有（   ）。

A. 收入的金额能够可靠地计量

B. 已发生的成本能够可靠地核算

C. 将发生的成本能够可靠地核算

D. 交易的完工时间能够可靠地确定

E. 交易的完工进度能够可靠地确定

【答案】 ABCE

【解析】 根据企业所得税法相关规定,提供劳务交易的结果能够可靠估计,是指同时满足下列条件:① 收入的金额能够可靠地计量;② 交易的完工进度能够可靠地确定;③ 交易中已发生和将发生的成本能够可靠地核算。因而,D 错误。

（4）提供劳务交易结果不能可靠估计的处理

根据收入准则第 14 条规定,企业在资产负债表日提供劳务交易结果不能够可靠估计的,应当分别下列情况处理:

① 已经发生的劳务成本预计能够得到补偿的,按照已经发生的劳务成本金额确认提供劳务收入,并按相同金额结转劳务成本。

② 已经发生的劳务成本预计不能够得到补偿的,应当将已经发生的劳务成本计入当期损益,不确认提供劳务收入。

（5）特殊劳务交易收入的确认

根据国税函〔2008〕875 号文件规定,下列提供劳务满足收入确认条件的,应按如下原则确认收入:

① 安装费。应根据安装完工进度确认收入。安装工作是商品销售附带条件的,安装费在确认商品销售实现时确认收入。

② 宣传媒介的收费。应在相关的广告或商业行为出现于公众面前时确认收入。广告的制作费,应根据制作广告的完工进度确认收入。

③ 软件费。为特定客户开发软件的收费,应根据开发的完工进度确认收入。

④ 服务费。包含在商品售价内可区分的服务费,在提供服务的期间分期确认收入。

⑤ 艺术表演、招待宴会和其他特殊活动的收费。在相关活动发生时确认收入。收费涉及几项活动的,预收的款项应合理分配给每项活动,分别确认收入。

⑥ 会员费和入会费。申请入会或加入会员,只允许取得会籍,所有其他服务或商品都要另行收费的,在取得该会员费时确认收入。申请入会或加入会员后,会员在会员期内不再付费就可得到各种服务或商品,或者以低于非会员的价格销售商品或提供服务的,该会员费

应在整个受益期内分期确认收入。

在企业所得税上,收取的会员费,应计入收入总额,计算缴纳企业所得税。纳税人缴纳的会员费,收取会员费的单位提供相应服务,相关支出与生产经营直接相关,凭发票可以税前扣除。申请入会或加入会员后,会员在会员期内不再付费就可得到各种服务或商品,或者以低于非会员的价格销售商品或提供服务的,会员交纳的会员费应当在整个受益期内分期确认费用并予以税前扣除。

需要说明的是有关会费的流转税处理问题。根据国家税务总局《关于营业税若干问题的通知》(国税发〔1995〕076号)规定,对俱乐部、交易所或类似的会员制经济、文化、体育组织,在会员入会时收取的会员费、席位费、资格保证金和其他类似费用,应按营业税有关规定确定适用税目征收营业税。其营业税纳税义务发生时间为会员组织收讫会员费、席位费、资格保证金和其他类似费用款项或取得索取这些费用款项凭据的当天。财政部、国家税务总局《关于增值税若干政策的通知》(财税〔2005〕165号)规定,对增值税纳税人收取的会员费收入不征收增值税。

会员费应当与社会团体收取的会费收入相区别。社会团体会费,是指社会团体在国家法规、政策许可的范围内,依照社团章程的规定,收取的个人会员和团体会员的款额。社会团体是指在中华人民共和国境内经国家社团主管部门批准成立的非营利性的协会、学会、联合会、研究会、基金会、联谊会、促进会、商会等民间群众社会组织。根据财政部、国家税务总局《关于对社会团体收取的会费收入不征收营业税的通知》(财税字〔1997〕063号)规定:社会团体按财政部门或民政部门规定标准收取的会费,是非应税收入,不属于营业税的征收范围,不征收营业税。各党派、共青团、工会、妇联、中科协、青联、台联、侨联收取的党费、会费,比照上述规定执行。

⑦ 特许权费。属于提供设备和其他有形资产的特许权费,在交付资产或转移资产所有权时确认收入;属于提供初始及后续服务的特许权费,在提供服务时确认收入。

⑧ 劳务费。长期为客户提供重复的劳务收取的劳务费,在相关劳务活动发生时确认收入。

而收入准则应用指南规定,长期为客户提供重复的劳务收取的劳务费,应在合同约定的收款日期确认收入;申请入会费和会员费只允许取得会籍,所有其他服务或商品都要另行收费的,应在款项收回不存在重大不确定性时确认收入;申请入会费和会员费能使会员在会员期内得到各种服务或出版物,或者以低于非会员的价格购买商品或接受服务的,应在整个受益期内分期确认收入。上述其他劳务收入的企业所得税处理与收入准则应用指南的规定基本上是一致的。

【例2-7】 (CTA·2012)下列关于企业所得税收入确认时间的说法中,正确的有( )。

A. 转让股权收入,在签订股权转让合同时确认收入

B. 提供初始及后续服务的特许权费,在提供服务时确认收入

C. 采取预收款方式销售商品的,在发出商品时确认收入

D. 采用分期收款方式销售商品的,根据实际收款日期确认收入

E. 为特定客户开发软件的收费,根据开发的完工进度确认收入

【答案】 BCE

【解析】 选项 A,转让股权收入,应于转让协议生效且完成股权变更手续时,确认收入的实现;选项 D,以分期收款方式销售货物的,按照合同约定的收款日期确认收入的实现。

(6) 混合销售与兼营的处理

根据企业会计准则与小企业会计准则规定:企业与其他企业签订的合同或协议包括销售商品和提供劳务时,销售商品部分和提供劳务部分能够区分且能够单独计量的,应当将销售商品的部分作为销售商品处理,将提供劳务的部分作为提供劳务处理。销售商品部分和提供劳务部分不能够区分,或虽能区分但不能够单独计量的,应当将销售商品部分和提供劳务部分全部作为销售商品处理。

① 混合销售行为的税务处理

一项销售行为如果既涉及应税劳务又涉及货物,为混合销售行为。

营业税暂行条例实施细则第七条规定,纳税人的下列混合销售行为,应当分别核算应税劳务的营业额和货物的销售额,其应税劳务的营业额缴纳营业税,货物销售额不缴纳营业税;未分别核算的,由主管税务机关核定其应税劳务的营业额:① 提供建筑业劳务的同时销售自产货物的行为;② 财政部、国家税务总局规定的其他情形。

除营业税暂行条例实施细则第七条的规定外,从事货物的生产、批发或者零售的企业、企业性单位和个体工商户的混合销售行为,视为销售货物,不缴纳营业税;其他单位和个人的混合销售行为,视为提供应税劳务,缴纳营业税。

从事货物的生产、批发或者零售的企业、企业性单位和个体工商户,包括以从事货物的生产、批发或者零售为主,并兼营应税劳务的企业、企业性单位和个体工商户在内。

② 兼有不同税目应税行为的处理

营业税暂行条例第三条规定,纳税人兼有不同税目的应当缴纳营业税的劳务(以下简称应税劳务)、转让无形资产或者销售不动产,应当分别核算不同税目的营业额、转让额、销售额(以下统称营业额);未分别核算营业额的,从高适用税率。

③ 兼营营业税应税劳务与货物或非应税劳务的处理

营业税暂行条例实施细则第八条规定,纳税人兼营应税行为和货物或者非应税劳务的,应当分别核算应税行为的营业额和货物或者非应税劳务的销售额,其应税行为为营业额缴纳营业税,货物或者非应税劳务销售额不缴纳营业税;未分别核算的,由主管税务机关核定其应税行为营业额。

(三)让渡资产使用权收入

让渡资产使用权收入包括利息收入、使用费收入等。根据收入准则第 17 条规定,让渡资产使用权收入同时满足下列条件的,才能予以确认:① 相关的经济利益很可能流入企业;② 收入的金额能够可靠地计量。

根据收入准则规定,企业应当分别下列情况确定让渡资产使用权收入金额:① 利息收入金额,按照他人使用本企业货币资金的时间和实际利率计算确定。② 使用费收入金额,按照有关合同或协议约定的收费时间和方法计算确定。

三、企业转让限售股的税务处理

国家税务总局《关于企业转让上市公司限售股有关所得税问题的公告》(国家税务总局公告 2011 年第 39 号,本公告生效后尚未处理的纳税事项,按照本公告规定处理;已经处理的纳税事项,不再调整),就企业转让上市公司限售股(以下简称限售股)有关所得税问题,明确如下,自 2011 年 7 月 1 日起执行。

（一）纳税义务人的范围界定

根据企业所得税法第一条及其实施条例第三条的规定,转让限售股取得收入的企业(包括事业单位、社会团体、民办非企业单位等),为企业所得税的纳税义务人。

（二）企业转让代个人持有的限售股的处理

因股权分置改革造成原由个人出资而由企业代持有的限售股,企业在转让时按以下规定处理:

（1）企业转让上述限售股取得的收入,应作为企业应税收入计算纳税。

上述限售股转让收入扣除限售股原值和合理税费后的余额为该限售股转让所得。企业未能提供完整、真实的限售股原值凭证,不能准确计算该限售股原值的,主管税务机关一律按该限售股转让收入的 15%,核定为该限售股原值和合理税费。

依照本规定完成纳税义务后的限售股转让收入余额转付给实际所有人时不再纳税。

（2）依法院判决、裁定等原因,通过证券登记结算公司,企业将其代持的个人限售股直接变更到实际所有人名下的,不视同转让限售股。

（三）企业在限售股解禁前转让限售股的处理

企业在限售股解禁前将其持有的限售股转让给其他企业或个人(以下简称受让方),其企业所得税问题按以下规定处理:

（1）企业应按减持在证券登记结算机构登记的限售股取得的全部收入,计入企业当年度应税收入计算纳税。

（2）企业持有的限售股在解禁前已签订协议转让给受让方,但未变更股权登记、仍由企业持有的,企业实际减持该限售股取得的收入,依照第①项规定纳税后,其余额转付给受让方的,受让方不再纳税。

【例 2-8】（CTA·2012）2006 年股权分置改革时,张某个人出资购买甲公司限售股并由乙企业代为持有,乙企业适用企业所得税率为 25%。2011 年 12 月乙企业转让已解禁的限售股取得收入 200 万元,无法提供原值凭证;相关款项已经交付给张某。该转让业务张某和乙企业合计应缴纳所得税（　　）万元。

A. 0　　　　　　B. 7.5　　　　　C. 42.5　　　　　D. 50

【答案】　C

【解析】　国家税务总局公告 2011 年第 39 号规定,企业未能提供完整、真实的限售股原值凭证,不能准确计算该限售股原值的,主管税务机关一律按该限售股转让收入的 15%,核定为该限售股原值和合理税费。企业履行纳税义务后的限售股转让收入余额转交给实际所有人时不再纳税。因而,应缴纳的所得税为:$200×(1-15\%)×25\%=42.5$(万元)。

四、政策性搬迁或处置收入

企业政策性搬迁,是指由于社会公共利益的需要,在政府主导下企业进行整体搬迁或部分搬迁。为规范搬迁业务的财务与会计核算,财政部先后下发了《关于企业收到政府拨给的搬迁补偿款有关财务处理问题的通知》(财企〔2005〕123 号)、《关于印发〈企业会计准则解释第 3 号〉的通知》(财会〔2009〕8 号),对企业收到政府给予的补偿款的财务处理作出规定。

为步进一规范政策性搬迁所得税征收管理,堵塞征管漏洞,国家税务总局对《关于企业政策性搬迁或处置收入有关企业所得税处理问题的通知》(国税函〔2009〕118 号)进行了修改、完善，先后发布了《企业政策性搬迁所得税管理办法》（国家税务总局公告 2012 年第 40 号）、《关于企业政策性搬迁所得税有关问题的公告》（2013 年第 11 号）等规定，自 2012 年 10 月 1 日起施行。

（一）政府拨给搬迁补偿款的财务处理

1. 执行《企业会计准则》的处理

根据财会〔2009〕8 号文件规定，企业因城镇整体规划、库区建设、棚户区改造、沉陷区治理等公共利益进行搬迁，收到政府从财政预算直接拨付的搬迁补偿款，应作为专项应付款处理。其中，属于对企业在搬迁和重建过程中发生的固定资产和无形资产损失、有关费用性支出、停工损失及搬迁后拟新建资产进行补偿的，应自专项应付款转入递延收益，并按照《企业会计准则第 16 号——政府补助》进行会计处理。企业取得的搬迁补偿款扣除转入递延收益的金额后如有结余的，应当作为资本公积处理。企业收到除上述之外的搬迁补偿款，应当按照《企业会计准则第 4 号——固定资产》、《企业会计准则第 16 号——政府补助》等会计准则进行处理。

根据会计准则规定，与资产相关的政府补助，应当确认为递延收益，并在相关资产使用寿命内平均分配，计入当期损益。与收益相关的政府补助，应当分别下列情况处理：用于补偿企业以后期间的相关费用或损失的，确认为递延收益，并在确认相关费用的期间，计入当期损益。用于补偿企业已发生的相关费用或损失的，直接计入当期损益。

2. 未执行会计准则的处理

未执行企业会计准则的企业，应按照财企(2005)123 号文件的下列规定对政策性搬迁进行财务处理。

（1）企业收到政府拨给的搬迁补偿款，作为专项应付款核算。搬迁补偿款存款利息，一并转增专项应付款。

（2）企业在搬迁和重建过程中发生的损失或费用，区分以下情况进行处理：

① 因搬迁出售、报废或毁损的固定资产，作为固定资产清理业务核算，其净损失核销专项应付款；

② 机器设备因拆卸、运输、重新安装、调试等原因发生的费用，直接核销专项应付款；

③ 企业因搬迁而灭失的、原已作为资产单独入账的土地使用权，直接核销专项应付款；

④ 用于安置职工的费用支出，直接核销专项应付款。

（3）企业搬迁结束后，专项应付款如有余额，作调增资本公积金处理，由此增加的资本公积金由全体股东共享；专项应付款如有不足，应计入当期损益。

企业收到的政府拨给的搬迁补偿款的总额及搬迁结束后计入资本公积金或当期损益的金额应当单独披露。

（二）政策性搬迁的所得税处理

自 2012 年 10 月 1 日起，企业应按税务总局公告 2012 年第 40 号和 2013 年第 11 号的要求，就政策性搬迁过程中涉及的搬迁收入、搬迁支出、搬迁资产税务处理、搬迁所得等所得税征收管理事项，单独进行税务管理和核算。不能单独进行税务管理和核算的，应视为企业自行搬迁或商业性搬迁等非政策性搬迁进行所得税处理，不执行上述公告的相关处理规定。

1. 企业政策性搬迁的界定

企业政策性搬迁，是指由于社会公共利益的需要，在政府主导下企业进行整体搬迁或部

分搬迁。企业由于下列需要之一,提供相关文件证明资料的,属于政策性搬迁:

(1) 国防和外交的需要;

(2) 由政府组织实施的能源、交通、水利等基础设施的需要;

(3) 由政府组织实施的科技、教育、文化、卫生、体育、环境和资源保护、防灾减灾、文物保护、社会福利、市政公用等公共事业的需要;

(4) 由政府组织实施的保障性安居工程建设的需要;

(5) 由政府依照《中华人民共和国城乡规划法》有关规定组织实施的对危房集中、基础设施落后等地段进行旧城区改建的需要;

(6) 法律、行政法规规定的其他公共利益的需要。

政策性搬迁与非政策性搬迁的主要区别体现为:一是,企业取得搬迁补偿收入,不立即作为当年度的应税收入征税,而是在搬迁周期内,扣除搬迁支出后统一核算;二是,给予最长五年的搬迁期限;三是,企业以前年度发生尚未弥补的亏损的,搬迁期间从法定亏损结转年限中减除。

2. 搬迁收入

企业的搬迁收入,包括搬迁过程中从本企业以外(包括政府或其他单位)取得的搬迁补偿收入,以及本企业搬迁资产处置收入等。

企业取得的搬迁补偿收入,是指企业由于搬迁取得的货币性和非货币性补偿收入。具体包括:① 对被征用资产价值的补偿;② 因搬迁、安置而给予的补偿;③ 对停产停业形成的损失而给予的补偿;④ 资产搬迁过程中遭到毁损而取得的保险赔款;⑤ 其他补偿收入。

企业搬迁资产处置收入,是指企业由于搬迁而处置企业各类资产所取得的收入。企业由于搬迁处置存货而取得的收入,应按正常经营活动取得的收入进行所得税处理,不作为企业搬迁收入。

3. 搬迁支出

企业的搬迁支出,包括搬迁费用支出以及由于搬迁所发生的企业资产处置支出。

搬迁费用支出,是指企业搬迁期间所发生的各项费用,包括安置职工实际发生的费用、停工期间支付给职工的工资及福利费、临时存放搬迁资产而发生的费用、各类资产搬迁安装费用以及其他与搬迁相关的费用。

资产处置支出,是指企业由于搬迁而处置各类资产所发生的支出,包括变卖及处置各类资产的净值、处置过程中所发生的税费等支出。

企业由于搬迁而报废的资产,如无转让价值,其净值作为企业的资产处置支出。

4. 搬迁资产税务处理

企业搬迁的资产,简单安装或不需要安装即可继续使用的,在该项资产重新投入使用后,就其净值按《企业所得税法》及其实施条例规定的该资产尚未折旧或摊销的年限,继续计提折旧或摊销。

企业搬迁的资产,需要进行大修理后才能重新使用的,应就该资产的净值,加上大修理过程所发生的支出,为该资产的计税成本。在该项资产重新投入使用后,按该资产尚可使用的年限,计提折旧或摊销。

企业搬迁中被征用的土地,采取土地置换的,换入土地的计税成本按被征用土地的净值,以及该换入土地投入使用前所发生的各项费用支出,为该换入土地的计税成本,在该换入土地投入使用后，按《企业所得税法》及其实施条例规定年限摊销。

根据《关于企业政策性搬迁所得税有关问题的公告》（国家税务总局公告2013年第11号）规定：企业政策性搬迁被征用的资产，采取资产置换的，其换入资产的计税成本按被征用资产的净值，加上换入资产所支付的税费（涉及补价，还应加上补价款）计算确定。

企业搬迁期间新购置的各类资产，应按《企业所得税法》及其实施条例等有关规定，计算确定资产的计税成本及折旧或摊销年限。

企业发生的购置资产支出，不得从搬迁收入中扣除。凡在2012年10月1日，国家税务总局2012年第40号公告生效前已经签订搬迁协议且尚未完成搬迁清算的企业政策性搬迁项目，企业在重建或恢复生产过程中购置的各类资产，可以作为搬迁支出，从搬迁收入中扣除。但购置的各类资产，应剔除该搬迁补偿收入后，作为该资产的计税基础，并按规定计算折旧或费用摊销。凡在国家税务总局2012年第40号公告生效后签订搬迁协议的政策性搬迁项目，应按国家税务总局2012年第40号公告有关规定执行，即企业发生的购置资产支出，不得从搬迁收入中扣除。

5. 搬迁所得或损失

企业在搬迁期间发生的搬迁收入和搬迁支出，可以暂不计入当期应纳税所得额，而在完成搬迁的年度，对搬迁收入和支出进行汇总清算。

企业的搬迁收入，扣除搬迁支出后的余额，为企业的搬迁所得。企业应在搬迁完成年度，将搬迁所得计入当年度企业应纳税所得额计算纳税。

有下列情形之一的，为搬迁完成年度，企业应进行搬迁清算，计算搬迁所得：① 从搬迁开始，5年内（包括搬迁当年度）任何一年完成搬迁的；② 从搬迁开始，搬迁时间满5年（包括搬迁当年度）的年度。

企业搬迁收入扣除搬迁支出后为负数的，应为搬迁损失。搬迁损失可在下列方法中选择其一进行税务处理：① 在搬迁完成年度，一次性作为损失进行扣除；② 自搬迁完成年度起分3个年度，均匀在税前扣除。

上述方法由企业自行选择，但一经选定，不得改变。

企业同时符合下列条件的，视为已经完成搬迁：① 搬迁规划已基本完成；② 当年生产经营收入占规划搬迁前年度生产经营收入50%以上。

企业边搬迁、边生产的，搬迁年度应从实际开始搬迁的年度计算。

企业以前年度发生尚未弥补的亏损的，凡企业由于搬迁停止生产经营无所得的，从搬迁年度次年起，至搬迁完成年度前一年度止，可作为停止生产经营活动年度，从法定亏损结转弥补年限中减除；企业边搬迁、边生产的，其亏损结转年度应连续计算。

6. 征收管理

企业应当自搬迁开始年度，至次年5月31日前，向主管税务机关（包括迁出地和迁入地）报送政策性搬迁依据、搬迁规划等相关材料。逾期未报的，除特殊原因并经主管税务机关认可外，按非政策性搬迁处理，不得执行《企业政策性搬迁所得税管理办法》的规定。

企业应向主管税务机关报送的政策性搬迁依据、搬迁规划等相关材料，包括：① 政府搬迁文件或公告；② 搬迁重置总体规划；③ 拆迁补偿协议；④ 资产处置计划；⑤ 其他与搬迁相关的事项。

企业迁出地和迁入地主管税务机关发生变化的，由迁入地主管税务机关负责企业搬迁清算。

　　企业搬迁完成当年,其向主管税务机关报送企业所得税年度纳税申报表时,应同时报送《企业政策性搬迁清算损益表》及相关材料。见表2-1。

　　表 2-1　　　　　　　　**中华人民共和国企业政策性搬迁清算损益表**

政策性搬迁期间: 　　年　月　日至　　　年　月　日

纳税人名称:

纳税人识别号:□□□□□□□□□□□□□□□　　　　　　金额单位: 元(列至角分)

类别	行次	项目	金额
搬迁收入	1	对被征用资产价值的补偿	
	2	因搬迁、安置而给予的补偿	
	3	对停产停业形成的损失而给予的补偿	
	4	资产搬迁过程中遭到毁损而取得的保险赔款	
	5	搬迁资产处置收入	
	6	其他搬迁收入	
	7	搬迁收入合计(1+2+3+4+5+6)	
搬迁支出	8	安置职工实际发生的费用	
	9	停工期间支付给职工的工资及福利费	
	10	临时存放搬迁资产而发生的费用	
	11	各类资产搬迁安装费用	
	12	资产处置支出	
	13	其他搬迁支出	
	14	搬迁支出合计(8+9+10+11+12+13)	
搬迁所得(或损失)	15	搬迁所得(或损失)(7-14)	

纳税人盖章: 经办人签字: 申报日期: 　　　　年　月　日	代理申报中介机构盖章: 经办人签字及执业证件号码: 代理申报日期: 　　　　年　月　日	主管税务机关 受理专用章: 受理人签字: 受理日期: 　　年　月　日

　　国家税务总局公告2012年第40号进一步规定:企业在该办法生效前尚未完成搬迁的,符合该办法规定的搬迁事项,一律按该办法执行。该办法生效年度以前已经完成搬迁且已按原规定进行税务处理的,不再调整。该办法未规定的企业搬迁税务事项,按照《企业所得税法》及其实施条例等相关规定进行税务处理。

【例 2-9】 A 上市公司 2012 年 8 月因政府政策性搬迁，按当月签订的《搬迁补偿协议》约定，2012 年 9 月收到政府拨付的 5 000 万元用于异地重建，土地使用权由政府收回。2012 年 11 月 A 公司被搬迁当月固定资产账面原值为 1 500 万元，累计折旧 500 万元；无形资产（土地使用权）账面价值 600 万元（按税法规定摊销后的余额）；处置相关资产取得收入为 50 万元。按照企业重建计划，企业在实施搬迁过程中，2012 年 12 月共购置管理部门使用固定资产 2 000 万元投入使用，预计使用 10 年，按直线法计提折旧（不考虑残值）；2013 年 1 月新购置土地使用权 500 万元，50 年摊销。2012 年 12 月支付职工安置费 100 万元。2013 年 12 月搬迁完成。

请进行相关的财务与税务处理。

【解析】

A 公司上述搬迁业务的财务与税务处理如下：

(1) 2012 年 9 月，收到政府补偿款时，其会计处理为：

借：银行存款	5 000	
贷：专项应付款		5 000

税务处理：该搬迁补偿收入可暂不计入 2012 年度应纳税所得额，待搬迁完成年度汇总清算。该收入会计上也未计入当年利润总额。会计与税务处理无差异。

(2) 2012 年 11 月，处置被搬迁资产时，其会计处理为：

将固定资产转入清理：

借：固定资产清理	1 000	
累计折旧	500	
贷：固定资产		1 500

收到处置资产收入 50 万元：

借：银行存款	50	
贷：固定资产清理		50

结转固定资产处置净损失：

借：营业外支出	950	
贷：固定资产清理		950

处置无形资产时：

借：营业外支出	600	
贷：无形资产		600

对搬迁中发生的资产损失，自专项应付款转入递延收益：

借：专项应付款	1 550	
贷：递延收益		1 550
借：递延收益	1 550	
贷：营业外收入		1 550

税务处理：企业搬迁资产处置收入 50 万元，搬迁资产处置支出 1 600 万元（1 000＋600），可暂不计入 2012 年度应纳税所得额，待搬迁完成年度汇总清算。上述已计入当年利润总额的搬迁收入 50 万元应做纳税调减处理，搬迁支出 1 600 万元应做纳税调增处理。同时按《政府补助》准则计入"营业外收入"的金额 1 550 万元，应调减应纳税所得额（净调整为 0）。

（3）2012 年 12 月支付给职工安置费的会计处理为：

借：管理费用 100

　贷：银行存款 100

将搬迁中有关费用性支出自专项应付款转入递延收益：

借：专项应付款 100

　贷：递延收益 100

借：递延收益 100

　贷：营业外收入 100

税务处理：职工安置费 100 万元，可暂不计入 2012 年度应纳税所得额，待搬迁完成年度汇总清算。会计上已计入当年利润总额应做纳税调整处理（净调整为 0）。

（4）2012 年 12 月购置固定资产的会计处理为：

借：固定资产 2 000

　贷：银行存款 2 000

同时，结转专项应付款：

借：专项应付款 2 000

　贷：递延收益 2 000

税务处理：该 A 公司在 40 号公告生效前已经签订搬迁协议且尚未完成搬迁清算，其在搬迁过程中购置的资产，可以作为搬迁支出，从搬迁收入中扣除。但应剔除该搬迁补偿收入后，作为该资产的计税基础，并按规定计算折旧或费用摊销。除此之外，企业发生的购置资产支出，不得从搬迁收入中扣除。因而，该固定资产的计税基础为 0。而固定资产账面原值为 2 000 万元。

（5）2013 年 1 月购置土地使用权的会计处理为：

借：无形资产 500

　贷：银行存款 500

同时，结转专项应付款：

借：专项应付款 500

　贷：递延收益 500

税务处理：同上，该无形资产的计税基础为 0。而无形资产账面原值为 500 万元。

（6）2013 年计提固定资产折旧（无形资产摊销）的会计处理为：

借：管理费用 210

　贷：累计折旧 200

　　累计摊销 10

递延收益金额在相关资产使用期间内平均摊销的会计处理为：

借：递延收益 210

　贷：营业外收入 210

税务处理：上述资产计税基础为 0，会计上计提的折旧与摊销 210 万元不得在所得税前扣除，应做纳税调增处理。递延收益转入营业外收入的金额应做纳税调减处理。

（7）2013 年搬迁完成时，企业将专项应付款余额转入资本公积：

借：专项应付款 850

　　贷:资本公积　　　　　　　　　　　　　　　　　　　　　　850

　　税务处理:企业在搬迁期间发生的搬迁收入和搬迁支出,可以暂不计入当期应纳税所得额,而在2013年完成搬迁的年度,对搬迁收入和支出进行汇总清算。企业的搬迁收入为:5 000+50=5 050(万元);搬迁支出为:1 000+600+100+2 000+500=4 200(万元);搬迁所得为:5 050-4 200=850(万元),该搬迁所得应计入2013年度企业应纳税所得额计算纳税。

　　假设,A公司的《搬迁补偿协议》是在2012年10月1日40号公告实施以后签订的,2013年12月份完成搬迁,则其搬迁收入为:5 000+50=5 050(万元);搬迁支出为:1 000+600+100=1 700(万元);搬迁所得为:5 050-1 700=3 350(万元),该搬迁所得应计入2013年度企业应纳税所得额计算纳税。重新购置固定资产的计税基础为2 000万元,购置无形资产的计税基础为500万元,该资产以后年度按税法规定计提的折旧(或摊销)税前可以扣除。

　　(8)2014年及以后年度计提固定资产折旧(无形资产摊销)的会计处理为:

　　借:管理费用　　　　　　　　　　　　　　　　　　　　　　210

　　　贷:累计折旧　　　　　　　　　　　　　　　　　　　　200

　　　　累计摊销　　　　　　　　　　　　　　　　　　　　　10

　　递延收益金额在相关资产使用期间内平均摊销的会计处理为:

　　借:递延收益　　　　　　　　　　　　　　　　　　　　　　210

　　　贷:营业外收入　　　　　　　　　　　　　　　　　　　210

　　税务处理:企业所得税前允许扣除的折旧(或摊销)金额为0,会计上已计提的折旧(或摊销)金额210万元,应做纳税调增处理。同时,转入营业外收入的210万元,应做纳税调减处理。

　　(三)其他税种的处理

　　1.营业税的处理

　　国家税务总局《关于土地使用者将土地使用权归还给土地所有者行为营业税问题的通知》(国税函〔2008〕277号)规定:纳税人将土地使用权归还给土地所有者时,只要出具县级(含)以上地方人民政府收回土地使用权的正式文件,无论支付征地补偿费的资金来源是否为政府财政资金,该行为均属于土地使用者将土地使用权归还给土地所有者的行为,按照国家税务总局《关于印发〈营业税税目注释(试行稿)〉的通知》(国税发〔1993〕149号)规定,不征收营业税。国家税务总局《关于政府收回土地使用权及纳税人代垫拆迁补偿费有关营业税问题的通知》(国税函〔2009〕520号)明确,这里县级以上(含)地方人民政府收回土地使用权的正式文件,包括县级以上(含)地方人民政府出具的收回土地使用权文件,以及土地管理部门报经县级以上(含)地方人民政府同意后由该土地管理部门出具的收回土地使用权文件。

　　2.土地增值税的处理

　　根据《土地增值税暂行条例》第八条规定,因国家建设需要依法征用、收回的房地产免征土地增值税。根据《土地增值税暂行条例实施细则》第十一条规定,此处所称的因国家建设需要依法征用、收回的房地产,是指因城市实施规划、国家建设的需要而被政府批准征用的房产或收回的土地使用权。符合上述免税规定的单位和个人,须向房地产所在地税务机关提出免税申请,经税务机关审核后,免予征收土地增值税。

3. 契税的处理

《契税暂行条例细则》(财法字〔1997〕52号)规定,土地使用权交换、房屋交换,交换价格不相等的,由多交付货币、实物、无形资产或者其他经济利益的一方缴纳税款。交换价格相等的,免征契税。土地、房屋被县级以上人民政府征用、占用后,重新承受土地、房屋权属的,是否减征或者免征契税,由省、自治区、直辖市人民政府确定。如《江苏省实施〈中华人民共和国契税暂行条例〉办法》第九条规定,土地、房屋被县级以上人民政府征用(占用)后,重新承受土地、房屋权属,其成交价格没有超过土地、房屋补偿费、安置补助费的,免征;超过土地、房屋补偿费、安置补助费的部分,纳税确有困难的,给予减征或免征。

拓展阅读:2012年10月1日以前,根据国家税务总局《关于企业政策性搬迁或处置收入有关企业所得税处理问题的通知》(国税函〔2009〕118号)规定,企业政策性搬迁和处置收入,是指因政府城市规划、基础设施建设等政策性原因,企业需要整体搬迁(包括部分搬迁或部分拆除)或处置相关资产而按规定标准从政府取得的搬迁补偿收入或处置相关资产而取得的收入,以及通过市场(招标、拍卖、挂牌等形式)取得的土地使用权转让收入。对企业取得的政策性搬迁或处置收入,应按以下规定进行企业所得税处理:

(1)企业根据搬迁规划,异地重建后恢复原有或转换新的生产经营业务,用企业搬迁或处置收入购置或建造与搬迁前相同或类似性质、用途或者新的固定资产和土地使用权(以下简称重置固定资产),或对其他固定资产进行改良,或进行技术改造,或安置职工的,准予其搬迁或处置收入扣除固定资产重置或改良支出、技术改造支出和职工安置支出后的余额,计入企业应纳税所得额。

(2)企业没有重置或改良固定资产、技术改造或购置其他固定资产的计划或立项报告,应将搬迁收入加上各类拆迁固定资产的变卖收入、减除各类拆迁固定资产的折余价值和处置费用后的余额计入企业当年应纳税所得额,计算缴纳企业所得税。

(3)企业利用政策性搬迁或处置收入购置或改良的固定资产,可以按照现行税收规定计算折旧或摊销,并在企业所得税税前扣除。

(4)企业从规划搬迁次年起的五年内,其取得的搬迁收入或处置收入暂不计入企业当年应纳税所得额,在五年期内完成搬迁的,企业搬迁收入按上述规定处理。

第二节　视同销售收入[①]

为进一步完善税制,积极应对国际金融危机对我国经济的影响,国务院决定全面实施增值税转型改革,并修订、公布了中华人民共和国《增值税暂行条例》、《消费税暂行条例》和《营业税暂行条例》,自2009年1月1日起施行。上述三个流转税条例与企业所得税法及其实施条例,对视同销售行为分别做出了的新的规定,是视同销售税务处理的重要依据。

所谓视同销售,是指会计上不作为销售核算,而在税收上作为销售、确认收入计缴税金的销售货物、转让财产或者提供劳务的行为,它是税法上的一个重要概念。在流转税与所得

---

① 参见吴健:《新税制下视同销售详解》,载《税收征纳》,2009年第3期。

税中,视同销售的税务处理是不同的;同是流转税的增值税、消费税与营业税,视同销售行为的税务处理也相差悬殊,因而,不同税种之间不可相互适用。流转税与企业所得税的视同销售,应分别适用增值税等流转税的暂行条例和企业所得税法,分开进行税务处理。

一、流转税视同销售

(一)增值税视同销售

与1993年的增值税暂行条例及其实施细则(以下简称原增值税条例)相比,2008年新修订的增值税暂行条例及其实施细则(以下简称新增值税条例),对视同销售货物的规定,没有实质性的不同。

为保证增值税税款抵扣制度的顺利实施,防止纳税人利用税法漏洞逃避纳税。新《增值税暂行条例实施细则》(财政部、国家税务总局第50号令)第四条规定,单位或者个体工商户的下列八种行为,视同销售货物:① 将货物交付其他单位或者个人代销;② 销售代销货物;③ 设有两个以上机构并实行统一核算的纳税人,将货物从一个机构移送其他机构用于销售,但相关机构设在同一县(市)的除外;④ 将自产或者委托加工的货物用于非增值税应税项目;⑤ 将自产、委托加工的货物用于集体福利或者个人消费;⑥ 将自产、委托加工或者购进的货物作为投资,提供给其他单位或者个体工商户;⑦ 将自产、委托加工或者购进的货物分配给股东或者投资者;⑧ 将自产、委托加工或者购进的货物无偿赠送其他单位或者个人。

"将货物从一个机构移送其他机构用于销售",是指受货机构发生以下情形之一的经营行为:一是向购货方开具发票;二是向购货方收取货款。受货机构的货物移送行为有上述两项情形之一的,应当向所在地税务机关申报缴纳增值税;未发生上述两项情形的,则应由总机构统一缴纳增值税。如果受货机构只就部分货物向购买方开具发票或者收取货款,则应当区别不同情况计算,并分别向总机构所在地或分支机构所在地缴纳税款。而根据企业会计准则规定,符合这两个条件的,会计上也确认收入。例如,北京的甲公司,在南京设有南京分公司,北京总公司将货物移送到南京分公司用于销售,但是南京分公司只是负责仓储,签订合同、开具发票以及收取货款均在北京总公司办理,总公司移送货物到南京的行为无需视同销售。反之,如果南京分公司向购货方开具了发票或是收取了货款,则北京总公司向南京分公司移送货物的行为就属于视同销售,要按规定交纳增值税。

此外,根据《中部地区扩大增值税抵扣范围暂行办法》(财税〔2007〕75号)规定,纳税人的下列行为,视同销售货物:① 将自制或委托加工的固定资产专用于非应税项目;② 将自制或委托加工的固定资产专用于免税项目;③ 将自制、委托加工或购进的固定资产作为投资,提供给其他单位或者个体经营者;④ 将自制、委托加工或购进的固定资产分配给股东或投资者;⑤ 将自制、委托加工的固定资产专用于集体福利或个人消费;⑥ 将自制、委托加工或购进的固定资产无偿赠送他人。纳税人有上述视同销售货物行为而未作销售的,以视同销售的固定资产净值为销售额。

(二)消费税视同销售

消费税新老条例关于消费税视同销售的规定相同。《消费税暂行条例》(国务院令第539号)规定:纳税人生产的应税消费品,于纳税人销售时纳税。纳税人自产自用的应税消费品,用于连续生产应税消费品的,不纳税;用于其他方面的,于移送使用时纳税。

这里所称用于连续生产应税消费品,是指纳税人将自产自用的应税消费品作为直接材料生产最终应税消费品,自产自用应税消费品构成最终应税消费品的实体。这里的用于其他方面,是指纳税人将自产自用应税消费品用于生产非应税消费品、在建工程、管理部门、非生产机构、提供劳务、馈赠、赞助、集资、广告、样品、职工福利、奖励等方面。

与增值税视同销售行为相比,消费税的视同销售比较单一,纳税人只有将自产自用的应税消费品,用于除连续生产应税消费品以外的其他方面的,才作为视同销售处理,于移送使用时计算缴纳消费税。纳税人自产自用的应税消费品,用于生产非应税消费品、在建工程、管理部门、非生产机构的,在企业所得税处理时,也不做视同销售,不缴企业所得税。

(三)营业税视同销售

1993年的《营业税暂行条例实施细则》规定:单位或个人自己新建(以下简称自建)建筑物后销售,其自建行为视同提供应税劳务。转让不动产有限产权或永久使用权,以及单位将不动产无偿赠与他人,视同销售不动产。

而2008年新修订的营业税暂行条例实施细则第五条规定,纳税人有下列情形之一的,视同发生应税行为:① 单位或者个人将不动产或者土地使用权无偿赠送其他单位或者个人;② 单位或者个人自己新建(简称自建)建筑物后销售,其所发生的自建行为;③ 财政部、国家税务总局规定的其他情形。

《关于纳税人开发回迁安置用房有关营业税问题的公告》(国家税务总局公告2014年第2号)规定,自2014年3月1日起:纳税人以自己名义立项,在该纳税人不承担土地出让价款的土地上开发回迁安置房,并向原居民无偿转让回迁安置房所有权的行为,按照《中华人民共和国营业税暂行条例实施细则》(财政部 国家税务总局令第52号)第五条之规定,视同销售不动产征收营业税,其计税营业额按财政部 国家税务总局令第52号第二十条第一款第(三)项的规定予以核定,但不包括回迁安置房所处地块的土地使用权价款。

根据现行政策规定,纳税人发生营业税条例细则第五条所列视同发生应税行为而无营业额的,按规定顺序确定营业额。回迁安置房与商品房性质不同,不宜按照同地段商品房市场价进行核定,应按照营业税细则第二十条第(三)款规定,以工程成本加利润的方式予以核定;同时,由于回迁安置房所处地块的土地出让价款并非该纳税人承担,实质上该地块的土地使用权不属于该纳税人,因此,核定的销售不动产计税依据中不应包含土地成本。

由于不动产和土地使用权具有相同性质,不动产的转让也必然伴随着土地使用权的转移,因而新营业税暂行条例实施细则,将无偿赠送土地使用权行为也纳入营业税的征税范围。另外,与原营业税暂行条例实施细则仅对"单位将不动产无偿赠与他人,视同销售不动产",个人将不动产无偿赠与他人没有列入视同销售范围相比,新营业税暂行条例实施细则第一次增加规定:个人将不动产或者土地使用权无偿赠送其他单位或者个人,也要视同销售不动产,计算缴纳营业税。

通常,只有税法列举到的行为,才做视同销售处理,没有列举的一般不作为视同销售处理。这里应注意的是,国家税务总局《关于有价消费卡征收营业税问题的批复》(国税函〔2004〕1032号)规定,消费者持服务单位赠予的固定面值消费卡进行消费时,应确认为该服务单位提供了营业税应税劳务,发生了营业税纳税义务,对该服务单位按消费者消费时所冲减的有价消费卡面值额,计算缴纳营业税。

此外,财政部、国家税务总局《关于个人金融商品买卖等营业税若干免税政策的通知》(财税〔2009〕111号)规定,个人无偿赠与不动产、土地使用权,属于下列情形之一的,暂免征收营业税:① 离婚财产分割;② 无偿赠与配偶、父母、子女、祖父母、外祖父母、孙子女、外孙子女、兄弟姐妹；③ 无偿赠与对其承担直接抚养或者赡养义务的抚养人或者赡养人；④ 房屋产权所有人死亡，依法取得房屋产权的法定继承人、遗嘱继承人或者受遗赠人。

二、所得税视同销售

自 2008 年 1 月 1 日起，我国实行法人所得税制，企业所得税视同销售的新老政策差异较大。

（一）分析老政

根据 1994 年的《企业所得税暂行条例实施细则》规定，纳税人在基本建设、专项工程及职工福利等方面使用本企业的商品、产品的，均应作为收入处理；纳税人对外进行来料加工装配业务节省的材料，如按合同规定留归企业所有的，也应视同销售，作为收入处理。

财政部、国家税务总局《关于企业所得税几个具体问题的通知》（财税字〔1996〕079 号），进一步扩大了企业所得税视同销售的范围，将企业自己生产的产品用于在建工程、管理部门、非生产性机构、捐赠、赞助、集资、广告、样品、职工福利、奖励等方面时，应视同对外销售处理。其产品的销售价格，应参照同期同类产品的市场销售价格确定；没有参照价格的，按成本加合理利润的方法组成计税价格确定。

随着企业会计制度的实施，国家税务总局《关于执行〈企业会计制度〉需要明确的有关所得税问题的通知》（国税发〔2003〕45 号）对捐赠的视同销售，进一步明确为：企业将自产、委托加工和外购的原材料、固定资产、无形资产和有价证券（商业企业包括外购商品）用于捐赠，应分解为按公允价值视同对外销售和捐赠两项业务，进行所得税处理。

为了加强和规范房地产开发企业的企业所得税征收管理，国家税务总局《关于房地产开发有关企业所得税问题的通知》（国税发〔2003〕83 号）规定：下列行为应视同销售确认收入：① 将开发产品用于本企业自用、捐赠、赞助、广告、样品、职工福利、奖励等；② 将开发产品转作经营性资产；③ 将开发产品用作对外投资以及分配给股东或投资者；④ 以开发产品抵偿债务；⑤ 以开发产品换取其他企事业单位、个人的非货币性资产。

2006 年 3 月 6 日，国家税务总局对国税发〔2003〕83 号文件进行修订后，下发的国税发〔2006〕31 号文件规定：自 2006 年 1 月 1 日起，开发企业将开发产品转作固定资产或者用于捐赠、赞助、职工福利、奖励、对外投资、分配给股东或投资人、抵偿债务、换取其他企事业单位和个人的非货币性资产等行为，应视同销售，于开发产品所有权或者使用权转移，或于实际取得利益权利时确认收入（或利润）的实现。

可见，原企业所得税法规、规章强调，作为视同销售处理的资产，主要是"本企业的商品、产品"和"自己生产的产品"。对于捐赠资产，则还包括"委托加工和外购的原材料、固定资产、无形资产和有价证券（商业企业包括外购商品）"。其他资产则不在视同销售范围。

（二）解析新政

自 2008 年 1 月 1 日起，根据企业所得税法实施条例规定：企业发生非货币性资产交换，以及将货物、财产、劳务用于捐赠、偿债、赞助、集资、广告、样品、职工福利和利润分配等用途的，应当视同销售货物、转让财产和提供劳务，但国务院财政、税务主管部门另有规定的除外。这是对原企业所得税暂行条例实施细则进行修订后形成的，是视同销售企业所得税处理的依据。按照该规定，应当视同销售货物、转让财产和提供劳务的特别情形主要包括以下两个方面：

第一，非货币性资产交换。根据企业会计准则，非货币性资产交换是指交易双方主要以存货、固定资产、无形资产和长期股权投资等非货币性资产进行的交换。该交换不涉及或只涉及少量的货币性资产(即补价)。会计上非货币性资产交换必须同时满足两个条件才能确认收入,一是该项交换具有商业实质,二是换入资产或者换出资产的公允价值能够可靠地计量。此种情况下,会计上采用公允价值模式计量;此时,资产转让的计税收入和换入资产计税基础的确定,税法与会计处理是一致的。

第二,将货物、财产、劳务用于捐赠、偿债、赞助、集资、广告、样品、职工福利和利润分配等用途。在这些用途中,有些情况下可能是出于生产经营的需要,但是有些情况是企业意图规避税法,逃避纳税义务。为了保证国家的税收收入,税法规定上述行为均视同销售货物、转让财产和提供劳务。在这些行为过程中对货物、财产和劳务没有以货币进行计价,应当按照公允价值确定其收入,计算应纳税额。

在新税制下,企业所得税视同销售应把握如下两点:

1. 内部处置资产,不视同销售

根据《国家税务总局关于企业处置资产所得税处理问题的通知》(国税函〔2008〕828号)规定,自2008年1月1日起(对2008年1月1日以前发生的处置资产,2008年1月1日以后尚未进行税务处理的也适用),企业发生下列情形的处置资产,除将资产转移至境外以外,由于资产所有权属在形式和实质上均不发生改变,可作为内部处置资产,不视同销售确认收入,相关资产的计税基础延续计算。

(1) 将资产用于生产、制造、加工另一产品;

(2) 改变资产形状、结构或性能;

(3) 改变资产用途(如,自建商品房转为自用或经营);

(4) 将资产在总机构及其分支机构之间转移;

(5) 上述两种或两种以上情形的混合;

(6) 其他不改变资产所有权属的用途。

2. 资产移送他人,视同销售

企业将资产移送他人的下列情形,因资产所有权属已发生改变而不属于内部处置资产,应按规定视同销售确定收入。这种情形主要包括:

(1) 用于市场推广或销售;

(2) 用于交际应酬;

(3) 用于职工奖励或福利;

(4) 用于股息分配;

(5) 用于对外捐赠;

(6) 其他改变资产所有权属的用途。

企业发生按规定应作视同销售情形时,根据国税函〔2008〕828号)第三条规定,属于企业自制资产的,应按企业同类资产同期对外销售价格确定销售收入;属于外购的资产的,可以按照购入时的价格确定销售收入。

国家税务总局《关于做好2009年度企业所得税汇算清缴工作的通知》(国税函〔2010〕148号)进一步明确:这里国税函〔2008〕828号)第三条规定的,企业处置外购资产按购入时的价格确定销售收入,是指企业处置该项资产不是以销售为目的,而是具有替代职工福利等费用支出性质,且购买后一般在一个纳税年度内处置。

（三）剖析差异

与企业所得税暂行条例及其实施细则相比，企业所得税法及其实施条例有关视同销售税务处理的变化，主要表现在如下方面：

第一，扩大了视同销售的对象。企业所得税法首次明确了劳务的视同销售问题，将劳务与货物、财产一起均列为视同销售的对象，解决了以前由于政策不明确带来的争议。如果企业将劳务用于捐赠、赞助等项目，即向企业外部免费提供劳务时，会计即使不确认收入，也应当进行企业所得税纳税调整，同时记载对应项目会计成本与计税成本之间的差异。

第二，视同销售范围既有缩小、也有扩大。原内资企业所得税是以独立经济核算的单位作为纳税人的，不具有法人地位但实行独立经济核算的分公司也要独立计算缴纳所得税。而新企业所得税法采用的是法人所得税模式，相应的就缩小了视同销售的范围，对于货物、财产在统一法人实体内部之间的转移，比如企业将货物、财产、劳务用于在建工程、管理部门、分公司等不再作为视同销售处理。视同销售范围的扩大主要表现在：根据内资企业所得税暂行条例，非自产产品用于广告、样品、职工福利等情形时，不需要视同销售；而根据企业所得税法的规定，应当作视同销售处理。

此外，与企业所得税相比，土地增值税的视同销售比较简单和相似，根据土地增值税相关规定，房地产开发企业将开发产品用于职工福利、奖励、对外投资、分配给股东或投资人、抵偿债务、换取其他单位和个人的非货币性资产等，发生所有权转移时应视同销售房地产；将开发的部分房地产转为企业自用或用于出租等商业用途时，如果产权未发生转移，不征收土地增值税，在税款清算时不列收入，不扣除相应的成本和费用。

三、会计处理

由于税法与会计的目的不同，遵循的标准各异，导致视同销售行为的会计与税务处理产生一定的差异。

《财政部关于自产自用的产品视同销售如何进行会计处理的复函》（财会字〔1997〕26号）规定：企业将自己生产的产品用于在建工程、管理部门、非生产性机构、捐赠、赞助、集资、广告、样品、职工福利奖励等方面，是一种内部结转关系，不存在销售行为，不符合销售成立的标志；企业不会由于将自己生产的产品用于在建工程等而增加现金流量，也不会增加企业的营业利润。因此，会计上不作销售处理，而按成本转账。但按税收规定，自产自用的产品视同对外销售，并据以计算交纳各种税费。企业按规定计算交纳的各种税费，也构成由于使用该自产产品而发生支出的一部分，应按用途记入相关的科目。其具体会计处理方法为：

（1）自产自用的产品在移送使用时，应将该产品的成本按用途转入相应的科目，借记"在建工程"、"应付职工薪酬"等科目，贷记"产成品"等科目。

（2）企业将自产的产品用于上述用途应交纳的增值税、消费税等，应按税收规定计算的应税金额，按用途记入相应的科目，借记"在建工程"、"应付职工薪酬"等科目，贷记"应交税费——应交增值税（销项税额）"、"应交税费——应交消费税"等科目。按税收规定需要交纳所得税的，还应将该项经济业务视同销售应获得的利润计入应纳税所得额，据以交纳所得税，按用途记入相应的科目，借记"在建工程"、"应付应付职工薪酬"等科目，贷记"应交税费——应交所得税"科目。

随着新企业会计准则的实施，在执行企业会计准则的单位，这种差异已经缩小。如企业将非现金资产（外购、委托加工或自产）用于对外投资、对外捐赠、抵偿债务、换取其他资产、分配给股东、奖励给职工、作为样品送给他人等方面,由于非现金资产的所有权发生了转移,会计准则要求视同按公允价值销售(或处置)处理,应当确认损益(货物)或利得(非流动资产)。对于将自产产品用于管理部门、在建工程、固定资产、对外出租、同一法人实体内部各营业机构之间的转移等行为,因其所有权没有发生转移,不确认损益。这与新企业所得税法关于视同销售的规定是一致的。但应注意下列问题:

第一,如果非货币性资产交换不具有商业实质,或者虽具有商业实质,但换入或换出资产的公允价值均不能可靠计量的,会计上应采用成本模式核算,即换入资产的成本按换出资产的账面价值加上应支付的相关税费确定,不确认损益。此时,会计与税法存在两点差异:一是会计上换出资产按账面价值结转,不确认损益,而根据企业所得税法规定,除国务院财政、税务主管部门另有规定外,企业以非货币性资产与其他企业的资产相互交换,应当视同销售货物、转让财产,按公允价值确定资产转让所得。二是换入资产的会计成本以换出资产的账面价值为基础确定。而税法规定,以非货币性资产交换方式取得的非现金资产的计税基础,按照该项资产的公允价值和应支付的相关税费确定。

第二,执行会计制度的企业,企业所得税视同销售业务仍然存在差异,需要按照税法规定计算纳税。如按小企业会计准则规定,小企业以自产产品用于利润分配、以自产产品发给职工,以及通过非货币性资产交换取得的长期股权投资等应做销售处理。

第三,所得税视同销售的规定与流转税不同。企业将自产产品用于在建工程、对外出租等方面,仍然需要视同销售缴纳增值税。房地产企业将开发产品用于对外投资不征营业税,但需视同销售计算资产转让所得缴纳所得税,同时还需要视同销售缴纳土地增值税。

由于增值税规定的视同销售行为仅涉及货物,并不涉及加工、修理修配劳务,而营业税规定的视同销售行为仅包括无偿赠与不动产和土地使用权以及自建建筑物销售,也不包括其他应税劳务,因此除了自建建筑物销售这一建筑劳务外,其他劳务用于捐赠、赞助、集资、广告、样品、职工福利和利润分配并不涉及货物劳务税。但企业所得税处理上应当视同销售。

第四,根据《小企业会计准则》规定,下列情形由于具有销售性质,会计上已确认销售收入,在增值税与企业所得税处理时也视同销售:① 小企业以自产产品用于利润分配;② 以自产产品发放给职工;③ 通过非货币性资产交换取得长期股权投资。这种实质上具有销售性质的视同销售行为,会计上应确认销售收入、结转成本,按一般销售行为确认销售货物所得,计算缴纳增值税和企业所得税。由于按《小企业会计准则》规定,上述行为已确认销售收入,税法虽然规定为视同销售行为,因已按正常一般销售行为进行会计、计算申报纳税,所以不能再按视同销售行为计算申报缴纳增值税和所得税,否则会出现重复计税。

第三节 不征税收入

不征税收入是我国 2008 年 1 月 1 日起实施的企业所得税法创设的一个新概念,是指从企业所得税原理上讲应永不列入征税范围的收入范畴。规定不征税收入,其主要目的是从收入总额中排除非经营活动或非营利活动带来的经济利益流入。企业所得税中的"不征税收入"与"免税收入"不是同一概念。免税收入是指属于企业所得税征税范围,但可以享受免税优惠的收入。

一、不征税收入的界定

企业所得税法第七条规定,收入总额中的下列收入为不征税收入:① 财政拨款;② 依法收取并纳入财政管理的行政事业性收费、政府性基金;③ 国务院规定的其他不征税收入。

(一) 财政拨款

财政拨款,是指各级人民政府对纳入预算管理的事业单位、社会团体等组织拨付的财政资金,但国务院和国务院财政、税务主管部门另有规定的除外。

(二) 依法收取并纳入财政管理的行政事业性收费、政府性基金

行政事业性收费,是指依照法律法规等有关规定,按照国务院规定程序批准,在实施社会公共管理,以及在向公民、法人或者其他组织提供特定公共服务过程中,向特定对象收取并纳入财政管理的费用。

政府性基金,是指企业根据法律、行政法规等有关规定,代政府收取的具有专项用途的财政资金。

财政部、国家税务总局《关于财政性资金、行政事业性收费、政府性基金有关企业所得税政策问题的通知》(财税〔2008〕151号)规定,自2008年1月1日起:① 企业按照规定缴纳的、由国务院或财政部批准设立的政府性基金以及由国务院和省、自治区、直辖市人民政府及其财政、价格主管部门批准设立的行政事业性收费,准予在计算应纳税所得额时扣除。企业缴纳的不符合上述审批管理权限设立的基金、收费,不得在计算应纳税所得额时扣除。② 企业收取的各种基金、收费,应计入企业当年收入总额。③ 对企业依照法律、法规及国务院有关规定收取并上缴财政的政府性基金和行政事业性收费,准予作为不征税收入,于上缴财政的当年在计算应纳税所得额时从收入总额中减除;未上缴财政的部分,不得从收入总额中减除。

行政事业性收费和政府性基金的营业税处理按照财政部、国家税务总局《关于个人金融商品买卖等营业税若干免税政策的通知》(财税〔2009〕111号)规定执行。即自2009年1月1日起,同时满足以下条件的行政事业性收费和政府性基金暂免征收营业税:① 由国务院或者财政部批准设立的政府性基金,由国务院或者省级人民政府及其财政、价格主管部门批准设立的行政事业性收费和政府性基金;② 收取时开具省级以上(含省级)财政部门统一印制或监制的财政票据;③ 所收款项全额上缴财政。

凡不同时符合上述三个条件,且属于营业税征税范围的行政事业性收费或政府性基金应照章征收营业税。

上述免征营业税的政府性基金是指各级人民政府及其所属部门根据法律、国家行政法规和中共中央、国务院有关文件的规定,为支持某项事业发展,按照国家规定程序批准,向公民、法人和其他组织征收的具有专项用途的资金。包括各种基金、资金、附加和专项收费。免征营业税的行政事业性收费是指国家机关、事业单位、代行政府职能的社会团体及其他组织根据法律、行政法规、地方性法规等有关规定,依照国务院规定程序批准,在向公民、法人提供特定服务的过程中,按照成本补偿和非营利原则向特定服务对象收取的费用。

(三) 国务院规定的其他不征税收入

国务院规定的其他不征税收入,是指企业取得的,由国务院财政、税务主管部门规定专项用途并经国务院批准的财政性资金。

1. 专项用途财政性资金

财政性资金,是指企业取得的来源于政府及其有关部门的财政补助、补贴、贷款贴息,以及其他各类财政专项资金,包括直接减免的增值税和即征即退、先征后退、先征后返的各种税收,但不包括企业按规定取得的出口退税款。

(1) 企业取得财政性资金的税务处理

财政部、国家税务总局《关于财政性资金、行政事业性收费、政府性基金有关企业所得税政策问题的通知》(财税〔2008〕151号)规定,自2008年1月1日起,企业取得的财政性资金按如下政策执行:① 企业取得的各类财政性资金,除属于国家投资和资金使用后要求归还本金的以外,均应计入企业当年收入总额。国家投资,是指国家以投资者身份投入企业、并按有关规定相应增加企业实收资本(股本)的直接投资。② 对企业取得的由国务院财政、税务主管部门规定专项用途并经国务院批准的财政性资金,准予作为不征税收入,在计算应纳税所得额时从收入总额中减除。③ 纳入预算管理的事业单位、社会团体等组织按照核定的预算和经费报领关系收到的由财政部门或上级单位拨入的财政补助收入,准予作为不征税收入,在计算应纳税所得额时从收入总额中减除,但国务院和国务院财政、税务主管部门另有规定的除外。

此外,根据《财政部国家税务总局关于企业所得税若干优惠政策的通知》(财税〔2008〕1号)规定,软件生产企业实行增值税即征即退政策所退还的税款,由企业用于研究开发软件产品和扩大再生产,不作为企业所得税应税收入,不予征收企业所得税。《财政部国家税务总局关于核电行业税收政策有关问题的通知》(财税〔2008〕38号)规定,自2008年1月1日起,核力发电企业取得的增值税退税款,专项用于还本付息,不征收企业所得税。

【例2-10】 2009年1月1日,A建筑公司开始承建某城市基础配套工程,向银行贷款5 000万元,期限2年,年利率6%。当年3月,企业向当地政府提出财政贴息申请,经审核,当地政府批准给予A建筑企业共计300万元的财政贴息(会计上已计入当期损益)。当年7月15日,企业收到贴息款项。预计2010年7月1日工程完工。

请问:在进行2009年度企业所得税汇算清缴时,对企业获得的300万元财政贴息是否应申报缴纳企业所得税?

【解析】

根据财税〔2008〕151号文件规定,企业取得国家财政性补贴和其他补贴收入,除国务院和国务院财政、税务主管部门规定不计入损益者外,都应当作为计算应纳税所得额的依据,依法缴纳企业所得税。由于A建筑公司获得的300万元财政贴息不属于国家投资和资金使用后要求归还本金的财政性资金,应计入企业当年收入总额计征企业所得税。

对于A建筑公司获得的这类财政补贴收入,取得补贴收入的当年应全额作为应税收入。由于A建筑公司获得300万元的财政贴息时间在2009年,因此这笔补贴收入应该在2009年度申报缴纳企业所得税。此项贴息收入,财务上应计入营业外收入(政府补助收入),不作为计算业务招待费、广告费和业务宣传费支出的计算基数。

(2) 专项用途财政性资金作为不征税收入需符合三个条件

根据财政部、国家税务总局《关于专项用途财政性资金有关企业所得税处理问题的通知》(财税〔2009〕87号)、《关于专项用途财政性资金企业所得税处理问题的通知》(财税〔2011〕70号)规定,企业从县级以上各级人民政府财政部门及其他部门取得的应计入收入总额的财政性资金,凡同时符合以下条件的,可以作为不征税收入,在计算应纳税所得额时从收入总额中减除:① 企业能够提供规定资金专项用途的资金拨付文件;② 财政部门或其他拨付资金的政府部门对该资金有专门的资金管理办法或具体管理要求;③ 企业对该资金以及以该资金发生的支出单独进行核算。

根据企业所得税法实施条例第二十八条规定:企业的不征税收入用于支出所形成的费用或者财产,不得扣除或者计算对应的折旧、摊销扣除。即上述不征税收入用于支出所形成的费用,不得在计算应纳税所得额时扣除;用于支出所形成的资产,其计算的折旧、摊销不得在计算应纳税所得额时扣除。

需要说明的是,企业应将不征税收入与免税收入区别开来。企业所得税法首次引入免税收入这一概念,它是指对企业的某些收入免予征税,即允许企业计算应纳税所得额时将这些收入从收入总额中减除。免税收入属于税收优惠,而不征税收入则不属于税收优惠政策。且免税收入所形成的费用或资产,可以扣除或者计算对应的折旧、摊销扣除。

（3）专项用途财政性资金作为不征税收入后续管理

根据财税〔2011〕70号文件规定,企业将符合上述规定条件的财政性资金作不征税收入处理后,在5年(60个月)内未发生支出且未缴回财政部门或其他拨付资金的政府部门的部分,应计入取得该资金第六年的应税收入总额;计入应税收入总额的财政性资金发生的支出,允许在计算应纳税所得额时扣除。

国家税务总局《关于企业所得税应纳税所得额若干税务处理问题的公告》(国家税务总局公告2012年第15号)第七条关于企业不征税收入管理问题进一步明确:企业取得的不征税收入,应按照财税〔2011〕70号文件的规定进行处理。凡未按照该文件规定进行管理的,应作为企业应税收入计入应纳税所得额,依法缴纳企业所得税。

在管理方式上,专项用途财政性资金延迟计入应纳税所得额通常属于自行申报类项目,不需要经税务机关的审批、备案。

【例2-11】 深圳立信集团是2008年批准的高新技术企业,当年实现主营业务收入8 000万元,债务重组收益700万元,收到经国务院批准、财政部指定用于购置技改设备补贴700万元,当年广告费实际支出数额为1 400万元,当年实现利润总额为1 800万元,不考虑其他纳税调整项目,则应纳税所得额为(　　　)万元。

A. 270　　　　　B. 1 300　　　　　C. 1 800　　　　　D. 2 000

【答案】 B

【解析】

广告费和业务宣传费扣除限额为:8 000×15%＝1 200万元,超标200万元(1 400－1 200),应调增应纳税所得额。

取得的经国务院批准、财政部指定用途的财政补贴收入为不征税收入,应调减应纳税所得额700万元。

调整后的应纳税所得额为:1 800＋200－700＝1 300(万元)。

2. 社保基金的相关收入为不征税收入

财政部、国家税务总局《关于全国社会保障基金有关企业所得税问题的通知》(财税〔2008〕136号)规定,从2008年1月1日起,全国社会保障基金理事会(简称社保基金理事会)、社保基金投资管理人管理的社保基金银行存款利息收入,社保基金从证券市场中取得的收入,包括买卖证券投资基金、股票、债券的差价收入,证券投资基金红利收入,股票的股息、红利收入,债券的利息收入及产业投资基金收益、信托投资收益等其他投资收入,作为企业所得税不征税收入。对社保基金投资管理人、社保基金托管人从事社保基金管理活动取得的收入,依照税法的规定征收企业所得税。

国家税务总局《关于中国居民企业向全国社会保障基金所持 H 股派发股息不予代扣代缴企业所得税的通知》(国税函〔2009〕173 号)规定,根据财税〔2008〕136 号文件精神,全国社会保障基金(简称"社保基金")从证券市场取得的收入为企业所得税不征税收入。在香港上市的境内居民企业派发股息时,可凭香港中央结算(代理人)有限公司确定的社保基金所持 H 股证明,不予代扣代缴企业所得税。

在香港以外上市的境内居民企业向境外派发股息时,可凭有关证券结算公司确定的社保基金所持股证明,不予代扣代缴企业所得税。

在境外上市的境内居民企业向其他经批准对股息不征企业所得税的机构派发股息时,可参照国税函〔2009〕173 号文件规定执行,即不予代扣代缴企业所得税。

3. 期货保障基金收入

期货投资者保障基金简称期货保障基金。财政部、国家税务总局《关于期货投资者保障基金有关税收问题的通知》(财税〔2009〕68 号)、《关于期货投资者保障基金有关税收优惠政策继续执行的通知》(财税〔2011〕69 号)、《关于期货投资者保障基金有关税收政策继续执行的通知》(财税〔2013〕80 号)规定,自 2008 年 1 月 1 日起至 2014 年 12 月 31 日止(对期货保障基金公司在 2008 年 1 月 1 日至文到之日已缴纳的应予免征的营业税,从以后应缴纳的营业税税款中抵减)对中国期货保证金监控中心有限责任公司(以下简称期货保障基金公司)根据《期货投资者保障基金管理暂行办法》(证监会令第 38 号,以下简称《暂行办法》)取得的下列收入,不计入其应征企业所得税收入:

(1)期货交易所按风险准备金账户总额的 15% 和交易手续费的 3% 上缴的期货保障基金收入;

(2)期货公司按代理交易额的千万分之五至千万分之十上缴的期货保障基金收入;

(3)依法向有关责任方追偿所得;

(4)期货公司破产清算所得;

(5)捐赠所得。

对期货保障基金公司取得的银行存款利息收入、购买国债、中央银行和中央级金融机构发行债券的利息收入,以及证监会和财政部批准的其他资金运用取得的收入,暂免征收企业所得税。

对期货保障基金公司根据《暂行办法》取得的下列收入,暂免征收营业税:

(1)期货交易所按风险准备金账户总额的 15% 和交易手续费的 3% 上缴的期货保障基金收入;

(2)期货公司按代理交易额的千万分之五至千万分之十上缴的期货保障基金收入;

(3)依法向有关责任方追偿所得收入;

(4)期货公司破产清算受偿收入;

(5)按规定从期货交易所取得的运营收入。

期货交易所和期货公司根据《暂行办法》上缴的期货保障基金中属于营业税征税范围的

部分，允许从其营业税计税营业额中扣除。

对期货保障基金公司新设立的资金账簿、期货保障基金参加被处置期货公司的财产清算而签订的产权转移书据以及期货保障基金以自有财产和接受的受偿资产与保险公司签订的财产保险合同等免征印花税。对上述应税合同和产权转移书据的其他当事人照章征收印花税。

二、政府补助收入的会计处理

政府补助是一个会计概念，是指企业从政府无偿取得货币性资产或非货币性资产，但不包括政府作为企业所有者投入的资本。企业会计准则将政府补助分为与资产相关的政府补助和与收益相关的政府补助。与资产相关的政府补助，是指企业取得的、用于购建或以其他方式形成长期资产的政府补助。与收益相关的政府补助，是指除与资产相关的政府补助之外的政府补助。而小企业会计准则将政府补助划分为与资产相关的政府补助和其他政府补助。其他政府补助，是指除与资产相关的政府补助之外的政府补助。

（一）政府补助的主要形式

1. 财政拨款

会计上所称的财政拨款是政府无偿拨付给企业的资金，通常在拨款时明确规定资金用途，比如财政部门拨付给企业用于购建固定资产或进行技术改造的专项资金，鼓励企业安置职工就业而给予的奖励款项，拨付企业的粮食定额补贴，拨付企业开展研发活动的研发经费等。

会计里的财政拨款与企业所得税法里的财政拨款是两个概念。会计中的财政拨款是对企业的拨款；企业所得税法中的财政拨款是对纳入预算管理的事业单位、社会团体等的拨款。

2. 财政贴息

财政贴息是政府为支持特定领域或区域发展，根据国家宏观经济形势和政策目标，对承贷企业的银行贷款利息给予的补贴。如财政将贴息资金直接拨付给受益企业，或者财政将贴息资金拨付给贷款银行，由贷款银行以政策性优惠利率向企业提供贷款，受益企业按照实际发生的利率计算和确认利息费用。

3. 税收返还

税收返还是政府按照国家有关规定采取先征后返（退）、即征即退等办法向企业返还的税款，属于以税收优惠形式给予的一种政府补助。增值税出口退税不属于政府补助。除税收返还外，税收优惠还包括直接减征、免征、增加计税抵扣额、抵免部分税额等形式。这类税收优惠并未直接向企业无偿提供资产，不作为会计规范的政府补助。

上述会计中的"财政拨款、财政贴息和税收返还"与税法中的财政性资金相关对应，企业所得税中"财政性资金"的概念范围基本上相当于会计中的"财政拨款、财政贴息和税收返还"。

4. 无偿划拨非货币性资产

比如行政划拨土地使用权、天然起源的天然林等。

（二）政府补助的确认和计量

1. 政府补助的确认

政府补助同时满足下列条件的，才能予以确认：

（1）企业能够满足政府补助所附条件；

（2）企业能够收到政府补助。

2. 政府补助的计量

政府补助为货币性资产的，应当按照收到或应收的金额计量。政府补助为非货币性资产的，应当按照公允价值计量；公允价值不能可靠取得的，按照名义金额计量。

与资产相关的政府补助，应当确认为递延收益，并在相关资产使用寿命内平均分配，计入当期损益（营业外收入）。但是，按照名义金额计量的政府补助，直接计入当期损益（营业外收入）。

与收益相关的政府补助（其他政府补助），应当分别下列情况处理：① 用于补偿企业以后期间的相关费用或损失的，确认为递延收益，并在确认相关费用的期间，计入当期损益（营业外收入）。② 用于补偿企业已发生的相关费用或损失的，直接计入当期损益（营业外收入）。

已确认的政府补助需要返还的，应当分别下列情况处理：① 存在相关递延收益的，冲减相关递延收益账面余额，超出部分计入当期损益。② 不存在相关递延收益的，直接计入当期损益。

（三）政府补助收入的会计与税法差异

政府补助收入的会计与税务处理方面的差异主要表现在：

（1）根据税法规定，企业收到货币形式的政府补助，在收到政府补助的当期计入应纳税所得额，不在以后期间内递延确认收入，因而税法与会计存在暂时性差异。

（2）企业所得税法规定，企业以不征税收入购买资产，在计算应纳税所得额时不得扣除相关资产的折旧、摊销费用。这就造成资产会计成本与计税基础之间存在差异。

（3）根据财政部、国家税务总局《关于执行〈企业会计准则〉有关企业所得税政策问题的通知》（财税〔2007〕80 号）规定，企业按照国务院财政、税务主管部门有关文件规定，实际收到具有专门用途的先征后返所得税税款，按照会计准则规定应计入取得当期的利润总额，暂不计入取得当期的应纳税所得额。

凡财政部、国家税务总局未明确规定免税的财政返还、财政扶持资金、财政奖励资金，一律征收所得税。

第三章 税前扣除

第一节 税前扣除的原则与一般框架

一、税前扣除的原则

企业所得税法第八条规定,企业实际发生的与取得收入有关的、合理的支出,包括成本、费用、税金、损失和其他支出,准予在计算应纳税所得额时扣除。该规定较完整地体现了税前扣除的基本原则,即真实性原则、相关性原则和合理性原则。

(一)真实性原则

真实性原则是指除税法规定的研究开发费等加计扣除外,任何费用,除非确属已经实际发生,否则申报税前扣除就可能被认定为虚列支出的逃税行为。

企业申报税前扣除的任何费用必须能够提供确属已经实际发生的足够和适当的凭据。足够性和适当性要根据实际情况进行职业判断。根据《中华人民共和国发票管理办法》(2010年国务院令第587号,以下简称发票管理办法)规定,必须取得发票的,发票就是适当的凭据;可以自制凭证的,折旧费用分配表、工资费用分配表等自制凭证,就是适当的凭据;境外采购货物,如果没有境外发票的,进口报关单也是适当凭据。

除非税法有特定要求,企业在申报扣除费用时不需要同时提供证明真实性的资料,但只要税法有要求,或主管税务机关提出要求,企业必须提供证明真实性的足够和适当的凭据。

国家税务总局《关于企业所得税若干问题的公告》(国家税务总局公告2011年第34号,自2011年7月1日起施行,本公告施行以前,企业发生的相关事项已经按照本公告规定处理的,不再调整;已经处理,但与本公告规定处理不一致的,凡涉及需要按照本公告规定调减应纳税所得额的,应当在本公告施行后相应调减2011年度企业应纳税所得额)规定:企业当年度实际发生的相关成本、费用,由于各种原因未能及时取得该成本、费用的有效凭证,企业在预缴季度所得税时,可暂按账面发生金额进行核算;但在汇算清缴时,应补充提供该成本、费用的有效凭证。

(二)相关性原则

相关性和合理性是企业所得税税前扣除的基本要求和重要条件。支出税前扣除的相关性是指与取得应税收入直接相关的支出,才可以在计算应纳税所得额时扣除。对相关性的具体判断一般是从支出发生的根源和性质两方面进行分析,而不是看费用支出的结果。如企业经理人员因个人原因发生的法律诉讼,虽然经理人员摆脱法律纠纷有利于其全身心投入企业的经营管理,结果可能确实对企业经营会有好处,但这些诉讼费用从性质和根源上分析属于经理人员的个人支出,因而不允许作为企业的支出在税前扣除。

同时,相关性原则为限制不征税收入所形成的支出不得扣除提供了依据。由于不征税收入是企业非营利性活动取得的收入,不属于企业所得税的应税收入,与企业的应税收入没有关联,因此,对取得的不征税收入所形成的支出,不符合相关性原则,不得在税前扣除。而免税收入则没有这方面的限制,对免税收入形成的费用或资产可以扣除或计算折旧、摊销扣除。

（三）合理性原则

根据企业所得税法实施条例第二十七条规定,合理的支出是指符合生产经营活动常规,应当计入当期损益或者有关资产成本的必要和正常的支出。

支出税前扣除合理性的具体判断,主要根据发生的支出其计算和分配方法是否符合一般经营常规。如企业发放的工资水平与社会整体或同行业工资水平是否差异过大等。

（四）其他原则

1. 区分收益性支出和资本性支出

企业所得税法第二十八条规定,企业发生的支出应当区分收益性支出和资本性支出。收益性支出在发生当期直接扣除;资本性支出应当分期扣除或者计入有关资产成本,不得在发生当期直接扣除。

2. 不得重复扣除

除研究开发费用加计扣除等企业所得税法及其实施条例另有规定外,企业实际发生的成本、费用、税金、损失和其他支出,不得重复扣除。

二、税前扣除的一般框架

按照国际惯例,企业所得税一般对税前扣除进行总体上的肯定性概括处理(一般扣除规则),辅之以特定的禁止扣除的规定(禁止扣除规则),同时又规定了允许税前扣除的特别规则(特殊扣除规则)。在具体运用上,一般扣除规则服从于禁止扣除规则,同时禁止扣除规则又让位于特殊扣除规则。例如,为获得长期利润而发生的资本性支出是企业实际发生的合理、相关的支出,原则上应允许扣除,但禁止扣除规则规定资本性支出形成的资产不得"当期即时"扣除,同时又规定了资本性支出形成的资产通过折旧、摊销等方式允许在当年及以后年度分期扣除的特殊扣除规则。

企业所得税法明确对企业实际发生的与取得收入有关的、合理的支出允许税前扣除的一般规则,同时又明确不得税前扣除项目的禁止扣除规则,还规定了允许扣除的特殊项目。这些一般扣除规则、禁止扣除规则和特殊扣除规则,构成了我国企业所得税制度税前扣除的一般框架。

企业所得税法及其实施条例中采取税前扣除一般框架的安排,可以避免将企业所有的支出项目一一列举,同时给纳税人、税务机关和司法部门提供一个合理的框架,简化了对扣除项目的定性工作。

三、禁止扣除规则的运用

根据企业所得税法相关规定,在计算应纳税所得额时,下列支出不得扣除:

（1）向投资者支付的股息、红利等权益性投资收益款项;

（2）企业所得税税款;

（3）税收滞纳金;

（4）罚金、罚款和被没收财物的损失;

（5）企业所得税法第九条规定以外的捐赠支出,即公益性捐赠支出超过年度会计利润总额 12％的部分以及非公益性捐赠支出；

（6）赞助支出；

（7）未经核定的准备金支出；

（8）与取得收入无关的其他支出；

（9）除企业依照国家有关规定为特殊工种职工支付的人身安全保险费和国务院财政、税务主管部分规定可以扣除的其他商业保险费外,企业为投资者或者职工支付的商业保险费；

（10）企业依照法律、行政法规有关规定提取的用于环境保护、生态恢复等方面的专项资金,提取后改变用途的；

（11）企业对外投资期间持有的投资资产成本；

（12）企业之间支付的管理费、企业内营业机构之间支付的租金和特许权使用费,以及非银行企业内营业机构之间支付的利息；

（13）企业的不征税收入用于支出所形成的费用；

（14）烟草企业的烟草广告费和业务宣传费支出；

（15）企业与其关联方分摊成本时违反税法规定自行分摊的成本；

（16）企业从其关联方接受的债权性投资与权益性投资的比例超过规定标准而发生的利息支出；

（17）企业按特别纳税调整规定针对补缴税款向税务机关支付的利息；

（18）国务院财政、税务主管部门规定不得扣除的其他项目。

这里不得扣除的赞助支出,是指企业发生的与生产经营活动无关的各种非广告性质支出。未经核定的准备金支出,是指不符合国务院财政、税务主管部门规定的各项资产减值准备、风险准备等准备金支出。

【例 3-1】 （CTA·2011)下列关于企业所得税的说法中,正确的是(　　　)。

A. 企业通过买一赠一方式销售商品,赠与的商品应视同销售纳税

B. 居民企业直接投资于其他居民企业取得的股息、红利所得免征所得税

C. 房地产开发企业开发经济适用房预交所得税的预计毛利率不得低于 5％

D. 企业因特殊纳税调整而被加收的利息可以在当年计算应纳税所得额时扣除

【答案】 B

这与个人所得税法的规定不完全相同,根据《个体工商户个人所得税计税办法（试行）》第三十二条规定,个体户的下列支出不得扣除：

（1）资本性支出,包括:为购置和建造固定资产、无形资产以及其他资产的支出,对外投资的支出；

（2）被没收的财物、支付的罚款；

（3）缴纳的个人所得税,以及各种税收的滞纳金、罚金和罚款；

（4）各种赞助支出；

（5）自然灾害或者意外事故损失有赔偿的部分；

（6）分配给投资者的股利；

（7）用于个人和家庭的支出；

（8）与生产经营无关的其他支出；

（9）国家税务总局规定不准扣除的其他支出。

此外，个体工商户业主的工资支出，也不得扣除。

四、税前扣除与会计处理的协调

关于税前扣除规定与企业实际会计处理之间的协调问题，根据《企业所得税法》第 21 条规定，《关于企业所得税应纳税所得额若干税务处理问题的公告》（国家税务总局公告 2012 年第 15 号）明确：对企业依据财务会计制度规定，并实际在财务会计处理上已确认的支出，凡没有超过《企业所得税法》和有关税收法规规定的税前扣除范围和标准的，可按企业实际会计处理确认的支出，在企业所得税前扣除，计算其应纳税所得额。

第二节　税前扣除项目

我国企业所得税法对税前扣除的一般扣除规则的具体规定，主要体现在企业所得税法第八条，即企业实际发生的与取得收入有关的、合理的支出，包括成本、费用、税金、损失和其他支出，准予在计算应纳税所得额时扣除。

作为会计要素之一的费用，是指企业在日常活动中发生的、会导致所有者权益减少的、与向所有者分配利润无关的经济利益的总流出。费用按照其经济用途，可以分为计入产品成本的生产费用和不计入产品成本的期间费用两大类。

生产费用，是指在企业的生产和经营管理过程中发生的，与生产产品有关的，可以计入产品成本的费用。将生产费用按用途进一步分类，可划分为若干个项目，即成本项目。

期间费用，是指不计入产品成本，直接计入发生当期损益的费用。企业一定期间发生的不能直接归属于某个特定产品的生产成本的费用，则归属于期间费用，在发生时直接计入当期损益。期间费用包括管理费用、销售费用和财务费用。

根据小企业会计准则规定，费用包括：营业成本、营业税金及附加、销售费用、管理费用、财务费用等。

一、成本

根据《企业产品成本核算制度（试行）》（财会〔2013〕17 号）规定，产品，是指企业日常生产经营活动中持有以备出售的产成品、商品、提供的劳务或服务。产品成本，是指企业在生产产品过程中所发生的材料费用、职工薪酬等，以及不能直接计入而按一定标准分配计入的各种间接费用。

企业应当根据所发生的有关费用能否归属于使产品达到目前场所和状态的原则，正确区分产品成本和期间费用。企业所发生的费用，能确定由某一成本核算对象负担的，应当按照所对应的产品成本项目类别，直接计入产品成本核算对象的生产成本；由几个成本核算对象共同负担的，应当选择合理的分配标准分配计入。企业应当根据生产经营特点，以正常生产能力水平为基础，按照资源耗费方式确定合理的分配标准。企业应当按照权责发生制的原则，根据产品的生产特点和管理要求结转成本。

根据企业所得税法实施条例第 29 条规定，成本是指企业在生产经营活动中发生的销售成本、销货成本、业务支出以及其他耗费。税前可以扣除的成本必须是企业在生产经营活动过程中的支出或者耗费，在非生产经营活动过程中所发生的支出，不得作为企业的生产经营成本予以税前扣除。

（一）销售成本

销售成本，主要是针对以制造业为主的生产性企业而言的。制造企业一般设置直接材料、燃料和动力、直接人工和制造费用等成本项目。

直接材料，是指构成产品实体的原材料以及有助于产品形成的主要材料和辅助材料。直接人工，是指直接从事产品生产的工人的职工薪酬。制造企业发生的直接材料和直接人工，能够直接计入成本核算对象的，应当直接计入成本核算对象的生产成本，否则应当按照合理的分配标准分配计入。

燃料和动力，是指直接用于产品生产的燃料和动力。制造企业外购燃料和动力的，应当根据实际耗用数量或者合理的分配标准对燃料和动力费用进行归集分配。生产部门直接用于生产的燃料和动力，直接计入生产成本；生产部门间接用于生产（如照明、取暖）的燃料和动力，计入制造费用。

制造费用，是指企业为生产产品和提供劳务而发生的各项间接费用，包括企业生产部门（如生产车间）发生的水电费、固定资产折旧、无形资产摊销、管理人员的职工薪酬、劳动保护费、国家规定的有关环保费用、季节性和修理期间的停工损失等。制造企业发生的制造费用，应当按照合理的分配标准按月分配计入各成本核算对象的生产成本。企业可以采取的分配标准包括机器工时、人工工时、计划分配率等。季节性生产企业在停工期间发生的制造费用，应当在开工期间进行合理分摊，连同开工期间发生的制造费用，一并计入产品的生产成本。

制造企业辅助生产部门为生产部门提供劳务和产品而发生的费用，应当参照生产成本项目归集，并按照合理的分配标准分配计入各成本核算对象的生产成本。辅助生产部门之间互相提供的劳务、作业成本，应当采用合理的方法，进行交互分配。互相提供劳务、作业不多的，可以不进行交互分配，直接分配给辅助生产部门以外的受益单位。

（二）销货成本

销货成本，主要是针对以批发零售企业为主的流通性企业而言的。流通企业本身并不直接制造成品，而是通过向生产企业购买成品或者经过简单包装、处理就能出售的产品，通过购入价与售出价的差额等，来获取相应的利润。

批发零售企业一般设置进货成本、相关税费、采购费等成本项目。进货成本，是指商品的采购价款。相关税费，是指购买商品发生的进口关税、资源税和不能抵扣的增值税等。采购费，是指运杂费、装卸费、保险费、仓储费、整理费、合理损耗以及其他可归属于商品采购成本的费用。采购费金额较小的，可以在发生时直接计入当期销售费用。

批发零售企业发生的进货成本、相关税金直接计入成本核算对象成本；发生的采购费，可以结合经营管理特点，按照合理的方法分配计入成本核算对象成本。采购费金额较小的，可以在发生时直接计入当期销售费用。

批发零售企业可以根据实物流转方式、管理要求、实物性质等实际情况，采用先进先出法、加权平均法、个别计价法、毛利率法等方法结转产品成本。

（三）业务支出

业务支出，主要是针对服务业企业而言的成本概念。与制造业和批发零售业不同，服务业企业提供的服务，虽然也称为"产品"，但是从根本上说这种"产品"往往是无形的劳务，虽然在提供服务过程中也可能需要一定的辅助材料，但是它必须借助于服务业企业特有的人工或者技术,所以服务业企业的成本就称之为业务支出,以区别于制造业企业和批发零售企业。它的成本主要包括提供服务过程中直接耗费的原材料、服务人员的工资、薪金等直接可归属于服务的其他支出。

根据国家税务总局《关于企业所得税若干问题的公告》(国家税务总局公告 2011 年第 34 号)规定,航空企业实际发生的飞行员养成费、飞行训练费、乘务训练费、空中保卫员训练费等空勤训练费用,根据《企业所得税法实施条例》第二十七条规定,可以作为航空企业运输成本在税前扣除。

(四)其他耗费

其他耗费,这是一个兜底的规定,以保证企业发生的与取得收入有关、合理的支出得以税前扣除。

凡是企业生产产品、销售商品、提供劳务等过程中耗费的与取得收入直接相关的支出,如果没有列入费用的范畴,则将被允许列入成本的范围,准予税前扣除。

二、费用

根据企业所得税法实施条例第三十条规定,在计算应纳税所得额时可以扣除的费用,是指企业在生产经营活动中发生的销售费用、管理费用和财务费用,已经计入成本的有关费用除外。由此可见,可以税前可除的费用,仅指会计上的期间费用,不包括已计入产品成本的生产费用。

(一)销售费用

销售费用是企业在销售商品和材料、提供劳务的过程中发生的各种费用,包括保险费、包装费、展览费和广告费、商品维修费、预计产品质量保证损失、运输费、装卸费等以及为销售本企业商品而专设的销售机构(含销售网点、售后服务网点等)的职工薪酬、业务费、折旧费等经营费用。

企业发生的与专设销售机构相关的固定资产修理费用等后续支出,也在销售费用科目核算。

根据小企业会计准则规定,企业(批发业、零售业)在购买商品过程中发生的费用(包括:运输费、装卸费、包装费、保险费、运输途中的合理损耗和入库前的挑选整理费等)也构成销售费用。

(二)管理费用

根据企业会计准则,管理费用是企业的行政管理部门等为组织和管理企业生产经营所发生的费用,包括企业在筹建期间发生的开办费、董事会和行政管理部门在企业的经营管理中发生的或者应由企业统一负担的公司经费(包括行政管理部门职工工资及福利费、物料消耗、低值易耗品摊销、办公费和差旅费等)、工会经费、董事会费(包括董事会成员津贴、会议费和差旅费等)、聘请中介机构费、咨询费(含顾问费)、诉讼费、业务招待费、房产税、车船使用税、土地使用税、印花税、技术转让费、矿产资源补偿费、研究费用、排污费等。

而根据《小企业会计准则》规定,管理费用,是指小企业为组织和管理生产经营发生的其他费用。包括:小企业在筹建期间内发生的开办费、行政管理部门发生的费用(包括:固定资产折旧费、修理费、办公费、水电费、差旅费、管理人员的职工薪酬等)、业务招待费、研究费用、技术转让费、相关长期待摊费用摊销、财产保险费、聘请中介机构费、咨询费(含顾问费)、诉讼费等费用。

由此可见，小企业发生的房产税、车船税、土地使用税、印花税、矿产资源补偿费、排污费等不属于小企业管理费用的范围，而是营业税金及附加的构成内容。

企业（商品流通）管理费用不多的，可不设置"管理费用"科目，该科目的核算内容可并入"销售费用"科目核算。企业生产车间（部门）和行政管理部门等发生的固定资产修理费用等后续支出，也在"管理费用"科目核算，而不通过"制造费用"科目核算。

需要说明的是，企业在筹建期间发生的开办费，企业会计准则要求通过"管理费用"科目核算，这种会计处理，企业所得税法也予以认可。

（三）财务费用

财务费用是指企业为筹集生产经营所需资金而发生的筹资费用，包括利息费用（减利息收入）、汇兑损益以及相关的手续费、企业发生的现金折扣或收到的现金折扣等。

为购建或生产满足资本化条件的资产发生的应予资本化的借款费用，在"在建工程"、"制造费用"等科目归集，而不通过"财务费用"科目核算。

三、税金

根据企业所得税法实施条例第 31 条规定，在计算应纳税所得额时可以扣除的税金，是指企业发生的除企业所得税和允许抵扣的增值税以外的各项税金及其附加。

在我国目前的税法体系中，允许企业所得税税前扣除的税种主要有：消费税、营业税、资源税、土地增值税和城市维护建设税、教育费附加，以及房产税、车船税、耕地占用税、城镇土地使用税、车辆购置税、印花税等。

对于企业未实际抵扣，由企业最终负担的增值税税款，按规定允许计入资产的成本，在当期或以后期间扣除。

根据小企业会计准则规定，营业税金及附加，是指小企业开展日常生产经营活动应负担的消费税、营业税、城市维护建设税、资源税、土地增值税、城镇土地使用税、房产税、车船税、印花税和教育费附加、矿产资源补偿费、排污费等。

四、损失

根据《企业会计准则——基本准则》规定，损失是指由企业非日常活动所发生的、会导致所有者权益减少的、与向所有者分配利润无关的经济利益的流出。损失包括直接计入所有者权益的损失和直接计入当期利润的损失。直接计入当期利润的损失，通常通过营业外支出科目核算。

《小企业会计准则》规定，营业外支出，是指小企业非日常生产经营活动发生的、应当计入当期损益、会导致所有者权益减少、与向所有者分配利润无关的经济利益的净流出。小企业的营业外支出包括：存货的盘亏、毁损、报废损失，非流动资产处置净损失，坏账损失，无法收回的长期债券投资损失，无法收回的长期股权投资损失，自然灾害等不可抗力因素造成的损失，税收滞纳金，罚金，罚款，被没收财物的损失，捐赠支出，赞助支出等。通常，企业的营业外支出应当在发生时按照其发生额计入当期损益。

根据企业所得税法实施条例第 30 条规定，在计算应纳税所得额时可以扣除的损失，是指企业在生产经营活动中发生的固定资产和存货的盘亏、毁损、报废损失，转让财产损失，呆账损失，坏账损失，自然灾害等不可抗力因素造成的损失以及其他损失。企业发生的损失，减除责任人赔偿和保险赔款后的余额，依照国务院财政、税务主管部门的规定扣除。

根据该规定，财政部、国家税务总局制定并下发了《关于企业资产损失税前扣除政策的通知》(财税〔2009〕57号)、国家税务总局制定印发了《企业资产损失所得税税前扣除管理办法》(国家税务总局公告2011年第25号)对资产损失税前扣除政策和扣除管理进行了规范。

五、其他支出

根据企业所得税法实施条例第三十三条规定,计算应纳税所得额时允许扣除的其他支出,是指除成本、费用、税金、损失外,企业在生产经营活动中发生的有关的、合理的支出。

这是兜底性条款,是法律文本中常见的法律表述,主要是为了防止法律的不周严性,以及社会情势的变迁。因为法律一经制定出来,因为其固定性而就具有了相对的滞后性,况且法律制定者受主观认识能力等方面的局限,也无法准确预知法律所要规范的所有可能与情形,所以就有必要通过这些兜底性条款,来尽量减少人类主观认识能力不足所带来的法律缺陷,以及为了保持法律的相对稳定性,使执法者可以依据法律的精神和原则,适应社会情势的客观需要,将一些新情况等通过这个兜底性条款来予以解决,而无需修改法律。

税前扣除项目中,除了成本、费用、税金、损失外,可能还会出现一些无法涵盖的支出新形式,而这些支出又确实与企业取得的收入有关,属于为取得收入而发生的必要与正常的支出,也应允许扣除。

第三节　税前扣除的具体规定

一、公益性捐赠

(一) 企业对外捐赠财务处理

对外捐赠是指企业自愿无偿将其有权处分的合法财产,赠送给合法的受赠人用于与生产经营活动没有直接关系的公益事业的行为。企业对外捐赠应当遵循《中华人民共和国公益事业捐赠法》以及国家其他有关法律、法规的规定,通过依法成立的公益性社会团体和公益性非营利的事业单位或者县级以上人民政府及其组成部门进行。特殊情况下,也可以通过合法的新闻媒体等进行。

为规范各类型企业的对外捐赠行为,加强企业财务管理,维护所有者权益,促进社会公益事业的发展,财政部下发了《关于加强企业对外捐赠财务管理的通知》(财企〔2003〕95号),对捐赠的原则、类型、对象和范围等作出规定。

1. 对外捐赠的原则和要求

企业对外捐赠一般应当遵循以下原则和要求:

(1) 自愿无偿。企业对外捐赠后,不得要求受赠方在融资、市场准入、行政许可、占有其他资源等方面创造便利条件,从而导致市场不公平竞争。

(2) 权责清晰。企业经营者或者其他职工不得将企业拥有的财产以个人名义对外捐赠,企业对外捐赠有权要求受赠人落实自己正当的捐赠意愿。

(3) 量力而行。企业已经发生亏损或者由于对外捐赠将导致亏损或者影响企业正常生产经营的,除特殊情况以外,一般不能对外捐赠。

(4) 诚实守信。企业按照内部议事规范审议决定并已经向社会公众或者受赠对象承诺的捐赠,必须诚实履行。

2. 对外捐赠的类型和对象

企业一般可以按照以下类型进行对外捐赠:

（1）公益性捐赠，即向教育、科学、文化、卫生医疗、体育事业和环境保护、社会公共设施建设的捐赠。

（2）救济性捐赠，即向遭受自然灾害或者国家确认的"老、少、边、穷"等地区以及慈善协会、红十字会、残疾人联合会、青少年基金会等社会团体或者困难的社会弱势群体和个人提供的用于生产、生活救济、救助的捐赠。

（3）其他捐赠，即除上述捐赠以外，企业出于弘扬人道主义目的或者促进社会发展与进步的其他社会公共福利事业的捐赠。

3. 对外捐赠的资产范围

企业可以用于对外捐赠的财产包括现金、库存商品和其他物资。企业生产经营需用的主要固定资产、持有的股权和债权、国家特准储备物资、国家财政拨款、受托代管财产、已设置担保物权的财产、权属关系不清的财产，或者变质、残损、过期报废的商品物资，不得用于对外捐赠。

企业对外捐赠的受益人应当为企业外部的单位、社会弱势群体或者个人。对企业内部职工、与企业在经营或者财务方面具有控制与被控制关系的单位，企业不得给予捐赠。

企业以营利为目的自办或者与他人共同举办教育、文化、卫生、体育、科学、环境保护等经营实体的，应当作为对外投资管理。

企业为宣传企业形象、推介企业产品发生的赞助性支出，应当按照广告费用进行管理。对于政府有关部门、机构、团体或者某些个人强令的赞助，企业应当依法拒绝。

4. 对外捐赠的财务处理

企业对外捐赠应当控制在当年企业财务预算幅度内，按照批准的方案执行，并按照国家税收法律法规的规定申报纳税扣除。

企业实际发生的对外捐赠支出，应当依据受赠方出具的省级以上财政部门统一印（监）制的捐赠收据或者捐赠资产交接清单确认；救灾、济贫等对困难的社会弱势群体和个人的捐赠，无法索取省级以上财政部门统一印（监）制的捐赠收据的，应当依据城镇街道、农村乡村等基层政府组织出具的证明和企业法定负责人审批的捐赠报告确认。

企业为捐赠资产提供运输、保管以及举办捐赠仪式等所发生的费用，应当作为期间费用处理，不得挂账。企业负责对外捐赠的主管人员和其他直接责任人员，不得以任何借口向受赠人或者受益人索要或者收受回扣、佣金、信息费、劳务费等财物。

企业经过董事会或者经理（厂长）办公会审议，并且国有及国有控股企业上报国有资本持有单位批准，公司制企业按照《中华人民共和国公司法》以及公司章程等有关规定批准，将修建的交通、通信、供水、供电等社会公共设施无偿移交当地人民政府或者有关部门的，可以核减资本公积金，并应当与接受方签订相关协议，双方办理资产交接手续。

由于战争、自然灾害等不可抗力原因，企业所拥有的财产被当地县级及县级以上人民政府或人民武装组织征用的，扣除当地政府或人民武装组织依法补偿金后的差额，应当作为资产损失处理。

5. 公益性捐赠股权的财务处理

企业以持有的股权（含企业产权、公司股份，下同）进行公益性捐赠有关财务问题，财政部《关于企业公益性捐赠股权有关财务问题的通知》（财企〔2009〕213号）规定如下：由自然人、非国有的法人及其他经济组织投资控股的企业，依法履行内部决策程序，由投资者审议决定后,其持有的股权可以用于公益性捐赠。企业以持有的股权进行公益性捐赠,应当以不影响企业债务清偿能力为前提,且受赠对象应当是依法设立的公益性社会团体和公益性非营利的事业单位。企业捐赠后,必须办理股权变更手续,不再对已捐赠股权行使股东权利,并不得要求受赠单位予以经济回报。公益性捐赠涉及上市公司股权的,捐赠方和受赠方应当遵照《证券法》及有关证券监管的其他规定,履行相关承诺和信息披露义务。

(二)公益性捐赠的税前扣除

1. 公益性捐赠及其扣除

公益性捐赠,是指企业通过公益性社会团体或者县级以上人民政府及其部门,用于《中华人民共和国公益事业捐赠法》规定的公益事业的捐赠。县级以上人民政府及其部门和国家机关均指县级(含县级,下同)以上人民政府及其组成部门和直属机构。

企业所得税法第九条规定,企业发生的公益性捐赠支出,在年度利润总额12%以内的部分,准予在计算应纳税所得额时扣除。

对公益性捐赠以外的捐赠支出以及超过年度利润总额12%未能扣除的公益性捐赠部分,不得扣除也不能向以后纳税年度结转扣除。

年度利润总额,是指企业按照国家统一会计制度的规定计算的年度会计利润,这里年度会计利润是大于零的数额,没有利润不能扣除。对企业发生的会计差错应按国家统一会计制度进行更正,按调整后的大于零的年度会计利润计算扣除限额。

而对个人通过社会团体、国家机关向公益事业的捐赠支出,按照现行个人所得税法律、行政法规及相关政策规定在个人所得税税前扣除。根据《个人所得税法实施条例》第24条规定,个人将其所得对教育事业和其他公益事业的捐赠,是指个人将其所得通过中国境内的社会团体、国家机关向教育和其他社会公益事业以及遭受严重自然灾害地区、贫困地区的捐赠。捐赠额未超过纳税义务人申报的应纳税所得额30%的部分,可以从其应纳税所得额中扣除。超过部分不得扣除,也不得结转以后年度扣除。法律、法规另有规定的除外。

2. 公益性社会团体的界定

根据《社会团体登记管理条例》(国务院令1998年第250号)规定,社会团体,是指中国公民自愿组成,为实现会员共同意愿,按照其章程开展活动的非营利性社会组织。成立社会团体,应当经其业务主管单位审查同意,并依照本条例的规定进行登记。社会团体应当具备法人条件。下列团体不属于本条例规定登记的范围:① 参加中国人民政治协商会议的人民团体;② 由国务院机构编制管理机关核定,并经国务院批准免于登记的团体;③ 机关、团体、企业事业单位内部经本单位批准成立、在本单位内部活动的团体。

根据企业所得税法实施条例第五十二条规定,公益性社会团体,是指同时符合下列条件的基金会、慈善组织等社会团体:

(1)依法登记,具有法人资格;

(2)以发展公益事业为宗旨,且不以营利为目的;

(3)全部资产及其增值为该法人所有;

(4)收益和营运结余主要用于符合该法人设立目的的事业;

(5)终止后的剩余财产不归属任何个人或者营利组织;

(6)不经营与其设立目的无关的业务;

(7)有健全的财务会计制度;

（8）捐赠者不以任何形式参与社会团体财产的分配；

（9）国务院财政、税务主管部门会同国务院民政部门等登记管理部门规定的其他条件。

财政部、国家税务总局、民政部《关于公益性捐赠税前扣除有关问题的通知》（财税〔2008〕160号）规定，公益性社会团体和社会团体均指依据国务院发布的《基金会管理条例》和《社会团体登记管理条例》的规定，经民政部门依法登记，符合以下条件的基金会、慈善组织等公益性社会团体：

（1）符合企业所得税法实施条例第五十二条第（一）项到第（八）项规定的条件；

（2）申请前3年内未受到行政处罚；

（3）基金会在民政部门依法登记3年以上（含3年）的，应当在申请前连续2年年度检查合格，或最近1年年度检查合格且社会组织评估等级在3A以上（含3A），登记3年以下1年以上（含1年）的，应当在申请前1年年度检查合格或社会组织评估等级在3A以上（含3A），登记1年以下的基金会具备上述第（1）项、第（2）项规定的条件；

（4）公益性社会团体（不含基金会）在民政部门依法登记3年以上，净资产不低于登记的活动资金数额，申请前连续2年年度检查合格，或最近1年年度检查合格且社会组织评估等级在3A以上（含3A），申请前连续3年每年用于公益活动的支出不低于上年总收入的70%（含70%），同时需达到当年总支出的50%以上（含50%）。

年度检查合格是指民政部门对基金会、公益性社会团体（不含基金会）进行年度检查，作出年度检查合格的结论；社会组织评估等级在3A以上（含3A）是指社会组织在民政部门主导的社会组织评估中被评为3A、4A、5A级别，且评估结果在有效期内。

民政部门负责对公益性社会团体的资格进行初步审核，财政、税务部门会同民政部门对公益性社会团体的捐赠税前扣除资格联合进行审核确认。

【例3-2】 甲建筑安装公司，2009年10月通过当地市政府捐建一所村小，工程实际支出28万元，公允价值35万元，按国家统一会计制度规定计算的2009年度的会计利润为200万元，企业根据会计制度规定在"营业外支出"账户中列支劳务捐赠支出28万元。

要求：对该项捐赠进行纳税调整和税务处理。

【解析】

根据企业所得税法规定，甲公司这笔以建筑劳务方式进行的公益性捐赠应视同销售处理，即必须视同提供劳务依公允价值确定其视同销售收入额，2009年就该项捐赠的视同销售，甲公司应调增应纳税所得额7万元（35－28）。

2009年公益性捐赠税前扣除限额为24万元（200×12%），企业实际捐赠28万元，大于扣除限额4万元，应作纳税调增处理，并入当年应纳税所得额缴纳企业所得税。

3．公益性群众团体的捐赠扣除

对企业和个人通过依照《社会团体登记管理条例》规定不需进行社团登记的人民团体以及经国务院批准免予登记的社会团体（以下统称群众团体）的公益性捐赠所得税税前扣除有关问题，财政部、国家税务总局《关于通过公益性群众团体的公益性捐赠税前扣除有关问题的通知》（财税〔2009〕124号）明确如下。

企业通过公益性群众团体用于公益事业的捐赠支出，在年度利润总额12%以内的部分，准予在计算应纳税所得额时扣除。年度利润总额，是指企业依照国家统一会计制度的规定计算的大于零的数额。个人通过公益性群众团体向公益事业的捐赠支出，按照现行税收法律、行政法规及相关政策规定准予在所得税税前扣除。

这里所称的公益性群众团体,是指同时符合以下条件的群众团体:① 符合《中华人民共和国企业所得税法实施条例》第五十二条第(一)项至第(八)项规定的条件;② 县级以上各级机构编制部门直接管理其机构编制;③ 对接受捐赠的收入以及用捐赠收入进行的支出单独进行核算,且申请前连续 3 年接受捐赠的总收入中用于公益事业的支出比例不低于 70%。

符合财税〔2009〕124 号文件规定的公益性群众团体,可按程序申请公益性捐赠税前扣除资格。① 由中央机构编制部门直接管理其机构编制的群众团体,向财政部、国家税务总局提出申请;② 由县级以上地方各级机构编制部门直接管理其机构编制的群众团体,向省、自治区、直辖市和计划单列市财政、税务部门提出申请;③ 对符合条件的公益性群众团体,按照上述管理权限,由财政部、国家税务总局和省、自治区、直辖市、计划单列市财政、税务部门分别每年联合公布名单。名单应当包括继续获得公益性捐赠税前扣除资格和新获得公益性捐赠税前扣除资格的群众团体,企业和个人在名单所属年度内向名单内的群众团体进行的公益性捐赠支出,可以按规定进行税前扣除。

公益性群众团体在接受捐赠时,应按照行政管理级次分别使用由财政部或省、自治区、直辖市财政部门印制的公益性捐赠票据或者《非税收入一般缴款书》收据联,并加盖本单位的印章;对个人索取捐赠票据的,应予以开具。

对于通过公益性群众团体发生的公益性捐赠支出,主管税务机关应对照财政、税务部门联合发布的名单,接受捐赠的群众团体位于名单内,则企业或个人在名单所属年度发生的公益性捐赠支出可按规定进行税前扣除;接受捐赠的群众团体不在名单内,或虽在名单内但企业或个人发生的公益性捐赠支出不属于名单所属年度的,不得扣除。

4. 公益事业捐赠支出的界定

根据财税〔2008〕160 号文件规定,用于公益事业的捐赠支出,是指《中华人民共和国公益事业捐赠法》规定的向公益事业的捐赠支出,具体范围包括:

(1) 救助灾害、救济贫困、扶助残疾人等困难的社会群体和个人的活动;

(2) 教育、科学、文化、卫生、体育事业;

(3) 环境保护、社会公共设施建设;

(4) 促进社会发展和进步的其他社会公共和福利事业。

5. 捐赠资产价值的确定

公益性社会团体和县级以上人民政府及其组成部门和直属机构在接受捐赠时,捐赠资产的价值,按以下原则确认:

(1) 接受捐赠的货币性资产,应当按照实际收到的金额计算;

(2) 接受捐赠的非货币性资产,应当以其公允价值计算。

根据财税〔2008〕160 号文件规定,捐赠方在向公益性社会团体和县级以上人民政府及其组成部门和直属机构捐赠时,应当提供注明捐赠非货币性资产公允价值的证明,如果不能提供上述证明,公益性社会团体和县级以上人民政府及其组成部门和直属机构不得向其开具公益性捐赠票据。

公益性群众团体接受捐赠的资产价值,按以下原则确认:① 接受捐赠的货币性资产,应当按照实际收到的金额计算;② 接受捐赠的非货币性资产,应当以其公允价值计算。捐赠方在向公益性群众团体捐赠时,应当提供注明捐赠非货币性资产公允价值的证明,如果不能提供上述证明,公益性群众团体不得向其开具公益性捐赠票据或者《非税收入一般缴款书》收据联。

（三）特定事项捐赠的税前扣除

根据国家税务总局《关于企业所得税执行中若干税务处理问题的通知》（国税函〔2009〕202 号）规定,企业发生为汶川地震灾后重建、举办北京奥运会和上海世博会等特定事项的捐赠,按照财政部、海关总署、国家税务总局《关于支持汶川地震灾后恢复重建有关税收政策问题的通知》（财税〔2008〕104 号）、《关于 29 届奥运会税收政策问题的通知》（财税〔2003〕10 号）、财政部、国家税务总局《关于 2010 年上海世博会有关税收政策问题的通知》（财税〔2005〕180 号）等相关规定,可以据实全额扣除。

1. 向汶川地震灾区捐赠全额扣除

财税〔2008〕104 号文件和财政部、国家税务总局《关于延长部分税收优惠政策执行期限的通知》规定,自 2008 年 5 月 12 日起到 2010 年 12 月 31 日止,对企业、个人通过公益性社会团体、县级以上人民政府及其部门向汶川地震受灾地区的捐赠,允许在当年企业所得税前和当年个人所得税前全额扣除。

2. 对芦山地震受灾地区的捐赠

财政部、海关总署、国家税务总局《关于支持芦山地震灾后恢复重建有关税收政策问题的通知》（财税〔2013〕58 号）规定：自 2013 年 4 月 20 日起至 2015 年 12 月 31 日止,对企业、个人通过公益性社会团体、县级以上人民政府及其部门向芦山地震受灾地区的捐赠,允许在当年企业所得税前和当年个人所得税前全额扣除。

（四）不同类型纳税人扣除基数不同

由于法人企业与个人独资企业和合伙企业等非法人企业分别适用企业所得税法与个人所得税法,其公益性捐赠税前扣除基数也就不同。对企业所得税纳税人而言,用于公益事业的捐赠支出,在年度利润总额 12% 以内的部分,准予在计算应纳税所得额时扣除。而个人所得税纳税人将其所得用于公益事业捐赠时,根据《个人所得税法》及其实施条例规定,捐赠额未超过纳税义务人申报的应纳税所得额 30% 的部分,可以从其应纳税所得额中扣除。

由此可见,缴纳企业所得税的企业与个人所得税的纳税人在捐赠扣除基数上适用不同的规定,一个是会计上的概念年度会计利润,一个是税收上的概念应纳税所得额。

【例 3-3】　（CTA·2012）下列关于公益性捐赠支出相关规定的说法符合企业所得税法的是（　　）。

A. 通过县级人民政府捐赠住房作为廉租住房的,属于税法规定的公益性捐赠支出

B. 被取消公益捐赠税前扣除资格的公益性群众团体,5 年内不得重新申请扣除资格

C. 捐赠方无法提供捐赠的非货币性资产公允价值证明的,可按市场价格开具捐赠票据

D. 公益性社会团体前三年接受捐赠总收入用于公益事业比例低于 80% 的,应取消捐赠税前扣除资格

【答案】　A

【解析】

选项 B,应该是 3 年内不得重新申请扣除资格；选项 C,捐赠方在向公益性社会团体和县级以上人民政府捐赠时,应当提供注明捐赠非货币性资产公允价值的证明,如不能提供,公益性社会团体和县级以上人民政府不得向其开具公益性捐赠票据；选项 D,前 3 年接受捐

赠的总额中用于公益事业的支出比例低于 70%的,应取消捐赠税前扣除资格。

二、工资薪金

（一）工薪薪金的税前扣除

1. 工薪薪金的税前扣除

工资薪金,是指企业每一纳税年度支付给在本企业任职或者受雇的员工的所有现金或者非现金形式的劳动报酬,包括基本工资、奖金、津贴、补贴、年终加薪、加班工资,以及与员工任职或者受雇有关的其他支出。

企业所得税法实施条例第三十四条规定,企业发生的合理的工资薪金,准予扣除。

作为企业税前扣除项目的工资薪金支出,应该是企业已经实际支付给职工的那部分工资、薪金支出,尚未支付的所谓应付工资薪金,不能在其未支付的那个纳税年度内扣除,只有等到实际发放后,才准予税前扣除。这一点,在 2009 年 4 月,国家税务总局所得税司有关负责人通过网络回答问题时,已明确表示:企业在当年度计提未发放的工资不允许税前扣除,应在当年度企业所得税汇算清缴时进行纳税调增处理,该部分工资在实际发放年度进行扣除。例如,A 公司在 2010 年 3 月份支付了拖欠的所属期为 2009 年 12 月份的职工工资 100万元。虽然支付时恰逢 2009 年度企业所得税汇算清缴期,但这 100 万元的工资支出也不可以在 2009 年度企业所得税前扣除。而应在 2010 年扣除,这更就近收付实现制。

2. 合理工资薪金的界定

国家税务总局《关于企业工资薪金及职工福利费扣除问题的通知》(国税函〔2009〕3 号)规定,合理工资薪金是指企业按照股东大会、董事会、薪酬委员会或相关管理机构制订的工资薪金制度规定实际发放给员工的工资薪金。

税务机关对工资、薪金进行合理性确认时,应掌握如下五项原则:

(1) 企业制订了较为规范的员工工资薪金制度;

(2) 企业所制订的工资薪金制度符合行业及地区水平;

(3) 企业在一定时期所发放的工资薪金是相对固定的,工资薪金的调整是有序进行的;

(4) 企业对实际发放的工资薪金,已依法履行了代扣代缴个人所得税义务;

(5) 有关工资薪金的安排,不以减少或逃避税款为目的。

企业所得税实施条例及国税函〔2009〕3 号文件对工资薪金的税前扣除都强调实际发放,其范围也仅指工资薪金,也就是说工资薪金总额必须是实际发放的,而且实际发放的工资薪金总和,不包括通常所说的"三费、五险、一金",这与企业会计准则所规范的"职工薪酬"范围明显不同。企业在计算所得税工资薪金总额时,务必至少把握以下几点:一是实际工资薪金总额是计算税法规定的职工福利费、职工教育经费、工会经费以及其他相关指标税前扣除限额的基本依据,企业应当通过"应付职工薪酬——工资"科目对工资薪金总额进行单独核算;二是不合理的工资薪金即使实际发放也不得扣除,如国有性质的企业超过政府有关部门给予的限定数额部分的工资薪金,不得扣除;三是超标的工资薪金本身不得包括在所得税税前扣除的"工资薪金总额"之中,因此也不能将其作为计算职工福利费、职工教育经费、工会经费等税前扣除限额的依据。

（二）职工薪酬

1. 职工薪酬的界定

《企业会计准则第 9 号——职工薪酬》(以下简称职工薪酬准则)规定,职工薪酬是指企业为获得职工提供的服务而给予各种形式的报酬以及其他相关支出。会计上所称的"职工"比较宽泛，包括三类人员：一是与企业订立劳动合同的所有人员，含全职、兼职和临时职工；二是未与企业订立劳动合同、但由企业正式任命的企业治理层和管理层人员，如董事会成员、监事会成员等；三是在企业的计划和控制下虽未与企业订立劳动合同或未由其正式任命但为其提供与职工类似服务的人员。

职工薪酬主要包括以下内容：① 职工工资、奖金、津贴和补贴等构成工资总额的各组成部分；② 职工福利费；③ 医疗保险费、养老保险费（包括基本养老保险费和向企业年金基金相关管理人缴纳的补充养老保险费）、失业保险费、工伤保险费和生育保险费等社会保险费。企业以购买商业保险形式提供给职工的各种保险待遇属于企业提供的职工薪酬，应当按照职工薪酬的原则进行确认、计量和披露；④ 住房公积金；⑤ 工会经费和职工教育经费；⑥ 非货币性福利；⑦ 因解除与职工的劳动关系给予的补偿；⑧ 其他与获得职工提供的服务相关的支出，比如股票期权、股票增值权、限制性股票等。总之，从薪酬的涵盖时间和支付形式来看，职工薪酬包括企业在职职工在职期间和离职后给予的所有货币性薪酬和非货币性福利；从支付对象来看，职工薪酬包括提供给职工本人及其配偶、子女或其他被赡养人的福利，比如支付给因公伤亡职工的配偶、子女或其他被赡养人的抚恤金。

《企业会计制度》与企业所得税法有关工资薪金的口径基本一致。企业所得税法仍沿用传统"工资薪金"口径，原则上限于企业向职工支付并在企业会计制度"应付工资"科目核算的工资费用。而会计准则"职工薪酬"口径除包括"应付工资"科目核算内容外，还包括职工福利费、工会经费、各类保险、住房公积金、辞退福利、股权激励等。

另外，个人所得税法关于"工资薪金"的口径较宽，基本上与企业会计准则职工薪酬口径一致，凡是与个人任职受雇有关的所得，如辞退福利、股票期权、个人从单位低价购房、通讯补贴、报销私家车燃油费等方式向职工发放交通补贴、个人从单位取得的各项福利等，应按"工资、薪金所得"项目征收个人所得税。

2. 职工薪酬的确认

企业应当在职工为其提供服务的会计期间，将应付的职工薪酬确认为负债，计入"应付职工薪酬"科目，除因解除与职工的劳动关系给予的补偿外，应当根据职工提供服务的受益对象，分别下列情况处理：

（1）应由生产产品、提供劳务负担的职工薪酬，计入产品成本或劳务成本。生产产品、提供劳务中的直接生产人员和直接提供劳务人员发生的职工薪酬，计入存货成本，但非正常消耗的直接生产人员和直接提供劳务人员的职工薪酬，应当在发生时确认为当期损益。

（2）应由在建工程、无形资产负担的职工薪酬，计入建造固定资产或无形资产成本。自行建造固定资产和自行研究开发无形资产过程中发生的职工薪酬，能否计入固定资产或无形资产成本，取决于相关资产的成本确定原则。比如企业在研究阶段发生的职工薪酬不能计入自行开发无形资产的成本（而应计入"管理费用"科目），在开发阶段发生的职工薪酬，符合无形资产资本化条件的，应当计入自行开发无形资产的成本。

（3）上述（1）和（2）两项之外的其他职工薪酬，计入当期损益。除直接生产人员、直接提供劳务人员、建造固定资产人员、开发无形资产人员以外的职工，包括公司总部管理人员、董事会成员、监事会成员等人员相关的职工薪酬，因难以确定直接对应的受益对象，均应当在发生时计入当期损益。

需要说明的是,合理的工资薪金允许税前扣除,是指合理的工资薪金计入当期损益的在当期直接扣除,计入固定资产、无形资产等资产成本的,通过折旧或摊销扣除。

【例 3-4】 A 公司共有员工 100 人,其中管理人员 25 人,销售人员 30 人,生产人员 45人。2009 年 A 公司扩建一个生产车间,10 人被抽调参加基建。2009 年共发生职工工资600 万元,其中管理人员工资 120 万元,销售人员 180 万元,工程施工人员 80 万元,其余为一线生产人员工资(假定都为符合税法规定的合理的工资薪金)。

要求:进行相关的会计处理并计算当期税前可以扣除的工资薪金金额。

【解析】

借:制造费用——工资   2 200 000
  管理费用——工资   1 200 000
  销售费用——工资   1 800 000
  在建工程——工资   800 000
  贷:应付职工薪酬——工资   6 000 000

当期可以税前扣除的工资薪金为计入当期损益的 520 万元;计入"在建工程"成本的工程人员工资 80 万元,不得在当期扣除,而应计入固定资产原值通过折旧扣除。

3. 公司制改建应付工资等余额的财务处理

企业在公司制改建过程中应付工资、应付福利费及职工教育经费余额应当如何处理。财政部《关于企业公司制改建应付工资等余额财务处理的意见》(财办企〔2006〕23 号)作出如下规定。

(1)企业应付工资余额包含应发未发工资与属于实施"工效挂钩"等分配办法提取数大于应发数形成的工资基金结余两个部分,前者是按照企业内部工资奖金分配办法应当支付给职工却没有支付而形成拖欠的工资,后者是按照计划经济管理方式留存企业的国有资本积累。企业在公司制改建时,对应发未发工资应积极予以清偿,对工资基金结余应转为资本公积金。按工资总额一定比例提取的应付福利费及职工教育经费,其余额也随同工资基金结余一并转为资本公积金。

企业在公司制改建中,应付工资等余额转增的资本公积金作为改建企业国有净资产的组成部分,应当统筹安排,用于支付解除劳动合同的职工经济补偿金、为移交社会保障机构管理的职工一次性缴付的社会保险费以及预提的符合国家政策规定内退人员所需生活费、社会保险费等改革成本。如有结余,再按规定折合为国有股份,或者向企业员工及其他投资者有偿转让。

(2)改建企业应当规范操作,严格界定应发未发工资与工资基金结余的界限,并在评估作价之前作好相关账务调整工作。

企业在《财政部关于〈企业公司制改建有关国有资本管理与财务处理的暂行规定有关问题〉的补充通知》(财企〔2005〕12 号)下发之前已完成公司制改建,且结余的工资基金、应付福利费及职工教育经费当时未结转资本公积金的,现有余额应当向原国有股东作出清偿后核销相应负债,或者将其转作国有独享资本公积金,留待以后增资扩股时转增国有股份。

(3)已经改建为有限责任公司的企业,再变更为股份有限公司时,应付工资等余额的财务处理,可以比照国有企业进行公司制改建的财务处理原则执行。

（三）股份支付

股份支付即以股份为基础的支付，是指企业为获取职工和其他方提供服务而授予权益工具或者承担以权益工具为基础确定的负债的交易。企业向其雇员支付期权等作为薪酬或奖励措施的行为，是目前具有代表性的股份支付交易，我国部分企业目前实行的职工股权激励计划即属于这一范畴。按照股份支付的方式和工具类型，可分为以权益结算的股份支付和以现金结算的股份支付。

以权益结算的股份支付，是指企业为获取服务而以股份或其他权益工具作为对价进行结算的交易。常用的工具为限制性股票和股票期权。限制性股票是指职工或其他方按照股份支付协议规定的条款和条件，从企业获得一定数量的本企业股票。企业授予职工一定数量的股票，在一个确定的等待期内或在满足特定业绩指标之前，职工出售股票要受到持续服务期限条款或业绩条件的限制。股票期权是指企业授予职工或其他方在未来一定期限内以预先确定的价格和条件购买本企业一定数量股票的权利。

以现金结算的股份支付，是指企业为获取服务而承担的以股份或其他权益工具为基础计算的交付现金或其他资产的义务的交易。常用的工具有模拟股票和现金股票增值权。股票增值权和模拟股票，是用现金支付模拟的股权激励机制，即与股票挂钩，但用现金支付。除不需实际行权和持有股票之外，现金股票增值权的运作原理与股票期权是一样的，都是一种增值权形式的与股票价值挂钩的薪酬工具。

1. 股份支付的主要环节

以薪酬性股票期权为例，典型的股份支付通常涉及四个主要环节：授予（grant），可行权（vest），行权（exercise）和出售（sale）。如图 3-1 所示。

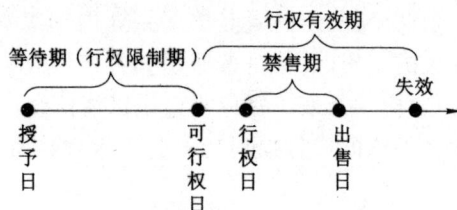

图 3-1

授予日是指股份支付协议获得批准的日期。获得批准是指企业与职工或其他方就股份支付的协议条款和条件已达成一致，该协议获得股东大会或类似机构的批准。达成一致是指在双方对该计划或协议内容充分形成一致理解的基础上，均接受其条款和条件。如果按照相关法规的规定，在提交股东大会或类似机构之前存在必要程序或要求，则应履行该程序或满足该要求。

可行权日是指可行权条件得到满足、职工或其他方具有从企业取得权益工具或现金权利的日期。有的股份支付协议是一次性可行权，有的则是分批可行权。只有已经可行权的股票期权，才是职工真正拥有的"财产"，才能去择机行权。从授予日至可行权日的时段，是可行权条件得到满足的期间，称为等待期，又称行权限制期。

行权日是指职工和其他方行使权利、获取现金或权益工具的日期。例如，持有股票期权的职工行使了以特定价格购买一定数量本公司股票的权利，该日期即为行权日。行权是按期权的约定价格实际购买股票,一般是在可行权日之后到期权到期日之前的可选择时段内行权。

出售日是指股票的持有人将行使期权所取得的期权股票出售的日期。按照我国法规规定,用于期权激励的股份支付协议,应在行权日与出售日之间设立禁售期。根据中国证监会《上市公司股权激励管理办法(试行)》(证监公司字〔2005〕151号)规定,股票期权授权日与获授股票期权首次可以行权日之间的间隔不得少于1年。

2. 股份支付的确认和计量

(1)权益结算的股份支付的确认和计量

① 换取职工服务的股份支付的确认和计量。

对于换取职工服务的股份支付,企业应当以股份支付所授予的权益工具的公允价值计量。企业应在等待期内的每个资产负债表日,以对可行权权益工具数量的最佳估计为基础,按照权益工具在授予日的公允价值,将当期取得的服务计入相关资产成本或当期费用,同时计入资本公积(其他资本公积)。

对于授予后立即可行权的换取职工提供服务的权益结算的股份支付(例如授予限制性股票的股份支付),应在授予日按照权益工具的公允价值,将取得的服务计入相关资产成本或当期费用,同时计入资本公积(股本溢价)。

② 换取其他方服务的股份支付的确认和计量。

对于换取其他方服务的股份支付,企业应当以股份支付所换取的服务的公允价值计量。企业应当按照其他方服务在取得日的公允价值,将取得的服务计入相关资产成本或费用。

如果其他方服务的公允价值不能可靠计量,但权益工具的公允价值能够可靠计量,企业应当按照权益工具在服务取得日的公允价值,将取得的服务计入相关资产成本或费用。

(2)现金结算的股份支付的确认和计量

企业应当在等待期内的每个资产负债表日,以对可行权情况的最佳估计为基础,按照企业承担负债的公允价值,将当期取得的服务计入相关资产成本或当期费用,同时计入负债,并在结算前的每个资产负债表日和结算日对负债的公允价值重新计算,将其变动计入损益。

对于授予后立即可行权的现金结算的股份支付(例如授予虚拟股票或业绩股票的股份支付),企业应当在授予日按照企业承担负债的公允价值计入相关资产成本或费用,同时计入负债,并在结算前的每个资产负债表日和结算日对负债的公允价值重新计量,将其变动计入损益。

3. 股份支付的会计处理

股份支付的会计处理必须以完整、有效的股份支付协议为基础。

(1)授予日

除了立即可行权的股份支付外,无论权益结算的股份支付还是现金结算的股份支付,企业在授予日均不做会计处理。

(2)等待期内每个资产负债表日

企业应当在等待期内的每个资产负债表日,将取得职工和其他方提供的服务计入成本费用,同时确认所有者权益或负债。对于附有市场条件的股份支付,只要职工满足了其他所有非市场条件,企业就应当确认已取得的服务。

在等待期内每个资产负债表日,企业应将取得的职工提供的服务计入成本费用,计入成本费用的金额应当按照权益工具的公允价值计量。

对于权益结算的涉及职工的股份支付,应当按照授予日权益工具的公允价值计入成本费用和资本公积(其他资本公积),不确认其后续公允价值变动;对于现金结算的涉及职工的股份支付,应当按照每个资产负债表日权益工具的公允价值重新计量,确定成本费用和应付职工薪酬。

对于授予的存在活跃市场的期权等权益工具,应当按照活跃市场中的报价确定其公允价值。对于授予的不存在活跃市场的期权等权益工具,应当采用期权定价模型等估值技术确定其公允价值。

在等待期内每个资产负债表日,企业应当根据最新取得的可行权职工人数变动等后续信息作出最佳估计,修正预计可行权的权益工具数量。在可行权日,最终预计可行权权益工具的数量应当与实际可行权工具的数量一致。

根据上述权益工具的公允价值和预计可行权的权益工具数量,计算截至当期累计应确认的成本费用金额,再减去前期累计已确认金额作为当期应确认的成本费用金额。

(3)可行权日之后

对于权益结算的股份支付,在可行权日之后不再对已确认的成本费用和所有者权益总额进行调整。企业应在行权日根据行权情况,确定股本和股本溢价,同时结转等待期内确认的资本公积(其他资本公积)。

对于现金结算的股份支付,企业在可行权日之后不再确认成本费用,负债(应付职工薪酬)公允价值的变动应当计入当期损益(公允价值变动损益)。

(4)回购股份进行职工期权激励

企业以回购股份形式奖励本企业职工的,属于权益结算的股份支付。企业回购股份时,应按回购股份的全部支出作为库存股处理,同时进行备查登记。按照《企业会计准则第11号——股份支付》(以下简称股份支付准则)对职工权益结算股份支付的规定,企业应当在等待期内每个资产负债表日按照权益工具在授予日的公允价值,将取得的职工服务计入成本费用,同时增加资本公积(其他资本公积)。在职工行权购买本企业股份时,企业应转销交付职工的库存股成本和等待期内资本公积(其他资本公积)累计金额,同时,按照其差额调整资本公积(股本溢价)。

4. 限制性股票

限制性股票是指职工或其他方按照股份支付协议规定的条款和条件,从企业获得一定数量的股票,在一个确定的等待期或者在满足特定业绩指标之后,方可出售。

根据股份支付准则,限制性股票属于授予后立即可行权的换取职工提供服务的以权益结算的股份支付。因此,公司对于限制性股票应当在授予日按照权益工具的公允价值计入相关成本或费用,同时增加资本公积(资本溢价)。

目前限制性股票的来源主要有以下几种方式:一是向目标员工定向增发授予限制性股票;二是公司提取相应的激励基金,在二级市场回购公司股票作为库藏股,在符合授予条件后授予员工;三是公司将提取的相关激励基金委托给某个独立信托机构在二级市场购买公司股票,符合授予条件后,信托机构直接将股票过户到被授予员工名下。

(1)定向增发方式

对于定向增发的,公司应在授予日按权益工具的公允价值计入成本费用,按收到员工购股款计入"银行存款",按实际授予员工的股份数计入"股本",差额计入"资本公积"(股本溢价)。

(2)回购股份

企业回购股份时,应当按照回购股份的全部支出作为库存股处理,同时进行备查登记。在实际授予日,公司应当按照权益工具的公允价值计入当日成本费用,并结转库存股的成本,差额计入资本公积(股本溢价)。

(3)通过独立信托机构运作方式

公司应在向信托机构支付购股价款时计入资本公积。在等待期内的每个资产负债表日,按权益工具的公允价值分期计入相关成本费用。在实际的授予日结转资本公积,差额计入资本公积(股本溢价)。

5.股权激励计划的企业所得税处理

这里所称的股权激励,是指《上市公司股权激励管理办法(试行)》(以下简称《管理办法》)中规定的上市公司以本公司股票为标的,对其董事、监事、高级管理人员及其他员工(以下简称激励对象)进行的长期性激励。股权激励实行方式包括授予限制性股票、股票期权以及其他法律法规规定的方式。限制性股票,是指《管理办法》中规定的激励对象按照股权激励计划规定的条件,从上市公司获得的一定数量的本公司股票。股票期权,是指《管理办法》中规定的上市公司按照股权激励计划授予激励对象在未来一定期限内,以预先确定的价格和条件购买本公司一定数量股票的权利。

国家税务总局《关于我国居民企业实行股权激励计划有关企业所得税处理问题的公告》(国家税务总局公告2012年第18号)规定,上市公司依照《管理办法》要求建立职工股权激励计划,并按我国企业会计准则的有关规定,在股权激励计划授予激励对象时,按照该股票的公允价格及数量,计算确定作为上市公司相关年度的成本或费用,作为换取激励对象提供服务的对价。自2012年7月1日起,上述企业建立的职工股权激励计划,其企业所得税的处理,按以下规定执行:

(1)对股权激励计划实行后立即可以行权的,上市公司可以根据实际行权时该股票的公允价格与激励对象实际行权支付价格的差额和数量,计算确定作为当年上市公司工资薪金支出,依照税法规定进行税前扣除。

(2)对股权激励计划实行后,需待一定服务年限或者达到规定业绩条件(以下简称等待期)方可行权的,上市公司等待期内会计上计算确认的相关成本费用,不得在对应年度计算缴纳企业所得税时扣除。在股权激励计划可行权后,上市公司方可根据该股票实际行权时的公允价格与当年激励对象实际行权支付价格的差额及数量,计算确定作为当年上市公司工资薪金支出,依照税法规定进行税前扣除。这里所指股票实际行权时的公允价格,以实际行权日该股票的收盘价格确定。

目前,有关部门仅对在我国境内上市的公司建立的职工股权激励计划作出具体规定和要求,但考虑到一些在我国境外上市的公司以及非上市公司,也依照上市公司的做法,建立职工股权激励计划,为了体现税收政策的公平性,国家税务总局公告2012年第18号还进一步明确规定:在我国境外上市的居民企业和非上市公司,凡比照《上市公司股权激励管理办法(试行)》的规定建立职工股权激励计划,且在企业会计处理上,也按我国会计准则的有关规定处理的,其股权激励计划有关企业所得税处理问题,可以按照上述规定执行。即,对这些公司,如果其所建立的职工股权激励计划,是参照上市公司的做法建立的,也可以按照上市公司的税务处理办法进行企业所得税处理。

【例 3-5】 附服务年限条件的权益结算股份支付

A 公司的股票在上海证券交易所上市交易。20×6 年 1 月 1 日,A 公司向其 200 名管理人员每人授予 100 股股票期权,这些职员从 20×6 年 1 月 1 日起在公司连续服务 3 年,即可以 5 元/股购买 100 股 A 公司股票,从而获益。公司估计该期权在授予日的公允价值为 18 元。

第一年有 20 名职员离开 A 公司,A 公司估计三年中离开的职员比例将达到 20%;第二年又有 10 名职员离开公司,公司将估计的职员离开比例修正为 15%;第三年又有 15 名职员离开。假设 155 名职员在 20×9 年 12 月 31 日全部行权,A 公司股份面值为 1 元;20×9 年其他项目的应纳税所得额为 1 000 万元。企业所得税适用税率为 25%。

要求:进行相关的会计处理与纳税调整。

【解析】

费用和资本公积的计算过程如下表所示:

单位:元

年份	计算	当期费用	累计费用
20×6	200×100×(1−20%)×18×1/3	96 000	96 000
20×7	200×100×(1−15%)×18×2/3−96 000	108 000	204 000
20×8	155×100×18−204 000	75 000	279 000

账务处理:

① 20×6 年 1 月 1 日,授予日不做账务处理。

② 20×6 年 12 月 31 日:

借:管理费用 96 000

　　贷:资本公积——其他资本公积 96 000

企业应付给职工的上述报酬,会计上作为一项费用进行处理。但企业所得税中作为一项资产(实际行权时摊销扣除)处理,会计成本为零,计税基础为 96 000 元,应确认可抵扣暂时性差异对所得税的影响:

借:递延所得税资产——权益结算的股份支付 24 000

　　贷:资本公积——其他资本公积 24 000

年终,进行 20×6 年度企业所得税汇算清缴时,对未实际支付的职工薪酬 96 000 元,应调增应纳税所得额。

③ 20×7 年 12 月 31 日:

借:管理费用 108 000

　　贷:资本公积——其他资本公积 108 000

应确认可抵扣暂时性差异 108 000 元,对所得税的影响为 27 000 元(108 000×25%)。年终汇算清缴时,调增应纳税所得额 108 000 元。

借:递延所得税资产——权益结算的股份支付 27 000

  贷:资本公积——其他资本公积   27 000

④ 20×8 年 12 月 31 日:

借:管理费用   75 000

  贷:资本公积——其他资本公积   75 000

年终企业所得税汇算清缴时,需调增应纳税所得额 75 000 元。确认可抵扣暂时性差异对所得税影响 18 750 元(75 000×25%)。

借:递延所得税资产——权益结算的股份支付   18 750

  贷:资本公积——其他资本公积   18 750

⑤ 20×9 年 12 月 31 日,155 名职员全部行权,其会计处理为:

借:银行存款   77 500

  资本公积——其他资本公积   279 000

  贷:股本   15 500

    资本公积——资本溢价   341 000

在企业所得税处理时,职工行权时视同发放工资薪金,允许据实扣除。调减当期应纳税所得额 279 000 元。以前年度确认的可抵扣暂时性差异在本期转回。

借:资本公积——其他资本公积   69 750

  贷:递延所得税资产——权益结算的股份支付   69 750

当年应纳企业所得税额为:(1 000−27.9)×25%=243.025(万元)。

借:所得税费用——当期所得税   2 430 250

  贷:应交税费——应交所得税   2 430 250

【例 3-6】 现金结算的股份支付

2009 年初,甲上市公司为其 200 名中层以上职员每人授予 100 份现金股票增值权,这些职员从 2009 年 1 月 1 日起在该公司连续服务 3 年,即可按照当时股价的增长幅度获得现金,该增值权应在 2013 年 12 月 31 日之前行使。甲公司估计,该增值权在负债结算之前的每一资产负债表日以及结算日的公允价值和可行权后的每份增值权现金支出额如下表所示:

单位:元

年份	公允价值	支付现金
2009	14	
2010	15	
2011	18	16
2012	21	20
2013		25

  第一年有 20 名职员离开公司,公司估计三年中还将有 15 名职员离开;第二年又有 10 名职员离开公司,公司估计还将有 10 名职员离开;第三年又有 15 名职员离开,第三年末,有 70 人行使股票增值权取得了现金;第四年末,有 50 人行使了股票增值权。第五年末,剩余 35 人也行使了股票增值权。

要求：进行相关的会计处理与纳税调整。

【解析】

费用和资本公积的计算过程如下表所示：

单位：元

年份	负债计算	支付现金计算	负债	支付现金	当期费用
2009	(200−35)×100×14×1/3		77 000		77 000
2010	(200−40)×100×15×2/3		160 000		83 000
2011	(200−45−70)×100×18	70×100×16	153 000	112 000	105 000
2012	(200−45−70−50)×100×21	50×100×20	73 500	100 000	20 500
2013	0	35×100×25	0	87 500	14 000
总额				299 500	299 500

其中：当期负债−前期负债＋当期支付现金＝当期费用

① 2009 年 12 月 31 日，会计处理为：

借：管理费用   77 000

    贷：应付职工薪酬——股份支付   77 000

税务处理：当年计提的工资薪金由于未实际发放，不得在计算应纳税所得额时扣除，年终进行企业所得税汇算清缴时，应调增应纳税所得额 77 000 元。

② 2010 年 12 月 31 日，会计处理为：

借：管理费用   83 000

    贷：应付职工薪酬——股份支付   83 000

税务处理：当年计提的工资 83 000 元不得在税前扣除，企业所得税汇算清缴时应调增应纳税所得额 83 000 元。

③ 2011 年 12 月 31 日，会计处理为：

借：应付职工薪酬——股份支付   112 000

    贷：银行存款   112 000

借：管理费用   105 000

    贷：应付职工薪酬——股份支付   105 000

税务处理：当年计提工资薪金 105 000 元，实际发放的工资为 112 000 元，计提数小于发放数，计提数可以据实扣除的同时还可以调减应纳税所得额 7 000 元(112 000−105 000)。

④ 2012 年 12 月 31 日，会计处理为：

借：公允价值变动损益   20 500

    贷：应付职工薪酬——股份支付   20 500

借：应付职工薪酬——股份支付   100 000

    贷：银行存款   100 000

税务处理时，公允价值变动损益不得在税前扣除，应调增所得额 20 500 元；实际发放的工资薪金 10 万元，可以在税前扣除，应调减所得额 10 万元。

⑤ 2013 年 12 月 31 日，会计处理为：

借:公允价值变动损益   14 000

    贷:应付职工薪酬——股份支付   14 000

借:应付职工薪酬——股份支付   87 500

    贷:银行存款   87 500

在进行企业所得税处理时,公允价值变动损益不得在税前扣除,应调减应纳税所得额14 000元;实际发放的工资薪金可以在税前扣除,应调增应纳税所得额。

（四）与工资薪金税前扣除相关问题的处理

1. 工效挂钩企业工资储备基金的处理

根据国税函〔2009〕98号文件规定,原执行工效挂钩办法的企业,在2008年1月1日以前已按规定提取,但因未实际发放而未在税前扣除的工资储备基金余额,2008年及以后年度实际发放时,可在实际发放年度企业所得税前据实扣除。

2. 季节工、临时工等费用的扣除

根据企业所得税法实施条例第34条规定,企业每一纳税年度支付给在本企业任职或者受雇员工的所有现金形式或者非现金形式的劳动报酬,应作为工资薪金,准予在税前扣除。企业雇佣季节工、临时工、实习生、返聘离退休人员以及接受外部劳务派遣用工,也属于企业任职或者受雇员工范畴,因而,国家税务总局《关于企业所得税应纳税所得额若干税务处理问题的公告》(国家税务总局公告2012年第15号)规定:企业因雇用季节工、临时工、实习生、返聘离退休人员以及接受外部劳务派遣用工所实际发生的费用,应区分为工资薪金支出和职工福利费支出,并按《企业所得税法》规定在企业所得税前扣除。其中属于工资薪金支出的,准予计入企业工资薪金总额的基数,作为计算其他各项相关费用扣除的依据。

此外,根据财政部、国家税务总局《关于企业支付学生实习报酬有关所得税政策问题的通知》(财税〔2006〕107号)规定,自2006年1月1日起,凡与中等职业学校和高等院校签订三年以上期限合作协议的企业,支付给学生实习期间的报酬,准予在计算缴纳企业所得税税前扣除。具体征管办法由国家税务总局另行制定。对中等职业学校和高等院校实习生取得的符合我国个人所得税法规定的报酬,企业应代扣代缴其相应的个人所得税款。这里所称中等职业学校包括普通中等专业学校、成人中等专业学校、职业高中(职教中心)和技工学校;高等院校包括高等职业院校、普通高等院校和全日制成人高等院校。

根据国家税务总局《关于印发〈企业支付实习生报酬税前扣除管理办法〉的通知》(国税发〔2007〕42号)规定,企业可在税前扣除的实习生报酬,包括以货币形式支付的基本工资、奖金、津贴、补贴(含地区补贴、物价补贴和误餐补贴)、加班工资、年终加薪和企业依据实习合同为实习生支付的意外伤害保险费。

企业以非货币形式给实习生支付的报酬,不允许在税前扣除。企业或学校必须为每个实习生独立开设银行账户,企业支付给实习生的货币性报酬必须以转账方式支付。企业因接受学生实习而从国家或学校取得的补贴收入,应并入企业的应税收入,缴纳企业所得税。

3. 解除劳动关系向职工支付经济补偿、生活补助的处理

企业便函〔2009〕33号文件明确,企业因解除劳动关系向职工支付的经济补偿、生活补助等支出,应根据财政部、国家税务总局《关于企业收取和交纳的各种价内外基金(资金、附加)和收费征免企业所得税等几个政策问题的通知》(财税字〔1997〕22号)第三条规定,按劳动部关于《违反和解除劳动合同的经济补偿办法》规定支付给职工的经济补偿金,可在企业

所得税税前扣除。

此外,公司向解除劳动关系的人员支付一次性补偿费,根据国家税务总局《关于行政机关应扣未扣个人所得税问题的批复》(国税函〔2004〕1199 号)规定,应责成扣缴义务人向纳税人追缴税款。按照《税收征收管理法》规定的原则,扣缴义务人应扣未扣税款,无论适用修订前还是修订后的《税收征收管理法》,均不得向纳税人或扣缴义务人加收滞纳金。

(五)股权激励所得的个人所得税处理

股权激励是指以本公司或母公司股票为标的,对激励对象进行的长期性激励,通常可分为股票期权、股票增值权、限制性股票三种形式。

股权激励所得的个人所得税处理规定主要有:财政部、国家税务总局《关于个人股票期权所得征收个人所得税问题的通知》(财税〔2005〕35 号)、《关于上市公司高管人员股票期权所得缴纳个人所得税有关问题的通知》(财税〔2009〕40 号),国家税务总局《关于个人股票期权所得缴纳个人所得税有关问题的补充通知》(国税函〔2006〕902 号)、《关于股权激励有关个人所得税问题的通知》(国税函〔2009〕461 号)等。

1. 股权激励所得性质的确定及征税方法

(1)授予日,一般不征税

员工接受实施股票期权计划企业授予的股票期权时,除另有规定外,一般不作为应税所得征税。

这里所称的另有规定情形,指部分股票期权在授权时即约定可以转让,且在境内或境外存在公开市场及挂牌价格(以下称可公开交易的股票期权)。员工接受该可公开交易的股票期权时,按以下规定进行税务处理:

① 员工取得可公开交易的股票期权,属于员工已实际取得有确定价值的财产,应按授权日股票期权的市场价格,作为员工授权日所在月份的工资薪金所得,并按财税〔2005〕35号文件第四条第(一)项规定计算缴纳个人所得税。如果员工以折价购入方式取得股票期权的,可以授权日股票期权的市场价格扣除折价购入股票期权时实际支付的价款后的余额,作为授权日所在月份的工资薪金所得。

② 员工取得上述可公开交易的股票期权后,转让该股票期权所取得的所得,属于财产转让所得,按财产转让所得项目规定进行税务处理。

③ 员工取得可公开交易的股票期权后,实际行使该股票期权购买股票时,不再计算缴纳个人所得税。

(2)行权日,按工资、薪金所得征税

员工行权时,其从企业取得股票的实际购买价(施权价)低于购买日公平市场价(指该股票当日的收盘价,下同)的差额,是因员工在企业的表现和业绩情况而取得的与任职、受雇有关的所得,应按"工资、薪金所得"适用的规定计算缴纳个人所得税。

对因特殊情况,员工在行权日之前将股票期权转让的,以股票期权的转让净收入,作为工资薪金所得征收个人所得税。股票期权的转让净收入,一般是指股票期权转让收入。如果员工以折价购入方式取得股票期权的,可以股票期权转让收入扣除折价购入股票期权时实际支付的价款后的余额,作为股票期权的转让净收入。

(3)行权后,转让股票按财产转让所得征税

员工将行权后的股票再转让时获得的高于购买日公平市场价的差额,是因个人在证券

二级市场上转让股票等有价证券而获得的所得,应按照"财产转让所得"适用的征免规定计算缴纳个人所得税。

（4）员工因拥有股权而参与企业税后利润分配取得的所得,应按照"利息、股息、红利所得"适用的规定计算缴纳个人所得税。

（5）根据国税函〔2009〕461号文件规定,个人因任职、受雇从上市公司取得的股票增值权所得和限制性股票所得,由上市公司或其境内机构按照"工资、薪金所得"项目和股票期权所得个人所得税计税方法,依法扣缴其个人所得税。

对员工接受雇主（含上市公司和非上市公司）授予的股票期权,根据国税函〔2006〕902号文件规定,凡该股票期权指定的股票为上市公司（含境内、外上市公司）股票的,均应按照上述财税〔2005〕35号文件规定进行税务处理。

由此可见,无论是股票期权所得,还是股票增值权所得以及限制性股票所得,都是被激励对象取得的与其任职、受雇有关的所得,在取得时均应按"工资、薪金"所得缴纳个人所得税。股票增值权个人所得税纳税义务发生时间为上市公司向被授权人兑现股票增值权所得的日期,限制性股票个人所得税纳税义务发生时间为每一批次限制性股票解禁的日期。

2. 股票期权所得应纳税额的计算

（1）认购股票所得（行权所得）税款的计算

员工因参加股票期权计划而从中国境内取得的所得,应按"工资、薪金"所得计算纳税的,对该股票期权形式的工资薪金所得可区别于所在月份的其他"工资、薪金"所得,单独计算当月应纳税款。计算公式如下:

$$股票期权形式的工资薪金应纳税所得额 = \left(\begin{array}{c}行权股票的\\每股市场价\end{array} - \begin{array}{c}员工取得该股票期权\\支付的每股施权价\end{array}\right) \times \begin{array}{c}股票\\数量\end{array} \qquad ①$$

$$应纳税额 = \left(\begin{array}{c}股票期权形式的工资\\薪金应纳税所得额\end{array} \div \begin{array}{c}规定月\\份数\end{array} \times 适用税率 - 速算扣除数\right) \times \begin{array}{c}规定月\\份数\end{array}$$

公式①中的规定月份数,是指员工取得来源于中国境内的股票期权形式工资薪金所得的境内工作期间月份数,长于12个月的,按12个月计算。由于《上市公司股权激励管理办法》（试行）规定,股票期权授权日与获授股票期权首次可以行权日之间的间隔不得少于1年,因此公式中涉及的规定月份数一般情况下应为12。适用税率和速算扣除数,以股票期权形式的工资薪金应纳税所得额除以规定月份数后的商数,对照现行税率表确定。员工取得该股票期权支付的每股施权价,一般是指员工行使股票期权购买股票实际支付的每股价格。如果员工以折价购入方式取得股票期权的,上述施权价可包括员工折价购入股票期权时实际支付的价格。

员工以在一个公历月份中取得的股票期权形式工资薪金所得为一次。员工在一个纳税年度中多次取得股票期权形式工资薪金所得的,其在该纳税年度内首次取得股票期权形式的工资薪金所得应按公式①计算应纳税款;本年度内以后每次取得股票期权形式的工资薪金所得,应按以下公式计算应纳税款:

$$应纳税款 = \left[\frac{本纳税年度内取得的股票期权形式工资薪金所得累计应纳税所得额}{规定月份数} \times 适用税率 - 速算扣除数\right] \times \begin{array}{c}规定月\\份数\end{array}$$
$$- 本纳税年度内股票期权形式的工资薪金所得累计已纳税款 \qquad ②$$

本纳税年度内取得的股票期权形式工资薪金所得累计应纳税所得额,包括本次及本次以前各次取得的股票期权形式工资薪金所得应纳税所得额;公式②中的适用税率和速算扣除数,以本纳税年度内取得的股票期权形式工资薪金所得累计应纳税所得额除以规定月份数后的商数,对照现行税率表确定;本纳税年度内股票期权形式的工资薪金所得累计已纳税款,不含本次股票期权形式的工资薪金所得应纳税款。在计算应纳税款时,不得减除工资、薪金所得的费用扣标准等费用。

员工多次取得或者一次取得多项来源于中国境内的股票期权形式工资薪金所得,而且各次或各项股票期权形式工资薪金所得的境内工作期间月份数不相同的,以境内工作期间月份数的加权平均数为规定月份数,但最长不超过 12 个月,计算公式如下:

$$\underset{\text{月份数}}{\text{规定}} = \sum \frac{\text{各次或各项股票期权形式工资薪金应纳税所得额}}{\text{与该次或该项所得境内工作期间月份数的乘积}} \div \sum \frac{\text{各次或各项股票期权形}}{\text{式工资薪金应纳税所得额}}$$

(2) 转让股票(销售)取得所得的税款计算

对于员工转让股票等有价证券取得的所得,应按现行税法和政策规定征免个人所得税。即,个人将行权后的境内上市公司股票再行转让而取得的所得,暂不征收个人所得税;个人转让境外上市公司的股票而取得的所得,应按税法的规定计算应纳税所得额和应纳税额,依法缴纳税款。

被激励对象为缴纳个人所得税款而出售股票,其出售价格与原计税价格不一致的,按原计税价格计算其应纳税所得额和税额。

(3) 参与税后利润分配取得所得的税款计算

员工因拥有股权参与税后利润分配而取得的股息、红利所得,除依照有关规定可以免税或减税的外,应全额按股息、红利所得项目和规定税率计算纳税。

(4) 分期纳税待遇及其适用条件

根据财税〔2009〕40 号文件规定,上市公司董事、监事、高级管理人员等(以下简称上市公司高管人员)取得股票期权在行权时,纳税确有困难的,经主管税务机关审核,可自其股票期权行权之日起,在不超过 6 个月的期限内分期缴纳个人所得税。其他股权激励方式参照执行。

需要说明的是:财税〔2005〕35 号、国税函〔2006〕902 号以及国税函〔2009〕461 号文件有关股票期权个人所得税政策,适用于上市公司(含所属分支机构)和上市公司控股企业的员工,其中上市公司占控股企业股份比例最低为 30%(间接控股限于上市公司对二级子公司的持股①)。间接持股比例,按各层持股比例相乘计算,上市公司对一级子公司持股比例超过 50%的,按 100%计算。

对具有下列情形之一的股权激励所得,不适用国税函〔2009〕461 号文件规定的优惠计税方法,直接计入个人当期所得征收个人所得税:

① 除上述规定之外的集团公司、非上市公司员工取得的股权激励所得;

② 公司上市之前设立股权激励计划,待公司上市后取得的股权激励所得;

③ 上市公司未按照国税函〔2009〕461 号文件第六条规定向其主管税务机关报备有关资料的。

---

① 自 2011 年 5 月 1 日起,被国家税务总局公告 2011 年第 27 号废止。

3. 股票增值权所得应纳税额的计算

根据国税函〔2009〕461 号文件规定,个人因任职、受雇从上市公司取得的股票增值权所得和限制性股票所得,由上市公司或其境内机构按照"工资、薪金所得"项目和股票期权所得个人所得税计税方法,依法扣缴其个人所得税。

上市公司应于向股票增值权被授权人兑现时依法扣缴其个人所得税。被授权人股票增值权应纳税所得额计算公式为:

$$\text{股票增值权某次行权应纳税所得额} = \left(\text{行权日股票价格} - \text{授权日股票价格}\right) \times \text{行权股票份数}$$

4. 限制性股票所得的计算

原则上应在限制性股票所有权归属于被激励对象时确认其限制性股票所得的应纳税所得额。即:上市公司实施限制性股票计划时,应以被激励对象限制性股票在中国证券登记结算公司(境外为证券登记托管机构)进行股票登记日期的股票市价(指当日收盘价,下同)和本批次解禁股票当日市价(指当日收盘价,下同)的平均价格乘以本批次解禁股票份数,减去被激励对象本批次解禁股份数所对应的为获取限制性股票实际支付资金数额,其差额为应纳税所得额。被激励对象限制性股票应纳税所得额计算公式为:

$$\text{应纳税所得额} = \left(\text{股票登记日股票市价} + \text{本批次解禁股票当日市价}\right) \div 2 \times \text{本批次解禁股票份数} -$$

$$\text{被激励对象实际支付的资金总额} \times \frac{\text{本批次解禁股票份数}}{\text{被激励对象获取的限制性股票总份数}}$$

(1)纳税义务发生时间

对于限制性股票,在授予日,公司员工就取得了公司授予的股票,只不过这些股票是有限制的,员工不能以任何形式转让并取得所得。因此,在授予日,员工取得的限制性股票和可公开交易的股票期权是不一样的,它不是有确定价值的财产。因此,限制性股票的授予日不能作为个人所得税的纳税义务发生时间。

对于限制性股票,只有在解锁期内,员工符合股权激励计划的解锁条件,公司对员工符合条件的限制性股票实际解锁时,员工才实际取得了有确定价值的财产。因此,实际解锁日为限制性股票所得的纳税义务发生时间。

(2)应纳税所得额的确定

员工取得的限制性股票所得,应在实际解锁日按限制性股票所对应的二级市场价格,作为员工授权日所在月份的工资、薪金所得,并按财税〔2005〕35 号文件规定计算缴纳个人所得税。

如果公司当初是按有偿方式授予员工限制性股票的,可以扣除员工购入限制性股票时实际支付的价款。

(3)应纳税额的计算

限制性股票所得应纳税额的计算和股票期权所得的应纳税额的计算基本是一致的。需要关注的是限制性股票计算中的"规定月份数",规定月份数是指员工取得来源于中国境内的股票期权形式工资、薪金所得的境内工作期间月份数,长于 12 个月的,按 12 个月计算。限制性股票"规定月份数"的计算,应按如下方式确定起止日期:起始日期应为限制性股票计划经公司股东大会批准的日期,截止日期应为员工对应的限制性股票实际解禁日。考虑到我国目前的《上市公司股票激励管理办法（试行）》规定，限制性股票从授予日到禁售期结束不得少于1年。因此，在计算限制性股票所得时，规定月份数一般就是12个月。

三、职工福利费

（一）职工福利费的财务处理

1. 职工福利费的内涵与外延

企业的人工成本，可划分为工资（含年薪、奖金、津贴、纳入工资总额管理的补贴）和福利两大类。其中福利是企业对职工劳动补偿的辅助形式，按与工资的相互关系，可以分为两类，一是按工资一定比例缴纳或提取的基本社会保险费及住房公积金、补充养老（企业年金）和补充医疗保险费、职工教育经费；二是其他与工资没有固定比例的福利待遇支出。

2006年修订的《企业财务通则》（财政部令41号，以下简称企业财务通则）取消了企业职工福利费按标准提取的政策，财务处理上企业可据实开支职工福利费，不再按照工资总额的14%计提。同时将原来应当由职工福利费开支的职工基本医疗保险费、补充医疗和补充养老保险费等内容，直接列入成本（费用），不再列作职工福利费管理。现行的职工福利费，即为上述第二类职工福利。

根据财政部《关于企业加强职工福利费财务管理的通知》（财企〔2009〕242号）规定，企业职工福利费是指企业为职工提供的除职工工资、奖金、津贴、纳入工资总额管理的补贴、职工教育经费、社会保险费和补充养老保险费（年金）、补充医疗保险费及住房公积金以外的福利待遇支出，包括发放给职工或为职工支付的以下各项现金补贴和非货币性集体福利：

（1）为职工卫生保健、生活等发放或支付的各项现金补贴和非货币性福利，包括职工因公外地就医费用、暂未实行医疗统筹企业职工医疗费用、职工供养直系亲属医疗补贴、职工疗养费用、自办职工食堂经费补贴或未办职工食堂统一供应午餐支出、符合国家有关财务规定的供暖费补贴、防暑降温费等。

（2）企业尚未分离的内设集体福利部门所发生的设备、设施和人员费用，包括职工食堂、职工浴室、理发室、医务所、托儿所、疗养院、集体宿舍等集体福利部门设备、设施的折旧、维修保养费用以及集体福利部门工作人员的工资薪金、社会保险费、住房公积金、劳务费等人工费用。

（3）职工困难补助，或者企业统筹建立和管理的专门用于帮助、救济困难职工的基金支出。

（4）离退休人员统筹外费用，包括离休人员的医疗费及离退休人员其他统筹外费用。企业重组涉及的离退休人员统筹外费用，按照财政部《关于企业重组有关职工安置费用财务管理问题的通知》（财企〔2009〕117号）执行。国家另有规定的，从其规定。

财政部《关于企业重组有关职工安置费用财务管理问题的通知》（财企〔2009〕117号）规定：

① 企业重组过程中，按照国家有关规定支付给解除、终止劳动合同的职工的经济补偿，以及为移交社会保障机构管理的职工一次性缴付的社会保险费，按照《企业财务通则》（财政部令第41号）第六十条规定执行，其中产权转让的按本通知第七条规定执行。即企业重组涉及产权转让的，按照规定应当支付、缴付或者预提的各项职工安置费用，在资产评估之前不得从拟转让的净资产中扣除，也不得从转让价款中直接抵扣，应当从产权转让收入中优先支付。对已经按照《企业会计准则》预提的职工安置费用余额，在资产评估之前应当调增拟

转让的净资产。

② 企业重组过程中涉及的离退休人员和内退人员有关费用,应按照"人随资产、业务走"的原则,由承继重组前企业相关资产及业务的企业承担。

企业对上述费用实行预提的,在重组过程中评估企业净资产价值时,根据权责一致原则,对企业资产未来可能实现的收益,也应当予以评估确认。

企业对预提的上述费用不符合规定的,在重组过程中评估企业净资产价值时,应当按规定予以调整确认。

③ 企业重组过程中,对符合重组企业所在设区的市以上人民政府规定的离退休人员统筹外费用,经批准可以从重组前企业净资产中预提,预提年限应当按照中国保监会发布的《中国人寿保险业务经验生命表》计算。国家对离休人员安置另有规定的,从其规定。

④ 企业重组过程中,对符合法律、行政法规以及国务院劳动保障部门规定条件的内退人员,其内退期间的生活费和社会保险费,经批准可以从重组前企业净资产中预提。

内退人员的生活费标准不得低于本地区最低工资标准的 70%,同时不得高于本企业平均工资的 70%,并应与企业原有内退人员待遇条件相衔接,经职工代表大会审议后,在内退协议中予以明确约定。

⑤ 重组企业预提的有关费用,应当分别计算离退休人员和内退人员的预提年限,并以重组基准日相关费用为基数,以同期限历史平均通胀率计算未来各期企业应支付的费用后,再按照同期限银行贷款利率进行贴现计算。预提费用计算公式如下:

$$一次性预提费用 = \sum Tt = 1ft \times (1 + r_1)t(1 + r_2)t$$

其中,T 为预提年限,ft 为预提年限内第 t 期费用,r_1 为预提年限同期限内历史平均通胀率,r_2 为预提年限同期限银行贷款利率。

⑥ 企业实行分立式重组,将离退休人员和内退人员移交存续企业或者由上级集团公司集中管理的,上述预提费用由重组后企业以货币资金形式支付给管理单位。重组后企业如货币资金不足,可以自重组完成日起 5 年内分期支付,但应当按照重组基准日 5 年期银行贷款利率向管理单位支付分期付款的利息。有关利息支出作为重组后企业财务费用处理。

⑦ 重组企业离退休人员及内退人员的管理单位应当对预提费用实行专户管理,并按约定从专户中向相关人员支付费用。预提资金不足支付相关费用的或者有结余的,按《企业会计准则》的相关规定计入管理单位当期损益。

(5) 按规定发生的其他职工福利费,包括丧葬补助费、抚恤费、职工异地安家费、独生子女费、探亲假路费,以及符合企业职工福利费定义但没有包括在上述项目中的其他支出。

2. 福利费的财务管理

(1) 交通、住房、通讯补贴的处理

企业为职工提供的交通、住房、通讯待遇,已经实行货币化改革的,按月按标准发放或支付的住房补贴、交通补贴或者车改补贴、通讯补贴,应当纳入职工工资总额,不再纳入职工福利费管理;尚未实行货币化改革的,企业发生的相关支出作为职工福利费管理,如企业为职工提供的上下班班车、集体宿舍等相关费用,作为职工福利费管理。但根据国家有关企业住房制度改革政策的统一规定,不得再为职工购建住房、支付物业管理费用。

企业生产经营发生的或者为管理和组织经营活动发生的、不定时间、不定金额、据实报销的市内交通等费用,既不具有工资性质,也不属于职工福利费,按规定列入企业成本(费用)。

（2）节日补助、午餐费补贴的处理

企业给职工发放的节日补助、未统一供餐而按月发放的午餐费补贴，应当纳入工资总额管理。

这里需要关注相关的个人所得税问题。根据国家税务总局《关于企业工资薪金及职工福利费扣除问题的通知》（国税函〔2009〕3号）精神，职工福利费可用于职工食堂经费补贴。自办职工食堂经费补贴或未办职工食堂统一供应午餐支出可以在职工福利费列支，因其不属于"从福利费和工会经费中支付给单位职工的人人有份的补贴、补助"，不征收个人所得税。但对于企业未统一供应午餐而按月发给职工的"午餐费补贴"，是以现金发放的人人有份的补贴，则不属于财务上职工福利费的开支范围，应纳入工资总额，征收个人所得税。

对于节日补助，按个人所得税法的相关规定，属于个人因任职或者受雇而取得的工资、薪金所得，应当按规定征收个人所得税。

（3）应由个人承担的支出，不得作为福利费开支

职工福利是企业对职工劳动补偿的辅助形式，企业应当参照历史一般水平合理控制职工福利费在职工总收入中的比重。按照企业财务通则第四十六条规定，企业不得承担属于个人的下列支出：

① 娱乐、健身、旅游、招待、购物、馈赠等支出；

② 购买商业保险、证券、股权、收藏品等支出；

③ 个人行为导致的罚款、赔偿等支出；

④ 购买住房、支付物业管理费等支出；

⑤ 应由个人承担的其他支出。

此外，需要说明的是：

① 对实行年薪制等薪酬制度改革的企业负责人，企业应当将符合国家规定的各项福利性货币补贴纳入薪酬体系统筹管理，发放或支付的福利性货币补贴从其个人应发薪酬中列支。

② 企业职工福利一般应以货币形式为主。对以本企业产品和服务作为职工福利的，企业要严格控制。

国家出资的电信、电力、交通、热力、供水、燃气等企业，将本企业产品和服务作为职工福利的，应当按商业化原则实行公平交易，不得直接供职工及其亲属免费或者低价使用。

③ 职工福利费的财务管理规范，不是税收政策，在计算应纳税所得额时，上述企业职工福利费等财务管理规定同税收法律、行政法规的规定不一致的，应当依照税收法律、行政法规的规定计算纳税。

（二）职工福利费的企业所得税处理

职工福利费支出是指满足职工共同需要的集体生活、文化、体育等方面的支出。国税函〔2009〕3号文件对其税法上的范畴进行了明确。企业在财务、会计处理时按照财企〔2009〕242号文件执行；在进行纳税调整等税务处理时，按国税函〔2009〕3号文件执行，分别适用。

企业所得税法实施条例第四十条规定，企业发生的职工福利费支出，不超过工资薪金总额14%的部分，准予扣除。

1. 工资薪金总额的界定

根据国税函〔2009〕3号文件规定，工资薪金总额，是指企业按照规定实际发放的工资薪

金总和,不包括企业的职工福利费、职工教育经费、工会经费以及养老保险费、医疗保险费、失业保险费、工伤保险费、生育保险费等社会保险费和住房公积金。

属于国有性质的企业,其工资薪金,不得超过政府有关部门给予的限定数额;超过部分,不得计入企业工资薪金总额,也不得在计算企业应纳税所得额时扣除。

2. 职工福利费开支内容

企业所得税所称的职工福利费的开支内容,包括:

(1) 尚未实行分离办社会职能的企业,其内设福利部门所发生的设备、设施和人员费用,包括职工食堂、职工浴室、理发室、医务所、托儿所、疗养院等集体福利部门的设备、设施及维修保养费用和福利部门工作人员的工资薪金、社会保险费、住房公积金、劳务费等。

(2) 为职工卫生保健、生活、住房、交通等所发放的各项补贴和非货币性福利,包括企业向职工发放的因公外地就医费用、未实行医疗统筹企业职工医疗费用、职工供养直系亲属医疗补贴、供暖费补贴、职工防暑降温费、职工困难补贴、救济费、职工食堂经费补贴、职工交通补贴等。

(3) 按照其他规定发生的其他职工福利费,包括丧葬补助费、抚恤费、安家费、探亲假路费等。

值得注意的是,下列费用不属于企业所得税所称职工福利费的开支范围:① 退休职工的费用;② 被辞退职工的补偿金;③ 职工劳动保护费;④ 职工在病假、生育假、探亲假期间领取到的补助;⑤ 职工的学习费;⑥ 职工的伙食补助费(包括职工在企业的午餐补助和出差期间的伙食补助)等。

可见,国税函〔2009〕3 号文件所规定的职工福利费包括的范围,与我们通常所说的"企业职工福利"相比大大缩小,如企业发给员工的"年货"、"过节费"、节假日物资及组织员工旅游支出等都不在此列。

3. 职工福利费的核算要求

企业发生的职工福利费,应该单独设置账册,进行准确核算。没有单独设置账册准确核算的,税务机关应责令企业在规定的期限内进行改正。逾期仍未改正的,税务机关可对企业发生的职工福利费进行合理的核定。

4. 以前年度余额的处理

原内资企业所得税暂行条例规定,职工福利费按照计税工资总额的 14% 计提并允许在税前扣除。即不管理企业是否盈利,也不管企业是否发生了职工福利费支出,其仍可按工资总额的 14% 计提职工福利费。而新企业所得税法对职工福利费取消了计提的规定,而采取在比例限额内据实扣除。

对 2008 年 1 月 1 日以前已计提,但尚未使用的职工福利费余额如何处理问题。国家税务总局《关于企业所得税若干税务事项衔接问题的通知》(国税函〔2009〕98 号)作出了规定:企业 2008 年以前按照规定计提但尚未使用的职工福利费余额,2008 年及以后年度发生的职工福利费,应首先冲减上述的职工福利费余额,不足部分按新税法规定扣除;仍有余额的,继续留在以后年度使用。企业 2008 年以前节余的职工福利费,已在税前扣除,属于职工权益,如果改变用途的,应调整增加企业应纳税所得额。

对上述政策规定,可从两方面理解:一是如果企业 2008 年以前按规定计提了职工福利费有尚未使用的余额,那么 2008 年及以后年度发生的职工福利费,应先使用原有职工福利费结余部分,不足部分再按新税法规定扣除。二是2008年以前节余的职工福利费,如果改变了职工权益属性,已在税前扣除的,则必须调整增加应纳税所得额。

【例3-7】 ABC上市公司,2008年发生如下职工福利支出:发放防暑降温费35万元,其中生产工人25万元,企业行政管理人员10万元;拨付职工食堂餐饮补贴75万元,其中生产工人65万元,行政管理人员10万元;发放职工困难补助费5万元,当年允许税前扣除的合理的工资、薪金总额为650万元。2007年应付福利费余额为8万元。其账务处理如下:

```
借:管理费用——福利费                          250 000
   生产成本——福利费                          900 000
   贷:应付职工薪酬——职工福利费                      1 150 000
借:应付职工薪酬——职工福利费              1 150 000
   贷:银行存款                                     1 150 000
```

要求:进行相关的纳税调整。

【解析】

《企业所得税暂行条例》规定,纳税人的职工工会经费、职工福利费、职工教育经费,分别按照计税工资总额的2%、14%、1.5%计算扣除。从2008年1月1日开始,根据企业所得税法实施条例规定,企业实际发生的职工福利费不超过工资薪金总额14%的部分,准予扣除。税法不再提取,会计上也不再计提。

当年职工福利费允许税前扣除的金额为:650×14%＝91(万元),根据国税函〔2008〕264号文件规定,职工福利费以前年度有余额的应先冲减余额,因此,2008年允许扣除的职工福利费金额为:91＋8＝99(万元),当年需调增应纳税所得额16万元(115－99)。

5. 防暑降温费的税务处理

国税函〔2009〕3号文件规定,职工福利费的内容包括:供暖费补贴、职工防暑降温费等。因此,职工防暑降温费已经属于福利费的开支范围。只要福利费不超标,防暑降温费不存在纳税调增的问题。

而2008年1月1日以前,根据原规定职工防暑降温费属于劳保费的列支范围,根据国家税务总局《关于职工冬季取暖补贴等税前扣除问题的批复》(国税函〔1996〕673号)规定,对企业职工冬季取暖补贴、职工防暑降温费、职工劳动保护费等支出,原则上允许企业据实扣除。为防止企业以这些费用为名,随意加大扣除费用,省级税务机关可根据当地实际情况,确定上述费用税前扣除的最高限额,并报国家税务总局备案。例如,2007年江苏省规定,企业在岗职工夏季防暑降温费标准为:从事室外作业和高温作业人员每人每月为160元,非高温作业人员每人每月130元。全年按4个月计发,分别为640元和520元。浙江省2007年"防暑降温费"的发放标准为:高温作业工人每人每月160元;非高温作业工人每人每月130元;一般工作人员每人每月110元,发放时间为4个月,开支列入企业成本。因此,根据原规定企业发生的上述费用可在省级税务机关规定的限额内据实扣除,超过规定标准都需要作纳税调增。

自2008年1月1日起,国税函〔2009〕3号文件已将防暑降温费纳入福利费的范围,因此,企业只要是合理的防暑降温费支出,即使超过本地的发放标准,也可以在福利费范围内列支,只要是企业全年发生的职工福利费不超支,就可以全额在企业所得税前扣除。这与原来的税务处理产生了较大变化。

根据个人所得税法实施条例规定,工资、薪金所得是指个人因任职或者受雇而取得的工资、薪金、奖金、年终加薪、劳动分红、津贴、补贴以及与任职或者受雇有关的其他所得。企业发放的防暑降温费属于"工资、薪金所得"性质的补贴,应该计入工资总额缴纳个人所得税。

但是,企业如果因工作需要为雇员配备或提供防暑降温用品,属于合理的劳动保护支出,可以在企业所得税前据实扣除,并且不属于雇员"工资、薪金"性质的所得,也不需要列入计征个人所得税的范围。

6. 非货币性福利的处理

在税务上,不论是以自产产品还是外购商品作为福利发放给职工的,都应视同销售处理,计算缴纳增值税和企业所得税。

对企业无偿向职工提供住房或租赁房产给职工使用的,会计上应根据计提折旧或应付租金,计入资产成本或费用。对提供给职工整体的非货币性福利,根据受益对象计入成本或费用,难以认定受益对象的,应计入管理费。

7. 职工报销私家车燃油费的税务处理

2008年1月1日(含)以后,根据国税函〔2009〕3号文件规定,企业为员工报销的燃油费,应作为职工交通补贴计入职工福利费。

但2008年1月1日(不含)以前,根据国家税务总局《关于企事业单位公务用车制度改革后相关费用税前扣除问题的批复》(国税函〔2007〕305号)规定,企事业单位公务用车制度改革后,在规定的标准内,为员工报销的燃油费,均属于企事业单位的工资薪金支出,应一律计入企事业单位的工资总额,按照计税工资或工效挂钩工资标准进行税前扣除。

由此可见,企业为员工报销的燃油费在2008年1月1日以前,作为工资薪金支出,计入单位的工资总额;而在2008年1月1日以后,则作为"职工福利费"的开支范围。

国家税务总局《关于个人所得税有关政策问题的通知》(国税发〔1999〕58号)第二条规定,企业采用报销私家车燃油费等方式向职工发放交通补贴的行为,扣除一定标准的公务费用后,按照"工资、薪金"所得项目计征个人所得税。企业向职工发放的通讯补贴,扣除一定标准的公务费用后,按照"工资、薪金"所得项目计征个人所得税。

8. 劳动保护支出

根据现行企业所得税法规定,劳动保护支出不属于职工福利费的开支范围。

企业所得税法实施条例第四十八条规定,企业发生的合理的劳动保护支出,准予扣除。

【例3-8】 江苏省A市甲公司属国有企业,2008年盈利,企业所得税适用税率为25%,未享受企业所得税优惠政策。该公司职工人数为2 500人,2008年初职工福利费无余额,2008年按每人600元的标准,支出了防暑降温费、冬季取暖费、劳动保护费各150万元。甲公司在"管理费用"科目下设"劳动保护费"明细科目,对支出的防暑降温费、冬季取暖费、劳动保护费进行核算,对发给职工个人的上述三项费用按规定并入当月工资、薪金扣缴了个人所得税。经该公司薪酬委员会审定,当年实际发放工资10 000万元,政府有关部门核定的工资总额为11 000万元;当年发生职工福利费1 500万元,含在"职工福利费"中列支的补充养老保险费200万元(其中福利部门的补充养老保险费20万元)。

要求:分析说明上述处理中的不当之处,并进行相关的会计与税务调整。

【解析】

根据国税函〔2009〕3号文件规定,"工资薪金总额"不包括企业的职工福利费、职工教育经费、工会经费以及"五险一金"。属于国有性质的企业,其工资薪金不得超过政府有关部门给予的限定数额;超过部分,不得计入企业工资薪金总额,也不得在计算企业应纳税所得额时扣除。甲公司 2008 年实际发放的工资总额 10 000 万元未超过政府有关部门核定的工资总额,可全额在税前扣除。

国税函〔2009〕3 号文件还规定,企业职工福利费,包括供暖费补贴、职工防暑降温费、职工困难补贴等。为此,甲公司当年发生防暑降温费、冬季取暖费各 150 万元,合计 300 万元应在"职工福利费"中开支,而不能以"管理费用"的名义直接在税前扣除。

财政部《关于新旧财务制度衔接有关问题的通知》(财企〔2008〕34 号)规定,补充养老保险的企业缴费总额在工资总额 4% 以内的部分,从成本(费用)中列支。企业缴费总额超出规定比例的部分,不得由企业负担,企业应当从职工个人工资中扣缴,个人缴费全部由个人负担,企业不得提供任何形式的资助。

按照财政部、国家税务总局《关于个人所得税有关问题的批复》(财税〔2005〕94 号)的规定,甲公司将为职工个人购买商业性补充养老保险等,在办理投保手续时按"工资、薪金所得"项目扣缴了个人所得税。但根据职工薪酬准则的规定,企业为职工缴纳的各种保险,在职工为企业提供服务的会计期间,根据受益对象,将应付的职工薪酬确认为负债,全部计入资产或当期费用,不应在职工福利费中列支补充养老保险。甲公司当年为职工缴纳的补充养老保险 200 万元,未超过工资总额 4%。因此,除福利部门发放的补充养老保险外,其他应计入当期成本费用中(假定计入资产的部分,因当年产品全部销售而全部计入当期损益),应当调减职工福利费为:200-20=180(万元)。

国税函〔2009〕3 号文件规定,企业发生的职工福利费,应该单独设置账册,进行准确核算。没有单独设置账册准确核算的,税务机关应责令企业在规定的期限内进行改正。逾期仍未改正的,税务机关可对企业发生的职工福利费进行合理的核定。为此,甲公司应及时调整会计科目,将当年在"管理费用"科目列支的 300 万元供暖费、职工防暑降温费调出,同时等额增加"应付职工薪酬——职工福利费";将当年在"应付职工薪酬——职工福利费"科目中列支的补充养老保险 180 万元予以调出,按合理的方法调增当年的资产和费用,并及时结转损益。调整后的职工福利费为:1 500+300-180=1 620(万元),因职工福利费调整而减少的当期损益为:300-180=120(万元)。

企业所得税法实施条例第四十条规定,企业发生的职工福利费支出,不超过工资、薪金总额 14% 的部分,准予扣除。为此,甲公司发生的职工福利费支出税前扣除限额为:10 000×14%=1 400(万元)。因超出税前扣除限额而纳税调增 220 万元(1 620-1 400);加上前述调减的当期损益 120 万元,当期应纳税所得额合计调增 100 万元(220-120),应纳所得税额增加 25万元(100×25%)。

如果 2008 年年初甲企业职工福利费有结余,根据国家税务总局《关于做好 2007 年度企业所得税汇算清缴工作的补充通知》(国税函〔2008〕264 号)的规定,2008 年及以后年度发生的职工福利费,应先冲减以前年度累计计提但尚未实际使用的职工福利费余额,不足部分按税法规定扣除。

9. 企业员工服饰费用支出

根据《国家税务总局关于企业所得税若干问题的公告》(国家税务总局公告 2011 年第 34 号)规定:企业根据其工作性质和特点,由企业统一制作并要求员工工作时统一着装所发生的工作服饰费用,根据《企业所得税法实施条例》第 27 条的规定,可以作为企业合理的支出给予税前扣除。

（三）辞退福利

企业会计准则上的辞退福利与企业福利费不同,辞退福利属于职工薪酬的范畴,但不属于职工福利的开支内容。辞退福利包括两方面的内容,一是在职工劳动合同尚未到期前,不论职工本人是否愿意,企业决定解除与职工的劳动关系而给予的补偿;二是在职工劳动合同尚未到期前,为鼓励职工自愿接受裁减而给予的补偿,职工有权选择继续在职或接受补偿离职。

1. 会计处理

企业在职工劳动合同到期之前解除与职工的劳动关系,或者为鼓励职工自愿接受裁减而提出给予补偿的建议,满足规定条件的,应当确认因解除与职工的劳动关系给予补偿而产生的预计负债,同时计入当期管理费用。

实质性辞退工作在一年内实施完毕、但补偿款项超过一年支付的辞退计划,企业应当选择恰当的折现率,以折现后的金额计量应计入当期管理费用的辞退福利金额,该项金额与实际应支付的辞退福利之间的差额,作为未确认融资费用,在以后各期实际支付辞退福利款项时,计入财务费用。账务处理上,确认因辞退福利产生的预计负债时:

借:管理费用
　未确认融资费用
　贷:应付职工薪酬——辞退福利

各期支付辞退福利款项时,

借:应付职工薪酬——辞退福利
　贷:银行存款

同时,

借:财务费用
　贷:未确认融资费用

2. 企业所得税处理

企业与职工解除劳动合同而支付的合理的经济补偿,属于与生产经营有关的必要而合理的支出,在计算应纳税所得额时允许据实扣除。本期提而未付的部分,不得在本期税前扣除,实际支付时,作纳税调减处理。该项可抵扣暂时性差异,应按规定进行所得税会计处理。

3. 个人所得税处理

（1）与用人单位解除劳动关系取得的一次性补偿收入

根据财政部、国家税务总局《关于个人与用人单位解除劳动关系取得的一次性补偿收入征免个人所得税问题的通知》(财税〔2001〕157 号)和国家税务总局《关于国有企业职工因解除劳动合同取得一次性补偿收入征免个人所得税问题的通知》(国税发〔2000〕77 号)精神,自 2001 年 10 月 1 日起,个人因与用人单位解除劳动关系而取得的一次性补偿收入按以下规定处理:

① 企业依照国家有关法律规定宣告破产,企业职工从该破产企业取得的一次性安置费收入,免征个人所得税。

② 个人因与用人单位解除劳动关系而取得的一次性补偿收入(包括用人单位发放的经

济补偿金、生活补助费和其他补助费用),其收入在当地上年职工平均工资 3 倍数额以内的部分,免征个人所得税。

超过 3 倍数额部分的一次性补偿收入,按照国家税务总局《关于个人因解除劳动合同取得经济补偿金征收个人所得税问题的通知》(国税发〔1999〕178 号)规定,可视为一次取得数月的工资、薪金收入,允许在一定期限内平均。具体方法为:以超过 3 倍数额部分的一次性补偿收入,除以个人在本企业的工作年限数(超过 12 年的按 12 年计算),以其商数作为个人的月工资、薪金收入,按照税法规定计算缴纳个人所得税。个人在本企业的工作年限数按实际工作年限数计算,超过 12 年的按 12 计算。

③ 个人领取一次性补偿收入时按照国家和地方政府规定的比例实际缴纳的住房公积金、医疗保险费、基本养老保险费、失业保险费,可以在计征其一次性补偿收入的个人所得税时予以扣除。

④ 个人在解除劳动合同后又再次任职、受雇的,对个人已缴纳个人所得税的一次性经济补偿收入,不再与再次任职、受雇的工资、薪金所得合并计算补缴个人所得税。

(2) 内部退养人员取得的一次性收入

国家税务总局《关于个人所得税有关政策问题的通知》(国税发〔1999〕058 号)规定:企业减员增效和行政、事业单位、社会团体在机构改革过程中实行内部退养办法,实行内部退养的个人在其办理内部退养手续后至法定离退休年龄之间从原任职单位取得的工资、薪金,不属于离退休工资,应按工资、薪金所得项目计征个人所得税。

个人在办理内部退养手续后从原任职单位取得的一次性收入,应按办理内部退养手续后至法定离退休年龄之间的所属月份进行平均,并与领取当月的工资、薪金所得合并后减除当月费用扣除标准,以余额为基数确定适用税率,再将当月工资、薪金加上取得的一次性收入,减去费用扣除标准,按适用税率计征个人所得税。

个人在办理内部退养手续后至法定离退休年龄之间重新就业取得的工资、薪金所得,应与其从原任职单位取得的同一月份的工资、薪金所得合并,并依法自行向主管税务机关申报缴纳个人所得税。

(3) 提前退休补偿金

内部退养取得的收入与提前退休取得的补贴收入的税务处理不同。根据国家税务总局《关于个人提前退休取得补贴收入个人所得税问题的公告》(国家税务总局公告 2011 年第 6 号)规定,机关、企事业单位对未达到法定退休年龄、正式办理提前退休手续的个人,按照统一标准向提前退休工作人员支付一次性补贴,不属于免税的离退休工资收入,应按照"工资、薪金所得"项目征收个人所得税。自 2011 年 1 月 1 日起,个人因办理提前退休手续而取得的一次性补贴收入,应按照办理提前退休手续至法定退休年龄之间所属月份平均分摊计算个人所得税。计税公式为:

$$应纳税额 = \left[\left(\frac{一次性补贴收入}{办理提前退休手续至法定退休年龄的实际月份数} - 费用扣除标准\right) \times 适用税率 - 速算扣除数\right] \times 提前办理退休手续至法定退休年龄的实际月份数$$

四、工会经费

企业财务通则第四十四条规定,工会经费按照国家规定比例提取并拨缴工会。

企业所得税法实施条例第四十一条规定,企业拨缴的职工工会经费,不超过工资薪金总额2%的部分,准予扣除。

按照国家统计局《关于工资总额组成的规定》(国家统计局1990年第1号令)规定,工资总额由计时工资、计件工资、奖金、津贴和补贴、加班加点工资、特殊情况下支付的工资等六个部分组成。工资总额组成范围的各种奖金、津贴和补贴等,均计算在内。值得注意的是,准予扣除的工会经费,指的是上缴工会组织的工会经费。

根据《工会法》、《中国工会章程》和财政部颁布的《工会会计制度》,以及财政票据管理的有关规定,全国总工会决定从2010年7月1日起,启用财政部统一印制并套印财政部票据监制章的《工会经费收入专用收据》,同时废止《工会经费拨缴款专用收据》。为加强对工会经费企业所得税税前扣除的管理,国家税务总局《关于工会经费企业所得税税前扣除凭据问题的公告》(国家税务总局公告2010年第24号)规定:自2010年7月1日起,企业拨缴的职工工会经费,不超过工资薪金总额2%的部分,凭工会组织开具的《工会经费收入专用收据》在企业所得税税前扣除。

国家税务总局《关于税务机关代收工会经费企业所得税税前扣除凭据问题的公告》(国家税务总局公告2011年第30号)规定:自2010年1月1日起,在委托税务机关代收工会经费的地区,企业拨缴的工会经费,也可凭合法、有效的工会经费代收凭据依法在税前扣除。

【例3-9】 甲公司2008年发放工资、薪金总额600万元,允许税前扣除的合理金额为520万元,当年向工会部门拨缴工会经费10万元,其中2万元工会经费未取得专用收据。其账务处理如下:

借:管理费用——工会经费 100 000
    贷:应付职工薪酬——工会经费 100 000
借:应付职工薪酬——工会经费 100 000
    贷:银行存款 100 000

要求:进行相关的纳税调整。

【解析】

当年工会经费扣除限额为10.4万元(520×2%),拨缴工会经费10万元,没有超标,但由于2万元工会经费未取得有效凭证,需调增应纳税所得额2万元。

五、职工教育经费

(一)职工教育经费的列支范围

根据《关于企业职工教育经费提取与使用管理的意见》(财建〔2006〕317号)规定,企业职工教育培训经费列支范围包括:

(1)上岗和转岗培训;

(2)各类岗位适应性培训;

(3)岗位培训、职业技术等级培训、高技能人才培训;

(4)专业技术人员继续教育;

(5)特种作业人员培训;

(6)企业组织的职工外送培训的经费支出;

（7）职工参加的职业技能鉴定、职业资格认证等经费支出；

（8）购置教学设备与设施；

（9）职工岗位自学成才奖励费用；

（10）职工教育培训管理费用；

（11）有关职工教育的其他开支。

企业应按规定提取职工教育培训经费，并按照规定在所得税税前扣除。当年结余可结转到下一年度继续使用。

（二）一般行业职工教育经费的处理

企业所得税法实施条例第四十二条规定，除国务院财政、税务主管部门另有规定外，企业发生的职工教育经费支出，不超过工资薪金总额2.5%的部分，准予扣除；超过部分，准予在以后纳税年度结转扣除。

企业财务通则第四十四条规定，职工教育经费按照国家规定的比例提取，专项用于企业职工后续职业教育和职业培训。

可见，在财务上职工教育经费仍按照国家规定的比例提取，专项用于企业职工后续职业教育和职业培训。从2008年1月1日起，对企业已提取而当年没有用完的职工教育经费，企业所得税汇算清缴时应进行纳税调增处理。例如，乙公司2008年通过"应付职工薪酬"科目核算的，已计入成本费用的职工教育经费支出为10万元，税法允许扣除的工资、薪金总额为200万元，则本年职工教育经费扣除限额为5万元（200×2.5%），当年需纳税调增5万元，准予在以后纳税年度结转扣除。

假定2009年税法允许扣除的工资、薪金总额为300万元，当年职工教育经费支出为2万元，2009年职工教育经费扣除限额为7.5万元（300×2.5%），可以扣除当年的2万元外，还可以扣除2008年未扣除完的5万元职工教育经费，因而需调减应纳税所得额5万元。

（三）特定行业职工教育经费的处理

1. 技术先进型服务企业教育经费扣除8%

国务院《关于推进上海加快发展现代服务业和先进制造业建设国际金融中心和国际航运中心的意见》（国发〔2009〕19号）规定，自2009年1月1日起至2013年12月31日止，对符合条件的技术先进型服务企业，减按15%的税率征收企业所得税；技术先进型服务企业职工教育经费按不超过企业工资总额8%的比例据实在企业所得税税前扣除；对技术先进型服务企业离岸服务外包业务收入免征营业税。

2. 软件生产企业职工培训费据实扣除

财政部、国家税务总局《关于企业所得税若干优惠政策的通知》（财税〔2008〕1号）规定，软件生产企业的职工培训费用，可按实际发生额在计算应纳税所得额时扣除。

国税函〔2009〕202号文件进一步明确，软件生产企业应准确划分职工教育经费中的职工培训费支出，对于不能准确划分的，以及准确划分后职工教育经费中扣除职工培训费用的余额，一律按照企业所得税法实施条例第四十二条规定的比例扣除。即软件生产企业发生的扣除职工培训费后的教育经费支出，不超过工资、薪金总额2.5%的部分准予扣除；超过部分，准予在以后年度结转扣除。

此外，财政部、国家税务总局《对中关村科技园区建设国家自主创新示范区有关职工教育经费税前扣除试点政策的通知》（财税〔2010〕82号）规定：自2010年1月1日起至2011

年 12 月 31 日止,对示范区内的科技创新创业企业发生的职工教育经费支出,不超过工资薪金总额 8%的部分,准予在计算应纳税所得额时扣除;超过部分,准予在以后纳税年度结转扣除。这里所称科技创新创业企业,是指《财政部国家税务总局对中关村科技园区建设国家自主创新示范区有关研究开发费用加计扣除试点政策的通知》(财税〔2010〕81 号)第一条规定的高新技术企业。

（四）政策衔接

对于在 2008 年以前已经计提但尚未使用的职工教育经费余额,2008 年及以后新发生的职工教育经费应先从余额中冲减。仍有余额的,留在以后年度继续使用。

六、保险费和住房公积金

（一）财务处理

1. 保险费用的财务处理

企业财务通则第四十三条规定,企业应当依法为职工支付基本医疗、基本养老、失业、工伤等社会保险费,所需费用直接作为成本(费用)列支。已参加基本医疗、基本养老保险的企业,具有持续盈利能力和支付能力的,可以为职工建立补充医疗保险和补充养老保险,所需费用按照省级以上人民政府规定的比例从成本(费用)中提取。超出规定比例的部分,由职工个人负担。

财政部《关于企业新旧财务制度衔接有关问题的通知》(财企〔2008〕34 号)规定,补充养老保险属于企业职工福利范畴,由企业缴费和个人缴费共同组成。补充养老保险的企业缴费总额在工资总额 4%以内的部分,从成本(费用)中列支。企业缴费总额超出规定比例的部分,不得由企业负担,企业应当从职工个人工资中扣缴。个人缴费全部由个人负担,企业不得提供任何形式的资助。新企业财务通则施行以前提取的应付福利费有结余的,符合规定的企业缴费应当先从应付福利费中列支。

企业缴费与职工缴费共同形成的补充养老保险基金,属于参加补充养老保险计划的职工所有,应当单独设账,与本企业及其他当事人的资产、业务严格分开。企业应当依法委托具有相应资质的基金管理机构对补充养老保险基金实施管理,并定期向职工公开补充养老保险基金的相关财务状况和会计信息。

对于建立补充养老保险之前已经离退休或者按照国家规定办理内退而未纳入补充养老保险计划的职工,企业按照国家有关规定向其支付的养老费用,从管理费用中列支。

企业财务通则还规定,企业应当按照劳动合同及国家有关规定支付职工报酬,并为从事高危作业的职工缴纳团体人身意外伤害保险费,所需费用直接作为成本(费用)列支。

2. 住房公积金的财务处理

住房公积金是指国家机关、国有企业、城镇集体企业、外商投资企业、城镇私营企业及其他城镇企业、事业单位及其在职职工缴存的长期住房储金。根据《住房公积金管理条例》规定,所有企业都有缴纳住房公积金的权利,企业应积极为职工缴纳住房公积金。

企业财务通则第四十四条规定,企业为职工缴纳住房公积金以及职工住房货币化分配的财务处理,按照国家有关规定执行。

（二）"五险一金"的税务处理

1. 企业所得税处理

企业所得税法实施条例第三十五条规定,企业按照国务院有关主管部门或者省级人民政府规定的范围和标准为职工缴纳的基本养老保险费、基本医疗保险费、失业保险费、工伤保险费、生育保险费等基本社会保险费和住房公积金，准予扣除。

目前，我国各类基本社会保障性缴款未做实个人账户，个人缴存额与其未来受益关系不直接挂钩，企业和个人都不存在超交各类基本社会保险费的利益动机，因而很少有企业和个人超标准缴存基本社会保险费的。

关于住房公积金，目前税法的标准是"按照国务院有关主管部门或者省级人民政府规定的范围和标准"来执行。根据建设部、财政部、中国人民银行《关于住房公积金管理若干具体问题的指导意见》（建金管〔2005〕5号）规定，住房公积金的月缴存额的工资基数按照缴存人上一年度月平均纳税收入计算。缴存住房公积金的月工资基数，原则上不应超过职工工作地所在设区城市统计部门公布的上一年度职工月平均工资的2倍或3倍。具体标准由各地根据实际情况确定。职工月平均工资应按国家统计局规定列入工资总额统计的项目计算。单位和职工缴存比例不应低于5%，原则上不高于12%。

2. 个人所得税处理

个人所得税法实施条例第二十五条规定，按照国家规定，单位为个人缴付和个人缴付的基本养老保险费、基本医疗保险费、失业保险费、住房公积金，从纳税义务人的应纳税所得额中扣除。可见，按规定比例缴纳基本养老保险费、基本医疗保险费、失业保险费和住房公积金，免征个人所得税；但超标准缴付部分应计入个人计税收入，按"工资、薪金所得"项目计征个税。

（1）根据财政部、国家税务总局《关于基本养老保险费、基本医疗保险费、失业保险费、住房公积金有关个人所得税政策的通知》（财税〔2006〕10号）规定，企事业单位按照国家或省（自治区、直辖市）人民政府规定的缴费比例或办法实际缴付的基本养老保险费、基本医疗保险费和失业保险费，免征个人所得税；个人按照国家或省（自治区、直辖市）人民政府规定的缴费比例或办法实际缴付的基本养老保险费、基本医疗保险费和失业保险费，允许在个人应纳税所得额中扣除。

企事业单位和个人超过规定的比例和标准缴付的基本养老保险费、基本医疗保险费和失业保险费，应将超过部分并入个人当期的工资、薪金收入，计征个人所得税。

（2）根据《住房公积金管理条例》、建金管〔2005〕5号文件等规定，单位和个人分别在不超过职工本人上一年度月平均工资12%的幅度内，其实际缴存的住房公积金，允许在个人应纳税所得额中扣除。单位和职工个人缴存住房公积金的月平均工资不得超过职工工作地所在设区城市上一年度职工月平均工资的3倍，具体标准按照各地有关规定执行。

单位和个人超过上述规定比例和标准缴付的住房公积金，应将超过部分并入个人当期的工资、薪金收入，计征个人所得税。

（3）个人实际领（支）取原提存的基本养老保险金、基本医疗保险金、失业保险金和住房公积金时，免征个人所得税。上述职工工资口径按照国家统计局规定列入工资总额统计的项目计算。

（三）补充养老（医疗）保险费

1. 企业所得税处理

企业所得税法实施条例第三十五条规定，企业为投资者或职工支付的补充养老保险费、补充医疗保险费，在国务院财政、税务主管部门规定的范围和标准内，准予扣除。

目前,补充养老保险(企业年金基金)、补充医疗保险等均已做实个人账户,个人账户缴存数额与其未来受益直接相关,单位和个人存在超标准缴存补充性保险的利益动机。因而,财政部、国家税务总局《关于补充养老保险费、补充医疗保险费有关企业所得税政策问题的通知》(财税〔2009〕27号)规定,企业根据国家有关政策规定,为在本企业任职或者受雇的全体员工支付的补充养老保险费、补充医疗保险费,分别在不超过职工工资总额5%标准内的部分,在计算应纳税所得额时准予扣除;超过的部分,不予扣除。

根据企业所得税法实施条例第三十五条规定,补充养老(医疗)保险费可以在企业所得税前扣除的对象有投资者和职工两类。而财税〔2009〕27号文件只明确了“在本企业任职或者受雇的全体员工支付”的补充养老(医疗)保险费的扣除问题;对企业为投资者支付的上述补充险是否允许扣除,以及如何扣除,尚待财政部和国家税务总局进一步明确。

2. 企业(职业)年金递延纳税政策

2013年底,财政部、人力资源社会保障部、国家税务总局印发了《关于企业年金 职业年金个人所得税有关问题的通知》(财税〔2013〕103号),出台如下企业年金、职业年金个人所得税递延纳税政策。

(1) 企业年金和职业年金缴费的个人所得税处理

① 企业和事业单位(以下统称单位)根据国家有关政策规定的办法和标准,为在本单位任职或者受雇的全体职工缴付的企业年金或职业年金(以下统称年金)单位缴费部分,在计入个人账户时,个人暂不缴纳个人所得税。

② 个人根据国家有关政策规定缴付的年金个人缴费部分,在不超过本人缴费工资计税基数的4%标准内的部分,暂从个人当期的应纳税所得额中扣除。

③ 超过上述第(1)项和第(2)项规定的标准缴付的年金单位缴费和个人缴费部分,应并入个人当期的工资、薪金所得,依法计征个人所得税。税款由建立年金的单位代扣代缴,并向主管税务机关申报解缴。

④ 企业年金个人缴费工资计税基数为本人上一年度月平均工资。月平均工资按国家统计局规定列入工资总额统计的项目计算。月平均工资超过职工工作地所在设区城市上一年度职工月平均工资300%以上的部分,不计入个人缴费工资计税基数。

职业年金个人缴费工资计税基数为职工岗位工资和薪级工资之和。职工岗位工资和薪级工资之和超过职工工作地所在设区城市上一年度职工月平均工资300%以上的部分,不计入个人缴费工资计税基数。

即,在年金缴费环节,对单位根据国家有关政策规定为职工支付的企业年金或职业年金缴费,在计入个人账户时,个人暂不缴纳个人所得税;个人根据国家有关政策规定缴付的年金个人缴费部分,在不超过本人缴费工资计税基数的4%标准内的部分,暂从个人当期的应纳税所得额中扣除。

(2) 年金基金投资运营收益的个人所得税处理

年金基金投资运营收益分配计入个人账户时,个人暂不缴纳个人所得税。即在年金基金投资环节,企业年金或职业年金基金投资运营收益分配计入个人账户时,暂不征收个人所得税。

(3) 领取年金的个人所得税处理

① 个人达到国家规定的退休年龄,在该通知实施之后按月领取的年金,全额按照“工

资、薪金所得"项目适用的税率，计征个人所得税；在该通知实施之后按年或按季领取的年金，平均分摊计入各月，每月领取额全额按照"工资、薪金所得"项目适用的税率，计征个人所得税。

② 对单位和个人在 2014 年 1 月 1 日财税〔2013〕103 号通知实施之前开始缴付年金缴费，个人在该通知实施之后领取年金的，允许其从领取的年金中减除在该通知实施之前缴付的年金单位缴费和个人缴费且已经缴纳个人所得税的部分，就其余额按照财税〔2013〕103 号通知第三条第 1 项的前段所述(1)的规定征税。在个人分期领取年金的情况下，可按该通知实施之前缴付的年金缴费金额占全部缴费金额的百分比减计当期的应纳税所得额，减计后的余额，按照前段所述的该通知第三条第 1 项规定，计算缴纳个人所得税。

③ 对个人因出境定居而一次性领取的年金个人账户资金，或个人死亡后，其指定的受益人或法定继承人一次性领取的年金个人账户余额，允许领取人将一次性领取的年金个人账户资金或余额按 12 个月分摊到各月，就其每月分摊额，按照该通知第三条第 1 项和第 2 项(本书上述两段)的规定计算缴纳个人所得税。对个人除上述特殊原因外一次性领取年金个人账户资金或余额的，则不允许采取分摊的方法，而是就其一次性领取的总额，单独作为一个月的工资薪金所得，按照该通知第三条第 1 项和第 2 项的规定，计算缴纳个人所得税。

综上所述，在年金领取环节，个人达到国家规定的退休年龄领取的企业年金或职业年金，按照"工资、薪金所得"项目适用的税率，计征个人所得税。

3. 其他补充保险的个人所得税处理

(1) 补充养老保险全额并入当月工资、薪金计税

对个人取得企业年金之外的其他补充养老保险收入，应全额并入当月工资、薪金所得依法征收个人所得税。

《企业年金试行办法》规定：建立企业年金，应当由企业与工会或职工代表通过集体协商确定，并制定企业年金方案。国有及国有控股企业的企业年金方案草案应当提交职工大会或职工代表大会讨论通过。企业年金方案应当报送所在地区县以上地方人民政府劳动保障行政部门。中央所属大型企业企业年金方案，应当报送劳动保障部。企业缴费每年不超过本企业上年度职工工资总额的十二分之一。企业和职工个人缴费合计一般不超过本企业上年度职工工资总额的六分之一。职工在达到国家规定的退休年龄时，可以从本人企业年金个人账户中一次或定期领取企业年金。职工未达到国家规定的退休年龄的，不得从个人账户中提前提取资金。

由此可见，企业不仅应制定企业年金方案，并应报劳动保障部门备案，只有符合上述条件的企业年金才能享受国税函〔2009〕694 号文件规定的税收优惠政策。如果企业未按《企业年金试行办法》中的相关规定制定年金方案，或者在企业年金之外为员工缴纳补充养老保险，根据国家税务总局《关于单位为员工支付有关保险缴纳个人所得税问题的批复》(国税函〔2005〕318 号)规定处理。即对企业为员工支付各项免税之外的保险金，应在企业向保险公司缴付时(即该保险落到被保险人的保险账户)并入员工当期的工资收入，按"工资、薪金所得"项目计征个人所得税，税款由企业负责代扣代缴。

(2) 补充医疗保险的个人所得税处理

企业为职工支付的补充医疗保险金不属于免税项目，应当征收个人所得税。国税函〔2005〕318 号文件规定，应在企业向保险公司缴付(即该保险落到被保险人的保险账户)时

并入员工当期的工资收入,按"工资、薪金所得"项目计征个人所得税。如果企业委托保险公司单独建账,集中管理,未建立个人账户,应按企业统一计提时所用的具体标准乘以每人每月工资总额计算个人每月应得补充医疗保险,全额并入当月工资扣缴个人所得税。

如果是企业自行管理的,如《北京市企业补充医疗保险暂行办法》(京劳社医发[2001]16号)规定,补充医疗保险由企业管理。这种模式下,企业计提补充医疗保险时并没有落实到个人账户,而且以后每位职工报销费用金额不等,很难代扣代缴个人所得税。

(四)商业保险费

企业所得税法实施条例第三十六条规定,除企业按照国家有关规定为特殊工种职工支付的人身安全保险费和国务院财政、税务主管部门规定可以扣除的其他商业保险费外,企业为投资者或者职工支付的商业保险费,不得扣除。

根据国家税务总局《关于单位为员工支付有关保险缴纳个人所得税问题的批复》(国税函[2005]318号)规定,企业为员工支付各项免税之外的保险金(如企业为职工购买的人身意外险),应在企业向保险公司缴付时并入员工当期的工资收入,按"工资、薪金所得"项目计征个人所得税。

(五)财产保险费

企业所得税法实施条例第四十六条规定,企业参加财产保险,按照规定缴纳的保险费,准予扣除。

七、业务招待费

企业所得税法实施条例第四十三条规定,企业发生的与生产经营活动有关的业务招待费,按照发生额的60%扣除,但最高不得超过当年销售(营业)收入的5‰。

(一)业务招待费的计算依据

国家税务总局《关于企业所得税执行中若干税务处理问题的通知》(国税函[2009]202号)规定,企业在计算业务招待费、广告费和业务宣传费等费用扣除限额时,其销售(营业)收入额应包括企业所得税法实施条例第二十五条规定的视同销售(营业)收入额。即作为计算业务招待费、广告费和业务宣传费依据的销售(营业)收入,包括企业的主营业务收入、其他业务收入和视同销售收入,但不包括营业外收入、投资收益等。对于投资性公司,投资收益应作为主营业务收入处理。销售退回、销售折扣与折让,应从销售(营业)收入扣减。

业务招待费是企事业单位为生产经营业务活动的需要而合理开支的招待费用。而不是一切餐费都是业务招待费,不能将餐费与业务招待费画上等号。这是因为餐费的用途有很多,不一定都是用于业务招待。如,年底全体员工聚餐,是一种福利活动,发生的餐费应当列入福利费;员工因公到外地出差,途中发生的餐费,应列入差旅费;企业如到某个安静的山庄召开会议,中午安排工作餐,这属于会议费的一部分;企业召开董事会,安排董事们就餐,餐费应属于董事会费的一部分;企业请装修工装潢办公室,中午为其提供盒饭,这时的餐费应列为装潢成本等。

根据国家税务总局《关于贯彻落实企业所得税法若干税收问题的通知》(国税函[2010]79号)规定,对从事股权投资业务的企业(包括集团公司总部、创业投资企业等),其从被投资企业所分配的股息、红利以及股权转让收入,可以按规定的比例计算业务招待费扣除限额。

（二）筹办期业务招待费的税前扣除

《关于企业所得税应纳税所得额若干税务处理问题的公告》（国家税务总局公告2012年第15号）企业在筹建期间,发生的与筹办活动有关的业务招待费支出,可按实际发生额的60％计入企业筹办费,并按有关规定在税前扣除;发生的广告费和业务宣传费,可按实际发生额计入企业筹办费,并按有关规定在税前扣除。

此外,需要说明的是:业务招待费在"管理费用"科目列支,不得在其他科目开支。企业在清算期间发生的业务招待费用,不受比例限制,在计算清算所得税时,可全额扣除。

八、广告费和业务宣传费

（一）一般规定

企业所得税法实施条例第四十四条规定,企业每一纳税年度发生的符合条件的广告费和业务宣传费,除国务院财政、税务主管部门另有规定外,不超过当年销售（营业）收入15％的部分,准予扣除;超过部分,准予在以后纳税年度结转扣除。

（二）特殊规定

《关于广告费和业务宣传费支出税前扣除政策的通知》（财税〔2012〕48号）规定,自2011年1月1日起至2015年12月31日止:

（1）对化妆品制造与销售、医药制造和饮料制造（不含酒类制造,下同）企业发生的广告费和业务宣传费支出,不超过当年销售（营业）收入30％的部分,准予扣除;超过部分,准予在以后纳税年度结转扣除。

（2）对签订广告费和业务宣传费分摊协议（以下简称分摊协议）的关联企业,其中一方发生的不超过当年销售（营业）收入税前扣除限额比例内的广告费和业务宣传费支出可以在本企业扣除,也可以将其中的部分或全部按照分摊协议归集至另一方扣除。另一方在计算本企业广告费和业务宣传费支出企业所得税税前扣除限额时,可将按照上述办法归集至本企业的广告费和业务宣传费不计算在内。

（3）烟草企业的烟草广告费和业务宣传费支出,一律不得在计算应纳税所得额时扣除。

（三）筹办期广告费和业务宣传费的扣除

《关于企业所得税应纳税所得额若干税务处理问题的公告》（国家税务总局公告2012年第15号）企业在筹建期间,发生的广告费和业务宣传费,可按实际发生额计入企业筹办费,并按有关规定在税前扣除。

九、借款费用

（一）借款费用税前扣除的一般原则

企业所得税法实施条例第三十七条规定,企业在生产经营活动中发生的合理的不需要资本化的借款费用,准予扣除。企业为购置、建造固定资产、无形资产和经过12个月以上的建造才能达到预定可销售状态的存货发生借款的,在有关资产购置、建造期间发生的合理的借款费用,应当作为资本性支出计入有关资产的成本,并按照企业所得税法实施条例的有关规定扣除。

企业所得税法实施条例第三十八条规定,企业在生产经营活动中发生的下列利息支出,准予扣除:

（1）非金融企业向金融企业借款的利息支出、金融企业的各项存款利息支出和同业拆借利息支出、企业经批准发行债券的利息支出;

（2）非金融企业向非金融企业借款的利息支出，不超过按照金融企业同期同类贷款利率计算的数额的部分。

（二）防止资本弱化

资本弱化，是指企业通过加大借贷（债权性投资）而减少股份资本（权益性投资）比例的方式增加税前扣除，以降低企业税负的一种行为。

企业投资方式有权益投资和债权投资。由于以下两方面原则，企业往往愿意采用债权投资，相应减少权益投资。首先，由于债务人支付给债权人的利息可以在税前抵扣，而股东获得的收益即股息却不能在税前扣除，选择借债的融资方式比权益的融资方式，从税收的角度来说更具有优势；其次，许多国家对非居民纳税人获得的利息征收的预提所得税税率，通常比对股息征收的企业所得税税率低，采用债权投资比采用股权投资的税收负担低。对于债务人和债权人同属于一个利益集团的跨国公司来说，就有动机通过操纵融资方式，降低集团整体的税收负担。纳税人在为投资经营而筹措资金时，常常刻意设计资金来源结构，加大借入资金比例，扩大债务与权益的比率，人为形成"资本弱化"。因此，许多国家在税法上对关联方之间的债权性投资与权益性投资比例做出限制，防范企业通过操纵各种债务形式的支付手段，增加税前扣除、降低税收负担。

1. 不得扣除的利息

企业所得税法第四十六条规定，企业从其关联方接受的债权性投资与权益性投资的比例超过规定标准而发生的利息支出，不得在计算应纳税所得额时扣除。这里所说的利息支出包括直接或间接关联债权投资实际支付的利息、担保费、抵押费和其他具有利息性质的费用。

（1）不得扣除利息的计算

财政部、国家税务总局《关于企业关联方利息支出税前扣除标准有关税收政策问题的通知》（财税〔2008〕121号）规定，在计算应纳税所得额时，企业实际支付给关联方的利息支出，不超过以下规定比例和企业所得税法及其实施条例有关规定计算的部分，准予扣除，超过的部分不得在发生当期和以后年度扣除。

企业实际支付给关联方的利息支出，除另有规定外，其接受关联方债权性投资与其权益性投资比例为：

① 金融企业，为5：1；

② 其他企业，为2：1。

企业同时从事金融业务和非金融业务，其实际支付给关联方的利息支出，应按照合理方法分开计算；没有按照合理方法分开计算的，一律按有关其他企业的比例计算准予税前扣除的利息支出。

不得在计算应纳税所得额时扣除的利息支出按以下公式计算：

$$\text{不得扣除利息支出} = \text{年度实际支付的全部关联方利息} \times \left(1 - \frac{\text{标准比例}}{\text{关联债资比例}}\right)$$

实际支付利息是指企业按照权责发生制原则计入相关成本、费用的利息。企业自关联方取得的不符合规定的利息收入应按照有关规定缴纳企业所得税。

（2）关联债资比例的计算

关联债资比例，是指根据税法规定，企业从其全部关联方接受的债权性投资（以下简称关联债权投资)占企业接受的权益性投资(以下简称权益投资)的比例,关联债权投资包括关联方以各种形式提供担保的债权性投资。

关联债资比例的具体计算方法如下：

关联债资比例＝年度各月平均关联债权投资之和÷年度各月平均权益投资之和

其中：

各月平均关联债权投资＝(关联债权投资月初账面余额＋月末账面余额)÷2

各月平均权益投资＝(权益投资月初账面余额＋月末账面余额)÷2

权益投资为企业资产负债表所列示的所有者权益金额。如果所有者权益小于实收资本(股本)与资本公积之和,则权益投资为实收资本(股本)与资本公积之和；如果实收资本(股本)与资本公积之和小于实收资本(股本)金额,则权益投资为实收资本(股本)金额。

(3) 不得扣除利息的分配

不得在计算应纳税所得额时扣除的利息支出,不得结转到以后纳税年度；应按照实际支付给各关联方利息占关联方利息总额的比例,在各关联方之间进行分配,其中：分配给实际税负高于企业的境内关联方的利息准予扣除；直接或间接实际支付给境外关联方的利息应视同分配的股息,按照股息和利息分别适用的所得税税率差补征企业所得税,如已扣缴的所得税税款多于按股息计算应征所得税税款,多出的部分不予退税。

2. 超标利息税前扣除的条件

财税〔2008〕121 号文件规定,企业如果能够按照企业所得税法及其实施条例的有关规定提供相关资料,并证明相关交易活动符合独立交易原则的；或者该企业的实际税负不高于境内关联方的,其实际支付给境内关联方的利息支出,在计算应纳税所得额时准予扣除。

企业关联债资比例超过标准比例的利息支出,如要在计算应纳税所得额时扣除,除遵照国税发〔2009〕2 号文件第三章规定外,还应准备、保存、并按税务机关要求提供以下同期资料,证明关联债权投资金额、利率、期限、融资条件以及债资比例等均符合独立交易原则：

(1) 企业偿债能力和举债能力分析；

(2) 企业集团举债能力及融资结构情况分析；

(3) 企业注册资本等权益投资的变动情况说明；

(4) 关联债权投资的性质、目的及取得时的市场状况；

(5) 关联债权投资的货币种类、金额、利率、期限及融资条件；

(6) 企业提供的抵押品情况及条件；

(7) 担保人状况及担保条件；

(8) 同类同期贷款的利率情况及融资条件；

(9) 可转换公司债券的转换条件；

(10) 其他能够证明符合独立交易原则的资料。

企业未按规定准备、保存和提供同期资料证明关联债权投资金额、利率、期限、融资条件以及债资比例等符合独立交易原则的,其超过标准比例的关联方利息支出,不得在计算应纳税所得额时扣除

【例 3-10】 A 公司是一家大型工业制造企业,股票在上海证交所上市。为扩大经营规模,2009 年初,向甲、乙、丙、丁 4 个非金融企业关联方借款 11 000 万元扩建厂房。借款情况为：向甲借款 1 000 万元,利率为 6％,付利息 60 万元；向乙公司借款 2 000 万元,利率为

7%,付利息 140 万元;向丙公司借款 3 000 万元,利率为 5%,付利息为 150 万元;向丁借款 5 000万元,利率为 8%,付利息 400 万元;同期银行贷款利率为 6%。2009 年平均所有者权益金额为 2 000 万元。

2009 年该企业支付给 4 家关联方借款利息,根据《企业会计准则》规定,300 万元计入财务费用,450 万元计入在建工程。

该企业向 4 家关联方借款交易中,只有向丁企业借款符合独立交易原则,其他 3 家不能提供资料证明符合独立交易原则。该企业和甲、乙、丙、丁 4 家企业的适用税率分别是 25%、25%、24%、15%和 15%。

要求:分析说明 A 公司支付的关联方利息应如何进行纳税调整。

【解析】

(1) 计算暂时不能扣除的关联方利息支出

$$不得扣除利息支出 = \frac{年度实际支付的}{全部关联方利息} \times (1-标准比例÷关联债资比例)$$
$$=750 \times [1-2÷(11\,000÷2\,000)]=477.27(万元)$$

(2) 将暂时不能扣除的借款利息按实际支付给各关联方利息占关联方利息总额的比在各关联方之间分配。

① 甲企业应分配的金额为:477.27×(60÷750)=38.18(万元)

② 乙企业应分配的金额为:477.27×(140÷750)=89.09(万元)

③ 丙企业应分配的金额为:477.27×(150÷750)=95.45(万元)

④ 丁企业应分配的金额为:477.27×(400÷750)=254.55(万元)

(3) 因符合独立交易原则和实际税负高于企业的境内关联方的利息准予扣除。对上述关联各方利息支出是否可以税前扣除进行判定。

① 甲企业税负率和该企业的税负率相同,不存在因超比例发生的永久性不可扣除的关联方借款利息。

② 乙企业税负率低于该企业税负率,且该借款不能提供资料证明符合独立交易原则,乙公司分配的关联方利息支出 89.09 万元,就是不可扣除的利息支出。

③ 与乙企业类似,丙公司应分配的暂时不可扣除关联方利息支出 95.45 万元,就是不可扣除的利息支出。

④ 丁企业税负率低于该企业税负率,但符合独立交易原则,不存在因超比例发生的不可扣除的关联方借款利息,即符合规定的关联方利息支出可以在税前扣除。

由此可知:不可扣除的关联方借款利息为:89.09+95.45=184.54(万元)。

(4) 计算上述可扣除的关联方利息,因利率高于银行贷款利率而需要进行调整的金额。

① 向甲企业借款产生的关联方利息,因借款利率等于银行贷款利率,全部可以扣除。

② 向乙企业借款产生的关联方借款利息 140 万元,剔除因债资比例超标而分摊的 89.09万元不可扣除的利息支出后,剩余 50.91 万元(140−89.09),因贷款利率 7%超过银行利率 6%,须调增金额为 7.27 万元[50.91÷7%×(7%−6%)]。

③ 向丙企业借款产生的关联方借款利息 150 万元,剔除因债资比例超标而分摊的 95.45万元不可扣除的利息支出后,剩余部分 54.55 万元(150−95.45),因贷款利率 5%低于银行利率 6%,无须调增。

④ 向丁企业借款产生的关联方借款利息，因符合独立交易原则，无需对债资比例超标而分摊的利息支出进行调整。但借款利率8%超过银行贷款利率6%，因利率超过标准需对关联方借款利息进行纳税调增100万元〔400÷8%×（8%－6%）〕。

因利率超过同期银行贷款利率而需调整的应纳税所得额为：7.27＋100＝107.27（万元）。

综上所述，该企业共产生永久不可扣除的关联方借款利息291.81万元（184.54＋107.27）。

（5）将不可扣除关联方借款利息进行费用化与资本化分摊

① 费用化不可扣除的金额为：291.81×300÷750＝116.72（万元）。

企业所得税年度纳税申报表中利息支出账载金额为300万元，税收金额为183.28万元（300－116.72），纳税调增金额为116.72万元。

② 资本化不可扣除的金额为：291.83－116.72＝175.11（万元），在备查簿中登记此金额，在建工程的计税基础（利息支出）全额为：450－175.11＝274.89（万元），将来在建工程转为固定资产后，企业须对该固定资产的账面价值与计税基础不同产生的永久性差异进行纳税调整。

3. 关联方统借统贷不受资本弱化制约

"统借统贷"是指"集团公司统一贷款，所属企业申请使用"的资金管理模式。即集团公司统一向金融机构借款，所属企业按一定的程序申请使用，并按同期银行贷款利率将利息支付给集团公司，由集团公司统一与金融机构结算的资金管理模式。

集团公司统一向金融机构借款，所属企业申请使用，只是资金管理方式的变化，不影响所属企业使用银行信贷资金的性质，不属于关联企业之间的借款。根据国家税务总局《关于中国农业生产资料集团公司所属企业借款利息税前扣除问题的通知》（国税函〔2002〕837号）规定，对集团公司所属企业从集团公司取得使用的金融机构借款支付的利息，不受《企业所得税税前扣除办法》第三十六条"纳税人从关联方取得的借款金额超过其注册资本50%的，超过部分的利息支出，不得在税前扣除"的限制，凡集团公司能够出具从金融机构取得贷款的证明文件，其所属企业使用集团公司转贷的金融机构借款支付的利息，不高于金融机构同类同期贷款利率的部分，允许在税前全额扣除。

国家税务总局《关于印发〈房地产开发经营业务企业所得税处理办法〉的通知》（国税发〔2009〕31号）第二十一条也规定，企业集团或其成员企业统一向金融机构借款分摊集团内部其他成员企业使用的，借入方凡能出具从金融机构取得借款的证明文件，可以在使用借款的企业间合理的分摊利息费用，使用借款的企业分摊的合理利息准予在税前扣除。这就是说，国税发〔2009〕31号文件又进一步明确了在企业所得税法实施后，统借统还仍不受防止资本弱化的制约，只要利息合理并符合税法其他相关规定，就可以全额税前扣除。

（三）投资未到位而发生的利息支出不得扣除

国家税务总局《关于企业投资者投资未到位而发生的利息支出企业所得税前扣除问题的批复》（国税函〔2009〕312号）规定，凡企业投资者在规定期限内未缴足其应缴资本额的，该企业对外借款所发生的利息，相当于投资者实缴资本额与在规定期限内应缴资本额的差额应计付的利息，其不属于企业合理的支出，应由企业投资者负担，不得在计算企业应纳税所得额时扣除。

具体计算不得扣除的利息,应以企业一个年度内每一账面实收资本与借款余额保持不变的期间作为一个计算期,每一计算期内不得扣除的借款利息按该期间借款利息发生额乘以该期间企业未缴足的注册资本占借款总额的比例计算,公式为:

$$\text{企业每一计算期不得扣除的借款利息} = \text{该期间借款利息额} \times \frac{\text{该期间未缴足注册资本额}}{\text{该期间借款额}}$$

企业一个年度内不得扣除的借款利息总额为该年度内每一计算期不得扣除的借款利息额之和。

【例 3-11】 (CTA·2012)2011 年 1 月 1 日,某有限公司向银行借款 2800 万元,期限为 1 年;同时,公司接受张某投资,约定张某于 4 月 1 日和 7 月 1 日各投入 400 万元;张某仅于 10 月 1 日投入 600 万元。同时,银行贷款年利率为 7%。该公司 2011 年企业所得税前可以扣除的利息费用为( )万元。

A. 171.5　　　 B. 178.5　　　 C. 175　　　 D. 196

【解析】 2011 年税前可以扣除的利息为:$2\,800 \times 7\% \times 3 \div 12 + (2\,800 - 400) \times 7\% \times 3 \div 12 + (2\,800 - 800) \times 7\% \times 3 \div 12 + (2\,800 - 200) \times 7\% \times 3 \div 12 = 171.5$(万元)。

(四)企业向个人借款利息的税前扣除

国家税务总局《关于企业向自然人借款的利息支出企业所得税税前扣除问题的通知》(国税函〔2009〕777 号)规定,企业向股东或其他与企业有关联关系的自然人借款的利息支出,应根据企业所得税法第四十六条及财税〔2008〕121 号文件规定的条件,计算企业所得税扣除额。企业向除此以外的内部职工或其他人员借款的利息支出,其借款情况同时符合以下条件的,其利息支出在不超过按照金融企业同期同类贷款利率计算的数额的部分,根据企业所得税法第八条和实施条例第二十七条规定,准予扣除。

(1) 企业与个人之间的借贷是真实、合法、有效的,并且不具有非法集资目的或其他违反法律、法规的行为;

(2) 企业与个人之间签订了借款合同。

最高人民法院《关于人民法院审理借款案件的若干意见》(法民发〔1991〕21 号)规定:人民法院审理借贷案件,应按照自愿、互利、公平、合法的原则,保护债权人和债务人的合法权益,限制高利率。民间借贷的利率可以适当高于银行的利率,但最高不得超过银行同类贷款利率的 4 倍,超出此限度的,超出部分的利息不予保护。

需要说明的是:根据国家税务总局《关于印发〈营业税问题解答(之一)〉的通知》(国税函发〔1995〕156 号)规定,对个人取得的利息收入应按"金融保险业"税目征收营业税。同时根据个人所得税法规定,个人取得的利息收入按"利息、股息、红利所得项目"按 20% 的税率计算缴纳个人所得税,税款由企业在支付个人利息时代扣代缴。

(五)企业融资费用的税前扣除

根据《企业会计准则第 17 号——借款费用》规定的原则,以及《企业所得税法实施条例》第三十七条的相关规定,国家税务总局公告 2012 年第 15 号规定:企业通过发行债券、取得贷款、吸收保户储金等方式融资而发生的合理的费用支出,符合资本化条件的,应计入相关资产成本;不符合资本化条件的,应作为财务费用(包括手续费及佣金支出),准予在企业所得税前据实扣除。

(六)金融企业同期同类贷款利率确定

根据《国家税务总局关于企业所得税若干问题的公告》(国家税务总局公告 2011 年第

34 号)规定:非金融企业向非金融企业借款的利息支出,不超过按照金融企业同期同类贷款利率计算的数额的部分,准予税前扣除。鉴于目前我国对金融企业利率要求的具体情况,企业在按照合同要求首次支付利息并进行税前扣除时,应提供"金融企业的同期同类贷款利率情况说明",以证明其利息支出的合理性。

"金融企业的同期同类贷款利率情况说明"中,应包括在签订该借款合同当时,本省任何一家金融企业提供同期同类贷款利率情况。该金融企业应为经政府有关部门批准成立的可以从事贷款业务的企业,包括银行、财务公司、信托公司等金融机构。"同期同类贷款利率"是指在贷款期限、贷款金额、贷款担保以及企业信誉等条件基本相同下,金融企业提供贷款的利率。既可以是金融企业公布的同期同类平均利率,也可以是金融企业对某些企业提供的实际贷款利率。

十、汇兑损失

(一) 汇兑损益的会计处理

汇兑损益主要是由于会计处理方法导致的。外币交易的记账方法有外币统账制和外币分账制两种。外币统账制是指企业在发生外币交易时,即折算为记账本位币入账。外币分账制是指企业在日常核算时分别币种记账,资产负债表日,分别货币性项目和非货币性项目进行调整:货币性项目按资产负债表日即期汇率折算,非货币性项目按交易日即期汇率折算;产生的汇兑差额计入当期损益。从我国目前的情况看,绝大多数企业采用外币统账制,只有银行等少数金融企业由于外币交易频繁,涉及外币币种较多,可以采用分账制记账方法进行日常核算。无论是采用分账制,还是采用统账制,只是账务处理程序不同,产生的结果相同,即计算出的汇兑差额相同;相应的会计处理也相同,即均计入当期损益。

1. 初始确认

《企业会计准则第 19 号——外币折算》(以下简称外币折算准则)规定,企业发生外币交易的,应在初始确认时采用交易日的即期汇率或即期汇率的近似汇率将外币金额折算为记账本位币金额。企业收到投资者以外币投入的资本,无论是否有合同约定汇率,均不采用合同约定汇率和即期汇率的近似汇率折算,而是采用交易日即期汇率折算,这样,外币投入资本与相应的货币性项目的记账本位币金额相等,不产生外币资本折算差额。

《关于外商投资的公司审批登记管理法律适用若干问题的执行意见》(工商外企字〔2006〕81 号)也规定:外商投资公司的注册资本只能采用收到出资当日的即期汇率,不再使用合同汇率也不使用与即期汇率近似的汇率。与其相对应的资产类科目也不使用与即期汇率近似的汇率,这样,外币投入资本不会产生汇兑差额,资产类科目在期末仍分别货币性项目与非货币性项目处理。

2. 期末调整或结算

期末,企业应当分别外币货币性项目和外币非货币性项目进行处理。

(1) 货币性项目的处理

货币性项目是企业持有的货币和将以固定或可确定金额的货币收取的资产或者偿付的负债。分为货币性资产和货币性负债,货币性资产包括现金、银行存款、应收账款、其他应收款、长期应收款等,货币性负债包括应付账款、其他应付款、短期借款、应付债券、长期借款、长期应付款等。

期末或结算货币性项目时,应以当日即期汇率折算外币货币性项目,该项目因当日即期汇率不同于该项目初始入账时或前一期末即期汇率而产生的汇率差额计入当期损益(财务费用)。汇兑差额,是指对同样数量的外币金额采用不同的汇率折算为记账本位币金额所产生的差异。

(2)非货币性项目的处理

非货币性项目是货币性项目以外的项目,如:存货、长期股权投资、交易性金融资产(股票、基金)、固定资产、无形资产、实收资本、资本公积等。

对于以历史成本计量的外币非货币性项目,已在交易发生日按当日即期汇率折算,资产负债表日不应改变其原记账本位币金额,不产生汇兑差额。例如,外商投入甲股份有限公司的外币资本 60 万美元已按当日即期汇率折算为人民币并记入"股本"账户。"股本"属于非货币性项目,因此,期末不需要按照当日即期汇率进行调整。

对于以成本与可变现净值孰低计量的存货,如果其可变现净值以外币确定,则在确定存货的期末价值时,应先将可变现净值折算为记账本位币,再与以记账本位币反映的存货成本进行比较。

(二)汇兑损失的税务处理

企业所得税法实施条例第三十九条规定,企业在货币交易中,以及纳税年度终了时将人民币以外的货币性资产、负债按照期末即期人民币汇率中间价折算为人民币时产生的汇兑损失,除已经计入有关资产成本以及与向所有者进行利润分配相关的部分外,准予扣除。

从资产负债表日非货币性项目的会计处理来看,对于以历史成本计量的外币非货币性资产,不产生汇兑差异,也就不产生汇兑损益的税务处理问题。对于以公允价值计量的非货币性外币资产,由于其在资产负债表日是按公允价值计量的,因此这些资产最后产生的公允价值变动损益不仅包含因外币折算产生的损益,也包括这种外币非货币性资产公允价值变动产生的损益。这种损益在会计上是作为"公允价值变动损益"计入当期损益的。根据企业所得税法实施条例,资产的税务处理应遵循历史成本原则。因此,公允价值变动损益在税务上不作为应纳税所得或损失处理。

对企业所得税法实施条例第三十九条规定,可以从三方面来理解。

(1)货币交易过程中产生的汇兑损失,准予扣除。这主要发生在企业的外币兑换业务中。企业外币兑换业务,应当以交易实际采用的汇率即银行买入或卖出价折算。由于汇率中间价和银行买入或卖出价的差额产生的折算差额,会计上计入当期损益,企业所得税前也允许扣除。

(2)纳税年度终了时,将人民币以外的货币性资产、负债按照期末即期汇率中间价折算为人民币时产生的汇兑损失,准予扣除。也就是说,资产负债表日,企业根据外币折算准则,对于外币货币性资产和负债计算出来的汇兑损失,在企业所得税前准予扣除。这一点与国税函〔2008〕264 号文件的规定不同。

(3)已经计入资产成本以及与向所有者进行利润分配相关部分的汇兑损失,不予税前扣除。

十一、准备金

根据企业所得税法第十条规定,在计算应纳税所得额时,未经核定的准备金支出不得扣除。未经核定的准备金支出,是指不符合国务院财政、税务主管部门规定的各项资产减值准备、风险准备等准备金支出。即除财政部和国家税务总局核准计提的准备金可以税前扣除外,其他行业、企业计提的各项资产减值准备、风险准备等准备金均不得税前扣除。

国家税务总局《关于企业所得税执行中若干税务处理问题的通知》(国税函〔2009〕202号)规定,2008年1月1日前按照原企业所得税暂行条例等规定计提的各类准备金,2008年1月1日以后,未经财政部和国家税务总局核准的,企业以后年度实际发生的相应损失,应先冲减各项准备金余额。

（一）证券行业准备金支出的税前扣除

自2011年1月1日起至2015年12月31日止,按规定提取的证券行业准备金支出按财政部、国家税务总局《关于证券行业准备金支出企业所得税税前扣除有关政策问题的通知》(财税〔2012〕11号)规定,在税前扣除。

1. 证券类准备金

（1）证券交易所风险基金

上海、深圳证券交易所依据《证券交易所风险基金管理暂行办法》(证监发〔2000〕22号)的有关规定,按证券交易所交易收取经手费的20%、会员年费的10%提取的证券交易所风险基金,在各基金净资产不超过10亿元的额度内,准予在企业所得税税前扣除。

（2）证券结算风险基金

① 中国证券登记结算公司所属上海分公司、深圳分公司依据《证券结算风险基金管理办法》(证监发〔2006〕65号)的有关规定,按证券登记结算公司业务收入的20%提取的证券结算风险基金,在各基金净资产不超过30亿元的额度内,准予在企业所得税税前扣除。

② 证券公司依据《证券结算风险基金管理办法》(证监发〔2006〕65号)的有关规定,作为结算会员按人民币普通股和基金成交金额的十万分之三、国债现货成交金额的十万分之一、1天期国债回购成交额的千万分之五、2天期国债回购成交额的千万分之十、3天期国债回购成交额的千万分之十五、4天期国债回购成交额的千万分之二十、7天期国债回购成交额的千万分之五十、14天期国债回购成交额的十万分之一、28天期国债回购成交额的十万分之二、91天期国债回购成交额的十万分之六、182天期国债回购成交额的十万分之十二逐日交纳的证券结算风险基金,准予在企业所得税税前扣除。

（3）证券投资者保护基金

① 上海、深圳证券交易所依据《证券投资者保护基金管理办法》(证监会令第27号)的有关规定,在风险基金分别达到规定的上限后,按交易经手费的20%缴纳的证券投资者保护基金,准予在企业所得税税前扣除。

② 证券公司依据《证券投资者保护基金管理办法》(证监会令第27号)的有关规定,按其营业收入0.5%～5%缴纳的证券投资者保护基金,准予在企业所得税税前扣除。

2. 期货类准备金

（1）期货交易所风险准备金

大连商品交易所、郑州商品交易所和中国金融期货交易所依据《期货交易管理条例》(国务院令第489号)、《期货交易所管理办法》(证监会令第42号)和《商品期货交易财务管理暂行规定》(财商字〔1997〕44号)的有关规定,上海期货交易所依据《期货交易管理条例》(国务院令第489号)、《期货交易所管理办法》(证监会令第42号)和《关于调整上海期货交易所风险准备金规模的批复》(证监函〔2009〕407号)的有关规定,分别按向会员收取手续费收入的20%计提的风险准备金,在风险准备金余额达到有关规定的额度内,准予在企业所得税税前扣除。

（2）期货公司风险准备金

期货公司依据《期货公司管理办法》（证监会令第43号）和《商品期货交易财务管理暂行规定》（财商字〔1997〕44号）的有关规定，从其收取的交易手续费收入减去应付期货交易所手续费后的净收入的5％提取的期货公司风险准备金，准予在企业所得税税前扣除。

（3）期货投资者保障基金

① 上海期货交易所、大连商品交易所、郑州商品交易所和中国金融期货交易所依据《期货投资者保障基金管理暂行办法》（证监会令第38号）的有关规定，按其向期货公司会员收取的交易手续费的3％缴纳的期货投资者保障基金，在基金总额达到有关规定的额度内，准予在企业所得税税前扣除。

② 期货公司依据《期货投资者保障基金管理暂行办法》（证监会令第38号）的有关规定，从其收取的交易手续费中按照代理交易额的千万分之五至千万分之十的比例缴纳的期货投资者保障基金，在基金总额达到有关规定的额度内，准予在企业所得税税前扣除。

3. 准备金如发生清算、退还补征企业所得税

上述准备金如发生清算、退还，应按规定补征企业所得税。

（二）保险公司准备金支出的税前扣除

自2011年1月1日至2015年12月31日止，对保险公司准备金支出企业所得税税前扣除有关问题，财政部、国家税务总局《关于保险公司准备金支出企业所得税税前扣除有关政策问题的通知》（财税〔2012〕45号）进行了明确。

1. 按规定缴纳的保险保障基金，准予据实税前扣除

保险公司按下列规定缴纳的保险保障基金，准予据实税前扣除：

（1）非投资型财产保险业务，不得超过保费收入的0.8％；投资型财产保险业务，有保证收益的，不得超过业务收入的0.08％，无保证收益的，不得超过业务收入的0.05％。

（2）有保证收益的人寿保险业务，不得超过业务收入的0.15％；无保证收益的人寿保险业务，不得超过业务收入的0.05％。

（3）短期健康保险业务，不得超过保费收入的0.8％；长期健康保险业务，不得超过保费收入的0.15％。

（4）非投资型意外伤害保险业务，不得超过保费收入的0.8％；投资型意外伤害保险业务，有保证收益的，不得超过业务收入的0.08％，无保证收益的，不得超过业务收入的0.05％。

保险保障基金，是指按照《中华人民共和国保险法》和《保险保障基金管理办法》（保监会、财政部、人民银行令2008年第2号）规定缴纳形成的，在规定情形下用于救助保单持有人、保单受让公司或者处置保险业风险的非政府性行业风险救助基金。

保费收入，是指投保人按照保险合同约定，向保险公司支付的保险费。业务收入，是指投保人按照保险合同约定，为购买相应的保险产品支付给保险公司的全部金额。

非投资型财产保险业务，是指仅具有保险保障功能而不具有投资理财功能的财产保险业务。投资型财产保险业务，是指兼具有保险保障与投资理财功能的财产保险业务。

有保证收益，是指保险产品在投资收益方面提供固定收益或最低收益保障。无保证收益，是指保险产品在投资收益方面不提供收益保证，投保人承担全部投资风险。

2. 保险保障基金不得在税前扣除的情形

保险公司有下列情形之一的，其缴纳的保险保障基金不得在税前扣除：

（1）财产保险公司的保险保障基金余额达到公司总资产 6% 的。

（2）人身保险公司的保险保障基金余额达到公司总资产 1% 的。

这是对保险保障基金税前扣除上限的规定。

3. 责任准备金的扣除

保险公司按国务院财政部门的相关规定提取的未到期责任准备金、寿险责任准备金、长期健康险责任准备金、已发生已报案未决赔款准备金和已发生未报案未决赔款准备金，准予在税前扣除。

（1）未到期责任准备金、寿险责任准备金、长期健康险责任准备金依据经中国保监会核准任职资格的精算师或出具专项审计报告的中介机构确定的金额提取。

未到期责任准备金，是指保险人为尚未终止的非寿险保险责任提取的准备金。寿险责任准备金，是指保险人为尚未终止的人寿保险责任提取的准备金。长期健康险责任准备金，是指保险人为尚未终止的长期健康保险责任提取的准备金。

（2）已发生已报案未决赔款准备金，按最高不超过当期已经提出的保险赔款或者给付金额的 100% 提取；已发生未报案未决赔款准备金按不超过当年实际赔款支出额的 8% 提取。

已发生已报案未决赔款准备金，是指保险人为非寿险保险事故已经发生并已向保险人提出索赔、尚未结案的赔案提取的准备金。

已发生未报案未决赔款准备金，是指保险人为非寿险保险事故已经发生、尚未向保险人提出索赔的赔案提取的准备金。

保险公司实际发生的各种保险赔款、给付，应首先冲抵按规定提取的准备金，不足冲抵部分，准予在当年税前扣除。

【例 3-12】 甲财产保险股份有限公司 2008 年保险保障基金余额 4.72 亿元，2009 年非投资型财产保险业务保费收入 200 亿元，按规定当年缴纳保险保障基金 1.6 亿元（200×0.8%），有保证收益的投资型财产保险业务 100 亿元，按规定当年缴纳保险保障基金 0.08 亿元（100×0.08%），2009 年年末保险保障基金余额为 6.4 亿元，当年年末资产总额为 100 亿元。

要求：计算当年允许税前扣除的保险保障基金金额。

【解析】

允许税前扣除的保险保障基金的余额上限为 6 亿元（100×6%），当年允许税前扣除的保险保障基金限额为 1.28 亿元（6-4.72），当年即使按上述比例缴纳保险保障基金 1.68 亿元，其中 0.4 亿元也不得在税前扣除。

如果 2010 年有关条件发生变化，根据相关规定，甲保险公司的保险保障基金余额减少或总资产增加，其保险保障基金余额占总资产比例没有达到 6%（人身保险公司为 1%），应当自动恢复缴纳和税前扣除保险保障基金。

4. 农业巨灾风险准备金的扣除

为积极支持解决"三农"问题，促进保险公司拓展农业保险业务，提高农业巨灾发生后恢复生产能力，对保险公司计提农业保险巨灾风险准备金企业所得税税前扣除问题，《关于保险公司农业巨灾风险准备金企业所得税税前扣除政策的通知》（财税〔2012〕23 号）作出规定,自 2011 年 1 月 1 日起至 2015 年 12 月 31 日止执行。

保险公司经营财政给予保费补贴的种植业险种(简称补贴险种)的,按不超过补贴险种当年保费收入 25％的比例计提的巨灾风险准备金,准予在企业所得税前据实扣除。具体计算公式如下:

$$\text{本年度扣除的巨灾风险准备金} = \text{本年度保费收入} \times 25\% - \text{上年度已在税前扣除的巨灾风险准备金结存余额}$$

按上述公式计算的数额如为负数,应调增当年应纳税所得额。

补贴险种是指各级财政部门根据财政部关于种植业保险保费补贴管理的相关规定确定,且各级财政部门补贴比例之和不低于保费 60％的种植业险种。

保险公司应当按专款专用原则建立健全巨灾风险准备金管理使用制度。在向主管税务机关报送企业所得税纳税申报表时,同时附送巨灾风险准备金提取、使用情况的说明和报表。

这里所谓农业保险是指专为农业生产者在从事种植业和养殖业生产过程中,对遭受自然灾害和意外事故所造成的经济损失提供保障的一种保险。农业保险按农业种类不同分为种植业保险、养殖业保险。种植业保险包括水稻保险、林木保险、水果收获保险、西瓜收获保险、小麦保险、油茶保险、棉花保险、烤烟保险等。

5. 保险赔款、给付的扣除

保险公司实际发生的各种保险赔款、给付,应首先冲抵按规定提取的准备金,不足冲抵部分,准予在当年税前扣除。例如,甲保险股份有限公司 2008 年末各项准备金余额为 200 万元,2009 年发生赔款损失 300 万元,要先冲减已计提的准备 200 万元,余下的 100 万元可据实在计算 2008 年度应纳税所得额时扣除。

如果发生赔款损失收回事项,根据财税〔2009〕57 号文件规定,保险公司在计算应纳税所得额时,已经扣除的资产损失,在以后纳税年度全部或者部分收回时,其收回部分应当作为收入计入收回当期的应纳税所得额。

此外,需要说明的是再保险业务赔款支出税前扣除问题。根据国家税务总局《关于保险公司再保险业务赔款支出税前扣除问题的通知》(国税函〔2009〕313 号)规定,从事再保险业务的保险公司(以下称再保险公司)发生的再保险业务赔款支出,按照权责发生制的原则,应在收到从事直保业务公司(以下称直保公司)再保险业务赔款账单时,作为企业当期成本费用扣除。

为便于再保险公司再保险业务的核算,凡在次年企业所得税汇算清缴前,再保险公司收到直保公司再保险业务赔款账单中属于上年度的赔款,准予调整作为上年度的成本费用扣除,同时调整已计提的未决赔款准备金;次年汇算清缴后收到直保公司再保险业务赔款账单的,按该赔款账单上发生的赔款支出,在收单年度作为成本费用扣除。

(三)金融企业贷款损失准备金的税前扣除

根据财政部、国家税务总局《关于金融企业贷款损失准备金企业所得税税前扣除政策的通知》(财税〔2012〕5 号)规定,自 2011 年 1 月 1 日起至 2013 年 12 月 31 日止,政策性银行、商业银行、财务公司和城乡信用社等国家允许从事贷款业务的金融企业提取的贷款损失准备按如下政策税前扣除。

1. 准予税前提取贷款损失准备金的贷款资产范围

根据财税〔2012〕5 号文件规定,准予税前提取贷款损失准备金的贷款资产范围包括:

（1）贷款（含抵押、质押、担保等贷款）；

（2）银行卡透支、贴现、信用垫款（含银行承兑汇票垫款、信用证垫款、担保垫款等）、进出口押汇、同业拆出、应收融资租赁款等各项具有贷款特征的风险资产；

（3）由金融企业转贷并承担对外还款责任的国外贷款，包括国际金融组织贷款、外国买方信贷、外国政府贷款、日本国际协力银行不附条件贷款和外国政府混合贷款等资产。

金融企业的委托贷款、代理贷款、国债投资、应收股利、上交央行准备金以及金融企业剥离的债权和股权、应收财政贴息、央行款项等不承担风险和损失的资产，不得提取贷款损失准备金在税前扣除。

2. 准予扣除的贷款损失准备金的计算

金融企业准予当年税前扣除的贷款损失准备金计算公式如下：

$$准予当年税前扣除的贷款损失准备金 = 本年末准予提取贷款损失准备金的贷款资产余额 \times 1\% - 截至上年末已在税前扣除的贷款损失准备金的余额$$

金融企业按上述公式计算的数额如为负数，应当相应调增当年应纳税所得额。

3. 贷款损失的扣除

金融企业发生的符合条件的贷款损失，应先冲减已在税前扣除的贷款损失准备金，不足冲减部分可据实在计算当年应纳税所得额时扣除。

金融企业涉农贷款和中小企业贷款损失准备金的税前扣除政策，凡按照《财政部 国家税务总局关于延长金融企业涉农贷款和中小企业贷款损失准备金税前扣除政策执行期限的通知》（财税〔2011〕104号）的规定执行的，不再适用上述规定。

4. 涉农贷款和中小企业贷款损失准备金的扣除

（1）涉农贷款和中小企业贷款范围的界定

涉农贷款，是指《涉农贷款专项统计制度》（银发〔2007〕246号）统计的农户贷款和农村企业及各类组织贷款。

农户贷款，是指金融企业发放给农户的所有贷款。农户贷款的判定应以贷款发放时的承贷主体是否属于农户为准。农户，是指长期（一年以上）居住在乡镇（不包括城关镇）行政管理区域内的住户，还包括长期居住在城关镇所辖行政村范围内的住户和户口不在本地而在本地居住一年以上的住户、国有农场的职工和农村个体工商户。位于乡镇（不包括城关镇）行政管理区域内和在城关镇所辖行政村范围内的国有经济的机关、团体、学校、企事业单位的集体户；有本地户口，但举家外出谋生一年以上的住户，无论是否保留承包耕地均不属于农户。农户以户为统计单位，既可以从事农业生产经营，也可以从事非农业生产经营。

农村企业及各类组织贷款，是指金融企业发放给注册地位于农村区域的企业及各类组织的所有贷款。农村区域，是指除地级及以上城市的城市行政区及其市辖建制镇之外的区域。

中小企业贷款，是指金融企业对年销售额和资产总额均不超过2亿元的企业的贷款。这里的中小企业标准没有行业的区分。

（2）涉农贷款和中小企业贷款损失准备金的列支标准

财政部、国家税务总局《关于金融企业涉农贷款和中小企业贷款损失准备金税前扣除政策的通知》（财税〔2009〕99号）、《关于延长金融企业涉农贷款和中小企业贷款损失准备金税前扣除政策执行期限的通知》（财税〔2011〕104号）对金融企业涉农贷款和中小企业贷款损失准备金税前扣除标准进行了明确,自 2008 年 1 月 1 日起至 2013 年 12 月 31 日止执行。

金融企业根据《贷款风险分类指导原则》(银发〔2001〕416 号),对其涉农贷款和中小企业贷款进行风险分类后(贷款风险分类法把贷款分为正常、关注、次级、可疑和损失五类,后三类合称为不良贷款),按照以下比例计提的贷款损失专项准备金,准予在计算应纳税所得额时扣除:

① 关注类贷款,计提比例为 2%;

② 次级类贷款,计提比例为 25%;

③ 可疑类贷款,计提比例为 50%;

④ 损失类贷款,计提比例为 100%。

关注类贷款,指尽管借款人目前有能力偿还贷款本息,但存在一些可能对偿还产生不利影响因素的贷款;次级类贷款,指借款人的还款能力出现明显问题,完全依靠其正常经营收入无法足额偿还贷款本息,即使执行担保,也可能会造成一定损失的贷款;可疑类贷款,指借款人无法足额偿还贷款本息,即使执行担保也肯定要造成较大损失的贷款;损失类贷款,指在采取所有可能的措施或一切必要的法律程序之后,本息仍然无法收回,或只能收回极少部分的贷款。

(3) 扣除损失时应先冲减准备金

金融企业发生的符合条件的涉农贷款和中小企业贷款损失,应先冲减已在税前扣除的贷款损失准备金,不足冲减部分可据实在计算应纳税所得额时扣除。

【例 3-13】　某金融企业 2008 年末涉农贷款和中小企业贷款准备金余额为 400 万元,2009 年共发放涉农贷款和中小企业贷款 30 000 万元,其中被评定为正常类贷款 26 400 万元,关注类贷款 2 000 万元,次级类贷款 1 000 万元,可疑类贷款 500 万元,损失类贷款 100 万元。2009 年发生贷款损失 1 200 万元。

要求:分析计算可税前扣除的贷款准备。

【解析】

按照税法规定,该金融企业可计提并在税前扣除涉农贷款和中小企业贷款准备金为:

$2\,000 \times 2\% + 1\,000 \times 25\% + 500 \times 50\% + 100 \times 100\% = 640$(万元)

2009 年末涉农和中小企业贷款准备金余额为 1 040 万元,2009 年发生贷款损失 1 200 万元,先用 1 040 万元(400+640)的贷款准备金冲减贷款损失,剩余不足冲抵的 160 万元部分直接计入损失在计算 2009 年应纳税所得额时扣除,当年涉农和中小企业贷款准备金余额为 0。

(四) 中小企业信用担保机构准备金的扣除

根据《关于中小企业信用担保机构有关准备金企业所得税税前扣除政策的通知》(财税〔2012〕25 号)规定,自 2011 年 1 月 1 日起至 2015 年 12 月 31 日止,中小企业信用担保机构准备金税前扣除按如下政策执行。

1. 担保赔偿准备

符合条件的中小企业信用担保机构按照不超过当年年末担保责任余额 1% 的比例计提的担保赔偿准备,允许在企业所得税税前扣除,同时将上年度计提的担保赔偿准备余额转为当期收入。

2. 未到期责任准备

符合条件的中小企业信用担保机构按照不超过当年担保费收入 50％的比例计提的未到期责任准备，允许在企业所得税税前扣除，同时将上年度计提的未到期责任准备余额转为当期收入。

3. 代偿损失

中小企业信用担保机构实际发生的代偿损失，符合税收法律法规关于资产损失税前扣除政策规定的，应冲减已在税前扣除的担保赔偿准备，不足冲减部分据实在企业所得税税前扣除。

这里所称中小企业信用担保机构，是指以中小企业为服务对象的信用担保机构。财税〔2012〕25 号文件所称符合条件的中小企业信用担保机构，必须同时满足以下条件：

（1）符合《融资性担保公司管理暂行办法》（银监会等七部委令 2010 年第 3 号）相关规定，并具有融资性担保机构监管部门颁发的经营许可证；

（2）以中小企业为主要服务对象，当年新增中小企业信用担保和再担保业务收入占新增担保业务收入总额的 70％以上（上述收入不包括信用评级、咨询、培训等收入）；

（3）中小企业信用担保业务的平均年担保费率不超过银行同期贷款基准利率的 50％；

（4）财政、税务部门规定的其他条件。

申请享受财税〔2012〕25 号文件规定的准备金税前扣除政策的中小企业信用担保机构，在汇算清缴时，需报送法人执照副本复印件、融资性担保机构监管部门颁发的经营许可证复印件、具有资质的中介机构鉴证的年度会计报表和担保业务情况（包括担保业务明细和风险准备金提取等），以及财政、税务部门要求提供的其他材料。

十二、租赁费

企业所得税法实施条例第四十七条规定，企业根据生产经营活动的需要租入固定资产支付的租赁费，按照以下方法扣除：

（1）以经营租赁方式租入固定资产发生的租赁费支出，按照租赁期限均匀扣除；

（2）以融资租赁方式租入固定资产发生的租赁费支出，按照规定构成融资租入固定资产价值的部分应当提取折旧费用，分期扣除。

融资性售后回租业务是指承租方以融资为目的将资产出售给经批准从事融资租赁业务的企业后，又将该项资产从该融资租赁企业租回的行为。融资性售后回租业务中承租方出售资产时，资产所有权以及与资产所有权有关的全部报酬和风险并未完全转移。国家税务总局《关于融资性售后回租业务中承租方出售资产行为有关税收问题的公告》（国家税务总局公告〔2010〕13 号，自 2010 年 10 月 1 日起施行）明确：① 融资性售后回租业务中承租方出售资产的行为，不属于增值税和营业税征收范围，不征收增值税和营业税；② 根据现行企业所得税法及有关收入确定规定，融资性售后回租业务中，承租人出售资产的行为，不确认为销售收入，对融资性租赁的资产，仍按承租人出售前原账面价值作为计税基础计提折旧。租赁期间，承租人支付的属于融资利息的部分，作为企业财务费用在税前扣除。

十三、提取的专项资金与预提费用

企业所得税法实施条例第四十五条规定，企业按照法律、行政法规有关规定提取的用于环境保护、生态恢复等专项资金，准予扣除。上述专项资金提取后改变用途的，不得扣除。

根据中共江苏省委、江苏省人民政府《关于加快振兴徐州老工业基地的意见》（苏发

〔2008〕19号），允许徐州地区的煤炭企业税前按吨煤20元提取可持续发展准备金，专项用于环境恢复与生态补偿、发展接续替代产业、解决历史遗留问题等。

根据国税发〔2009〕31号文件规定，房地产开发企业可预提下列费用计入计税成本。

（1）出包工程未最终办理结算而未取得全额发票的，在证明资料充分的前提下，其发票不足金额可以预提，但最高不得超过合同总金额的10%。

（2）公共配套设施尚未建造或尚未完工的，可按预算造价合理预提建造费用。此类公共配套设施必须符合已在售房合同、协议或广告、模型中明确承诺建造且不可撤销，或按照法律法规规定必须配套建造的条件。

（3）应向政府上交但尚未上交的报批报建费用、物业完善费用可以按规定预提。物业完善费用是指按规定应由企业承担的物业管理基金、公建维修基金或其他专项基金。

十四、营业机构内部往来

企业之间支付的管理费，既有总分机构之间因总机构提供管理服务而分摊的合理的管理费，也有独立法人的母子公司组成的集团企业之间提供的管理费。由于企业所得税法采取法人所得税制，对总分机构之间因总机构提供管理服务而分摊的合理管理费，通过总分机构自动汇总得到解决。对属于不同独立法人的母子公司之间，其真实发生的提供管理服务的管理费，应按照独立企业之间公平交易原则确定管理服务的价格，作为企业正常的劳务费用进行税务处理，不得再采用分摊管理费用的方式在税前扣除，从而避免重复扣除的情况发生。

企业所得税法实施条例第四十九条规定，企业之间支付的管理费、企业内营业机构之间支付的租金和特许权使用费，以及非银行企业内营业机构之间支付的利息，不得扣除。

（一）企业所得税处理

国家税务总局《关于母子公司间提供服务支付费用有关企业所得税处理问题的通知》（国税发〔2008〕86号）规定，母公司为其子公司提供各种服务而发生的费用，应按照独立企业之间公平交易原则确定服务的价格，作为企业正常的劳务费用进行税务处理。母子公司未按照独立企业之间的业务往来收取价款的，税务机关有权予以调整。

母公司向其子公司提供各项服务，双方应签订服务合同或协议，明确规定提供服务的内容、收费标准及金额等，凡按上述合同或协议规定所发生的服务费，母公司应作为营业收入申报纳税；子公司作为成本费用在税前扣除。

母公司向其多个子公司提供同类项服务，其收取的服务费可以采取分项签订合同或协议收取；也可以采取服务分摊协议的方式，由母公司与各子公司签订服务费用分摊合同或协议，以母公司为其子公司提供服务所发生的实际费用并附加一定比例利润作为向子公司收取的总服务费，在各服务受益子公司（包括盈利企业、亏损企业和享受减免税企业）之间按独立交易原则进行合理分摊。

母公司以管理费形式向子公司提取费用，子公司因此支付给母公司的管理费，不得在税前扣除。子公司申报税前扣除向母公司支付的服务费用，应向主管税务机关提供与母公司签订的服务合同或者协议等与税前扣除该项费用相关的材料。不能提供相关材料的，支付的服务费用不得税前扣除。

虽然企业所得税法实行法人所得税制，但在中国境内设立机构、场所的非居民企业在中国只负有限的纳税义务，就其在中国境内所设立的机构、场所获取的来源于中国境内的所得和来源于境外但与所设机构、场所有实际联系的所得纳税。若不允许非居民企业在中国境内所设机构、场所，分摊其在中国境外总机构所发生的有关费用，可能会出现这些机构、场所的特定生产经营活动费用支出无法得以体现，也不符合收入与支出的配比原则，因此，企业所得税法允许非居民企业向其在中国境内设立的机构、场所分摊有关费用。对此，企业所得税法实施条例第五十条规定，非居民企业在中国境内设立的机构、场所，就其中国境外总机构发生的与该机构、场所生产经营有关的费用，能够提供总机构出具的费用汇集范围、定额、分配依据和方法等证明文件，并合理计算分摊的，准予扣除。

（二）流转税处理

1. 母子公司之间收取管理费

母子公司都是独立法人企业，均为营业税的纳税人，相互之间提供劳务应按正常的劳务进行处理，这与国税发〔2008〕86 号文件有关企业所得税的处理规定是一致的，即对母公司收取的管理费，属于服务性质的收费，应按"服务业"税目缴纳营业税。

2. 总分公司之间收取管理费

新营业税暂行条例实施细则对"有营业税纳税义务的单位"的解释为：发生应税行为并收取货币、货物或者其他经济利益的单位，但不包括单位依法不需要办理税务登记的内设机构。该规定解决了分公司或分支机构可以单独作为纳税人问题，同时解决单位内部发生应税行为不纳税问题。

内设机构通常不能单独用本机构的名义行使职权，要通过所从属的独立机构的名义来行使所赋予的职权。因此，对总分公司之间收取管理费或服务费，对收取一方如果是不需办理税务登记的内设机构，则不缴纳营业税。否则，应申报缴纳营业税。

3. 向非居民企业支付管理费

根据营业税暂行条例实施细则第四条规定，对境内提供条例规定的劳务界定为提供或者接受条例规定劳务的单位或者个人在境内。

因此，对中国境内企业接受境外企业的管理服务而支付的管理费，由于接受方在中国境内，也应按规定申报缴纳营业税。

十五、手续费及佣金支出

（一）手续费及佣金支出的税前扣除

财政部、国家税务总局《关于企业手续费及佣金支出税前扣除政策的通知》（财税〔2009〕29 号）规定，企业发生与生产经营有关的手续费及佣金支出，不超过以下规定计算限额以内的部分，准予扣除；超过部分，不得扣除。

1. 保险企业

财产保险企业按当年全部保费收入扣除退保金等后余额的 15%（含本数，下同）计算限额；人身保险企业按当年全部保费收入扣除退保金等后余额的 10% 计算限额。

2. 其他企业

按与具有合法经营资格中介服务机构或个人（不含交易双方及其雇员、代理人和代表人等）所签订服务协议或合同确认的收入金额的 5% 计算限额。

企业应当如实向当地主管税务机关提供当年手续费及佣金计算分配表和其他相关资料，并依法取得合法真实凭证。

需要说明的是：

（1）企业应与具有合法经营资格中介服务企业或个人签订代办协议或合同，并按国家有关规定支付手续费及佣金。除委托个人代理外,企业以现金等非转账方式支付的手续费及佣金不得在税前扣除。企业为发行权益性证券支付给有关证券承销机构的手续费及佣金不得在税前扣除。

(2) 企业不得将手续费及佣金支出计入回扣、业务提成、返利、进场费等费用。企业支付的手续费及佣金不得直接冲减服务协议或合同金额,并如实入账。

(3) 企业已计入固定资产、无形资产等相关资产的手续费及佣金支出,应当通过折旧、摊销等方式分期扣除,不得在发生当期直接扣除。

(4) 支付无保险营销证营销员佣金不得扣除。

(5) 根据国税发〔2009〕31 号文件规定,企业委托境外机构销售开发产品的,其支付境外机构的销售费用(含佣金或手续费)不超过委托销售收入 10% 的部分,准予据实扣除。

【例 3-14】 (CTA·2012)下列支出中,准予在企业所得税前全额扣除的有(　　)。

A. 企业按规定缴纳的财产保险费

B. 烟草企业实际发生的,不超过当年销售(营业)收入 15% 的广告费和业务宣传费

C. 工业企业向保险公司借入经营性资金支付的利息支出

D. 财产保险企业实际发生的,且占当年全部保费收入扣除退保金等后余额 12% 的手续费及佣金支出

E. 人身保险企业实际发生的,且占当年全部保收入扣除退保金等后余额 12% 的手续费及佣金支出

【答案】 ACD

【解析】 选项 B,烟草企业的烟草广告费和业务宣传费支出,一律不得在计算应纳税所得额时扣除;选项 D,财产保险企业按当年全部保费收入扣除退保金等后余额的 15% 计算限额;选项 E,人身保险企业按当年全部保费收入扣除退保金后余额的 10% 计算限额。

(二) 电信企业手续费及佣金支出的税前扣除

经纪人、代办商代电信企业销售电话入网卡、电话充值卡等,不是提供居间服务或咨询服务,而是直接向电信企业提供销售劳务,因此,电信企业向经纪人、代办商支付的手续费及佣金,属于劳务费支出,根据企业所得税税前扣除原则,应当准予据实扣除。但是考虑到已销售的电话入网卡、电话充值卡等在当期是否形成收入,具有不确定性,为了防止税收政策漏洞,作适当限制是必要的。针对这一情况,国家税务总局公告 2012 年第 15 号明确:电信企业在发展客户、拓展业务等过程中(如委托销售电话入网卡、电话充值卡等),需向经纪人、代办商支付手续费及佣金的,其实际发生的相关手续费及佣金支出,不超过企业当年收入总额 5% 的部分,准予在企业所得税前据实扣除。

根据《关于电信企业手续费及佣金支出税前扣除问题的公告》(国家税务总局公告 2013 年第 59 号)规定,国家税务总局公告 2012 年第 15 号第四条所称电信企业手续费及佣金支出,仅限于电信企业在发展客户、拓展业务等过程中因委托销售电话入网卡、电话充值卡所发生的手续费及佣金支出。

对电信企业提供售后服务、增值服务以及其他日常服务等,属于提供销售劳务,不属于提供中介服务,相应地,电信企业为此支付的手续费及佣金,也不属于《财政部 国家税务总局关于企业手续费及佣金支出税前扣除政策的通知》(财税〔2009〕29 号)所指的手续费及佣金支出范畴。

（三）从事代理服务企业营业成本的税前扣除

根据企业所得税税前扣除原则，企业主营业务成本（支出）应当允许据实扣除，期间费用除税法有明确规定外（比如广告费、业务招待费、手续费及佣金支出等），一般也允许据实扣除。对于从事代理服务的企业来说，与该项收入相关的手续费及佣金支出属于营业成本，还是属于期间费用，不仅税企双方存在争议，而且各地税务机关认识也不统一。针对上述情况，国家税务总局公告2012年第15号明确：从事代理服务、主营业务收入为手续费、佣金的企业（如证券、期货、保险代理等企业），其为取得该类收入而实际发生的营业成本（包括手续费及佣金支出），准予在企业所得税前据实扣除。即：从事代理服务且主营业务收入为手续费及佣金的企业，其手续费及佣金支出属于企业营业成本范畴，并准予在税前据实扣除。

十六、维简费和安全生产费

（一）煤矿企业维简费和高危行业安全生产费用

国家税务总局《关于煤矿企业维简费和高危行业企业安全生产费用企业所得税税前扣除问题的公告》（国家税务总局公告2011年第26号）就煤矿企业维简费和高危行业企业安全生产费用支出企业所得税税前扣除问题作出如下规定。

（1）自2011年5月1日起，煤矿企业实际发生的维简费支出和高危行业企业实际发生的安全生产费用支出，属于收益性支出的，可直接作为当期费用在税前扣除；属于资本性支出的，应计入有关资产成本，并按企业所得税法规定计提折旧或摊销费用在税前扣除。企业按照有关规定预提的维简费和安全生产费用，不得在税前扣除。

（2）2011年5月1日以前，企业按照有关规定提取的、且在税前扣除的煤矿企业维简费和高危行业企业安全生产费用，相关税务问题按以下规定处理：

① 26号公告实施前提取尚未使用的维简费和高危行业企业安全生产费用，应用于抵扣该公告实施后的当年度实际发生的维简费和安全生产费用，仍有余额的，继续用于抵扣以后年度发生的实际费用，至余额为零时，企业方可按上述（1）规定执行。

② 已用于资产投资、并计入相关资产成本的，该资产提取的折旧或费用摊销额，不得重复在税前扣除。已重复在税前扣除的，应调整作为2011年度应纳税所得额。

③ 已用于资产投资、并形成相关资产部分成本的，该资产成本扣除上述部分成本后的余额，作为该资产的计税基础，按照企业所得税法规定的资产折旧或摊销年限，从该公告实施之日的次月开始，就该资产剩余折旧年限计算折旧或摊销费用，并在税前扣除。

（二）其他企业维简费

自2013年1月1日起，除煤矿企业以外的其他企业的维简费支出，按《国家税务总局关于企业维简费支出企业所得税税前扣除问题的公告》（国家税务总局公告2013年第67号）的如下规定执行。

（1）企业实际发生的维简费支出，属于收益性支出的，可作为当期费用税前扣除；属于资本性支出的，应计入有关资产成本，并按企业所得税法规定计提折旧或摊销费用在税前扣除。

企业按照有关规定预提的维简费，不得在当期税前扣除。

（2）2013年1月1日国家税务总局公告2013年第67号公告实施前，企业按照有关规定提取且已在当期税前扣除的维简费，按以下规定处理：

① 尚未使用的维简费，并未作纳税调整的，可不作纳税调整，应首先抵减2013年实际发生的维简费，仍有余额的，继续抵减以后年度实际发生的维简费，至余额为零时，企业方可

按照 67 公告第一条的上述规定执行;已作纳税调整的,不再调回,直接按照上述(1)执行。

② 已用于资产投资并形成相关资产全部成本的,该资产提取的折旧或费用摊销额,不得税前扣除;已用于资产投资并形成相关资产部分成本的,该资产提取的折旧或费用摊销额中与该部分成本对应的部分,不得税前扣除;已税前扣除的,应调整作为 2013 年度应纳税所得额。

十七、以前年度应扣未扣支出

根据征管法第五十一条规定,"纳税人超过应纳税额缴纳的税款,税务机关发现后应当立即退还;纳税人自结算缴纳税款之日起三年内发现的,可以向税务机关要求退还多缴的税款并加算银行同期存款利息,税务机关及时查实后应当立即退还"。企业由于出现应在当期扣除而未扣除的税费,从而多缴了税款,以后年度发现后应当准予追补确认退还,但根据权责发生制原则,不得改变税费扣除的所属年度,应追补至该项目发生年度计算扣除。

关于以前年度发生应扣未扣支出的税务处理问题,国家税务总局公告 2012 年第 15 号明确,根据征管法的有关规定:① 对企业发现以前年度实际发生的、按照税收规定应在企业所得税前扣除而未扣除或者少扣除的支出,企业做出专项申报及说明后,准予追补至该项目发生年度计算扣除,但追补确认期限不得超过 5 年。② 企业由于上述原因多缴的企业所得税税款,可以在追补确认年度企业所得税应纳税款中抵扣,不足抵扣的,可以向以后年度递延抵扣或申请退税。③ 亏损企业追补确认以前年度未在企业所得税前扣除的支出,或盈利企业经过追补确认后出现亏损的,应首先调整该项支出所属年度的亏损额,然后再按照弥补亏损的原则计算以后年度多缴的企业所得税税款,并按前款规定处理。

对于追补确认期的确定,根据征管法第五十二条第二款、第三款规定,"因纳税人、扣缴义务人计算错误等失误,未缴或者少缴税款的,税务机关在三年内可以追征税款、滞纳金;有特殊情况的,追征期可以延长到五年。对偷税、抗税、骗税的,税务机关追征其未缴或者少缴的税款、滞纳金或者所骗取的税款,不受前款规定期限的限制。"根据权利和义务对等的原则,可以将追补确认期限确定为 5 年。此外,根据《国家税务总局关于发布〈企业资产损失税前扣除管理办法〉的公告》(税务总局公告 2011 年第 25 号)第六条规定,企业以前年度未扣除的资产损失也可以追补确认,其追补确认期限也不得超过 5 年。未扣除的税费与未扣除的资产损失性质相同,因此,两项政策应当保持一致,追补确认期限均不得超过 5 年。

十八、开办费的扣除

(一)开办费用的会计处理

开(筹)办费是指企业在筹建期发生的费用,包括人员工资、办公费、培训费、差旅费、印刷费、注册登记费,以及不计入固定资产和无形资产成本的汇兑损益和利息等支出。筹建期,是指企业从被批准筹建之日起至开始生产、经营(包括试生产、试营业)之日的期间。

但筹建期间发生下列支出不属于开办费的范畴:

(1)应计入购建固定资产和无形资产成本所支付的运输费、安装费、保险费和购建时发生的职工薪酬等费用;

(2)按照规定应由投资各方负担的费用,如投资各方为筹建企业进行调查时发生的差旅费、咨询费、招待费等支出;

(3)投资方因投入资本自行筹措款项所支付的利息,不计入开办费,应由出资方自行负担等。

根据《企业会计制度》和《小企业会计制度》,企业筹建期间发生的开办费,通过"长期待摊费用"科目核算。而根据《企业会计准则》"开办费"则通过"管理费用"科目核算。

《企业会计准则应用指南》附录"会计科目与主要账务处理"（财会〔2006〕18 号）规定：企业在筹建期间内发生的开办费，包括人员工资、办公费、培训费、差旅费、印刷费、注册登记费以及不计入固定资产成本的借款费用等在实际发生时，借记"管理费用"（开办费）科目，贷记"银行存款"等科目。即在执行企业会计准则的单位，开办费不再作为"长期待摊费用"或"递延资产"，而是直接将其费用化，统一在"管理费用"科目核算。

根据《小企业会计准则》规定，小企业在筹建期间内发生的开办费，纳入管理费用核算。

（二）开办费的税务处理

企业所得税法及其实施条例中，开（筹）办费未明确列作长期待摊费用。根据国税函（2009）98 号文件规定，企业可以在开始经营之日的当年一次性扣除，也可以按照企业所得税法有关长期待摊费用的处理规定处理，但一经选定，不得改变。企业在企业所得税法实施以前年度的未摊销完的开办费，也可根据上述规定处理。

由此可见，企业所得税法下企业开办费既可以一次性扣除也可以分期摊销。对于企业以前将开办费列入长期待摊费用，未摊销的部分可以一次摊入 2008 年的费用中，也可以根据企业需要选择按照企业所得税法有关"长期待摊费用"的处理规定处理。

（三）筹办期业务招待费、广告费和业务宣传费的扣除

企业正常生产经营活动期间发生的业务招待费、广告费和业务宣传费，可以按企业当年收入情况计算确定扣除限额。但是，对于在筹办期间没有取得收入的企业发生的上述费用如何进行税前扣除，未作具体规定。考虑到以上费用属于筹办费范畴，国家税务总局公告 2012 年第 15 号明确：企业在筹建期间，发生的与筹办活动有关的业务招待费支出，可按实际发生额的 60% 计入企业筹办费，并按有关规定在税前扣除；发生的广告费和业务宣传费，可按实际发生额计入企业筹办费，并按有关规定在税前扣除。即：企业筹办期发生的业务招待费直接按实际发生额的 60%、广告费和业务宣传费按实际发生额，计入筹办费，按照国税函（2009）98 号文件第九条规定的筹办费税务处理办法进行税前扣除。

第三节　资产损失的税前扣除

为明确企业资产损失在计算企业所得税应纳税所得额时的扣除政策，财政部、国家税务总局发布了《关于企业资产损失税前扣除政策的通知》（财税〔2009〕57 号，自 2008 年 1 月 1 日起执行）。为加强资产损失所得税税前扣除管理，国家税务总局对《企业资产损失税前扣除管理办法》（国税发〔2009〕88 号）等规定进行修订，发布了《企业资产损失所得税税前扣除管理办法》（国家税务总局公告 2011 年第 25 号公告，以下简称 25 号公告），自 2011 年 1 月 1 日起施行，《国家税务总局关于企业以前年度未扣除资产损失企业所得税处理问题的通知》（国税函〔2009〕772 号）、《国家税务总局关于电信企业坏账损失税前扣除问题的通知》（国税函〔2010〕196 号）同时废止。

需要说明的是，25 公告与税法之间的协调问题。《企业所得税法》第八条规定：企业实际发生的与取得收入有关的、合理的支出，包括成本、费用、税金、损失和其他支出，准予在计算应纳税所得额时扣除。因而，凡 25 号公告没有涉及的资产损失，只要符合企业所得税法及其实施条例等法律、法规规定的原则，均可在税前扣除。

一、资产损失及其扣除

（一）资产的税收定义

根据国税发〔2009〕88号文件规定，资产是指企业拥有或者控制的、用于经营管理活动且与取得应税收入有关的资产，包括现金、银行存款、应收及预付款项（包括应收票据）等货币资产，存货、固定资产、在建工程、生产性生物资产等非货币资产，以及债权性投资和股权（权益）性投资。

自2011年1月1日起，根据25号公告规定，资产是指企业拥有或者控制的、用于经营管理活动相关的资产，包括现金、银行存款、应收及预付款项（包括应收票据、各类垫款、企业之间往来款项）等货币性资产，存货、固定资产、无形资产、在建工程、生产性生物资产等非货币性资产，以及债权性投资和股权（权益）性投资。

25号公告删除了国税发〔2009〕88号文件的"与取得应税收入有关"的附加条件。因为"与取得应税收入有关"的表述至少在三个方面存在不妥。一是"用于经营管理活动"的资产本就表明了是与企业收入有关的，该项资产如发生损失，符合税前扣除相关性原则；二是《企业所得税法实施条例》第二十八条第二款规定：企业的不征税收入用于支出所形成的费用或者财产，不得扣除或者计算对应的折旧、摊销扣除。如再强调"与取得应税收入有关"，多此一举；三是"免税收入"虽然不属于"应税收入"，但与"免税收入"相关的成本、费用、损失是允许在税前扣除的。如再强调"与取得应税收入有关"，相互矛盾。

（二）资产损失的分类及其扣除

根据财税〔2009〕57号文件规定，资产损失，是指企业在生产经营活动中实际发生的、与取得应税收入有关的资产损失，包括现金损失，存款损失，坏账损失，贷款损失，股权投资损失，固定资产和存货的盘亏、毁损、报废、被盗损失，自然灾害等不可抗力因素造成的损失以及其他损失。

25号公告第三条规定：准予在企业所得税税前扣除的资产损失，是指企业在实际处置、转让上述资产过程中发生的合理损失（以下简称实际资产损失），以及企业虽未实际处置、转让上述资产，但符合财税〔2009〕57号文件和本办法规定条件计算确认的损失（以下简称法定资产损失）。

1. 实际资产损失

实际资产损失是指企业实际处置、转让资产发生的、合理的损失。根据25号公告规定，企业实际资产损失，应当在其实际发生且会计上已作损失处理的年度申报扣除。

2. 法定资产损失

根据25号公告规定，法定资产损失，应当在企业向主管税务机关提供证据资料证明该项资产已符合法定资产损失确认条件，且会计上已作损失处理的年度申报扣除。

3. 资产损失追补确认期限

25号公告第6条规定：企业以前年度发生的资产损失未能在当年税前扣除的，可以按照本办法的规定，向税务机关说明并进行专项申报扣除。其中，属于实际资产损失，准予追补至该项损失发生年度扣除，其追补确认期限一般不得超过五年，但因计划经济体制转轨过程中遗留的资产损失、企业重组上市过程中因权属不清出现争议而未能及时扣除的资产损失、因承担国家政策性任务而形成的资产损失以及政策定性不明确而形成资产损失等特殊原因形成的资产损失，其追补确认期限经国家税务总局批准后可适当延长。属于法定资产损失，应在申报年度扣除。

企业因以前年度实际资产损失未在税前扣除而多缴的企业所得税税款，可在追补确认年度企业所得税应纳税款中予以抵扣，不足抵扣的，向以后年度递延抵扣。

企业实际资产损失发生年度扣除追补确认的损失后出现亏损的，应先调整资产损失发生年度的亏损额，再按弥补亏损的原则计算以后年度多缴的企业所得税税款，并按前款办法进行税务处理。

4. 境内、外资产损失分开扣除

财税〔2009〕57号文件规定：企业境内、境外营业机构发生的资产损失应分开核算，对境外营业机构由于发生资产损失而产生的亏损，不得在计算境内应纳税所得额时扣除。

5. 资产损失收回计入收入

财税〔2009〕57号文件规定：企业已经作为损失处理的资产，在以后纳税年度又全部收回或者部分收回时，应当计入当期收入。也就是说，企业在计算应纳税所得额时已经扣除的资产损失，在以后纳税年度全部或者部分收回时，其收回部分应当作为收入计入收回当期的应纳税所得额。

【例 3-15】 依据企业所得税法的相关规定，企业已经作为损失处理的资产，在以后纳税年度又全部收回或部分收回时，应当计入当期收入。（   ）

【答案】 √

【解析】

企业已经作为损失处理的资产，在以后纳税年度又全部收回或者部分收回时，应当计入当期收入。

（三）自行申报扣除制度

在2011年1月1日以前，根据国税发〔2009〕88号文件第四条和第五条规定，企业非正常资产损失，须经税务机关审批，应按规定时间和程序及时申报。正常损失不需审批，由企业自行申报扣除。由企业自行计算扣除的资产损失项目正列举，没列举到的原则上均需审批；无法准确辨别的，可以向税务机关提出审批申请。

自2011年1月1日起，25号公告取消了资产损失税前扣除审批制度，改为企业自行申报扣除制度，但国务院确定的事项除外。

根据25号公告规定，企业发生的资产损失，应按规定的程序和要求向主管税务机关申报后方能在税前扣除。未经申报的损失，不得在税前扣除。企业在进行企业所得税年度汇算清缴申报时，可将资产损失申报材料和纳税资料作为企业所得税年度纳税申报表的附件一并向税务机关报送。

1. 清单申报与专项申报

企业资产损失按其申报内容和要求的不同，分为清单申报和专项申报两种申报形式。其中，属于清单申报的资产损失，企业可按会计核算科目进行归类、汇总，然后再将汇总清单报送税务机关，有关会计核算资料和纳税资料留存备查；属于专项申报的资产损失，企业应逐项（或逐笔）报送申请报告，同时附送会计核算资料及其他相关的纳税资料。

企业在申报资产损失税前扣除过程中不符合上述要求的，根据25号公告规定，税务机关应当要求其改正，企业拒绝改正的，税务机关有权不予受理。

根据25号公告第9条规定，下列资产损失，应以清单申报的方式向税务机关申报扣除：

（1）企业在正常经营管理活动中，按照公允价格销售、转让、变卖非货币资产的损失；

（2）企业各项存货发生的正常损耗；

（3）企业固定资产达到或超过使用年限而正常报废清理的损失；

（4）企业生产性生物资产达到或超过使用年限而正常死亡发生的资产损失；

（5）企业按照市场公平交易原则，通过各种交易场所、市场等买卖债券、股票、期货、基金以及金融衍生产品等发生的损失。

前述以外的资产损失，应以专项申报的方式向税务机关申报扣除。企业无法准确判别是否属于清单申报扣除的资产损失，可以采取专项申报的形式申报扣除。

2. 总分机构资产损失扣除的申报

25 号公告第 11 条规定，在中国境内跨地区经营的汇总纳税企业发生的资产损失，应按以下规定申报扣除：

（1）总机构及其分支机构发生的资产损失，除应按专项申报和清单申报的有关规定，各自向当地主管税务机关申报外，各分支机构同时还应上报总机构；

（2）总机构对各分支机构上报的资产损失，除税务机关另有规定外，应以清单申报的形式向当地主管税务机关进行申报；

（3）总机构将跨地区分支机构所属资产捆绑打包转让所发生的资产损失，由总机构向当地主管税务机关进行专项申报。

这里所称的资产捆绑打包转让，是指优质资产与不良资产打包处置，包括实物资产、债权、股权等各类资产。

3. 商业零售企业存货损失税前扣除

国家税务总局《关于商业零售企业存货损失税前扣除问题的公告》（国家税务总局公告 2014 年第 3 号，适用于 2013 年度及以后年度企业所得税纳税申报）明确：

（1）商业零售企业存货因零星失窃、报废、废弃、过期、破损、腐败、鼠咬、顾客退换货等正常因素形成的损失，为存货正常损失，准予按会计科目进行归类、汇总，然后再将汇总数据以清单的形式进行企业所得税纳税申报，同时出具损失情况分析报告。

（2）商业零售企业存货因风、火、雷、震等自然灾害，仓储、运输失事，重大案件等非正常因素形成的损失，为存货非正常损失，应当以专项申报形式进行企业所得税纳税申报。

（3）存货单笔（单项）损失超过 500 万元的，无论何种因素形成的，均应以专项申报方式进行企业所得税纳税申报。

（四）审核扣除与延期申报

25 号公告第 12 条规定，企业因国务院决定事项形成的资产损失，应向国家税务总局提供有关资料。国家税务总局审核有关情况后，将损失情况通知相关税务机关。企业应按要求进行专项申报，需要说明的是，根据国发〔2013〕44 号，企业因国务院决定事项形成的资产损失税前扣除审批已取消。

属于专项申报的资产损失，企业因特殊原因不能在规定的时限内报送相关资料的，可以向主管税务机关提出申请，经主管税务机关同意后，可适当延期申报。

（五）资产损失与会计之间的协调

根据现行政策规定，已符合资产损失税前扣除条件，但会计未处理，不准在税前扣除；会计上已作处理，但未进行纳税申报，也不准在税前扣除。即纳税申报和会计处理两个条件同时具备,方能在税前扣除。

对实际资产损失,会计处理年度与纳税申报年度一致,可以在当年进行税前扣除;会计上已作处理,但属于会计处理年度以前年度发生的符合税法规定的条件资产损失,可追补确认在实际发生年度进行扣除;会计上已作处理,或不符合税法规定的条件,不得税前扣除。

对于法定资产损失,会计上已作处理,且已符合税法规定的条件,但未进行纳税申报的,不得税前扣除;若在以后年度申报,可以在申报年度扣除,不存在向以前年度追补确认问题。

这里会计处理年度为决算年度,纳税申报年度为企业所得税年度汇算清缴年度。不能把向税务机关报送申报材料的时点理解为会计处理年度和纳税申报年度。

此外,企业应当建立健全资产损失内部核销管理制度,及时收集、整理、编制、审核、申报、保存资产损失税前扣除证据材料,方便税务机关检查。税务机关应按分项建档、分级管理的原则,建立企业资产损失税前扣除管理台账和纳税档案,及时进行评估。对资产损失金额较大或经评估后发现不符合资产损失税前扣除规定、或存有疑点、异常情况的资产损失,应及时进行核查。对有证据证明申报扣除的资产损失不真实、不合法的,应依法作出税收处理。

二、资产损失证据

根据财税〔2009〕57号文件规定:企业对其扣除的各项资产损失,应当提供能够证明资产损失确属已实际发生的合法证据,包括具有法律效力的外部证据、具有法定资质的中介机构的经济鉴证证明、具有法定资质的专业机构的技术鉴定证明等。

企业资产损失相关的证据包括具有法律效力的外部证据和特定事项的企业内部证据。

(一) 具有法律效力的外部证据

具有法律效力的外部证据,是指司法机关、行政机关、专业技术鉴定部门等依法出具的与本企业资产损失相关的具有法律效力的书面文件,主要包括:

(1) 司法机关的判决或者裁定;

(2) 公安机关的立案结案证明、回复;

(3) 工商部门出具的注销、吊销及停业证明;

(4) 企业的破产清算公告或清偿文件;

(5) 行政机关的公文;

(6) 专业技术部门的鉴定报告;

(7) 具有法定资质的中介机构的经济鉴证证明;

(8) 仲裁机构的仲裁文书;

(9) 保险公司对投保资产出具的出险调查单、理赔计算单等保险单据;

(10) 符合法律规定的其他证据。

(二) 特定事项的企业内部证据

特定事项的企业内部证据,是指会计核算制度健全、内部控制制度完善的企业,对各项资产发生毁损、报废、盘亏、死亡、变质等内部证明或承担责任的声明,主要包括:

(1) 有关会计核算资料和原始凭证;

(2) 资产盘点表;

(3) 相关经济行为的业务合同;

(4) 企业内部技术鉴定部门的鉴定文件或资料;

(5) 企业内部核批文件及有关情况说明;

（6）对责任人由于经营管理责任造成损失的责任认定及赔偿情况说明；

（7）法定代表人、企业负责人和企业财务负责人对特定事项真实性承担法律责任的声明。

确认资产损失的证据应具有真实性、合法性、确定性、合理性。以存货盘亏为例，企业申报该项损失时，须提供四个方面的证据：

（1）存货盘点表。该项证据属于真实性方面的证据，但是，仅有该项是不够的，还须进一步补强这方面证据。

（2）存货保管人对于盘亏的情况说明。该项证据仍属于真实性方面的证据。

（3）盘亏存货的价值确定依据。此项证据既是真实性方面的证据，同时也是确定性方面证据。

（4）企业内部有关责任认定、责任人赔偿说明和内部核批文件。此项证据具有三个方面作用：一是能够证明核销（申报扣除）程序是否符合企业内部规程，即核销是否具有合法性；二是责任人的赔偿是否合理，即损失的确定是否具有合理性；三是责任人的赔偿是否合理，直接关系到损失金额大小，即损失是否具有确定性。

【例3-16】　（CTA·2012）下列关于资产损失税前扣除管理的说法中，错误的是（　　）。

A. 企业各项存货发生的正常损耗应以清单申报的方式向税务机关申报扣除

B. 企业无法准确判别是否属于清单申报时，可以采取专项申报的方式申报扣除

C. 企业申报资产损失税前扣除过程不符合税法要求并拒绝改正的，税务机关有权不予受理

D. 专项申报的资产损失不能在规定时限内报送相关资料的，经企业核实可以延期申报

【答案】　D

【解析】

D选项属于专项申报的资产损失，企业因特殊原因不能在规定的时限内报送相关资料的，可以向主管税务机关提出申请，经主管税务机关同意后，可适当延期申报。

三、货币资产损失

企业货币资产损失包括现金损失、银行存款损失和应收及预付款项损失等。

（一）现金损失及其确认

根据财税〔2009〕57号文件规定，企业清查出的现金短缺减除责任人赔偿后的余额，作为现金损失在计算应纳税所得额时扣除。

根据25号公告规定，现金损失应依据以下证据材料确认：

（1）现金保管人确认的现金盘点表（包括倒推至基准日的记录）；

（2）现金保管人对于短缺的说明及相关核准文件；

（3）对责任人由于管理责任造成损失的责任认定及赔偿情况的说明；

（4）涉及刑事犯罪的，应有司法机关出具的相关材料；

（5）金融机构出具的假币收缴证明。

（二）存款损失及其确认

财税〔2009〕57号文件规定，企业将货币性资金存入法定具有吸收存款职能的机构，因该机构依法破产、清算，或者政府责令停业、关闭等原因，确实不能收回的部分，作为存款损失在计算应纳税所得额时扣除。

企业因金融机构清算而发生的存款类资产损失应依据以下证据材料确认：

(1) 企业存款类资产的原始凭据;

(2) 金融机构破产、清算的法律文件;

(3) 金融机构清算后剩余资产分配情况资料。

金融机构应清算而未清算超过三年的,企业可将该款项确认为资产损失,但应有法院或破产清算管理人出具的未完成清算证明。

(三) 坏账损失及其确认

财税〔2009〕57 号文件规定,企业除贷款类债权外的应收、预付账款符合下列条件之一的,减除可收回金额后确认的无法收回的应收、预付款项,可以作为坏账损失在计算应纳税所得额时扣除:

(1) 债务人依法宣告破产、关闭、解散、被撤销,或者被依法注销、吊销营业执照,其清算财产不足清偿的;

(2) 债务人死亡,或者依法被宣告失踪、死亡,其财产或者遗产不足清偿的;

(3) 债务人逾期 3 年以上未清偿,且有确凿证据证明已无力清偿债务的;

(4) 与债务人达成债务重组协议或法院批准破产重整计划后,无法追偿的;

(5) 因自然灾害、战争等不可抗力导致无法收回的;

(6) 国务院财政、税务主管部门规定的其他条件。

企业应收及预付款项坏账损失应依据以下相关证据材料确认:

(1) 相关事项合同、协议或说明;

(2) 属于债务人破产清算的,应有人民法院的破产、清算公告;

(3) 属于诉讼案件的,应出具人民法院的判决书或裁决书或仲裁机构的仲裁书,或者被法院裁定终(中)止执行的法律文书;

(4) 属于债务人停止营业的,应有工商部门注销、吊销营业执照证明;

(5) 属于债务人死亡、失踪的,应有公安机关等有关部门对债务人个人的死亡、失踪证明;

(6) 属于债务重组的,应有债务重组协议及其债务人重组收益纳税情况说明;

(7) 属于自然灾害、战争等不可抗力而无法收回的,应有债务人受灾情况说明以及放弃债权申明。

25 号公告明确:企业逾期三年以上的应收款项在会计上已作为损失处理的,可以作为坏账损失,但应说明情况,并出具专项报告。企业逾期一年以上,单笔数额不超过五万元或者不超过企业年度收入总额万分之一的应收款项,会计上已经作为损失处理的,可以作为坏账损失,但应说明情况,并出具专项报告。同时还明确各类垫款及企业间往来款项,即其他应收款项,符合条件的,准予在税前扣除。

四、非货币资产损失的确认

企业非货币资产损失包括存货损失、固定资产损失、无形资产损失、在建工程损失、生产性生物资产损失等。

(一) 存货与固定资产损失

1. 存货与固定资产损失

财税〔2009〕57 号文件规定,对企业盘亏的固定资产或存货,以该固定资产的账面净值或存货的成本减除责任人赔偿后的余额,作为固定资产或存货盘亏损失在计算应纳税所得额时扣除。对企业毁损、报废的固定资产或存货,以该固定资产的账面净值或存货的成本减除残值、保险赔款和责任人赔偿后的余额,作为固定资产或存货毁损、报废损失在计算应纳税所得额时扣除。

对企业被盗的固定资产或存货,以该固定资产的账面净值或存货的成本减除保险赔款和责任人赔偿后的余额,作为固定资产或存货被盗损失在计算应纳税所得额时扣除。

企业因存货盘亏、毁损、报废、被盗等原因不得从增值税销项税额中抵扣的进项税额,可以与存货损失一起在计算应纳税所得额时扣除。

2. 存货损失的确认

(1) 存货盘亏损失

存货盘亏损失,为其盘亏金额扣除责任人赔偿后的余额,应依据以下证据材料确认:

① 存货计税成本确定依据;

② 企业内部有关责任认定、责任人赔偿说明和内部核批文件;

③ 存货盘点表;

④ 存货保管人对于盘亏的情况说明。

(2) 存货报废、毁损或变质损失

存货报废、毁损或变质损失,为其计税成本扣除残值及责任人赔偿后的余额,应依据以下证据材料确认:

① 存货计税成本的确定依据;

② 企业内部关于存货报废、毁损、变质、残值情况说明及核销资料;

③ 涉及责任人赔偿的,应当有赔偿情况说明;

④ 该项损失数额较大的(指占企业该类资产计税成本10%以上,或减少当年应纳税所得、增加亏损10%以上,下同),应有专业技术鉴定意见或法定资质中介机构出具的专项报告等。

(3) 存货被盗损失

存货被盗损失,为其计税成本扣除保险理赔以及责任人赔偿后的余额,应依据以下证据材料确认:

① 存货计税成本的确定依据;

② 向公安机关的报案记录;

③ 涉及责任人和保险公司赔偿的,应有赔偿情况说明等。

3. 固定资产损失的确认

(1) 固定资产盘亏、丢失损失

固定资产盘亏、丢失损失,为其账面净值扣除责任人赔偿后的余额,应依据以下证据材料确认:

① 企业内部有关责任认定和核销资料;

② 固定资产盘点表;

③ 固定资产的计税基础相关资料;

④ 固定资产盘亏、丢失情况说明;

⑤ 损失金额较大的,应有专业技术鉴定报告或法定资质中介机构出具的专项报告等。

(2) 固定资产报废、毁损损失

固定资产报废、毁损损失,为其账面净值扣除残值和责任人赔偿后的余额,应依据以下证据材料确认:

① 固定资产的计税基础相关资料；

② 企业内部有关责任认定和核销资料；

③ 企业内部有关部门出具的鉴定材料；

④ 涉及责任赔偿的，应当有赔偿情况的说明；

⑤ 损失金额较大的或自然灾害等不可抗力原因造成固定资产毁损、报废的，应有专业技术鉴定意见或法定资质中介机构出具的专项报告等。

（3）固定资产被盗损失

固定资产被盗损失，为其账面净值扣除责任人赔偿后的余额，应依据以下证据材料确认：

① 固定资产计税基础相关资料；

② 公安机关的报案记录，公安机关立案、破案和结案的证明材料；

③ 涉及责任赔偿的，应有赔偿责任的认定及赔偿情况的说明等。

4．在建工程损失的确认

在建工程停建、报废损失，为其工程项目投资账面价值扣除残值后的余额，应依据以下证据材料确认：

① 工程项目投资账面价值确定依据；

② 工程项目停建原因说明及相关材料；

③ 因质量原因停建、报废的工程项目和因自然灾害和意外事故停建、报废的工程项目，应出具专业技术鉴定意见和责任认定、赔偿情况的说明等。

工程物资发生损失，可比照 25 号公告有关存货损失的规定确认。

5．生产性生物资产损失的确认

（1）生产性生物资产盘亏损失的确认

生产性生物资产盘亏损失，为其账面净值扣除责任人赔偿后的余额，应依据以下证据材料确认：

① 生产性生物资产盘点表；

② 生产性生物资产盘亏情况说明；

③ 生产性生物资产损失金额较大的，企业应有专业技术鉴定意见和责任认定、赔偿情况的说明等。

（2）因森林病虫害、疫情、死亡而产生的生产性生物资产损失

因森林病虫害、疫情、死亡而产生的生产性生物资产损失，为其账面净值扣除残值、保险赔偿和责任人赔偿后的余额，应依据以下证据材料确认：

① 损失情况说明；

② 责任认定及其赔偿情况的说明；

③ 损失金额较大的，应有专业技术鉴定意见。

（3）被盗伐、被盗、丢失而产生的生产性生物资产损失

对被盗伐、被盗、丢失而产生的生产性生物资产损失，为其账面净值扣除保险赔偿以及责任人赔偿后的余额，应依据以下证据材料确认：

① 生产性生物资产被盗后，向公安机关的报案记录或公安机关立案、破案和结案的证明材料；

② 责任认定及其赔偿情况的说明。

6. 抵押资产损失的确认

企业由于未能按期赎回抵押资产,使抵押资产被拍卖或变卖,其账面净值大于变卖价值的差额,可认定为资产损失,按以下证据材料确认:

(1) 抵押合同或协议书;

(2) 拍卖或变卖证明、清单;

(3) 会计核算资料等其他相关证据材料。

7. 无形资产损失的确认

被其他新技术所代替或已经超过法律保护期限,已经丧失使用价值和转让价值,尚未摊销的无形资产损失,应提交以下证据材料:

(1) 会计核算资料;

(2) 企业内部核批文件及有关情况说明;

(3) 技术鉴定意见和企业法定代表人、主要负责人和财务负责人签章证实无形资产已无使用价值或转让价值的书面申明;

(4) 无形资产的法律保护期限文件。

25 号公告将"无形资产"纳入资产损失范畴,而国税发〔2009〕88 文件没有明确规定。由于 88 号文没有将无形资产损失列入,实务中存在几种观点:第一种观点认为 88 号文没有提到无形资产损失可以扣除,就不能在税前扣除;第二种观点认为 88 号文没有提到无形资产损失需要报批,那么就不需要报批,可以直接在税前扣除;第三种观点认为既然企业所得税法及条例中包括了无形资产,自然允许其损失经批准后在税前扣除。

25 号文明确了无形资产损失可以在税前扣除,避免了实际工作中的意见分歧。

此外,由于固定资产改建支出和大修理支出,此两项支出可以作为长期待摊费用进行处理,即在固定资产尚可使用的年限扣除,或在不短于 3 年的期限扣除。而无形资产改良、升级、淘汰如何进行处理,是视同长期待摊费用还是资产损失,有待税务总局明确。

8. 电网企业输电线路部分报废损失

《关于电网企业输电线路部分报废损失税前扣除问题的公告》(国家税务总局公告 2010 年第 30 号)规定,自 2011 年 1 月 1 日起(2010 年度没有处理的事项,按照本公告规定执行):由于加大水电送出和增强电网抵御冰雪能力需要等原因,电网企业对原有输电线路进行改造,部分铁塔和线路拆除报废,形成部分固定资产损失。考虑到该部分资产已形成实质性损失,可以按照有关税收规定作为企业固定资产损失允许税前扣除。

上述部分固定资产损失,应按照该固定资产的总计税价格,计算每基铁塔和每公里线路的计税价格后,根据报废的铁塔数量和线路长度以及已计提折旧情况确定。上述报废的部分固定资产,其中部分能够重新利用的,应合理计算价格,冲减当年度固定资产损失。

新投资建设的线路和铁塔,应单独作为固定资产,在投入使用后,按照税收的规定计提折旧。

五、投资损失的确认

企业投资损失包括债权性投资损失和股权(权益)性投资损失。

(一)股权投资损失

1. 股权投资损失

企业的股权投资符合下列条件之一的,减除可收回金额后确认的无法收回的股权投资,可以作为股权投资损失在计算应纳税所得额时扣除：

（1）被投资方依法宣告破产、关闭、解散、被撤销，或者被依法注销、吊销营业执照的；

（2）被投资方财务状况严重恶化，累计发生巨额亏损，已连续停止经营 3 年以上，且无重新恢复经营改组计划的；

（3）对被投资方不具有控制权，投资期限届满或者投资期限已超过 10 年，且被投资单位因连续 3 年经营亏损导致资不抵债的；

（4）被投资方财务状况严重恶化，累计发生巨额亏损，已完成清算或清算期超过 3 年以上的；

（5）国务院财政、税务主管部门规定的其他条件。

2. 股权投资损失的确认

企业股权投资损失应依据以下相关证据材料确认：

（1）股权投资计税基础证明材料；

（2）被投资企业破产公告、破产清偿文件；

（3）工商行政管理部门注销、吊销被投资单位营业执照文件；

（4）政府有关部门对被投资单位的行政处理决定文件；

（5）被投资企业终止经营、停止交易的法律或其他证明文件；

（6）被投资企业资产处置方案、成交及入账材料；

（7）企业法定代表人、主要负责人和财务负责人签章证实有关投资（权益）性损失的书面申明；

（8）会计核算资料等其他相关证据材料。

被投资企业依法宣告破产、关闭、解散或撤销、吊销营业执照、停止生产经营活动、失踪等，应出具资产清偿证明或者遗产清偿证明。

上述事项超过三年以上且未能完成清算的，应出具被投资企业破产、关闭、解散或撤销、吊销等的证明以及不能清算的原因说明。

（二）债权投资损失

1. 贷款损失及其确认

企业经采取所有可能的措施和实施必要的程序之后，符合下列条件之一的贷款类债权，可以作为贷款损失在计算应纳税所得额时扣除：

（1）借款人和担保人依法宣告破产、关闭、解散、被撤销，并终止法人资格，或者已完全停止经营活动，被依法注销、吊销营业执照，对借款人和担保人进行追偿后，未能收回的债权；

（2）借款人死亡，或者依法被宣告失踪、死亡，依法对其财产或者遗产进行清偿，并对担保人进行追偿后，未能收回的债权；

（3）借款人遭受重大自然灾害或者意外事故，损失巨大且不能获得保险补偿，或者以保险赔偿后，确实无力偿还部分或者全部债务，对借款人财产进行清偿和对担保人进行追偿后，未能收回的债权；

（4）借款人触犯刑律，依法受到制裁，其财产不足归还所借债务，又无其他债务承担者，经追偿后确实无法收回的债权；

（5）由于借款人和担保人不能偿还到期债务，企业诉诸法律，经法院对借款人和担保人强制执行，借款人和担保人均无财产可执行，法院裁定执行程序终结或终止（中止）后，仍无法收回的债权；

(6) 由于借款人和担保人不能偿还到期债务,企业诉诸法律后,经法院调解或经债权人会议通过,与借款人和担保人达成和解协议或重整协议,在借款人和担保人履行完还款义务后,无法追偿的剩余债权；

(7) 由于上述(1)至(6)项原因借款人不能偿还到期债务,企业依法取得抵债资产,抵债金额小于贷款本息的差额,经追偿后仍无法收回的债权；

(8) 开立信用证、办理承兑汇票、开具保函等发生垫款时,凡开证申请人和保证人由于上述(1)至(7)项原因,无法偿还垫款,金融企业经追偿后仍无法收回的垫款；

(9) 银行卡持卡人和担保人由于上述(1)至(7)项原因,未能还清透支款项,金融企业经追偿后仍无法收回的透支款项；

(10) 助学贷款逾期后,在金融企业确定的有效追索期限内,依法处置助学贷款抵押物(质押物),并向担保人追索连带责任后,仍无法收回的贷款；

(11) 经国务院专案批准核销的贷款类债权；

(12) 国务院财政、税务主管部门规定的其他条件。

2. 债权投资损失的确认

企业债权投资损失应依据投资的原始凭证、合同或协议、会计核算资料等相关证据材料确认。下列情况债权投资损失的,还应出具相关证据材料：

(1) 债务人或担保人依法被宣告破产、关闭、被解散或撤销、被吊销营业执照、失踪或者死亡等,应出具资产清偿证明或者遗产清偿证明。无法出具资产清偿证明或者遗产清偿证明,且上述事项超过三年以上的,或债权投资(包括信用卡透支和助学贷款)余额在三百万元以下的,应出具对应的债务人和担保人破产、关闭、解散证明、撤销文件、工商行政管理部门注销证明或查询证明以及追索记录等(包括司法追索、电话追索、信件追索和上门追索等原始记录)；

(2) 债务人遭受重大自然灾害或意外事故,企业对其资产进行清偿和对担保人进行追偿后,未能收回的债权,应出具债务人遭受重大自然灾害或意外事故证明、保险赔偿证明、资产清偿证明等；

(3) 债务人因承担法律责任,其资产不足归还所借债务,又无其他债务承担者的,应出具法院裁定证明和资产清偿证明；

(4) 债务人和担保人不能偿还到期债务,企业提出诉讼或仲裁的,经人民法院对债务人和担保人强制执行,债务人和担保人均无资产可执行,人民法院裁定终结或终止(中止)执行的,应出具人民法院裁定文书；

(5) 债务人和担保人不能偿还到期债务,企业提出诉讼后被驳回起诉的、人民法院不予受理或不予支持的,或经仲裁机构裁决免除(或部分免除)债务人责任,经追偿后无法收回的债权,应提交法院驳回起诉的证明,或法院不予受理或不予支持证明,或仲裁机构裁决免除债务人责任的文书；

(6) 经国务院专案批准核销的债权,应提供国务院批准文件或经国务院同意后由国务院有关部门批准的文件。

需要说明的是,资产清偿证明,必须是外部的,包括债务人(含担保人)、被投资单位或第三方。终止(中止)执行必须按《破产法》的有关规定进行估算,并出具专项说明。估算时一般需要中介机构参与。

需要说明的是:债权和股权出售(包括捆绑资产损失)必须按市场的方式操作,操作不当损失,属于合法业务,但由于个人原因操作不当而产生的损失,可以扣除;属于违法经营活动而产生的损失,不允许税前扣除。

（三）其他投资损失

1. 委托贷款或理财损失

企业委托金融机构向其他单位贷款,或委托其他经营机构进行理财,到期不能收回贷款或理财款项,按照25号公告第六章有关投资损失相关规定进行处理。

2. 担保责任损失

企业对外提供与本企业生产经营活动有关的担保,因被担保人不能按期偿还债务而承担连带责任,经追索,被担保人无偿还能力,对无法追回的金额,比照上述25号公告有关应收款项损失进行处理。

与本企业生产经营活动有关的担保是指企业对外提供的与本企业应税收入、投资、融资、材料采购、产品销售等生产经营活动相关的担保。

3. 向关联企业转让资产损失

企业按独立交易原则向关联企业转让资产而发生的损失,或向关联企业提供借款、担保而形成的债权损失,准予扣除,但企业应作专项说明,同时出具中介机构出具的专项报告及其相关的证明材料。

（四）不得扣除的投资损失

根据25号公告规定,下列股权和债权不得作为损失在税前扣除:

(1) 债务人或者担保人有经济偿还能力,未按期偿还的企业债权;

(2) 违反法律、法规的规定,以各种形式、借口逃废或悬空的企业债权;

(3) 行政干预逃废或悬空的企业债权;

(4) 企业未向债务人和担保人追偿的债权;

(5) 企业发生非经营活动的债权;

(6) 其他不应当核销的企业债权和股权。

六、其他资产损失的确认

企业将不同类别的资产捆绑(打包),以拍卖、询价、竞争性谈判、招标等市场方式出售,其出售价格低于计税成本的差额,可以作为资产损失并准予在税前申报扣除,但应出具资产处置方案、各类资产作价依据、出售过程的情况说明、出售合同或协议、成交及入账证明、资产计税基础等确定依据。

企业正常经营业务因内部控制制度不健全而出现操作不当、不规范或因业务创新但政策不明确、不配套等原因形成的资产损失,应由企业承担的金额,可以作为资产损失并准予在税前申报扣除,但应出具损失原因证明材料或业务监管部门定性证明、损失专项说明。

企业因刑事案件原因形成的损失,应由企业承担的金额,或经公安机关立案侦查两年以上仍未追回的金额,可以作为资产损失并准予在税前申报扣除,但应出具公安机关、人民检察院的立案侦查情况或人民法院的判决书等损失原因证明材料。

第四章　资产的税务处理

第一节　资产税务处理概述

一、资产税务处理的主要内容

（一）资产的概念

根据《企业会计准则——基本准则》（财政部令第 33 号，以下简称基本准则）规定，资产是指企业过去的交易或者事项形成的、由企业拥有或者控制的、预期会给企业带来经济利益的资源。

企业过去的交易或者事项包括购买、生产、建造行为或其他交易或者事项。预期在未来发生的交易或者事项不形成资产。由企业拥有或者控制，是指企业享有某项资源的所有权，或者虽然不享有某项资源的所有权，但该资源能被企业所控制。预期会给企业带来经济利益，是指直接或者间接导致现金和现金等价物流入企业的潜力。

符合资产定义的资源，在同时满足以下条件时，确认为资产：

（1）与该资源有关的经济利益很可能流入企业；

（2）该资源的成本或者价值能够可靠地计量。

（二）资产税务处理的主要内容

企业所得税法规定了纳税人资产的税务处理，其目的是要通过对资产的分类、区别资本性支出与收益性支出，确定准予扣除的项目和不准予扣除的项目，正确计算应纳税所得额与应纳企业所得税额。

资产的税务处理，主要包括：资产的分类、确认、计价、扣除和处置等。

1. 资产的分类

资产税务处理主要包括固定资产、生产性生物资产、无形资产、长期待摊费用、投资资产和存货等资产的税务处理。企业所得税法对资产的分类与企业会计准则的分类，虽然没有根本性差异，但还存在一些不同。

首先，企业所得税法中的有些资产在会计准则中被细分为几类。如企业所得税法中的无形资产包括企业会计准则中的无形资产、商誉和部分投资性房地产；企业所得税法中的固定资产包括企业会计准则中的固定资产和部分投资性房地产；企业所得税法中的投资资产包括企业会计准则中的交易性金融资产、持有至到期投资以及长期股权投资，即长期股权投资加上金融工具准则中的部分资产等。

其次，有些资产在企业会计准则中已有明确分类，但企业所得税法尚未给出一个统一的名称。如企业会计准则中的油气资产可与企业所得税法实施条例中规定的开采石油、天然气等矿产资源的企业在开始商业性生产前发生的费用和有关固定资产相对应。

2. 资产的计价

资产的计价，是指以何种会计计量属性作为资产的入账价值和计税基础。资产的计税基础一般采用历史成本原则，企业重组中发生的交易，在税收上确认了收益或者损失的，相关资产可按重新确认的价值确定计税基础。

3. 资产的扣除

资产的扣除主要包括：固定资产和生产性生物资的折旧、无形资产和长期待摊费用的摊销、投资资产成本的扣除、存货成本的结转以及"研究开发费"的加计扣除等内容。

4. 资产的处置

资产处置，是指资产占用单位转移、变更和核销其占有、使用的资产的部分或全部所有权、使用权，以及改变资产性质或用途的行为。资产处置的主要方式有：调拨、变卖、报损、报废以及将非经营性资产转为经营性资产等。

资产处置收入减除资产的计税基础和相关税费后的所得，计入应纳税所得额征收企业所得税，所产生的损失，可以冲减应纳税所得额。

二、账面价值与计税基础

（一）会计计量属性

基本准则规定，企业在将符合确认条件的会计要素登记入账并列报于会计报表及其附注时，应当按照规定的会计计量属性进行计量，确定其金额。会计计量属性主要包括：

1. 历史成本

又称实际成本，是指企业取得该项资产时实际发生的支出。

在历史成本计量下，资产按照购置时支付的现金或者现金等价物的金额，或者按照购置资产时所付出的对价的公允价值计量。负债按照因承担现时义务而实际收到的款项或者资产的金额，或者承担现时义务的合同金额，或者按照日常活动中为偿还负债预期需要支付的现金或者现金等价物的金额计量。

2. 重置成本

又称现行成本，是指按照当前市场条件，重新取得同样一项资产所需支付的现金或现金等价物金额。

在重置成本计量下，资产按照现在购买相同或者相似资产所需支付的现金或者现金等价物的金额计量。负债按照现在偿付该项债务所需支付的现金或者现金等价物的金额计量。

在实务中，重置成本主要应用于盘盈固定资产的计量。

3. 可变现净值

可变现净值，是指在正常生产经营过程中，以预计售价减去进一步加工成本和预计销售费用以及相关税费后的净值。

在可变现净值计量下，资产按照其正常对外销售所能收到现金或者现金等价物的金额扣减该资产至完工时估计将要发生的成本、估计的销售费用以及相关税费后的金额计量。

可变现净值通常应用于存货资产减值情况下的后续计量。

4. 现值

现值，是指对未来现金流量以恰当的折现率进行折现后的价值，是考虑货币时间价值的一种计量属性。

在现值计量下,资产按照预计从其持续使用和最终处置中所产生的未来净现金流入量的折现金额计量。负债按照预计期限内需要偿还的未来净现金流出量的折现金额计量。

现值通常用于非流动资产可收回金额和以摊余成本计量的金融资产价值的确定等。

5. 公允价值

公允价值,是指在公平交易中,熟悉情况的交易双方自愿进行资产交换或债务清偿的金额。

在公允价值计量下,资产和负债按照在公平交易中,熟悉情况的交易双方自愿进行资产交换或者债务清偿的金额计量。

公允价值主要应用于交易性金融资产、可供出售金融资产的计量等。

企业在对会计要素进行计量时,一般应当采用历史成本,采用重置成本、可变现净值、现值、公允价值计量的,应当保证所确定的会计要素金额能够取得并可靠计量。

根据《小企业会计准则》规定,小企业的资产应当按照成本计量,不计提资产减值准备。负债应当按照其实际发生额入账。

(二) 账面价值与计税基础

1. 账面价值

账面价值,是指某科目(通常是资产类科目)的账面余额减去相关备抵项目后的净额。

对固定资产来讲,固定资产的账面价值是指固定资产账面原价(成本)扣减累计折旧和累计减值准备后的金额。固定资产的账面原价也称账面余额,账面余额是指某科目的账面实际余额,不扣除作为该科目备抵项目(如累计折旧、相关资产的减值准备等)的金额。

固定资产的净值是指固定资产的折余价值,即固定资产原价减计提的累计折旧后的余额。

例如,A 公司的一辆卡车,账面原值为 20 万元,已计提固定资产折旧 5 万元和固定资产减值准备 5 万元,则该固定资产的账面价值为 10 万元(20－5－5)。如图 4-1 所示。

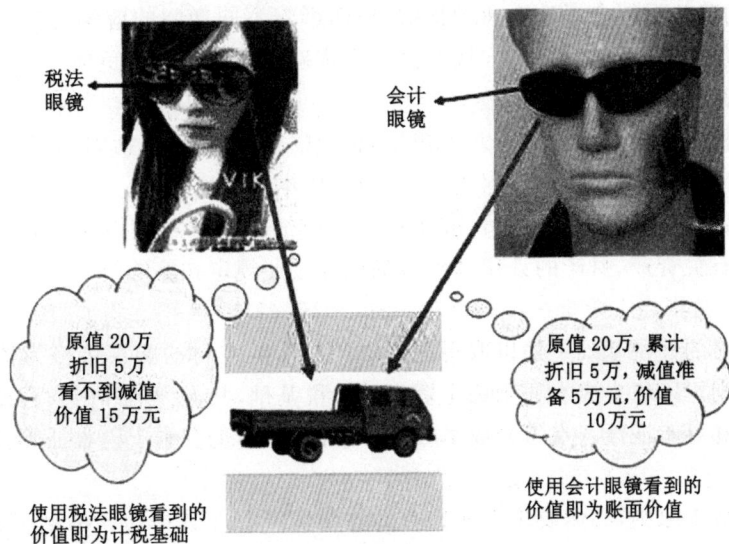

税法眼镜

会计眼镜

原值20万
折旧5万
看不到减值
价值15万元

原值20万,累计
折旧5万,减值准
备5万元,价值
10万元

使用税法眼镜看到的
价值即为计税基础

使用会计眼镜看到的
价值即为账面价值

图 4-1

对无形资产而言：

无形资产账面价值＝无形资产的原价－计提的减值准备－累计摊销；

无形资产账面余额＝无形资产的账面原价；

无形资产账面净值＝无形资产的摊余价值＝无形资产原价－累计摊销。

2. 计税基础

(1) 资产的计税基础

资产的计税基础与资产账面价值相对应，是指企业收回资产账面价值过程中，计算应纳税所得额时按照税法规定可以自应税经济利益中抵扣的金额，即某一项资产在未来期间计税时按照税法规定可以税前扣除的金额。

资产在初始确认时，其计税基础一般为取得成本，即企业为取得某项资产支付的成本在未来期间准予税前扣除。在资产持续持有的过程中，其计税基础是指资产的取得成本减去以前期间按照税法规定已经税前扣除的金额后的余额。例如，图 4-1 所示的 A 公司的固定资产卡车，账面原值为 20 万元，已计提固定资产折旧 5 万元和固定资产减值准备 5 万元，在计算该固定资产计税基础时不允许扣除减值准备 5 万元，其计税基础为 15 万元(20－5)。

企业所得税法规定，企业持有各项资产期间资产增值或者减值，除国务院财政、税务主管部门规定可以确认损益外，不得调整该资产的计税基础。因而无形资产、固定资产等长期资产在某一资产负债表日的计税基础是指其成本扣除按照税法规定已在以前期间税前扣除的累计摊销额或累计折旧金额后的余额。

(2) 负债的计税基础

负债的计税基础，是指负债的账面价值减去未来期间计算应纳税所得额时按照税法规定可予抵扣的金额。用公式表示即为：

负债的计税基础＝账面价值－未来期间按照税法规定可予税前扣除的金额

负债的确认与偿还一般不会影响企业的损益，也不会影响其应纳税所得额，未来期间计算应纳税所得额时按照税法规定可予抵扣的金额为零，计税基础即为账面价值。但是，某些情况下，负债的确认可能会影响企业的损益，进而影响不同期间的应纳税所得额，使得其计税基础与账面价值之间产生差额，如按照会计规定确认的某些预计负债。

三、以历史成本确定计税基础

企业所得税法实施条例第五十六条规定，企业的各项资产，包括固定资产、生物资产、无形资产、长期待摊费用、投资资产、存货等，以历史成本为计税基础。

企业转让资产，该项资产的净值，准予在计算应纳税所得额时扣除。资产的净值(财产的净值)，是指有关资产、财产的计税基础减除已经按照规定扣除的折旧、折耗、摊销、准备金等后的余额。

资产取得时的计税基础一般以取得该项资产时实际支付的购买价格为依据确定，这就是历史成本原则。以历史成本原则确定资产的计税基础，其人为估计因素程度较低，具有比较高的真实性和可验证性。在符合成本补偿要求的同时，也有利于税收征管，是我国历来的做法。

坚持历史成本原则，必然要求企业拥有的各项资产除非其中蕴含的增值或损失已按税法规定给予确认，否则按历史成本原则确定的资产的计税基础不得调整。因此，坚持历史成本不得任意改变，客观上也是保护所得税税基的重要保证。

四、构成资产计税基础的相关税费

根据企业所得税法及其实施条例规定,通过支付现金以外的方式取得的固定资产、无形资产、投资资产、存货,以该资产的公允价值和支付的相关税费作为计税基础。正确理解构成资产计税基础的相关税费,是确定资产计税基础的关键。

（一）非货币性交换取得非现金资产需要缴纳的税费

企业以支付现金以外的方式取得非现金资产,需要缴纳的税费有增值税、消费税、营业税、城市维护建设税、教育费附加、土地增值税和契税。

根据《中华人民共和国增值税暂行条例实施细则》(财政部、国家税务总局令第 50 号,以下简称增值税暂行条例实施细则)规定,以存货、固定资产(设备)对外投资或换取其他资产,应视同销售缴纳增值税。

《中华人民共和国消费税暂行条例》(国务院令第 539 号,以下简称消费税暂行条例)及其实施细则规定,以自产应税消费品用于投资、换取其他资产,应视同销售缴纳消费税。

营业税暂行条例及其实施细则规定,以不动产、无形资产换取非现金资产(含换取目标公司持有的第三方股权,不含换取目标公司的股权),应当视同销售缴纳营业税。以不动产、土地使用权投资入股换取目标公司的股权,不缴营业税。

财政部、国家税务总局《关于土地增值税若干问题的通知》(财税〔2006〕21 号)规定,以房屋、建筑物、土地使用权投资于房地产企业用于开发,或者房地产企业以开发产品对外投资,应当视同销售缴纳土地增值税。

企业以各种方式取得的房屋和土地使用权,除财政部、国家税务总局《关于企业改制重组若干契税政策的通知》(财税〔2008〕175 号)规定的免税范围外,其他情形须要缴纳契税。

（二）相关税费的会计处理

以现金以外的方式取得的非现金资产,应计算的增值税销项税额和契税共同构成非现金资产的成本。由于城市维护建设税和教育费附加的计税依据是实纳增值税等流转税额,而不是销项税额,因此,与实纳增值税相关的城市维护建设税和教育费附加,只能计入当期损益(营业税金及附加)。

以现金以外的方式取得的非现金资产,应纳的营业税、消费税、土地增值税、城市维护建设税和教育费附加(以下简称"四税一费")的会计处理视具体情况而定。执行《企业会计制度》的企业,以非现金资产对外投资或者非货币性交易,应纳的"四税一费"计入取得非现金资产的成本。执行《企业会计准则》的企业,非货币性资产交换采用成本模式情形下,应纳的"四税一费"计入换取的非现金资产的成本;同一控制下的控股合并方式取得的投资资产,以非现金资产作为对价的,应纳的"四税一费",冲减所有者权益。

根据企业会计准则规定,非现金资产对外投资(同一控制下的控股合并除外)、非货币性资产交换采用公允价值模式计量时,缴纳的"四税一费"直接计入当期损益。

（三）相关税费的所得税处理

由于企业缴纳的"四税一费"可以在发生的当期扣除,因此,凡计入当期损益的"四税一费"不作纳税调整,凡未计入的应当作纳税调减处理。相应地,构成非现金资产计税基础的相关税费,只能是增值税销项税额和契税,而不能包括"四税一费",否则非现金资产在折旧、摊销或处置时会造成重复扣除。

【例 4-1】　2009 年 6 月 30 日,P 公司向同一集团内 Q 公司收购其持有的 S 公司 100%

的股权,并于当日起能够对S公司实施控制。合并后S公司仍维持其独立法人资格继续经营,两公司在企业合并前采用的会计政策相同。合并日,S公司所有者权益的总额4 404万元,P公司净资产6 000万元,其中股本4 000万元,盈余公积1 400万元,资本公积(股本溢价)550万元,未分配利润50万元。P公司向Q公司支付情况如下:银行存款3 431万元;产成品成本1 000万元,公允价值1 400万元;旧设备原价800万元,累计折旧400万元;公允价值500万元;自建房屋原价900万元,累计折旧300万元,公允价值700万元。增值税税率为17%,营业税税率为5%,不考虑土地增值税、城市维护建设税和教育费附加以及自建环节的营业税。

要求:进行相关的会计与税务处理。

【解析】

S公司在合并后维持其法人资格继续经营,合并日P公司应确认对S公司的长期股权投资。分录为(单位:万元):

借:长期股权投资——S公司	4 404
累计折旧	700
资本公积——股本溢价	550
盈余公积	750
贷:产成品	1 000
应交税费——应交增值税(销项税额)	238
固定资产——设备	800
固定资产——房屋	900
应交税费——应交营业税	35
银行存款	3 431

所得税处理:以非现金资产换取股权应当视同销售处理,应调增所得＝(1 400－1 000)＋(500－400)＋(700－600－35)＝565(万元)。

长期股权投资计税基础＝3 413＋1 400＋500＋700＋238＝6 251(万元)。

第二节 存货的税务处理

一、存货的界定

(一)会计对存货的界定

《企业会计准则第1号——存货》(以下简称存货准则)规定:存货,是指企业在日常活动中持有以备出售的产成品或商品、处在生产过程中的在产品、在生产过程或提供劳务过程中耗用的材料和物料等。

存货同时满足下列条件的,才能予以确认:

(1)与该存货有关的经济利益很可能流入企业;

(2)该存货的成本能够可靠地计量。

《小企业会计准则》规定:存货,是指小企业在日常生产经营过程中持有以备出售的产成品或商品、处在生产过程中的在产品、将在生产过程或提供劳务过程中耗用的材料和物料等,以及小企业(农、林、牧、渔业)为出售而持有的、或在将来收获为农产品的消耗性生物资产。小企业的存货包括：原材料、在产品、半成品、产成品、商品、周转材料、委托加工物资、消耗性生物资产等。

消耗性生物资产，是指企业（农、林、牧、渔业）生长中的大田作物、蔬菜、用材林以及存栏待售的牲畜等。

（二）税法对存货的界定

企业所得税法所称的存货，是指企业持有以备出售的产成品或商品、处在生产过程中的在产品、在生产过程或提供劳务过程中耗用的材料和物料等。

从存货的定义、范围上看，税务与会计规定基本上是一致的，只是在会计上存货的定义中强调"在日常活动中持有"，而企业所得税法没有这样明文要求。

二、存货的初始计量与计税基础的确定

（一）存货的初始计量

会计上存货应当按照成本进行初始计量。存货成本包括采购成本、加工成本和其他成本。

存货的采购成本，包括购买价款、相关税费、运输费、装卸费、保险费以及其他可归属于存货采购成本的费用。

存货的加工成本，包括直接人工以及按照一定方法分配的制造费用（指企业为生产产品和提供劳务而发生的各项间接费用）。企业应当根据制造费用的性质，合理地选择制造费用分配方法。在同一生产过程中，同时生产两种或两种以上的产品，并且每种产品的加工成本不能直接区分的，其加工成本应当按照合理的方法在各种产品之间进行分配。

存货的其他成本，是指除采购成本、加工成本以外的，使存货达到目前场所和状态所发生的其他支出。

下列费用应当在发生时确认为当期损益，不计入存货成本：

（1）非正常消耗的直接材料、直接人工和制造费用。

（2）仓储费用（不包括在生产过程中为达到下一个生产阶段所必需的费用）。

（3）不能归属于使存货达到目前场所和状态的其他支出。

企业（如商品流通）在采购商品过程中发生的运输费、装卸费、保险费以及其他可归属于存货采购成本的费用等进货费用，可以先进行归集，期末根据所购商品的存销情况分别进行分摊，对于已售商品的进货费用，计入当期损益（主营业务成本）；对于未售商品的进货费用，计入期末存货成本。企业采购商品的进货费用金额较小的，也可在发生时直接计入当期损益（销售费用）。

根据《小企业会计准则》规定，小企业取得的存货，应当按照成本进行计量。

（1）外购存货的成本包括：购买价款、相关税费、运输费、装卸费、保险费以及在外购存货过程中发生的其他直接费用，但不含按照税法规定可以抵扣的增值税进项税额。

（2）通过进一步加工取得存货的成本包括：直接材料、直接人工以及按照一定方法分配的制造费用。

经过1年期以上的制造才能达到预定可销售状态的存货发生的借款费用，也计入存货的成本。这里所称借款费用，是指小企业因借款而发生的利息及其他相关成本。包括：借款利息、辅助费用以及因外币借款而发生的汇兑差额等。

（3）投资者投入存货的成本，应当按照评估价值确定。

（4）提供劳务的成本包括：与劳务提供直接相关的人工费、材料费和应分摊的间接费用。

（5）自行栽培、营造、繁殖或养殖的消耗性生物资产的成本，应当按照下列规定确定：

① 自行栽培的大田作物和蔬菜的成本包括：在收获前耗用的种子、肥料、农药等材料费、人工费和应分摊的间接费用。

② 自行营造的林木类消耗性生物资产的成本包括：郁闭前发生的造林费、抚育费、营林设施费、良种试验费、调查设计费和应分摊的间接费用。

③ 自行繁殖的育肥畜的成本包括：出售前发生的饲料费、人工费和应分摊的间接费用。

④ 水产养殖的动物和植物的成本包括：在出售或入库前耗用的苗种、饲料、肥料等材料费、人工费和应分摊的间接费用。

（6）盘盈存货的成本，应当按照同类或类似存货的市场价格或评估价值确定。

（二）存货的计税基础

1. 存货以历史成本为计税基础

根据企业所得税法实施条例第五十六条规定，企业的存货等各项资产，应以历史成本为计税基础。

历史成本指企业取得该项资产时实际发生的支出。

2. 存货计税基础的确定

企业所得税法实施条例第七十二条规定，存货按照以下方法确定成本（计税基础）：

（1）通过支付现金方式取得的存货，以购买价款和支付的相关税费为成本；

（2）通过支付现金以外的方式取得的存货，以该存货的公允价值和支付的相关税费为成本；

（3）生产性生物资产收获的农产品，以产出或者采收过程中发生的材料费、人工费和分摊的间接费用等必要支出为成本。

三、符合资本化条件的存货发生的借款费用计入成本

（一）会计处理

符合资本化条件的资产，是指需要经过相当长时间的购建或生产活动才能达到预定可使用或可销售状态的固定资产、投资性房地产和存货等资产。

符合资本化条件的存货，主要包括房地产开发企业开发的用于对外出售的房地产开发产品、企业制造的用于对外出售的大型机器设备等。这类存货通常需要经过相当长时间的建造或者生产过程，才能达到预定可销售状态。相当长时间，是指为资产的购建或者生产所必需的时间，通常为一年以上（含一年）。

原存货准则与原借款费用准则一致，不允许将存货发生的借款费用计入存货成本。新存货准则规定应计入存货成本的借款费用，按照借款费用准则处理。即某些符合规定的资本化条件的存货发生的借款费用，也可以将满足借款费用资本化条件的部分计入存货成本。

（二）税务处理

财税〔2007〕80号文件规定，企业发生的借款费用，符合会计准则规定的资本化条件的，应当资本化，计入相关资产成本，按税法规定计算的折旧等成本费用可在税前扣除。

可见企业所得税法也允许符合条件的借款费用资本化，计入相关资产的计税基础，通过销售成本、折旧等成本费用在税前扣除。

四、发出存货成本的确定

（一）发出存货会计成本的确定

企业应当根据各类存货的实物流转方式、企业管理的要求、存货的性质等实际情况,合理地选择发出存货成本的计算方法,以合理确定当期发出存货的实际成本。对于性质和用途相似的存货,应当采用相同的成本计算方法确定发出存货的成本。

1. 确定发出存货成本的方法

存货准则第十四条规定,企业应当采用先进先出法、加权平均法(包括移动加权平均法)或者个别计价法确定发出存货的实际成本。企业不得采用后进先出法确定发出存货的实际成本。

（1）先进先出法

先进先出法是以先购入的存货应先发出(销售或耗用)这样一种存货实物流动假设为前提,对发出存货进行计价。

采用这种方法,先购入的存货成本在后购入存货成本之前转出,据此确定发出存货和期末存货的成本。

（2）移动加权平均法

移动加权平均法,是指以每次进货的成本加上原有库存存货的成本,除以每次进货数量与原有库存存货的数量之和,据以计算加权平均单位成本,作为在下次进货前计算各次发出存货成本的依据。

（3）月末一次加权平均法

月末一次加权平均法,是指以当月全部进货数量加上月初存货数量作为权数,去除当月全部进货成本加上月初存货成本,计算出存货的加权平均单位成本,以此为基础计算当月发出存货的成本和期末存货的成本的一种方法。

（4）个别计价法

个别计价法,亦称个别认定法、具体辨认法、分批实际法,其特征是注重所发出存货具体项目的实物流转与成本流转之间的联系,逐一辨认各批发出存货和期末存货所属的购进批别或者生产批别,分别按其购入或生产时所确定的单位成本计算各批发出存货和期末存货的成本。即把每一种存货的实际成本作为计算发出存货成本和期末存货成本的基础。

对于不能替代使用的存货、为特定项目专门购入或者制造的存货以及提供的劳务,通常采用个别计价法确定发出存货的成本。在实际工作中,越来越多的企业采用计算机信息系统进行会计处理,个别计价法可以广泛应用于发出存货的计价,并且个别计价法确定的存货成本最为准确。

2. 已售存货成本的结转

对于已售存货,应当将其成本结转为当期损益,计入营业成本,相应的存货跌价准备也应当予以结转。

存货为非商品存货的,如材料等,应将已出售材料的实际成本予以结转,计入当期其他业务成本。这里所讲的材料销售不构成企业的主营业务。如果材料销售构成了企业的主营业务,则该材料为企业的商品存货,而不是非商品存货。

3. 周转材料的成本结转

周转材料,是指企业能够多次使用、逐渐转移其价值但仍保持原有形态且不确认为固定资产的材料。包括：包装物、低值易耗品、企业（建筑业）的钢模板、木模板、脚手架等。

对于企业在正常生产经营过程中多次使用的、但未列入固定资产目录的周转材料等存货，可以采用一次转销法、五五摊销法和分次摊销法进行摊销。

（1）一次转销法

一次转销法，是指低值易耗品或者包装物在领用时就将其全部账面价值计入相关资产成本或当期损益的方法。

一次转销法通常适用于价值较低或者极易损坏的管理用具和小型工具、卡具以及在单件小批生产方式下为制造某批订货所用的专用工具等低值易耗品以及生产领用的包装物和随同商品出售的包装物；数量不多、金额较小，且业务不频繁的出租或出借包装物，也可以采用一次转销法结转包装物的成本，但在以后收回使用过的出租和出借包装物时，应加强实物管理，并在备查簿上进行登记。

低值易耗品报废时回收的残料、出租或者出借的包装物不能使用作报废处理所取得的残料，应作为当月低值易耗品或包装物摊销额的减少，冲减有关资产成本或者当期损益。

（2）五五摊销法

五五摊销法，是指低值易耗品在领用时或者出租、出借包装物时先摊销其成本的一半，在报废时再摊销其成本的另一半。即低值易耗品或者包装物分两次各按 50% 进行摊销。

（3）分次摊销法

分次摊销法，是指周转材料的成本应当按照使用次数分次摊入相关资产成本或者当期损益的方法。

企业的周转材料如包装物和低值易耗品，应当采用一次转销法或者五五摊销法进行摊销；建造承包商的钢模板、木模板、脚手架等其他周转材料，可以采用一次转销法、五五摊销法或者分次摊销法进行摊销。

企业应当采用一次转销法或者五五摊销法对包装物和低值易耗品进行摊销，计入相关资产的成本或者当期损益。如果对相关包装物或低值易耗品计提了存货跌价准备，还应结转已计提的存货跌价准备，冲减相关资产的成本或者当期损益。

生产领用的包装物，应将其成本计入制造费用；随同商品出售但不单独计价的包装物，应将其成本计入当期销售费用；随同商品出售并单独计价的包装物，应将其成本计入当期其他业务成本。

出租或者出借的包装物因不能使用而报废时回收的残料，应作为当月包装物摊销额的减少，冲减有关资产成本或者当期损益。

《小企业会计准则》规定，对于周转材料，采用一次转销法进行会计处理，在领用时按其成本计入生产成本或当期损益；金额较大的周转材料，也可以采用分次摊销法进行会计处理。出租或出借周转材料，不需要结转其成本，但应当进行备查登记。

（二）发出存货成本的扣除

企业使用或者销售存货，按照规定计算的存货成本，准予在计算应纳税所得额时扣除。

企业所得税法实施条例第七十三条规定，企业使用或者销售的存货的成本计算方法，可以在先进先出法、加权平均法、个别计价法中选用一种。计价方法一经选用，不得随意变更。

考虑到后进先出法不能真实地反映存货的实际流转，企业所得税法与存货准则趋同，取消了确定发出存货成本的后进先出法，即规定企业不得采用后进先出法确定发出存货的成本。这也与国际财务报告准则的有关规定相一致。

纳税人存货成本计价方法一经确定,不得随意变更,如需改变的,应在下一纳税年度前,就改变存货计价方法的原因向主管税务机关作出说明,并在会计报表附注中说明变更原因。凡经认定企业改变存货计价方法的原因不充分,或者存在有意推迟纳税嫌疑的,主管税务机关可通知纳税人维持其原有的计价方法。影响应纳税所得额的,作纳税调整处理。

五、存货的期末计量与纳税调整

(一) 存货的期末计量

根据企业会计准则规定,资产负债表日,存货应当按照成本与可变现净值孰低计量。存货成本高于其可变现净值的,应当计提存货跌价准备,计入当期损益。

而根据《小企业会计准则》规定,小企业的存货按照成本计量,不计提存货跌价准备。

1. 可变现净值的确定

可变现净值,是指在日常活动中,存货的估计售价减去至完工时估计将要发生的成本、估计的销售费用以及相关税费后的金额。

为生产而持有的材料等,用其生产的产成品的可变现净值高于成本的,该材料仍然应当按照成本计量;材料价格的下降表明产成品的可变现净值低于成本的,该材料应当按照可变现净值计量。

为执行销售合同或者劳务合同而持有的存货,其可变现净值应当以合同价格为基础计算。企业持有存货的数量多于销售合同订购数量的,超出部分的存货的可变现净值应当以一般销售价格为基础计算。

2. 存货跌价准备的计提

企业通常应当按照单个存货项目计提存货跌价准备。

对于数量繁多、单价较低的存货,可以按照存货类别计提存货跌价准备。

与在同一地区生产和销售的产品系列相关、具有相同或类似最终用途或目的,且难以与其他项目分开计量的存货,可以合并计提存货跌价准备。

资产负债表日,企业应当确定存货的可变现净值。以前减记存货价值的影响因素已经消失的,减记的金额应当予以恢复,并在原已计提的存货跌价准备金额内转回,转回的金额计入当期损益。

(二) 纳税调整

企业所得税不考虑存货的可变现净值,存货成本高于其可变现净值情况下计提存货跌价准备,在计算应纳税所得额时,存货跌价准备不允许在税前扣除,要做纳税调增处理。

对企业在资产负债表日确定存货的可变现净值,以前减计存货价值的影响因素已经消失的,减计的金额应当予以恢复,并在原已计提的存货跌价准备金额内转回,转回的金额计入当期损益时,如果申报纳税时已调增应纳税所得额的,允许企业作相反的纳税调整。

【例 4-2】 20×7 年 12 月 31 日,甲上市公司材料账面成本为 10 万元,由于材料市场价格下跌,导致所生产产品的可变现净值低于其成本。材料的预计可变现净值为 8 万元,由此计提存货跌价准备 2 万元。

假定:

(1) 20×8 年 12 月 31 日,材料账面成本为 10 万元,由于材料市场价格有所上升,使得材料的预计可变现净值变为 9.5 万元。

(2)20×9年12月31日,材料的账面成本为10万元,由于材料市场价格进一步上升,预计材料的可变现净值为11.1万元。

要求:进行相关的会计处理与纳税调整。

【解析】

(1)20×7年年底,材料可变现净值8万元,账面成本10万元,计提存货跌价准备2万元。账务处理为:

借:资产减值损失——存货减值损失　　　　　　　　　　20 000
　　贷:存货跌价准备　　　　　　　　　　　　　　　　　　　20 000

由于税法不考虑存货的可变现净值,成本高于其可变现净值情况下会计上计提的存货跌价准备,在计算应纳税所得额时,存货跌价准备不允许在税前扣除,要做纳税调增处理。即税务处理时应调增应纳税所得额2万元。

(2)20×8年年底,由于材料市场价格上升,其可变现净值有所恢复,存货跌价准备应有余额为0.5万元(10-9.5),期初余额为2万元,当期应冲减已计提的存货跌价准备1.5万元(2-0.5),冲减额小于已计提的存货跌价准备2万元,因此,应转回的存货跌价准备为1.5万元。会计分录为:

借:存货跌价准备　　　　　　　　　　　　　　　　　　15 000
　　贷:资产减值损失——存货减值损失　　　　　　　　　　15 000

资产负债表日确定存货可变现净值时,以前减计存货价值的影响因素已经消失的,减计的金额应当予以恢复,并在原已计提的存货跌价准备金额内转回,转回的金额计入当期损益时,根据税法规定如果申报纳税时已调增应纳税所得额的,允许企业作相反的纳税调整。即税务上应调减应纳税所得额1.5万元。

(3)20×9年年底,材料的可变现净值又有所恢复,应冲减存货跌价准备为1.1万元(11.1-10),但已计提的存货跌价准备余额仅为0.5万元,因此,当期应转回的存货跌价准备为0.5万元而不是1.1万元(以存货跌价准备余额冲至零为限)。会计分录为:

借:存货跌价准备　　　　　　　　　　　　　　　　　　　5 000
　　贷:资产减值损失——存货减值损失　　　　　　　　　　　5 000

而根据税法规定,应调减应纳税所得额5 000元。

六、存货损失的处理

(一)存货损失的会计处理

企业发生的存货毁损,会计上应当将处置收入扣除账面价值和相关税费后的金额计入当期损益。存货盘亏造成的损失,应当计入当期损益。

盘亏或毁损的存货,在报经企业管理当局批准前,按其成本转入"待处理财产损溢——待处理流动资产损溢"账户,使账实相符。报经批准后,再根据原因,分别情况处理。根据存货准则规定:

(1)属于自然损耗产生的定额损耗,经批准后转作"管理费用";

(2)属于计量收发差错或管理不善等原因造成的超定额损耗,应先扣除残料价值和过失人赔偿,然后将净损失记入"管理费用";

(3)属于自然灾害或意外事故造成的存货毁损,应先扣除残料价值和可收回的保险赔偿,然后将净损失转作"营业外支出"。

企业盘盈的各种存货,经查明是由于收发计量或核算上的误差等原因造成的,应及时办理存货入账手续,调整存货账的实存数,按盘盈的计划成本或估计成本计入"待处理财产损溢"账户。经有关部门批准后,再冲减"管理费用"。

《小企业会计准则》规定:存货发生毁损、处置收入、可收回的责任人赔偿和保险赔款,扣除其成本、相关税费后的净额,应当计入营业外支出或营业外收入。盘盈存货实现的收益应当计入营业外收入。盘亏存货发生的损失应当计入营业外支出。

（二）非正常损失的存货进项税金要转出

非正常损失,是指因管理不善造成被盗、丢失、霉烂变质的损失。根据增值税暂行条例第十条规定,非正常损失的购进货物及相关的应税劳务;非正常损失的在产品、产成品所耗用的购进货物或者应税劳务;以及上述规定的货物的运输费用,其进项税额不得从销项税额中抵扣。

如果企业在货物发生非正常损失之前,已将该购进货物的增值税进项税额申报抵扣,则应当在该批货物发生非正常损失的当期,将该批货物的进项税额予以转出。按所涉及的进项税额的计算方式不同,非正常损失存货可分解为:不含运费的原材料、含运费的原材料及产成品、半成品三类。

企业因存货盘亏、毁损、报废、被盗等原因不得从增值税销项税额中抵扣的进项税额,可以与存货损失一起在计算应纳税所得额时扣除。

需要说明的是,非正常损失不含自然灾害损失,这与原增值税暂行条例实施细则的规定不同,根据原细则规定非正常损失的进项税额不得抵扣,包括自然灾害损失。

第三节　固定资产的税务处理

一、固定资产的界定

（一）固定资产的会计概念

《企业会计准则第4号——固定资产》（以下简称固定资产准则）规定,固定资产是指同时具有下列特征的有形资产:

（1）为生产商品、提供劳务、出租或者经营管理而持有;

（2）使用寿命超过一个会计年度。

使用寿命是指企业使用固定资产的预计期间,或者该固定资产所能生产产品或提供劳务的数量。

出租固定资产是指以经营租赁方式出租的机器设备类固定资产,不包括以经营租赁方式出租的建筑物,后者属于企业会计准则上的投资性房地产,不属于企业会计准则所界定的固定资产。会计上固定资产也不包括生物资产。

此外,根据《企业会计准则应用指南——会计科目和主要账务处理》规定,"固定资产"科目核算企业持有的固定资产原价。建造承包商的临时设施,以及企业购置计算机硬件所附带的、未单独计价的软件,也通过"固定资产"科目核算。

（二）固定资产的税法概念

现行税制对固定资产的界定,在不同的税种税法中有不同的表述。

企业所得税法实施条例第五十七条规定:固定资产,是指企业为生产产品、提供劳务、出租或者经营管理而持有的、使用时间超过 12 个月的非货币性资产，包括房屋、建筑物、机器、机械、运输工具以及其他与生产经营活动有关的设备、器具、工具等。

固定资产准则强调"使用寿命超过一个会计年度"，而企业所得税法上表述为"使用时间超过 12 个月"；前者指的是"有形资产"，后者指的是"非货币性资产"。企业所得税法上的固定资产含"以经营租赁方式出租的建筑物"，而在企业会计准则上称为投资性房地产，而不称其为固定资产。

《个体工商户个人所得税计税办法（试行）》（国税发〔1997〕43 号）第三十三那条规定，个体户在生产经营过程中使用的期限超过一年且单位价值在 1 000 元以上的房屋、建筑物、机器、设备、运输工具及其他与生产经营有关的设备、工器具等为固定资产。

增值税实施细则第二十一条规定：固定资产，是指使用期限超过 12 个月的机器、机械、运输工具以及其他与生产经营有关的设备、工具、器具等。

二、固定资产的初始计量与计税基础

固定资产的初始计量，是指确定固定资产的取得成本。会计上固定资产应当按照成本进行初始计量。

（一）外购的固定资产

根据固定资产准则规定，外购固定资产的成本，包括购买价款、相关税费、使固定资产达到预定可使用状态前所发生的可归属于该项资产的运输费、装卸费、安装费和专业人员服务费等。以一笔款项购入多项没有单独标价的固定资产，应当按照各项固定资产公允价值比例对总成本进行分配，分别确定各项固定资产的成本。

2009 年 1 月 1 日，增值税转型改革实施，对增值税一般纳税人购进（包括接受捐赠、实物投资）或自制（包括扩建、安装）固定资产（仅指机器、机械、运输工具以及其他与生产经营有关的设备、工具、器具等）发生的进项税额可以抵扣。对允许抵扣的进项税额，不再构成固定资产的成本。

购买固定资产的价款超过正常信用条件延期支付，实质上具有融资性质的，固定资产的成本以购买价款的现值为基础确定。实际支付的价款与购买价款的现值之间的差额，除按照《企业会计准则第 17 号——借款费用》（以下简称借款费用准则）应予资本化的以外，应当在信用期间内计入当期损益（财务费用）。

《小企业会计准则》规定：固定资产应当按照成本进行计量。外购固定资产的成本包括：购买价款、相关税费、运输费、装卸费、保险费、安装费等，但不含按照税法规定可以抵扣的增值税进项税额。以一笔款项购入多项没有单独标价的固定资产，应当按照各项固定资产或类似资产的市场价格或评估价值比例对总成本进行分配，分别确定各项固定资产的成本。

而外购的固定资产，以购买价款和支付的相关税费以及直接归属于使该资产达到预定用途发生的其他支出为计税基础。

【例 4-3】 2008 年 1 月 1 日，甲上市公司从乙公司购入一台需要安装的设备。合同约定采用分期付款方式支付价款。设备款 90 万元，首期款 15 万元于 2008 年 1 月 1 日支付，余款在 2008 年至 2012 年 5 年内平均支付，每年的付款日期均为 12 月 31 日。

2008 年 1 月 1 日，设备如期运抵甲公司并开始安装，发生运杂费和相关税费 16 万元，用银行存款付讫。2008 年 12 月 31 日，设备达到预定可使用状态，发生安装费 4 万元。已用银行存款付讫。假定折现率为 10%。

要求:进行相关的会计处理与纳税调整。

【解析】

(1) 购买价款的现值:$15+15\times(P\div A,10\%,5)=15+15\times3.7908=15+56.862=71.862$(万元)

会计处理:

借:在建工程	718 620
未确认融资费用	181 380
贷:长期应付款	900 000

税务处理:在建工程的计税基础为 90 万元。

2008 年 1 月 1 日支付首付款 15 万元:

借:长期应付款	150 000
贷:银行存款	150 000

2008 年 1 月 1 日支付运杂费及相关税费 16 万元:

借:在建工程	160 000
贷:银行存款	160 000

税务处理:支付的运杂费及相关税费 16 万元,增加在建工程的计税基础,新的累计计税基础为 106 万元。

(2) 确定未确认融资费用分摊额

日　　期	分期付款额	确认的融资费	应付本金减少额	应付本金余额
①	②	③=期初⑤×10%	④=②-③	期末⑤=期初⑤-④
2008.1.1				568 620.00
2008.12.31	150 000	56 862.00	93 138.00	475 482.00
2009.12.31	150 000	47 548.20	102 451.80	373 030.20
2010.12.31	150 000	37 303.02	112 696.98	260 333.22
2011.12.31	150 000	26 033.32	123 966.68	136 366.54
2012.12.31	150 000	13 633.46①	136 366.54	0
合　　计	750 000			

(3) 设备安装期间,未确认融资费用的分摊额符合资本化条件,计入固定资产成本。

2008 年 12 月 31 日,会计处理:

借:在建工程	56 862
贷:未确认融资费用	56 862

支付价款时:

借:长期应付款	150 000
贷:银行存款	150 000

支付安装费时:

---

① 本数据因四舍五入略有误差。

借：在建工程   40 000

  贷：银行存款   40 000

固定资产成本：$71.862+16+5.6862+4=97.5482$（万元）

借：固定资产   975 482

  贷：在建工程   975 482

税务处理：支付的安装费 4 万元，增加固定资产的计税基础，新的计税基础为 110 万元；而会计成本为 97.548 2 万元，会计账面价值小于计税基础产生可抵扣暂时性差异。以后使用固定资产期间税法折旧大于会计折旧的金额，应当分期调减应纳税所得额。

（4）由于 2008 年 12 月该设备已经达到预定可使用状态，2009～2012 年未确认融资费用的分摊不再符合资本化条件，应计入当期损益。

2009 年底，会计处理为：

借：财务费用   47 548.2

  贷：未确认融资费用   47 548.2

借：长期应付款   150 000

  贷：银行存款   150 000

税务处理：由于固定资产计税基础大于账面价值的金额，已通过固定资产折旧方式获得扣除，因此，未确认融资费用转入财务费用科目的金额不得重复扣除。

2010 年底会计处理为：

借：财务费用   37 303.02

  贷：未确认融资费用   37 303.02

借：长期应付款   150 000

  贷：银行存款   150 000

2011 年底财务处理为：

借：财务费用   26 033.32

  贷：未确认融资费用   26 033.32

借：长期应付款   150 000

  贷：银行存款   150 000

2012 年底财务处理为：

借：财务费用   13 633.46

  贷：未确认融资费用   13 633.46

借：长期应付款   150 000

  贷：银行存款   150 000

（二）自行建造固定资产

1. 会计处理

根据企业会计准则规定，自建固定资产的成本，由建造该项资产达到预定可使用状态前所发生的必要支出构成。包括工程用物资成本、人工成本、交纳的相关税费、应予资本化的借款费用以及应分摊的间接费用等。

《小企业会计准则》规定：自行建造固定资产的成本，由建造该项资产在竣工决算前发生的支出（含相关的借款费用）构成。小企业在建工程在试运转过程中形成的产品、副产品或试车收入冲减在建工程成本。

2. 税务处理

自行建造的固定资产,以竣工结算前发生的支出为计税基础;改建的固定资产,除租入固定资产的改建支出与固定资产大修理支出作为长期待摊费用,按照规定摊销扣除外,以改建过程中发生的改建支出增加计税基础。

关于固定资产投入使用后计税基础确定问题,国家税务总局《关于贯彻落实企业所得税法若干税收问题的通知》(国税函〔2010〕79号)规定:企业固定资产投入使用后,由于工程款项尚未结清未取得全额发票的,可暂按合同规定的金额计入固定资产计税基础计提折旧,待发票取得后进行调整。但该项调整应在固定资产投入使用后12个月内进行。

企业会计准则上自建固定资产的成本归集到固定资产达到预定可使用前为止;而税务上的计税基础归集到竣工结算为止。

(三)盘盈固定资产

1. 会计处理

固定资产准则规定,盘盈的固定资产,作为前期差错处理,在按管理权限报经批准处理前,通过"以前年度损益调整"科目核算。而会计制度规定,盘盈的固定资产在盘点当期入账,同时增加当期的营业外收入。

盘亏的固定资产,通过"待处理财产损溢——待处理固定资产损溢"科目核算,盘亏造成的损失通过"营业外支出"科目核算,计入当期损益。

《小企业会计准则》规定:盘盈固定资产的成本,应当按照同类或者类似固定资产的市场价格或评估价值,扣除按照该项固定资产新旧程度估计的折旧后的余额确定。

2. 税务处理

盘盈的固定资产,以同类固定资产的重置完全价值为计税基础。在税务上计入"收入总额"。

(四)融资租入固定资产

1. 会计处理

融资租赁,是指实质上转移了与资产所有权有关的全部风险和报酬的租赁。《企业会计准则第21号——租赁》(以下简称租赁准则)规定,在租赁期开始日,承租人应当将租赁开始日租赁资产公允价值与最低租赁付款额的现值两者中较低者作为租入资产的入账价值,将最低租赁付款额作为长期应付款的入账价值,其差额作为未确认融资费用。未确认融资费用应当在租赁期内采取实际利率法进行摊销。承租人在租赁谈判和签订租赁合同过程中发生的,可归属于租赁项目的手续费、律师费、差旅费、印花税等初始直接费用,应当计入租入资产价值。

承租人应当采用与自有固定资产相一致的折旧政策计提租赁资产折旧。能够合理确定租赁期届满时取得租赁资产所有权的,应当在租赁资产使用寿命内计提折旧。无法合理确定租赁期届满时能够取得租赁资产所有权的,应当在租赁期与租赁资产使用寿命两者中较短的期间内计提折旧。

根据《小企业会计准则》规定,融资租入的固定资产的成本,应当按照租赁合同约定的付款总额和在签订租赁合同过程中发生的相关税费等确定。

2. 税务处理

企业所得税法实施条例第五十八条第三项规定,融资租入的固定资产,以租赁合同约定的付款总额和承租人在签订租赁合同过程中发生的相关费用为计税基础，租赁合同未约定付款总额的，以该资产的公允价值和承租人在签订租赁合同过程中发生的相关费用为计税基础。

以融资租赁方式租入固定资产发生的租赁费支出，按照规定构成融资租入固定资产价值的部分应当提取折旧费用，分期扣除。

由此可见，税法上融资租入的固定资产的计税基础与企业会计准则上该资产的入账价值是存在差异的，需进行纳税调整。在会计上未计入资产成本的未确认融资费用，因其实际已经包含在计税基础中，按规定应当以折旧的方式在固定资产的使用期限里分期扣除，不得在税前直接扣除，应调增应纳税所得额。

【例 4-4】 甲钢铁公司 2008 年 7 月从乙公司融资租入一套生产设备，合同约定租赁期限为 10 年，最低租赁付款额合计为 1 500 万元，最低付款额现值为 1 200 万元。该生产设备公允价值为 1 400 万元。

要求：计算确定该套生产设备的入账价值和计税基础并进行纳税调整。

【解析】

该生产设备会计入账价值应为 1 200 万元，未确认融资费用为 300 万元(1 500－1 200)。

按税法规定该生产设备的计税基础为 1 500 万元，未确认融资费用的摊销额在企业所得税汇算清缴时应调增应纳税所得额。同时，按规定按计税基础计提的折旧可税前扣除。

（五）其他方式取得的固定资产

通过捐赠、投资、非货币性资产交换、债务重组等方式取得的固定资产，以该资产的公允价值和支付的相关税费为计税基础；

改建的固定资产，除已足额提取折旧的固定资产的改建支出和租入固定资产的改建支出外，以改建过程中发生的改建支出增加计税基础。

根据《小企业会计准则》规定，投资者投入固定资产的成本，应当按照评估价值和相关税费确定。

三、固定资产的后续计量与税前扣除

（一）折旧范围

1. 会计计提折旧的范围

固定资产应当按月计提折旧，并根据用途计入相关资产的成本或者当期损益。固定资产准则规定，除已提足折旧仍继续使用的固定资产和单独计价入账的土地外，企业应对所有固定资产计提折旧。

折旧，是指在固定资产使用寿命内，按照确定的方法对应计折旧额进行的系统分摊。应计折旧额，是指应当计提折旧的固定资产的原价扣除其预计净残值后的金额。已计提减值准备的固定资产，还应当扣除已计提的固定资产减值准备累计金额。预计净残值，是指假定固定资产预计使用寿命已满并处于使用寿命终了时的预期状态，企业目前从该项资产处置中获得的扣除预计处置费用后的金额。

《小企业会计准则》第 29 条也有如下类似规定：小企业应当对所有固定资产计提折旧，但已提足折旧仍继续使用的固定资产和单独计价入账的土地不得计提折旧。固定资产的折旧费应当根据固定资产的受益对象计入相关资产成本或者当期损益。

2. 税法折旧的范围

企业所得税法第十一条规定,在计算应纳税所得额时,企业按照规定计算的固定资产折旧,准予扣除。下列固定资产不得计算折旧扣除:

(1) 房屋、建筑物以外未投入使用的固定资产;

(2) 以经营租赁方式租入的固定资产;

(3) 以融资租赁方式租出的固定资产;

(4) 已足额提取折旧仍继续使用的固定资产;

(5) 与经营活动无关的固定资产;

(6) 单独估价作为固定资产入账的土地;

(7) 其他不得计算折旧扣除的固定资产。

3. 差异分析

企业所得税法不允许对所有固定资产都计提折旧。而固定资产准则规定,只要是本企业拥有的固定资产,不论使用与否,一律要提折旧。在 2001 年以前,提取折旧一般是以使用为范围,企业会计准则要求只要固定资产在企业账上,不管是否使用只要没有提足折旧的一律允许计提折旧。

但税法不同,支出税前扣除一定要和收入相关,固定资产根本没有使用,不产生经济效益,不产生收入,这个支出也不能承认,所以不能扣除。

(二) 折旧方法

1. 会计折旧方法

固定资产准则规定,企业应当根据与固定资产有关的经济利益的预期实现方式,合理选择折旧方法。可选方法包括:年限平均法、工作量法、双倍余额递减法和年数总和法等。折旧方法一经确定,不得随意变更。

而《小企业会计准则》规定:小企业应当按照年限平均法(即直线法,下同)计提折旧。小企业的固定资产由于技术进步等原因,确需加速折旧的,可以采用双倍余额递减法和年数总和法。小企业应当根据固定资产的性质和使用情况,并考虑税法的规定,合理确定固定资产的使用寿命和预计净残值。固定资产的折旧方法、使用寿命、预计净残值一经确定,不得随意变更。

2. 税法折旧方法

企业所得税法实施条例第五十九条规定,固定资产按照直线法计算的折旧,准予扣除。

企业的固定资产由于技术进步等原因,确需加速折旧的,企业所得税法规定可以缩短折旧年限或者采取加速折旧的方法。

(三) 折旧年限

1. 会计折旧年限的确定

企业应当根据固定资产的性质和使用情况,合理确定固定资产的使用寿命和预计净残值。使用寿命、预计净残值一经确定,不得随意变更。但符合会计准则规定的除外。企业应当自固定资产投入使用月份的次月起计算折旧;停止使用的固定资产,应当自停止使用月份的次月起停止计算折旧。

企业应当根据会计准则规定并结合实际情况,制定固定资产目录,包括每类或每项固定资产的使用寿命、预计净残值、折旧方法等并编制成册,经股东大会或董事会、经理(厂长)会议或类似机构批准,按照规定报送有关各方备案。

固定资产目录一经确定不得随意变更。如需变更,仍应履行上述程序,并按《企业会计准则第28号——会计政策、会计估计变更和差错更正》处理。

企业至少应当于每年年度终了,对固定资产的使用寿命、预计净残值和折旧方法进行复核。使用寿命预计数与原先估计数有差异的,应当调整固定资产使用寿命。预计净残值预计数与原先估计数有差异的,应当调整预计净残值。与固定资产有关的经济利益预期实现方式有重大改变的,应当改变固定资产折旧方法。固定资产使用寿命、预计净残值和折旧方法的改变应当作为会计估计变更。

2. 税法最低折旧年限

企业所得税法实施条例第60条规定,除国务院财政、税务主管部门另有规定外,固定资产计算折旧的最低年限如下:

(1) 房屋、建筑物,为20年;

(2) 飞机、火车、轮船、机器、机械和其他生产设备,为10年;

(3) 与生产经营活动有关的器具、工具、家具等,为5年;

(4) 飞机、火车、轮船以外的运输工具,为4年;

(5) 电子设备,为3年。

此外,对集成电路生产企业的生产性设备,经核准,折旧年限可适当缩短,最短可以为3年;对企事业单位购进软件,经核准,折旧或摊销年限可适当缩短,最短可为2年。

【例4-5】 税务机关在检查中发现A公司如下固定资产折旧问题:2008年1月企业新增的固定资产——A机器,原值为120万元,预计净残值为0,税法规定的最低折旧年限为10年,企业会计上按8年计提折旧;同时,A公司在2008年1月还购置固定资产——B机器,原值为240万元,税法规定的最低折旧年限为10年,企业会计处理时按12年计提折旧;假定不考虑残值等其他因素,企业当年实现利润100万元,则2008年企业的应纳税所得额为( )万元。

A. 96.33　　　　B. 99　　　　C. 102.75　　　　D. 103

【答案】 C

【解析】

A设备企业会计折旧年限8年低于税法规定的最低折旧年限,由此多计提的折旧额应调增应纳税所得额:$120\div8\times(11\div12)-120\div10\times(11\div12)=2.75$(万元)。

而B设备企业会计折旧年限没有低于税法规定的最低折旧年限,其会计上计提的折旧额可全额税前扣除。

因而,当年应纳税所得额为:$100+2.75=102.75$(万元)。

(四) 固定资产预计净残值的调整

企业所得税法规定,企业应当根据固定资产的性质和使用情况,合理确定固定资产的预计净残值。固定资产的预计净残值一经确定,不得变更。可见,税法与会计对预计净残值的变更,有不同的规定,税法禁止变更预计净残值;而会计准则规定是,一经确定不得随意变更。

与原内资企业所得税暂行条例相比,企业所得税法及其实施条例取消了净残值率为5%的统一规定。

根据国税函〔2009〕98 号文件规定,企业所得税法实施前已投入使用的固定资产,企业已按原税法规定预计净残值并计提的折旧,不做调整。企业所得税法实施后,对此类继续使用的固定资产,可以重新确定其残值,并就其尚未计提折旧的余额,根据税法规定的折旧年限减去已经计提折旧的年限后的剩余年限,按照企业所得税法规定的折旧方法计算折旧。企业所得税法实施后,固定资产原确定的折旧年限不违背新税法规定原则的,也可以继续执行。

四、固定资产后续支出的会计与税务处理

（一）会计处理

固定资产的后续支出是指固定资产在使用过程中发生的更新改造支出、修理费用等。

固定资产的更新改造等后续支出,满足规定的确认条件的,应当计入固定资产成本,如有被替换的部分,应扣除其账面价值;不满足固定资产准则规定确认条件的固定资产修理费用等,应当在发生时计入当期损益。

《小企业会计准则》规定:固定资产的日常修理费,应当在发生时根据固定资产的受益对象计入相关资产成本或者当期损益。固定资产的改建支出,应当计入固定资产的成本,但已提足折旧的固定资产和经营租入的固定资产发生的改建支出应当计入长期待摊费用。

（二）税务处理

根据企业所得税法第十三条规定,在计算应纳税所得额时,企业发生的下列支出作为长期待摊费用,按照规定摊销的,准予扣除:① 已足额提取折旧的固定资产的改建支出;② 租入固定资产的改建支出;③ 固定资产的大修理支出;④ 其他应当作为长期待摊费用的支出。

1. 已足额提取折旧的固定资产的改建支出

固定资产的改建支出是指企业改变房屋、建筑物结构、延长使用年限等发生的支出。

已足额提取折旧的固定资产的改建支出,按照固定资产预计尚可使用年限分期摊销。

2. 租入固定资产的改建支出

租入固定资产的改建支出,按照合同约定的剩余租赁期限分期摊销。例如,某公司2008 年 10 月租用一间商铺从事经营,租期三年,发生装修费 20 万元,账上列为长期待摊费用。2009 年 10 月因停业退租,该笔还没有摊销完的装修费,可作为改建支出,在结束营业时一次扣除,而不作为资产损失处理。

改建支出,除已足额提取折旧的固定资产的改建支出、租入固定资产的改建支出以外,应当增加该固定资产原值,其中延长固定资产使用年限的,还应当适当延长折旧年限,并相应调整计算折旧。

此外,根据国家税务总局《关于企业所得税若干问题的公告》(国家税务总局公告 2011年第 34 号)规定:企业对房屋、建筑物固定资产在未足额提取折旧前进行改扩建的,如属于推倒重置的,该资产原值减除提取折旧后的净值,应并入重置后的固定资产计税成本,并在该固定资产投入使用后的次月起,按照税法规定的折旧年限,一并计提折旧;如属于提升功能、增加面积的,该固定资产的改扩建支出,并入该固定资产计税基础,并从改扩建完工投入使用后的次月起,重新按税法规定的该固定资产折旧年限计提折旧,如该改扩建后的固定资产尚可使用的年限低于税法规定的最低年限的,可以按尚可使用的年限计提折旧。

而原固定资产准则要求对经营租赁租入固定资产的改良支出单设"经营租入固定资产

改良"科目核算，并采用合理的方法单独计提折旧。

3. 固定资产的大修理支出

固定资产的大修理支出，是指同时符合以下条件的支出：

(1) 修理支出达到取得固定资产的计税基础50%以上；

(2) 修理后固定资产的使用寿命延长2年以上。

固定资产的大修理支出，按照固定资产尚可使用年限分期摊销。

固定资产大修理支出作为长期待摊费用按其尚可使用年限分期摊销的，必须同时具备上述价值标准和时间标准两个条件。如不同时具备，则应作为当期费用扣除。如修理支出不超过固定资产计税基础的50%，所发生的修理费，可在税前一次性扣除。

4. 其他应当作为长期待摊费用的支出

其他应当作为长期待摊费用的支出，自支出发生月份的次月起，分期摊销，摊销期限不得低于3年。

企业所得税法及其实施条例并未将开办费明确列作长期待摊费用。企业可以在开始经营之日的当年一次性扣除，也可以按照税法有关长期待摊费用的处理规定处理，但一经选定，不得改变。

【例4-6】 (CTA·2012)下列支出中，应作为长期待摊费用在企业所得税前扣除的有（   ）。

A. 固定资产的大修理支出

B. 固定资产的日常修理支出

C. 融资租入固定资产的租赁费支出

D. 经营租入固定资产的租赁费支出

E. 已足额提取折旧的固定资产的改建支出

【答案】 AE

【解析】

选项B，固定资产的日常修理支出可以作为费用直接扣除；选项C，融资租入固定资产的改建支出，通过计提折旧扣除。

五、固定资产弃置费的会计与税务处理

(一) 弃置费用的会计处理

弃置费用是固定资产准则新增的内容，它要求对于特殊行业的特定固定资产，在确定其初始入账成本时应当考虑弃置费用。

所谓弃置费用通常是指根据国家法律和行政法规、国际公约等规定，企业承担的环境保护和生态恢复等义务所确定的支出，如核电站核设施等的弃置和恢复环境义务等。弃置费用仅适用于特定行业的特定固定资产，比如，石油天然气企业油气水井及相关设施的弃置、核电站核废料的处置等。一般企业固定资产成本不应预计弃置费用。

弃置费用的义务通常有国家法律和行政法规、国际公约等有关规定约束，比如，国家法律、行政法规要求企业的环境保护和生态环境恢复的义务等。弃置费用的金额通常较大。企业应当根据或有事项准则，按照现值计算确定应计入固定资产原价的金额和相应的预计负债。

一般企业固定资产的报废清理费，应在实际发生时作为固定资产清理费用处理，不属于固定资产准则规范的弃置费用。

（二）弃置费用的税务处理

企业所得税法不承认弃置费，因预计弃置费而多提的折旧应作纳税调整。

但企业所得税法实施条例第四十五条规定，企业依照法律、行政法规有关规定提取的用于环境保护、生态恢复等方面的专项资金，准予扣除。上述专项资金提取后改变用途的，不得扣除。

（三）海上油气生产设施弃置费所得税处理

这里所称弃置费，是指从事开采我国海上油气资源的企业，为承担油气生产设施废弃处置的责任和义务所发生的，用于井及相关设施的废弃、拆移、填埋等恢复生态环境及其前期准备等各项专项支出。主要包括弃置前期研究、停产准备、工程设施弃置、油井弃置等相关费用。

海上油气生产设施（以下简称设施），包括海上油井、气井、水井、固定平台、人工岛、单点系泊、浮式生产储油装置，海底电缆、管道、水下生产系统，陆岸终端，以及其他水上、水下的油气生产的相关辅助配套设施。企业，是指参与开采海上油气资源的中国企业和外国企业。作业者，是指负责海上油（气）田作业的实体。包括开采海上石油资源的本企业、或者投资各方企业。

为加强和规范海上油气生产设施弃置费企业所得税管理，国家税务总局发布了《关于发布〈海上油气生产设施弃置费企业所得税管理办法〉的公告》（国家税务总局公告 2011 年第 22 号）对废弃处置方案的备案、计提和税前扣除等问题作出规定。

1．废弃处置方案的备案

企业开始提取弃置费前，应提供作业者编制的海上油（气）田设施废弃处置预备方案，报主管税务机关备案。预备方案应当包括弃置费估算、弃置费筹措方法和弃置方式等内容。

设施废弃处置预备方案发生修改的，企业应在修改后的 30 日内报主管税务机关备案。

海上油（气）田实施弃置作业前，应将其按照国家有关主管部门要求编制的设施废弃处置实施方案，报主管税务机关备案。

2．弃置费的计提和税前扣除

海上油（气）田弃置费，按照设施废弃处置预备方案中规定的方法（产量法或年限平均法）按月提取。多个企业合作开发一个油（气）田的，其弃置费计提应该采取同一方法。企业弃置费计提方法确定后，除设施废弃处置预备方案修改外，不得变更。

该办法实施后进入商业生产的海上油（气）田，弃置费自进入商业生产的次月起开始计提。该办法实施前已进入商业生产的海上油（气）田，弃置费自作业者补充编制的设施废弃处置预备方案报主管税务机关备案后的次月起开始计提。

作业者修改废弃处置预备方案的，修改后弃置费在废弃处置预备方案重新报主管税务机关备案的次月起开始计提。

采用年限平均法分月计提弃置费，应按照以下公式计算：

$$\text{当月计提弃置费} = \left(\text{预备方案中的弃置费总额} - \text{累计已计提弃置费用} \right) \div \text{合同生产期（月）} - \text{当月弃置费专款账户损益}$$

该办法实施前已进入商业生产的海上油（气）田，合同生产期（月）为开始计提弃置费的剩余月份。

采用产量法计提弃置费,应按照以下公式计算:

$$本月计提弃置费 = \left(\text{预备方案中的弃置费总额} - \text{累计已计提弃置费用}\right) \times 本月计提比例 - \text{当月弃置费专款账户损益}$$

$$本月计提比例 = 本月油(气)田实际产量 \div \left(本月油(气)田实际产量 + \text{期末探明已开发储量}\right)$$

公式中的"当月弃置费专款账户损益",包括专款账户利息、汇兑损益等。其中汇兑损益为弃置费以人民币以外货币计提存储情况下,按照上月末即期人民币汇率中间价折算为人民币时,弃置费专款账户余额发生的汇兑损益。期末探明已开发储量是指,已探明的开发储量,在现有设施条件下对应的可开采储量。

作业者应在纳税年度结束后,就当年提取的弃置费具体情况进行调整。企业应在年度汇算清缴时,根据作业者的调整情况,确认本年度弃置费列支数额。

修改设施废弃处置预备方案,导致弃置费提取数额、方法发生变化的,应自方案修改后的下个月开始,就新方案中的弃置费总额,减去累计已计提弃置费后的余额,按照新方案确定的方法继续计提。

油(气)田企业或合作各方企业应承担或者按投资比例承担设施废弃处置的责任和义务,其按规定计提的弃置费,应依照规定作为环境保护、生态恢复等方面专项资金,并准予在计算企业年度应纳税所得额时扣除。

合作油(气)田的合同生产期尚未结束,一方企业决定放弃生产,将油(气)田所有权全部转移给另一方企业、或者合作油(气)田的合同生产期结束,一方企业决定继续生产,若放弃方或退出方企业取得已经计提的弃置费补偿,应作为收入计入企业当年度应纳税所得计算纳税。支付方企业可以作为弃置费,在支付年度一次性扣除。

3. 弃置费的使用

作业者实施海上油(气)田设施废弃处置时发生的弃置费,应单独归集核算,并从按照规定提取的弃置费中扣除。

作业者完成海上油(气)田设施废弃处置后,提取的弃置费仍有余额,应相应调增弃置费余额所归属企业当年度的应纳税所得额。

作业者完成海上油(气)田设施废弃处置后,实际发生的弃置费超过计提的部分,应作为企业当年度费用,在计算企业应纳税所得额时扣除。

4. 弃置费的管理

弃置费专款账户资金所产生的损益,应计入弃置费,并相应调整当期弃置费提取额。

弃置费的计提、清算应统一使用人民币作为货币单位。发生的汇兑损益,直接增加或减少弃置费。

企业在申报当年度企业所得税汇算清缴资料时,应附送海上油气生产设施弃置费情况表。

海上油(气)田设施废弃处置作业完成后,在进行税务清算时,应提供企业对弃置费的计提、使用和各投资方承担等情况的说明。

企业依规定计提的弃置费,凡改变用途的,不得在企业所得税前扣除。已经扣除的,应调增改变用途当年的应纳税所得额,并按《中华人民共和国税收征收管理法》的有关规定处理。

六、开采油(气)资源费用和折耗摊销折旧的处理

开采油(气)资源企业费用和有关固定资产,是指从事开采石油、天然气(包括煤层气,下同)的矿产资源油气企业(以下简称油气企业)在开始商业性生产前取得矿区权益和勘探、开发的支出所形成的费用和固定资产。商业性生产,是指油(气)田(井)经过勘探、开发、稳定生产并商业销售石油、天然气的阶段。

根据财政部、国家税务总局《关于开采油(气)资源企业费用和有关固定资产折耗、摊销、折旧税务处理问题的通知》(财税〔2009〕49号)规定,油气企业在开始商业性生产前发生的费用和有关固定资产的折耗、摊销、折旧方法按如下方法处理。

(一) 矿区权益支出的折耗

矿区权益支出,是指油气企业为了取得在矿区内的探矿权、采矿权、土地或海域使用权等所发生的各项支出,包括有偿取得各类矿区权益的使用费、相关中介费或其他可直接归属于矿区权益的合理支出。

油气企业在开始商业性生产前发生的矿区权益支出,可在发生的当期,从本企业其他油(气)田收入中扣除;或者自对应的油(气)田开始商业性生产月份的次月起,分3年按直线法计提的折耗准予扣除。

油气企业对其发生的矿区权益支出未选择在发生的当期扣除的,由于未发现商业性油(气)构造而终止作业,其尚未计提折耗的剩余部分,可在终止作业的当年作为损失扣除。

(二) 勘探支出的摊销

勘探支出,是指油气企业为了识别勘探区域或探明油气储量而进行的地质调查、地球物理勘探、钻井勘探活动以及其他相关活动所发生的各项支出。

油气企业在开始商业性生产前发生的勘探支出(不包括预计可形成资产的钻井勘探支出),可在发生的当期,从本企业其他油(气)田收入中扣除;或者自对应的油(气)田开始商业性生产月份的次月起,分3年按直线法计提的摊销准予扣除。

油气企业对其发生的勘探支出未选择在发生的当期扣除的,由于未发现商业性油(气)构造而终止作业,其尚未摊销的剩余部分,可在终止作业的当年作为损失扣除。

油气企业的钻井勘探支出,凡确定该井可作商业性生产,且该钻井勘探支出形成的资产符合企业所得税法实施条例第五十七条规定条件的,应当将该钻井勘探支出结转为开发资产的成本,按照财税〔2009〕49号文件第四条的规定开发资产计提折旧。

(三) 开发资产的折旧

油气企业在开始商业性生产之前发生的开发支出,可不分用途,全部累计作为开发资产的成本,自对应的油(气)田开始商业性生产月份的次月起,可不留残值,按直线法计提的折旧准予扣除,其最低折旧年限为8年。这里所称的开发支出,是指油气企业为了取得已探明矿区中的油气而建造或更新井及相关设施活动所发生的各项支出。

油气企业终止本油(气)田生产的,其开发资产尚未计提折旧的剩余部分可在该油(气)田终止生产的当年作为损失扣除。

油气企业应按照规定选择有关费用和资产的折耗、摊销、折旧方法和年限,一经确定,不得变更。

油气企业在本油(气)田进入商业性生产之后对本油(气)田新发生的矿区权益、勘探支出、开发支出,按照财税〔2009〕49号文件规定处理。

企业所得税法实施条例实施之日前，油气企业矿区权益、勘探、开发等费用和固定资产已发生且开始摊销或计提的折耗、折旧，不做调整。对没有摊销完的费用和继续使用的矿区权益和有关固定资产，可以就其尚未摊销或计提折耗、折旧的余额，按财税〔2009〕49号文件规定处理。

七、固定资产处置与损失的处理

《小企业会计准则》规定，处置固定资产，处置收入扣除其账面价值、相关税费和清理费用后的净额，应当计入营业外收入或营业外支出。盘亏固定资产发生的损失应当计入营业外支出。

这里所称固定资产的账面价值，是指固定资产原价（成本）扣减累计折旧后的金额。

企业发生固定资产盘亏时，按盘亏固定资产净值，借记"待处理财产损溢——待处理固定资产损益"账户，按已计提的累计折旧，借记"累计折旧"账户，按固定资产原价，贷记"固定资产"账户。报经批准转销后转入"营业外支出"账户借方。

企业在财产清查中盘盈的固定资产，应作为前期差错处理。盘盈固定资产，在按管理权限报经批准前应先通过"以前年度损益调整"科目核算。按重置成本确定其入账价值。会计分录为：

借：固定资产

　　贷：以前年度损益调整

对于盘盈或盘亏的财产物资，需在年终结账前处理完毕。会计期末，待处理财产损溢账户无余额。

第四节　无形资产的税务处理

一、无形资产的界定

（一）会计对无形资产的界定

《企业会计准则第6号——无形资产》（以下简称无形资产准则）所规范的无形资产，是指企业拥有或者控制的没有实物形态的可辨认非货币性资产。主要包括专利权、非专利技术、商标权、著作权、土地使用权、特许权等。

资产满足下列条件之一的，符合无形资产定义中的可辨认性标准：① 能够从企业中分离或者划分出来，并能单独或者与相关合同、资产或负债一起，用于出售、转移、授予许可、租赁或者交换。② 源自合同性权利或其他法定权利，无论这些权利是否可以从企业或其他权利和义务中转移或者分离。

商誉是企业合并成本大于合并取得被购买方各项可辨认资产、负债公允价值份额的差额，其存在无法与企业自身分离，不具有可辨认性，因而不属于无形资产准则所规范的无形资产。在会计上除符合无形资产定义外，还应同时满足与该无形资产有关的经济利益很可能流入以及该无形资产的成本能够可靠地计量时，才能予以确认。

而《小企业会计准则》规定：无形资产，是指小企业为生产产品、提供劳务、出租或经营管理而持有的、没有实物形态的可辨认非货币性资产。小企业的无形资产包括：土地使用权、专利权、商标权、著作权、非专利技术等。

（二）税法对无形资产的界定

企业所得税法实施条例第六十五条规定,无形资产是指企业为生产产品、提供劳务、出租或者经营管理而持有的、没有实物形态的非货币性长期资产,包括专利权、商标权、著作权、土地使用权、非专利技术、商誉等。

由此可见,无形资产准则强调的是非货币性资产,税法强调的是长期资产;而且无形资产准则界定的无形资产不含商誉,但由于商誉属于没有实物形态的非货币性长期资产,企业所得税法上将商誉作为无形资产处理。

企业会计准则把已出租的土地使用权、持有并准备增值后转让的土地使用权作为投资性房地产处理。在税务处理上,企业所得税没有引入投资性房地产的概念,而将企业为取得土地使用权支付给国家或者其他纳税人的土地出让或转让价款、无偿取得的土地使用权,都作为无形资产处理。

这里需要说明的是计算机软件的核算问题。在会计处理上,主要是根据计算机软件的重要性来确定是否作为无形资产核算。而对企业购置计算机硬件所附带的、未单独计价的软件,则应通过"固定资产"科目核算。

在税务处理上,主要是根据计算机软件是否单独计价来确定是否作为无形资产管理。一般来说,企业购买计算机应用软件,凡随同计算机硬件一起购入的,计入固定资产价值;单独购入的,作为无形资产管理。

二、无形资产的初始计量与计税基础

无形资产通常应当按照成本进行初始计量,即以取得无形资产并使之达到预定用途而发生的全部支出,作为无形资产的成本。对于不同来源取得的无形资产,其成本构成也不尽相同。

根据企业所得税法实施条例第 66 条规定,无形资产按照以下方法确定计税基础:① 外购的无形资产,以购买价款、支付的相关税费以及直接归属于使该资产达到预定用途发生的其他支出为计税基础;② 自行开发的无形资产,以开发过程中该资产符合资本化条件后至达到预定用途前发生的支出为计税基础;③ 通过捐赠、投资、非货币性资产交换、债务重组等方式取得的无形资产,以该资产的公允价值和支付的相关税费为计税基础。

（一）外购的无形资产

1. 外购无形资产成本的确定

无形资产准则规定,外购无形资产的成本,包括购买价款、相关税费以及直接归属于使该项资产达到预定用途所发生的其他支出。其他支出包括使无形资产达到预定用途所发生的专业服务费用、测试无形资产是否能够正常发挥作用的费用等,但不包括为引入新产品进行宣传发生的广告费、管理费用及其他间接费用,也不包括在无形资产已经达到预定用途以后发生的费用。

购买无形资产的价款超过正常信用条件延期支付,实质上具有融资性质的,无形资产的成本以购买价款的现值为基础确定。实际支付的价款与购买价款的现值之间的差额,除按照借款费用准则应予资本化的以外,应当在信用期间内计入当期损益。这是因为,企业发生的这项业务,实质上可以区分为两项业务:一项是购买无形资产;另一项业务实质上是向销售方借款。因此,所支付的货款必须考虑货币的时间价值,根据无形资产准则的规定,采用现值计价模式,无形资产的成本为购买价款的现值。

而《小企业会计准则》规定：无形资产应当按照成本进行计量。外购无形资产的成本包括：购买价款、相关税费和相关的其他支出（含相关的借款费用）。

2. 外购无形资产计税基础的确定

根据企业所得税法及其实施条例规定，企业的无形资产等各项资产以历史成本为计税基础。对外购的无形资产，以购买价款和支付的相关税费以及直接归属于使该资产达到预定用途发生的其他支出为计税基础。

【例4-7】甲上市公司因生产需要某项专利技术，于2008年1月1日从乙公司购得该项专利权，协议约定价款780万元，相关税费5万元，专业服务费用15万元，总计800万元。

由于甲公司资金周转紧张，经与乙公司协商采用分期付款方式支付款项。从2008年起每年末付款200万元，四年付清。假定银行同期贷款利率为8%。（已知4年期8%利率，年金现值系数为3.3121）。

要求：进行相关的会计处理与纳税调整。

【解析】

购买价款的现值＝200×3.3121＝662.42（万元）

未确认融资费用＝800－662.42＝137.58（万元）

未确认融资费用　　　　　　　　　　　　　　　　　　金额单位：万元

年份	融资余额	利率	本年利息 融资余额×利率	付款	还本 付款－利息	未确认融资费用 上年余额－本年利息
0	662.42					137.58
1	515.41	8.00%	52.99	200.00	147.01	84.59
2	356.64	8.00%	41.23	200.00	158.77	43.35
3	185.17	8.00%	28.53	200.00	171.47	14.82
4	0.00	8.00%	14.82	200.00	185.18	0.00
合计			137.57	800.00	662.42	

甲公司账务处理如下：

2008年1月1日取得该项专利权时：

借：无形资产——专利权　　　　　　　　　　　　　　6 624 200

　　未确认融资费用　　　　　　　　　　　　　　　　1 375 800

　　贷：长期应付款——乙公司　　　　　　　　　　　　　　8 000 000

2008年12月底付款时：

借：长期应付款　　　　　　　　　　　　　　　　　　2 000 000

　　贷：银行存款　　　　　　　　　　　　　　　　　　　　2 000 000

借：财务费用　　　　　　　　　　　　　　　　　　　529 900

　　贷：未确认融资费用　　　　　　　　　　　　　　　　　529 900

2009年12月底付款时：

借：长期应付款　　　　　　　　　　　　　　　　　　2 000 000

　　贷：银行存款　　　　　　　　　　　　　　　　　　　　2 000 000

| 借:财务费用 | 412 300 | |
| 贷:未确认融资费用 | | 412 300 |

2010年12月底付款时:

借:长期应付款	2 000 000	
贷:银行存款		2 000 000
借:财务费用	285 300	
贷:未确认融资费用		285 300

2011年12月底付款时:

借:长期应付款	2 000 000	
贷:银行存款		2 000 000
借:财务费用	148 200	
贷:未确认融资费用		148 200

税务处理:根据企业所得税法规定,企业的无形资产应以历史成本为计税基础。对该项外购的专利权,其计税基础应为800万元。该专利权的账面原价为662.42万元,账面价值小于计税基础产生可抵扣暂时性差异,应进行纳税调整,即根据税法规定计提的摊销额大于会计摊销额的差额应调减应纳税所得额。同时,未确认融资费用摊销计入财务费用的金额,不得在税前扣除。

(二)投资者投入的无形资产

无形资产准则规定,投资者投入无形资产的成本,应当按照投资合同或协议约定的价值确定,但合同或协议约定价值不公允的除外。即在投资合同或协议约定价值不公允的情况下,应按无形资产的公允价值入账,所确认的初始成本与实收资本或股本之间的差额调整"资本公积"。《小企业会计准则》规定:投资者投入的无形资产的成本,应当按照评估价值和相关税费确定。

而企业所得税法规定,通过捐赠、投资、非货币性资产交换、债务重组等方式取得的无形资产,以该资产的公允价值和支付的相关税费为计税基础。

由此可见,接受投资的无形资产的初始计量与计税基础是相同的。对于接受投资的土地使用权,在办理产权变更登记时缴纳的契税,属于该项无形资产达到预用途前所发的支出,会计上应计入无形资产成本,税法上也应计入资产的计税基础。

(三)土地使用权的处理

1. 土地使用权的会计处理

根据无形资产准则规定,企业取得的土地使用权通常应确认为无形资产。土地使用权用于自行开发建造厂房等地上建筑物时,土地使用权的账面价值不与地上建筑物合并计算其成本,而仍作为无形资产进行核算,土地使用权与地上建筑物分别进行摊销和提取折旧。但下列情况除外:

(1)房地产开发企业取得的土地使用权用于建造对外出售的房屋建筑物,相关的土地使用权应当计入所建造的房屋建筑物成本。

(2)企业外购的房屋建筑物,实际支付的价款中包括土地以及建筑物的价值,则应当对支付的价款按照合理的方法(如,公允价值)在土地和地上建筑物之间进行分配;如果确实无法在地上建筑物与土地使用权之间进行合理分配的,应当全部作为固定资产核算。

企业改变土地使用权的用途,将其作为用于出租或增值目的时,应将其转为投资性房地产。

【例 4-8】 2008 年 1 月 1 日,甲上市公司购入一块土地使用权,使用年限为 40 年,以银行存款支付出让金 4 000 万元。2 月 1 日起在该土地上建造厂房等工程,到 6 月 30 日,该工程已经完工并达到预定可使用状态,共发生材料支出 9 000 万元,工资费用 2 000 万元,其他相关费用 4 000 万元。假定土地使用年限为 40 年,该厂房预计使用寿命 15 年,两者都没有残值,都采用直线法摊销和折旧,为简化核算,不考虑其他相关税费。

要求:进行相关的会计与税务处理。

【解析】

甲公司购入土地使用权,使用年限为 40 年,表明它属于使用寿命有限的无形资产。在该土地上建造厂房,应将土地使用权和地上建筑物分别作为无形资产和固定资产进行核算,并分别摊销和计提折旧。

甲公司的账务处理如下:

(1) 2008 年 1 月 1 日支付土地出让金:

借:无形资产——土地使用权   40 000 000

    贷:银行存款   40 000 000

(2) 在土地上建造厂房:

借:在建工程   150 000 000

    贷:工程物资   90 000 000

      应付职工薪酬   20 000 000

      银行存款   40 000 000

(3) 6 月 30 日厂房达到预定可使用状态,转入固定资产时:

借:固定资产   150 000 000

    贷:在建工程   150 000 000

(4) 当年分期摊销土地使用权和对厂房计提折旧:

借:管理费用——土地使用权摊销   1 000 000

    贷:累计摊销   1 000 000

借:制造费用——厂房折旧   5 000 000

    贷:累计折旧   5 000 000

税务处理:由于土地使用权的摊销年限会计与税法一致,对其摊销额申报企业所得税时不作纳税调整;而厂房的会计折旧年限 15 年,低于企业所得税法规定的最低折旧年限,对由此造成的每一纳税年度的折旧差额应进行纳税调整。

税法折旧限额:15 000÷20×6÷12＝375(万元),应调增应纳税所得额:500－375＝125(万元)。

《小企业会计准则》规定:自行开发建造厂房等建筑物,相关的土地使用权与建筑物应当分别进行处理。外购土地及建筑物支付的价款应当在建筑物与土地使用权之间按照合理的方法进行分配;难以合理分配的,应当全部作为固定资产。

2. 地价计入房产原值征收房产税

财政部、国家税务总局《关于房产税若干具体问题的解释和暂行规定》(财税地字〔1986〕

第 8 号)第十五条规定,房产原值是指纳税人按照会计制度规定,在账簿"固定资产"科目中记载的房屋原价,对纳税人未按会计制度规定记载的,在计征房产税时,应按规定调整房产原值。

财政部、国家税务总局《关于房产税城镇土地使用税有关问题的通知》(财税〔2008〕152号)进一步明确规定,自 2009 年 1 月 1 日起止 2010 年 12 月 21 日止,对依照房产原值计税的房产,不论是否记载在会计账簿"固定资产"科目中,均应按照房屋原价计算缴纳房产税。房屋原价应根据国家有关会计制度规定进行核算。对纳税人未按国家会计制度规定核算并记载的,应按规定予以调整或重新评估。财税地字(1986)第 8 号文件第十五条同时废止。

自 2010 年 12 月 21 日起,《财政部、国家税务总局关于安置残疾人就业单位城镇土地使用税等政策的通知》(财税〔2010〕121 号)规定:对按照房产原值计税的房产,无论会计上如何核算,房产原值均应包含地价,包括为取得土地使用权支付的价款、开发土地发生的成本费用等。宗地容积率低于 0.5 的,按房产建筑面积的 2 倍计算土地面积并据此确定计入房产原值的地价。

三、研究开发费的会计与税务处理

研究开发费是指纳税人在一个纳税年度生产经营中发生的用于研究开发新产品、新技术、新工艺的各项费用,包括新产品设计费,工艺规程制定费,设备调整费,原材料和半成品的试制费,技术图书资料费,中间实验费,研究机构人员的工资,用于研究开发的仪器、设备的折旧,委托其他单位和个人进行科研试制的费用,以及与新产品的试制和技术研究直接相关的其他费用。无形资产准则与企业所得税法及其实施条例分别对其会计与税务处理做出了新的规定。

(一)研究开发费的会计处理[①]

1. 研究开发费会计处理的类型

研究开发费的会计处理,理论上有全部资本化、全部费用化和部分资本化部分费用化三种类型。其中全部资本化虽然能够体现无形资产的价值,符合配比原则,但由于研发活动能否成功以及所形成资产未来创造经济利益的能力都具有很大的不确定性,如果将失败的研发活动支出与成功的研发活动支出一起,全部资本化为无形资产成本,显然不合理。因而在会计实务中,通常不采用研究开发费用全部资本化的方法。

研究开发费用全部费用化,存在混淆收益性支出与资本性支出以及不能正确评价企业经营业绩等不足,但由于符合谨慎性原则,能给企业带来递延缴纳所得税的好处,在会计实务中,有些国家主张采用这种方法。如我国企业会计制度以及 2001 年发布的《企业会计准则——无形资产》就采用了这种全部费用化的方法。

受纳税利益驱使,研究开发费用全部费用化,自然能鼓励企业的研究与开发活动。可是我国是公有制为主体,多种经济成分并存的国家,对国有企业管理者的评价主要以经营业绩好坏、实现利润的多少为标准,研究开发费用全部费用化,会使企业当期利润下降,企业高层管理人员为保证当期利润,往往会削减研发支出,这将不利于企业的长期发展。为改变研究开发费全部费用化不利于鼓励企业进行研究与开发活动的现状,实现与国际会计准则实质性趋同,我国在 2006 年 2 月 15 日发布的无形资产准则中,借鉴国际上通行的做法,对研究

---

① 参见吴健:《开发费用谜解》,载《新理财》,2008 年 5 月。

开发费支出采取部分资本化部分费用化的方法进行会计处理。

2. 企业会计制度有关研究开发费的处理

企业会计制度规定，自行开发并按法律程序申请取得的无形资产，按依法取得时发生的注册费、聘请律师费等费用，作为无形资产的实际成本。在研究与开发过程中发生的材料费用、直接参与开发人员的工资及福利费、开发过程中发生的租金、借款费用等，直接计入当期损益。

财会（2001）7号文件印发的《企业会计准则——无形资产》与企业会计制度相比，两者就研究开发费的会计处理规定是一致的，即研究开发费用全部费用化，计入当期损益。已经计入各期费用的研究与开发费用，在该项无形资产获得成功并依法申请取得权利时，不得再将原已计入费用的研究与开发费用资本化。

3. 无形资产准则有关研究开发费的处理

（1）研究阶段和开发阶段的划分

无形资产准则第七条规定，企业内部研究开发项目的支出，应当区分为研究阶段支出与开发阶段支出。

研究阶段，是指为获取新的技术和知识等进行的有计划的调查，其特点在于研究阶段是探索性的，为进一步的开发活动进行资料及相关方面的准备，从已经进行的研究活动看，将来是否会转入开发、开发后是否会形成无形资产等具有较大的不确定性。例如，意于获取知识而进行的活动；研究成果或其他知识的应用研究、评价和最终选择等。

开发是指在进行商业性生产或使用前，将研究成果或其他知识应用于某项计划或设计，以生产出新的或具有实质性改进的材料、装置、产品等。开发阶段相对研究阶段而言，是完成了研究阶段的工作，在很大程度上形成一项新产品或新技术的基本条件已经具备。例如，生产前或使用前的原型和模型的设计、建造和测试；含新技术的工具、夹具、模具和冲模的设计等。

（2）开发支出资本化的条件

无形资产准则规定，企业内部开发项目发生的开发支出，同时满足下列条件的，应当确认为无形资产：

① 完成该无形资产以使其能够使用或出售在技术上具有可行性；

② 具有完成该无形资产并使用或出售的意图；

③ 无形资产产生经济利益的方式，包括能够证明运用该无形资产生产的产品存在市场或无形资产自身存在市场，无形资产将在内部使用的，应当证明其有用性；

④ 有足够的技术、财务资源和其他资源支持，以完成该无形资产的开发，并有能力使用或出售该无形资产；

⑤ 归属于该无形资产开发阶段的支出能够可靠地计量。

（3）内部开发无形资产的计量

内部开发活动形成的无形资产，其成本由可直接归属于该资产的创造、生产并使该资产能够以管理层预定的方式运作的所有必要支出组成，包括开发该无形资产时耗费的材料、劳务成本、注册费、在开发该无形资产过程中使用的其他专利权和特许权的摊销、按照借款费用准则的规定资本化的利息支出，以及为使该无形资产达到预定用途前所发生的其他费用。对于在开发过程中达到资本化条件之前已经费用化计入损益的支出不再进行调整。

（4）研究开发费的财务处理

财务处理原则：企业内部研究开发项目研究阶段的支出，应当于发生时计入当期损益（管理费用）；开发阶段的支出符合资本化条件的，才能资本化确认为无形资产；不符合资本化条件的计入当期损益（管理费用）。如果无法区分研究阶段支出和开发阶段支出，应当将其所发生的研发支出全部费用化，计入当期损益（管理费用）。

具体账务处理：企业自行开发无形资产发生的研发支出，未满足资本化条件的，借记"研发支出——费用化支出"科目，满足资本化条件的，借记"研发支出——资本化支出"科目，贷记"原材料"、"银行存款"、"应付职工薪酬"等科目。购买正在进行中的研究开发项目，应按确定的金额，借记"研发支出——资本化支出"科目，贷记"银行存款"等科目。研究开发项目达到预定用途形成无形资产的，应按"研发支出——资本化支出"科目的余额，借记"无形资产"科目，贷记"研发支出——资本化支出"科目。

比较企业会计制度与新无形资产准则有关研究开发费用的会计处理可知：原制度规定研究开发费用全部费用化，计入当期损益。无形资产准则借鉴国际会计准则的做法，对研究开发费全部费用化进行了修订，研究费用依然费用化处理，进入开发程序后，对开发过程中的费用如果符合规定的条件，可以资本化确认为无形资产。执行新的无形资产准则，对于符合资本化条件，原已计入当期损益的开发费用，不再追溯调整。

（二）研究开发费的税务处理及差异比较

有关研究开发费的税务处理规定主要有：财政部、国家税务总局《关于促进企业技术进步有关财务税收问题的通知》（财工字〔1996〕41号）、《关于企业技术创新有关企业所得税优惠政策的通知》（财税〔2006〕88号），国家税务总局《关于促进企业技术进步有关税收问题的补充通知》（国税发〔1996〕152号）和企业所得税法及其实施条例等。根据研究开发费在税务处理上是否允许资本化，将其分为如下两个阶段。

1. 研究开发费用全部费用化阶段

在2008年以前，根据财税〔2006〕88号等文件规定，对财务核算制度健全、实行查账征税的内外资企业、科研机构、大专院校等，其发生的研究开发费，按规定全额税前扣除的基础上，允许再按当年实际发生额的50%在企业所得税税前加计扣除。企业年度实际发生的技术开发费当年不足抵扣的部分，可在以后年度企业所得税应纳税所得额中结转抵扣，抵扣的期限最长不得超过五年。

由此可知，在企业所得税法及其实施条例实施前，与无形资产准则相比，税务上不区分研究阶段与开发阶段支出，对所有的研究开发支出税务上全部费用化处理。另外还可以加计50%在企业所得税前扣除，而会计上无加计扣除的相关规定。

2. 研究开发费部分费用化部分资本化阶段

2008年1月1日实施的企业所得税法规定，自行开发的无形资产，以开发过程中该资产符合资本化条件后至达到预定用途前发生的支出为计税基础。企业开发新技术、新产品、新工艺发生的研究开发费用，可以在计算应纳税所得额时加计扣除。这里研究开发费用的加计扣除，根据企业所得税法实施条例规定，是指企业为开发新技术、新产品、新工艺发生的研究开发费用，未形成无形资产计入当期损益的，在按照规定据实扣除的基础上，按照研究开发费用的50%加计扣除；形成无形资产的，按照无形资产成本的150%摊销。

企业所得税法及其实施条例与财税〔2006〕88号等原规定相比，最主要的变化是，改变了研究开发费税务处理时全额费用化的做法，对企业研究开发支出形成无形资产的，按照无形资产成本的150％在缴纳企业所得税前摊销扣除。

【例4-9】 丙公司为在上海证交所上市企业，2008年1月1日，自行研究开发一项新产品专利技术，在研究开发过程中发生材料费3 000万元、人工工资1 500万元，以及其他费用2 500万元，总计7 000万元，其中，符合资本化条件的支出为4 000万元，2008年6月30日，该专利技术已经达到预定用途。

要求：进行相关的会计处理与纳税调整。

【解析】

丙公司发生研发支出时的账务处理为：

借：研发支出——费用化支出　　　　　　　　　　　　　　30 000 000
　　　　　　　资本化支出　　　　　　　　　　　　　　　40 000 000
　贷：原材料　　　　　　　　　　　　　　　　　　　　　　　　　30 000 000
　　　应付职工薪酬　　　　　　　　　　　　　　　　　　　　　　15 000 000
　　　银行存款　　　　　　　　　　　　　　　　　　　　　　　　25 000 000

2008年6月30日，该专利技术达到预定用途时，根据无形资产准则规定，应予费用化的支出为3 000万元，应予资本化的金额为4 000万元，即该项专利在会计上初始计量的金额为4 000万元，其账务处理为：

借：管理费用　　　　　　　　　　　　　　　　　　　　　30 000 000
　　无形资产——专利权　　　　　　　　　　　　　　　　40 000 000
　贷：研发支出——费用化支出　　　　　　　　　　　　　　　　30 000 000
　　　　　　　　资本化支出　　　　　　　　　　　　　　　　　40 000 000

而根据企业所得税法规定，企业研究开发费支出，在计算应纳税所得额时可以加计扣除。因而当期可税前扣除的费用化支出为：3 000×（1+50％）=4 500（万元），加计扣除金额1 500万元应作为当期的纳税调整减少项目；对形成无形资产的资本化支出4 000万元，应按照6 000（4 000×150％）万元在不短于10年的期限内摊销在缴纳所得税前扣除。

四、无形资产的后续计量与税前扣除

(一)无形资产摊销的范围

1. 会计摊销的范围

无形资产准则规定，企业应当于取得无形资产时分析判断其使用寿命。使用寿命为有限的，应当估计该使用寿命的年限或者构成使用寿命的产量等类似计量单位数量，其应摊销金额应当在使用寿命内合理摊销。无法预见无形资产为企业带来经济利益期限的，应当视为使用寿命不确定的无形资产，使用寿命不确定的无形资产不应摊销。

《企业会计准则——应用指南》附录规定，"商誉"科目用来核算企业合并中形成的商誉价值。商誉发生减值的，可以单独设置"商誉减值准备"科目，比照"无形资产减值准备"科目进行处理。"商誉"科目期末借方余额，反映企业商誉的价值。由此可见，企业会计准则没有将商誉列入无形资产范畴，而是在"商誉"科目单独进行核算，同时规定可以对商誉计提减值准备，但未规定商誉可以进行摊销。与《企业会计准则》不一致的是，税法仍把商誉归为无形资产，由此造成会计和税法对商誉的处理存在一些差异。

2. 税法摊销的范围

企业所得税法第十二条规定,在计算应纳税所得额时,企业按照规定计算的无形资产摊销费用,准予扣除。

下列无形资产不得计算摊销费用扣除:

(1) 自行开发的支出已在计算应纳税所得额时扣除的无形资产;

(2) 自创商誉;

(3) 与经营活动无关的无形资产;

(4) 其他不得计算摊销费用扣除的无形资产。

企业所得税法不区分使用寿命有限的无形资产与使用寿命不确定的无形资产,除税法规定不得计算摊销费用扣除的无形资产外,都应按规定计算无形资产的摊销费用,在税前扣除。

外购商誉的支出,在企业整体转让或者清算时,准予扣除。自创商誉不得计算摊销费用扣除,主要是基于:第一,既然在资产评估时都不能准确确定并分摊到可识别资产上(如果能够确定就应该反映到评估价格上),因此,将其作为资产并摊销不尽合理。第二,即使在会计上,世界各国对商誉的确认也是有争议的。美国甚至在会计制度中也不允许商誉的摊销。第三,商誉的价值很不确定,不能单独存在和变现,形成商誉的因素企业难以控制。第四,商誉的价值并没有损耗,即使确认为无形资产也不应该摊销。事实上,世界上多数国家税法都不允许商誉摊销。

(二) 无形资产的摊销方法与摊销期限

1. 无形资产摊销的会计处理

无形资产准则规定,使用寿命有限的无形资产,其应摊销金额应当在使用寿命内系统合理摊销。企业摊销无形资产,应当自无形资产可供使用时起,至不再作为无形资产确认时止。企业选择的无形资产摊销方法,应当反映与该项无形资产有关的经济利益的预期实现方式。无法可靠确定预期实现方式的,应当采用直线法摊销。无形资产的摊销金额一般应当计入当期损益,其他会计准则另有规定的除外。

《小企业会计准则》规定:无形资产应当在其使用寿命内采用年限平均法进行摊销,根据其受益对象计入相关资产成本或者当期损益。有关法律规定或合同约定了使用年限的,可以按照规定或约定的使用年限分期摊销。小企业不能可靠估计无形资产使用寿命的,摊销期不得低于 10 年。

2. 无形资产摊销的税务处理

企业所得税法实施条例第六十七条规定,无形资产按照直线法计算的摊销费用,准予扣除。而且无形资产摊销方法和期限一经确定,不得随意变更。无形资产的摊销年限不得低于 10 年。作为投资或者受让的无形资产,有关法律规定或者合同约定使用年限的,可以按照规定或者约定的使用年限分期摊销。而无形资产准则中并未明确规定无形资产的最低摊销年限。

因而按照其他方法计算的无形资产摊销费用,不符合税法规定的在计算应纳税所得额时要进行纳税调整。

(三) 无形资产应摊销金额的确定

1. 会计应摊销金额的计算

根据无形资产准则规定,无形资产的应摊销金额为其成本扣除预计残值后的金额。已计提减值准备的无形资产,还应扣除已计提的无形资产减值准备累计金额。

使用寿命有限的无形资产,其残值应当视为零,但下列情况除外:① 有第三方承诺在无形资产使用寿命结束时购买该无形资产;② 可以根据活跃市场得到预计残值信息,并且该市场在无形资产使用寿命结束时很可能存在。企业接受投资或因合并、分立等改组中接受的无形资产,按公允价值摊销。

因此财务上,无形资产的账面价值=实际成本-累计摊销-无形资产减值准备;对于使用寿命不确定的无形资产,账面价值=实际成本-无形资产减值准备。

2. 无形资产摊销的税前扣除

根据企业所得税法规定,无形资产以其计税基础作为可摊销的金额。企业持有无形资产等各项资产期间资产增值或减值,除国务院财政、税务主管部门规定可以确认损益外,不得调整该资产的计税基础。

因而已计提减值准备的无形资产,由于税法不允许扣除无形资产减值准备,应进行纳税调整。企业接受投资或因合并、分立等改组中接受的无形资产,一般来说只有当有关无形资产中隐含的增值或损失已经在税收上确认,并缴纳过企业所得税后,才能按经评估确认的价值确定有关无形资产的计税基础,否则,只能以无形资产在原企业账面的净值作为计税基础。即,计税基础=实际成本-累计摊销。

【例 4-10】 2008 年 1 月 1 日,丁股份公司购入一项产品的商标权,成本为 5 000 万元,该商标权按照法律规定还有 5 年的使用寿命,但是在保护期届满时,丁股份公司可以每 10 年以较低的手续费申请延期,同时丁股份公司有充分的证据表明其有能力申请延期。此外,有关的市场调查表明,根据产品生命周期、市场竞争等方面情况综合判断,该商标权将在不确定的期间内为企业带来现金流量。2008 年年底,丁股份公司对该商标权进行减值测试。测试表明该商标已发生减值。2008 年年底,该商标的公允价值为 4 000 万元。

要求:对丁公司 2008 年与商标权有关业务进行会计处理、税务处理及纳税调整。

【解析】

(1) 2008 年 1 月 1 日购入商标权时,会计上的入账价值为 5 000 万元,其账务处理为:

借:无形资产——商标权　　　　　　　　　　　　　　　50 000 000

　贷:银行存款　　　　　　　　　　　　　　　　　　　　　50 000 000

税务处理:根据税法规定,2008 年 1 月 1 日购入商标权时,其计税基础也为 5 000 万元。根据无形资产准则规定,上述商标权在会计上可视为使用寿命不确定的无形资产,在持有期间不需要进行摊销。但根据企业所得税法规定,该项无形资产应采用直线法,在不低于 10 年期限内摊销,在税前扣除。因而 2008 年可税前扣除的该项商标权的摊销额为:5 000÷10 =500(万元)。2008 年年底的计税基础为:5 000-500=4 500(万元)。

(2) 2008 年 12 月 31 日该项商标权发生减值时,其账务处理为

借:资产减值损失　　　　　　　　　　　　　　　　　　10 000 000

　贷:无形资产减值准备——商标权　　　　　　　　　　　10 000 000

税务处理:计提减值准备后的该项商标权的账面价值为:5 000-1 000=4 000(万元)。在企业所得税纳税申报时,应调增计提的"资产减值损失"1 000 万元,调减商标权的应摊销额 500 万元。

（四）无形资产摊销的复核

无形资产准则规定,企业至少应当于每年年度终了,对使用寿命有限的无形资产的使用寿命及摊销方法进行复核。无形资产的使用寿命及摊销方法与以前估计不同的,应当改变摊销期限和摊销方法。

企业应当在每个会计期间对使用寿命不确定的无形资产的使用寿命进行复核。如果有证据表明无形资产的使用寿命是有限的,应当估计其使用寿命,并按会计准则规定处理。

而企业所得税法规定,无形资产摊销方法和期限一经确定,不得随意变更。

五、无形资产的处置与报废

无形资产的处置,主要是指无形资产出售、对外出租、对外捐赠,或者是无法为企业带来未来经济利益时,应予转销并终止确认。

（一）会计处理

1. 无形资产的出售

无形资产准则规定,企业出售无形资产时,应将所取得的价款与该无形资产账面价值的差额计入当期损益。

企业出售无形资产不属于收入准则的规范范围,但出售无形资产确认其利得的时点,应比照收入准则中的有关原则进行判断。

出售无形资产时,应按实际收到的金额,借记"银行存款"等科目;按已摊销的累计摊销额,借记"累计摊销"科目;原已计提减值准备的,借记"无形资产减值准备"科目;按应支付的营业税等相关税费,贷记"应交税费"等科目;按其账面余额,贷记"无形资产"科目,按其差额,贷记"营业外收入——处置非流动资产利得"科目或者借记"营业外支出——处置非流动资产损失"科目。

2. 无形资产的出租

企业将所拥有的无形资产的使用权让渡给他人,并收取租金,在满足收入确认条件的情况下,应确认相关的收入及成本。

出租无形资产时,取得的租金收入,借记"银行存款"等科目,贷记"其他业务收入"等科目;摊销出租无形资产的成本并发生与出租有关的各种费用支出时,借记"其他业务成本"科目,贷记"无形资产"科目。

3. 无形资产的报废

无形资产预期不能为企业带来经济利益的,应当将该无形资产的账面价值予以转销。按已摊销的累计摊销额,借记"累计摊销"科目;原已计提减值准备的,借记"无形资产减值准备"科目;按其账面余额,贷记"无形资产"科目;按其差额,借记"营业外支出"科目。

根据《小企业会计准则》规定,处置无形资产,处置收入扣除其账面价值、相关税费等后的净额,应当计入营业外收入或营业外支出。

（二）无形资产处置的税务处理

企业所得税法规定,企业以货币形式和非货币形式从各种来源取得的收入,为收入总额。与无形资产处置相关的收入,在企业所得税法上分为转让财产收入和特许权使用费收入两类。

企业出售、转让无形资产,应按企业所得税法相关规定确认为转让财产收入,在计算应纳税所得额时,按规定扣除该项资产的净值和转让费用。

特许权使用费收入，是指企业提供专利权、非专利技术、商标权、著作权以及其他特许权的使用权取得的收入。特许权使用费收入，按照合同约定的特许权使用人应付特许权使用费的日期确认收入的实现。

企业以无形资产对外投资、债务重组、分配股利和捐赠等，都要视同销售。

第五节　投资资产的税务处理

一、投资资产成本的扣除

投资资产，是指企业对外进行权益性投资和债权性投资形成的资产。

企业所得税法第十四条规定，企业对外投资期间，投资资产的成本在计算应纳税所得额时不得扣除。企业所得税法实施条例第七十一条规定，企业在转让或者处置投资资产时，投资资产的成本，准予扣除。

投资资产按照以下方法确定成本：

（1）通过支付现金方式取得的投资资产，以购买价款为成本；

（2）通过支付现金以外的方式取得的投资资产，以该资产的公允价值和支付的相关税费为成本。

二、债权性投资的处理

（一）债权性投资的会计处理

《小企业会计准则》规定：长期债券投资应当按照购买价款和相关税费作为成本进行计量。实际支付价款中包含的已到付息期但尚未领取的债券利息，应当单独确认为应收利息，不计入长期债券投资的成本。长期债券投资在持有期间发生的应收利息应当确认为投资收益。

（1）分期付息、一次还本的长期债券投资，在债务人应付利息日按照票面利率计算的应收未收利息收入应当确认为应收利息，不增加长期债券投资的账面余额。

（2）一次还本付息的长期债券投资，在债务人应付利息日按照票面利率计算的应收未收利息收入应当增加长期债券投资的账面余额。

（3）债券的折价或者溢价在债券存续期间内于确认相关债券利息收入时采用直线法进行摊销。

长期债券投资到期，小企业收回长期债券投资，应当冲减其账面余额。处置长期债券投资，处置价款扣除其账面余额、相关税费后的净额，应当计入投资收益。小企业长期债券投资符合规定条件的，减除可收回的金额后确认的无法收回的长期债券投资，作为长期债券投资损失。长期债券投资损失应当于实际发生时计入营业外支出，同时冲减长期债券投资账面余额。

（二）国债投资业务所得税处理

根据《关于企业国债投资业务企业所得税处理问题的公告》（国家税务总局公告 2011 年第 36 号）规定，自 2011 年 1 月 1 日起，企业国债投资业务企业所得税处理方法如下。

1. 国债利息收入的税务处理

（1）国债利息收入时间确认

根据企业所得税法实施条例第十八条的规定，企业投资国债从国务院财政部门（以下简称发行者)取得的国债利息收入,应以国债发行时约定应付利息的日期,确认利息收入的实现。

企业转让国债,应在国债转让收入确认时确认利息收入的实现。

(2)国债利息收入计算

企业到期前转让国债、或者从非发行者投资购买的国债,其持有期间尚未兑付的国债利息收入,按以下公式计算确定:

$$国债利息收入＝国债金额×(适用年利率÷365)×持有天数 \qquad (1)$$

上述公式中的"国债金额",按国债发行面值或发行价格确定;"适用年利率"按国债票面年利率或折合年收益率确定;如企业不同时间多次购买同一品种国债的,"持有天数"可按平均持有天数计算确定。

(3)国债利息收入免税问题

根据企业所得税法第二十六条规定,企业取得的国债利息收入,免征企业所得税。具体按以下规定执行:

企业从发行者直接投资购买的国债持有至到期,其从发行者取得的国债利息收入,全额免征企业所得税。

企业到期前转让国债、或者从非发行者投资购买的国债,其按上述公式(1)计算的国债利息收入,免征企业所得税。

2.国债转让收入的税务处理

(1)国债转让收入时间确认

① 企业转让国债应在转让国债合同、协议生效的日期,或者国债移交时确认转让收入的实现。

② 企业投资购买国债,到期兑付的,应在国债发行时约定的应付利息的日期,确认国债转让收入的实现。

(2)国债转让收益(损失)计算

企业转让或到期兑付国债取得的价款,减除其购买国债成本,并扣除其持有期间按照该公告第一条的上述规定计算的国债利息收入以及交易过程中相关税费后的余额,为企业转让国债收益(损失)。

(3)国债转让收益(损失)的处理

根据企业所得税法实施条例第十六条规定,企业转让国债,应作为转让财产,其取得的收益(损失)应作为企业应纳税所得额计算纳税。

3.国债成本的税务处理

(1)通过支付现金方式取得的国债,以买入价和支付的相关税费为成本;

(2)通过支付现金以外的方式取得的国债,以该资产的公允价值和支付的相关税费为成本。

企业在不同时间购买同一品种国债的,其转让时的成本计算方法,可在先进先出法、加权平均法、个别计价法中选用一种。计价方法一经选用,不得随意改变。

三、股权投资的处理

(一)会计处理

根据《小企业会计准则》规定,长期股权投资应当按照成本进行计量。① 以支付现金取得的长期股权投资,应当按照购买价款和相关税费作为成本进行计量。实际支付价款中包含的已宣告但尚未发放的现金股利,应当单独确认为应收股利,不计入长期股权投资的成本。② 通过非货币性资产交换取得的长期股权投资,应当按照换出非货币性资产的评估价值和相关税费作为成本进行计量。

《小企业会计准则》规定,长期股权投资应当采用成本法进行会计处理。在长期股权投资持有期间,被投资单位宣告分派的现金股利或利润,应当按照应分得的金额确认为投资收益。处置长期股权投资,处置价款扣除其成本、相关税费后的净额,应当计入投资收益。

（二）股权投资损失的扣除

企业进行股权投资要么产生投资收益,要么导致投资损失,其中股权投资损失包括股权持有损失和股权处置损失。关于股权投资损失税务处理的政策依据,主要有国家税务总局《关于企业股权投资业务若干所得税问题的通知》(国税发〔2000〕118 号)、财政部、国家税务总局《关于企业资产损失税前扣除政策的通知》(财税〔2009〕57 号)、企业所得税法以及财政部、国家税务总局先后出台的一系列相关文件。上述税收法规主要明确了股权持有损失和股权处置损失的两种税前扣除方法:一种是在当期企业所得税前扣除;另一种是在以后年度结转扣除。

在 2008 年 1 月 1 日企业所得税法实施以前,国税发〔2000〕118 号文件规定,企业股权投资损失是指企业因收回、转让或清算处置股权投资的收入减去股权投资成本后的余额。这里的股权投资损失表现为股权处置损失,这种损失可以在税前扣除。但有限制性条件,即每一纳税年度扣除的股权投资损失,不得超过当年实现的股权投资收益和股权投资转让所得,超过部分可向以后纳税年度结转扣除。纳税人因收回、转让或清算处置股权投资所形成的损失,是按税收规定计算的投资转让损失,而不是会计上确认的转让损失。

根据国家税务总局《关于做好 2007 年度企业所得税汇算清缴工作的补充通知》(国税函〔2008〕264 号)规定,企业股权投资转让损失连续向后结转 5 年仍不能从股权投资收益和股权投资转让所得中扣除的,准予在该股权投资转让年度后第 6 年一次性扣除,这条规定是对国税发〔2000〕118 号文件的补充性规定。

2008 年 1 月 1 日以后,根据企业所得税法及其实施条例,企业对外投资期间,对投资资产的成本,在计算应纳税所得额时不得扣除。企业在转让或者处置投资资产时,投资资产的成本,准予扣除。根据财税〔2009〕57 号文件规定,股权投资损失可以作为资产损失处理。对发生在 2008 年及其以后年度的股权投资处置损失可在发生的当年一次性扣除。

【例 4-11】 (CTA·2010)2008 年初 A 居民企业以实物资产 500 万元直接投资于 B 居民企业;取得 B 企业 30% 的股权。2009 年 11 月,A 企业将持有 B 企业的股权全部转让,取得收入 600 万元,转让时 B 企业在 A 企业投资期间形成的未分配利润为 400 万元。关于 A 企业该项投资业务的说法,正确的是( )。

A. A 企业取得投资转让所得 100 万元

B. A 企业应确认投资的股息所得 400 万元

C. A 企业应确认的应纳税所得额为－20 万元

D. A 企业投资转让所得应缴纳企业所得税 15 万元

【答案】 A

【解析】

根据现行企业所得税法规定,企业在转让或者处置投资资产时,投资资产的成本,准予扣除。企业在计算股权转让所得时,不得扣除被投资企业未分配利润等留存收益中按该项股权所可能分配的金额。因而,A 企业股权转让所得为:600－500＝100(万元),应纳企业所得税为:100×25％＝25(万元)。

四、混合性投资业务的处理

企业混合性投资业务,是指兼具权益和债权双重特性的投资业务。现行企业所得税制对此类投资业务取得回报的税务处理是不同的。权益性投资取得回报,一般体现为股息收入,按照规定可以免征企业所得税;同时,被投资企业支付的股息不能作为费用在税前扣除;债权性投资取得回报为利息收入,按照规定应当缴纳企业所得税;同时,被投资企业支付的利息也准予在税前扣除。

(一)混合性投资业务应具备的条件

由于混合性投资业务兼具权益性投资和债权性投资双重特征,需要统一此类投资业务政策执行口径。因此,鉴于混合性投资业务的特点,国家税务总局《关于企业混合性投资业务企业所得税处理问题的公告》(国家税务总局公告 2013 年第 41 号)将同时符合下列条件的混合性投资业务,归属于债权投资业务,并要求按照债权投资业务进行企业所得税处理。

(1)被投资企业接受投资后,需要按投资合同或协议约定的利率定期支付利息(或定期支付保底利息、固定利润、固定股息,下同)。也就是说,此类投资回报不与被投资企业的经营业绩挂钩,不是按企业的投资效益进行分配,也不是按投资者的股份份额取得回报。投资者没有或很少承担投资风险的一种投资,实际为企业一种融资形式。

(2)有明确的投资期限或特定的投资条件,并在投资期满或者满足特定投资条件后,被投资企业需要赎回投资或偿还本金。也就是说,投资期限无论是否届满,只要合同或协议约定的、需要由被投资企业偿还本金或赎回投资的条件已经满足,被投资企业必须偿还本金或赎回投资。被投资企业偿还本金或赎回投资后,作减资处理。

(3)投资企业对被投资企业净资产不拥有所有权。被投资企业如果依法停止生产经营活动需要清算的,投资企业的投资额可以按债权进行优先清偿,但对被投资企业净资产不能按投资份额拥有所有权。

(4)投资企业不具有选举权和被选举权。被投资企业在选举董事会、监事会成员时,投资企业不能按持有股份比例进行表决或被选为成员。

(5)投资企业不参与被投资企业日常生产经营活动。但是,投资资金如果指定了专门用途的,投资方企业可以监督其资金运用情况。

(二)混合性投资业务的所得税处理

符合税务总局 2013 年第 41 号公告第一条规定的混合性投资业务,按下列规定进行企业所得税处理。

1. 被投资企业支付利息的税务处理

对于被投资企业支付的利息,投资企业应于被投资企业应付利息的日期,确认收入的实现并计入当期应纳税所得额;被投资企业应于应付利息的日期,确认利息支出,并按税法和《国家税务总局关于企业所得税若干问题的公告》(2011 年第 34 号)第一条规定的限定利率,进行税前扣除。

2．被投资企业赎回投资的税务处理

对于被投资企业赎回的投资,投资双方应于赎回时将赎价与投资成本之间的差额确认为债务重组损益,分别计入当期应纳税所得额。也就是说,投资期满或满足特定条件后,由被投资企业按投资合同或协议约定价格赎回的,应区分下列情况分别进行处理：

（1）当实际赎价高于投资成本时,投资企业应将赎价与投资成本之间的差额,在赎回时确认为债务重组收益,并计入当期应纳税所得额；被投资企业应将赎价与投资成本之间的差额,在赎回当期确认为债务重组损失,并准予在税前扣除。

（2）当实际赎价低于投资成本时,投资企业应将赎价与投资成本之间的差额,在赎回当期按规定确认为债务重组损失,并准予在税前扣除；被投资企业应将赎价与投资成本之间的差额,在赎回当期确认为债务重组收益,并计入当期应纳税所得额。

3．以前年度混合性投资业务税务处理衔接

税务总局 2013 年第 41 号公告自 2013 年 9 月 1 日起执行,此前发生的已进行税务处理的混合性投资业务,不再进行纳税调整。即生效后,以前年度的混合性投资业务税务事项,不论是按照股息收入、还是按照利息收入进行税务处理,均不再调整。没有处理的,按照该公告规定处理。

五、投资企业撤回或减少投资的处理

国家税务总局《关于企业所得税若干问题的公告》（国家税务总局公告 2011 年第 34 号）规定：投资企业从被投资企业撤回或减少投资,其取得的资产中,相当于初始出资的部分,应确认为投资收回；相当于被投资企业累计未分配利润和累计盈余公积按减少实收资本比例计算的部分,应确认为股息所得；其余部分确认为投资资产转让所得。被投资企业发生的经营亏损,由被投资企业按规定结转弥补；投资企业不得调整减低其投资成本,也不得将其确认为投资损失。

第六节　生物资产的处理

生物资产,是指有生命的动物和植物。生物资产分为消耗性生物资产、生产性生物资产和公益性生物资产。消耗性生物资产,是指为出售而持有的、或者在将来收获为农产品的生物资产,包括生长中的大田作物、蔬菜、用材林以及存栏待售的牲畜等。生产性生物资产,是指为产出农产品、提供劳务或出租等目的而持有的生物资产,包括经济林、薪炭林、产畜和役畜等。公益性生物资产,是指以防护、环境保护为主要目的的生物资产,包括防风固沙林、水土保持林和水源涵养林等。

一、初始计量与计税基础

（一）初始计量

《企业会计准则第 5 号——生物资产》（以下简称生物资产准则）规定,自行营造或繁殖的生产性生物资产的成本,应当按照下列规定确定。

（1）自行营造的林木类生产性生物资产的成本,包括达到预定生产经营目的前发生的造林费、抚育费、营林设施费、良种试验费、调查设计费和应分摊的间接费用等必要支出。

（2）自行繁殖的产畜和役畜的成本,包括达到预定生产经营目的（成龄）前发生的饲料费、人工费和应分摊的间接费用等必要支出。

达到预定生产经营目的,是指生产性生物资产进入正常生产期,可以多年连续稳定产出农产品、提供劳务或出租。

应计入生物资产成本的借款费用,按照借款费用准则处理。消耗性林木类生物资产发生的借款费用,应当在郁闭时停止资本化。

投资者投入生物资产的成本,应当按照投资合同或协议约定的价值确定,但合同或协议约定价值不公允的除外。天然起源的生物资产的成本,应当按照名义金额确定。

因择伐、间伐或者抚育更新性质采伐而补植林木类生物资产发生的后续支出,应当计入林木类生物资产的成本。生物资产在郁闭或者达到预定生产经营目的后发生的管护、饲养费用等后续支出,应当计入当期损益。

根据《小企业会计准则》规定,生产性生物资产应当按照成本进行计量。外购的生产性生物资产的成本,应当按照购买价款和相关税费确定。自行营造或繁殖的生产性生物资产的成本,应当按照下列规定确定:

(1)自行营造的林木类生产性生物资产的成本包括:达到预定生产经营目的前发生的造林费、抚育费、营林设施费、良种试验费、调查设计费和应分摊的间接费用等必要支出。

(2)自行繁殖的产畜和役畜的成本包括:达到预定生产经营目的前发生的饲料费、人工费和应分摊的间接费用等必要支出。

这里所称达到预定生产经营目的,是指生产性生物资产进入正常生产期,可以多年连续稳定产出农产品、提供劳务或出租。

(二)计税基础

企业所得税法实施条例第六十二条规定,生产性生物资产按照以下方法确定计税基础:

(1)外购的生产性生物资产,以购买价款和支付的相关税费为计税基础;

(2)通过捐赠、投资、非货币性资产交换、债务重组等方式取得的生产性生物资产,以该资产的公允价值和支付的相关税费为计税基础。

二、生产性生物资产的折旧

(一)折旧方法

生物资产准则规定,企业对达到预定生产经营目的的生产性生物资产,应当按期计提折旧,并根据用途分别计入相关资产的成本或当期损益。企业应当根据生产性生物资产的性质、使用情况和有关经济利益的预期实现方式,合理确定其使用寿命、预计净残值和折旧方法。可选用的折旧方法包括年限平均法、工作量法、产量法等。

根据《小企业会计准则》规定,生产性生物资产应当按照年限平均法计提折旧。小企业(农、林、牧、渔业)应当根据生产性生物资产的性质和使用情况,并考虑税法的规定,合理确定生产性生物资产的使用寿命和预计净残值。生产性生物资产的折旧方法、使用寿命、预计净残值一经确定,不得随意变更。

而企业所得税法实施条例第六十三条规定,生产性生物资产按照直线法计算的折旧,准予扣除。企业应当从生产性生物资产投入使用月份的次月起计算折旧;停止使用的生产性生物资产,应当自停止使用月份的次月起停止计算折旧。企业应当根据生产性生物资产的性质和使用情况,合理确定生产性生物资产的预计净残值。生产性生物资产的预计净残值一经确定,不得变更。

（二）折旧年限

生物资产准则规定,生产性生物资产的使用寿命、预计净残值和折旧方法一经确定,不得随意变更。但是,符合生物资产准则第二十条规定的除外。

生物资产准则第二十条规定,企业至少应当于每年年度终了对生产性生物资产的使用寿命、预计净残值和折旧方法进行复核。使用寿命或预计净残值的预期数与原先估计数有差异的,或者有关经济利益预期实现方式有重大改变的,应当作为会计估计变更,按照会计政策、会计估计变更和差错更正准则处理,调整生产性生物资产的使用寿命或预计净残值或者改变折旧方法。

而企业所得税法实施条例第六十四条规定,生产性生物资产计算折旧的最低年限如下:

(1) 林木类生产性生物资产,为 10 年;

(2) 畜类生产性生物资产,为 3 年。

【例 4-12】 下列各项中,依据企业所得税法相关规定可计提折旧的生物资产是(   )。

A. 经济林　　　　B. 防风固沙林　　　　C. 用材林　　　　D. 存栏待售的牲畜

【答案】 A

【解析】

为产出农产品、提供劳务或出租等目的而持有的生产性生物资产可以计提折旧,包括经济林、薪炭林、产畜和役畜等。消耗性生物资产与公益性生物资产不得计提折旧。

第五章　税收优惠

第一节　税收减免税管理

减免税是指依据税收法律、法规以及国家有关税收规定(以下简称税法规定)给予纳税人减税、免税。减税是指从应纳税款中减征部分税款;免税是指免征某一税种、某一项目的税款。为了规范和加强减免税管理工作,国家税务总局制定了《税收减免管理办法(试行)》(国税发〔2005〕129号),自2005年10月1日起执行。

各级税务机关应遵循依法、公开、公正、高效、便利的原则,规范减免税管理。《税收减免管理办法(试行)》把减免税分为报批类减免税和备案类减免税。报批类减免税是指应由税务机关审批的减免税项目;备案类减免税是指取消审批手续的减免税项目和不需税务机关审批的减免税项目。

根据国税发〔2005〕129号文件规定,纳税人享受报批类减免税,应提交相应资料,提出申请,经按规定具有审批权限的税务机关(以下简称有权税务机关)审批确认后执行。未按规定申请或虽申请但未经有权税务机关审批确认的,纳税人不得享受减免税。纳税人享受备案类减免税,应提请备案,经税务机关登记备案后,自登记备案之日起执行。纳税人未按规定备案的,一律不得减免税。

纳税人同时从事减免项目与非减免项目的,应分别核算,独立计算减免项目的计税依据以及减免税额度。不能分别核算的,不能享受减免税;核算不清的,由税务机关按合理方法核定。

纳税人依法可以享受减免税待遇,但未享受而多缴税款的,凡属于无明确规定需经税务机关审批或没有规定申请期限的,纳税人可以在税收征管法第五十一条规定(即:纳税人超过应纳税额缴纳的税款,税务机关发现后应当立即退还;纳税人自结算缴纳税款之日起三年内发现的,可以向税务机关要求退还多缴的税款,税务机关及时查实后应当立即退还)的期限内申请减免税,要求退还多缴的税款,但不加算银行同期存款利息。

减免税审批机关由税收法律、法规、规章设定。凡规定应由国家税务总局审批的,经由各省、自治区、直辖市和计划单列市税务机关上报国家税务总局;凡规定应由省级税务机关及省级以下税务机关审批的,由各省级税务机关审批或确定审批权限,原则上由纳税人所在地的县(区)税务机关审批;对减免税金额较大或减免税条件复杂的项目,各省、自治区、直辖市和计划单列市税务机关可根据效能与便民、监督与责任的原则适当划分审批权限。各级税务机关应按照规定的权限和程序进行减免税审批,禁止越权和违规审批减免税。

一、减免税的申请、申报和审批实施

(一)减免税的申请

纳税人申请报批类减免税的,应当在政策规定的减免税期限内,向主管税务机关提出书

面申请,并报送以下资料:

(1) 减免税申请报告,列明减免税理由、依据、范围、期限、数量、金额等。

(2) 财务会计报表、纳税申报表。

(3) 有关部门出具的证明材料。

(4) 税务机关要求提供的其他资料。

纳税人报送的材料应真实、准确、齐全。税务机关不得要求纳税人提交与其申请的减免税项目无关的技术资料和其他材料。

纳税人可以向主管税务机关申请减免税,也可以直接向有权审批的税务机关申请。由纳税人所在地主管税务机关受理、应当由上级税务机关审批的减免税申请,主管税务机关应当自受理申请之日起 10 个工作日内直接上报有权审批的上级税务机关。

(二) 申请的受理

税务机关对纳税人提出的减免税申请,应当根据以下情况分别作出处理:

(1) 申请的减免税项目,依法不需要由税务机关审查后执行的,应当即时告知纳税人不受理。

(2) 申请的减免税材料不详或存在错误的,应当告知并允许纳税人更正。

(3) 申请的减免税材料不齐全或者不符合法定形式的,应在 5 个工作日内一次告知纳税人需要补正的全部内容。

(4) 申请的减免税材料齐全、符合法定形式的,或者纳税人按照税务机关的要求提交全部补正减免税材料的,应当受理纳税人的申请。

税务机关受理或者不予受理减免税申请,应当出具加盖本机关专用印章和注明日期的书面凭证。

(三) 减免税审批

减免税审批是对纳税人提供的资料与减免税法定条件的相关性进行的审核,不改变纳税人真实申报责任。

税务机关需要对申请材料的内容进行实地核实的,应当指派 2 名以上工作人员按规定程序进行实地核查,并将核查情况记录在案。上级税务机关对减免税实地核查工作量大、耗时长的,可委托企业所在地区县级税务机关具体组织实施。

减免税期限超过 1 个纳税年度的,进行一次性审批。纳税人享受减免税的条件发生变化的,应自发生变化之日起 15 个工作日内向税务机关报告,经税务机关审核后,停止其减免税。

有审批权的税务机关对纳税人的减免税申请,应按以下规定时限及时完成审批工作,作出审批决定:

县、区级税务机关负责审批的减免税,必须在 20 个工作日作出审批决定;地市级税务机关负责审批的,必须在 30 个工作日内作出审批决定;省级税务机关负责审批的,必须在 60 个工作日内作出审批决定。在规定期限内不能作出决定的,经本级税务机关负责人批准,可以延长 10 个工作日,并将延长期限的理由告知纳税人。

减免税申请符合法定条件、标准的,有权税务机关应当在规定的期限内作出准予减免税的书面决定。依法不予减免税的,应当说明理由,并告知纳税人享有依法申请行政复议或者提起行政诉讼的权利。

税务机关作出的减免税审批决定,应当自作出决定之日起 10 个工作日内向纳税人送达减免税审批书面决定。

减免税批复未下达前,纳税人应按规定办理申报缴纳税款。

(四)减免税备案

纳税人在执行备案类减免税之前,必须向主管税务机关申报以下资料备案:

(1)减免税政策的执行情况。

(2)主管税务机关要求提供的有关资料。

主管税务机关应在受理纳税人减免税备案后7个工作日内完成登记备案工作,并告知纳税人执行。

二、减免税的监督管理

纳税人已享受减免税的,应当纳入正常申报,进行减免税申报。纳税人享受减免税到期的,应当申报缴纳税款。

税务机关和税收管理员应当对纳税人已享受减免税情况加强管理监督。

税务机关应结合纳税检查、执法检查或其他专项检查,每年定期对纳税人减免税事项进行清查、清理,加强监督检查,主要内容包括:

(1)纳税人是否符合减免税的资格条件,是否以隐瞒有关情况或者提供虚假材料等手段骗取减免税。

(2)纳税人享受减免税的条件发生变化时,是否根据变化情况经税务机关重新审查后办理减免税。

(3)减免税税款有规定用途的,纳税人是否按规定用途使用减免税款;有规定减免税期限的,是否到期恢复纳税。

(4)是否存在纳税人未经税务机关批准自行享受减免税的情况。

(5)已享受减免税是否未申报。

减免税的审批采取谁审批谁负责制度,各级税务机关应将减免税审批纳入岗位责任制考核体系中,建立税收行政执法责任追究制度。

(1)建立健全审批跟踪反馈制度。各级税务机关应当定期对审批工作情况进行跟踪与反馈,适时完善审批工作机制。

(2)建立审批案卷评查制度。各级审批机关应当建立各类审批资料案卷,妥善保管各类案卷资料,上级税务机关应定期对案卷资料进行评查。

(3)建立层级监督制度。上级税务机关应建立经常性的监督的制度,加强对下级税务机关减免税审批工作的监督,包括是否按规定的权限、条件、时限等实施减免税审批工作。

税务机关应按规定的时间和程序,按照公正透明、廉洁高效和方便纳税人的原则,及时受理和审批纳税人申请的减免税事项。

非因客观原因未能及时受理或审批的,或者未按规定程序审批和核实造成审批错误的,应按税收征管法和税收执法责任制的有关规定追究责任。

纳税人实际经营情况不符合减免税规定条件的或采用欺骗手段获取减免税的、享受减免税条件发生变化未及时向税务机关报告的,以及未按规定程序报批而自行减免税的,税务机关按照税收征管法有关规定予以处理。

因税务机关责任审批或核实错误,造成企业未缴或少缴税款,应按税收征管法第五十二条规定(即:因税务机关的责任,致使纳税人、扣缴义务人未缴或者少缴税款的,税务机关在三年内可以要求纳税人、扣缴义务人补缴税款，但是不得加收滞纳金）执行。

税务机关越权减免税的，按照税收征管法第八十四条（即：违反法律、行政法规的规定，擅自作出税收的开征、停征或者减税、免税、退税、补税以及其他同税收法律、行政法规相抵触的决定的，除依照本法规定撤销其擅自作出的决定外，补征应征未征税款，退还不应征收而征收的税款，并由上级机关追究直接负责的主管人员和其他直接责任人员的行政责任；构成犯罪的，依法追究刑事责任）的规定处理。

税务机关应按照实质重于形式原则对企业的实际经营情况进行事后监督检查。检查中，发现有关专业技术或经济鉴证部门认定失误的，应及时与有关认定部门协调沟通，提请纠正，及时取消有关纳税人的优惠资格，督促追究有关责任人的法律责任。

有关部门非法提供证明的，导致未缴、少缴税款的，按《中华人民共和国税收征收管理法实施细则》第九十三条规定（即：为纳税人、扣缴义务人非法提供银行账户、发票、证明或者其他方便，导致未缴、少缴税款或者骗取国家出口退税款的，税务机关除没收其违法所得外，可以处未缴、少缴或者骗取的税款 1 倍以下的罚款）予以处理。

主管税务机关应设立纳税人减免税管理台账，详细登记减免税的批准时间、项目、年限、金额，建立减免税动态管理监控机制。属于"风、火、水、震"等严重自然灾害及国家确定的"老、少、边、穷"地区以及西部地区新办企业年度减免属于中央收入的税收达到或超过 100 万元的，国家税务总局不再审批，审批权限由各省级税务机关具体确定。审批税务机关应分户将减免税情况（包括减免税项目、减免依据、减免金额等）报省级税务机关备案。

三、享受所得税优惠的新办企业认定

对享受企业所得税定期减税或免税的新办企业的认定标准问题，财政部、国家税务总局《关于享受企业所得税优惠政策的新办企业认定标准的通知》（财税〔2006〕1 号）作出如下规定。国家税务局、地方税务局关于新办企业的具体征管范围按该规定的新办企业标准认定。

享受企业所得税定期减税或免税的新办企业标准为：

（1）按照国家法律、法规以及有关规定在工商行政主管部门办理设立登记，新注册成立的企业。

（2）新办企业的权益性出资人（股东或其他权益投资方）实际出资中固定资产、无形资产等非货币性资产的累计出资额占新办企业注册资金的比例一般不得超过 25％。

其中，新办企业的注册资金为企业在工商行政主管部门登记的实收资本或股本。非货币性资产包括建筑物、机器、设备等固定资产，以及专利权、商标权、非专利技术等无形资产。新办企业的权益性投资人以非货币性资产进行出资的，经有资质的会计（审计、税务）事务所进行评估的，以评估后的价值作为出资金额；未经评估的，由纳税人提供同类资产或类似资产当日或最近月份的市场价格，由主管税务机关核定。

新办企业在享受企业所得税定期减税或免税优惠政策期间，从权益性投资人及其关联方累计购置的非货币性资产超过注册资金 25％的，将不再享受相关企业所得税减免税政策优惠。

第二节　企业所得税优惠的指导思想与方式

一、企业所得税优惠指导思想与基本原则

税收优惠是税法的重要组成部分。税收优惠作为一般性税法条款的例外规定，通过减

轻特定纳税人的税收负担,达到鼓励或支持的政策目的。按照"简税制、宽税基、低税率、严征管"的要求,企业所得税法对原企业所得税优惠政策进行适当调整,将企业所得税以区域优惠为主的格局,调整为以产业优惠为主、区域优惠为辅的税收优惠格局。

企业所得税优惠政策是国家根据国民经济持续、健康、稳定发展需要和宏观经济调控总体目标制定的税收激励措施。切实执行好企业所得税优惠政策,规范落实企业所得税优惠政策各个环节的管理程序,是新形势下做好企业所得税管理工作,保证国家宏观调控政策发挥作用,促进国民经济持续、健康、稳定发展的必然要求。

企业所得税优惠的指导思想,集中体现在企业所得税法第二十五条:国家对重点扶持和鼓励发展的产业和项目,给予企业所得税优惠。

企业所得税优惠政策调整的主要原则是:促进技术创新和科技进步,鼓励基础设施建设,鼓励农业发展及环境保护与节能,支持安全生产,统筹区域发展,促进公益事业和照顾弱势群体等,有效的发挥税收优惠政策的导向作用,进一步促进国民经济全面、协调、可持续发展和社会全面进步。

二、企业所得税优惠的主要方式

在企业所得税优惠方式的选择上,企业所得税法在主要采用传统的低税率和定期减免税等直接优惠方式的基础上,为适应税收优惠格局从地区优惠向产业优惠为主、区域优惠为辅的变化,对税收优惠方式进行了适度调整,尽可能采用间接优惠的方式。

(一)免税收入

企业所得税法创设"免税收入"这一概念,将国债利息收入、符合条件的股息红利等权益性投资收益和符合条件的非营利组织收入等确定为免税收入。

(二)减计收入

企业综合利用资源,生产符合国家产业政策规定的产品所取得的收入,可以在计算应纳税所得额时,减计收入。

(三)优惠税率

优惠税率是给予符合规定的企业以较低税率的税收优惠。按其优惠方式可分为直接降低税率和间接降低税率。

现行企业所得税法,对高新技术企业,减按15%的税率征收企业所得税;对符合条件的小型微利企业,减按20%的税率征收企业所得税;国家规划布局内的重点软件生产企业,如当年未享受免税优惠的,减按10%的税率征收企业所得税。

(四)免征、减征优惠

企业从事农、林、牧、渔业项目的所得,可以免征、减征企业所得税;企业从事国家重点扶持的公共基础设施项目投资经营的所得,从事符合条件的环境保护、节能节水项目的所得等,企业所得税法予以一定期限内减免企业所得税。

民族自治地方的自治机关对本民族自治地方的企业应缴纳的企业所得税中属于地方分享的部分,可以决定减征或者免征。

(五)加计扣除

对企业安置残疾人员及国家鼓励安置的其他就业人员所支付的工资和开发新技术、新产品、新工艺发生的研究开发费用,可以在计算应纳税所得额时加计扣除。

（六）加速折旧

企业的固定资产由于技术进步等原因，确需加速折旧的，可以缩短折旧年限或者采取加速折旧的方法。

企事业单位购进软件，凡符合固定资产或无形资产确认条件的，可以按照固定资产或无形资产进行核算，经主管税务机关核准，其折旧或摊销年限可以适当缩短，最短可为2年。

集成电路生产企业的生产性设备，经主管税务机关核准，其折旧年限可以适当缩短，最短可为3年。

（七）税额抵免

企业购置用于环境保护、节能节水、安全生产等专用设备的投资额，可以按一定比例实行税额抵免。

（八）抵扣应纳税所得额

创业投资企业从事国家需要重点扶持和鼓励的创业投资，可以按投资额的一定比例抵扣应纳税所得额。

（九）再投资退税

自2008年1月1日起至2010年底，对集成电路生产企业、封装企业的投资者，以其取得的缴纳企业所得税后的利润，直接投资于本企业增加注册资本，或作为资本投资开办其他集成电路生产企业、封装企业，经营期不少于5年的，按40％的比例退还其再投资部分已缴纳的企业所得税税款。再投资不满5年撤出该项投资的，追缴已退的企业所得税税款。

对国内外经济组织作为投资者，以其在境内取得的缴纳企业所得税后的利润，作为资本投资于西部地区开办集成电路生产企业、封装企业或软件产品生产企业，经营期不少于5年的，按80％的比例退还其再投资部分已缴纳的企业所得税税款。再投资不满5年撤出该项投资的，追缴已退的企业所得税税款。

三、企业所得税优惠管理

企业所得税的各类减免税应按照《国家税务总局关于印发〈税收减免管理办法（试行）〉的通知》（国税发〔2005〕129号）的相关规定办理。国税发〔2005〕129号文件规定与企业所得税法及其实施条例规定不一致的，按照企业所得税法及其实施条例的规定执行。

（一）所得税优惠管理的范围

国家税务总局《关于企业所得税税收优惠管理问题的补充通知》（国税函〔2009〕255号）明确：列入企业所得税优惠管理的各类企业所得税优惠包括免税收入、定期减免税、优惠税率、加计扣除、抵扣应纳税所得额、加速折旧、减计收入、税额抵免和其他专项优惠政策。

（二）审批类减免税法定，备案类减免税全省统一

国家税务总局《关于企业所得税减免税管理问题的通知》（国税发〔2008〕111号）规定，企业所得税减免税实行审批管理的，必须是企业所得税法及其实施条例等法律法规和国务院明确规定需要审批的内容。即除国务院明确的企业所得税过渡类优惠政策、执行新税法后继续保留执行的原企业所得税优惠政策、企业所得税法第二十九条规定的民族自治地方企业减免税优惠政策，以及国务院另行规定实行审批管理的企业所得税优惠政策外，其他各类企业所得税优惠政策，均实行备案管理。今后国家制定的各项税收优惠政策，凡未明确为

审批事项的,均实行备案管理。

对列入备案管理的企业所得税减免的范围、方式,由各省、自治区、直辖市和计划单列市国家税务局、地方税务局(企业所得税管理部门)自行研究确定,但同一省、自治区、直辖市和计划单列市范围内必须一致。

备案管理的具体方式分为事先备案和事后报送相关资料两种。具体划分除国家税务总局确定的外,由各省、自治区、直辖市和计划单列市国家税务局和地方税务局在协商一致的基础上确定。

列入事先备案的税收优惠,纳税人应向税务机关报送相关资料,提请备案,经税务机关登记备案后执行。对需要事先向税务机关备案而未按规定备案的,纳税人不得享受税收优惠;经税务机关审核不符合税收优惠条件的,税务机关应书面通知纳税人不得享受税收优惠。

列入事后报送相关资料的税收优惠,纳税人应按照企业所得税法及其实施条例和其他有关税收规定,在年度纳税申报时附报相关资料,主管税务机关审核后如发现其不符合享受税收优惠政策的条件,应取消其自行享受的税收优惠,并相应追缴税款。

企业所得税税收优惠除审批类优惠和备案类优惠管理外,实际工作中还存在自行申报方式。如在江苏《江苏省地方税务局关于企业所得税优惠政策管理意见(试行)》规定:企业所得税优惠实行自行申报管理的,包括小型微利企业以及税收优惠项目中的国债利息收入,符合条件的居民企业之间的股息、红利等权益性投资收益,非居民企业从居民企业取得的股息、红利等权益性投资收益等免税收入。

(三)定期减免税一年以上的须逐年进行减免税条件审核

企业所得税减免税期限超过一个纳税年度的,主管税务机关可以进行一次性确认,但每年必须对相关减免税条件进行审核,对情况变化导致不符合减免税条件的,应停止享受减免税政策。

第三节 企业所得税具体优惠政策

一、农、林、牧、渔业项目优惠

企业所得税法第二十七条规定,企业的下列所得,可以免征、减征企业所得税:① 从事农、林、牧、渔业项目的所得;② 从事国家重点扶持的公共基础设施项目投资经营的所得;③ 从事符合条件的环境保护、节能节水项目的所得;④ 企业符合条件的技术转让所得;⑤ 本法第三条第三款规定的所得。

蔬菜、谷物、肉类等农产品,是维持人类基本生存条件的生活必需品,为生产此类产品的服务业,可提高生产效率,增加产量,优化产品结构,应予以扶持。

(一)免征企业所得税

1. 免征范围

为落实鼓励农业发展的企业所得税优惠原则。企业所得税法实施条例第八十六条规定,企业从事下列项目的所得,免征企业所得税:

(1)蔬菜、谷物、薯类、油料、豆类、棉花、麻类、糖料、水果、坚果的种植;

(2)农作物新品种的选育;

根据国家税务总局公告 2011 年第 48 号规定，企业从事农作物新品种选育的免税所得，是指企业对农作物进行品种和育种材料选育形成的成果，以及由这些成果形成的种子（苗）等繁殖材料的生产、初加工、销售一体化取得的所得。

（3）中药材的种植；

（4）林木的培育和种植；

国家税务总局公告 2011 年第 48 号规定：企业从事林木的培育和种植的免税所得，是指企业对树木、竹子的育种和育苗、抚育和管理以及规模造林活动取得的所得，包括企业通过拍卖或收购方式取得林木所有权并经过一定的生长周期，对林木进行再培育取得的所得。

（5）牲畜、家禽的饲养；

（6）林产品的采集；

（7）灌溉、农产品初加工、兽医等农、林、牧、渔服务业项目；

（8）远洋捕捞。

国家税务总局公告 2011 年第 48 号明确：对取得农业部颁发的"远洋渔业企业资格证书"并在有效期内的远洋渔业企业，从事远洋捕捞业务取得的所得免征企业所得税。

上述享受优惠的农产品初加工的具体范围，根据财政部、国家税务总局《关于发布〈享受企业所得税优惠政策的农产品初加工范围（试行）（2008 年版）〉的通知》（财税〔2008〕149 号）规定执行。

2. 征收管理

对企业（含企业性质的农民专业合作社）从事农、林、牧、渔业项目的所得，实施企业所得税优惠政策和征收管理中的有关事项《关于实施农 林 牧 渔业项目企业所得税优惠问题的公告》（国家税务总局公告 2011 年第 48 号，自 2011 年 1 月 1 日起执行）作出如下规定：

（1）企业从事企业所得税法实施条例第八十六条规定的享受税收优惠的农、林、牧、渔业项目，除另有规定外，参照《国民经济行业分类》（GB/T 4754—2011）的规定标准执行。

企业从事农、林、牧、渔业项目，凡属于《产业结构调整指导目录（2011 年版）》（国家发展和改革委员会令第 9 号）中限制和淘汰类的项目，不得享受实施条例第八十六条规定的优惠政策。

（2）企业从事下列项目所得的税务处理：

① 猪、兔的饲养，按"牲畜、家禽的饲养"项目处理；

② 饲养牲畜、家禽产生的分泌物、排泄物，按"牲畜、家禽的饲养"项目处理。

（3）农产品初加工相关事项的税务处理

① 企业根据委托合同，受托对符合财政部、国家税务总局《关于发布享受企业所得税优惠政策的农产品初加工范围（试行）的通知》（财税〔2008〕149 号）和《关于享受企业所得税优惠的农产品初加工有关范围的补充通知》（财税〔2011〕26 号）规定的农产品进行初加工服务，其所收取的加工费，可以按照农产品初加工的免税项目处理。

② 财税〔2008〕149 号文件规定的"油料植物初加工"工序包括"冷却、过滤"等："糖料植物初加工"工序包括"过滤、吸附、解析、碳脱、浓缩、干燥"等，其适用时间按照财税〔2011〕26

号文件规定执行。

③企业从事实施条例第八十六条第（二）项适用企业所得税减半优惠的种植、养殖项目，并直接进行初加工且符合农产品初加工目录范围的，企业应合理划分不同项目的各项成本、费用支出，分别核算种植、养殖项目和初加工项目的所得，并各按适用的政策享受税收优惠。

④企业对外购茶叶进行筛选、分装、包装后进行销售的所得，不享受农产品初加工的优惠政策。

（4）购入农产品进行再种植、养殖的税务处理

企业将购入的农、林、牧、渔产品，在自有或租用的场地进行育肥、育秧等再种植、养殖，经过一定的生长周期，使其生物形态发生变化，且并非由于本环节对农产品进行加工而明显增加了产品的使用价值的，可视为农产品的种植、养殖项目享受相应的税收优惠。

主管税务机关对企业进行农产品的再种植、养殖是否符合上述条件难以确定的，可要求企业提供县级以上农、林、牧、渔业政府主管部门的确认意见。

（5）企业同时从事适用不同企业所得税政策规定项目的，应分别核算，单独计算优惠项目的计税依据及优惠数额；分别核算不清的，可由主管税务机关按照比例分摊法或其他合理方法进行核定。

（6）企业委托其他企业或个人从事企业所得税法实施条例第八十六条规定农、林、牧、渔业项目取得的所得，可享受相应的税收优惠政策。

企业受托从事企业所得税法实施条例第八十六条规定农、林、牧、渔业项目取得的收入，比照委托方享受相应的税收优惠政策。

（7）企业购买农产品后直接进行销售的贸易活动产生的所得，不能享受农、林、牧、渔业项目的税收优惠政策。

附：

农产品初加工范围

享受企业所得税优惠政策的农产品初加工范围（试行）（2008年版）

一、种植业类

（一）粮食初加工

1．小麦初加工。通过对小麦进行清理、配麦、磨粉、筛理、分级、包装等简单加工处理，制成的小麦面粉及各种专用粉。

2．稻米初加工。通过对稻谷进行清理、脱壳、碾米（或不碾米）、烘干、分级、包装等简单加工处理，制成的成品粮及其初制品，具体包括大米、蒸谷米。

3．玉米初加工。通过对玉米籽粒进行清理、浸泡、粉碎、分离、脱水、干燥、分级、包装等简单加工处理，生产的玉米粉、玉米碴、玉米片等；鲜嫩玉米经筛选、脱皮、洗涤、速冻、分级、包装等简单加工处理，生产的鲜食玉米（速冻粘玉米、甜玉米、花色玉米、玉米籽粒）。

4．薯类初加工。通过对马铃薯、甘薯等薯类进行清洗、去皮、磋磨、切制、干燥、冷冻、分级、包装等简单加工处理，制成薯类初级制品。具体包括：薯粉、薯片、薯条。

5．食用豆类初加工。通过对大豆、绿豆、红小豆等食用豆类进行清理去杂、浸洗、晾晒、分级、包装等简单加工处理，制成的豆面粉、黄豆芽、绿豆芽。

6．其他类粮初加工。通过对燕麦、荞麦、高粱、谷子等杂粮进行清理去杂、脱壳、烘干、磨粉、轧片、冷却、包装等简单加工处理，制成的燕麦米、燕麦粉、燕麦麸皮、燕麦片、荞麦米、荞麦面、小米、小米面、高粱

米、高粱面。

（二）林木产品初加工

通过将伐倒的乔木、竹（含活立木、竹）去枝、去梢、去皮、去叶、锯段等简单加工处理，制成的原木、原竹、锯材。

（三）园艺植物初加工

1. 蔬菜初加工

（1）将新鲜蔬菜通过清洗、挑选、切割、预冷、分级、包装等简单加工处理，制成净菜、切割蔬菜。

（2）利用冷藏设施，将新鲜蔬菜通过低温贮藏，以备淡季供应的速冻蔬菜，如速冻茄果类、叶类、豆类、瓜类、葱蒜类、柿子椒、蒜薹。

（3）将植物的根、茎、叶、花、果、种子和食用菌通过干制等简单加工处理，制成的初制干菜，如黄花菜、玉兰片、萝卜干、冬菜、梅干菜、木耳、香菇、平菇。

＊ 以蔬菜为原料制作的各类蔬菜罐头（罐头是指以金属罐、玻璃瓶、经排气密封的各种食品。下同）及碾磨后的园艺植物（如胡椒粉、花椒粉等）不属于初加工范围。

2. 水果初加工

通过对新鲜水果（含各类山野果）清洗、脱壳、切块（片）、分类、储藏保鲜、速冻、干燥、分级、包装等简单加工处理，制成的各类水果、果干、原浆果汁、果仁、坚果。

3. 花卉及观赏植物初加工

通过对观赏用、绿化及其他各种用途的花卉及植物进行保鲜、储藏、烘干、分级、包装等简单加工处理，制成的各类鲜、干花。

（四）油料植物初加工

通过对菜子、花生、大豆、葵花籽、蓖麻籽、芝麻、胡麻籽、茶子、桐子、棉籽、红花籽及米糠等粮食的副产品等，进行清理、热炒、磨坯、榨油（搅油、墩油）、浸出等简单加工处理，制成的植物毛油和饼粕等副产品。具体包括菜籽油、花生油、豆油、葵花油、蓖麻籽油、芝麻油、胡麻籽油、茶子油、桐子油、棉籽油、红花油、米糠油以及油料饼粕、豆饼、棉籽饼。

＊ 精炼植物油不属于初加工范围。

（五）糖料植物初加工

通过对各种糖料植物，如甘蔗、甜菜、甜菊等，进行清洗、切割、压榨等简单加工处理，制成的制糖初级原料产品。

（六）茶叶初加工

通过对茶树上采摘下来的鲜叶和嫩芽进行杀青（萎凋、摇青）、揉捻、发酵、烘干、分级、包装等简单加工处理，制成的初制毛茶。

＊ 精制茶、边销茶、紧压茶和掺兑各种药物的茶及茶饮料不属于初加工范围。

（七）药用植物初加工

通过对各种药用植物的根、茎、皮、叶、花、果实、种子等，进行挑选、整理、捆扎、清洗、晾晒、切碎、蒸煮、炒制等简单加工处理，制成的片、丝、块、段等中药材。

＊ 加工的各类中成药不属于初加工范围。

（八）纤维植物初加工

1. 棉花初加工。通过轧花、剥绒等脱绒工序简单加工处理，制成的皮棉、短绒、棉籽。

2. 麻类初加工。通过对各种麻类作物（大麻、黄麻、槿麻、苎麻、菌麻、亚麻、罗布麻、蕉麻、剑麻等）进行脱胶、抽丝等简单加工处理，制成的干（洗）麻、纱条、丝、绳。

3. 蚕茧初加工。通过烘干、杀蛹、缫丝、煮剥、拉丝等简单加工处理，制成的蚕、蛹、生丝、丝棉。

（九）热带、南亚热带作物初加工

通过对热带、南亚热带作物去除杂质、脱水、干燥、分级、包装等简单加工处理，制成的工业初级原料。

具体包括:天然橡胶生胶和天然浓缩胶乳、生咖啡豆、胡椒籽、肉桂油、桉油、香茅油、木薯淀粉、木薯干片、坚果。

二、畜牧业类

(一)畜禽类初加工

1. 肉类初加工。通过对畜禽类动物(包括各类牲畜、家禽和人工驯养、繁殖的野生动物以及其他经济动物)宰杀、去头、去蹄、去皮、去内脏、分割、切块或切片、冷藏或冷冻、分级、包装等简单加工处理,制成的分割肉、保鲜肉、冷藏肉、冷冻肉、绞肉、肉块、肉片、肉丁。

2. 蛋类初加工。通过对鲜蛋进行清洗、干燥、分级、包装、冷藏等简单加工处理,制成的各种分级、包装的鲜蛋、冷藏蛋。

3. 奶类初加工。通过对鲜奶进行净化、均质、杀菌或灭菌、灌装等简单加工处理,制成的巴氏杀菌奶、超高温灭菌奶。

4. 皮类初加工。通过对畜禽类动物皮张剥取、浸泡、刮里、晾干或熏干等简单加工处理,制成的生皮、生皮张。

5. 毛类初加工。通过对畜禽类动物毛、绒或羽绒分级、去杂、清洗等简单加工处理,制成的洗净毛、洗净绒或羽绒。

6. 蜂产品初加工。通过去杂、过滤、浓缩、熔化、磨碎、冷冻简单加工处理,制成的蜂蜜、蜂蜡、蜂胶、蜂花粉。

* 肉类罐头、肉类熟制品、蛋类罐头、各类酸奶、奶酪、奶油、王浆粉、各种蜂产品口服液、胶囊不属于初加工范围。

(二)饲料类初加工

1. 植物类饲料初加工。通过碾磨、破碎、压榨、干燥、酿制、发酵等简单加工处理,制成的糠麸、饼粕、槽渣、树叶粉。

2. 动物类饲料初加工。通过破碎、烘干、制粉等简单加工处理,制成的鱼粉、虾粉、骨粉、肉粉、血粉、羽毛粉、乳清粉。

3. 添加剂类初加工。通过粉碎、发酵、干燥等简单加工处理,制成的矿石粉、饲用酵母。

(三)牧草类初加工

通过对牧草、牧草种子、农作物秸秆等,进行收割、打捆、粉碎、压块、成粒、分选、青贮、氨化、微化等简单加工处理,制成的干草、草捆、草粉、草块或草饼、草颗粒、牧草种子以及草皮、秸秆粉(块、粒)。

三、渔业类

(一)水生动物初加工

将水产动物(鱼、虾、蟹、鳖、贝、棘皮类、软体类、腔肠类、两栖类、海兽类动物等)整体或去头、去鳞(皮、壳)、去内脏、去骨(刺)、捣溃或切块、切片,经冰鲜、冷冻、冷藏等保鲜防腐处理、包装等简单加工处理,制成的水产动物初制品。

* 熟制的水产品和各类水产品的罐头以及调味烤制的水产食品不属于初加工范围。

(二)水生植物初加工

将水生植物(海带、裙带菜、紫菜、龙须菜、麒麟菜、江篱、浒苔、羊栖菜、莼菜等)整体或去根、去边梢、切段,经热烫、冷冻、冷藏等保鲜防腐处理、包装等简单加工处理的初制品,以及整体或去根、去边梢、切段、经晾晒、干燥(脱水)、包装、粉碎等简单加工处理的初制品。

* 罐装(包括软罐)产品不属于初加工范围。

此外,财政部、国家税务总局《关于享受企业所得税优惠的农产品初加工有关范围的补充通知》(财税〔2011〕26号,自2010年1月1日起执行)作出如下补充规定:

一、种植业类

（一）粮食初加工

1. 小麦初加工。《范围》规定的小麦初加工产品还包括麸皮、麦糠、麦仁。

2. 稻米初加工。《范围》规定的稻米初加工产品还包括稻糠（砻糠、米糠和统糠）。

4. 薯类初加工。《范围》规定的薯类初加工产品还包括变性淀粉以外的薯类淀粉。

＊薯类淀粉生产企业需达到国家环保标准，且年产量在一万吨以上。

6. 其他类粮食初加工。《范围》规定的杂粮还包括大麦、糯米、青稞、芝麻、核桃；相应的初加工产品还包括大麦芽、糯米粉、青稞粉、芝麻粉、核桃粉。

（三）园艺植物初加工

2. 水果初加工。《范围》规定的新鲜水果包括番茄。

（四）油料植物初加工。

《范围》规定的粮食副产品还包括玉米胚芽、小麦胚芽。

（五）糖料植物初加工。

《范围》规定的甜菊又名甜叶菊。

（八）纤维植物初加工。

2. 麻类初加工。《范围》规定的麻类作物还包括芦苇。

3. 蚕茧初加工。《范围》规定的蚕包括蚕茧，生丝包括厂丝。

二、畜牧业类

（一）畜禽类初加工。

1. 肉类初加工。《范围》规定的肉类初加工产品还包括火腿等风干肉、猪牛羊杂骨。

（二）减半征收企业所得税

根据企业所得税法实施条例第八十六条规定，企业从事下列项目的所得，减半征收企业所得税：

（1）花卉、茶以及其他饮料作物和香料作物的种植；

（2）海水养殖、内陆养殖。

根据国家税务总局公告2011年第48号规定：① 观赏性作物的种植，按"花卉、茶及其他饮料作物和香料作物的种植"项目处理；② "牲畜、家禽的饲养"以外的生物养殖项目，按"海水养殖、内陆养殖"项目处理。

企业从事国家限制和禁止发展的项目，不得享受上述规定的农、林、牧、渔业项目免征、减征企业所得税优惠。

（三）"公司＋农户"经营模式优惠问题

一些企业采取"公司＋农户"经营模式从事牲畜、家禽的饲养，即公司与农户签订委托养殖合同，向农户提供畜禽苗、饲料、兽药及疫苗等（所有权〈产权〉仍属于公司），农户将畜禽养大成为成品后交付公司回收。

对"公司＋农户"模式企业所得税优惠问题，国家税务总局《关于"公司＋农户"经营模式企业所得税优惠问题的通知》（国家税务总局2010年第2号公告，自2010年1月1日起施行）鉴于采取"公司＋农户"经营模式的企业，虽不直接从事畜禽的养殖，但系委托农户饲养，并承担诸如市场、管理、采购、销售等经营职责及绝大部分经营管理风险，公司和农户是劳务外包关系。为此，对此类以"公司＋农户"经营模式从事农、林、牧、渔业项目生产的企业，可以按照《中华人民共和国企业所得税法实施条例》第八十六条的有关规定，享受减免企业所得税优惠政策。

需要说明的是:从事农、林、牧、渔业项目的所得,免征、减征所得税优惠需办理减免税备案手续。办理备案时需附报如下材料:

(1) 产品品目明细表;

(2) 减免税项目所得核算明细账、期间费用分摊表;

(3) 特种行业许可证书(如远洋捕捞许可证等);

(4) 税务机关要求提供的其他材料。

二、公共基础设施项目投资所得

(一)"三免三减半"优惠

公共基础设施项目属于公共产品,是政府鼓励投资项目。企业所得税法第二十七条第(二)项规定,从事国家重点扶持的公共基础设施项目投资经营的所得,可以免征、减征企业所得税。

国家重点扶持的公共基础设施项目,是指《公共基础设施项目企业所得税优惠目录》规定的港口码头、机场、铁路、公路、城市公共交通、电力、水利等项目。

企业从事规定的国家重点扶持的公共基础设施项目的投资经营的所得,自项目取得第一笔生产经营收入所属纳税年度起,第一年至第三年免征企业所得税,第四年至第六年减半征收企业所得税。财政部、国家税务总局《关于执行公共基础设施项目企业所得税优惠目录有关问题的通知》(财税〔2008〕46号)进一步明确规定,企业从事《公共基础设施项目企业所得税优惠目录》内符合相关条件和技术标准及国家投资管理相关规定,于2008年1月1日后经批准的公共基础设施项目,其投资经营的所得,自该项目取得第一笔生产经营收入所属纳税年度起,第一年至第三年免征企业所得税,第四年至第六年减半征收企业所得税。

(二)第一笔生产经营收入的界定

第一笔生产经营收入,是指公共基础设施项目已建成并投入运营后所取得的第一笔收入。即指公共基础设施项目建成并投入运营(包括试运营)后所取得的第一笔主营业务收入。

从事《公共基础设施项目企业所得税优惠目录》范围项目投资的居民企业应于从该项目取得的第一笔生产经营收入后15日内向主管税务机关备案并报送如下材料后,方可享受有关企业所得税优惠:

(1) 有权部门对公共基础设施项目立项批准文件;

(2) 公共基础设施项目竣工(验收)证明;

(3) 减免税项目所得核算明细账、期间费用分摊表;

(4) 企业经营该项目的第一笔收入证明,包括发票购领簿及免税项目开出的第一张发票复印件;

(5) 项目权属变动证明(优惠期转让的);

(6) 税务机关要求提供的其他材料,如《税收优惠事项备案报告表》等。

企业因生产经营发生变化或因《公共基础设施项目企业所得税优惠目录》调整,不再符合规定的减免税条件的,企业应当自发生变化15日内向主管税务机关提交书面报告并停止享受优惠,依法缴纳企业所得税。

（三）承包经营、承包建设和内部自建自用不享受优惠

国家税务总局《关于实施国家重点扶持的公共基础设施项目企业所得税优惠问题的通知》（国税发〔2009〕80号）规定，对居民企业经有关部门批准，从事符合《公共基础设施项目企业所得税优惠目录》规定范围、条件和标准的公共基础设施项目的投资经营所得，自该项目取得第一笔生产经营收入所属纳税年度起，第一年至第三年免征企业所得税，第四年至第六年减半征收企业所得税。企业从事承包经营、承包建设和内部自建自用《公共基础设施项目企业所得税优惠目录》规定项目的所得，不得享受规定的企业所得税优惠。

承包经营，是指与从事该项目经营的法人主体相独立的另一法人经营主体，通过承包该项目的经营管理而取得劳务性收益的经营活动。承包建设，是指与从事该项目经营的法人主体相独立的另一法人经营主体，通过承包该项目的工程建设而取得建筑劳务收益的经营活动。内部自建自用，是指项目的建设仅作为本企业主体经营业务的设施，满足本企业自身的生产经营活动需要，而不属于向他人提供公共服务业务的公共基础设施建设项目。

（四）转让优惠项目的，受让方在剩余期限内享受优惠

企业在减免税期限内转让所享受的减免税优惠的项目，受让方承续经营该项目的，可自受让之日起，在剩余优惠期限内享受规定的减免税优惠；减免税期限届满后转让的，受让方不得就该项目重复享受减免税优惠。

企业实际经营情况不符合企业所得税减免税规定条件的或采取虚假申报等手段获取减免税的、享受减免税条件发生变化未及时向税务机关报告的，以及未按规定程序报送备案资料而自行减免税的，企业主管税务机关应按照税收征管法有关规定进行处理。

（五）分开核算要求

企业同时从事不在《公共基础设施项目企业所得税优惠目录》范围内的项目取得的所得，应与享受优惠的公共基础设施项目所得分开核算，并合理分摊期间费用，没有分开核算的，不得享受上述企业所得税优惠政策。

期间共同费用的合理分摊比例可以按照投资额、销售收入、资产额、人员工资等参数确定。上述比例一经确定，不得随意变更。凡特殊情况需要改变的，需报主管税务机关核准。

（六）政策衔接

《关于公共基础设施项目和环境保护节能节水项目企业所得税优惠政策问题的通知》（财税〔2012〕10号）规定：企业从事符合《公共基础设施项目企业所得税优惠目录》规定、于2007年12月31日前已经批准的公共基础设施项目投资经营的所得，以及从事符合《环境保护、节能节水项目企业所得税优惠目录》规定、于2007年12月31日前已经批准的环境保护、节能节水项目的所得，可在该项目取得第一笔生产经营收入所属纳税年度起，按新税法规定计算的企业所得税"三免三减半"优惠期间内，自2008年1月1日起享受其剩余年限的减免企业所得税优惠。

如企业既符合享受上述税收优惠政策的条件，又符合享受《国务院关于实施企业所得税过渡优惠政策的通知》（国发〔2007〕39号）第一条规定的企业所得税过渡优惠政策的条件，由企业选择最优惠的政策执行，不得叠加享受。

附:

公共基础设施项目企业所得税优惠目录(2008 年版)

序号	类别	项 目	范围、条件及技术标准
1	港口码头	码头、泊位、通航建筑物新建项目	由省级以上政府投资主管部门核准的沿海港口万吨级及以上泊位、内河千吨级及以上泊位、滚装泊位、内河航运枢纽新建项目
2	机场	民用机场新建项目	由国务院核准的民用机场新建项目,包括民用机场迁建、军航机场军民合用改造项目
3	铁路	铁路新线建设项目	由省级以上政府投资主管部门或国务院行业主管部门核准的客运专线、城际轨道交通和Ⅲ级及以上铁路建设项目
4		既有线路改造项目	由省级以上政府投资主管部门或国务院行业主管部门核准的铁路电气化改造、增建二线项目以及其他改造投入达到项目固定资产账面原值75%以上的改造项目
5	公路	公路新建项目	由省级以上政府投资主管部门核准的一级以上的公路建设项目
6	城市公共交通	城市快速轨道交通新建项目	由国务院核准的城市地铁、轻轨新建项目
7	电力	水力发电新建项目(包括控制性水利枢纽工程)	由国务院投资主管部门核准的在主要河流上新建的水电项目,总装机容量在25万千瓦及以上的新建水电项目,以及抽水蓄能电站项目
8		核电站新建项目	由国务院核准的核电站新建项目
9		电网(输变电设施)新建项目	由国务院投资主管部门核准的330 kV及以上跨省及长度超过200 km的交流输变电新建项目,500 kV及以上直流输变电新建项目;由省级以上政府投资主管部门核准的革命老区、老少边穷地区电网新建工程项目;农网输变电新建项目
10		风力发电新建项目	由政府投资主管部门核准的风力发电新建项目
11		海洋能发电新建项目	由省级以上政府投资主管部门核准的海洋能发电新建项目
12		太阳能发电新建项目	由政府投资主管部门核准的太阳能发电新建项目
13		地热发电新建项目	由政府投资主管部门核准的地热发电新建项目
14	水利	灌区配套设施及农业节水灌溉工程新建项目	由政府投资主管部门核准的灌区水源工程、灌排系统工程、节水工程
15		地表水水源工程新建项目	由政府投资主管部门核准的水库、塘堰、水窖及配套工程
16		调水工程新建项目	由政府投资主管部门核准的取水、输水、配水工程
17		农村人畜饮水工程新建项目	由政府投资主管部门核准的农村人畜饮水工程中取水、输水、净化水、配水工程
18		牧区水利工程新建项目	由政府投资主管部门核准的牧区水利工程中的取水、输配水、节水灌溉及配套工程

三、技术转让所得优惠

为进一步通过税收政策促进企业技术转让,推动高新技术企业的产业化,企业所得税法

第二十七条第(四)项规定，企业符合条件的技术转让所得，可以免征、减征企业所得税。

这里符合条件的技术转让所得免征、减征企业所得税，是指一个纳税年度内，居民企业技术转让所得不超过500万元的部分，免征企业所得税；超过500万元的部分，减半征收企业所得税。

(一)享受优惠的技术转让应符合规定条件

1. 享受优惠的技术转让范围

根据《关于居民企业技术转让有关企业所得税政策问题的通知》(财税〔2010〕111号)规定，技术转让的范围，包括居民企业转让专利技术、计算机软件著作权、集成电路布图设计权、植物新品种、生物医药新品种，以及财政部和国家税务总局确定的其他技术。其中：专利技术，是指法律授予独占权的发明、实用新型和非简单改变产品图案的外观设计。

这里所称技术转让，是指居民企业转让其拥有符合上述规定技术的所有权或5年以上(含5年)全球独占许可使用权的行为。

技术转让应签订技术转让合同。其中，境内的技术转让须经省级以上(含省级)科技部门认定登记，跨境的技术转让须经省级以上(含省级)商务部门认定登记，涉及财政经费支持产生技术的转让，需省级以上(含省级)科技部门审批。

居民企业技术出口应由有关部门按照商务部、科技部发布的《中国禁止出口限制出口技术目录》(商务部、科技部令2008年第12号)进行审查。居民企业取得禁止出口和限制出口技术转让所得，不享受技术转让减免企业所得税优惠政策。

居民企业从直接或间接持有股权之和达到100%的关联方取得的技术转让所得，不享受技术转让减免企业所得税优惠政策。

2. 享受减免税优惠的技术转让应符合的条件

根据国家税务总局《关于技术转让所得减免企业所得税有关问题的通知》(国税函〔2009〕212号)规定，享受减免企业所得税优惠的技术转让应符合以下条件：

(1)享受优惠的技术转让主体是企业所得税法规定的居民企业；

(2)技术转让属于财政部、国家税务总局规定的范围；

(3)境内技术转让经省级以上科技部门认定；

(4)向境外转让技术经省级以上商务部门认定；

(5)国务院税务主管部门规定的其他条件。

(二)技术转让所得的计算

享受技术转让所得减免企业所得税优惠的企业，应单独计算技术转让所得，并合理分摊企业的期间费用；没有单独计算的，不得享受技术转让所得企业所得税优惠。

符合条件的技术转让所得应按以下方法计算：

$$技术转让所得＝技术转让收入－技术转让成本－相关税费$$

技术转让收入是指当事人履行技术转让合同后获得的价款，不包括销售或转让设备、仪器、零部件、原材料等非技术性收入。不属于与技术转让项目密不可分的技术咨询、技术服务、技术培训等收入，不得计入技术转让收入。根据国家税务总局《关于技术转让所得减免企业所得税有关问题的公告》(国家税务总局公告2013年第62号)规定，自2013年11月1日起(此前已进行企业所得税处理的相关业务，不作纳税调整)，可以计入技术转让收入的技术咨询、技术服务、技术培训收入，是指转让方为使受让方掌握所转让的技术投入使用、实现产业化而提供的必要的技术咨询、技术服务、技术培训所产生的收入,并应同时符合以下条件:① 在技术转让合同中约定的与该技术转让相关的技术咨询、技术服务、技术培训;② 技术咨询、技术服务、技术培训收入与该技术转让项目收入一并收取价款。

必要的技术咨询、技术服务、技术培训,是转让方为使受让方掌握所转让的技术投入使用、实现产业化而提供的咨询、服务和培训。而在技术投入使用、实现产业化后所提供的咨询、服务和培训,则不应是该转让技术投入使用所必需的咨询、服务和培训。而升级型的更新维护,则应是新的技术开发项目,应在国家知识产权管理部门另行备案,与原转让的技术投入使用并无必要关系。根据技术合同登记的有关规定,与技术转让相关的技术咨询、技术服务、技术培训,只能是在技术转让合同中约定的内容,即为掌握所转让的技术投入使用而提供的必要服务,而为产品售后、维护、升级等提供的技术咨询、技术服务、技术培训,不允许与技术转让合同混同,必须单独签订技术合同。在技术转让合同之外另行签订的技术咨询、技术服务、技术培训合同,已超出了技术转让必要的技术服务与指导事项,与技术开发并无紧密关系。如果将其列为税收优惠范围,则对鼓励技术开发、技术转让和国家税收政策的执行产生不利影响。

技术转让成本是指转让的无形资产的净值,即该无形资产的计税基础减除在资产使用期间按照规定计算的摊销扣除额后的余额。

相关税费是指技术转让过程中实际发生的有关税费,包括除企业所得税和允许抵扣的增值税以外的各项税金及其附加、合同签订费用、律师费等相关费用及其他支出。

【例 5-1】　居民企业在一个纳税年度内,转让技术使用权所得不超过 500 万元的部分,免征企业所得税;超过 500 万元的部分,减半征收企业所得税。(　　　)

【答案】　×

【解析】

居民企业技术转让所得不超过 500 万元的部分,免征企业所得税;超过 500 万元的部分,减半征收企业所得税。这里所称技术转让,是指居民企业转让其拥有符合上述规定技术的所有权或 5 年以上(含 5 年)全球独占许可使用权的行为。

(三)备案管理

企业发生技术转让,应在纳税年度终了后至报送年度纳税申报表以前,向主管税务机关办理减免税备案手续。

1. 企业发生境内技术转让,备案时应报送以下资料:

(1)技术转让合同(副本);

(2)省级以上科技部门出具的技术合同登记证明;

(3)技术转让所得归集、分摊、计算的相关资料;

(4)实际缴纳相关税费的证明资料;

(5)主管税务机关要求提供的其他资料。

2. 企业向境外转让技术,备案时应报送以下资料:

(1)技术出口合同(副本);

(2)省级以上商务部门出具的技术出口合同登记证书或技术出口许可证;

(3)技术出口合同数据表;

(4)技术转让所得归集、分摊、计算的相关资料;

（5）实际缴纳相关税费的证明资料；

（6）主管税务机关要求提供的其他资料。

【例5-2】（CTA·2011）企业发生境外技术转让,在办理减免税备案手续时,应向主管税务机关报送的主要资料有( )。

A. 技术出口合同副本

B. 技术出口合同数据表

C. 企业取得的外汇收入证明

D. 技术转让所得归集、分摊、计算的相关资料

E. 省级以上商务部门出具的技术出口合同登记证书或技术出口许可证

【答案】 ABDE

【解析】

根据财税〔2010〕111号等文件规定,企业取得的外汇收入证明不属于企业发生境外技术转让,在办理减免税备案手续时,应向主管税务机关报送的主要资料。

四、环境保护、节能节水项目优惠

（一）环境保护、节能节水项目所得"三免三减半"

加强环境保护、发展循环经济、建设节约型社会,是构建和谐社会的重要内容。企业所得税法第二十七条第(三)项规定,从事符合条件的环境保护、节能节水项目的所得,可以免征、减征企业所得税。

符合条件的环境保护、节能节水项目,包括公共污水处理、公共垃圾处理、沼气综合开发利用、节能减排技术改造、海水淡化等,项目的具体条件和范围由国务院财政、税务主管部门商国务院有关部门制订,报国务院批准后公布施行。

企业从事规定的符合条件的环境保护、节能节水项目的所得,自项目取得第一笔生产经营收入所属纳税年度起,第一年至第三年免征企业所得税,第四年至第六年减半征收企业所得税。

与公共基础设施项目的投资经营所得优惠相同,依照规定享受减免税优惠的从事环境保护、节能节水项目,在减免税期限内转让的,受让方自受让之日起,可以在剩余期限内享受规定的减免税优惠;减免税期限届满后转让的,受让方不得就该项目重复享受减免税优惠。

需要说明的是,企业享受从事符合条件的环境保护、节能节水项目的所得"三免三减半"优惠时,需向税务机关报送如下资料,办理减免税备案手续。

（1）有权部门认定的环境保护、节能节水项目批准件；

（2）减免税项目所得核算明细账、期间费用分摊表；

（3）企业经营该项目的第一笔收入证明,提供发票购领簿及免税项目开出的第一张发票复印件；

（4）提供项目权属变动证明(优惠期转让的)；

（5）《税收优惠事项备案报告表》；

（6）税务机关要求提供的其他材料。

（二）节能服务公司合同能源管理项目所得"三免三减半"

为鼓励企业运用合同能源管理机制,加大节能减排技术改造工作力度,财政部国家税务总局《关于促进节能服务产业发展增值税 营业税和企业所得税政策问题的通知》(财税

〔2010〕110号,自2011年1月1日起执行)规定:对符合条件的节能服务公司实施合同能源管理项目,符合企业所得税税法有关规定的,自项目取得第一笔生产经营收入所属纳税年度起,第一年至第三年免征企业所得税,第四年至第六年按照25%的法定税率减半征收企业所得税。

1. 与实施合同能源管理项目有关资产的税务处理

根据财税〔2010〕110号文件规定,对符合条件的节能服务公司,以及与其签订节能效益分享型合同的用能企业,实施合同能源管理项目有关资产的企业所得税税务处理按以下规定执行:

(1)用能企业按照能源管理合同实际支付给节能服务公司的合理支出,均可以在计算当期应纳税所得额时扣除,不再区分服务费用和资产价款进行税务处理;

(2)能源管理合同期满后,节能服务公司转让给用能企业的因实施合同能源管理项目形成的资产,按折旧或摊销期满的资产进行税务处理,用能企业从节能服务公司接受有关资产的计税基础也应按折旧或摊销期满的资产进行税务处理;

(3)能源管理合同期满后,节能服务公司与用能企业办理有关资产的权属转移时,用能企业已支付的资产价款,不再另行计入节能服务公司的收入。

2. 享受优惠应符合的条件

根据财税〔2010〕110号文件第二条第(三)项规定,上述所称"符合条件"是指同时满足以下条件:

(1)具有独立法人资格,注册资金不低于100万元,且能够单独提供用能状况诊断、节能项目设计、融资、改造(包括施工、设备安装、调试、验收等)、运行管理、人员培训等服务的专业化节能服务公司;

(2)节能服务公司实施合同能源管理项目相关技术应符合国家质量监督检验检疫总局和国家标准化管理委员会发布的《合同能源管理技术通则》(GB/T 24915—2010)规定的技术要求;

(3)节能服务公司与用能企业签订《节能效益分享型》合同,其合同格式和内容,符合《合同法》和国家质量监督检验检疫总局和国家标准化管理委员会发布的《合同能源管理技术通则》(GB/T 24915—2010)等规定;

(4)节能服务公司实施合同能源管理的项目符合《财政部 国家税务总局国家发展改革委关于公布环境保护节能节水项目企业所得税优惠目录(试行)的通知》(财税〔2009〕166号)"4、节能减排技术改造"类中第一项至第八项规定的项目(① 既有高能耗建筑节能改造项目;② 既有建筑太阳能光热、光电建筑一体化技术或浅层地能热泵技术改造项目;③ 既有居住建筑供热计量及节能改造项目;④ 工业锅炉、工业窑炉节能技术改造项目;⑤ 电机系统节能、能量系统优化技术改造项目;⑥ 煤炭工业复合式干法选煤技术改造项目;⑦ 钢铁行业干式除尘技术改造项目;⑧ 有色金属行业干式除尘净化技术改造项目)和条件(① 具有独立法人资质,且注册资金不低于100万元的节能减排技术服务公司以合同能源管理的形式,通过以节省能源费用或节能量来支付项目成本的节能减排技术改造项目;② 项目应符合国家产业政策,并达到国家有关节能和环境标准;③ 经建筑能效测评机构检测,既有高能耗建筑节能改造和北方既有居住建筑供热计量及节能改造达到现行节能强制性标准要求,既有建筑太阳能光热、光电建筑一体化技术或浅层地能热泵技术改造后达到现行国家有关标准要求;④ 经省级节能节水主管部门验收,工业锅炉、工业窑炉技术改造和电机系统节能、能量系统优化技术改造项目年节能量折算后不小于1 000吨标准煤,煤炭工业复合式干法选煤技术改造、钢铁行业干式除尘技术改造和有色金属行业干式除尘净化技术改造项目年节水量不小于200万立方米;⑤ 项目应纳税所得额的计算应符合独立交易原则;⑥ 国务院财政、税务主管部门规定的其他条件。);

(5) 节能服务公司投资额不低于实施合同能源管理项目投资总额的70%;

(6) 节能服务公司拥有匹配的专职技术人员和合同能源管理人才,具有保障项目顺利实施和稳定运行的能力。

3. 相关要求

节能服务公司与用能企业之间的业务往来,应当按照独立企业之间的业务往来收取或者支付价款、费用。不按照独立企业之间的业务往来收取或者支付价款、费用,而减少其应纳税所得额的,税务机关有权进行合理调整。

用能企业对从节能服务公司取得的与实施合同能源管理项目有关的资产,应与企业其他资产分开核算,并建立辅助账或明细账。

节能服务公司同时从事适用不同税收政策待遇项目的,其享受税收优惠项目应当单独计算收入、扣除,并合理分摊企业的期间费用;没有单独计算的,不得享受税收优惠政策。

4. 增值税、营业税优惠

对符合条件的节能服务公司实施合同能源管理项目,取得的营业税应税收入,暂免征收营业税。节能服务公司实施符合条件的合同能源管理项目,将项目中的增值税应税货物转让给用能企业,暂免征收增值税。

这里所称"符合条件"是指同时满足以下条件:

(1) 节能服务公司实施合同能源管理项目相关技术应符合国家质量监督检验检疫总局和国家标准化管理委员会发布的《合同能源管理技术通则》(GB/T 24915—2010)规定的技术要求;

(2) 节能服务公司与用能企业签订《节能效益分享型》合同,其合同格式和内容,符合《合同法》和国家质量监督检验检疫总局和国家标准化管理委员会发布的《合同能源管理技术通则》(GB/T 24915—2010)等规定。

(三) 节能效益分享型能源管理项目"三免三减半"优惠

为鼓励企业采用合同能源管理模式开展节能服务,规范合同能源管理项目企业所得税管理,国家税务总局国家发展改革委《关于落实节能服务企业合同能源管理项目企业所得税优惠政策有关征收管理问题的公告》(国家税务总局 国家发展改革委公告2013年第77号,自2013年1月1日起施行。本公告发布前,已按有关规定享受税收优惠政策的,仍按原规定继续执行;尚未享受的,按本公告规定执行)作出如下规定:

1. 优惠政策内容

(1) 对实施节能效益分享型合同能源管理项目的节能服务企业,凡实行查账征收所得税的居民企业并符合企业所得税法和本公告有关规定的,该项目可享受财税〔2010〕110号规定的企业所得税"三免三减半"优惠政策。如节能服务企业的分享型合同约定的效益分享期短于6年的,按实际分享期享受优惠。

(2) 节能服务企业享受"三免三减半"项目的优惠期限,应连续计算。对在优惠期限内转让所享受优惠的项目给其他符合条件的节能服务企业,受让企业承续经营该项目的,可自项目受让之日起,在剩余期限内享受规定的优惠;优惠期限届满后转让的,受让企业不得就该项目重复享受优惠。

（3）节能服务企业投资项目所发生的支出,应按税法规定作资本化或费用化处理。形成的固定资产或无形资产,应按合同约定的效益分享期计提折旧或摊销。节能服务企业应分别核算各项目的成本费用支出额。对在合同约定的效益分享期内发生的期间费用划分不清的,应合理进行分摊,期间费用的分摊应按照项目投资额和销售（营业）收入额两个因素计算分摊比例,两个因素的权重各为 50％。

（4）节能服务企业、节能效益分享型能源管理合同和合同能源管理项目应符合财税〔2010〕110 号第二条第（三）项所规定的上述条件。

（5）享受企业所得税优惠政策的项目应属于《财政部 国家税务总局 国家发展改革委关于公布环境保护节能节水项目企业所得税优惠目录（试行）的通知》（财税〔2009〕166 号）规定的节能减排技术改造项目,包括余热余压利用、绿色照明等节能效益分享型合同能源管理项目。

2．事前备案管理

合同能源管理项目优惠实行事前备案管理。节能服务企业享受合同能源管理项目企业所得税优惠的,应向主管税务机关备案。涉及多个项目优惠的,应按各项目分别进行备案。节能服务企业应在项目取得第一笔收入的次年 4 个月内,完成项目享受优惠备案。办理备案手续时需提供以下资料:

（1）减免税备案申请;

（2）能源管理合同复印件;

（3）国家发展改革委、财政部公布的第三方机构出具的《合同能源管理项目情况确认表》,或者政府节能主管部门出具的合同能源管理项目确认意见;

（4）《合同能源管理项目应纳税所得额计算表》;

（5）项目第一笔收入的发票复印件;

（6）合同能源管理项目发生转让的,受让节能服务企业除提供上述材料外,还需提供项目转让合同、项目原享受优惠的备案文件。

合同能源管理项目确认由国家发展改革委、财政部公布的第三方节能量审核机构负责,并出具《合同能源管理项目情况确认表》,或者由政府节能主管部门出具合同能源管理项目确认意见。第三方机构在合同能源管理项目确认过程中应严格按照国家有关要求认真审核把关,确保审核结果客观、真实。对在审核过程中把关不严、弄虚作假的第三方机构,一经查实,将取消其审核资质,并按相关法律规定追究责任。

五、税法第三条第三款规定所得的优惠

企业所得税法第三条第三款规定,非居民企业在中国境内未设立机构、场所的,或者虽设立机构、场所但取得的所得与其所设机构、场所没有实际联系的,应当就其来源于中国境内的所得缴纳企业所得税。

企业所得税法实施条例规定,非居民企业取得企业所得税法第三条第三款规定的所得,减按 10％的税率征收企业所得税。

下列所得可以免征企业所得税:

（1）外国政府向中国政府提供贷款取得的利息所得。

（2）国际金融组织向中国政府和居民企业提供优惠贷款取得的利息所得。

（3）经国务院批准的其他所得。

这里的国际金融组织，根据财税〔2009〕69 号文件规定，包括国际货币基金组织、世界银行、亚洲开发银行、国际开发协会、国际农业发展基金、欧洲投资银行以及财政部和国家税务总局确定的其他国际金融组织；优惠贷款，是指低于金融企业同期同类贷款利率水平的贷款。

企业取得该项所得时，需要向税务机关报送如下材料，办理备案手续。

（1）相关业务合同、协议；

（2）售付汇凭证；

（3）非居民企业的签收单据或出具的公证证明；

（4）税务机关要求提供的其他材料。

六、小型微利企业优惠

企业所得税法第二十八条规定，符合条件的小型微利企业，减按 20％的税率征收企业所得税。

（一）小型微利企业的认定

符合条件的小型微利企业，是指从事国家非限制和禁止行业，并符合下列条件的企业：

（1）工业企业，年度应纳税所得额不超过 30 万元，从业人数不超过 100 人，资产总额不超过 3 000 万元；

（2）其他企业，年度应纳税所得额不超过 30 万元，从业人数不超过 80 人，资产总额不超过 1 000 万元。

根据财政部、国家税务总局《关于执行企业所得税优惠政策若干问题的通知》（财税〔2009〕69 号）规定，这里的从业人数，是指与企业建立劳动关系的职工人数和企业接受的劳务派遣用工人数之和。从业人数和资产总额指标，按企业全年月平均值确定，具体计算公式如下：

$$月平均值＝（月初值＋月末值）÷2$$
$$全年月平均值＝全年各月平均值之和÷12$$

年度中间开业或者终止经营活动的，以其实际经营期作为一个纳税年度确定上述相关指标。

此外，国家税务总局《关于小型微利企业所得税预缴问题的通知》（国税函〔2008〕251 号）规定：小型微利企业条件中，"从业人数"按企业全年平均从业人数计算，"资产总额"按企业年初和年末的资产总额平均计算。这与财税〔2009〕69 号文件的规定不同。

根据国家统计局《关于贯彻执行新〈国民经济行业分类国家标准〉（GB/T 4754－2002）的通知》（国统字〔2002〕44 号）规定，工业包括采矿业、制造业、电力、燃气及水的生产和供应业等；其他企业是除了工业企业外的其他类型企业，包括服务企业、商业流通企业等。

（二）核定征收不享受小型微利企业优惠

企业所得税法第二十八条规定的小型微利企业待遇，应适用于具备建账核算自身应纳税所得额条件的企业。根据财税〔2009〕69 号文件规定，按照《企业所得税核定征收办法》（国税发〔2008〕30 号）缴纳企业所得税的企业，在不具备准确核算应纳税所得额条件前，暂不适用小型微利企业适用税率。

因而,对核定征收企业所得税的企业不能享受小型微利企业所得税优惠政策。

(三)非居民企业不享受小型微利企业优惠

企业所得税法第二十八条规定的小型微利企业是指企业的全部生产经营活动产生的所得均负有我国企业所得税纳税义务的企业。因此,国家税务总局《关于非居民企业不享受小型微利企业所得税优惠政策问题的通知》(国税函〔2008〕650号)规定,仅就来源于我国所得负有我国纳税义务的非居民企业,不适用规定的对符合条件的小型微利企业减按20%税率征收企业所得税的优惠政策。

(四)促进中小企业发展的特殊优惠

为有效应对国际金融危机,扶持中小企业发展,根据《关于进一步促进中小企业发展的若干意见》(国发〔2009〕36号),财政部、国家税务总局下发的《关于小型微利企业有关企业所得税政策的通知》(财税〔2009〕133号)、《关于继续实施小型微利企业所得税优惠政策的通知》(财税〔2011〕4号)规定,自2010年1月1日至2011年12月31日,对年应纳税所得额低于3万元(含3万元)的小型微利企业,其所得减按50%计入应纳税所得额,按20%的税率缴纳企业所得税。

《关于小型微利企业所得税优惠政策有关问题的通知》(财税〔2011〕117号)规定,自2012年1月1日至2015年12月31日,对年应纳税所得额低于6万元(含6万元)的小型微利企业,其所得减按50%计入应纳税所得额,按20%的税率缴纳企业所得税。

【例5-3】 (CTA·2011)某商业企业2010年有职工70人,资产总额800万元,取得生产经营收入共计860万元,税前扣除项目金额共计857.2万元。2010年度该企业应缴纳企业所得税(   )万元。

A. 0.28   B. 0.35   C. 0.56   D. 0.70

【答案】 A

【解析】

应纳税所得额为:860－857.2＝2.8(万元),根据题意,该企业符合小型微利企业条件,自2010年1月1日至2011年12月31日,对年应纳税所得额低于3万元(含3万元)的小型微利企业,其所得减按50%计入应纳税所得额,按20%的税率缴纳企业所得税。因而,应缴企业所得税为:2.8×50%×20%＝0.28万元。

(五)预缴及年终补税

国家税务总局《关于小型微利企业所得税预缴问题的通知》(国税函〔2008〕251号)规定,企业在当年首次预缴企业所得税时,须向主管税务机关提供企业上年度符合小型微利企业条件的相关证明材料。主管税务机关对企业提供的相关证明材料核实后,认定企业上年度不符合小型微利企业条件的,该企业当年不得按小型微利企业所得税预缴申报。

纳税年度终了后,主管税务机关要根据企业当年有关指标,核实企业当年是否符合小型微利企业条件。企业当年有关指标不符合小型微利企业条件,但已按规定计算减免所得税额的,在年度汇算清缴时要补缴按规定计算的减免所得税额。

自2012年1月1日起,《关于小型微利企业预缴企业所得税有关问题的公告》(国家税务总局公告2012年第14号)规定:上一纳税年度年应纳税所得额低于6万元(含6万元),同时符合《中华人民共和国企业所得税法实施条例》第九十二条规定的资产和从业人数标准,实行按实际利润额预缴企业所得税的小型微利企业(以下称符合条件的小型微利企业),在预缴申报企业所得税时,将《国家税务总局关于发布〈中华人民共和国企业所得税月(季)度预缴纳税申报表〉等报表的公告》(国家税务总局公告 2011 年第 64 号)中华人民共和国企业所得税月(季)度预缴纳税申报表(A 类)第 9 行"实际利润总额"与 15% 的乘积,暂填入第 12 行"减免所得税额"内。

（六）暂免征收部分小微企业增值税和营业税

财政部、国家税务总局《关于暂免征收部分小微企业增值税和营业税的通知》(财税〔2013〕52 号)规定:自 2013 年 8 月 1 日起,对增值税小规模纳税人中月销售额不超过 2 万元的企业或非企业性单位,暂免征收增值税;对营业税纳税人中月营业额不超过 2 万元的企业或非企业性单位,暂免征收营业税。

1. 销售额或营业额的含义

这里的"月销售额不超过 2 万元"、"月营业额不超过 2 万元",根据《关于暂免征收部分小微企业增值税和营业税政策有关问题的公告》(国家税务总局公告 2013 年第 49 号)规定,是指月销售额或营业额在 2 万元以下(含 2 万元,下同),即包含"月销售额或营业额为 2 万元"。月销售额或营业额超过 2 万元的,应全额计算缴纳增值税或营业税。即对增值税小规模纳税人中月销售额不超过 2 万元的(含 2 万元),暂免征收增值税;对营业税纳税人中月营业额不超过 2 万元的(含 2 万元),暂免征收营业税。

2. 季度申报销售额或营业额的确定

按照现行增值税和营业税政策规定,部分纳税人可以 1 个季度为纳税期限。为避免按月区分,便于实际操作,49 号公告明确,以 1 个季度为纳税期限的增值税小规模纳税人和营业税纳税人中,季度销售额或营业额不超过 6 万元(含 6 万元,下同)的企业或非企业性单位,可按照财税(2013)52 号文件规定,暂免征收增值税或营业税。

3. 兼营营业税应税项目计算

对增值税小规模纳税人中的企业和非企业性单位,兼有增值税应税项目和营业税应税项目的,纳税人既属于增值税纳税人,又属于营业税纳税人。为支持小微企业发展,49 号告明确,增值税小规模纳税人中的企业或非企业性单位,兼营营业税应税项目的,应当分别核算增值税应税项目的销售额和营业税应税项目的营业额,月销售额不超过 2 万元(按季纳税 6 万元)的暂免征收增值税,月营业额不超过 2 万元(按季纳税 6 万元)的,暂免征收营业税。

4. 代开发票问题

月初或月中,增值税小规模纳税人到主管税务机关申请代开增值税专用发票和普通发票时,尚不能确定其月销售额是否达到 2 万元(季销售额 6 万元)。按照现行规定,增值税小规模纳税人申请代开增值税专用发票和普通发票时,应先缴纳增值税税款。从既保护纳税人利益,又保证税款安全的角度,49 号公告明确,增值税小规模纳税人中的企业或非企业性单位,月销售额不超过 2 万元(按季纳税 6 万元)的,当期因代开增值税专用发票(含货物运输业增值税专用发票)和普通发票已经缴纳的税款,在发票全部联次追回后,可以向主管税务机关申请退还。

七、高新技术企业优惠

高新技术企业是指在《国家重点支持的高新技术领域》(电子信息技术、生物与新医药技术、航空航天技术、新材料技术、高技术服务业、新能源及节能技术、资源与环境技术、高新技术改造传统产业）内，持续进行研究开发与技术成果转化，形成企业核心自主知识产权，并以此为基础开展经营活动，在中国境内（不包括港、澳、台地区）注册一年以上的居民企业。

企业所得税法第二十八条规定，国家需要重点扶持的高新技术企业，减按 15％ 的税率征收企业所得税。企业所得税法及其实施条例将我国新税法实施前对高新技术企业实行的 15％ 优惠税率政策扩大到全国，以促进全国范围内高新技术企业加快技术创新和科技进步，推动我国产业升级，实现国民经济的可持续发展。

（一）高新技术企业的认定

根据企业所得税法实施条例第九十三条规定，国家需要重点扶持的高新技术企业，是指拥有核心自主知识产权，并同时符合下列条件的企业：

（1）产品（服务）属于《国家重点支持的高新技术领域》规定的范围；

（2）研究开发费用占销售收入不低于规定比例；

（3）高新技术产品（服务）收入占企业总收入的比例不低于规定比例；

（4）科技人员占企业职工总数的比例不低于规定比例；

（5）高新技术企业认定管理办法规定的其他条件。

《国家重点支持的高新技术领域》和高新技术企业认定管理办法由国务院科技、财政、税务主管部门商国务院有关部门制订，报国务院批准后公布施行。

《高新技术企业认定管理办法》（国科发火〔2008〕172 号）进一步明确规定，高新技术企业认定须同时满足以下条件：

（1）在中国境内（不含港、澳、台地区）注册的企业，近三年内通过自主研发、受让、受赠、并购等方式，或通过 5 年以上的独占许可方式，对其主要产品（服务）的核心技术拥有自主知识产权；

（2）产品（服务）属于《国家重点支持的高新技术领域》规定的范围；

（3）具有大学专科以上学历的科技人员占企业当年职工总数的 30％ 以上，其中研发人员占企业当年职工总数的 10％ 以上；

（4）企业为获得科学技术（不包括人文、社会科学）新知识，创造性运用科学技术新知识，或实质性改进技术、产品（服务）而持续进行了研究开发活动，且近三个会计年度的研究开发费用总额占销售收入总额的比例符合如下要求：

① 最近一年销售收入小于 5 000 万元的企业，比例不低于 6％；

② 最近一年销售收入在 5 000 万元至 20 000 万元的企业，比例不低于 4％；

③ 最近一年销售收入在 20 000 万元以上的企业，比例不低于 3％。

其中，企业在中国境内发生的研究开发费用总额占全部研究开发费用总额的比例不低于 60％。企业注册成立时间不足三年的，按实际经营年限计算；

（5）高新技术产品（服务）收入占企业当年总收入的 60％ 以上；

（6）企业研究开发组织管理水平、科技成果转化能力、自主知识产权数量、销售与总资产成长性等指标符合《高新技术企业认定管理工作指引》的要求。

关于核心自主知识产权问题，科技部、财政部、国家税务总局《关于认真做好 2008 年高新技术企业认定管理工作的通知》（国科发火〔2008〕705 号）明确，在计算企业拥有的核心自主知识产权时，企业近3年内（至申报日前）获得的核心自主知识产权均视为有效。

（二）高新技术企业资格的取消

已认定的高新技术企业有下述情况之一的，应取消其资格：

（1）在申请认定过程中提供虚假信息的；

（2）有偷、骗税等行为的；

（3）发生重大安全、质量事故的；

（4）有环境等违法、违规行为，受到有关部门处罚的。

被取消高新技术企业资格的企业，认定机构在5年内不再受理该企业的认定申请。

（三）优惠备案与享受

认定（复审）合格的高新技术企业，自认定（复审）批准的有效期当年开始，可申请享受企业所得税优惠。企业取得省、自治区、直辖市、计划单列市高新技术企业认定管理机构颁发的高新技术企业证书后，可持"高新技术企业证书"及其复印件和有关资料，向主管税务机关申请办理减免税备案手续。备案手续办理完毕后，高新技术企业可按15%的税率进行所得税预缴申报或享受过渡性税收优惠。

纳税年度终了后至报送年度纳税申报表以前，已办理减免税手续的企业应向主管税务机关备案以下资料：

（1）产品（服务）属于《国家重点支持的高新技术领域》规定的范围的说明；

（2）企业年度研究开发费用结构明细表；

（3）企业当年高新技术产品（服务）收入占企业总收入的比例说明；

（4）企业具有大学专科以上学历的科技人员占企业当年职工总数的比例说明、研发人员占企业当年职工总数的比例说明。

未取得高新技术企业资格、或虽取得高新技术企业资格但不符合企业所得税法及实施条例和国家税务总局《关于实施高新技术企业所得税优惠有关问题的通知》（国税函〔2009〕203号）规定条件的企业，不得享受高新技术企业的优惠；已享受优惠的，应追缴其已减免的企业所得税税款。

《关于高新技术企业资格复审期间企业所得税预缴问题的公告》（国家税务总局公告2011年第4号）规定：自2011年2月1日起，高新技术企业应在资格期满前三个月内提出复审申请，在通过复审之前，在其高新技术企业资格有效期内，其当年企业所得税暂按15%的税率预缴。

（四）境外所得适用税率及税收抵免

根据《关于高新技术企业境外所得适用税率及税收抵免问题的通知》（财税〔2011〕47号）规定，自2010年1月1日起：以境内、境外全部生产经营活动有关的研究开发费用总额、总收入、销售收入总额、高新技术产品（服务）收入等指标申请并经认定的高新技术企业，其来源于境外的所得可以享受高新技术企业所得税优惠政策，即对其来源于境外所得可以按照15%的优惠税率缴纳企业所得税，在计算境外抵免限额时，可按照15%的优惠税率计算境内外应纳税总额。

上述高新技术企业境外所得税收抵免的其他事项，仍按照财税〔2009〕125号文件的有关规定执行。

这里所称高新技术企业，是指依照《中华人民共和国企业所得税法》及其实施条例规定，经认定机构按照《高新技术企业认定管理办法》(国科发火〔2008〕172 号)和《高新技术企业认定管理工作指引》(国科发火〔2008〕362 号)认定取得高新技术企业证书并正在享受企业所得税 15％税率优惠的企业。

此外,需要说明是:当年可减按 15％的税率征收企业所得税或按照国务院《关于经济特区和上海浦东新区新设立高新技术企业实行过渡性税收优惠的通知》(国发〔2007〕40 号)享受过渡性税收优惠的高新技术企业,在实际实施有关税收优惠的当年,减免税条件发生变化的,应按科学技术部、财政部、国家税务总局《关于印发〈高新技术企业认定管理办法〉的通知》(国科发火〔2008〕172 号)第九条第二款的规定处理。

八、技术先进型服务企业优惠

为进一步推动技术先进型服务业的发展,促进企业技术创新和技术服务能力的提升,增强我国服务业的综合竞争力,国务院《关于推进上海加快发展现代服务业和先进制造业建设国际金融中心和国际航运中心的意见》(国发〔2009〕19 号)规定,自 2009 年 1 月 1 日起至 2013 年 12 月 31 日止,对符合条件的技术先进型服务企业,减按 15％的税率征收企业所得税。财政部国家税务总局等部门《关于技术先进型服务企业有关税收政策问题的通知》(财税〔2009〕63 号,自 2009 年 1 月 1 日起至 2010 年 7 月 1 日止)、《关于技术先进型服务企业有关企业所得税政策问题的通知》(财税〔2010〕65 号,自 2010 年 7 月 1 日起至 2013 年 12 月 31 日止)进一步作出如下明确规定。

(一)优惠政策内容

根据财税〔2010〕65 号第一条规定,自 2010 年 7 月 1 日起至 2013 年 12 月 31 日止,在北京、天津、上海、重庆、大连、深圳、广州、武汉、哈尔滨、成都、南京、西安、济南、杭州、合肥、南昌、长沙、大庆、苏州、无锡、厦门等 21 个中国服务外包示范城市(以下简称示范城市)实行以下企业所得税优惠政策:

(1)对经认定的技术先进型服务企业,减按 15％的税率征收企业所得税。

(2)经认定的技术先进型服务企业发生的职工教育经费支出,不超过工资薪金总额8％的部分,准予在计算应纳税所得额时扣除;超过部分,准予在以后纳税年度结转扣除。

享受财税〔2010〕65 号第一条规定的上述企业所得税优惠政策的技术先进型服务企业必须同时符合以下条件:

(1)从事《技术先进型服务业务认定范围(试行)》中的一种或多种技术先进型服务业务,采用先进技术或具备较强的研发能力;

(2)企业的注册地及生产经营地在示范城市(含所辖区、县、县级市等全部行政区划)内;

(3)企业具有法人资格,近两年在进出口业务管理、财务管理、税收管理、外汇管理、海关管理等方面无违法行为;

(4)具有大专以上学历的员工占企业职工总数的 50％以上;

(5)从事《技术先进型服务业务认定范围(试行)》中的技术先进型服务业务取得的收入占企业当年总收入的 50％以上。

(6)从事离岸服务外包业务取得的收入不低于企业当年总收入的 50％。

从事离岸服务外包业务取得的收入,是指企业根据境外单位与其签订的委托合同,由本企业或其直接转包的企业为境外单位提供《技术先进型服务业务认定范围(试行)》中所规定的信息技术外包服务（ITO）、技术性业务流程外包服务（BPO）和技术性知识流程外包服务（KPO），而从上述境外单位取得的收入。

（二）技术先进型服务企业认定管理

符合条件的技术先进型服务企业应向所在示范城市人民政府科技部门提出申请，由示范城市人民政府科技部门会同本级商务、财政、税务和发展改革部门联合评审并发文认定。认定企业名单应及时报科技部、商务部、财政部、国家税务总局和国家发展改革委及所在省（直辖市、计划单列市）科技、商务、财政、税务和发展改革部门备案。

经认定的技术先进型服务企业，持相关认定文件向当地主管税务机关办理享受财税〔2010〕65号第一条规定的企业所得税优惠政策事宜。享受企业所得税优惠的技术先进型服务企业条件发生变化的，应当自发生变化之日起15日内向主管税务机关报告；不再符合享受税收优惠条件的，应当依法履行纳税义务。主管税务机关在执行税收优惠政策过程中，发现企业不具备技术先进型服务企业资格的，应暂停企业享受税收优惠，并提请认定机构复核。

示范城市及所在省（直辖市、计划单列市）人民政府科技等部门对经认定并享受税收优惠政策的技术先进型服务企业应做好跟踪管理，对变更经营范围、合并、分立、转业、迁移的企业，如不符合认定条件的，应及时取消其享受税收优惠政策的资格。

九、资源综合利用减计收入优惠

（一）减计收入优惠

企业所得税法第三十三条规定，企业综合利用资源，生产符合国家产业政策规定的产品所取得的收入，可以在计算应纳税所得额时减计收入。

所谓减计收入，是指企业以《资源综合利用企业所得税优惠目录》规定的资源作为主要原材料，生产非国家限制和禁止并符合国家和行业相关标准的产品取得的收入，减按90%计入收入总额。即企业自2008年1月1日起以《资源综合利用企业所得税优惠目录》中所列资源为主要原材料，生产《资源综合利用企业所得税优惠目录》内符合国家或行业相关标准的产品取得的收入，在计算应纳税所得额时，减按90%计入当年收入总额。

享受上述税收优惠时，《资源综合利用企业所得税优惠目录》内所列资源占产品原料的比例应符合其规定的技术标准。

国家税务总局《关于资源综合利用企业所得税优惠管理问题的通知》（国税函〔2009〕185号）进一步规定，资源综合利用企业所得税优惠，是指企业自2008年1月1日起以《资源综合利用企业所得税优惠目录（2008年版）》规定的资源作为主要原材料，生产国家非限制和非禁止并符合国家及行业相关标准的产品取得的收入，减按90%计入企业当年收入总额。

根据财政部、国家税务总局《关于执行资源综合利用企业所得税优惠目录有关问题的通知》（财税〔2008〕47号）规定，企业同时从事其他项目而取得的非资源综合利用收入，应与资源综合利用收入分开核算，没有分开核算的，不得享受优惠政策。企业从事不符合实施条例和《资源综合利用企业所得税优惠目录》规定范围、条件和技术标准的项目，不得享受资源综合利用企业所得税优惠政策。原材料占生产产品材料的比例不得低于《资源综合利用企业所得税优惠目录》规定的标准。内设非法人分支机构不可享受资源综合利用优惠。

（二）优惠管理

经资源综合利用主管部门按《资源综合利用企业所得税优惠目录》规定认定的生产资源综合利用产品的企业（不包括仅对资源综合利用工艺和技术进行认定的企业），取得《资源综合利用认定证书》，可按规定申请享受资源综合利用企业所得税优惠。

企业资源综合利用产品的认定程序，按《国家发展改革委 财政部 国家税务总局关于印发〈国家鼓励的资源综合利用认定管理办法〉的通知》（发改环资〔2006〕1864号）的规定执行。

2008年1月1日之前经资源综合利用主管部门认定取得《资源综合利用认定证书》的企业，应按上述规定，重新办理认定并取得《资源综合利用认定证书》，方可申请享受资源综合利用企业所得税优惠。

企业从事非资源综合利用项目取得的收入与生产资源综合利用产品取得的收入没有分开核算的，不得享受资源综合利用企业所得税优惠。

税务机关对资源综合利用企业所得税优惠实行备案管理。备案管理的具体程序，按照国家税务总局的相关规定执行。

备案时应向主管税务机关报送如下材料：

（1）减免税审批（备案）申请表；

（2）有权部门出具的资源综合利用企业（项目、产品）认定证书；

（3）有权部门出具的检测报告（包括利用资源的名称、数量、占比）；

（4）各项产品销售收入核算明细表；

（5）主管税务机关要求提供的其他资料。

享受资源综合利用企业所得税优惠的企业因经营状况发生变化而不符合规定条件的，应自发生变化之日起15个工作日内向主管税务机关报告，并停止享受资源综合利用企业所得税优惠。

企业实际经营情况不符合规定条件，采用欺骗等手段获取企业所得税优惠，或者因经营状况发生变化而不符合享受优惠条件，但未及时向主管税务机关报告的，按照税收征管法及其实施细则的有关规定进行处理。

税务机关应对企业的实际经营情况进行监督检查。税务机关发现资源综合利用主管部门认定有误的，应停止企业享受资源综合利用企业所得税优惠，并及时与有关认定部门协调沟通，提请纠正，已经享受的优惠税额应予追缴。

【例5-4】 A公司是水泥制造企业，有两条熟料生产线，并利用余热发电。电厂为公司的内设非法人分支机构，所发电全为公司自用。A公司产品符合2008年版资源综合利用目录，可以享受收入减计10%的企业所得税优惠政策。但计算企业所得税时，分支机构与公司所得税合并申报，公司自发电全部自用，没有实际取得产品收入。

请问电厂发电可否享受减免税优惠？

【解析】

国家税务总局《关于资源综合利用有关企业所得税优惠问题的批复》（国税函〔2009〕567号）规定，由于利用旋窑余热发电的电厂属于公司的内设非法人分支机构，不构成企业所得税纳税人，且其余热发电产品直接供给所属公司使用，不计入企业收入，因此，利用该公司旋窑水泥生产过程中产生的余热发电业务不能享受资源综合利用减计收入的企业所得税优惠政策。

　　虽然 A 公司分支机构余热发电符合企业所得税减免税优惠政策,但是由于分支机构不属于企业所得税纳税人,且没有取得该项发电收入,所以不能享受税收优惠。

　　如果 A 公司将余热发电机构从水泥制造公司独立出来,成立独立的法人单位,则其生产活动符合《资源综合利用企业所得税优惠目录(2008 年版)》规定范围的产品收入,可以按规定享受企业所得税规定的减计 10％税收优惠。

附:

资源综合利用企业所得税优惠目录(2008 年版)

类别	序号	综合利用的资源	生产的产品	技术标准
一、共生、伴生矿产资源	1	煤系共生、伴生矿产资源、瓦斯	高岭岩、铝矾土、膨润土,电力、热力及燃气	1. 产品原料 100％来自所列资源 2. 煤炭开发中的废弃物 3. 产品符合国家和行业标准
二、废水(液)、废气、废渣	2	煤矸石、石煤、粉煤灰、采矿和选矿废渣、冶炼废渣、工业炉渣、脱硫石膏、磷石膏、江河(渠)道的清淤(淤沙)、风积沙、建筑垃圾、生活垃圾焚烧余渣、化工废渣、工业废渣	砖(瓦)、砌块、墙板类产品、石膏类制品以及商品粉煤灰	产品原料 70％以上来自所列资源
	3	转炉渣、电炉渣、铁合金炉渣、氧化铝赤泥、化工废渣、工业废渣	铁、铁合金料、精矿粉、稀土	产品原料 100％来自所列资源
	4	化工、纺织、造纸工业废液及废渣	银、盐、锌、纤维、碱、羊毛脂、聚乙烯醇、硫化钠、亚硫酸钠、硫氰酸钠、硝酸、铁盐、铬盐、木索磺酸盐、乙酸、乙二酸、乙酸钠、盐酸、黏合剂、酒精、香兰素、饲料酵母、月巴料、甘油、乙氰	产品原料 70％以上来自所列资源
	5	制盐液(苦卤)及硼酸废液	氯化钾、硝酸钾、溴素、氯化镁、氢氧化镁、无水硝、石膏、硫酸镁、硫酸钾、肥料	产品原料 70％以上来自所列资源
	6	工矿废水、城市污水	再生水	1. 产品原料 100％来自所列资源 2. 达到国家有关标准
	7	废生物质油,废弃润滑油	生物柴油及工业油料	产品原料 100％来自所列资源
	8	焦炉煤气,化工、石油(炼油)化工废气、发酵废气、火炬气、炭黑尾气	硫黄、硫酸、磷铵、硫铵、脱硫石膏,可燃气、轻烃、氢气,硫酸亚铁、有色金属,二氧化碳、干冰、甲醇、合成氨	
	9	转炉煤气、高炉煤气、火炬气以及除焦炉煤气以外的工业炉气,工业过程中的余热、余压	电力、热力	

续表

类别	序号	综合利用的资源	生产的产品	技术标准
三、再生资源	10	废旧电池、电子电器产品	金属(包括稀贵金属)、非金属	产品原料100%来自所列资源
	11	废感光材料、废灯泡(管)	有色(稀贵)金属及其产品	产品原料100%来自所列资源
	12	锯末、树皮、枝丫材	人造板及其制品	1. 符合产品标准 2. 产品原料100%来自所列资源
	13	废塑料	塑料制品	产品原料100%来自所列资源
	14	废、旧轮胎	翻新轮胎,胶粉	1. 产品符合 GB 9037 和 GB 14646 三飞再生标准 2. 产品原料100%来自所列资源 3. 符合 GB/T 19208 等标准规定的性能指标。
	15	废弃天然纤维:化学纤维及其制品	造纸原料、纤维纱及织物、无纺布、毡、黏合剂、再生聚酯	产品原料100%来自所列资源
	16	农作物秸秆及壳皮(包括粮食作物秸秆、农业经济作物秸秆、粮食壳皮、玉米芯)	代木产品,电力、热力及燃气	产品原料70%以上来自所列资源

十、加计扣除优惠

企业所得税法第三十条规定,企业的下列支出,可以在计算应纳税所得额时加计扣除:① 开发新技术、新产品、新工艺发生的研究开发费用;② 安置残疾人员及国家鼓励安置的其他就业人员所支付的工资。

(一)研究开发费加计扣除优惠

研究开发活动是指企业为获得科学与技术(不包括人文、社会科学)新知识,创造性运用科学技术新知识,或实质性改进技术、工艺、产品(服务)而持续进行的具有明确目标的研究开发活动。创造性运用科学技术新知识,或实质性改进技术、工艺、产品(服务),是指企业通过研究开发活动在技术、工艺、产品(服务)方面的创新取得了有价值的成果,对本地区(省、自治区、直辖市或计划单列市)相关行业的技术、工艺领先具有推动作用,不包括企业产品(服务)的常规性升级或对公开的科研成果直接应用等活动(如直接采用公开的新工艺、材料、装置、产品、服务或知识等)。

为贯彻落实国家科技发展规划纲要精神,鼓励企业自主创新,企业所得税法对研发费用加计扣除优惠政策进行了适度调整:一是取消研发费用比上年增长 10% 的限制条件;二是将优惠政策适用对象由工业企业扩大到财务核算健全、实行查账征收企业所得税的居民企业。

1. 研发费用的财务处理

根据《财政部关于企业加强研发费用财务管理的若干意见》(财企〔2007〕194 号,实行企业化管理的科研事业单位参照执行。企业研发费的纳税扣除,按照财政部、国家税务总局有关规定执行),企业研发费用(即原"技术开发费"),指企业在产品、技术、材料、工艺、标准的

研究、开发过程中发生的各项费用,包括:

(1) 研发活动直接消耗的材料、燃料和动力费用。

(2) 企业在职研发人员的工资、奖金、津贴、补贴、社会保险费、住房公积金等人工费用以及外聘研发人员的劳务费用。

(3) 用于研发活动的仪器、设备、房屋等固定资产的折旧费或租赁费以及相关固定资产的运行维护、维修等费用。

(4) 用于研发活动的软件、专利权、非专利技术等无形资产的摊销费用。

(5) 用于中间试验和产品试制的模具、工艺装备开发及制造费,设备调整及检验费,样品、样机及一般测试手段购置费,试制产品的检验费等。

(6) 研发成果的论证、评审、验收、评估以及知识产权的申请费、注册费、代理费等费用。

(7) 通过外包、合作研发等方式,委托其他单位、个人或者与之合作进行研发而支付的费用。

(8) 与研发活动直接相关的其他费用,包括技术图书资料费、资料翻译费、会议费、差旅费、办公费、外事费、研发人员培训费、培养费、专家咨询费、高新科技研发保险费用等。

这里所称的企业研发人员,是指从事研究开发活动的企业在职和外聘的专业技术人员以及为其提供直接服务的管理人员。

企业应当明确研发费用的开支范围和标准,严格审批程序,并按照研发项目或者承担研发任务的单位,设立台账归集核算研发费用。企业依法取得知识产权后,在境内外发生的知识产权维护费、诉讼费、代理费、"打假"及其他相关费用支出,从管理费用据实列支,不应纳入研发费用。企业研发机构发生的各项开支纳入研发费用管理,但同时承担生产任务的,要合理划分研发与生产费用。这里所称企业研发机构,是指按照《国家认定企业技术中心管理办法》(国家发展改革委令第53号)认定的企业技术中心及分中心,企业按照国家有关规定组建的国家(重点、工程)实验室、国家工程(技术)研究中心及其他形式的研发机构,以及企业内部设置的、经当地市级以上有关主管部门认定的研发中心、研究院所,与高等院校及科研机构联合设立的博士后站、中试基地、实验室等。

对技术要求高、投资数额大、单个企业难以独立承担的研发项目,或者研发力量集中在集团公司、由其统筹管理集团研发活动的,集团公司可以在所属全资及控股企业范围内集中使用研发费用。集团公司集中使用的研发费用总额,原则上不超过集团合并会计报表年营业收入的2%。使用后的年末余额连续3年超过当年集中总额20%或者出现赤字的,集团公司应当调整集中的标准。集团公司集中使用研发费用的,应当按照权责利一致等原则,确定研发费用集中收付方式以及研发成果的分享办法,维护所属全资及控股企业的合法权益。

企业可以建立研发准备金制度,根据研发计划及资金需求,提前安排资金,确保研发资金的需要,研发费用按实际发生额列入成本(费用)。

企业应当在年度财务会计报告中,按规定披露研发费用相关财务信息,包括研发费用支出规模及其占销售收入的比例,集中收付研发费用情况等。会计师事务所在审计企业年度会计报表时,应当对企业研发费用的使用和管理情况予以关注。

2. 研究开发费的加计扣除

研究开发费用的加计扣除,是指企业为开发新技术、新产品、新工艺发生的研究开发费用,未形成无形资产计入当期损益的,在按照规定据实扣除的基础上,按照研究开发费用的

50%加计扣除;形成无形资产的,按照无形资产成本的 150%摊销。

研发费用费用化或资本化处理要根据财务会计核算规定来划分,并不是企业可以任意决定的。企业根据财务会计核算和研发项目的实际情况,对发生的研发费用进行收益化或资本化处理的,可按下述方法计算加计扣除:① 研发费用计入当期损益未形成无形资产的,允许再按其当年研发费用实际发生额的 50%,直接抵扣当年的应纳税所得额。② 研发费用形成无形资产的,按照该无形资产成本的 150%在税前摊销。除法律另有规定外,摊销年限不得低于 10 年。

因此,纳税人应注意分清研究开发费用的费用化和资本化,如果构成无形资产的,则不能在当期全额扣除,要按照无形资产摊销的有关规定处理。而且研究开发费用的加计扣除仅适用于财务核算健全并能准确归集研究开发费用的居民企业。

与其他税收优惠以及亏损弥补的原理不一样,研发费用在月度或季度预缴申报时不可以加计扣除。由于研发费用需要合同、协议、成果报告、鉴定意见书来印证,企业实际发生的研究开发费,在年度中间预缴所得税时,允许据实扣除,在年度终了进行所得税年度申报和汇算清缴时,再依照税法的规定计算加计扣除。纳税人需要关注此项规定,在预缴时不得自行加计扣除。需要说明的是研究开发费加计扣除形成亏损的处理问题。根据国税函〔2009〕98 号文件规定,企业研究开发费加计扣除部分已形成企业年度亏损,可以用以后年度所得弥补,但结转年限最长不得超过 5 年。

此外,研究开发费加计扣除适用于财务核算健全并能准确归集研究开发费用的居民企业。并不是所有企业都能享受研发费用加计扣除,非居民企业、核定征收企业所得税企业以及财务核算健全但不能准确归集研究开发费用的企业不能享受。

3. 可加计扣除的费用范围

根据国家税务总局《关于印发〈企业研究开发费用税前扣除管理办法(试行)〉的通知》(国税发〔2008〕116 号)规定,企业从事《国家重点支持的高新技术领域》(包括:电子信息技术、生物与新医药技术、航空航天技术、新材料技术、高技术服务业、新能源及节能技术、资源与环境技术、高新技术改造传统产业等八大领域)和国家发展改革委员会等部门公布的《当前优先发展的高技术产业化重点领域指南》(国家发改委等部门公告 2011 年 10 号,指南确定了当前优先发展的信息、生物、航空航天、材料、先进能源、现代农业、先进制造、节能环保和资源综合利用、高技术服务十大产业中的 137 项高技术产业化重点领域)规定项目的研究开发活动,其在一个纳税年度中实际发生的下列费用支出,允许在计算应纳税所得额时按照规定实行加计扣除。

(1) 新产品设计费、新工艺规程制定费以及与研发活动直接相关的技术图书资料费、资料翻译费。

(2) 从事研发活动直接消耗的材料、燃料和动力费用。

(3) 在职直接从事研发活动人员的工资、薪金、奖金、津贴、补贴。

(4) 专门用于研发活动的仪器、设备的折旧费或租赁费。

(5) 专门用于研发活动的软件、专利权、非专利技术等无形资产的摊销费用。

(6) 专门用于中间试验和产品试制的模具、工艺装备开发及制造费。

(7) 勘探开发技术的现场试验费。

(8) 研发成果的论证、评审、验收费用。

根据《关于研究开发费用税前加计扣除有关政策问题的通知》(财税〔2013〕70号)规定,自2013年1月1日起,企业从事研发活动发生的下列费用支出,可纳入税前加计扣除的研究开发费用范围:

(1)企业依照国务院有关主管部门或者省级人民政府规定的范围和标准为在职直接从事研发活动人员缴纳的基本养老保险费、基本医疗保险费、失业保险费、工伤保险费、生育保险费和住房公积金。

(2)专门用于研发活动的仪器、设备的运行维护、调整、检验、维修等费用。

(3)不构成固定资产的样品、样机及一般测试手段购置费。

(4)新药研制的临床试验费。

(5)研发成果的鉴定费用。

法律、行政法规和国家税务总局规定不允许企业所得税前扣除的费用和支出项目,均不允许计入研究开发费用。企业发生的研究开发费用,凡由国家财政拨款并纳入不征税收入部分,不得在企业所得税税前扣除。企业可以聘请具有资质的会计师事务所或税务师事务所,出具当年可加计扣除研发费用专项审计报告或鉴证报告。主管税务机关对企业申报的研究开发项目有异议的,可要求企业提供地市级(含)以上政府科技部门出具的研究开发项目鉴定意见书。

4. 委托、合作和集中研发的扣除

(1)委托研发的加计扣除

对企业委托给外单位进行开发的研发费用,凡符合上述可加计扣除的开发费用条件的,由委托方按照规定计算加计扣除,受托方不得再进行加计扣除。对委托开发的项目,受托方应向委托方提供该研发项目的费用支出明细情况,否则,该委托开发项目的费用支出不得实行加计扣除。

(2)合作研发的加计扣除

对企业共同合作开发的项目,凡符合上述可加计扣除的开发费用条件的,由合作各方就自身承担的研发费用分别按照规定计算加计扣除。

(3)集中研发的加计扣除

① 合理分摊成本原则。企业集团根据生产经营和科技开发的实际情况,对技术要求高、投资数额大,需要由集团公司进行集中开发的研究开发项目,其实际发生的研究开发费,可以按照合理的分摊方法在受益集团成员公司间进行分摊。

② 权利和义务对等原则。企业集团采取合理分摊研究开发费的,企业集团应提供集中研究开发项目的协议或合同,该协议或合同应明确规定参与各方在该研究开发项目中的权利和义务、费用分摊方法等内容。如不提供协议或合同,研究开发费不得加计扣除。

③ 费用支出和收益分享一致原则。企业集团采取合理分摊研究开发费的,企业集团集中研究开发项目实际发生的研究开发费,应当按照权利和义务、费用支出和收益分享一致的原则,合理确定研究开发费用的分摊方法。

企业集团采取合理分摊研究开发费的,企业集团母公司负责编制集中研究开发项目的立项书、研究开发费用预算表、决算表和决算分摊表。

税企双方对企业集团集中研究开发费的分摊方法和金额有争议的,如企业集团成员公司设在不同省、自治区、直辖市和计划单列市的,企业按照国家税务总局的裁决意见扣除实际分摊的研究开发费；企业集团成员公司在同一省、自治区、直辖市和计划单列市的，企业按照省税务机关的裁决意见扣除实际分摊的研究开发费。

5．核算要求

企业未设立专门的研发机构或者企业研发机构同时承担生产经营任务的，应对研究费用和生产经营费用分开进行核算，准确、合理的计算各项研究开发费用支出，对划分不清的，不得实行加计扣除。

企业必须对研究开发费用实行专账管理，同时必须按照规定项目，准确归集填写年度可加计扣除的各项研究开发费用实际发生金额。企业应于年度汇算清缴所得税申报时向主管税务机关报送规定的相应资料。申报的研究开发费用不真实或者资料不齐全的，不得享受研究开发费用加计扣除，主管税务机关有权对企业申报的结果进行合理调整。

企业在一个纳税年度内进行多个研究开发活动的，应按照不同开发项目分别归集可加计扣除的研究开发费用额。企业研究开发费各项目的实际发生额归集不准确、汇总额计算不准确的，主管税务机关有权调整其税前扣除额或加计扣除额。

6．加计扣除的程序

在江苏根据江苏省科技厅等四部门《关于印发〈企业研究开发费用税前加计扣除操作规程（试行）〉的通知》（苏地税规〔2010〕5 号）规定，企业享受研究开发费用税前加计扣除政策一般包括项目确认、项目登记和加计扣除三个环节。

项目确认是指享受研究开发费用税前加计扣除政策的项目，需经当地政府科技部门或经信委进行审核，并取得《企业研究开发项目确认书》。

项目登记是指企业取得《企业研究开发项目确认书》后，经主管税务机关审核，主管税务机关对项目进行登记并出具《企业研究开发项目登记信息告知书》。

加计扣除是指在企业所得税年度纳税申报时，企业对已经登记的研发项目所发生的研发费用，备案后享受税法规定的研发费用加计扣除优惠政策。企业申请研究开发费加计扣除时，应向主管税务机关报送如下资料：

（1）自主、委托、合作研究开发项目计划书和研究开发费预算。

（2）自主、委托、合作研究开发专门机构或项目组的编制情况和专业人员名单。

（3）自主、委托、合作研究开发项目当年研究开发费用发生情况归集表。

（4）企业总经理办公会或董事会关于自主、委托、合作研究开发项目立项的决议文件。

（5）委托、合作研究开发项目的合同或协议。

（6）研究开发项目的效用情况说明、研究成果报告等资料。

（二）残疾人员工资加计扣除优惠

为进一步完善促进就业的税收优惠政策，企业所得税法对鼓励安置就业人员的优惠政策由直接减免税方式，调整为按企业支付给符合条件的就业人员工资的一定比例加计扣除的办法。

1．安置残疾人员工资 100％加计扣除

企业所得税法第三十条第二项规定，企业安置残疾人员及国家鼓励安置的其他就业人员所支付的工资，可以在计算应纳税所得额时加计扣除。

企业安置残疾人员所支付的工资的加计扣除，是指企业安置残疾人员的，在按照支付给残疾职工工资据实扣除的基础上，可以在计算应纳税所得额时按照支付给残疾职工工资的

100％加计扣除。

财政部、国家税务总局《关于安置残疾人员就业有关企业所得税优惠政策问题的通知》（财税〔2009〕70号）规定，企业就支付给残疾职工的工资，在进行企业所得税预缴申报时，允许据实计算扣除；在年度终了进行企业所得税年度申报和汇算清缴时，再依照规定计算加计扣除，即允许加计扣除的时点是年度终了进行年度企业所得税申报和汇算清缴时。

企业安置国家鼓励安置的其他就业人员所支付的工资的加计扣除办法，由国务院另行规定。

企业应在年度终了进行企业所得税年度申报和汇算清缴时，向主管税务机关报送相关资料办理享受企业所得税加计扣除优惠的备案手续。残疾人员的范围适用《中华人民共和国残疾人保障法》的有关规定。

【例5-5】 甲服装厂2008年共安置残疾职工30名，当年累计支付残疾职工工资18万元。请分析说明残疾职工工资如何扣除.

【解析】

根据税法规定，该企业不仅可以在进行企业所得税预缴申报时，税前据实扣除残疾职工工资18万元，在年度终了企业所得税汇算清缴进行年度申报时，还可税前再按照支付给残疾职工工资的100％加计扣除18万元。

2. 残疾职工工资加计扣除的条件

根据财税〔2009〕70号文件规定，企业享受安置残疾职工工资100％加计扣除应同时具备如下条件：

（1）依法与安置的每位残疾人签订了1年以上（含1年）的劳动合同或服务协议，并且安置的每位残疾人在企业实际上岗工作。

（2）为安置的每位残疾人按月足额缴纳了企业所在区县人民政府根据国家政策规定的基本养老保险、基本医疗保险、失业保险和工伤保险等社会保险。

（3）定期通过银行等金融机构向安置的每位残疾人实际支付了不低于企业所在区县适用的经省级人民政府批准的最低工资标准的工资。

（4）具备安置残疾人上岗工作的基本设施。

对没有给残疾职工缴纳社会保险费的，不能享受工资加计扣除的优惠。

3. 备案管理

企业应在年度终了进行企业所得税年度申报和汇算清缴时，向主管税务机关报如下资料，办理享受企业所得税加计扣除优惠的备案手续。

（1）减免税审批（备案）申请表；

（2）残疾职工花名册及残疾人证；

（3）残疾职工工种安排表；

（4）与残疾职工签订的劳动合同或服务协议（副本）；

（5）为残疾职工缴纳社会保险费缴费记录；

（6）企业职工工资表及支付工资凭证；

（7）主管税务机关要求提供的其他资料。

在企业汇算清缴结束后，主管税务机关在对企业进行日常管理、纳税评估和纳税检查时，应对安置残疾人员企业所得税加计扣除优惠的情况进行核实。

十一、创业投资抵扣应纳税所得额优惠

创业投资企业是指依照《创业投资企业管理暂行办法》(国家发展和改革委员会等 10 部委令 2005 年第 39 号)和《外商投资创业投资企业管理规定》(商务部等 5 部委令 2003 年第 2 号)在中华人民共和国境内设立的专门从事创业投资活动的企业或其他经济组织。新税法对创业投资企业实行以企业投资额抵扣应纳税所得额的办法,属于间接税收优惠,便于有效控制税收减免额度。

(一)创业投资抵扣应纳税所得额

企业所得税法及其实施条例规定,创业投资企业从事国家需要重点扶持和鼓励的创业投资,可以按投资额的一定比例抵扣应纳税所得额。

抵扣应纳税所得额,是指创业投资企业采取股权投资方式投资于未上市的中小高新技术企业 2 年以上的,可以按照其投资额的 70% 在股权持有满 2 年的当年抵扣该创业投资企业的应纳税所得额;当年不足抵扣的,可以在以后纳税年度结转抵扣。

根据财税〔2009〕69 号文件规定,这里投资于未上市的中小高新技术企业 2 年以上的,包括发生在 2008 年 1 月 1 日以前满 2 年的投资。

(二)抵扣应纳税所得额的条件

国家税务总局《关于实施创业投资企业所得税优惠问题的通知》(国税发〔2009〕87 号)规定,创业投资企业采取股权投资方式投资于未上市的中小高新技术企业 2 年(24 个月)以上的,凡符合以下条件的,可以按照其对中小高新技术企业投资额的 70%,在股权持有满 2 年的当年抵扣该创业投资企业的应纳税所得额;当年不足抵扣的,可以在以后纳税年度结转抵扣。

(1)经营范围符合《创业投资企业管理暂行办法》规定,且工商登记为"创业投资有限责任公司"、"创业投资股份有限公司"等专业性法人创业投资企业。对合伙企业等非法人创业投资企业,除另有规定外不能享受此项优惠。

(2)按照《创业投资企业管理暂行办法》规定的条件和程序完成备案,经备案管理部门年度检查核实,投资运作符合《创业投资企业管理暂行办法》的有关规定。

(3)创业投资企业投资的中小高新技术企业,除应按照《高新技术企业认定管理办法》(国科发火〔2008〕172 号)和《高新技术企业认定管理工作指引》(国科发火〔2008〕362 号)的规定,通过高新技术企业认定以外,还应符合职工人数不超过 500 人,年销售(营业)额不超过 2 亿元,资产总额不超过 2 亿元的条件。

2007 年底前按原有规定取得高新技术企业资格的中小高新技术企业,且在 2008 年继续符合新的高新技术企业标准的,向其投资满 24 个月的计算,可自创业投资企业实际向其投资的时间起计算。

(4)财政部、国家税务总局规定的其他条件

中小企业接受创业投资之后,经认定符合高新技术企业标准的,应自其被认定为高新技术企业的年度起,计算创业投资企业的投资期限。该期限内中小企业接受创业投资后,企业规模超过中小企业标准,但仍符合高新技术企业标准的,不影响创业投资企业享受有关税收优惠。

举例说明,AB 创业投资有限责任公司属于创业投资企业,2009 年 2 月以 1 000 万元向甲中小企业进行股权直接投资,但甲中小企业直到 2009 年 8 月才被认定为高新技术企业,

同时在 2010 年又超过中小企业标准，且仍属高新技术企业。这种情况下，该创业投资企业股权投资的 70％即 700 万元，仍可在 2011 年抵扣当年的应纳税所得额。

（三）中小高新技术企业的界定

中小高新技术企业是指按照《高新技术企业认定管理办法》（国科发火〔2008〕172 号）和《高新技术企业认定管理工作指引》（国科发火〔2008〕362 号）取得高新技术企业资格，且年销售额和资产总额均不超过 2 亿元、从业人数不超过 500 人的企业，其中 2007 年底前已取得高新技术企业资格的，在其规定有效期内不需重新认定。

（四）备案管理

根据国税发〔2009〕87 号文件规定，创业投资企业申请享受投资抵扣应纳税所得额，应在其报送申请投资抵扣应纳税所得额年度纳税申报表以前，向主管税务机关报送以下资料备案：

（1）经备案管理部门核实后出具的年检合格通知书（副本）；

（2）关于创业投资企业投资运作情况的说明；

（3）中小高新技术企业投资合同或章程的复印件、实际所投资金验资报告等相关材料；

（4）中小高新技术企业基本情况（包括企业职工人数、年销售（营业）额、资产总额等）说明；

（5）由省、自治区、直辖市和计划单列市高新技术企业认定管理机构出具的中小高新技术企业有效的高新技术企业证书（复印件）。

【例 5-6】 A 公司是一家创业投资企业，2007 年 6 月以一栋价值 300 万元的车间向某小型高新技术企业 B 公司投资。请分析说明如何抵扣应纳税所得额。

【解析】

根据税法规定，2009 年 A 公司按照其投资额的 70％抵扣当年的应纳税所得额 210 万元（300×70％）。

A 公司虽然享受了税前扣除 70％投资额的税收优惠，但由于 A 公司没有转让或处置该投资资产，A 公司对 B 企业的投资成本仍为 300 万元。

（五）苏州工业园区有限合伙创投企业法人合伙人优惠

为进一步促进创业投资企业的发展，财政部、国家税务总局《关于苏州工业园区有限合伙制创业投资企业法人合伙人企业所得税试点政策的通知》（财税〔2012〕67 号）对苏州工业园区有限合伙制创业投资企业法人合伙人有关企业所得税试点政策明确如下（自 2012 年 1 月 1 日至 2013 年 12 月 31 日执行）：注册在苏州工业园区内的有限合伙制创业投资企业采取股权投资方式投资于未上市的中小高新技术企业 2 年（24 个月）以上，该有限合伙制创业投资企业的法人合伙人，可在有限合伙制创业投资企业持有未上市中小高新技术企业股权满 2 年的当年，按照该法人合伙人对该未上市中小高新技术企业投资额的 70％，抵扣该法人合伙人从该有限合伙制创业投资企业分得的应纳税所得额，当年不足抵扣的，可以在以后纳税年度结转抵扣。

有限合伙制创业投资企业的法人合伙人对未上市中小高新技术企业的投资额，按照有限合伙制创业投资企业对中小高新技术企业的投资额和合伙协议约定的法人合伙人占有限合伙制创业投资企业的出资比例计算确定。

这里所称有限合伙制创业投资企业是指依照《中华人民共和国合伙企业法》和《创业投

资企业管理暂行办法》(国家发展和改革委员会令第 39 号),在苏州工业园区设立的专门从事创业投资活动的有限合伙企业。

有限合伙制创业投资企业法人合伙人享受财税〔2012〕67 号文件规定的税收优惠政策的其他相关问题,参照《国家税务总局关于实施创业投资企业所得税优惠问题的通知》(国税发〔2009〕87 号)的规定执行。

十二、专用设备投资税额抵免优惠

企业所得税法第三十四条规定,企业购置用于环境保护、节能节水、安全生产等专用设备的投资额,可以按一定比例实行税额抵免。

税额抵免,是指企业购置并实际使用《环境保护专用设备企业所得税优惠目录》、《节能节水专用设备企业所得税优惠目录》和《安全生产专用设备企业所得税优惠目录》(以下简称目录)规定的环境保护、节能节水、安全生产等专用设备,该专用设备投资额的 10% 可以从企业当年的应纳税额中抵免;当年不足抵免的,可以在以后 5 个纳税年度结转抵免。

这就是说,自 2008 年 1 月 1 日起,企业购置并实际使用列入《目录》范围内的环境保护、节能节水和安全生产专用设备,可以按专用设备投资额的 10% 抵免当年企业所得税应纳税额;企业当年应纳税额不足抵免的,可以向以后年度结转,但结转期不得超过 5 个纳税年度。

财政部、国家税务总局《关于执行企业所得税优惠政策若干问题的通知》(财税〔2009〕69 号)规定,购置并实际使用的环境保护、节能节水和安全生产专用设备,包括承租方企业以融资租赁方式租入的、并在融资租赁合同中约定租赁期届满时租赁设备所有权转移给承租方企业,且符合规定条件的上述专用设备。凡融资租赁期届满后租赁设备所有权未转移至承租方企业的,承租方企业应停止享受抵免企业所得税优惠,并补缴已经抵免的企业所得税税款。

财政部、国家税务总局《关于执行环境保护专用设备等企业所得税优惠目录的通知》(财税〔2008〕48 号)规定,享受规定的企业所得税优惠的企业,应当实际购置并自身实际投入使用规定的专用设备;企业购置上述设备在 5 年内转让、出租的,应当停止享受企业所得税优惠,并补缴已经抵免的企业所得税税款。

这就是说,企业购置并实际投入使用、已开始享受税收优惠的专用设备,如从购置之日起 5 个纳税年度内转让、出租的,应在该专用设备停止使用当月停止享受企业所得税优惠,并补缴已经抵免的企业所得税税款。转让的受让方可以按照该专用设备投资额的 10% 抵免当年企业所得税应纳税额;当年应纳税额不足抵免的,可以在以后 5 个纳税年度结转抵免专用设备投资额,是指购买专用设备发票价税合计价格,但不包括按有关规定退还的增值税税款以及设备运输、安装和调试等费用。此外,根据《财政部 国家税务总局关于全国实施增值税转型改革若干问题的通知》(财税〔2008〕170 号)规定,自 2009 年 1 月 1 日起,增值税一般纳税人购进固定资产发生的进项税额可从其销项税额中抵扣。因此,《国家税务总局关于环境保护节能节水 安全生产等专用设备投资抵免企业所得税有关问题的通知》(国税函〔2010〕256 号)规定,自 2009 年 1 月 1 日起,纳税人购进并实际使用《环境保护专用设备企业所得税优惠目录》、《节能节水专用设备企业所得税优惠目录》和《安全生产专用设备企业所得税优惠目录》范围内的专用设备并取得增值税专用发票的,在按照《财政部 国家税务总局关于执行环境保护专用设备企业所得税优惠目录 节能节水专用设备企业所得税优惠目录和安全生产专用设备企业所得税优惠目录有关问题的通知》(财税〔2008〕48 号)第二条规定进行税额抵免时,如增值税进项税额允许抵扣,其专用设备投资额不再包括增值税进项税额;如增值税进项税额不允许抵扣,其专用设备投资额应为增值税专用发票上注明的价税合计金额。企业购买专用设备取得普通发票的,其专用设备投资额为普通发票上注明的金额。

当年应纳税额,是指企业当年的应纳税所得额乘以适用税率,扣除依照企业所得税法和国务院有关税收优惠规定以及税收过渡优惠规定减征、免征税额后的余额。

需要说明的是,企业利用自筹资金和银行贷款购置专用设备的投资额,可以按企业所得税法的规定抵免企业应纳所得税额;企业利用财政拨款购置专用设备的投资额,不得抵免企业应纳所得税额。

企业享受该项优惠时,需提供如下资料,办理减免税备案手续:

(1) 专用设备的相关机构认定证明;

(2) 购置专用设备合同、发票;

(3) 购置专用设备资金来源说明及相关证据;

(4) 专用设备实际投入使用的说明,设备投入使用时间与取得发票时间不一致的应当专项说明;

(5) 投资额逐年结转抵免的明细表;

(6) 专用设备权属变动情况说明。

【例 5-7】 (CTA·2011)根据企业所得税的相关规定,关于购进专用设备进行税额抵免时其投资额的确认,说法正确的有( )。

A. 增值税进项税额允许抵扣的,投资额不包括增值税进项税额

B. 增值税进项税额允许抵扣的,投资额为专用发票上注明的价款金额

C. 企业购买专用设备取得普通发票的,投资额为普通发票上注明的金额

D. 增值税进项税额不允许抵扣的,投资额为专用发票上注明的价税合计金额

E. 企业购买专用设备取得普通发票的,投资额为普通发票上注明的金额扣除增值税后的余额

【答案】 ABCD

【解析】

根据国税函〔2010〕256 号文件规定,自 2009 年 1 月 1 日起,纳税人购进并实际使用规定的专用设备并取得增值税专用发票的,在进行税额抵免时,如增值税进项税额允许抵扣,其专用设备投资额不再包括增值税进项税额;如增值税进项税额不允许抵扣,其专用设备投资额应为增值税专用发票上注明的价税合计金额。企业购买专用设备取得普通发票的,其专用设备投资额为普通发票上注明的金额。因而 E 不对。

十三、固定资产加速折旧

企业所得税法第三十二条规定,企业的固定资产由于技术进步等原因,确需加速折旧的,可以缩短折旧年限或者采取加速折旧的方法。

(一)税法允许加速折旧固定资产的范围

根据国家税务总局《关于企业固定资产加速折旧所得税处理有关问题的通知》(国税发〔2009〕81 号)规定,企业拥有并用于生产经营的主要或关键的固定资产,由于以下原因确需加速折旧的,可以采取缩短折旧年限或者采取加速折旧的方法:

(1) 由于技术进步,产品更新换代较快的固定资产;

（2）常年处于强震动、高腐蚀状态的固定资产。

（二）缩短折旧年限法的适用

企业拥有并使用的固定资产符合税法规定的,可按以下情况分别处理:

企业过去没有使用过与该项固定资产功能相同或类似的固定资产,但有充分的证据证明该固定资产的预计使用年限短于企业所得税法实施条例规定的计算折旧最低年限的,企业可根据该固定资产的预计使用年限和税法规定,对该固定资产采取缩短折旧年限或者加速折旧的方法。

企业在原有的固定资产未达到企业所得税法实施条例规定的最低折旧年限前,使用功能相同或类似的新固定资产替代旧固定资产的,企业可根据旧固定资产的实际使用年限和税法的规定,对新替代的固定资产采取缩短折旧年限或者加速折旧的方法。

根据国税发〔2009〕81号文件规定,企业采取缩短折旧年限方法的,对其购置的新固定资产,最低折旧年限不得低于企业所得税法实施条例第六十条规定的折旧年限的60%;若为购置已使用过的固定资产,其最低折旧年限不得低于《企业所得税法实施条例》规定的最低折旧年限减去已使用年限后剩余年限的60%。最低折旧年限一经确定,一般不得变更。

对于采取缩短折旧年限的固定资产,足额计提折旧后继续使用而未进行处置(包括报废等情形)超过12个月的,今后对其更新替代、改造改建后形成的功能相同或者类似的固定资产,不得再采取缩短折旧年限的方法。

（三）加速折旧方法

企业拥有并使用符合税法规定条件的固定资产采取加速折旧方法的,可以采用双倍余额递减法或者年数总和法。加速折旧方法一经确定,一般不得变更。

1. 双倍余额递减法

双倍余额递减法是指在不考虑固定资产预计净残值的情况下,根据每期期初固定资产原值减去累计折旧后的金额和双倍的直线法折旧率计算固定资产折旧的一种方法。

应用这种方法计算折旧额时,由于每年年初固定资产净值没有减去预计净残值,所以在计算固定资产折旧额时,应在其折旧年限到期前的两年期间,将固定资产净值减去预计净残值后的余额平均摊销。

计算公式为:

$$年折旧率=2÷预计使用寿命(年)×100\%$$
$$月折旧率=年折旧率÷12$$
$$年折旧额=年初固定资产账面净值×年折旧率$$
$$月折旧额=年折旧额÷12$$

【例5-8】 A高新技术企业2012年进口一条生产线,安装完毕后,固定资产原值为200万元,预计使用年限为5年,预计净残值2万元。

要求:用双倍余额递减法计算该生产线各年的折旧额。

【解析】

双倍的直线法折旧率(年折旧率)=2÷5×100%=40%

第一年应提折旧=200×40%=80(万元)

第二年应提折旧=(200-80)×40%=48(万元)

第三年应提折旧=(200-80-48)×40%=28.8(万元)

第四年应提折旧＝（200－80－48－28.8－2）÷2＝20.6（万元）

第五年应提折旧＝（200－80－48－28.8－2）÷2＝20.6（万元）

每年各月折旧额根据年折旧额除以12来计算。

2. 年数总和法

又称年限合计法，是指将固定资产的原值减去预计净残值后的余额，乘以一个以固定资产尚可使用寿命为分子、以预计使用寿命逐年数字之和为分母的逐年递减的分数计算每年的折旧额。计算公式为：

$$年折旧率＝尚可使用年限÷预计使用寿命的年数总和×100\%$$

或者，

$$年折旧率＝\frac{预计使用年限－已使用年限}{预计使用年限×（预计使用年限＋1）÷2}×100\%$$

$$月折旧率＝年折旧率÷12$$

$$月折旧额＝（固定资产原值－预计净残值）×月折旧率$$

【例5-9】 B公司某项固定资产的原值为50万元，预计使用年限为5年，预计净残值为2万元。

要求：采用年数总和法计算各年的折旧额。

【解析】

采用年数总和法计算的各年折旧如下表所示：

年份	尚可使用年限	原值－净残值	变动折旧率	每年折旧额	累计折旧
1	5	48	5/15	16	16
2	4	48	4/15	12.8	28.8
3	3	48	3/15	9.6	38.4
4	2	48	2/15	6.4	44.8
5	1	48	1/15	3.2	48

（四）加速折旧的管理

1. 加速折旧实行备案管理

根据《关于企业所得税税收优惠管理问题的补充通知》（国税函〔2009〕255号），固定资产加速折旧优惠政策，实行备案管理，不再实行事前审批。

根据国税发〔2009〕81号文件规定企业确需对固定资产采取缩短折旧年限或者加速折旧方法的，应在取得该固定资产后一个月内，向其企业所得税主管税务机关（以下简称主管税务机关）备案，并报送以下资料：

（1）固定资产的功能、预计使用年限短于企业所得税法实施条例规定计算折旧的最低年限的理由、证明资料及有关情况的说明；

（2）被替代的旧固定资产的功能、使用及处置等情况的说明；

（3）固定资产加速折旧拟采用的方法和折旧额的说明；

（4）主管税务机关要求报送的其他资料。

适用总、分机构汇总纳税的企业，对其所属分支机构使用的符合税法规定情形的固定资产采取缩短折旧年限或者采取加速折旧方法的,由其总机构向其所在地主管税务机关备案。分支机构所在地主管税务机关应负责配合总机构所在地主管税务机关实施跟踪管理。

企业主管税务机关应在企业所得税年度纳税评估时,对企业采取加速折旧的固定资产的使用环境及状况进行实地核查。对不符合加速折旧规定条件的,主管税务机关有权要求企业停止该项固定资产加速折旧。这就意味着企业将承担更大的纳税风险。对于采取缩短折旧年限的固定资产,足额计提折旧后继续使用而未进行处置(包括报废等情形)超过 12 个月的,今后对其更新替代、改造改建后形成的功能相同或者类似的固定资产,不得再采取缩短折旧年限的方法。

2. 加速折旧固定资产设立台账管理

对于企业采取缩短折旧年限或者采取加速折旧方法的,主管税务机关应设立相应的税收管理台账,并加强监督,实施跟踪管理。对发现不符合企业所得税法实施条例第九十八条及相关规定的,主管税务机关要及时责令企业进行纳税调整。

3. 与其他相关文件的衔接

与国税发〔2009〕81 号文件相比,其他有关固定资产加速折旧的政策目前仍然适用。如《关于推行增值税防伪税控系统若干问题的通知》(国税发〔2000〕183 号)规定,企业购置增值税防伪税控系统专用设备和通用设备发生的费用,准予在当期的应纳税所得额中一次性列支。

会计上规定的折旧方法包括平均年限法、工作量法、双倍余额递减法和年数总和法等,根据国家税务总局《关于固定资产折旧方法有关问题的批复》(国税函〔2006〕452 号)精神,工作量法是根据实际工作量计提固定资产折旧额的一种方法,与年限平均法同属直线折旧法。因此如果企业采用了工作量法,由此使其折旧年限低于税法规定的最低折旧年限,则不应按加速折旧进行后续管理。

十四、免税收入

企业所得税法首次引入免税收入这一概念,它是指企业的某些收入免予征税,即允许企业计算应纳税所得额时将这些收入从收入总额中减除。免税收入与不征税收入不是同一个概念,前者属于税收优惠,而不征税收入则不属于税收优惠政策。

(一)法定免税收入

企业所得税法第二十六条规定,企业的下列收入为免税收入:① 国债利息收入;② 符合条件的居民企业之间的股息、红利等权益性投资收益;③ 在中国境内设立机构、场所的非居民企业从居民企业取得与该机构、场所有实际联系的股息、红利等权益性投资收益;④ 符合条件的非营利组织的收入。

1. 国债利息收入

国债利息收入,是指企业持有国务院财政部门发行的国债取得的利息收入。企业所得税法虽然规定国债利息收入为免税收入,但并不意味着与国债有关的收入都可以免税,对于国债持有者在二级市场转让国债获得的收入,除另有规定外应作为转让财产收入计算缴纳企业所得税。

个人所得税法规定国债和国家发行的金融债券利息所得,免纳个人所得税。而企业取得的国家发行的金融债券利息所得则不免企业所得税。

根据《关于企业国债投资业务企业所得税处理问题的公告》(国家税务总局公告 2011 年

第 36 号)规定,企业取得的国债利息收入,免征企业所得税。具体按以下规定执行:

(1) 企业从发行者直接投资购买的国债持有至到期,其从发行者取得的国债利息收入,全额免征企业所得税。

(2) 企业到期前转让国债、或者从非发行者投资购买的国债,其按下列公式计算的持有期间尚未兑付的国债利息收入,免征企业所得税。

$$国债利息收入＝国债金额×(适用年利率÷365)×持有天数$$

上述公式中的"国债金额",按国债发行面值或发行价格确定;"适用年利率"按国债票面年利率或折合年收益率确定;如企业不同时间多次购买同一品种国债的,"持有天数"可按平均持有天数计算确定。

此外,财政部、国家税务总局《关于地方政府债券利息所得免征所得税问题的通知》(财税〔2011〕76 号)、《关于地方政府债券利息免征所得税问题的通知》(财税〔2013〕5 号)规定:对企业和个人取得的 2009 年及以后年度发行的地方政府债券利息所得,免征企业所得税和个人所得税。

2. 符合条件的居民企业之间的股息、红利等权益性投资收益

由于股息、红利是从被投资企业税后利润中分配的,如果将股息、红利全额并入投资企业的应税收入中征收企业所得税,会出现对同一经济来源所得的重复征税,特别是经过的投资层次越多,融资结构越复杂,重复征税程度越严重。因此,消除企业间股息、红利的经济性重复征税,是防止税收政策扭曲投资方式和融资结构、保持税收中性的必然要求,也是世界各国普遍做法。

为此,企业所得税法规定,符合条件的居民企业之间的股息、红利等权益性投资收益为免税收入。符合条件的居民企业之间的股息、红利等权益性投资收益,是指居民企业直接投资于其他居民企业取得的投资收益。

根据财政部、国家税务总局《关于执行企业所得税优惠政策若干问题的通知》(财税〔2009〕69 号)规定,2008 年 1 月 1 日以后,居民企业之间分配属于 2007 年度及以前年度的累积未分配利润而形成的股息、红利等权益性投资收益均可列为免税收入,按照企业所得税法第二十六条及实施条例第十七条、第八十三条的规定处理,即只要符合税法规定的条件,均可免征企业所得税。

此外,根据国家税务总局《关于境外注册中资控股企业依据实际管理机构标准认定为居民企业有关问题的通知》(国税发〔2009〕82 号)规定,非境内注册居民企业从中国境内其他居民企业取得的股息、红利等权益性投资收益,按照企业所得税法第二十六条和实施条例第八十三条的规定,作为其免税收入。非境内注册居民企业的投资者从该居民企业分得的股息红利等权益性投资收益,根据企业所得税法实施条例第七条第(四)款的规定,属于来源于中国境内的所得,应当征收企业所得税;该权益性投资收益中符合企业所得税法第二十六条和实施条例第八十三条规定的部分,可作为收益人的免税收入。

3. 非居民取得的股息、红利等权益性投资收益

在中国境内设立机构、场所的非居民企业从居民企业取得与该机构、场所有实际联系的股息、红利等权益性投资收益,免征企业所得税。

企业购买股票,并不以股息、红利收入为主要投资目的,其主要目的是从二级市场获得投机收益,这不应成为税收优惠鼓励的目标。因而,企业所得税法规定:上述(2)和(3)两项

所称的股息、红利等权益性投资收益免税,不包括连续持有居民企业公开发行并上市流通的股票不足 12 个月取得的投资收益。

4. 符合条件的非营利组织的收入

(1) 非营利组织收入免税的范围

符合条件的非营利组织的收入,不包括非营利组织从事营利性活动取得的收入,但国务院财政、税务主管部门另有规定的除外。

根据财政部、国家税务总局《关于非营利组织企业所得税免税收入问题的通知》(财税〔2009〕122 号)规定,非营利组织的下列收入为免税收入:① 接受其他单位或者个人捐赠的收入;② 除《企业所得税法》第七条规定的财政拨款以外的其他政府补助收入,但不包括因政府购买服务取得的收入;③ 按照省级以上民政、财政部门规定收取的会费;④ 不征税收入和免税收入孳生的银行存款利息收入;⑤ 财政部、国家税务总局规定的其他收入。

(2) 非营利组织的认定

根据企业所得税法实施条例第八十五条规定,符合条件的非营利组织,是指同时符合下列条件的组织:① 依法履行非营利组织登记手续;② 从事公益性或者非营利性活动;③ 取得的收入除用于与该组织有关的、合理的支出外,全部用于登记核定或者章程规定的公益性或者非营利性事业;④ 财产及其孳息不用于分配;⑤ 按照登记核定或者章程规定,该组织注销后的剩余财产用于公益性或者非营利性目的,或者由登记管理机关转赠给予该组织性质、宗旨相同的组织,并向社会公告;⑥ 投入人对投入该组织的财产不保留或者享有任何财产权利;⑦ 工作人员工资福利开支控制在规定的比例内,不变相分配该组织的财产。

非营利组织的认定管理办法由国务院财政、税务主管部门会同国务院有关部门制定。

财政部、国家税务总局《关于非营利组织免税资格认定管理有关问题的通知》(财税〔2009〕123 号)规定,依据规定认定的符合条件的非营利组织,必须同时满足以下条件:① 依照国家有关法律法规设立或登记的事业单位、社会团体、基金会、民办非企业单位、宗教活动场所以及财政部、国家税务总局认定的其他组织;② 从事公益性或者非营利性活动,且活动范围主要在中国境内;③ 取得的收入除用于与该组织有关的、合理的支出外,全部用于登记核定或者章程规定的公益性或者非营利性事业;④ 财产及其孳息不用于分配,但不包括合理的工资薪金支出;⑤ 按照登记核定或者章程规定,该组织注销后的剩余财产用于公益性或者非营利性目的,或者由登记管理机关转赠给予该组织性质、宗旨相同的组织,并向社会公告;⑥ 投入人对投入该组织的财产不保留或者享有任何财产权利,这里所称投入人是指除各级人民政府及其部门外的法人、自然人和其他组织;⑦ 工作人员工资福利开支控制在规定的比例内,不变相分配该组织的财产,其中:工作人员平均工资薪金水平不得超过上年度税务登记所在地人均工资水平的两倍,工作人员福利按照国家有关规定执行;⑧ 除当年新设立或登记的事业单位、社会团体、基金会及民办非企业单位外,事业单位、社会团体、基金会及民办非企业单位申请前年度的检查结论为"合格";⑨ 对取得的应纳税收入及其有关的成本、费用、损失应与免税收入及其有关的成本、费用、损失分别核算。

(3) 免税资格的申请

经省级(含省级)以上登记管理机关批准设立或登记的非营利组织,凡符合规定条件的,应向其所在地省级税务主管机关提出免税资格申请,并提供规定的相关材料;经市(地)级或县级登记管理机关批准设立或登记的非营利组织,凡符合规定条件的,分别向其所在地市

（地）级或县级税务主管机关提出免税资格申请，并提供规定的相关材料。财政、税务部门按照上述管理权限，对非营利组织享受免税的资格联合进行审核确认，并定期予以公布。

申请享受免税资格的非营利组织，需报送以下材料：① 申请报告；② 事业单位、社会团体、基金会、民办非企业单位的组织章程或宗教活动场所的管理制度；③ 税务登记证复印件；④ 非营利组织登记证复印件；⑤ 申请前年度的资金来源及使用情况、公益活动和非营利活动的明细情况；⑥ 具有资质的中介机构鉴证的申请前会计年度的财务报表和审计报告；⑦ 登记管理机关出具的事业单位、社会团体、基金会、民办非企业单位申请前年度的年度检查结论；⑧ 财政、税务部门要求提供的其他材料。

非营利组织免税优惠资格的有效期为五年。非营利组织应在期满前三个月内提出复审申请，不提出复审申请或复审不合格的，其享受免税优惠的资格到期自动失效。非营利组织免税资格复审，按照初次申请免税优惠资格的规定办理。

非营利组织必须按照《税收征管法》及其实施细则等有关规定，办理税务登记，按期进行纳税申报。取得免税资格的非营利组织应按照规定向主管税务机关办理免税手续，免税条件发生变化的，应当自发生变化之日起十五日内向主管税务机关报告；不再符合免税条件的，应当依法履行纳税义务；未依法纳税的，主管税务机关应当予以追缴。取得免税资格的非营利组织注销时，剩余财产处置违反财税〔2009〕123 号文件第一条第五项规定的（即该组织注销后的剩余财产用于公益性或者非营利性目的，或者由登记管理机关转赠给予该组织性质、宗旨相同的组织），主管税务机关应追缴其应纳企业所得税款。

（4）资格的取消

主管税务机关应根据非营利组织报送的纳税申报表及有关资料进行审查，当年符合《企业所得税法》及其《实施条例》和有关免税条件规定的收入，免予征收企业所得税；当年不符合免税条件的收入，照章征收企业所得税。主管税务机关在执行税收优惠政策过程中，发现非营利组织不再具备规定的免税条件的，应及时报告核准该非营利组织免税资格的财政、税务部门，由其进行复核。核准非营利组织免税资格的财政、税务部门根据规定的管理权限，对非营利组织的免税优惠资格进行复核，复核不合格的，取消其享受免税优惠的资格。

已认定的享受免税优惠政策的非营利组织有下述情况之一的，应取消其资格：① 事业单位、社会团体、基金会及民办非企业单位逾期未参加年检或年度检查结论为"不合格"的；② 在申请认定过程中提供虚假信息的；③ 有逃避缴纳税款或帮助他人逃避缴纳税款行为的；④ 通过关联交易或非关联交易和服务活动，变相转移、隐匿、分配该组织财产的；⑤ 因违反《税收征管法》及其实施细则而受到税务机关处罚的；⑥ 受到登记管理机关处罚的。

因上述第①项规定的情形被取消免税优惠资格的非营利组织，财政、税务部门在一年内不再受理该组织的认定申请；因上述规定的除第①项以外的其他情形被取消免税优惠资格的非营利组织，财政、税务部门在五年内不再受理该组织的认定申请。

（5）免税备案

企业取得非营利组织免税优惠资格后，需向主管税务机关提供如下资料，办理备案手续后，才能享受符合条件的非营利组织的收入免税优惠。

① 减免税审批（备案）申请表；

② 非营利组织认定文件（证书）；

③ 非营利组织收入、支出明细表；

④ 工作人员工资福利开支情况;

⑤ 投入人对投入财产不享有财产权的申明;

⑥ 财产及孳息的分配使用情况;

⑦ 主管税务机关要求的其他资料。

(二)清洁发展机制基金取得的相关收入,免征所得税

财政部、国家税务总局《关于中国清洁发展机制基金及清洁发展机制项目实施企业有关企业所得税政策问题的通知》(财税〔2009〕30号)规定,自2007年1月1日起对清洁基金取得的下列收入,免征企业所得税:

(1) CDM项目温室气体减排量转让收入上缴国家的部分;

(2) 国际金融组织赠款收入;

(3) 基金资金的存款利息收入、购买国债的利息收入;

(4) 国内外机构、组织和个人的捐赠收入。

自2007年1月1日起,对CDM项目实施企业按照《清洁发展机制项目运行管理办法》(发展改革委、科技部、外交部、财政部令第37号)的规定,将温室气体减排量的转让收入,按照以下比例上缴给国家的部分,准予在计算应纳税所得额时扣除:

(1) 氢氟碳化物(HFC)和全氟碳化物(PFC)类项目,为温室气体减排量转让收入的65%;

(2) 氧化亚氮(N2O)类项目,为温室气体减排量转让收入的30%;

(3)《清洁发展机制项目运行管理办法》第四条规定的重点领域以及植树造林项目等类清洁发展机制项目,为温室气体减排量转让收入的2%。

(三)海峡两岸海上直航业务所得

财政部、国家税务总局《关于海峡两岸海上直航营业税和企业所得税政策的通知》(财税〔2009〕4号)规定,自2008年12月15日起,对台湾航运公司从事海峡两岸海上直航业务取得的来源于大陆的所得,免征企业所得税。

享受企业所得税免税政策的台湾航运公司应当按照企业所得税法实施条例的有关规定,单独核算其从事上述业务在大陆取得的收入和发生的成本、费用;未单独核算的,不得享受免征企业所得税政策。

财税〔2009〕4号文件还规定,自2008年12月15日起,对台湾航运公司从事海峡两岸海上直航业务在大陆取得的运输收入,免征营业税。对台湾航运公司在2008年12月15日至文到之日已缴纳应予免征的营业税,从以后应缴的营业税税款中抵减,年度内抵减不完的予以退税。

这里所说的台湾航运公司,是指取得交通运输部颁发的"台湾海峡两岸间水路运输许可证"且上述许可证上注明的公司登记地址在台湾的航运公司。

【例5-10】 依据企业所得税的优惠政策,下列收入中,属于免税收入的有( )。

A. 企业购买国债取得的利息收入

B. 非营利组织从事营利性活动取得的收入

C. 在境内设立机构的非居民企业从居民企业取得的与该机构有实际联系的红利收入

D. 在中国境内设立机构的非居民企业连续持有上市公司股票不足12个月取得的投资收益

【答案】 AC
【解析】

非营利组织从事盈利业务取得收入,不免税。投资上市公司股票不足 12 个月的收益,不免税。

（四）保险保障基金公司相关收入免税

财政部、国家税务总局《关于保险保障基金有关税收政策继续执行的通知》（财税〔2013〕81 号）明确,自 2012 年 1 月 1 日起至 2014 年 12 月 31 日止,对中国保险保障基金有限责任公司（以下简称保险保障基金公司）根据《保险保障基金管理办法》（以下简称《管理办法》）取得的下列收入,免征企业所得税:

（1）境内保险公司依法缴纳的保险保障基金;

（2）依法从撤销或破产保险公司清算财产中获得的受偿收入和向有关责任方追偿所得,以及依法从保险公司风险处置中获得的财产转让所得;

（3）捐赠所得;

（4）银行存款利息收入;

（5）购买政府债券、中央银行、中央企业和中央级金融机构发行债券的利息收入;

（6）国务院批准的其他资金运用取得的收入。

对保险保障基金公司根据《管理办法》取得的下列收入,免征营业税:

（1）境内保险公司依法缴纳的保险保障基金;

（2）依法从撤销或破产保险公司清算财产中获得的受偿收入和向有关责任方追偿所得。

此外,财税〔2013〕81 号文件还规定,对保险保障基金公司下列应税凭证,免征印花税:

（1）新设立的资金账簿;

（2）对保险公司风险处置和在破产救助过程中签订的产权转移书据;

（3）在风险处置过程中与中国人民银行签订的再贷款合同;

（4）以保险保障基金自有财产和接收的受偿资产与保险公司签订的财产保险合同;

（5）对与保险保障基金公司签订上述应税合同或产权转移书据的其他当事人照章征收印花税。

（五）芦山地震灾区相关企业收入免税

财政部、海关总署、国家税务总局《关于支持芦山地震灾后恢复重建有关税收政策问题的通知》（财税〔2013〕58 号）规定:

（1）2015 年 12 月 31 日以前,对受灾地区损失严重的企业,免征企业所得税。

（2）自 2013 年 4 月 20 日起至 2015 年 12 月 31 日止,对受灾地区企业通过公益性社会团体、县级以上人民政府及其部门取得的抗震救灾和灾后恢复重建款项和物资,以及税收法律、法规规定和国务院批准的减免税金及附加收入,免征企业所得税。

（3）自 2013 年 4 月 20 日至 2017 年 12 月 31 日,对受灾地区农村信用社免征企业所得税。

（六）中非发展基金投资收益

经国务院批准,《财政部 国家税务总局关于中非发展基金有限公司继续执行有关企业所得税政策问题的通知》（财税〔2013〕85 号）明确,《财政部 国家税务总局关于中非发展基金有限公司有关企业所得税政策问题的通知》（财税〔2009〕36 号）规定的如下政策继续执行至 2017 年底。

对中非发展基金有限公司取得的下列对非洲投资项目的投资收益，免征企业所得税：

（1）中非发展基金有限公司通过股权、准股权（包括可转换债券等）、债权（包括股东借款、委托贷款等）等形式直接投资于非洲取得的股息、红利、利息、股权转让收入等投资收益；

（2）中非发展基金有限公司在境内或境外设立合资公司（或专项基金），由该合资公司（或专项基金）直接投资于非洲取得的股息、红利、利息、股权转让收入等投资收益，中非发展基金有限公司按其在合资公司（或专项基金）中的持股比例应享有的部分。

对中非发展基金有限公司以暂未用于投资的闲置资金购买债券取得的利息收入和债券买卖差价收入以及闲置资金银行存款利息收入，免征企业所得税。

（七）免税收入对应成本费用的扣除

有关免税收入所对应的费用扣除问题，国家税务总局《关于贯彻落实企业所得税法若干税收问题的通知》（国税函〔2010〕79 号）明确：企业取得的各项免税收入所对应的各项成本费用，除另有规定者外，可以在计算企业应纳税所得额时扣除。

十五、生产和装配伤残人员专门用品免税

财政部国家税务总局民政部《关于生产和装配伤残人员专门用品企业免征企业所得税的通知》（财税〔2011〕81 号）规定，符合下列条件的居民企业，可在 2015 年底以前免征企业所得税。

（1）生产和装配伤残人员专门用品，且在民政部发布的《中国伤残人员专门用品目录》范围之内。

（2）以销售本企业生产或者装配的伤残人员专门用品为主，且所取得的年度伤残人员专门用品销售收入（不含出口取得的收入）占企业全部收入 60% 以上。

（3）企业账证健全，能够准确、完整地向主管税务机关提供纳税资料，且本企业生产或者装配的伤残人员专门用品所取得的收入能够单独、准确核算。

（4）企业拥有取得注册登记的假肢、矫形器（辅助器具）制作师执业资格证书的专业技术人员不得少于 1 人；其企业生产人员如超过 20 人，则其拥有取得注册登记的假肢、矫形器（辅助器具）制作师执业资格证书的专业技术人员不得少于全部生产人员的 1/6。

（5）企业取得注册登记的假肢、矫形器（辅助器具）制作师执业资格证书的专业技术人员每年须接受继续教育，制作师《执业资格证书》须通过年检。

（6）具有测量取型、石膏加工、抽真空成型、打磨修饰、钳工装配、对线调整、热塑成型、假肢功能训练等专用设备和工具。

（7）具有独立的接待室、假肢或者矫形器（辅助器具）制作室和假肢功能训练室，使用面积不少于 115 平方米。

符合前述规定的企业，可在年度终了 4 个月内向当地税务机关办理免税手续。办理免税手续时，企业应向主管税务机关提供下列资料：

（1）免税申请报告；

（2）伤残人员专门用品制作师名册、《执业资格证书》（复印件），以及申请前年度制作师《执业资格证书》检查合格证明；

（3）收入明细资料；

（4）税务机关要求的其他材料。

企业在未办理免税手续前，必须按规定报送纳税申报表、相关的纳税资料以及财务会计报表，并按规定预缴企业所得税；企业办理免税手续后，税务机关应依法及时退回已经预缴的税款。

十六、文化产业的税收优惠

（一）支持文化企业发展优惠

财政部、海关总署、国家税务总局《关于支持文化企业发展若干税收政策问题的通知》（财税〔2009〕31号，除条款中有明确期限规定者外，优惠政策执行期限为2009年1月1日至2013年12月31日）规定：

（1）广播电影电视行政主管部门（包括中央、省、地市及县级）按照各自职能权限批准从事电影制片、发行、放映的电影集团公司（含成员企业）、电影制片厂及其他电影企业取得的销售电影拷贝收入、转让电影版权收入、电影发行收入以及在农村取得的电影放映收入免征增值税和营业税。

（2）2010年底前，广播电视运营服务企业按规定收取的有线数字电视基本收视维护费，经省级人民政府同意并报财政部、国家税务总局批准，免征营业税，期限不超过3年。

（3）出口图书、报纸、期刊、音像制品、电子出版物、电影和电视完成片按规定享受增值税出口退税政策。

（4）文化企业在境外演出从境外取得的收入免征营业税。

（5）在文化产业支撑技术等领域内，依据《关于印发〈高新技术企业认定管理办法〉的通知》（国科发火〔2008〕172号）和《关于印发〈高新技术企业认定管理工作指引〉的通知》（国科发火〔2008〕362号）的规定认定的高新技术企业，减按15％的税率征收企业所得税；文化企业开发新技术、新产品、新工艺发生的研究开发费用，允许按国家税法规定在计算应纳税所得额时加计扣除。文化产业支撑技术等领域的具体范围由科技部、财政部、国家税务总局和中宣部另行发文明确。

（6）出版、发行企业库存呆滞出版物，纸质图书超过五年（包括出版当年，下同）、音像制品、电子出版物和投影片（含缩微制品）超过两年、纸质期刊和挂历年画等超过一年的，可以作为财产损失在税前据实扣除。已作为财产损失税前扣除的呆滞出版物，以后年度处置的，其处置收入应纳入处置当年的应税收入。

（7）为生产重点文化产品而进口国内不能生产的自用设备及配套件、备件等，按现行税收政策有关规定，免征进口关税。

（8）对2008年12月31日前新办文化企业，其企业所得税优惠政策可以按照财税〔2005〕2号文件规定执行到期。

上述规定，适用于所有文化企业。文化企业是指从事新闻出版、广播影视和文化艺术的企业。文化企业具体范围为：

（1）文艺表演团体；

（2）文化、艺术、演出经纪企业；

（3）从事新闻出版、广播影视和文化艺术展览的企业；

（4）从事演出活动的剧场（院）、音乐厅等专业演出场所；

（5）经国家文化行政主管部门许可设立的文物商店；

（6）从事动画、漫画创作、出版和生产以及动画片制作、发行的企业；

（7）从事广播电视（含付费和数字广播电视）节目制作、发行的企业，从事广播影视节目及电影出口贸易的企业；

（8）从事电影（含数字电影）制作、洗印、发行、放映的企业；

（9）从事付费广播电视频道经营、节目集成播出推广以及接入服务推广的企业；

（10）从事广播电影电视有线、无线、卫星传输的企业；

（11）从事移动电视、手机电视、网络电视、视频点播等视听节目业务的企业；

（12）从事与文化艺术、广播影视、出版物相关的知识产权自主开发和转让的企业；从事著作权代理、贸易的企业；

（13）经国家行政主管部门许可从事网络图书、网络报纸、网络期刊、网络音像制品、网络电子出版物、网络游戏软件、网络美术作品、网络视听产品开发和运营的企业；以互联网为手段的出版物销售企业；

（14）从事出版物、影视、剧目作品、音乐、美术作品及其他文化资源数字化加工的企业；

（15）图书、报纸、期刊、音像制品、电子出版物出版企业；

（16）出版物物流配送企业，经国家行政主管部门许可设立的全国或区域出版物发行连锁经营企业、出版物进出口贸易企业、建立在县及县以下以零售为主的出版物发行企业；

（17）经新闻出版行政主管部门许可设立的只读类光盘复制企业、可录类光盘生产企业；

（18）采用数字化印刷技术、电脑直接制版技术（CTP）、高速全自动多色印刷机、高速书刊装订联动线等高新技术和装备的图书、报纸、期刊、音像制品、电子出版物印刷企业。

（二）经营性文化事业单位转制为企业优惠

1. 税收优惠

财政部、国家税务总局《关于文化体制改革中经营性文化事业单位转制为企业的若干税收优惠政策的通知》（财税〔2009〕34 号）就文化体制改革中经营性文化事业单位转制为企业的税收政策问题规定如下，自 2009 年 1 月 1 日至 2013 年 12 月 31 日，适用于文化体制改革地区的所有转制文化单位和不在文化体制改革地区的转制企业。

（1）经营性文化事业单位转制为企业，自转制注册之日起免征企业所得税。

（2）由财政部门拨付事业经费的文化单位转制为企业，自转制注册之日起对其自用房产免征房产税。

（3）党报、党刊将其发行、印刷业务及相应的经营性资产剥离组建的文化企业，自注册之日起所取得的党报、党刊发行收入和印刷收入免征增值税。

（4）对经营性文化事业单位转制中资产评估增值涉及的企业所得税，以及资产划转或转让涉及的增值税、营业税、城建税等给予适当的优惠政策，具体优惠政策由财政部、国家税务总局根据转制方案确定。

这里所称经营性文化事业单位是指从事新闻出版、广播影视和文化艺术的事业单位；转制包括文化事业单位整体转为企业和文化事业单位中经营部分剥离转为企业。

2. 转制文化企业名单及认定

财政部、国家税务总局、中宣部《关于转制文化企业名单及认定问题的通知》（财税〔2009〕105 号）就转制文化企业名单及认定问题进一步明确如下：

（1）2008 年 12 月 31 日之前已经审核批准执行《财政部 海关总署 国家税务总局关于文化体制改革中经营性文化事业单位转制后企业的若干税收政策问题的通知》（财税〔2005〕1 号）的转制文化企业，2009 年 1 月 1 日至 2013 年 12 月 31 日期间，相关税收政策按照财税〔2009〕34 号文件的规定执行。这里所称转制文化企业包括：

① 根据《财政部 海关总署 国家税务总局关于发布第一批不在文化体制改革试点地区的文化体制改革试点单位名单的通知》（财税〔2005〕163 号）、《财政部 海关总署 国家税务总局关于公布第二批不在试点地区的文化体制改革试点单位名单和新增试点地区名单的通知》（财税〔2007〕36 号）和《财政部 海关总署 国家税务总局关于发布第三批不在试点地区的文化体制改革试点单位名单的通知》（财税〔2008〕25 号），由财政部、海关总署、国家税务总局分批发布的不在试点地区的试点单位。

② 由北京市、上海市、重庆市、浙江省、广东省及深圳市、沈阳市、西安市、丽江市审核发布的试点单位，包括由中央文化体制改革工作领导小组办公室提供名单，由北京市发布的中央在京转制试点单位。

③ 财税〔2007〕36 号文件规定的新增试点地区审核发布的试点单位。

上述转制文化企业名称发生变更的，如果主营业务未发生变化，持原认定的文化体制改革工作领导小组办公室出具的同意更名函，到主管税务机关履行更名手续；如果主营业务发生变化，依照税法规定的条件重新认定。

（2）从 2009 年 1 月 1 日起，需认定享受财税〔2009〕34 号文件规定的相关税收优惠政策的转制文化企业应同时符合以下条件：

① 根据相关部门的批复进行转制。中央各部门各单位出版社转制方案，由中央各部门各单位出版社体制改革工作领导小组办公室批复；中央部委所属的高校出版社和非时政类报刊社的转制方案，由新闻出版总署批复；文化部、广电总局、新闻出版总署所属文化事业单位的转制方案，由上述三个部门批复；地方所属文化事业单位的转制方案，按照登记管理权限由各级文化体制改革工作领导小组办公室批复。

② 转制文化企业已进行企业工商注册登记。

③ 整体转制前已进行事业单位法人登记的，转制后已核销事业编制、注销事业单位法人。

④ 已同在职职工全部签订劳动合同，按企业办法参加社会保险。

⑤ 文化企业具体范围符合《财政部 海关总署 国家税务总局关于支持文化企业发展若干税收政策问题的通知》（财税〔2009〕31 号）附件规定。

⑥ 转制文化企业引入非公有资本和境外资本的，须符合国家法律法规和政策规定；变更资本结构的，需经行业主管部门和国有文化资产监管部门批准。

（3）中央所属转制文化企业的认定，由中宣部会同财政部、国家税务总局确定并发布名单；地方所属转制文化企业的认定，按照登记管理权限，由各级宣传部门会同同级财政厅（局）、国家税务局和地方税务局确定和发布名单，并逐级备案。

（4）减免税备案与管理

经认定的转制文化企业，可向主管税务机关申请办理减免税手续，并向主管税务机关备案以下材料：① 转制方案批复函；② 企业工商营业执照；③ 整体转制前已进行事业单位法人登记的，需提供同级机构编制管理机关核销事业编制、注销事业单位法人的证明；④ 同在职职工签订劳动合同、按企业办法参加社会保险制度的证明；⑤ 引入非公有资本和境外资

本、变更资本结构的,需出具相关部门的批准函;

　　未经认定的转制文化企业或转制文化企业不符合规定的,不得享受相关税收优惠政策。已享受优惠的,主管税务机关应追缴其已减免的税款。

　　财税〔2009〕105 号文件适用于经营性文化事业单位整体转制和剥离转制两种类型。① 整体转制包括:(图书、音像、电子)出版社、非时政类报刊社、新华书店、艺术院团、电影制片厂、电影(发行放映)公司、影剧院等整体转制为企业。② 剥离转制包括:新闻媒体中的广告、印刷、发行、传输网络部分,以及影视剧等节目制作与销售机构,从事业体制中剥离出来转制为企业。

　　根据《关于下发红旗出版社有限责任公司等中央所属转制文化企业名单的通知》(财税〔2011〕3 号)规定:"转制注册之日"是指经营性文化事业单位转制为企业并进行工商注册之日。对于经营性文化事业单位转制前已进行企业法人登记,则按注销事业单位法人登记之日或核销事业编制的批复之日(转制前并没有进行事业单位法人登记)起确定转制完成并享受财税〔2009〕34 号文件规定的税收优惠政策。财税〔2011〕3 号文件下发前各地不论是按转制注册之日还是按转制批复之日计算已征免的税款部分,不再做调整。

　　(三)新办文化企业优惠

　　国家税务总局《关于新办文化企业企业所得税有关政策问题的通知》(国税函〔2010〕86 号)规定:根据《财政部 海关总署 国家税务总局关于支持文化企业发展若干税收政策问题的通知 》(财税〔2009〕31 号)第八条和《财政部 海关总署 国家税务总局关于文化体制改革试点中支持文化产业发展若干税收政策问题的通知》(财税〔2005〕2 号)第一条的规定,对 2008 年 12 月 31 日前新办的政府鼓励的文化企业,自工商注册登记之日起,免征 3 年企业所得税,享受优惠的期限截止至 2010 年 12 月 31 日。

十七、民族自治地方优惠

　　《中华人民共和国民族区域自治法》规定,民族自治地方的自治机关对属于地方财政收入的某些税收需要加以照顾和鼓励的,可以实行减税或免税。企业所得税法遵循这一原则,企业所得税法第二十九条规定,民族自治地方的自治机关对本民族自治地方的企业应缴纳的企业所得税中属于地方分享的部分,可以决定减征或者免征。自治州、自治县决定减征或者免征的,须报省、自治区、辖市人民政府批准。

　　对民族自治地方内国家限制和禁止行业的企业,不得减征或者免征企业所得税。民族自治地方,是指按照《中华人民共和国民族区域自治法》的规定,实行民族区域自治的自治区、自治州、自治县。

十八、新疆困难地区优惠政策

　　为推进新疆跨越式发展和长治久安,财政部国家税务总局《关于新疆困难地区新办企业所得税优惠政策的通知》(财税〔2011〕53 号)规定。2010 年 1 月 1 日至 2020 年 12 月 31 日,对在新疆困难地区新办的属于《新疆困难地区重点鼓励发展产业企业所得税优惠目录》(以下简称《目录》)范围内的企业,自取得第一笔生产经营收入所属纳税年度起,第一年至第二年免征企业所得税,第三年至第五年减半征收企业所得税。

　　新疆困难地区包括南疆三地州、其他国家扶贫开发重点县和边境县市。

　　属于《目录》范围内的企业是指以《目录》中规定的产业项目为主营业务,其主营业务收入占企业收入总额 70％以上的企业。

第一笔生产经营收入,是指新疆困难地区重点鼓励发展产业项目已建成并投入运营后所取得的第一笔收入。

按照本通知规定享受企业所得税定期减免税政策的企业,在减半期内,按照企业所得税25%的法定税率计算的应纳税额减半征税。

财政部、国家税务总局会同有关部门研究制订《目录》,经国务院批准后公布实施,并根据新疆经济社会发展需要及企业所得税优惠政策实施情况适时调整。

对难以界定是否属于《目录》范围的项目,税务机关应当要求企业提供省级以上(含省级)有关行业主管部门出具的证明文件,并结合其他相关材料进行认定。

十九、科技园和孵化器优惠

国家大学科技园(以下简称科技园)是以具有较强科研实力的大学为依托,将大学的综合智力资源优势与其他社会优势资源相组合,为高等学校科技成果转化、高新技术企业孵化、创新创业人才培养、产学研结合提供支撑的平台和服务的机构。

科技企业孵化器(也称高新技术创业服务中心,以下简称孵化器)是以促进科技成果转化、培养高新技术企业和企业家为宗旨的科技创业服务载体。孵化器是国家创新体系的重要组成部分,是创新创业人才培养的基地,是区域创新体系的重要内容。

(一)企业所得税优惠

根据《关于国家大学科技园税收政策的通知》(财税〔2013〕118号)规定,符合非营利组织条件的科技园的收入,按照企业所得税法及其实施条例和有关税收政策规定享受企业所得税优惠政策。

《关于科技企业孵化器税收政策的通知》(财税〔2013〕117号)规定:符合非营利组织条件的孵化器的收入,按照企业所得税法及其实施条例和有关税收政策规定享受企业所得税优惠政策。

(二)其他税收优惠

1. 科技园优惠

根据财税〔2013〕118号文件规定:2013年1月1日至2015年12月31日,对符合条件的科技园自用以及无偿或通过出租等方式提供给孵化企业使用的房产、土地,免征房产税和城镇土地使用税;对其向孵化企业出租场地、房屋以及提供孵化服务的收入,免征营业税。营业税改征增值税(以下简称营改增)后的营业税优惠政策处理问题由营改增试点过渡政策另行规定。

财税〔2013〕118号文件规定的房产税、城镇土地使用税以及营业税优惠政策的科技园,应同时符合以下条件:

(1)科技园的成立和运行符合国务院科技和教育行政主管部门公布的认定和管理办法,经国务院科技和教育行政管理部门认定,并取得国家大学科技园资格。

(2)科技园应将面向孵化企业出租场地、房屋以及提供孵化服务的业务收入在财务上单独核算。

(3)科技园提供给孵化企业使用的场地面积(含公共服务场地)应占科技园可自主支配场地面积的60%以上(含60%),孵化企业数量应占科技园内企业总数量的75%以上(含75%)。公共服务场地是指科技园提供给孵化企业共享的活动场所,包括公共餐厅、接待室、会议室、展示室、活动室、技术检测室和图书馆等非盈利性配套服务场所。

财税〔2013〕118 号文件所称"孵化企业"应当同时符合以下条件：

（1）企业注册地及主要研发、办公场所必须在科技园工作场地内。

（2）属新注册企业或申请进入科技园前企业成立时间不超过 3 年。

（3）企业在科技园的孵化时间不超过 42 个月。海外高层次创业人才或从事生物医药、集成电路设计等特殊领域的创业企业，孵化时间不超过 60 个月。

（4）符合《中小企业划型标准规定》所规定的小型、微型企业划型标准。

（5）迁入的企业，上年营业收入不超过 500 万元。

（6）单一在孵企业使用的孵化场地面积不大于 1 000 平方米。从事航空航天、现代农业等特殊领域的单一在孵企业，不大于 3 000 平方米。

（7）企业产品（服务）属于科学技术部、财政部、国家税务总局印发的《国家重点支持的高新技术领域》规定的范围，且研究开发费用总额占销售收入总额的比例不低于 4%。

国务院科技和教育行政主管部门负责组织对科技园是否符合财税〔2013〕118 号文件规定的各项条件定期进行审核确认，并出具相应的证明材料，列明纳税人用于孵化的房产和土地的地址、范围、面积等具体信息。

2. 孵化器优惠

财税〔2013〕117 号文件规定：自 2013 年 1 月 1 日至 2015 年 12 月 31 日，对符合条件的孵化器自用以及无偿或通过出租等方式提供给孵化企业使用的房产、土地，免征房产税和城镇土地使用税；对其向孵化企业出租场地、房屋以及提供孵化服务的收入，免征营业税。营业税改征增值税（以下简称营改增）后的营业税优惠政策处理问题由营改增试点过渡政策另行规定。

享受财税〔2013〕117 号文件规定的房产税、城镇土地使用税和营业税优惠政策的孵化器，应同时符合以下条件：

（1）孵化器的成立和运行符合国务院科技行政主管部门发布的认定和管理办法，经国务院科技行政管理部门认定，并取得国家级孵化器资格。

（2）孵化器应将面向孵化企业出租场地、房屋以及提供孵化服务的业务收入在财务上单独核算。

（3）孵化器提供给孵化企业使用的场地面积（含公共服务场地）应占孵化器可自主支配场地面积的 75% 以上（含 75%），孵化企业数量应占孵化器内企业总数量的 75% 以上（含 75%）。

公共服务场地是指孵化器提供给孵化企业共享的活动场所，包括公共餐厅、接待室、会议室、展示室、活动室、技术检测室和图书馆等非盈利性配套服务场地。

财税〔2013〕117 号文件所称"孵化企业"应当同时符合以下条件：

（1）企业注册地和主要研发、办公场所必须在孵化器的孵化场地内。

（2）属新注册企业或申请进入孵化器前企业成立时间不超过 24 个月。

（3）企业在孵化器内孵化的时间不超过 42 个月。纳入"创新人才推进计划"及"海外高层次人才引进计划"的人才或从事生物医药、集成电路设计、现代农业等特殊领域的创业企业，孵化时间不超过 60 个月。

（4）符合《中小企业划型标准规定》所规定的小型、微型企业划型标准。

（5）属迁入企业的，上年营业收入不超过 500 万元。

（6）单一在孵企业入驻时使用的孵化场地面积不大于1 000平方米。从事航空航天等特殊领域的在孵企业，不大于3 000平方米。

（7）企业产品（服务）属于科学技术部、财政部、国家税务总局印发的《国家重点支持的高新技术领域》规定的范围，且研究开发费用总额占销售收入总额的比例不低于4%。

科技园和孵化器优惠政策中所称"孵化服务"是指为孵化企业提供的属于营业税"服务业"税目中"代理业"、"租赁业"和"其他服务业"中的咨询和技术服务范围内的服务。

国务院科技行政主管部门负责组织对孵化器是否符合财税〔2013〕117号文件规定的各项条件定期进行审核确认，并出具相应的证明材料，列明纳税人用于孵化的房产和土地的地址、范围、面积等具体信息。

科技园和孵化器优惠中涉及的房产税、城镇土地使用税和营业税优惠政策按照备案类减免税管理，纳税人应向主管税务机关提出备案申请。凡纳税人骗取上述规定的税收优惠政策的，除根据现行规定进行处罚外，自发生上述违法违规行为年度起取消其享受该项税收优惠政策的资格，2年内不得再次申请。

二十、鼓励软件和集成电路产业发展优惠

为推动科技创新和产业结构升级，促进信息技术产业发展，财政部、国家税务总局先后下发了《关于企业所得税若干优惠政策的通知》（财税〔2008〕1号）、《关于进一步鼓励软件产业和集成电路产业发展企业所得税政策的通知》（财税〔2012〕27号，自2011年1月1日起执行）、《国家税务总局关于执行软件企业所得税优惠政策有关问题的公告》（国家税务总局公告2013年第43号）、《国家税务总局关于软件和集成电路企业认定管理有关问题的公告》（国家税务总局公告2012年第19号），对软件和集成电路企业优惠作出具体工规定。

（一）定期减免税优惠

1. 定期减免税优惠政策

集成电路线宽小于0.8微米（含）的集成电路生产企业，经认定后，在2017年12月31日前自获利年度起计算优惠期，第一年至第二年免征企业所得税，第三年至第五年按照25%的法定税率减半征收企业所得税，并享受至期满为止。

集成电路线宽小于0.25微米或投资额超过80亿元的集成电路生产企业，经认定后，减按15%的税率征收企业所得税，其中经营期在15年以上的，在2017年12月31日前自获利年度起计算优惠期，第一年至第五年免征企业所得税，第六年至第十年按照25%的法定税率减半征收企业所得税，并享受至期满为止。

我国境内新办的集成电路设计企业和符合条件的软件企业，经认定后，在2017年12月31日前自获利年度起计算优惠期，第一年至第二年免征企业所得税，第三年至第五年按照25%的法定税率减半征收企业所得税，并享受至期满为止。

本优惠所称新办企业认定标准按照《财政部 国家税务总局关于享受企业所得税优惠政策的新办企业认定标准的通知》（财税〔2006〕1号）规定执行。财税〔2012〕27号文件规定，本文件所称获利年度，是指该企业当年应纳税所得额大于零的纳税年度。所称研究开发费用政策口径按照《国家税务总局关于印发〈企业研究开发费用税前扣除管理办法（试行）〉的通知》（国税发〔2008〕116号）规定执行。

43号公告进一步规定：软件企业的获利年度，是指软件企业开始生产经营后，第一个应纳税所得额大于零的纳税年度，包括对企业所得税实行核定征收方式的纳税年度。软件企业享受定期减免税优惠的期限应当连续计算,不得因中间发生亏损或其他原因而间断。除国家另有政策规定(包括对国家自主创新示范区的规定)外,软件企业研发费用的计算口径按照《国家税务总局关于印发〈企业研究开发费用税前扣除管理办法(试行)〉的通知》(国税发〔2008〕116号)规定执行。

2. 集成电路生产企业的认定

本优惠所称集成电路生产企业,根据财税〔2012〕27号文件规定,是指以单片集成电路、多芯片集成电路、混合集成电路制造为主营业务并同时符合下列条件的企业:

(1)依法在中国境内成立并经认定取得集成电路生产企业资质的法人企业;

(2)签订劳动合同关系且具有大学专科以上学历的职工人数占企业当年月平均职工总人数的比例不低于40%,其中研究开发人员占企业当年月平均职工总数的比例不低于20%;

(3)拥有核心关键技术,并以此为基础开展经营活动,且当年度的研究开发费用总额占企业销售(营业)收入(主营业务收入与其他业务收入之和,下同)总额的比例不低于5%;其中,企业在中国境内发生的研究开发费用金额占研究开发费用总额的比例不低于60%;

(4)集成电路制造销售(营业)收入占企业收入总额的比例不低于60%;

(5)具有保证产品生产的手段和能力,并获得有关资质认证(包括ISO质量体系认证、人力资源能力认证等);

(6)具有与集成电路生产相适应的经营场所、软硬件设施等基本条件。

《集成电路生产企业认定管理办法》由发展改革委、工业和信息化部、财政部、税务总局会同有关部门另行制定。

3. 集成电路设计企业或符合条件的软件企业的认定

本优惠所称集成电路设计企业或符合条件的软件企业,根据财税〔2012〕27号第十条规定,是指以集成电路设计或软件产品开发为主营业务并同时符合下列条件的企业:

(1)2011年1月1日后依法在中国境内成立并经认定取得集成电路设计企业资质或软件企业资质的法人企业;

(2)签订劳动合同关系且具有大学专科以上学历的职工人数占企业当年月平均职工总人数的比例不低于40%,其中研究开发人员占企业当年月平均职工总数的比例不低于20%;

(3)拥有核心关键技术,并以此为基础开展经营活动,且当年度的研究开发费用总额占企业销售(营业)收入总额的比例不低于6%;其中,企业在中国境内发生的研究开发费用金额占研究开发费用总额的比例不低于60%;

(4)集成电路设计企业的集成电路设计销售(营业)收入占企业收入总额的比例不低于60%,其中集成电路自主设计销售(营业)收入占企业收入总额的比例不低于50%;软件企业的软件产品开发销售(营业)收入占企业收入总额的比例一般不低于50%(嵌入式软件产品和信息系统集成产品开发销售(营业)收入占企业收入总额的比例不低于40%),其中软件产品自主开发销售(营业)收入占企业收入总额的比例一般不低于40%(嵌入式软件产品和信息系统集成产品开发销售(营业)收入占企业收入总额的比例不低于30%);

根据国家税务总局公告2013年第43号规定,软件企业的收入总额,是指《企业所得税法》第六条规定的收入总额。

（5）主营业务拥有自主知识产权，其中软件产品拥有省级软件产业主管部门认可的软件检测机构出具的检测证明材料和软件产业主管部门颁发的《软件产品登记证书》；

（6）具有保证设计产品质量的手段和能力，并建立符合集成电路或软件工程要求的质量管理体系并提供有效运行的过程文档记录；

（7）具有与集成电路设计或者软件开发相适应的生产经营场所、软硬件设施等开发环境（如 EDA 工具、合法的开发工具等），以及与所提供服务相关的技术支撑环境；

《集成电路设计企业认定管理办法》、《软件企业认定管理办法》由工业和信息化部、发展改革委、财政部、税务总局会同有关部门另行制定。

本优惠所称本通知所称集成电路设计销售（营业）收入，是指集成电路企业从事集成电路(IC)功能研发、设计并销售的收入。所称软件产品开发销售（营业）收入，是指软件企业从事计算机软件、信息系统或嵌入式软件等软件产品开发并销售的收入，以及信息系统集成服务、信息技术咨询服务、数据处理和存储服务等技术服务收入。

国家税务总局公告 2013 年第 43 号规定：软件企业所得税优惠政策适用于经认定并实行查账征收方式的软件企业。所称经认定，是指经国家规定的软件企业认定机构按照软件企业认定管理的有关规定进行认定并取得软件企业认定证书。软件企业的收入总额，是指《企业所得税法》第六条规定的收入总额。

（二）低税率优惠

国家规划布局内的重点软件企业和集成电路设计企业，如当年未享受免税优惠的，可减按 10％的税率征收企业所得税。

国家规划布局内重点软件企业和集成电路设计企业在满足财税〔2012〕27 号第十条规定上述七个条件的基础上，由发展改革委、工业和信息化部、财政部、税务总局等部门根据国家规划布局支持领域的要求，结合企业年度集成电路设计销售（营业）收入或软件产品开发销售（营业）收入、盈利等情况进行综合评比，实行总量控制、择优认定。

《国家规划布局内重点软件企业和集成电路设计企业认定管理办法》由发展改革委、工业和信息化部、财政部、税务总局会同有关部门另行制定。

（三）即征即退增值税可作不征税收处理

符合条件的软件企业按照《财政部 国家税务总局关于软件产品增值税政策的通知》（财税〔2011〕100 号）规定取得的即征即退增值税款，由企业专项用于软件产品研发和扩大再生产并单独进行核算，可以作为不征税收入，在计算应纳税所得额时从收入总额中减除。

（四）职工培训费用据实扣除

集成电路设计企业和符合条件软件企业的职工培训费用，应单独进行核算并按实际发生额在计算应纳税所得额时扣除。

（五）缩短折旧或摊销年限

企业外购的软件，凡符合固定资产或无形资产确认条件的，可以按照固定资产或无形资产进行核算，其折旧或摊销年限可以适当缩短，最短可为 2 年（含）。

集成电路生产企业的生产设备，其折旧年限可以适当缩短，最短可为 3 年（含）

（六）再投资退税

自 2008 年 1 月 1 日起至 2010 年底，对集成电路生产企业、封装企业的投资者，以其取得的缴纳企业所得税后的利润，直接投资于本企业增加注册资本，或作为资本投资开办其他集成电路生产企业、封装企业,经营期不少于5年的,按40%的比例退还其再投资部分已缴纳的企业所得税税款。再投资不满5年撤出该项投资的,追缴已退的企业所得税税款。

自2008年1月1日起至2010年底,对国内外经济组织作为投资者,以其在境内取得的缴纳企业所得税后的利润,作为资本投资于西部地区开办集成电路生产企业、封装企业或软件产品生产企业,经营期不少于5年的,按80%的比例退还其再投资部分已缴纳的企业所得税税款。再投资不满5年撤出该项投资的,追缴已退的企业所得税税款。

(七)备案管理

符合财税〔2012〕27号文件规定须经认定后享受税收优惠的企业,应在获利年度当年或次年的企业所得税汇算清缴之前取得相关认定资质。如果在获利年度次年的企业所得税汇算清缴之前取得相关认定资质,该企业可从获利年度起享受相应的定期减免税优惠;如果在获利年度次年的企业所得税汇算清缴之后取得相关认定资质,该企业应在取得相关认定资质起,就其从获利年度起计算的优惠期的剩余年限享受相应的定期减免优惠。

符合财税〔2012〕27号文件规定条件的企业,应在年度终了之日起4个月内,按照该通知及《国家税务总局关于企业所得税减免税管理问题的通知》(国税发〔2008〕111号)的规定,向主管税务机关办理减免税手续。在办理减免税手续时,企业应提供具有法律效力的证明材料。

企业享受软件生产企业、集成电路设计企业企业所得税专项优惠,需向主管税务机关提交如下资料,办理税收优惠备案手续:

(1)国家有权部门颁发的软件(生产)企业、集成电路设计企业证书(文件),企业年检合格证;

(2)企业开发或拥有知识产权的软件产品证明材料或通过资质等级认证的计算机信息系统集成证明材料;

(3)享受国家规划布局内重点软件生产企业所得税优惠的须提供国家相关文件;

(4)获利年度说明;

(5)职工培训费用明细账;

(6)软件生产企业享受增值税退税的凭据;

(7)税务机关要求提供的其他材料。

企业享受集成电路生产企业减按15%低税率优惠,需要向主管税务机关提供如下资料,办理税收优惠备案手续:

(1)政府相关部门对集成电路生产企业项目立项书、可研报告的备案、批复件;

(2)生产线宽有要求的集成电路产品证明材料;

(3)获利年度说明;

(4)《税收优惠事项备案报告表》;

(5)税务机关要求提供的其他材料。

企业享受集成电路生产企业和封装企业的投资者再投资退税优惠,需向主管税务机关报送如下资料,办理税收优惠备案手续。

(1)投资合同或协议书;

（2）实际投资额验资证明；

（3）股东会或董事会的利润分配文件；

（4）政府相关部门对被投资的集成电路生产企业或封装企业项目认定、备案件；

（5）税务机关要求提供的其他材料。

企业享受对西部地区集成电路生产企业、封装企业或软件生产企业的再投资退税优惠，需向主管税务机关报送如下资料，办理税收优惠备案手续：

（1）投资合同或协议书；

（2）实际投资额验资证明；

（3）股东会或董事会的利润分配文件；

（4）政府相关部门对被投资的集成电路生产企业、封装企业或软件生产企业认定证书或项目认定、备案件；

（5）税务机关要求提供的其他材料。

（八）税收优惠资格的取消

享受税收优惠的企业，其税收优惠条件发生变化的，应当自发生变化之日起15日内向主管税务机关报告；不再符合税收优惠条件的，应当依法履行纳税义务；未依法纳税的，主管税务机关应当予以追缴。同时，主管税务机关在执行税收优惠政策过程中，发现企业不符合享受税收优惠条件的，可暂停企业享受的相关税收优惠。

享受上述税收优惠的企业有下述情况之一的，应取消其享受税收优惠的资格，并补缴已减免的企业所得税税款：

（1）在申请认定过程中提供虚假信息的；

（2）有偷、骗税等行为的；

（3）发生重大安全、质量事故的；

（4）有环境等违法、违规行为，受到有关部门处罚的。

在2010年12月31日前，依照《财政部 国家税务总局关于企业所得税若干优惠政策的通知》（财税〔2008〕1号）第一条规定，经认定并可享受原定期减免税优惠的企业，可在财税〔2012〕27号文件施行后继续享受到期满为止。《关于软件和集成电路企业认定管理有关问题的公告》（国家税务总局公告2012年第19号）明确：对2011年1月1日后按照原认定管理办法认定的软件和集成电路企业，在财税〔2012〕27号文件所称的《集成电路生产企业认定管理办法》、《集成电路设计企业认定管理办法》及《软件企业认定管理办法》公布前，凡符合财税〔2012〕27号文件规定的优惠政策适用条件的，可依照原认定管理办法申请享受财税〔2012〕27号文件规定的减免税优惠。在《集成电路生产企业认定管理办法》、《集成电路设计企业认定管理办法》及《软件企业认定管理办法》公布后，按新认定管理办法执行。对已按原认定管理办法享受优惠并进行企业所得税汇算清缴的企业，若不符合新认定管理办法条件的，应在履行相关程序后，重新按照税法规定计算申报纳税。

集成电路生产企业、集成电路设计企业、软件企业等依照财税〔2012〕27号文件规定可以享受的企业所得税优惠政策与企业所得税其他相同方式优惠政策存在交叉的，由企业选择一项最优惠政策执行，不叠加享受。

二十一、西部大开发优惠

国发〔2007〕39号文件规定，根据国务院实施西部大开发有关文件精神，财政部、税务总局和海关总署联合下发的《关于西部大开发税收优惠政策问题的通知》(财税〔2001〕202 号)中规定的西部大开发企业所得税优惠政策继续执行到期。

为贯彻落实党中央、国务院关于深入实施西部大开发战略的精神,进一步支持西部大开发,财政部、海关总署、国家税务总局下发了《关于深入实施西部大开发战略有关税收政策问题的通知》(财税〔2011〕58 号,自 2011 年 1 月 1 日起执行),国家税务总局发布了《关于深入实施西部大开发战略有关企业所得税问题的公告》(国家税务总局公告 2012年第 12 号)。

(一)低税率优惠

财税〔2011〕58 号文件第二条规定:自 2011 年 1 月 1 日至 2020 年 12 月 31 日,对设在西部地区的鼓励类产业企业减按 15％的税率征收企业所得税。上述鼓励类产业企业是指以《西部地区鼓励类产业目录》中规定的产业项目为主营业务,且其主营业务收入占企业收入总额 70％以上的企业。

国家税务总局公告 2012 年第 12 号进一步明确规定:自 2011 年 1 月 1 日至 2020 年 12月 31 日,对设在西部地区以《西部地区鼓励类产业目录》中规定的产业项目为主营业务,且其当年度主营业务收入占企业收入总额 70％以上的企业,经企业申请,主管税务机关审核确认后,可减按 15％税率缴纳企业所得税。这里所称收入总额,是指《企业所得税法》第六条规定的收入总额。

根据《财政部 国家税务总局关于执行企业所得税优惠政策若干问题的通知》(财税〔2009〕69 号)第一条及第二条的规定,12 号公告明确:企业既符合西部大开发 15％优惠税率条件,又符合《企业所得税法》及其实施条例和国务院规定的各项税收优惠条件的,可以同时享受。在涉及定期减免税的减半期内,可以按照企业适用税率计算的应纳税额减半征税。

(二)审核与备案管理

根据国家税务总局公告 2012 年第 12 号规定,企业应当在年度汇算清缴前向主管税务机关提出书面申请并附送相关资料。第一年须报主管税务机关审核确认,第二年及以后年度实行备案管理。各省、自治区、直辖市和计划单列市税务机关可结合本地实际制定具体审核、备案管理办法,并报国家税务总局(所得税司)备案。

凡对企业主营业务是否属于《西部地区鼓励类产业目录》难以界定的,税务机关应要求企业提供省级(含副省级)政府有关行政主管部门或其授权的下一级行政主管部门出具的证明文件。

企业主营业务属于《西部地区鼓励类产业目录》范围的,经主管税务机关确认,可按照15％税率预缴企业所得税。年度汇算清缴时,其当年度主营业务收入占企业总收入的比例达不到规定标准的,应按税法规定的税率计算申报并进行汇算清缴。

(三)西部地区的界定

本优惠所称西部地区,根据财税(2011)58 号文件规定,包括重庆市、四川省、贵州省、云南省、西藏自治区、陕西省、甘肃省、宁夏回族自治区、青海省、新疆维吾尔自治区、新疆生产建设兵团、内蒙古自治区和广西壮族自治区。湖南省湘西土家族苗族自治州、湖北省恩施土家族苗族自治州、吉林省延边朝鲜族自治州,可以比照西部地区的税收政策执行。

（四）政策衔接

财税(2011)58号文件第三条规定：对西部地区2010年12月31日前新办的、根据《财政部国家税务总局海关总署关于西部大开发税收优惠政策问题的通知》（财税〔2001〕202号）第二条第三款规定可以享受企业所得税"两免三减半"优惠的交通、电力、水利、邮政、广播电视企业，其享受的企业所得税"两免三减半"优惠可以继续享受到期满为止。

国家税务总局公告2012年第12号第四条规定：2010年12月31日前新办的交通、电力、水利、邮政、广播电视企业，凡已经按照《国家税务总局关于落实西部大开发有关税收政策具体实施意见的通知》（国税发〔2002〕47号）第二条第二款规定，取得税务机关审核批准的，其享受的企业所得税"两免三减半"优惠可以继续享受到期满为止；凡符合享受原西部大开发税收优惠规定条件，但由于尚未取得收入或尚未进入获利年度等原因，2010年12月31日前尚未按照国税发〔2002〕47号第二条规定完成税务机关审核确认手续的，可按照本公告的规定，履行相关手续后享受原税收优惠。

国家税务总局公告2012年第12号第三条进一步规定：在《西部地区鼓励类产业目录》公布前，企业符合《产业结构调整指导目录（2005年版）》、《产业结构调整指导目录（2011年版）》、《外商投资产业指导目录（2007年修订）》和《中西部地区优势产业目录（2008年修订）》范围的，经税务机关确认后，其企业所得税可按照15％税率缴纳。《西部地区鼓励类产业目录》公布后，已按15％税率进行企业所得税汇算清缴的企业，若不符合本公告第一条规定的条件，可在履行相关程序后，按税法规定的适用税率重新计算申报。

（五）区内外分别设有机构优惠税率的适用

在优惠地区内外分别设有机构的企业享受西部大开发优惠税率问题，12号公告作出如下规定。

总机构设在西部大开发税收优惠地区的企业，仅就设在优惠地区的总机构和分支机构（不含优惠地区外设立的二级分支机构在优惠地区内设立的三级以下分支机构）的所得确定适用15％优惠税率。在确定该企业是否符合优惠条件时，以该企业设在优惠地区的总机构和分支机构的主营业务是否符合《西部地区鼓励类产业目录》及其主营业务收入占其收入总额的比重加以确定，不考虑该企业设在优惠地区以外分支机构的因素。该企业应纳所得税额的计算和所得税缴纳，按照《跨地区经营汇总纳税企业所得税征收管理暂行办法》（国税发〔2008〕28号）、《跨地区经营汇总纳税企业所得税征收管理办法》（国家税务总局公告2012年第57号）相关规定执行。有关审核、备案手续向总机构主管税务机关申请办理。

总机构设在西部大开发税收优惠地区外的企业，其在优惠地区内设立的分支机构（不含仅在优惠地区内设立的三级以下分支机构），仅就该分支机构所得确定适用15％优惠税率。在确定该分支机构是否符合优惠条件时，仅以该分支机构的主营业务是否符合《西部地区鼓励类产业目录》及其主营业务收入占其收入总额的比重加以确定。该企业应纳所得税额的计算和所得税缴纳，按照国税发〔2008〕28号、国家税务总局公告2012年第57号相关规定执行。有关审核、备案手续向分支机构主管税务机关申请办理，分支机构主管税务机关需将该分支机构享受西部大开发税收优惠情况及时函告总机构所在地主管税务机关。

二十二、其他专项优惠

企业所得税法第三十六条规定,根据国民经济和社会发展的需要,或者由于突发事件等原因对企业经营活动产生重大影响的,国务院可以制定企业所得税专项优惠政策,报全国人民代表大会常务委员会备案。根据该条规定,经国务院批准,财政部、国家税务总局制定并下发了《关于企业所得税若干优惠政策的通知》(财税〔2008〕1号),对相关专项优惠政策进行了明确。

（一）鼓励证券投资基金发展的优惠政策

根据财税〔2008〕1号文件规定,对证券投资基金从证券市场中取得的收入,包括买卖股票、债券的差价收入,股权的股息、红利收入,债券的利息收入及其他收入,暂不征收企业所得税。对投资者从证券投资基金分配中取得的收入,暂不征收企业所得税。对证券投资基金管理人运用基金买卖股票、债券的差价收入,暂不征收企业所得税。

纳税人需向主管税务机关报送如下资料,办理对证券投资基金从证券市场中取得的收入暂不征收企业所得税优惠备案手续:

(1) 证券投资基金批准文件;

(2) 申请免税的证券投资基金各项收入明细;

(3)《税收优惠事项备案报告表》;

(4) 税务机关要求提供的其他材料。

对投资者从证券投资基金分配中取得的收入,暂不征收企业所得税优惠,纳税人需提供如下资料,办理优惠备案手续。

(1) 证券投资基金分配方案;

(2) 投资者申请免税的证券投资基金分配收入明细表;

(3) 投资份额证明件;

(4)《税收优惠事项备案报告表》;

(5) 税务机关要求提供的其他材料。

对证券投资基金管理人运用基金买卖股票、债券的差价收入,暂不征收企业所得税时,纳税人需向税务机关报送如下资料,办理减免税备案手续:

(1) 国家证券管理部门对证券投资基金管理人的批准、注册证明件;

(2) 证券投资基金批准文件;

(3) 申请免税的收入明细;

(4)《税收优惠事项备案报告表》;

(5) 税务机关要求提供的其他材料。

（二）其他有关行业、企业的优惠政策

为保证部分行业、企业税收优惠政策执行的连续性,对原有关就业再就业、奥运会和世博会,社会公益,债转股、清产核资、重组、改制、转制等企业改革,涉农和国家储备,其他单项优惠政策共6类定期企业所得税优惠政策,财税〔2008〕1号文件规定:自2008年1月1日起,继续按原优惠政策规定的办法和时间执行到期。

1. 就业再就业优惠

财政部、国家税务总局《关于延长下岗失业人员再就业有关税收政策的通知》(财税〔2009〕23号)规定,对符合条件的企业在新增加的岗位中,当年新招用持《再就业优惠证》人员，与其签订1年以上期限劳动合同并缴纳社会保险费的，3年内按实际招用人数予以定额依次扣减营业税、城市维护建设税、教育费附加和企业所得税。定额标准为每人每年4 000元，可上下浮动20%。由各省、自治区、直辖市人民政府根据本地区实际情况在此幅度内确定具体定额标准，并报财政部和国家税务总局备案。

对持《再就业优惠证》人员从事个体经营的，3年内按每户每年8 000元为限额依次扣减其当年实际应缴纳的营业税、城市维护建设税、教育费附加和个人所得税。

上述税收优惠政策的审批期限为2009年1月1日至2009年12月31日。具体操作办法继续按照财政部、国家税务总局《关于下岗失业人员再就业有关税收政策问题的通知》（财税〔2005〕186号）和国家税务总局、劳动和社会保障部《关于下岗失业人员再就业有关税收政策具体实施意见的通知》（国税发〔2006〕8号）的相关规定执行。

2. 支持汶川地震灾后恢复重建优惠

根据财政部、海关总署、国家税务总局《关于支持汶川地震灾后恢复重建有关税收政策问题的通知》（财税〔2008〕104号）和《财政部 国家税务总局关于延长部分税收优惠政策执行期限的通知》（财税〔2009〕131号）规定：对受灾严重地区损失严重的企业，免征2008年度企业所得税。自2008年5月12日起至2010年12月31日止，受灾地区企业通过公益性社会团体、县级以上人民政府及其部门取得的抗震救灾和灾后恢复重建款项和物资，以及税收法律、法规和本通知规定的减免税金及附加收入，免征企业所得税。自2008年5月12日起至2010年12月31日止，对企业、个人通过公益性社会团体、县级以上人民政府及其部门向受灾地区的捐赠，允许在当年企业所得税前和当年个人所得税前全额扣除。

自2008年5月12日起至2010年12月31日止，受灾严重地区的商贸企业、服务型企业（除广告业、房屋中介、典当、桑拿、按摩、氧吧外）、劳动就业服务企业中的加工型企业和街道社区具有加工性质的小型企业实体在新增加的就业岗位中，招用当地因地震灾害失去工作的城镇职工，与其签订1年以上期限劳动合同并依法缴纳社会保险费的，经县级劳动保障部门认定，按实际招用人数和实际工作时间予以定额依次扣减营业税、城市维护建设税、教育费附加和企业所得税。定额标准为每人每年4 000元，可上下浮动20%，由灾区省级人民政府根据本地区实际情况在此幅度内确定具体定额标准，并报财政部和国家税务总局备案。按上述标准计算的税收扣减额应在企业当年实际应缴纳的营业税、城市维护建设税、教育费附加和企业所得税税额中扣减，当年扣减不足的，不得结转下年使用。

3. 铁路建设债券利息收入减半优惠

中国铁路建设债券是指经国家发展改革委核准，以中国铁路总公司（原为铁道部）为发行和偿还主体的债券。财政部、国家税务总局《关于铁路建设债券利息收入企业所得税政策的通知》（财税〔2011〕99号）和《关于2014~2015年铁路建设债券利息收入企业所得税政策的通知》（财税〔2014〕2号）规定：对企业持有2011~2015年发行的中国铁路建设债券取得的利息收入，减半征收企业所得税。

第三节　企业所得税优惠政策过渡措施

企业所得税法第五十七条规定，本法公布前已经批准设立的企业，依照当时的税收法律、行政法规规定，享受低税率优惠的，按照国务院规定，可以在本法施行后五年内，逐步过渡到本法规定的税率;享受定期减免税优惠的,按照国务院规定,可以在本法施行后继续享受到期满为止,但因未获利而尚未享受优惠的,优惠期限从本法施行年度起计算。

法律设置的发展对外经济合作和技术交流的特定地区内,以及国务院已规定执行上述地区特殊政策的地区内新设立的国家需要重点扶持的高新技术企业,可以享受过渡性税收优惠,具体办法由国务院规定。

国家已确定的其他鼓励类企业,可以按照国务院规定享受减免税优惠。

本法公布前已经批准设立的企业,是指企业所得税法公布前已经完成登记注册的企业。即在 2007 年 3 月 16 日前经工商等登记管理机关登记成立的企业。

法律设置的发展对外经济合作和技术交流的特定地区,是指深圳、珠海、汕头、厦门和海南经济特区;国务院已规定执行上述地区特殊政策的地区,是指上海浦东新区。

在香港特别行政区、澳门特别行政区和台湾地区成立的企业,参照适用企业所得税法第二条第二款、第三款的有关规定。

一、享受低税率优惠的过渡办法

国务院《关于实施企业所得税过渡优惠政策的通知》(国发〔2007〕39 号)规定,企业按照原税收法律、行政法规和具有行政法规效力文件规定,原享受低税率企业所得税优惠政策的,按以下办法实施过渡:

自 2008 年 1 月 1 日起,原享受低税率优惠政策的企业,在新税法施行后 5 年内逐步过渡到法定税率。其中:享受企业所得税 15％税率的企业,2008 年按 18％税率执行,2009 年按 20％税率执行,2010 年按 22％税率执行,2011 年按 24％税率执行,2012 年按 25％税率执行;原执行 24％税率的企业,2008 年起按 25％税率执行。

二、享受定期减免税优惠的过渡办法

国发〔2007〕39 号文件规定,自 2008 年 1 月 1 日起,原享受企业所得税"两免三减半"、"五免五减半"等定期减免税优惠的企业,新税法施行后继续按原税收法律、行政法规及相关文件规定的优惠办法及年限享受至期满为止,但因未获利而尚未享受税收优惠的,其优惠期限从 2008 年度起计算。

享受上述过渡优惠政策的企业,是指 2007 年 3 月 16 日以前经工商等登记管理机关登记设立的企业;实施过渡优惠政策的项目和范围按《实施企业所得税过渡优惠政策表》(见表 5-1)执行。2007 年 3 月 17 日至 2007 年 12 月 31 日期间经工商等登记管理机关登记成立的企业,根据财政部、国家税务总局《关于〈中华人民共和国企业所得税法〉公布后企业适用税收法律问题的通知》(财税〔2007〕115 号)规定,在 2007 年 12 月 31 日前,分别依照现行《中华人民共和国企业所得税暂行条例》和《中华人民共和国外商投资企业和外国企业所得税法》及其实施细则等相关规定缴纳企业所得税。自 2008 年 1 月 1 日起,上述企业统一适用新税法及国务院相关规定,不享受新税法第五十七条第一款规定的过渡性税收优惠政策。

需要说明的是,减半征收的计算问题。执行国发〔2007〕39 号文件规定的过渡优惠政策及西部大开发优惠政策的企业,在定期减免税的减半期内,可以按照企业适用税率计算的应纳税额减半征税。其他各类情形的定期减免税,均应按照企业所得税 25％的法定税率计算的应纳税额减半征税。

表 5-1 　　　　　　　　　　　实施企业所得税过渡优惠政策表

序号	文 件 名 称	相关政策内容
1	《中华人民共和国外商投资企业和外国企业所得税法》第七条第一款	设在经济特区的外商投资企业、在经济特区设立机构、场所从事生产、经营的外国企业和设在经济技术开发区的生产性外商投资企业，减按15％的税率征收企业所得税
2	《中华人民共和国外商投资企业和外国企业所得税法》第七条第三款	设在沿海经济开放区和经济特区、经济技术开发区所在城市的老市区或者设在国务院规定的其他地区的外商投资企业，属于能源、交通、港口、码头或者国家鼓励的其他项目的，可以减按15％的税率征收企业所得税
3	《中华人民共和国外商投资企业和外国企业所得税法实施细则》第七十三条第一款第一项	在沿海经济开放区和经济特区、经济技术开发区所在城市的老市区设立的从事下列项目的生产性外资企业，可以减按15％的税率征收企业所得税：技术密集、知识密集型的项目；外商投资在3 000万美元以上，回收投资时间长的项目；能源、交通、港口建设的项目
4	《中华人民共和国外商投资企业和外国企业所得税法实施细则》第七十三条第一款第二项	从事港口、码头建设的中外合资经营企业，可以减按15％的税率征收企业所得税
5	《中华人民共和国外商投资企业和外国企业所得税法实施细则》第七十三条第一款第四项	在上海浦东新区设立的生产性外商投资企业，以及从事机场、港口、铁路、公路、电站等能源、交通建设项目的外商投资企业，可以减按15％的税率征收企业所得税
6	《国务院关于上海外高桥、天津港、深圳福田、深圳沙头角、大连、广州、厦门象屿、张家港、海口、青岛、宁波、福州、汕头、珠海、深圳盐田保税区的批复》(国函〔1991〕26号、国函〔1991〕32号、国函〔1992〕43号、国函〔1992〕44号、国函〔1992〕148号、国函〔1992〕150号、国函〔1992〕159号、国函〔1992〕179号、国函〔1992〕180号、国函〔1992〕181号、国函〔1993〕3号等)	生产性外商投资企业，减按15％的税率征收企业所得税
7	《国务院关于在福建省沿海地区设立台商投资区的批复》(国函〔1989〕35号)	厦门台商投资区内设立的台商投资企业，减按15％税率征收企业所得税；福州台商投资区内设立的生产性台商投资企业，减按15％税率征收企业所得税，非生产性台资企业，减按24％税率征收企业所得税

序号	文 件 名 称	相关政策内容
8	《国务院关于进一步对外开放南宁、重庆、黄石、长江三峡经济开放区、北京等城市的通知》(国函〔1992〕62号、国函〔1992〕93号、国函〔1993〕19号、国函〔1994〕92号、国函〔1995〕16号)	省会(首府)城市及沿江开放城市从事下列项目的生产性外资企业,减按15%的税率征收企业所得税:技术密集、知识密集型的项目;外商投资在3000万美元以上,回收投资时间长的项目;能源、交通、港口建设的项目
9	《国务院关于开发建设苏州工业园区有关问题的批复》(国函〔1994〕9号)	在苏州工业园区设立的生产性外商投资企业,减按15%税率征收企业所得税
10	《国务院关于扩大外商投资企业从事能源交通基础设施项目税收优惠规定适用范围的通知》(国发〔1999〕13号)	自1999年1月1日起,将外资税法实施细则第七十三条第一款第(一)项第3目关于从事能源、交通基础设施建设的生产性外商投资企业,减按15%征收企业所得税的规定扩大到全国
11	《广东省经济特区条例》(1980年8月26日第五届全国人民代表大会常务委员会第十五次会议批准施行)	广东省深圳、珠海、汕头经济特区的企业所得税率为15%
12	《对福建省关于建设厦门经济特区的批复》(国函〔1988〕88号)	厦门经济特区所得税率按15%执行
13	《国务院关于鼓励投资开发海南岛的规定》(国发〔1988〕26号)	在海南岛举办的企业(国家银行和保险公司除外),从事生产、经营所得税和其他所得,均按15%的税率征收企业所得税
14	《中华人民共和国外商投资企业和外国企业所得税法》第七条第二款	设在沿海经济开放区和经济特区、经济技术开发区所在城市的老市区的生产性外商投资企业,减按24%的税率征收企业所得税
15	《国务院关于试办国家旅游度假区有关问题的通知》(国发〔1992〕46号)	国家旅游度假区内的外商投资企业,减按24%税率征收企业所得税
16	《国务院关于进一步对外开放黑河、伊宁、凭祥、二连浩特市等边境城市的通知》(国函〔1992〕21号、国函〔1992〕61号、国函〔1992〕62号、国函〔1992〕94号)	沿边开放城市的生产性外商投资企业,减按24%税率征收企业所得税
17	《国务院关于进一步对外开放南宁、昆明市及凭祥等五个边境城镇的通知》(国函〔1992〕62号)	允许凭祥、东兴、畹町、瑞丽、河口五市(县、镇)在具备条件的市(县、镇)兴办边境经济合作区,对边境经济合作区内以出口为主的生产性内联企业,减按24%的税率征收
18	《国务院关于进一步对外开放南宁、重庆、黄石、长江三峡经济开放区、北京等城市的通知》(国函〔1992〕62号、国函〔1992〕93号、国函〔1993〕19号、国函〔1994〕92号、国函〔1995〕16号)	省会(首府)城市及沿江开放城市的生产性外商投资企业,减按24%税率征收企业所得税

序号	文 件 名 称	相关政策内容
19	《中华人民共和国外商投资企业和外国企业所得税法》第八条第一款	对生产性外商投资企业,经营期在十年以上的,从开始获利的年度起,第一年和第二年免征企业所得税,第三年至第五年减半征收企业所得税
20	《中华人民共和国外商投资企业和外国企业所得税法实施细则》第七十五条第一款第一项	从事港口码头建设的中外合资经营企业,经营期在15年以上的,经企业申请,所在地的省、自治区、直辖市税务机关批准,从开始获利的年度起,第一年至第五年免征企业所得税,第六年至第十年减半征收企业所得税
21	《中华人民共和国外商投资企业和外国企业所得税法实施细则》第七十五条第一款第二项	在海南经济特区设立的从事机场、港口、码头、铁路、公路、电站、煤矿、水利等基础设施项目的外商投资企业和从事农业开发经营的外商投资企业,经营期在15年以上的,经企业申请,海南省税务机关批准,从开始获利的年度起,第一年至第五年免征企业所得税,第六年至第十年减半征收企业所得税
22	《中华人民共和国外商投资企业和外国企业所得税法实施细则》第七十五条第一款第三项	在上海浦东新区设立的从事机场、港口、铁路、公路、电站等能源、交通建设项目的外商投资企业,经营期在15年以上的,经企业申请,上海市税务机关批准,从开始获利的年度起,第一年至第五年免征企业所得税,第六年至第十年减半征收企业所得税
23	《中华人民共和国外商投资企业和外国企业所得税法实施细则》第七十五条第一款第四项	在经济特区设立的从事服务性行业的外商投资企业,外商投资超过500万美元,经营期在十年以上的,经企业申请,经济特区税务机关批准,从开始获利的年度起,第一年免征企业所得税,第二年和第三年减半征收企业所得税
24	《中华人民共和国外商投资企业和外国企业所得税法实施细则》第七十五条第一款第六项	在国务院确定的国家高新技术产业开发区设立的被认定为高新技术企业的中外合资经营企业,经营期在十年以上的,经企业申请,当地税务机关批准,从开始获利的年度起,第一年和第二年免征企业所得税
25	《中华人民共和国外商投资企业和外国企业所得税法实施细则》第七十五条第一款第六项《国务院关于〈北京市新技术产业开发试验区暂行条例〉的批复》(国函〔1988〕74号)	设在北京市新技术产业开发试验区的外商投资企业,依照北京市新技术产业开发试验区的税收优惠规定执行 对试验区的新技术企业自开办之日起,三年内免征所得税。经北京市人民政府指定的部门批准,第四至六年可按15%或10%的税率,减半征收所得税
26	《中华人民共和国企业所得税暂行条例》第八条第一款	需要照顾和鼓励的民族自治地方的企业,经省级人民政府批准实行定期减税或免税的,过渡优惠执行期限不超过5年

续表 5-1

序号	文 件 名 称	相关政策内容
27	《国务院关于鼓励投资开发海南岛的规定》(国发〔1988〕26号)	在海南岛举办的企业(国家银行和保险公司除外),从事港口、码头、机场、公路、铁路、电站、煤矿、水利等基础设施开发经营的企业和从事农业开发经营的企业,经营期限在十五年以上的,从开始获利的年度起,第一年至第五年免征所得税,第六年至第十年减半征收所得税
28		在海南岛举办的企业(国家银行和保险公司除外),从事工业、交通运输业等生产性行业的企业经营期限在十年以上的,从开始获利的年度起,第一年和第二年免征所得税,第三年至第五年减半征收所得税
29		在海南岛举办的企业(国家银行和保险公司除外),从事服务性行业的企业,投资总额超过500万美元或者2 000万人民币,经营期限在十年以上的,从开始获利的年度起,第一年免征所得税,第二年和第三年减半征收所得税
30	《国务院关于实施〈国家中长期科学和技术发展规划纲要(2006－2020年)若干配套政策的通知〉》(国发〔2006〕6号)	国家高新技术产业开发区内新创办的高新技术企业经严格认定后,自获利年度起两年内免征所得税

此外,财政部、国家税务总局《关于企业所得税若干优惠政策的通知》(财税〔2008〕1号)规定:除《中华人民共和国企业所得税法》、《中华人民共和国企业所得税法实施条例》、《国务院关于实施企业所得税过渡优惠政策的通知》(国发〔2007〕39号),《国务院关于经济特区和上海浦东新区新设立高新技术企业实行过渡性税收优惠的通知》(国发〔2007〕40号)及本通知规定的优惠政策以外,2008年1月1日之前实施的其他企业所得税优惠政策一律废止(见表5-2)。各地区、各部门一律不得越权制定企业所得税的优惠政策。

表 5-2　　　　　　　　执行到期的企业所得税优惠政策表

类别	序号	文件名称	备注
一、就业再就业政策	1	《财政部国家税务总局关于下岗失业人员再就业有关税收政策问题的通知》(财税〔2002〕208号)	对2005年年底之前核准享受再就业减免税政策的企业,在剩余期限内享受至期满
	2	《财政部国家税务总局关于下岗失业人员再就业有关税收政策问题的通知》(财税〔2005〕186号)	政策审批时间截至2008年年底

类别	序号	文件名称	备注
二、奥运合和世博会政策	3	《财政部国家税务总局海关总署关于第 29 届奥运会税收政策问题的通知》（财税〔2003〕10 号）	奥运会结束并北京奥组委财务清算完结后停止执行
		《财政部国家税务总局关于第 29 届奥运会补充税收政策的通知》（财税〔2006〕128 号）	
	4	《财政部国家税务总局关于 2010 年上海世博会有关税收政策问题的通知》（财税〔2005〕180 号）	世博会结束并上海世博局财务清算完结后停止执行
		《财政部国家税务总局关于增补上海世博运营有限公司享受上海世博会有关税收优惠政策的批复》（财税〔2006〕155 号）	
三、社会公益政策	5	《财政部国家税务总局关于延长生产和装配伤残人员专门用品企业免征所得税执行期限的通知》（财税〔2006〕148 号）	
四、债转股、清产核资，重组、改制，转制等企业改革政策	6	《财政部国家税务总局关于债转股企业有关税收政策的通知》（财税〔2005〕29 号）	
	7	《财政部国家税务总局关于中央企业清产核资有关税务处理问题的通知》（财税〔2006〕18 号）	
	8	《财政部国家税务总局关于延长转制科研机构有关税收政策执行期限的通知》（财税〔2005〕14 号）	
	9	《财政部海关总署国家税务总局关于文化体制改革中经营性文化事业单位转制后企业的若干税收政策问题的通知》（财税〔2005〕1 号）	
		《财政部海关总署国家税务总局关于文化体制改革试点中支持文化产业发展若干税收政策问题的通知》（财税〔2005〕2 号）	
五、涉农和国家储备政策	10	《财政部国家税务总局关于促进农产品连锁经营试点税收优惠政策的通知》（财税〔2007〕10 号）	
	11	《财政部国家税务总局关于广播电视村村通税收政策的通知》（财税〔2007〕17 号）	
	12	《财政部国家税务总局关于部分国家储备商品有关税收政策的通知》（财税〔2006〕105 号）	
六、单项优惠政策	13	《财政部国家税务总局关于股权分置试点改革有关税收政策问题的通知》（财税〔2005〕103 号）	执行到股权分置试点改革结束
	14	《财政部国家税务总局关于中国证券投资者保护基金有限责任公司有关税收问题的通知》（财税〔2006〕169 号）	
	15	《财政部国家税务总局关于延长试点地区农村信用社有关税收政策期限的通知》（财税〔2006〕46 号）	
		《财政部国家税务总局关于海南省改革试点的农村信用社税收政策的通知》（财税〔2007〕18 号）	
	16	《财政部国家税务总局关于继续执行监狱劳教企业有关税收政策的通知》（财税〔2006〕123 号）	

国家税务总局《关于进一步明确企业所得税过渡期优惠政策执行口径问题的通知》（国税函〔2010〕157 号）就执行企业所得税过渡期优惠政策问题进一步明确如下：

（1）居民企业选择适用税率及减半征税的界定

① 居民企业被认定为高新技术企业，同时又处于《国务院关于实施企业所得税过渡优惠政策的通知》（国发〔2007〕39 号）第一条第三款规定享受企业所得税"两免三减半"、"五免五减半"等定期减免税优惠过渡期的，该居民企业的所得税适用税率可以选择依照过渡期适用税率并适用减半征税至期满，或者选择适用高新技术企业的 15％税率，但不能享受 15％税率的减半征税。

② 居民企业被认定为高新技术企业，同时又符合软件生产企业和集成电路生产企业定期减半征收企业所得税优惠条件的，该居民企业的所得税适用税率可以选择适用高新技术企业的 15％税率，也可以选择依照 25％的法定税率减半征税，但不能享受 15％税率的减半征税。

③ 居民企业取得中华人民共和国企业所得税法实施条例第八十六条、第八十七条、第八十八条和第九十条规定可减半征收企业所得税的所得，是指居民企业应就该部分所得单独核算并依照 25％的法定税率减半缴纳企业所得税。

④ 高新技术企业减低税率优惠属于变更适用条件的延续政策而未列入过渡政策，因此，凡居民企业经税务机关核准 2007 年度及以前享受高新技术企业或新技术企业所得税优惠，2008 年及以后年度未被认定为高新技术企业的，自 2008 年起不得适用高新技术企业的 15％税率，也不适用《国务院实施企业所得税过渡优惠政策的通知》（国发〔2007〕39 号）第一条第二款规定的过渡税率，而应自 2008 年度起适用 25％的法定税率。

2. 居民企业总分机构的过渡期税率执行

居民企业经税务机关核准 2007 年度以前依照《国家税务总局关于外商投资企业分支机构适用所得税税率问题的通知》（国税发〔1997〕49 号）规定，其处于不同税率地区的分支机构可以单独享受所得税减低税率优惠的，仍可继续单独适用减低税率优惠过渡政策；优惠过渡期结束后，统一依照《国家税务总局关于印发〈跨地区经营汇总纳税企业所得税征收管理暂行办法〉的通知》（国税发〔2008〕28 号）第十六条的规定执行。

三、继续执行西部大开发税收优惠政策

国发〔2007〕39 号文件规定，根据国务院实施西部大开发有关文件精神，财政部、税务总局和海关总署联合下发的《关于西部大开发税收优惠政策问题的通知》（财税〔2001〕202 号）中规定的西部大开发企业所得税优惠政策继续执行到期。

国家税务总局《关于西部大开发企业所得税优惠政策适用目录问题的批复》（国税函〔2009〕399 号）就西部大开发企业所得税优惠政策适用目录问题进一下明确如下。

（1）享受西部大开发企业所得税优惠政策的国家鼓励类产业内资企业适用目录及衔接问题，继续按照《财政部 国家税务总局关于西部大开发税收优惠政策适用目录变更问题的通知》（财税〔2006〕165 号）的规定执行。

（2）享受西部大开发企业所得税优惠政策的国家鼓励类产业外商投资企业适用目录及衔接问题，按以下原则执行：

① 自 2008 年 1 月 1 日起，财税〔2001〕202 号文件中《外商投资产业指导目录》按国家发展和改革委员会公布的《外商投资产业指导目录（2007 年修订）》执行。自 2009 年 1 月 1 日

起，财税〔2001〕202号文件中《中西部地区外商投资优势产业目录》（第18号令）按国家发展和改革委员会与商务部发布的《中西部地区优势产业目录（2008年修订）》执行。

②　在相关目录变更前，已按财税〔2001〕202号文件规定的目录标准审核享受企业所得税优惠政策的外商投资企业，除属于《外商投资产业指导目录（2007年修订）》中限制外商投资产业目录、禁止外商投资产业目录外，可继续执行到期满为止；对属于《外商投资产业指导目录（2007年修订）》中限制外商投资产业目录、禁止外商投资产业目录的企业，应自执行新目录的年度起，停止执行西部大开发企业所得税优惠政策。

对符合新目录鼓励类标准但不符合原目录标准的企业，应自执行新目录的年度起，就其按照西部大开发有关企业所得税优惠政策规定计算的税收优惠期的剩余优惠年限享受优惠。

国家税务总局《关于执行西部大开发税收优惠政策有关问题的批复》（国税函〔2009〕411号）进一步明确：财税〔2001〕202号文件第二条第三款规定"新办交通企业是指投资新办从事公路、铁路、航空、港口、码头运营和管道运输的企业"中的交通企业，是指投资于上述设施建设项目并运营该项目取得经营收入的企业。

四、特区和浦东新区新设高新技术企业的过渡性优惠

根据国务院《关于经济特区和上海浦东新区新设立高新技术企业实行过渡性税收优惠的通知》（国发〔2007〕40号）规定，区内新设高新技术企业区内所得"两免三减半"。即对经济特区和上海浦东新区内在2008年1月1日（含）之后完成登记注册的国家需要重点扶持的高新技术企业，在经济特区和上海浦东新区内取得的所得，自取得第一笔生产经营收入所属纳税年度起，第一年至第二年免征企业所得税，第三年至第五年按照25%的法定税率减半征收企业所得税。

国家需要重点扶持的高新技术企业，是指拥有核心自主知识产权，同时符合企业所得税法实施条例第九十三条规定的条件，并按照《高新技术企业认定管理办法》认定的高新技术企业。

经济特区和上海浦东新区内新设高新技术企业同时在经济特区和上海浦东新区以外的地区从事生产经营的，应当单独计算其在经济特区和上海浦东新区内取得的所得，并合理分摊企业的期间费用；没有单独计算的，不得享受企业所得税优惠。

经济特区和上海浦东新区内新设高新技术企业在按照国发〔2007〕40号文件的规定享受过渡性税收优惠期间，由于复审或抽查不合格而不再具有高新技术企业资格的，从其不再具有高新技术企业资格年度起，停止享受过渡性税收优惠；以后再次被认定为高新技术企业的，不得继续享受或者重新享受过渡性税收优惠。

五、外资企业原有优惠政策取消后有关事项的处理

外商投资企业和外国企业原执行的若干税收优惠政策取消后的税务处理问题，国家税务总局《关于外商投资企业和外国企业原有若干税收优惠政策取消后有关事项处理的通知》（国税发〔2008〕23号）进行了明确。

（一）原外商投资企业的外国投资者再投资退税政策的处理

外国投资者从外商投资企业取得的税后利润直接再投资本企业增加注册资本，或者作为资本投资开办其他外商投资企业，凡在2007年底以前完成再投资事项，并在国家工商管理部门完成变更或注册登记的，可以按照《中华人民共和国外商投资企业和外国企业所得税

法》及其有关规定,给予办理再投资退税。对在 2007 年底以前用 2007 年度预分配利润进行再投资的,不给予退税。

（二）外国企业从我国取得利息、特许权使用费等所得免税的处理

外国企业向我国转让专有技术或者提供贷款等取得所得,凡上述事项所涉及的合同是在 2007 年底以前签订,且符合《中华人民共和国外商投资企业和外国企业所得税法》规定免税条件,经税务机关批准给予免税的,在合同有效期内可继续给予免税,但不包括延期、补充合同或扩大的条款。

关于外国投资者从外商投资企业取得利润的优惠问题,财税〔2008〕1 号文件规定,2008 年 1 月 1 日之前外商投资企业形成的累积未分配利润,在 2008 年以后分配给外国投资者的,免征企业所得税;2008 年及以后年度外商投资企业新增利润分配给外国投资者的,依法缴纳企业所得税。

2008 年 1 月 1 日以后,居民企业之间分配属于 2007 年度及以前年度的累积未分配利润而形成的股息、红利等权益性投资收益,均应按照企业所得税法第二十六条及实施条例第十七条、第八十三条的规定处理。

（三）关于享受定期减免税优惠的外商投资企业在 2008 年后条件发生变化的处理

外商投资企业按照《中华人民共和国外商投资企业和外国企业所得税法》规定享受定期减免税优惠,2008 年后,企业生产经营业务性质或经营期发生变化,导致其不符合外资企业所得税法规定条件的,仍应依据外资企业所得税法规定补缴其此前（包括在优惠过渡期内）已经享受的定期减免税税款。主管税务机关在每年对这类企业进行汇算清缴时,按规定应对其经营业务内容和经营期限等变化情况进行审核。

此外,需要说明的是:

1. 不得叠加享受优惠的适用

国家税务总局《关于企业所得税几个具体问题的通知》（国税发〔1994〕229 号）第一条关于企业所得税减免税政策交叉问题规定,减免税优惠措施,对一个企业可能会有减免税政策交叉的情况,在具体执行时,可选择适用其中一项最优惠的政策,不能两项或几项优惠政策累加执行。

国务院《关于实施企业所得税过渡优惠政策的通知》（国发〔2007〕39 号）第三条所称不得叠加享受,且一经选择,不得改变的税收优惠情形,限于企业所得税过渡优惠政策与企业所得税法及其实施条例中规定的定期减免税和减低税率类的税收优惠。

企业所得税法及其实施条例中规定的各项税收优惠,凡企业符合规定条件的,可以同时享受。企业所得税过渡优惠政策与企业所得税法及其实施条例规定的优惠政策存在交叉的,由企业选择最优惠的政策执行,不得叠加享受,且一经选择,不得改变。

2. 过渡期内发生合并、分立、重组等情形的处理

企业在享受过渡税收优惠过程中发生合并、分立、重组等情形的,按照财政部、国家税务总局《关于企业重组业务企业所得税处理若干问题的通知》（财税〔2009〕59 号）的统一规定执行。

3. 分支机构可单独享受过渡优惠政策

企业在 2007 年 3 月 16 日之前设立的分支机构单独依据原内、外资企业所得税法的优惠规定已享受有关税收优惠的,凡符合国务院《关于实施企业所得税过渡优惠政策的通知》

（国发〔2007〕39 号）所列政策条件的，该分支机构可以单独享受国发〔2007〕39 号规定的企业所得税过渡优惠政策。

4. 不同待遇项目需单独计算所得

享受企业所得税过渡优惠政策的企业，应按照企业所得税法和实施条例中有关收入和扣除的规定计算应纳税所得额，并按照国发〔2007〕40 号文件第一部分规定计算享受税收优惠。

企业同时从事适用不同企业所得税待遇的项目的，其优惠项目应当单独计算所得，并合理分摊企业的期间费用；没有单独计算的，不得享受企业所得税优惠。

5. 政府关停外商投资企业所得税优惠政策处理

关于外商投资企业因国家发展规划调整（包括城市建设规划等）被实施关停并清算，导致其不符合原《中华人民共和国外商投资企业和外国企业所得税法》及过渡性政策规定条件税收优惠处理问题，国家税务总局《关于政府关停外商投资企业所得税优惠政策处理问题的批复》（国税函〔2010〕69 号）作出规定：

（1）根据原《中华人民共和国外商投资企业和外国企业所得税法实施细则》第七十九条的规定，应当补缴或缴回按该条规定已享受的企业所得税优惠税款。

（2）外商投资企业和外国企业依照原《财政部 国家税务总局关于外商投资企业和外国企业购买国产设备投资抵免企业所得税有关问题的通知》（财税字〔2000〕049 号）有关规定将已经享受投资抵免的 2007 年 12 月 31 日前购买的国产设备，在购置之日起五年内出租、转让，不论出租、转让行为发生在 2008 年 1 月 1 日之前或之后的，均应在出租、转让时补缴就该购买设备已抵免的企业所得税税款。

（3）外商投资企业的外国投资者依照《中华人民共和国外商投资企业和外国企业所得税法》第十条的规定，将从企业取得的利润于 2007 年 12 月 31 日前直接再投资于该企业，增加注册资本，或者作为资本投资开办其他外商投资企业，如经营期不少于五年并经税务机关批准已退还其再投资部分已缴纳所得税的 40％税款，再投资不满五年撤出的，应当缴回已退的税款。

第六章　应纳税额的计算

第一节　应纳税所得额

一、确定应纳税所得额的一般原则

（一）权责发生制原则

1. 权责发生制是企业会计基础

《企业会计准则——基本准则》（财政部令第 33 号，以下简称基本准则）第九条规定，企业应当以权责发生制为基础进行会计确认、计量和报告。权责发生制基础要求，凡当期已经实现的收入和已经发生或应当负担的费用，无论款项是否收付，都应当作为当期的收入和费用，计入利润表；凡是不属于当期的收入和费用，即使款项已在当期收付，也不应当作为当期的收入和费用。

收付实现制是与权责发生制相对应的一种会计基础，它是以收到或支付的现金作为确认收入和费用的依据。

目前，我国的行政单位会计主要采用收付实现制，事业单位会计除经营业务可以采用权责发生制以外，其他大部分业务采用收付实现制。而企业会计则采用权责发生制。

2. 权责发生制是计算应纳税所得额的基本原则

企业所得税法实施条例第九条规定，企业应纳税所得额的计算，以权责发生制为原则，属于当期的收入和费用，不论款项是否收付，均作为当期的收入和费用；不属于当期的收入和费用，即使款项已经在当期收付，均不作为当期的收入和费用。本条例和国务院财政、税务主管部门另有规定的除外。

可见，权责发生制是企业计算应纳税所得额的基本原则，但不是唯一的原则。企业所得税法实施条例和国务院财政、税务主管部门另有规定的可以例外。例如，房地产开发企业预收售房款需要根据预计计税毛利率计算毛利额，计入当期应纳税所得额计算缴纳企业所得税。

3. 权责发生制原则与税前扣除的真实性原则并不矛盾

真实性是企业所得税税前扣除的基本前提，除税法规定的研究开发费用和安置残疾人员及国家鼓励安置的其他就业人员所支付的工资，可以实行加计扣除外，一项费用只有确属已经实际发生，才可以在税前扣除。

但这里的实际发性，并非指"实际支付"，某些尚未支付但确属企业当期应该负担的费用，只要企业能够提供适当的凭据，就可以认定其已经真实发生，当期可以税前扣除。相反，即使是当期实际支付的费用，如果不属于当期应该承担的费用，也不是企业当期已发生的费用，当期税前不得扣除。

由此可见,税前扣除的真实性原则与权责发生制原则是一致的。

(二)税法优先原则

1. 会计与税法的适度分离

制定税法的主要目的是保证国家财政收入,对经济和社会发展进行调控,公平税负、公平竞争,保证纳税人权益。其中最重要的一点就是财政原则,保证税收任务完成。通过公平税负为企业创造平等竞争的外部环境,并运用税收这一经济杠杆调节经济活动的运行。

而财务会计报告的目标是向财务会计报告使用者提供与企业财务状况、经营成果和现金流量等有关的会计信息,反映企业管理层受托责任的履行情况,有助于财务会计报告使用者作出经济决策。

可见,会计的目标主要是为了真实、完整地反映企业的财务状况、经营成果和现金流量,财政部制定企业会计准则根本点在于让企业的投资者、债权人及社会公众等了解企业资产的真实性与盈利的可能性。会计制度与税法的制定主体不同,目标不同,内容就不可能完全相同。

2. 会计与税法差异的协调

会计与税法具有不同的体系、制定两套体系的主体不同、目标之间存在本质差异。使得会计制度就收入、费用和损失的确认、计量标准与企业所得税法的规定之间,产生并长期存在着一系列的差异,这是必须认真对待的会计与税务问题。

但我们不能因此割裂会计与税法之间的内在联系:会计核算是税收征纳的必要基础和条件,查账征收仍是主要的税收征收方式。

企业在会计核算时,应当按照会计准则(制度)的规定,对各项会计要素进行确认、计量、记录和报告。按照会计准则(制度)规定的标准进行会计处理,与税法规定的税务处理不一致的,不得调整会计账簿记录和会计报表相关项目的金额。企业在计算当期应交所得税时,应在按照会计准则(制度)计算的利润总额的基础上,按企业所得税法的相关规定调整为应纳税所得额,并据以计算当期应交所得税。

3. 税法优先原则

企业所得税法第二十一条规定:在计算应纳税所得额时,企业财务、会计处理办法与税收法律、行政法规的规定不一致的,应当依照税收法律、行政法规的规定计算。

在处理税法与会计关系上,我国采取的是"纳税调整体系",即在计算应纳税所得额时,企业所得税法有明确规定的,按税法规定执行;税法没有明确规定的,一般可按财务会计制度执行;税法与财务会计制度规定不一致的,按会计制度规定进行会计处理,纳税时按税法规定进行纳税调整。

有关税前扣除规定与企业实际会计处理之间的协调问题,国家税务总局公告 2012 年第 15 号进一步明确:根据《企业所得税法》第二十一条规定,对企业依据财务会计制度规定,并实际在财务会计处理上已确认的支出,凡没有超过《企业所得税法》和有关税收法规规定的税前扣除范围和标准(如折旧年限的选择)的,可按企业实际会计处理确认的支出,在企业所得税前扣除,计算其应纳税所得额。这主要是为减少会计与税法差异的调整,便于税收征管。

二、应纳税所得额的计算

企业所得税法第五条规定,企业每一纳税年度的收入总额,减除不征税收入、免税收入、

各项扣除以及允许弥补的以前年度亏损后的余额,为应纳税所得额。用公式表示为:

$$应纳税所得额 = 收入总额 - 不征税收入 - 免税收入 - 各项扣除 - 允许弥补的以前年度亏损$$

上述公式表明,企业的不征税收入、免税收入不再应用于弥补以前年度亏损,企业因此实实在在得到了"优惠";同时也表明,企业的收入总额包含不征税收入和免税收入。

【例 6-1】 2009 年某居民企业收入总额为 3 000 万元(其中不征税收入 400 万元,符合条件的技术转让收入 900 万元),各项成本、费用和税金等扣除金额合计 1 800 万元(其中含技术转让准予扣除的金额 200 万元)。2009 年该企业应缴纳企业所得税( )万元。

A. 25 B. 50 C. 75 D. 100

【答案】 B

【解析】

应缴纳企业所得税 $= [3\,000 - 400 - (1\,800 - 200) - 900] \times 25\% - [(900 - 200) - 500] \times 25\% \div 2$(技术转让所得减免所得税)$= 50$(万元)。

三、外币收入的折算

(一)企业所得税外币所得的折算

依照企业所得税法缴纳的企业所得税,以人民币计算。所得以人民币以外的货币计算的,应当折合成人民币计算并缴纳税款。

企业所得以人民币以外的货币计算的,预缴企业所得税时,应当按照月度或者季度最后一日的人民币汇率中间价,折合成人民币计算应纳税所得额。年度终了汇算清缴时,对已经按照月度或者季度预缴税款的人民币以外的货币,不再重新折合计算,只就该纳税年度内未缴纳企业所得税的部分,按照纳税年度最后一日的人民币汇率中间价,折合成人民币计算应纳税所得额。扣缴义务人对外支付或者到期应支付的款项为人民币以外货币的,在申报扣缴企业所得税时,应当按照扣缴当日国家公布的人民币汇率中间价,折合成人民币计算应纳税所得额。

经税务机关检查确认,企业少计或者多计前款规定的所得的,应当按照检查确认补税或者退税时的上一个月最后一日的人民币汇率中间价,将少计或者多计的所得折合成人民币计算应纳税所得额,再计算应补缴或者应退的税款。

可见,预缴企业所得税时,按照月度或季度最后一日的人民币汇率中间价折算;汇算清缴期间多退少补税款,只就未缴纳税款部分,按纳税年度最后一日人民币汇率中间价折算;税务机关查出的多计或少计税款,按检查确认补税或退税时的上一个月最后一日人民币汇率中间价折算;年度中间终止经营活动的,清算所得应以实际经营终止之日人民币汇率中间价折合计算。

(二)个人所得税外币所得的折算

个人所得税法实施条例第四十三条规定,所得为外国货币的,应当按照填开完税凭证的上一月最后一日人民币汇率中间价,折合成人民币计算应纳税所得额。依照税法规定,在年度终了后汇算清缴的,对已经按月或者按次预缴税款的外国货币所得,不再重新折算;对应当补缴税款的所得部分,按照上一纳税年度最后一日人民币汇率中间价,折合成人民币计算应纳税所得额。

(三)其他税种外币收入的折算

《营业税暂行条例实施细则》第 21 条规定,纳税人以人民币以外的货币结算营业额的,其营业额的人民币折合率可以选择营业额发生的当天或者当月 1 日的人民币汇率中间价。纳税人应当在事先确定采用何种折合率,确定后 1 年内不得变更。

《增值税暂行条例实施细则》第 15 条规定,纳税人按人民币以外的货币结算销售额的,其销售额的人民币折合率可以选择销售额发生的当天或者当月 1 日的人民币汇率中间价。纳税人应在事先确定采用何种折合率,确定后 1 年内不得变更。

《消费税暂行条例实施细则》第 11 条规定,纳税人销售的应税消费品,以人民币以外的货币结算销售额的,其销售额的人民币折合率可以选择销售额发生的当天或者当月 1 日的人民币汇率中间价。纳税人应在事先确定采用何种折合率,确定后 1 年内不得变更。

《土地增值税暂行条例实施细则》第 20 条规定,土地增值税以人民币为计算单位。转让房地产所取得的收入为外国货币的,以取得收入当天或当月 1 日国家公布的市场汇价折合成人民币,据以计算应纳土地增值税税额。

《印花税暂行条例实施细则》第 19 条规定,应纳税凭证所载金额为外国货币的,纳税人应按照凭证书立当日的中华人民共和国国家外汇管理局公布的外汇牌价折合人民币,计算应纳税额。

《车辆购置税暂行条例》第 10 条规定,纳税人以外汇结算应税车辆价款的,按照申报纳税之日中国人民银行公布的人民币基准汇价,折合成人民币计算应纳税额。

《契税暂行条例》第 5 条规定,应纳税额以人民币计算。转移土地、房屋权属以外汇结算的,按照纳税义务发生之日中国人民银行公布的人民币市场汇率中间价折合成人民币计算。

四、亏损及其弥补

(一)亏损的界定

企业所得税法实施条例第十条规定,亏损是指企业依照企业所得税法及其实施条例的规定将每一纳税年度的收入总额减除不征税收入、免税收入和各项扣除后小于零的数额。大于或等于零在企业所得税中都不叫亏损。此外,企业所得税法上的亏损与财务会计上的净亏损不是同一概念。根据国家税务总局《关于企业所得税几个业务问题的通知》(国税发〔1994〕250 号)第一条关于企业亏损的含义问题规定:税法所指亏损的概念,不是企业财务报表中反映的亏损额,而是企业财务报表中的亏损额经主管税务机关按税法规定核实调整后的金额。企业所得税所称的主管税务机关,除特别标明的外,是指各级税务局,税务分局和税务所。而在会计上:

$$净利润(净亏损)=利润总额-所得税费用;$$

$$利润总额=营业利润+营业外收入-营业外支出;$$

$$营业利润=营业收入-营业成本-营业税金及附加-期间费用-资产减值损失+公允价值变动收益+投资收益$$

可见,会计上的净亏损是企业利润总额减除所得税费用后的余额,是一个税后的概念。而企业所得税上的亏损,是一个未扣除所得税费用的税前的概念。

(二)亏损的结转弥补

基于会计主体持续经营假设,企业所得税法一般都规定企业发生的年度亏损予以结转弥补。由于纳税人除了法律规定应当终止外,其生产、经营活动是在规定经营期限内的一个循环过程,它的收入、成本、费用以及利润也应该按该经营期来确定,这样才能全面、真实地反映纳税人全部经营期内的最终经营成果和财务状况。

同时,为了及时向财务报告使用者提供有关企业财务状况、经营成果和现金流量的信息,会计上将持续经营的生产经营活动划分成连续、相等的期间,据以结算盈亏,按期编报财务报告,即会计分期假设。与此相对应,为了保障税收收入的及时入库,税法也规定,纳税人必须以一个公历年度作为纳税年度,因此,企业应纳税所得额的计算也被人为地划分为一年一段,某纳税年度内的收入、成本、费用及利润核算也是不完全的。

因此,企业所得税法第十八条规定,企业纳税年度发生的亏损,准予向以后年度结转,用以后年度的所得弥补,但结转年限最长不得超过五年。

企业所得税法规定亏损向后结转的年限为 5 年,一方面有利于从税收的角度督促企业改善经营管理,尽快扭亏增盈;另一方面也有利于防止企业通过虚报虚增亏损并无限期向后结转以侵蚀国家税收利益。

需要说明的是:

1. 境外营业机构的亏损不得抵减境内营业机构的盈利

企业所得税法第十七条规定,企业在汇总计算缴纳企业所得税时,其境外营业机构的亏损不得抵减境内营业机构的盈利。与此不同的是,企业境外营业机构的盈利可以用于弥补境内营业机构的亏损。

2. 检查调增的所得额弥补亏损问题

国家税务总局大企业税收管理司《关于 2009 年度税收自查有关政策问题的函》(企便函〔2009〕33 号)明确,在开展 2009 年度总局部分定点联系企业税收自查工作过程中,本次企业自查调增的应纳税所得额可以弥补以前年度亏损,调减的应纳税所得额,若有多缴所得税的暂不办理退税,抵减以后年度应纳税额。

税务机关检查调增的企业应纳税所得额弥补以前年度亏损问题,国家税务总局《关于查增应纳税所得额弥补以前年度亏损处理问题的公告》(国家税务总局公告 2010 年第 20 号,自 2010 年 12 月 1 日开始执行。以前(含 2008 年度之前)没有处理的事项,按本规定执行)规定:根据《中华人民共和国企业所得税法》第五条的规定,税务机关对企业以前年度纳税情况进行检查时调增的应纳税所得额,凡企业以前年度发生亏损、且该亏损属于企业所得税法规定允许弥补的,应允许调增的应纳税所得额弥补该亏损。弥补该亏损后仍有余额的,按照企业所得税法规定计算缴纳企业所得税。对检查调增的应纳税所得额应根据其情节,依照《中华人民共和国税收征收管理法》有关规定进行处理或处罚。

3. 法人和其他组织合伙人,不得用合伙企业亏损抵减其盈利

合伙企业的合伙人是法人和其他组织的,合伙人在计算其缴纳企业所得税时,不得用合伙企业的亏损抵减其盈利。

此外,企业的清算所得同样可以用于弥补以前年度的亏损。

第二节 应纳税额的计算

一、应纳税额的计算公式

企业的应纳税所得额乘以适用税率,减除依照企业所得税法关于税收优惠的规定减免和抵免的税额后的余额,为应纳税额。计算公式为:

应纳税额=应纳税所得额×适用税率-减免税额-抵免税额

公式中的应纳税所得额年度申报时为境内外所得总额，但境外所得不采取年度期间预缴。减免税额和抵免税额，是指依照企业所得税法和国务院的税收优惠规定减征、免征和抵免的应纳税额。不包括减计的收入额和加计的费用额。公式中的应纳税额再抵免境外所得已纳的境外所得税额后为实际应缴的税额。

而根据原《企业所得税暂行条例实施细则》第五条规定，应纳税额的计算公式为：

$$应纳税额 = 应纳税所得额 \times 税率$$

原税法应纳税额的计算公式，没有将税收减免和税收抵免包括进来，因而并不是企业最终的实际应该缴纳的税额。实际缴纳所得税时，需要从应纳税额中减除可以减免或抵免的税款。而企业所得税法对原税法进行改进和完善后，将其直接写入公式中，使得应纳税额能够真正反映企业实际应该缴纳的税款。

需要说明的是：应纳税所得额应该是大于零的数额，应纳税额应该是大于等于零的数额。如应纳税所得额为零，说明企业本年度盈亏相抵，不需要缴纳企业所得税。

二、应纳税额计算举例

【例 6-2】[①]

某市一家电生产企业为增值税一般纳税人，2008 年度企业全年实现收入总额 9 000 万元，扣除的成本、费用、税金和损失总额 8 930 万元，利润总额 70 万元，已缴纳企业所得税 14.6 万元。为降低税收风险，在 2008 年度汇算清缴前，企业聘请某税务师事务所进行审计，发现如下问题：

（1）已在成本费用中列支的实发工资总额为 1 000 万元，并按实际发生数列支了福利费 210 万元，上缴工会经费 20 万元并取得《工会经费专用拨缴款收据》，职工教育经费支出 40 万元。

（2）企业年初结转的"坏账准备"科目贷方余额 1.6 万元，当年未发生坏账损失，企业根据年末的应收账款余额 200 万元，又提取了坏账准备金 2 万元。

（3）收入总额 9 000 万元中含国债利息收入 5 万元，向居民企业股权投资收益 10 万元（经查该项投资是二年前投出的，被投资方税率 25%），来自于境外甲国的投资收益 16 万元（已按被投资方税率 20%缴纳了所得税）。

（4）当年 1 月向银行借款 200 万元购建固定资产，借款期限 2 年。购建的固定资产于当年 8 月 31 日完工并交付使用（不考虑该项固定资产折旧），企业支付给银行的年利息费用共计 12 万元，全部计入了财务费用。2008 年 1 月 1 日向境内关联企业乙企业发行债券 1 000万元，按银行利率支付年利息 60 万元（银行利率 6%），全部计入了财务费用。根据企业提供的资料，事务所审核确认不符合独立交易原则。已知该企业从乙企业取得的债权性投资 1 000 万元，取得权益性投资 200 万元，该企业无其他投资方，乙企业实际税负低于该企业。

（5）企业全年发生的业务招待费用 65 万元，业务宣传费 80 万元，技术开发费 320 万元，全都据实作了扣除。

（6）12 月份，以使用不久的一辆公允价值为 53 万元的进口小轿车（固定资产）清偿应付账款 60 万元，公允价值与债务的差额，债权人不再追要。小轿车原值 60 万元，已提取折旧

---

① 参见秦文娇：《企业所得税纳税调整实例分析》，载《中国税务报》，2009 年 8 月 10 日。

9万元,清偿债务时,企业直接以60万元分别冲减了应付账款和固定资产原值(该企业不属于增值税抵扣试点范围)。

(7) 该公司新研发的家电40台,每台成本价5万元,不含税售价每台10万元,将10台转作自用,另外30台售给本厂职工。账务处理时按成本200万元冲减了库存商品,未确认收入。

(8) 12月份转让一项自行开发专用技术的所有权,取得收入700万元,未作收入处理,该项无形资产的账面成本10万元也未转销。

(9) 12月份通过当地政府机关向贫困山区捐赠家电产品一批,成本价35万元,市场销售价格45万元,企业核算时按成本价值直接冲减了库存商品,按市场销售价格计算的增值税销项税额7.65万元与成本价合计42.65万元计入"营业外支出"账户。

(10) 12月份,企业购买了一项金融资产,将其划分为"可供出售金融资产",期末该项金融资产公允价值升高了55万元,企业将其计入了"公允价值变动损益"科目。

(11) "营业外支出"账户中还列支税收滞纳金3万元,合同违约金6万元,给购货方的回扣12万元,环境保护支出8万元,关联企业赞助支出10万元,全都如实作了扣除。

要求:指出上述会计处理的错误之处,并按顺序回答下列问题(金额单位为万元,保留两位小数)。

(1) 计算工会经费、职工福利费和职工教育经费应调整的应纳税所得额;

(2) 计算提取的坏账准备金应调整的应纳税所得额;

(3) 计算国债利息、税后股息应调整的应纳税所得额;

(4) 计算财务费用应调整的应纳税所得额;

(5) 计算业务招待费用、业务宣传费及技术开发费应调整的应纳税所得额;

(6) 计算清偿债务应调整的应纳税所得额;

(7) 计算新研发的家电应调整的应纳税所得额;

(8) 计算转让无形资产应缴纳的流转税费;

(9) 计算转让无形资产应调整的应纳税所得额;

(10) 可供出售金融资产应调整的应纳税所得额;

(11) 计算公益性捐赠应调整的应纳税所得额;

(12) 计算除公益性捐赠以外的其他营业外支出的项目应调整的应纳税所得额;

(13) 计算该企业2008年应纳税所得额;

(14) 计算审计后该企业2008年度应补交的企业所得税。

【解析】

(1) 工会经费扣除限额:$1\,000 \times 2\% = 20$(万元),实际列支20万元,工会经费取得专用收据,无需纳税调整;

职工福利费扣除限额:$1\,000 \times 14\% = 140$(万元),实际列支210万元,纳税调增70万元($210 - 140$);

职工教育经费扣除限额:$1\,000 \times 2.5\% = 25$(万元),实际列支40万元,纳税调增15万元($40 - 25$),职工教育经费超支15万元,可以在以后年度无限期结转扣除。

三项经费应调增应纳税所得额:$70 + 15 = 85$(万元)。

(2) 按照企业所得税法规定坏账准备等未经核定的准备金支出不能在税前扣除,应调增应纳税所得额 2 万元。

（3）国债利息收入 5 万元，符合条件的居民企业之间的股息红利等权益性投资收益 10 万元，均是免税收入，应调减应纳税所得额：$10+5=15$（万元）。

需要说明的是，《企业所得税年度纳税申报表》第 25 行应纳税所得额只填报纳税人当期境内所得的应纳税所得额。该企业境外甲国的投资收益 16 万元，不并入该行的"应纳税所得额"，所以国债利息、税后股息应调减的应纳税所得额为 15 万元。

来源于甲国的境外投资收益 16 万元，应先还原为税前利润：$16÷(1-20\%)=20$ 万元，按税法的适用税率计算的应纳税额 5 万元（$20×25\%$），填入申报表第 28 行"境外所得应纳所得税额"。境外已纳企业所得税 4 万元（$20×20\%$）填入申报表第 29 行"境外所得抵免税额"。

（4）利息资本化的期限为 8 个月，该企业支付给银行的年利息 12 万元全部计入了财务费用，应调增应纳税所得额：$12÷12×8=8$（万元），属于会计差错。

关联债资比例为：$1\ 000：200=5：1$，标准债资比例为：$2：1$。

乙企业实际税负低于该企业，关联方借款准予扣除的利息为：$200×2×6\%=24$（万元），关联方借款利息应调增所得额：$60-24=36$（万元），属于永久性差异，按照"调表不调账"的原则进行处理。财务费用纳税调增利息支出 $36+8=44$（万元）。

（5）收入总额 9 000 万元，自产产品销售给本厂职工和对外捐赠，应做视同销售处理。将 30 台自产产品销售给职工视同销售收入 300 万元和自产产品对外捐赠视同销售收入 45 万元，应填入《企业所得税年度纳税申报表》第一行，作为计算业务招待费等费用扣除的基数。销售（营业）收入为：$9\ 000-5-10-16+300+45=9\ 314$（万元）。

业务招待费扣除限额$=9\ 314×0.5\%=46.57$（万元）$>65×60\%=39$（万元），准予扣除 39 万元，实际发生 65 万元，应调增 26 万元（$65-39$）。

业务宣传费扣除限额$=9\ 314×15\%=1397.1$（万元），实际发生 80 万元，可以据实扣除。

需要说明的是，以固定资产抵债虽然视同销售，但固定资产的公允价值 53 万元不属于产品销售收入，不填入《企业所得税年度纳税申报表》第一行，不作为业务招待费等费用扣除限额的计算基数。转让专利所有权收入 700 万元，也不作为费用扣除限额的计算基数。另外，技术开发费 320 万元可以加计扣除 50%，即应调减应纳税所得额 160（$320×50\%$）万元。

（6）清偿债务应调增应纳税所得额：

处置固定资产损益$=53-(60-9)=2$（万元）。

债务重组收益$=60-53=7$（万元）。

清偿债务业务共调增应纳税所得额$=2+7=9$（万元）。

企业直接以 60 万元分别冲减了应付账款和固定资产原值，属于会计差错。

（7）计算新研发的家电应调整的应纳税所得额：

将 30 台自产产品售给本厂职工应视同销售，应调增应纳税所得额：$30×(10-5)=150$（万元）。

此外，按照《企业会计准则第 14 号——收入》，换出资产为存货的，应当作为销售处理以其公允价值确认收入，同时结转相应的成本。此处按成本转账，属于会计差错。将自产的产品 10 台自用，企业所得税不确认收入，相应的也不确认成本。

（8）转让无形资产应缴纳营业税＝700×5％＝35（万元）。

应缴纳城建税＝35×7％＝2.45（万元），应缴纳教育费附加＝35×3％＝1.05（万元），应该缴纳流转税费＝35＋2.45＋1.05＝38.5（万元）。

（9）转让无形资产应该调整的所得额。

转让专利所得：700－10－38.5＝651.5（万元），不超过500万元的部分，免征企业所得税，超过500万元的部分减半征收所得税。转让无形资产应该调增的所得额＝651.5－500＝151.5（万元）。该企业未作收入和成本的会计处理，属于会计差错。

（10）可供出售的金融资产应调整的应纳税所得额。

可供出售金融资产公允价值变动55万元，不应该计入损益类账户"公允价值变动损益"，而是应该计入权益类账户"资本公积"，属于会计差错，税法上对金融资产持有期间公允价值的变动不予确认所得，财税处理一致。此处应调减会计利润及应纳税所得额55万元。

（11）调整后的会计利润总额为：70＋8（财务费用）＋9（清偿债务利得）＋150（自产产品视同销售）＋651.5（转让专利所得）－55（金融资产公允价值的变动）＝833.5（万元），公益性捐赠扣除限额＝833.5×12％＝100.02（万元），实际捐赠支出额为42.65万元，可全额扣除。

（12）税收滞纳金、购货方的回扣、关联企业赞助支出不得扣除，合同违约金和环境保护支出可以扣除。除公益性捐赠以外的其他营业外支出项目应调增所得额＝3＋12＋10＝25（万元）。

（13）应纳税所得额＝70＋85＋2－15＋44＋26－160＋9＋150＋（651.5－500）＋25－16－55＝316.5（万元）。

（14）应该补缴企业所得税＝[316.5－（651.5－500）]×25％＋16÷（1－20％）×（25％－20％）＋（651.5－500）×25％×50％－14.6＝41.25＋1＋18.94－14.6＝46.59（万元）。

【例 6-3】[①]

2009年4月，鸿兴公司委托立信税务师事务所对该公司2008年度的企业所得税进行汇算清缴鉴证。税务师事务所注册税务师张三和李四对鸿兴公司的账务进行审核后，取得如下资料：

1. 该企业2008年度实现产品销售收入5 000万元，产品销售成本4 000万元，营业税金及附加280万元，销售费用30万元，管理费用50万元，财务费用210万元；投资收益90万元全部是从境外甲企业分回的股息。甲企业位于A国，适用企业所得税税率20％，预提所得税税率10％，鸿兴公司持有甲企业的股份为40％。鸿兴公司全年会计利润总额为500万元，已经根据会计利润，依25％的税率预缴企业所得税125万元。

2. 审核"应付职工薪酬——职工福利"明细账，发现该公司2008年度将外购的200台电暖器发给职工作为福利。职工人数共计200人，其中30人属于管理部门人员，其余为生产人员。购进发票注明含税价格为每台1 170元。企业账务处理如下：

（1）购进电暖器时：

借：应付职工薪酬——职工福利   234 000

　　贷：银行存款   234 000

（2）发放并结转成本时：

---

① 参见许明：《企业所得税疑难业务分析计算》，载《中国税务报》，2009年7月27日。

借：管理费用　　　　　　　　　　　　　　　　　　　　　　　　35 100

　　生产成本　　　　　　　　　　　　　　　　　　　　　　　198 900

　　贷：应付职工薪酬——职工福利　　　　　　　　　　　　　234 000

3．审核"管理费用"明细账，账面记载当年发生技术开发费 200 万元，业务招待费 40 万元。

4．审核"营业外支出"明细账发现，2008 年度通过希望工程向某小学捐款 20 万元。

5．其他资料没有发现问题。

要求：根据给出的资料，计算应当纳税调整的金额和应补或应退的企业所得税额。

【解析】

1．根据企业所得税法第二十四条及其实施条例第八十条的规定，居民企业从其直接或者间接控制 20% 以上股份的外国企业分得的来源于中国境外的股息、红利等权益性投资收益，外国企业在境外实际缴纳的所得税税额中属于该项所得负担的部分，可以作为该居民企业的可抵免境外所得税税额，在规定的抵免限额内抵免。计算过程如下：

（1）将分回股息还原为税后利润＝90÷(1−10%)＝100（万元）。

（2）将税后利润还原为税前所得＝100÷(1−20%)＝125（万元）。

（3）抵免限额＝125×25%＝31.25（万元）。

（4）境外所得实际缴纳的所得税＝125×20%＋100×10%＝35（万元），大于 31.25 万元，所以抵免税额为 31.25 万元。

（5）填报《企业所得税年度纳税申报表》：

首先，由于境外所得通过主表第 31 行和第 32 行单独补税，因此，将 90 万元通过主表第 15 行纳税调减，以避免境外所得重复课税。

其次，将 31.25 万元填报在主表第 31 行"加：境外所得应纳所得税额"，将抵免税额 31.25万元填入主表第 32 行"减：境外所得抵免所得税额"。

2．根据企业所得税法实施条例第二十五条规定，将外购的货物用于职工福利应当视同销售缴纳企业所得税。根据国家税务总局《关于企业处置资产所得税处理问题的通知》(国税函〔2008〕828 号)规定，对外购的货物用于视同销售时，可按购入时的价格确定销售收入。

根据国税发〔2008〕101 号和《关于〈中华人民共和国企业所得税年度纳税申报表〉的补充通知》(国税函〔2008〕1081 号)有关申报表的填报说明，上述视同销售业务应按下列办法填报：

首先，将 20 万元作为视同销售收入，申报在主表第 14 行作纳税调增处理；视同销售成本 20 万元，填报在主表第 15 行纳税调整减少额中。

同时，应当将 20 万元视同销售收入（在附表一《收入明细表》填报在第 15 行"货物、财产、劳务视同销售收入"后，被合计到附表一第 1 行"销售收入合计"）作为计算广告宣传费和业务招待费扣除限额的计算基数。

3．(1) 研究开发费加计扣除：

企业当年发生的技术开发费可以加计扣除 50%，通过主表第 15 行纳税调减：200×50%＝100（万元）。

(2) 业务招待费的调整：

业务招待费扣除限额的计算基数＝5 000＋20＝5 020（万元）；业务招待费的扣除限额

＝5 020×5‰＝25.1(万元),大于 24 万元(40×60％);准予扣除的业务招待费为 24 万元;应当通过主表第 14 行纳税调增业务招待费:16 万元(40－24)。

4. 公益性捐赠扣除限额:500×12％＝60(万元),大于 20 万元,实际公益性捐赠额准予全部扣除,不需要纳税调整。

5. 应纳所得税额的计算:

(1) 应纳税所得额:500＋(20＋16)－(90＋100＋20)＝326(万元);

(2) 应纳所得税额:326×25％＝81.5(万元);

(3) 应补所得税＝81.5＋(31.25－31.25)－125＝－43.5(万元)。

根据企业所得税法及其实施条例、《企业所得税汇算清缴管理办法》(国税发〔2009〕79号)规定,预缴企业所得税额超过应纳企业所得税额的差额,税务机关应当按规定及时办理退税;经纳税人同意,也可以抵缴下年度的应纳税额

【例 6-4】

华达公司是位于深圳特区内有出口经营权的中外合资生产企业,成立于 2005 年,属于增值税一般纳税人,并执行新《企业会计准则》,2006 年开始获利,按原税法规定适用 15％的企业所得税税率,享受"两免三减半"的优惠政策。2009 年 1 月～12 月,华达公司自行核算的产品销售收入为 8 000 万元,营业外收入为 1.54 万元,扣除的成本、费用、税金共计 7 841万元,投资收益为－10 万元,实现会计利润 150.54 万元。2009 年 12 月 31 日,华达公司聘请会计师事务所审核账务,发现自行核算中存在以下问题:

1. 公司 2009 年 10 月购进所需原材料等货物,允许抵扣的进项税额为 85 万元,内销产品取得销售额 300 万元,出口货物离岸价折合人民币 2400 万元。假设上期留抵税款 5 万元,增值税税率 17％,退税率 15％。

2. 公司 2007 年购入的小轿车,固定资产账面含税价 30 万元,已提折旧 1 万元,计提资产减值准备 3 万元。2009 年将其转让,转让价 28.08 万元(该公司 2008 年 12 月 31 日以前未纳入扩大增值税抵扣试点范围)。

3. 投资收益－10 万元,包括用权益法核算对境内 A 居民企业的投资收益 80 万元(当年 A 企业没有分红);用权益法核算对境内 B 居民企业的投资损失为 30 万元;设在甲国的经营机构亏损 60 万元。

4. 公司在 2009 年 3 月受赠了一台不需要安装的设备并于当月投入使用,对方开具了增值税专用发票,注明价款 20 万元,增值税 3.4 万元。公司将该项受赠资产价税合计计入了"资本公积"(该设备净残值规定为 10％,使用寿命为 10 年,增值税发票已通过认证)。

5. 管理费用中包括支付给总机构的管理费 10 万元、支付给关联企业的赞助费 20 万元、业务招待费 50 万元。

6. 销售费用中列支广告费 800 万元、业务宣传费 100 万元,以前年度尚未扣除的广告费、业务宣传费共计 20 万元。

7. 2009 年 12 月,公司购买环境保护专用设备一台,取得专用发票上注明的价款 50 万元,增值税 8.5 万元。增值税发票已认证抵扣。该设备符合《环境保护专用设备企业所得税优惠目录》。

要求:根据以上资料,回答以下问题(金额单位为万元,不考虑城建税及教育费附加):

1. 计算 10 月应纳增值税额;

2. 计算转让小轿车应纳的增值税;

3. 计算转让小轿车应调整的应纳税所得额;

4. 计算该企业投资收益应调整的应纳税所得额;

5. 计算受赠资产应调整的应纳税所得额;

6. 计算管理费用的纳税调整金额;

7. 计算销售费用的纳税调整金额;

8. 计算 2009 年应纳税所得额;

9. 计算 2009 年实际应纳所得税额。

【解析】

1.（1）10 月末,计算当月出口货物不予抵扣和退税的税额:

不得免征和抵扣税额＝当期出口货物离岸价×人民币外汇牌价×（征税率－退税率）＝2 400×(17％－15％)＝48(万元),作进项税额转出处理。

（2）计算应纳税额:

本月应纳税额＝销项税额－进项税额＝当期内销货物的销项税额－（当期进项税额＋上期留抵税款－当期不予抵扣或退税的金额）＝51－(85＋5－48)＝9(万元)。所以 10 月应纳增值税额 9 万元。

2. 根据财政部、国家税务总局《关于全国实施增值税转型改革若干问题的通知》(财税〔2008〕170 号)的有关规定,自 2009 年 1 月 1 日起,纳税人销售自己使用过的 2008 年 12 月 31 日以前购进或者自制的固定资产,按照 4％的征收率减半征收增值税。这里所称已使用过的固定资产,是指纳税人根据财务会计制度已经计提折旧的固定资产。

转让小轿车应纳的增值税＝28.08÷(1＋4％)×4％÷2＝0.54(万元)。

3. 会计上计提减值准备时税法上应作纳税调增处理,反之,会计上转回减值准备时税法上应作纳税调减。所以,转让小轿车应调减的应纳税所得额为 3 万元。

此外,税法上对财产损失实行按税法规定据实扣除的原则。

4. 计算该企业投资收益应调整的应纳税所得额:

（1）对境内居民企业 A 用权益法核算的投资收益 80 万元,不并入应纳税所得额;

（2）税法上不认可权益法下的投资损失,对境内 B 居民企业的投资损失 30 万元不得在税前扣除,应纳税调增 30 万元;

（3）境外投资机构的亏损不得抵减境内机构的赢利,甲国经营机构亏损 60 万元不得在税前扣除,应纳税调增 60 万元。

该企业投资收益的纳税调增金额为 10 万元。

5. 计算受赠资产应调整的应纳税所得额:

（1）根据企业会计准则规定,接受捐赠的价税合计金额应计入"营业外收入",并非"资本公积",此处属于会计差错;企业所得税法第六条规定,受赠收入作为企业的收入总额。会计与税法处理一致。则企业受赠时应调增的会计利润及应纳税所得额为 23.4 万元。

（2）该设备 2009 年 3 月受赠,可以抵扣进项税额,计入固定资产的金额应为 20 万元。当年应提取的折旧＝20×(1－10％)÷10÷12×9＝1.35(万元)。

受赠设备应调增的应纳税所得额为:23.4－1.35＝22.05(万元)。

6. 管理费用应调增的应纳税所得额:

支付给总机构的管理费 10 万元、支付给关联企业的赞助费 20 万元都不允许税前扣除。

业务招待费的限额基数为《企业所得税年度纳税申报表》主表第一行(营业收入)8 000万元。

业务招待费扣除限额:8 000×0.5‰＝40(万元),业务招待费扣除标准:50×60％＝30(万元)

可扣除的业务招待费应为 30 万元,招待费超支 20 万元。

管理费用应调增的应纳税所得额为:10+20+20＝50 万元。

需要说明的是,固定资产转让收入和受赠收入,属于营业外收入,不作为费用扣除的基数。

7. 销售费用纳税调减额为 20 万元。

广告费和业务宣传费扣除限额＝8 000×15％＝1 200(万元),实际发生了 900 万元,由于广告费和业务宣传费超支金额可以无限期向后结转扣除,2009 年可以扣除以前年度尚未扣除的金额为 20 万元,则 2009 年可以扣除的广告费和业务宣传费＝900+20＝920(万元)。至此,广告费及业务宣传费累计结转以后年度的扣除额为 0。

需要注意的是,业务招待费财税差异属于永久性差异,广告费和业务宣传费财税差异属于暂时性差异,可以无限期向后结转扣除。

8. 2009 年应纳税所得额＝150.54(会计利润)-3(固定资产减值准备)+10(投资收益)+22.05(受赠设备)+50(管理费用)-20(销售费用)＝209.59(万元)。

9. (1) 根据国务院《关于实施企业所得税过渡优惠政策的通知》(国发〔2007〕39 号),自2008 年 1 月 1 日起,原享受低税率优惠政策的企业,在新税法施行后 5 年内逐步过渡到法定税率。其中,享受企业所得税 15％税率的企业,2008 年按 18％税率执行,2009 年按 20％税率执行,2010 年按 22％税率执行,2011 年按 24％税率执行,2012 年按 25％税率执行;原执行 24％税率的企业,2008 年起按 25％税率执行。该企业 2009 年应执行 20％的税率,并继续执行"两免三减半"的政策。应纳所得税额＝209.59×20％×50％＝20.96(万元)。

(2) 企业自 2008 年 1 月 1 日起,购置并实际使用列入《环境保护专用设备企业所得税优惠目录》范围内的环境保护、节能节水和安全生产专用设备,可以按专用设备投资额的 10％抵免当年企业所得税应纳税额;企业当年应纳税额不足抵免的,可以向以后年度结转,但结转期不得超过 5 个纳税年度。购买环保专用设备可以抵扣的税额＝50×10％＝5(万元)。

(3) 该企业 2009 年实际应纳所得税额＝20.96-5＝15.96(万元)。

【例 6-5】

位于某市市区的某电子设备生产企业,主要生产电脑显示器,拥有固定资产原值 6 500万元,其中房产原值 4 000 万元,2008 年发生以下业务:

(1) 销售显示器给某销售公司,开具增值税专用发票,按销售合同约定取得不含税销售额 7 000 万元;购进原材料,取得增值税专用发票,发票上注明的货款金额合计为 3 500 万元、增值税额 595 万元。

(2) 8 月受赠原材料一批,取得捐赠方开具的增值税专用发票,注明货款金额 60 万元、增值税额 10.2 万元。

(3) 按上年末签订的租赁合同约定,从 1 月 1 日起将原值 300 万元的闲置车间出租给某销售公司,全年取得租金收入 120 万元。

(4) 企业全年销售显示器应扣除的销售成本 4 000 万元;全年发生销售费用 1 500 万元(其中广告费用 1 200 万元);全年发生管理费用 700 万元(其中业务招待费用 60 万元,符合条件的新技术研究开发费用 90 万元,管理费用中不含房产税和印花税)。

(5) 已计入成本、费用中的实际发生的合理工资费用 400 万元,实际拨缴的工会经费 7 万元,实际发生的职工福利费用 60 万元,实际发生的教育经费 15 万元。

(6) 受全球金融危机的影响,企业持有的原账面价值 300 万元的交易性金融资产,到 12 月底公允价值下降为 210 万元(企业以公允价值核算)。

(说明:当地政府确定计算房产税余值的扣除比例为 20%)

要求:按下列序号计算回答问题,每问需计算出合计数。

(1) 计算该企业 2008 年应缴纳的增值税。

(2) 计算该企业 2008 年应缴纳的营业税。

(3) 计算该企业应缴纳的城建税和教育费附加。

(4) 计算该企业应缴纳的印花税。

(5) 计算该企业 2008 年应缴纳的房产税。

(6) 计算该企业 2008 年度的会计利润总额。

(7) 计算业务招待费应调整的应纳税所得额。

(8) 计算广告费应调整的应纳税所得额。

(9) 计算交易性金融资产减值、新技术研发费应调整的应纳税所得额。

(10) 计算工资及"三项经费"应调整的应纳税所得额。

(11) 计算该企业 2008 年度的应纳税所得额。

(12) 计算该企业 2008 年度应缴纳的企业所得税。

【解析】

(1) 应纳增值税 $= 7\,000 \times 17\% - (595 + 10.2) = 584.8$(万元)

(2) 应纳营业税 $= 120 \times 5\% = 6$(万元)

(3) 应纳城建税和教育费附加 $= (584.8 + 6) \times (7\% + 3\%) = 59.08$(万元)

(4) 应纳印花税 $= 7\,000 \times 0.03\% = 2.1$(万元)

(5) 应纳房产税 $= (4\,000 - 300) \times (1 - 20\%) \times 1.2\% + 120 \times 12\% = 49.92$(万元)

(6) 会计利润 $= 7\,000 + 120 + (60 + 10.2) - 4\,000 - 1\,500 - 700 - (300 - 210) - 6 - 59.08 - 2.1 - 49.92 = 783.1$(万元)

(7) 业务招待费应纳税调整:

扣除限额:$(7\,000 + 120) \times 0.5\% = 35.6$(万元),小于发生额的 60%,$60 \times 60\% = 36$(万元),可扣除 35.6 万元。所以,业务招待费应调整的应纳税所得额 $= 60 - 35.6 = 24.4$(万元)。

(8) 广告费和业务宣传费应调整的应纳税所得额:

扣除限额 $(7\,000 + 120) \times 15\% = 1\,068$(万元),当年实际发生 1 200 万元,需纳税调增 132 万元($1\,200 - 1\,068$)。该调增额 132 万元,可结转以后年度税前扣除。

(9) 交易性金融资产减值:$300 - 210 = 90$ 万元,不得在税前扣除,应调增应纳税所得额;

新技术研发费可加计 50% 税前扣除,应调减应纳税所得额:$90 \times 50\% = 45$(万元)。

两项合计应调增应纳税所得额 45 万元（90－45）。

（10）工资及"三项经费"调整：

合理的工资费用 400 万元，可据实扣除；

工会经费扣除限额：$400 \times 2\% = 8$（万元），实际发生额 7 万元，可据实扣除；

职工福利费扣除限额：$400 \times 14\% = 56$（万元），实际发生 60 万元，超标 4 万元（60－56），应调增应纳税所得额；

职工教育经费扣除限额：$400 \times 2.5\% = 10$（万元），实际发生 15 万元，超标 5 万元，应调增应纳税所得额。

合计应调增应纳税所得额为：$4 + 5 = 9$（万元）

（11）应纳税所得额为：$783.1 + 24.4 + 132 + 45 + 9 = 993.5$（万元）

（12）应缴纳的企业所得税为：$993.5 \times 25\% = 248.38$（万元）

三、非居民企业应纳税额的计算

（一）在境内设立机构、场所的非居民应纳税额计算

非居民企业在中国境内设立机构、场所的，应当就其所设机构、场所取得的来源于中国境内的所得，以及发生在中国境外但与其所设机构、场所有实际联系的所得，缴纳企业所得税。该种情况下按照居民企业计算应纳税额的公式计算纳税。

【例 6-6】　A 外国企业在中国境内设立 B 分公司，该分公司在中国境内独立开展经营业务，2013 年在中国境内取得营业收入 500 万元，发生相关成本费用 380 万元，其中有 30 万元不符合税前扣除规定，且该年度不享受税收优惠。

要求：计算该分公司 2013 年度应在中国缴纳多少企业所得税？

【解析】

根据企业所得税法规定，非居民企业在中国境内设立机构、场所的，应当就其所设机构、场所取得的来源于中国境内的所得，以及发生在中国境外但与其所设机构、场所有实际联系的所得，按 25% 的税率计算缴纳企业所得税。且不能享受小型微利企业 20% 税率优惠。

该分公司的应纳税所得额为：$500 - (380 - 30) = 150$（万元）；

应纳企业所得税为：$150 \times 25\% = 37.5$（万元）。

（二）境内未设机构、场所非居民应纳税额计算

企业所得税法第三条第三款规定，非居民企业在中国境内未设立机构、场所的，或者虽设立机构、场所但取得的所得与其所设机构、场所没有实际联系的，应当就其来源于中国境内的所得缴纳企业所得税。

对非居民企业取得企业所得税法第三条第三款规定的所得应缴纳的所得税，实行源泉扣缴，以支付人为扣缴义务人。并依照下列公式计算扣缴企业所得税应纳税额：

$$扣缴企业所得税应纳税额 = 应纳税所得额 \times 实际征收率$$

实际征收率是指企业所得税法及其实施条例规定的税率（10%），或者税收协定规定的更低的税率。

1. 应纳税所得额的确定

非居民企业取得企业所得税法第三条第三款规定的所得，应按照下列方法计算其应纳税所得额：

（1）股息、红利等权益性投资收益和利息、租金、特许权使用费所得，以收入全额为应纳税所得额。不得扣除税法规定之外的税费支出,到目前为止,没有任何可以扣除的税费支出,营业税金及附加也不属于税法规定的税费支出。收入全额,是指非居民企业向支付人收取的全部价款和价外费用。

【例 6-7】 某房地产公司是外资企业,该公司于 3 年前向其境外股东(注册在境外且实际管理机构不在我国境内的非居民企业)借入 2 000 万美元,用于房地产开发。双方约定:借款期限 5 年,年利率 5%,到期后一次还本付息。截至 2013 年 7 月底,该房地产公司按照权责发生制原则,计提了应付外债利息 350 万美元。该公司与股东商定,拟从 2013 年 8 月份开始,将外债本金 2 000 万美元以及利息 350 万美元,转作房地产公司的资本金。

请问:该房地产公司这种没有将外债利息支付至境外,而是将其转作资本金的行为,应如何纳税?

【解析】

该外资股东的应收利息 350 万美元虽然没有实际支付给境外,但该房地产公司将应付利息直接转为股东投入的资本金的行为,税法上应分解为支付利息和投资两项交易,视同已支付利息要缴纳相关税款。

首先,该房地产公司要代扣代缴企业所得税。国家税务总局《关于印发〈非居民企业所得税源泉扣缴管理暂行办法〉的通知》(国税发〔2009〕3 号)第三条规定,对非居民企业取得来源于中国境内的股息、红利等权益性投资收益和利息、租金、特许权使用费所得、转让财产所得以及其他所得应当缴纳的企业所得税,实行源泉扣缴,以依照有关法律规定或者合同约定对非居民企业直接负有支付相关款项义务的单位或者个人为扣缴义务人。

因此,该房地产公司应支付境外股东的 350 万美元的利息收入,应按全额的 10% 计算扣缴企业所得税。

其次,该房地产公司还要代扣代缴营业税。根据营业税暂行条例第十二条规定:"营业税纳税义务发生时间为纳税人提供应税劳务、转让无形资产或者销售不动产并收讫营业收入款项或者取得索取营业收入款项凭据的当天。国务院财政、税务主管部门另有规定的,从其规定"。营业税扣缴义务发生时间为纳税人营业税纳税义务发生的当天。

对于该外资股东将借款转为股本,其中包括未付利息,利息在转增股本的同时相当于将该笔利息收入计入该股东名下,视为该股东取得利息收入,应按照利息收入依 5% 税率计算扣缴营业税。

(2) 转让财产所得,以收入全额减除财产净值后的余额为应纳税所得额。

(3) 其他所得,参照前两项规定的方法计算应纳税所得额。

根据财政部、国家税务总局《关于非居民企业征收企业所得税有关问题的通知》(财税〔2008〕130 号)规定,在对非居民企业取得上述所得计算征收企业所得税时,不得扣除上述条款规定以外的其他税费支出。

需要说明的是:

① 非居民企业取得权益性投资收益要缴企业所得税。2008 年以前,非居民企业从我国境内企业取得的税后利润不需要缴税。2008 年 1 月 1 日企业所得税法及其实施条例实施后,非居民企业在中国境内未设立机构、场所的,或者虽设立机构、场所但取得的所得与其所设机构、场所没有实际联系的,应当就其来源于境内的所得按 10% 的税率缴纳企业所得税。非居民企业取得股息、红利等权益性投资收益和利息、租金、特许权使用费所得,以收入

全额为应纳税所得额。虽然税法规定的税率是 10%,但如果非居民企业所在国家或地区与我国签订有税收协定,协定的税率低于 10%,则可以按协定的税率执行。

国家税务总局《关于非居民企业取得 B 股等股票股息征收企业所得税问题的批复》(国税函〔2009〕394 号)规定,在中国境内外公开发行、上市股票(A 股、B 股和海外股)的中国居民企业,在向非居民企业股东派发 2008 年及以后年度股息时,应统一按 10% 的税率代扣代缴企业所得税。非居民企业股东需要享受税收协定待遇的,依照税收协定的有关规定办理。

但是,非居民企业取得的被投资企业在 2008 年以前实现的税后利润分红,还是按原政策执行,不缴纳企业所得税。财政部、国家税务总局《关于企业所得税若干优惠政策的通知》(财税〔2008〕1 号)规定,2008 年 1 月 1 日以前外商投资企业形成的累积未分配利润,在 2008 年以后分配给外国投资者的,免征企业所得税。2008 年及以后年度外商投资企业新增利润分配给外国投资者的,依法缴纳企业所得税。

② 居民企业税后利润分红不缴所得税。税法规定,除连续持有居民企业公开发行并上市流通的股票不足 12 个月取得的投资收益外,符合条件的居民企业之间以及在中国境内设立机构、场所的非居民企业从居民企业取得与该机构、场所有实际联系的股息、红利等权益性投资收益,为免税收入。也就是说,企业持有上市公司股票不足 12 个月的分红要缴企业所得税,其他的分红都不需要缴纳企业所得税。

2008 年以前,居民企业之间的税后利润分配,如果存在非定期减免税造成的税率差,则要按税率差补税。但在 2008 年以后,根据财政部、国家税务总局《关于执行企业所得税优惠政策若干问题的通知》(财税〔2009〕69 号)规定,即使居民企业之间分配属于 2007 年度及以前年度的累积未分配利润而形成的股息、红利等权益性投资收益也可以按照新税法的规定免税,不需要按税率差补缴企业所得税。

③ 个人股东分红所得要缴个税。个人所得税法规定,个人取得的利息、股息、红利所得应纳个人所得税,适用 20% 的比例税率。

④ 居民企业向 QFII 支付股息、红利、利息代扣代缴企业所得税。国家税务总局《关于中国居民企业向 QFII 支付股息、红利、利息代扣代缴企业所得税有关问题的通知》(国税函〔2009〕47 号)就中国居民企业向合格境外机构投资者(以下称为 QFII)支付股息、红利、利息代扣代缴企业所得税有关问题明确为:QFII 取得来源于中国境内的股息、红利和利息收入,应当按照企业所得税法规定缴纳 10% 的企业所得税。如果是股息、红利,则由派发股息、红利的企业代扣代缴;如果是利息,则由企业在支付或到期支付时代扣代缴。QFII 取得股息、红利和利息收入,需要享受税收协定(安排)待遇的,可向主管税务机关提出申请,主管税务机关审核无误后按照税收协定的规定执行;涉及退税的,应及时予以办理。

扣缴义务人与非居民企业签订与规定的所得有关的业务合同时,凡合同中约定由扣缴义务人负担应纳税款的,应将非居民企业取得的不含税所得换算为含税所得后计算征收。

【例 6-8】　甲外国公司在中国境内设有常驻代表机构,2009 年甲公司与中国境内 B 公司签订一项技术转让协议,合同约定技术转让费 200 万元,技术转让费所适用的中国营业税税率为 5%。

要求:计算该外国公司应为该项技术转让费在中国缴纳多少所得税?

【解析】

甲外国公司直接与中国境内 B 公司签订协议,转让技术并收取价款,该笔技术转让所得与该外国公司设在中国境内的常设代表机构没有实际联系,应认定为该外国公司来自中国境内的所得,适用 20％的所得税率(税法规定,除给予免税待遇外,减按 10％的税率计算所得税)。

此外,特许使用费所得,以收入全额为应纳税所得额,所以该笔特许权使用费所得,在中国境内缴纳的营业税及附加等,不得在税前扣除。

接受技术的 B 公司应代扣代缴企业所得税为:200×10％＝20(万元)。

(三) 非居民流转税的处理

这里所说的非居民,包括非居民企业和非居民个人。非居民个人是指在中国境内无住所又不居住或者无住所而在境内居住不满一年的个人

根据《非居民承包工程作业和提供劳务税收管理暂行办法》(国家税务总局令 2009 年第 19 号)规定:非居民在中国境内发生营业税或增值税应税行为,在中国境内设立经营机构的,应自行申报缴纳营业税或增值税。非居民在中国境内发生营业税或增值税应税行为而在境内未设立经营机构的,以代理人为营业税或增值税的扣缴义务人;没有代理人的,以发包方、劳务受让方或购买方为扣缴义务人。

工程作业发包方、劳务受让方或购买方,在项目合同签订之日起 30 日内,未能向其所在地主管税务机关提供下列证明资料的,应履行营业税或增值税扣缴义务:

(1) 非居民纳税人境内机构和个人的工商登记和税务登记证明复印件及其从事经营活动的证明资料;

(2) 非居民委托境内机构和个人代理事项委托书及受托方的认可证明。

非居民进行营业税或增值税纳税申报,应当如实填写报送纳税申报表,并附送下列资料:

(1) 工程(劳务)决算(结算)报告或其他说明材料;

(2) 参与工程或劳务作业或提供加工、修理修配的外籍人员的姓名、国籍、出入境时间、在华工作时间、地点、内容、报酬标准、支付方式、相关费用等情况;

(3) 主管税务机关依法要求报送的其他有关资料。

第三节 核定征收所得税

为加强居民企业纳税人核定征收企业所得税工作,国家税务总局制定并印发了《企业所得税核定征收办法(试行)》(国税发〔2008〕30 号),对核定征收企业所得税的适用范围、应纳税额的计算及征收管理等内容进行了规范。

一、核定征收企业所得税的适用

(一) 核定征收企业所得税的适用范围

根据《税收征收管理法》第 35 条以及国税发〔2008〕30 号文件第 3 条规定,纳税人具有下列情形之一的,核定征收企业所得税:

(1) 依照法律、行政法规的规定可以不设置账簿的;

(2) 依照法律、行政法规的规定应当设置但未设置账簿的;

(3) 擅自销毁账簿或者拒不提供纳税资料的;

(4) 虽设置账簿,但账目混乱或者成本资料、收入凭证、费用凭证残缺不全,难以查

账的;

（5）发生纳税义务,未按照规定的期限办理纳税申报,经税务机关责令限期申报,逾期仍不申报的;

（6）申报的计税依据明显偏低,又无正当理由的。

（二）不适用核定征收的特定纳税人

根据国税发〔2008〕30 号文件规定,特殊行业、特殊类型的纳税人和一定规模以上的纳税人不适用核定方式征收企业所得税。国家税务总局《关于企业所得税核定征收若干问题的通知》(国税函〔2009〕377 号)规定,不适用核定征收企业所得税的"特定纳税人"包括以下类型的企业。

（1）享受企业所得税法及其实施条例和国务院规定的一项或几项企业所得税优惠政策的企业(不包括仅享受企业所得税法第二十六条规定免税收入优惠政策的企业);

（2）汇总纳税企业;

国家税务总局《关于跨地区经营汇总纳税企业所得税征收管理有关问题的通知》(国税函〔2008〕747 号)规定,跨地区汇总纳税企业的所得税收入涉及跨区利益,跨区法人应健全财务核算制度并准确计算经营成果,不适用国税发〔2008〕30 号文件。

（3）上市公司;

（4）银行、信用社、小额贷款公司、保险公司、证券公司、期货公司、信托投资公司、金融资产管理公司、融资租赁公司、担保公司、财务公司、典当公司等金融企业;

（5）会计、审计、资产评估、税务、房地产估价、土地估价、工程造价、律师、价格鉴证、公证机构、基层法律服务机构、专利代理、商标代理以及其他经济鉴证类社会中介机构;

（6）国家税务总局规定的其他企业。

国家税务总局《关于企业所得税核定征收有关问题的公告》(2012 年第 27 号)规定,自2012 年 1 月 1 日起,专门从事股权(股票)投资业务的企业,不得核定征收企业所得税。这主要考虑专门从事股权(股票)投资的企业一般都有专门的财务、投资专家团队,具备建账核算的能力和优势,而且股权(股票)的交易痕迹较为明显,比较容易核算清楚,不符合企业所得税核定征收的政策导向,应该实行查账征收企业所得税。当然,这条规定主要是不允许对企业整体所得事先核定,对于企业出现《税收征收管理法》第 35 条规定情形的,税务机关仍然可以依法对其某项所得实行事后核定。

国税函〔2009〕377 号文件要求,对上述规定之外的企业,主管税务机关要严格按照规定的范围和标准确定企业所得税的征收方式,不得违规扩大核定征收企业所得税范围;对其中达不到查账征收条件的企业核定征收企业所得税,并促使其完善会计核算和财务管理,达到查账征收条件后要及时转为查账征收。

需要说明的是,国税发〔2009〕31 号文规定,房地产开发企业出现征管法第三十五条规定的情形,税务机关可对其以往应缴的企业所得税按核定征收方式进行征收管理,并逐步规范,同时按征管法等税收法律、行政法规的规定进行处理,但不得事先确定企业的所得税按核定征收方式进行征收、管理。

此外,在江苏根据《江苏省地方税务局〈关于核定征收企业所得税若干问题的通知〉》(苏地税函〔2009〕283 号)规定,除国家税务总局规定不得核定征收的企业外,下列企业不得实行核定征收:

（1）集团公司及其控股子公司；

（2）以对外投资为主营业务的企业；

（3）实际盈利水平高于国家税务总局规定的应税所得率上限的企业。

二、核定应税所得率或核定应纳所得税额

税务机关应根据纳税人具体情况，对核定征收企业所得税的纳税人，核定应税所得率或者核定应纳所得税额。

（一）核定应税所得率或所得税额的适用范围

具有下列情形之一的，核定其应税所得率：

（1）能正确核算（查实）收入总额，但不能正确核算（查实）成本费用总额的；

（2）能正确核算（查实）成本费用总额，但不能正确核算（查实）收入总额的；

（3）通过合理方法，能计算和推定纳税人收入总额或成本费用总额的。

纳税人不属于以上情形的，核定其应纳所得税额。

（二）应税所得率的确定

应税所得率按下表规定的幅度标准确定：

表 6-1

行业	应税所得率/%
农、林、牧、渔业	3～10
制造业	5～15
批发和零售贸易业	4～15
交通运输业	7～15
建筑业	8～20
饮食业	8～25
娱乐业	15～30
其他行业	10～30

纳税人的生产经营范围、主营业务发生重大变化，或者应纳税所得额或应纳税额增减变化达到20%的，应及时向税务机关申报调整已确定的应纳税额或应税所得率。

国家税务总局公告2012年第27号规定，自2012年1月1日起，依法按核定应税所得率方式核定征收企业所得税的企业，取得的转让股权（股票）收入等转让财产收入，应全额计入应税收入额，按照主营项目（业务）确定适用的应税所得率计算征税；若主营项目（业务）发生变化，应在当年汇算清缴时，按照变化后的主营项目（业务）重新确定适用的应税所得率计算征税。需要注意的是，该公告明确按股票转让收入全额核定，而不是按收入差额核定。

（三）核定方法

税务机关采用下列方法核定征收企业所得税：

（1）参照当地同类行业或者类似行业中经营规模和收入水平相近的纳税人的税负水平核定；

（2）按照应税收入额或成本费用支出额定率核定；

（3）按照耗用的原材料、燃料、动力等推算或测算核定；

（4）按照其他合理方法核定。

采用前款所列一种方法不足以正确核定应纳税所得额或应纳税额的，可以同时采用两种以上的方法核定。采用两种以上方法测算的应纳税额不一致时，可按测算的应纳税额从高核定。

税务机关应按公平、公正、公开原则核定征收企业所得税。应根据纳税人的生产经营行业特点，综合考虑企业的地理位置、经营规模、收入水平、利润水平等因素，分类逐户核定应纳所得税额或者应税所得率，保证同一区域内规模相当的同类或者类似企业的所得税税负基本相当。

三、应纳所得税额的计算

采用应税所得率方式核定征收企业所得税的，应纳所得税额计算公式如下：

$$应纳所得税额＝应纳税所得额×适用税率$$
$$应纳税所得额＝应税收入额×应税所得率$$

或者，应纳税所得额＝成本（费用）支出额÷（1－应税所得率）×应税所得率

其中，"应税收入额"等于收入总额减去不征税收入和免税收入后的余额。用公式表示为：

$$应税收入额＝收入总额－不征税收入－免税收入$$

实行应税所得率方式核定征收企业所得税的纳税人，经营多业的，无论其经营项目是否单独核算，均由税务机关根据其主营项目确定适用的应税所得率。

主营项目应为纳税人所有经营项目中，收入总额或者成本（费用）支出额或者耗用原材料、燃料、动力数量所占比重最大的项目。

需要说明的是，实行核定征收方式缴纳企业所得税的，一般是不设账或难以准确进行财务核算的企业。因此，由税务机关确定采取核定征收企业所得税的企业，在采取核定征收年度不能弥补以前年度亏损。

【例6-9】 （CTA·2012）某食品加工厂雇佣职工10人，资产总额200万元，税务机关对其2011年经营业务进行检查时发现食品销售收入为50万元、转让国债收入4万元、国债利息收入1万元，但无法查实成本费用，税务机关采用核定办法对其征收所得税，应税所得率为15%。2011年该厂应缴纳所得税（　　　）万元。

A. 1.5　　　　　B. 1.62　　　　　C. 1.88　　　　　D. 2.025

【解析】

成本费用无法查实，按照应税收入额核定计算所得税。国债利息收入免征企业所得税。应纳所得税额＝（50＋4）×15%×25%＝2.025（万元）。

此外，关于核定征收企业取得的非日常经营项目所得征税问题，苏地税函〔2009〕283号还规定：核定征收企业取得的非日常经营项目所得，在扣除收入对应的成本费用后，应将所得直接计入应纳税所得额计算缴纳企业所得税。非日常经营项目所得包括土地转让所得，股息、红利等权益性投资收益，捐赠收入以及补贴收入等。

四、征收管理

（一）征收方式的重新鉴定

税务机关应在每年6月底前对上年度实行核定征收企业所得税的纳税人进行重新鉴定。重新鉴定工作完成前，纳税人可暂按上年度的核定征收方式预缴企业所得税；重新鉴定

工作完成后，按重新鉴定的结果进行调整。

主管税务机关应当分类逐户公示核定的应纳所得税额或应税所得率。纳税人对税务机关确定的企业所得税征收方式、核定的应纳所得税额或应税所得率有异议的，应当提供合法、有效的相关证据，税务机关经核实认定后调整有异议的事项。

关于征收方式鉴定问题，苏地税函〔2009〕283 号文件还规定：

（1）企业申请企业所得税征收方式鉴定时，根据《国家税务总局关于印发〈企业所得税核定征收办法〉(试行)的通知》(国税发〔2008〕30 号)规定要求填写鉴定表。主管税务机关鉴定时，以上一年度财务核算资料为依据，完成鉴定工作。

以后年度需改变企业所得税征收方式的，税务机关应重新鉴定。未重新鉴定的，仍按上年度征收方式申报缴纳企业所得税。

（2）企业所得税征收方式一经确定，如无特殊情况，在一个纳税年度内一般不得变更。实行查账征收缴纳企业所得税的纳税人，如有《国家税务总局关于印发〈企业所得税核定征收办法〉(试行)的通知》(国税发〔2008〕30 号)第三条规定的情形，一经查实，可变更为核定征收的方式。

（3）对鉴定为核定征收方式的纳税人，当年度不得改为查账征收方式。经主管税务机关鉴定，纳税人具备查账征收条件的，应督促企业加强财务核算管理，正确计算应纳税所得额，并于次年改变征收方式。

企业由核定征收方式转为查账征收方式，且主营项目未发生变化的，以后年度原则上不再鉴定为核定征收方式。

（4）新办企业第一个纳税年度不得事先鉴定为核定征收方式。

（二）纳税申报方法

纳税人实行核定应税所得率方式的，按下列方法申报纳税：

（1）主管税务机关根据纳税人应纳税额的大小确定纳税人按月或者按季预缴，年终汇算清缴。预缴方法一经确定，一个纳税年度内不得改变。

（2）纳税人应依照确定的应税所得率计算纳税期间实际应缴纳的税额，进行预缴。按实际数额预缴有困难的，经主管税务机关同意，可按上一年度应纳税额的 1/12 或 1/4 预缴，或者按照经主管税务机关认可的其他方法预缴。

（3）纳税人预缴税款或年终进行汇算清缴时，应按规定填写《中华人民共和国企业所得税月(季)度预缴纳税申报表(B 类)》，在规定的纳税申报时限内报送主管税务机关。

纳税人实行核定应纳所得税额方式的，按下列方法申报纳税：

（1）纳税人在应纳所得税额尚未确定之前，可暂按上年度应纳所得税额的 1/12 或 1/4 预缴，或者按经主管税务机关认可的其他方法，按月或按季分期预缴。

（2）在应纳所得税额确定以后，减除当年已预缴的所得税额，余额按剩余月份或季度均分，以此确定以后各月或各季的应纳税额，由纳税人按月或按季填写《中华人民共和国企业所得税月(季)度预缴纳税申报表(B 类)》，在规定的纳税申报期限内进行纳税申报。

（3）纳税人年度终了后，在规定的时限内按照实际经营额或实际应纳税额向税务机关申报纳税。申报额超过核定经营额或应纳税额的，按申报额缴纳税款；申报额低于核定经营额或应纳税额的，按核定经营额或应纳税额缴纳税款。

（三）核定征收改为查账征收方式时的资产处理

关于核定征收改为查账征收方式时的资产处理,苏地税函〔2009〕283号文件还规定:企业从核定征收改为查账征收方式时,应提供以后年度允许税前扣除的资产的历史成本资料,并确定计税基础。固定资产、生产性生物资产、无形资产和长期待摊费用等长期资产,应按照正常折旧(摊销)年限扣除已使用年限,计算以后年度税前可扣除的折旧(摊销)额。

（四）亏损弥补

关于亏损弥补问题苏地税函〔2009〕283号文件规定:对以前年度尚未弥补仍在税法弥补期内的亏损,核定征收企业不得计算亏损弥补额抵减应纳税所得额。查账征收企业弥补以前年度亏损时,按税法规定年限进行弥补,且核定征收年度一并计算在内。

第四节　境外所得税收抵免

一、缓解和消除国际间所得税重复征税的方法

缓解和消除国际间所得税重复征税的主要方法有:免税法、扣除法、减免法和抵免法。

（一）免税法

又称豁免法,是指一国政府单方面放弃对本国纳税人国外所得的征税权,以消除国际重复征税的方法。该种方法,对企业来源于境外的所得完全免税,能较彻底地消除国际间的重复征税,可以鼓励向海外投资和向国内汇款,借以改善国际收支状况。但这也意味着企业所在国放弃了征税权,不利于保护企业所在国的税收利益。因而,目前世界各国已很少采用这种方法。

（二）扣除法

扣除法是指居住国对居民纳税人征收所得税时,允许该居民将其在境外已缴的税款作为费用从应税所得中扣除,扣除后的余额按相应的税率纳税。这种方法虽然能保证企业所在国税收利益,但消除重复征税的力度相对较小。

（三）减免法

又称低税法或减税法,是指一国对本国居民的国外所得在标准税率的基础上减免一定比例,按较低的税率征税;对其国内所得则按正常的标准税率征税。一国对本国居民来源于国外的所得征课的税率越低,越有利于缓解国际双重征税。该方法只是居住国对已缴纳外国税款的国外所得按较低的税率征税,而不是完全对其免税,所以与扣除法一样,只能减轻而不能免除国际间双重征税。

（四）抵免法

抵免法,是指一国政府在优先承认其他国家的地域税收管辖权的前提下,在对本国纳税人来源于国外的所得征税时,以本国纳税人在国外缴纳税款冲抵本国税收的方法。该方法,一方面能较为彻底地消除国际重复征税,使投资者向国外投资与向国内投资的税收负担相等,有利于促进国际投资和各国对外经济关系的发展。另一方面既避免了对同一笔所得的双重征税,又在一定程度上防止国际逃税和避税,保证了对一笔所得必征一次税。此外,抵免法可以保持资本输出中性和税收公平。因此,它是一种相对较优的方法,目前,世界各国普遍采用此种方法来免除国际重复征税。

1. 全额抵免与限额抵免

按计算方式不同，抵免法可以分为全额抵免与限额抵免。全额抵免是指居住国政府对跨国纳税人在国外直接缴纳的所得税税款予以全部抵免。

限额抵免也称普通抵免，是指居住国政府对跨国纳税人在国外直接缴纳的所得税税款给予抵免，但可抵免的数额不得超过外国所得按本国税法计算的应纳税额。限额抵免规定了一个抵免限额，当应抵税额等于或小于抵免限额时，一般可获全部抵免，超过限额部分，不能抵免。

我国在参考国际惯例的基础上，出于维护本国税收利益考虑，采用了限额抵免。另外，为公平税负，税法规定，对应抵税额超过抵免限额的部分，可以在以后 5 个纳税年度内，用每年抵免限额抵免当年应抵税额后的余额进行抵补。

2. 直接抵免与间接抵免

按其适用对象不同，境外税额抵免分为直接抵免和间接抵免。直接抵免是指，企业直接作为纳税人就其境外所得在境外缴纳的所得税额在我国应纳税额中抵免。直接抵免主要适用于企业就来源于境外的营业利润所得在境外所缴纳的企业所得税，以及就来源于或发生于境外的股息、红利等权益性投资所得、利息、租金、特许权使用费、财产转让等所得在境外被源泉扣缴的预提所得税。直接抵免是直接对本国纳税人在国外已经缴纳的所得税的抵免，它一般适用于同一法人实体的总公司与海外分公司、总机构与海外分支机构之间的抵免。我国税法有关直接抵免的使用，集中体现在企业所得税法第二十三条，该条规定：企业取得的下列所得已在境外缴纳的所得税税额，可以从其当期应纳税额中抵免，抵免限额为该项所得依照本法规定计算的应纳税额；超过抵免限额的部分，可以在以后五个年度内，用每年度抵免限额抵免当年应抵税额后的余额进行抵补：① 居民企业来源于中国境外的应税所得；② 非居民企业在中国境内设立机构、场所，取得发生在中国境外但与该机构、场所有实际联系的应税所得。以后五个年度，是指从企业取得的来源于中国境外的所得，已经在中国境外缴纳的企业所得税性质的税额超过抵免限额的当年的次年起连续五个纳税年度。

为实施"走出去"战略，提高我国企业国际竞争力，企业所得税法保留了现行对境外所得直接负担的税收采取抵免法，同时引入了股息红利负担税收的间接抵免方式。间接抵免是指，境外企业就分配股息前的利润缴纳的外国所得税额中由我国居民企业就该项分得的股息性质的所得间接负担的部分，在我国的应纳税额中抵免。例如我国居民企业（母公司）的境外子公司在所在国（地区）缴纳企业所得税后，将税后利润的一部分作为股息、红利分配给该母公司，子公司在境外就其应税所得实际缴纳的企业所得税税额中按母公司所得股息占全部税后利润之比的部分即属于该母公司间接负担的境外企业所得税额。间接抵免的适用范围为居民企业从其符合规定的境外子公司取得的股息、红利等权益性投资收益所得。换言之，间接抵免是指母公司所在的居住国政府，允许母公司将其子公司已缴居住国的所得税中应由母公司分得股息承担的那部分税额，来冲抵母公司的应纳税额。企业所得税法第二十四条规定，居民企业从其直接或者间接控制的外国企业分得的来源于中国境外的股息、红利等权益性投资收益，外国企业在境外实际缴纳的所得税税额中属于该项所得负担的部分，可以作为该居民企业的可抵免境外所得税税额，在本法第二十三条规定的抵免限额内抵免。由此可见，间接抵免仅适用于居民企业，且间接抵免同样实行限额抵免方式。

为加强企业（包括居民企业以及非居民企业在中国境内设立的机构、场所，下同）取得境外所得计征企业所得税时,抵免境外已纳或负担所得税额的计算与管理,财政部、国家税务总局下发了《关于企业境外所得税收抵免有关问题的通知》(财税〔2009〕125号),自2008年1月1日起执行,企业取得来源于中国香港、澳门、台湾地区的应税所得,参照本通知执行。中华人民共和国政府同外国政府订立的有关税收的协定与本通知有不同规定的,依照协定的规定办理。这里所称有关税收的协定包括,内地与中国香港、澳门地区等签订的相关税收安排。

二、适用范围与计算项目

(一)适用范围

财税〔2009〕125号文件第一条规定,居民企业以及非居民企业在中国境内设立的机构、场所(以下统称企业)依照企业所得税法第二十三条、第二十四条的有关规定,应在其应纳税额中抵免在境外缴纳的所得税额的,适用本通知。

根据《企业境外所得税收抵免操作指南》(国家税务总局公告2010年第1号)规定,可以适用境外(包括港澳台地区,以下同)所得税收抵免的纳税人包括两类:

(1)根据企业所得税法第二十三条关于境外税额直接抵免和第二十四条关于境外税额间接抵免的规定,居民企业(包括按境外法律设立但实际管理机构在中国,被判定为中国税收居民的企业)可以就其取得的境外所得直接缴纳和间接负担的境外企业所得税性质的税额进行抵免。

(2)根据企业所得税法第二十三条的规定,非居民企业(外国企业)在中国境内设立的机构(场所)可以就其取得的发生在境外、但与其有实际联系的所得直接缴纳的境外企业所得税性质的税额进行抵免。

为缓解由于国家间对所得来源地判定标准的重叠而产生的国际重复征税,我国税法对非居民企业在中国境内分支机构取得的发生于境外的所得所缴纳的境外税额,给予了与居民企业类似的税额抵免待遇。对此类非居民给予的境外税额抵免仅涉及直接抵免。

所谓实际联系是指,据以取得所得的权利、财产或服务活动由非居民企业在中国境内的分支机构拥有、控制或实施,如外国银行在中国境内分行以其可支配的资金向中国境外贷款,境外借款人就该笔贷款向其支付的利息,即属于发生在境外与该分行有实际联系的所得。

(二)境外所得税额抵免计算的基本项目

财税〔2009〕125号文件第二条规定,企业应按照企业所得税法及其实施条例、税收协定以及通知的规定,准确计算下列当期与抵免境外所得税有关的项目后,确定当期实际可抵免分国(地区)别的境外所得税税额和抵免限额:

(1)境内所得的应纳税所得额(以下称境内应纳税所得额)和分国(地区)别的境外所得的应纳税所得额(以下称境外应纳税所得额);

(2)分国(地区)别的可抵免境外所得税税额;

(3)分国(地区)别的境外所得税的抵免限额。

企业不能准确计算上述项目实际可抵免分国(地区)别的境外所得税税额的,在相应国家(地区)缴纳的税收均不得在该企业当期应纳税额中抵免,也不得结转以后年度抵免。

由此可知,企业取得境外所得,其在中国境外已经实际直接缴纳和间接负担的企业所得税性质的税额,进行境外税额抵免计算的基本项目包括:境内、境外所得分国别(地区)的应纳税所得额、可抵免税额、抵免限额和实际抵免税额。不能按照有关税收法律法规准确计算实际可抵免的境外分国别(地区)的所得税税额的,不应给予税收抵免。

三、境外应纳税所得额的计算

财税〔2009〕125号文件第三条第一款规定,企业应就其按照企业所得税法实施条例第七条规定确定的中国境外所得(境外税前所得),按以下规定计算企业所得税法实施条例第七十八条规定的境外应纳税所得额。

根据企业所得税法实施条例第七条规定确定的境外所得,在计算适用境外税额直接抵免的应纳税所得额时,应为将该项境外所得直接缴纳的境外所得税额还原计算后的境外税前所得;上述直接缴纳税额还原后的所得中属于股息、红利所得的,在计算适用境外税额间接抵免的境外所得时,应再将该项境外所得间接负担的税额还原计算,即该境外股息、红利所得应为境外股息、红利税后净所得与就该项所得直接缴纳和间接负担的税额之和。

对上述税额还原后的境外税前所得,应再就计算企业应纳税所得总额时已按税法规定扣除的有关成本费用中与境外所得有关的部分进行对应调整扣除后,计算为境外应纳税所得额。

(一)营业所得

财税〔2009〕125号文件第三条第一款第(一)项规定,居民企业在境外投资设立不具有独立纳税地位的分支机构,其来源于境外的所得,以境外收入总额扣除与取得境外收入有关的各项合理支出后的余额为应纳税所得额。各项收入、支出按企业所得税法及其实施条例的有关规定确定。

居民企业在境外设立不具有独立纳税地位的分支机构取得的各项境外所得,无论是否汇回中国境内,均应计入该企业所属纳税年度的境外应纳税所得额。

以上所称不具有独立纳税地位的含义,是指根据企业设立地法律不具有独立法人地位或者按照税收协定规定不认定为对方国家(地区)的税收居民。企业居民身份的判定,一般以国内法为准。如果一个企业同时被中国和其他国家认定为居民(即双重居民),应按中国与该国之间税收协定(或安排)的规定执行。不具有独立纳税地位的境外分支机构特别包括企业在境外设立的分公司、代表处、办事处、联络处,以及在境外提供劳务、被劳务发生地国家(地区)认定为负有企业所得税纳税义务的营业机构和场所等。

由于分支机构不具有分配利润职能,因此,境外分支机构取得的各项所得,不论是否汇回境内,均应当计入所属年度的企业应纳税所得额。境外分支机构确认应纳税所得额时的各项收入与支出标准,须符合我国企业所得税法相关规定。

根据企业所得税法实施条例第二十七条规定,确定与取得境外收入有关的合理的支出,应主要考察发生支出的确认和分摊方法是否符合一般经营常规和我国税收法律规定的基本原则。企业已在计算应纳税所得总额时扣除的,但属于应由各分支机构合理分摊的总部管理费等有关成本费用应做出合理的对应调整分摊。

境外分支机构合理支出范围通常包括境外分支机构发生的人员工资、资产折旧、利息、相关税费和应分摊的总机构用于管理分支机构的管理费用等。

(二)投资性所得

财税〔2009〕125号文件第三条第一款第(二)项规定,居民企业应就其来源于境外的股息、红利等权益性投资收益,以及利息、租金、特许权使用费、转让财产等收入,扣除按照企业所得税法及实施条例等规定计算的与取得该项收入有关的各项合理支出后的余额为应纳税所得额。来源于境外的股息、红利等权益性投资收益,应按被投资方作出利润分配决定的日期确认收入实现;来源于境外的利息、租金、特许权使用费、转让财产等收入,应按有关合同约定应付交易对价款的日期确认收入实现。

从境外收到的股息、红利、利息等境外投资性所得一般表现为毛所得,应对在计算企业总所得额时已做统一扣除的成本费用中与境外所得有关的部分,在该境外所得中对应调整扣除后,才能作为计算境外税额抵免限额的境外应纳税所得额。在就境外所得计算应对应调整扣除的有关成本费用时,应对如下成本费用(但不限于)予以特别注意:

(1)股息、红利,应对应调整扣除与境外投资业务有关的项目研究、融资成本和管理费用;

(2)利息,应对应调整扣除为取得该项利息而发生的相应的融资成本和相关费用;

(3)租金,属于融资租赁业务的,应对应调整扣除其融资成本;属于经营租赁业务的,应对应调整扣除租赁物相应的折旧或折耗;

(4)特许权使用费,应对应调整扣除提供特许使用的资产的研发、摊销等费用;

(5)财产转让,应对应调整扣除被转让财产的成本净值和相关费用。

企业应根据企业所得税法实施条例第二章第二节中关于收入确认时间的规定确认境外所得的实现年度及其税额抵免年度。

(1)企业来源于境外的股息、红利等权益性投资收益所得,若实际收到所得的日期与境外被投资方作出利润分配决定的日期不在同一纳税年度的,应按被投资方作出利润分配日所在的纳税年度确认境外所得。

企业来源于境外的利息、租金、特许权使用费、转让财产等收入,若未能在合同约定的付款日期当年收到上述所得,仍应按合同约定付款日期所属的纳税年度确认境外所得。

(2)属于企业所得税法第四十五条(由居民企业,或者由居民企业和中国居民控制的设立在实际税负明显低于本法第四条第一款规定税率水平的国家(地区)的企业,并非由于合理的经营需要而对利润不作分配或者减少分配的,上述利润中应归属于该居民企业的部分,应当计入该居民企业的当期收入)以及企业所得税法实施条例第一百一十七条和第一百一十八条规定情形的,应按照有关法律法规的规定确定境外所得的实现年度。

(3)企业收到某一纳税年度的境外所得已纳税凭证时,凡是迟于次年5月31日汇算清缴终止日的,可以对该所得境外税额抵免追溯计算。

【例6-10】 来源于境外利息收入的应纳税所得额的计算

中国A银行向甲国某企业贷出500万元,合同约定的利率为5%。2009年A银行收到甲国企业就应付利息25万元扣除已在甲国扣缴的预提所得税2.5万元(预提所得税税率为10%)后的22.5万元税后利息。A银行应纳税所得总额为1 000万元,已在应纳税所得总额中扣除的该笔境外贷款的融资成本为本金的4%。分析并计算该银行应纳税所得总额中境外利息收入的应纳税所得额。

【解析】

来源于境外利息收入的应纳税所得额,应为已缴纳境外预提所得税前的就合同约定的利息收入总额,再对应调整扣除相关筹资成本费用等。

境外利息收入总额=税后利息22.5+已扣除税额2.5=25(万元)

对应调整扣除相关成本费用后的应纳税所得额＝25－500×4％＝5（万元）

该境外利息收入用于计算境外税额抵免限额的应纳税所得额为 5 万元，应纳税所得总额仍为 1 000 万元不变。

（三）非居民企业在境内设立机构、场所的所得

财税〔2009〕125 号文件第三条第一款第（三）项规定，非居民企业在境内设立机构、场所的，应就其发生在境外但与境内所设机构、场所有实际联系的各项应税所得，比照上述第（二）项的规定计算相应的应纳税所得额。

非居民企业在中国境内设立机构、场所，在享受境外税额抵免时，也应就其发生在境外但与境内所设机构、场所有实际联系的各项应税所得，按企业所得税法和实施条例及相关税收法规规定计算境外所得的应纳税所得额。

需要说明的是，非居民企业在中国境内设立机构、场所，取得发生在中国境外但与该机构、场所有实际联系的应税所得，对该所得在境外已纳所得税额，采用直接抵免的方法，在抵免限额内进行抵免。这与原外资税法对上述所得采用扣除法来消除国际双重征税不同。

（四）共同支出的分摊

财税〔2009〕125 号文件第三条第一款第（四）项规定，在计算境外应纳税所得额时，企业为取得境内、外所得而在境内、境外发生的共同支出，与取得境外应税所得有关的、合理的部分，应在境内、境外（分国（地区）别，下同）应税所得之间，按照合理比例进行分摊后扣除。

这里所称共同支出，是指与取得境外所得有关但未直接计入境外所得应纳税所得额的成本费用支出，通常包括未直接计入境外所得的营业费用、管理费用和财务费用等支出。

企业应对在计算总所得额时已统一归集并扣除的共同费用，按境外每一国（地区）别数额占企业全部数额的下列一种比例或几种比例的综合比例，在每一国别的境外所得中对应调整扣除，计算来自每一国别的应纳税所得额。

（1）资产比例；

（2）收入比例；

（3）员工工资支出比例；

（4）其他合理比例。

上述分摊比例确定后应报送主管税务机关备案；无合理原因不得改变。

（五）境外分支机构亏损的弥补

财税〔2009〕125 号文件第三条第一款第（五）项规定，在汇总计算境外应纳税所得额时，企业在境外同一国家（地区）设立不具有独立纳税地位的分支机构，按照企业所得税法及实施条例的有关规定计算的亏损，不得抵减其境内或他国（地区）的应纳税所得额，但可以用同一国家（地区）其他项目或以后年度的所得按规定弥补。

本项基于分国不分项计算抵免的原则及其要求，对在不同国家的分支机构发生的亏损不得相互弥补做出了规定，以避免出现同一笔亏损重复弥补或须进行繁复的还原弥补、还原抵免的现象。

企业在同一纳税年度的境内外所得加总为正数的，其境外分支机构发生的亏损，由于上述结转弥补的限制而发生的未予弥补的部分（以下称为非实际亏损额），今后在该分支机构的结转弥补期限不受 5 年期限制。即：

（1）如果企业当期境内外所得盈利额与亏损额加总后和为零或正数，则其当年度境外

分支机构的非实际亏损额可无限期向后结转弥补；

（2）如果企业当期境内外所得盈利额与亏损额加总后和为负数，则以境外分支机构的亏损额超过企业盈利额部分的实际亏损额，按企业所得税法第十八条规定的最长不得超过5年的期限进行亏损弥补，未超过企业盈利额部分的非实际亏损额仍可无限期向后结转弥补。

企业应对境外分支机构的实际亏损额与非实际亏损额不同的结转弥补情况做好记录。

【例6-11】 境外分支机构亏损的弥补

中国居民A企业2008年度境内外净所得为160万元。其中，境内所得的应纳税所得额为300万元；设在甲国的分支机构当年度应纳税所得额为100万元；设在乙国的分支机构当年度应纳税所得额为—300万元；A企业当年度从乙国取得利息所得的应纳税所得额为60万元。调整计算该企业当年度境内、外所得的应纳税所得额。

【解析】

（1）A企业当年度境内外净所得为160万元，但依据境外亏损不得在境内或他国盈利中抵减的规定，其发生在乙国分支机构的当年度亏损额300万元，仅可以用从该国取得的利息60万元弥补，未能弥补的非实际亏损额240万元，不得从当年度企业其他盈利中弥补。因此，相应调整后A企业当年境内、外应纳税所得额为：

境内应纳税所得额＝300万元；

甲国应纳税所得额＝100万元；

乙国应纳税所得额＝—240万元；

A企业当年度应纳税所得总额＝400万元。

（2）A企业当年度境外乙国未弥补的非实际亏损共240万元，允许A企业以其来自乙国以后年度的所得无限期结转弥补。

【例6-12】 境外盈利弥补境内亏损时，境外已缴税额的处理

表一   金额单位：万元

项目	境内企业	境外营业机构	境外已纳税额	抵免限额	结转以后年度抵免余额
税率	25％	30％	—	—	—
第一年利润	—100	100	30	0	30
第二年利润	100	100	30	25	35

【解析】

第一年：应纳税所得额＝—100＋100＝0，抵免限额为0，境外已缴税额结转下一年度抵补余额为30万元。

第二年：应纳税所得额＝100＋100＝200（万元）

当年境外所得税税额＝30（万元）

抵免限额＝200×25％×［100÷200］＝25（万元）（＜30万元）

实际抵免境外所得税税额＝25（万元）

留待以后结转抵免税额＝30—25＋30＝35（万元）

四、可予抵免境外所得税额的确认

财税〔2009〕125号文件第四条规定，可抵免境外所得税税额，是指企业来源于中国境外

的所得依照中国境外税收法律以及相关规定应当缴纳并已实际缴纳的企业所得税性质的税款。但不包括:

(1)按照境外所得税法律及相关规定属于错缴或错征的境外所得税税款;

该规定是指,属于境外所得税法律及相关规定适用错误而且企业不应缴纳而错缴的税额,企业应向境外税务机关申请予以退还,而不应作为境外已交税额向中国申请抵免企业所得税。

(2)按照税收协定规定不应征收的境外所得税税款;

根据中国政府与其他国家(地区)政府签订的税收协定(或安排)的规定不属于对方国家的应税项目,却被对方国家(地区)就其征收的企业所得税,对此,企业应向征税国家申请退还不应征收的税额;该项税额还应包括,企业就境外所得在来源国纳税时适用税率高于税收协定限定税率所多缴纳的所得税税额。

(3)因少缴或迟缴境外所得税而追加的利息、滞纳金或罚款;

(4)境外所得税纳税人或者其利害关系人从境外征税主体得到实际返还或补偿的境外所得税税款;

如果有关国家为了实现特定目标而规定不同形式和程度的税收优惠,并采取征收后由政府予以返还或补偿方式退还的已缴税额,对此,企业应从其境外所得可抵免税额中剔除该相应部分。

(5)按照我国企业所得税法及其实施条例规定,已经免征我国企业所得税的境外所得负担的境外所得税税款;

如果我国税收法律法规做出对某项境外所得给予免税优惠规定,企业取得免征我国企业所得税的境外所得的,该项所得的应纳税所得额及其缴纳的境外所得税额均应从计算境外所得税额抵免的境外应纳税所得额和境外已纳税额中减除。

(6)按照国务院财政、税务主管部门有关规定已经从企业境外应纳税所得额中扣除的境外所得税税款。

如果我国税法规定就一项境外所得的已纳所得税额仅作为费用从该项境外所得额中扣除的,就该项所得及其缴纳的境外所得税额不应再纳入境外税额抵免计算。

可抵免的境外所得税税额的基本条件为:

(1)企业来源于中国境外的所得依照中国境外税收法律以及相关规定计算而缴纳的税额;

(2)缴纳的属于企业所得税性质的税额,而不拘泥于名称。在不同的国家,对于企业所得税的称呼有着不同的表述,如法人所得税、公司所得税等。判定是否属于企业所得税性质的税额,主要看其是否是针对企业净所得征收的税额。

(3)限于企业应当缴纳且已实际缴纳的税额。税收抵免旨在解决重复征税问题,仅限于企业应当缴纳且已实际缴纳的税额(除另有饶让抵免或其他规定外)。

(4)可抵免的企业所得税税额,若是税收协定非适用所得税项目,或来自非协定国家的所得,无法判定是否属于对企业征收的所得税税额的,应层报国家税务总局裁定。

企业取得的境外所得已直接缴纳和间接负担的税额为人民币以外货币的,在以人民币计算可予抵免的境外税额时,凡企业记账本位币为人民币的,应按企业就该项境外所得记入账内时使用的人民币汇率进行换算;凡企业以人民币以外其他货币作为记账本位币的,应统一按实现该项境外所得对应的我国纳税年度最后一日的人民币汇率中间价进行换算。

五、境外所得间接负担税额的计算

（一）境外所得间接负担税额的计算

财税〔2009〕125 号文件第五条规定,居民企业在按照企业所得税法第二十四条规定用境外所得间接负担的税额进行税收抵免时,其取得的境外投资收益实际间接负担的税额,是指根据直接或者间接持股方式合计持股 20％以上（含 20％,下同）的规定层级的外国企业股份,由此应分得的股息、红利等权益性投资收益中,从最低一层外国企业起逐层计算的属于由上一层企业负担的税额,其计算公式如下:

$$\begin{array}{l}\text{本层企业所纳}\\\text{税额属于由}\\\text{一家上一层}\\\text{企业负担的税额}\end{array} = \begin{array}{l}\text{本层企业就利润}\\\text{和投资收益所}\\\text{实际缴纳的税额}\end{array} + \left(\begin{array}{l}\text{符合规定的}\\\text{由本层企业间接}\\\text{负担的税额}\end{array}\right) \times \begin{array}{l}\text{本层企业}\\\text{向一家上一层企业}\\\text{分配的股息（红利）}\end{array} \div \begin{array}{l}\text{本层企业}\\\text{所得税后}\\\text{利润额}\end{array} \quad ①$$

公式中:

(1) 本层企业是指实际分配股息（红利）的境外被投资企业;

(2) 本层企业就利润和投资收益所实际缴纳的税额是指,本层企业按所在国税法就利润缴纳的企业所得税和在被投资方所在国就分得的股息等权益性投资收益被源泉扣缴的预提所得税;

(3) 符合规定的由本层企业间接负担的税额是指该层企业由于从下一层企业分回股息（红利）而间接负担的由下一层企业就其利润缴纳的企业所得税税额;

(4) 本层企业向一家上一层企业分配的股息（红利）是指该层企业向上一层企业实际分配的扣缴预提所得税前的股息（红利）数额;

(5) 本层企业所得税后利润额是指该层企业实现的利润总额减去就其利润实际缴纳的企业所得税后的余额;

每一层企业从其持股的下一层企业在一个年度中分得的股息（红利）,若是由该下一层企业不同年度的税后未分配利润组成,则应按该股息（红利）对应的每一年度未分配利润,分别计算就该项分配利润所间接负担的税额;按各年度计算的间接负担税额之和,即为取得股息（红利）的企业该一个年度中分得的股息（红利）所得所间接负担的所得税额。

境外第二层及以下层级企业归属不同国家的,在计算居民企业负担境外税额时,均以境外第一层企业所在国（地区）为国别划分进行归集计算,而不论该第一层企业的下层企业归属何国（地区）。

（二）适用间接抵免的外国企业持股比例的计算

财税〔2009〕125 号文件第六条规定,除国务院财政、税务主管部门另有规定外,按照企业所得税法实施条例第八十条规定由居民企业直接或者间接持有 20％以上股份的外国企业,限于符合以下持股方式的三层外国企业:

第一层:单一居民企业直接持有 20％以上股份的外国企业;

第二层:单一第一层外国企业直接持有 20％以上股份,且由单一居民企业直接持有或通过一个或多个符合本条规定持股条件的外国企业间接持有总和达到 20％以上股份的外国企业;

第三层:单一第二层外国企业直接持有 20％以上股份,且由单一居民企业直接持有或通过一个或多个符合本条规定持股条件的外国企业间接持有总和达到 20％以上股份的外国企业。

这里所述符合规定的"持股条件"是指,各层企业直接持股、间接持股以及为计算居民企业间接持股总和比例的每一个单一持股,均应达到 20％的持股比例。

外国企业是指依照其他国家(地区)法律在中国境外设立的公司、企业和其他经济组织。外国企业与企业所得税法中的居民企业、非居民企业是不同的概念。外国企业既可是我国的居民企业,也可能是我国的非居民企业,判断标准是实际管理机构是否在中国境内。

从国际惯例看,对居民企业从外国企业获得的股息、红利所得已在境外缴纳的税款实行间接抵免,一般都要求以居民企业对外国公司有实质性股权参与为前提,即要求居民企业在其直接或间接投资入股的外国企业中拥有股权比例必须达到一个最低限度。在我国对外签订的税收协定中(美国、英国、日本等),也规定了享受税收抵免的条件是拥有对方国公司股权比例 10％以上。

参照国际惯例和我国对外签订的税收协定,企业所得税法实施条例规定,单一居民企业直接或间接持有外国企业会计年度终了时有表决权股本总额的 20％或以上的,所取得的股息、红利才能够享受间接税收抵免。

【例 6-13】 二层持股条件的判定

中国居民 A 企业直接持有甲国 B 企业 20％股份,直接持有乙国 C 企业 16％股份,并且 B 企业直接持有 C 企业 20％股份,如下图所示:

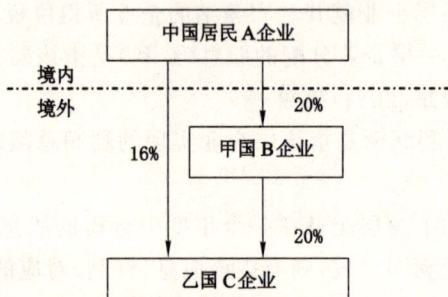

图二

【解析】

(1)中国居民 A 企业直接持有甲国 B 企业 20％股份,满足直接持股 20％(含 20％)的条件。

(2)中国居民 A 企业直接持有乙国 C 企业 16％股份,间接持有乙国 C 企业股份＝20％×20％＝4％,由于 A 企业直接持有 C 企业的股份不足 20％,故不能计入 A 企业对 C 企业直接持股或间接持股的总和比例之中。因此,C 企业未满足居民企业通过一个或多个符合规定持股条件的外国企业间接持有总和达到 20％以上股份的外国企业的规定。

【例 6-14】 多层持股条件的综合判定

中国居民企业 A 分别控股了四家公司甲国 B1、甲国 B2、乙国 B3、乙国 B4,持股比例分别为 50％、50％、100％、100％;B1 持有丙国 C1 公司 30％股份,B2 持有丙国 C2 公司 50％股份,

B3 持有丁国 C3 公司 50％股份,B4 持有丁国 C4 公司 50％股份;C1、C2、C3、C4 分别持有戊国 D 公司 20％、40％、25％、15％股份;D 公司持有戊国 E 公司 100％股份。图示如下:

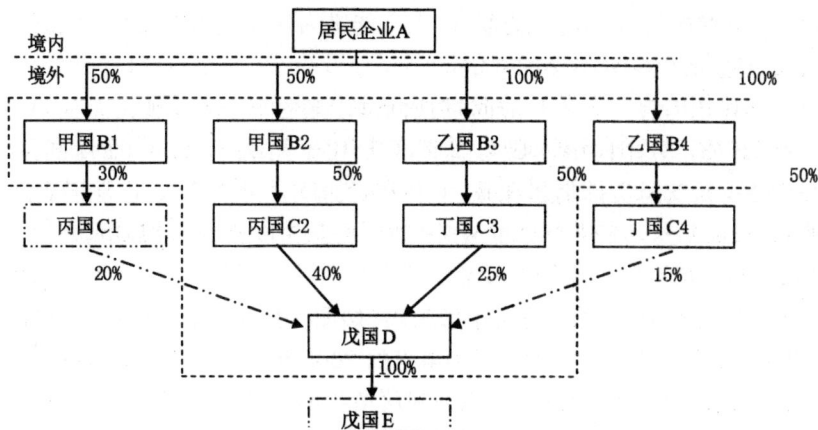

图三

……虚线内为判定符合间接持股条件的公司及可就分配的股息计算间接抵免税额的所持股份

(1) B 层各公司间接抵免持股条件的判定:

B1、B2、B3、B4 公司分别直接被 A 公司控股 50％、50％、100％、100％,均符合间接抵免第一层公司的持股条件。

(2) C 层各公司间接抵免持股条件的判定:

① C1 公司虽然被符合条件的上一层公司 B1 控股 30％,但仅受居民企业 A 间接控股 15％(50％×30％),因此,属于不符合间接抵免持股条件的公司(但如果协定的规定为 10％,则符合间接抵免条件);

② C2 公司被符合条件的上一层公司 B2 控股 50％,且被居民企业 A 间接控股达到 25％(50％×50％),因此,属于符合间接抵免持股条件的公司;

③ C3 公司被符合条件的上一层公司 B3 控股 50％,且被居民企业 A 间接控股达到 50％(100％×50％),因此,属于符合间接抵免持股条件的公司;

④ C4 公司情形与 C3 公司相同,属于符合间接抵免持股条件的公司。

(3) D 公司间接抵免持股条件的判定:

① 虽然 D 公司被 C1 控股达到了 20％,但由于 C1 属于不符合持股条件的公司,所以,C1 对 D 公司的 20％持股也不得再计入 D 公司间接抵免持股条件的范围,来源于 D 公司 20％部分的所得的已纳税额不能进入居民企业 A 的抵免范畴;

② D 公司被 C2 控股达到 40％,但被 A 通过符合条件的 B2、C2 间接持股仅 10％,未达到 20％,因此,还不能由此判定 D 是否符合间接抵免条件;

③ D 公司被 C3 控股达到 25％,且由 A 通过符合条件的 B3、C3 间接控股达 12.5％ (100％×50％×25％),加上 A 通过 B2、C2 的间接控股 10％,间接控股总和达到 22.5％。因此,D 公司符合间接抵免条件,其所纳税额中属于向 C2 和 C3 公司分配的 65％股息所负担的部分,可进入 A 公司的间接抵免范畴。

④ D 公司被 C4 控股 15％,虽然 C4 自身为符合持股条件的公司,但其对 D 公司的持股

不符合直接控股达 20% 的持股条件。因此，该 C4 公司对 D 公司 15% 的持股，不能计入居民企业 A 对 D 公司符合条件的间接持股总和之中；同时，D 公司所纳税额中属于向 C4 公司按其持股 15% 分配的股息所负担的部分，也不能进入居民企业 A 的间接抵免范畴。

（4）E 公司间接抵免持股条件的判定：

居民企业 A 通过其他公司对 E 的间接控制由于超过了三层（居民企业 A→B2(B3)→C2(C3)→D→E，E 公司处于向下四层），因此，E 公司不能纳入 A 公司的间接抵免范畴；即使 D 公司和 E 公司在戊国实行集团合并（汇总）纳税，D 公司就 E 公司所得所汇总缴纳的税额部分，也须在计算 A 公司间接负担税额时在 D 公司合并（汇总）税额中扣除。

【例 6-15】 间接抵免负担税额的计算

以例 6-14 中居民企业 A 集团公司组织架构（如图一所示）及其对符合间接抵免持股条件的判定结果为例，对 A 公司于 2010 年初申报的 2009 年度符合条件的各层公司生产经营及分配股息情况，计算 A 公司可进入抵免的间接负担的境外所得税额如下：

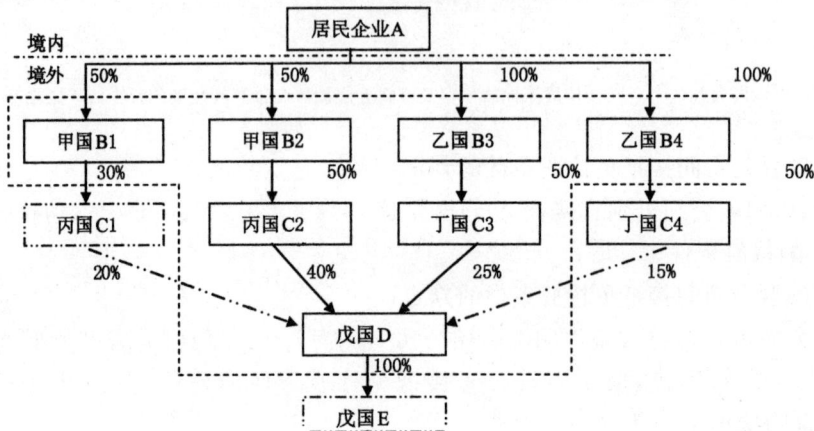

图一

（1）计算甲国 B1 及其下层各企业已纳税额中属于 A 公司可予抵免的间接负担税额：

① C1 公司及其对 D 公司 20% 持股税额的计算

由于 C1 不符合 A 公司的间接抵免条件，因此，其就利润所纳税额及其按持有 D 公司 20% 股份而分得股息直接缴纳的预提所得税及该股息所包含的 D 公司税额，均不应计算为由 A 公司可予抵免的间接负担税额。

② B1 公司税额的计算

B1 公司符合 A 公司的间接抵免持股条件。B1 公司应纳税所得总额为 1 000 万元（假设该"应纳税所得总额"中在 B1 公司所在国计算税额抵免时已包含投资收益还原计算的间接税额，下同），其中来自 C1 公司的投资收益为 300 万元，按 10% 缴纳 C1 公司所在国预提所得税额为 30 万元（300×10%），无符合抵免条件的间接税额；

B1 公司适用税率为 30%，其当年在所在国按该国境外税收抵免规定计算后实际缴纳所在国所得税额为 210 万元；B1 公司当年税前利润为 1 000 万元，则其当年税后利润为 760 万元（税前利润 1 000 万－实际缴纳所在国税额 210 万－缴纳预提税额 30 万），且全部分配；

B1 公司向 A 公司按其持股比例 50% 分配股息 380 万元；

将上述数据代入上述公式① 计算，A 公司就从 B1 公司分得股息间接负担的可在我国应纳税额中抵免的税额为 120 万元：

$$(210＋30＋0)×(380÷760)＝120(万元)$$

（2）计算甲国 B2 及其下层各企业已纳税额中属于 A 公司可予抵免的间接负担税额：

① D 公司税额的计算

D 公司符合 A 公司的间接抵免持股条件。D 公司应纳税所得总额和税前会计利润均为 1 250 万元，适用税率为 20%，无投资收益和缴纳预提所得税项目。当年 D 公司在所在国缴纳企业所得税为 250 万元；D 公司将当年税后利润 1 000 万元全部分配；

D 公司向 C2 公司按其持股比例 40% 分配股息 400 万元；

将上述数据代入公式① 计算，D 公司已纳税额属于可由 C2 公司就分得股息间接负担的税额为 100 万元：

$$(250＋0＋0)×(400÷1 000)＝100(万元)$$

② C2 公司税额的计算

C2 公司符合 A 公司的间接抵免持股条件。C2 公司应纳税所得总额为 2 000 万元；其中从 D 公司分得股息 400 万元，按 10% 缴纳 D 公司所在国预提所得税额为 40 万元（400 万×10%），符合条件的间接负担下层公司税额 100 万元；

C2 公司适用税率为 25%，假设其当年享受直接和间接抵免后实际缴纳所在国所得税额为 360 万元；当年税前利润为 2 000 万元，则其税后利润为 1 600 万元（2 000－360－40）；

C2 公司将当年税后利润的一半用于分配，C2 公司向 B2 公司按其持股比例 50% 分配股息 400 万元（1 600×50%×50%）；同时，将该公司 2008 年未分配税后利润 1 600 万元（实际缴纳所得税额为 400 万元，且无投资收益和缴纳预提所得税项目）一并分配，向 B2 公司按其持股比例 50% 分配股息 800 万元（1 600×50%）；

C2 公司向 B2 公司按其持股比例分配股息 1 200 万元；

将上述数据代入公式① 计算，C2 公司已纳税额属于可由 B2 公司就 2009 年度分得股息间接负担的税额共计为 325 万元，其中以 2009 年度利润分配股息间接负担的税额 125 万元[(360＋40＋100)×(400÷1 600)]；以 2008 年度利润分配股息间接负担的税额 200 万元[(400＋0＋0)×(800÷1 600)]。

③ B2 公司税额的计算

B2 公司符合 A 公司的间接抵免持股条件。B2 公司应纳税所得总额为 5 000 万元，其中来自 C2 公司的投资收益为 1 200 万元，按 10% 缴纳 C2 公司所在国预提所得税额为 120 万元（1 200×10%），符合条件的间接负担下层公司税额 325 万元；

B2 公司适用税率为 30%，假设其当年享受直接和间接抵免后实际缴纳所在国所得税额为 1 140 万元；当年税前利润为 5 000 万元，则其税后利润为 3 740 万元（5 000－1 140－120），且全部分配；

B2 公司向 A 公司按其持股比例 50% 分配股息 1 870 万元；

将上述数据代入公式① 计算，A 公司就从 B2 公司分得股息间接负担的可在我国应纳税额中抵免的税额为 792.5 万元：

$$(1 140＋120＋325)×(1 870÷3 740)＝792.5(万元)$$

（3）计算乙国 B3 及其下层各企业已纳税额中属于 A 公司可予抵免的间接负担税额：

① D 公司税额的计算

D 公司符合 A 公司的间接抵免持股条件。D 公司应纳税所得总额为 1 250 万元,适用税率为 20%,无投资收益和缴纳预提所得税项目。当年 D 公司在所在国缴纳企业所得税为 250 万元;D 公司将当年税后利润 1 000 万元全部分配;

D 公司向 C3 公司按其持股比例 25% 分配股息 250 万元;

将上述数据代入公式① 计算,D 公司已纳税额属于可由 C3 公司就分得股息间接负担的税额为 62.5 万元：

$$(250+0+0)\times(250\div1\,000)=62.5(万元)$$

② C3 公司税额的计算

C3 公司符合 A 公司的间接抵免持股条件。C3 公司应纳税所得总额为 1 000 万元;其中从 D 公司分得股息 250 万元,按 10% 缴纳 D 公司所在国预提所得税额为 25 万元(250×10%),符合条件的间接负担下层公司税额 62.5 万元;

C3 公司适用税率为 30%,假设其当年享受直接和间接抵免后实际缴纳所在国所得税额为 245 万元;当年税前利润为 1 000 万元,则其税后利润为 730 万元(1 000−245−25),且全部分配;

C3 公司向 B3 公司按其持股比例 50% 分配股息 365 万元;

将上述数据代入公式① 计算,C3 公司已纳税额属于可由 B3 公司就分得股息间接负担的税额为 166.25 万元：

$$(245+25+62.5)\times(365\div730)=166.25(万元)$$

③ B3 公司税额的计算

B3 公司符合 A 公司的间接抵免持股条件。B3 公司应纳税所得总额为 2 000 万元,其中来自 C3 公司的投资收益为 365 万元,按 10% 缴纳 C3 公司所在国预提所得税额为 36.5 万元(365×10%),符合条件的间接负担下层公司税额 166.25 万元;

B3 公司适用税率为 30%,假设其当年享受直接和间接抵免后实际缴纳所在国所得税额为 463.5 万元;当年税前利润为 2 000 万元,则其税后利润为 1 500 万元(2 000−463.5−36.5),且全部分配;

B3 公司向 A 公司按其持股比例 100% 分配股息 1 500 万元。

将上述数据代入公式① 计算,A 公司就从 B3 公司分得股息间接负担的可在我国应纳税额中抵免的税额为 666.25 万元：

$$(463.5+36.5+166.25)\times(1\,500\div1500)=666.25(万元)$$

（4）计算乙国 B4 及其下层各企业已纳税额中属于 A 公司可予抵免的间接负担税额：

① D 公司税额的计算

D 公司被 C4 公司持有的 15% 股份不符合 A 公司享受间接抵免的持股比例条件,因此,其所纳税额中属于该 15% 股息负担的部分不能通过 C4 等公司计入 A 公司可予抵免的间接负担税额。

② C4 公司税额的计算

C4 公司符合 A 公司的间接抵免持股条件。C4 公司应纳税所得总额为 1 000 万元;其中从 D 公司分得股息 150 万元,其按 10% 直接缴纳 D 公司所在国的预提所得税额 15 万元

(150×10%)属于可计算 A 公司间接抵免的税额,无符合条件的间接负担税额;

C4 公司适用税率为 25%,假设其当年享受直接和间接抵免后实际缴纳所在国所得税额为 235 万元;当年税前利润为 1 000 万元,则其税后利润为 750 万元(1 000−235−15),且全部分配;

C4 公司向 B4 公司按其持股比例 50%分配股息 375 万元;

将上述数据代入公式① 计算,C4 公司已纳税额属于可由 B4 公司就分得股息间接负担的税额为 125 万元:

$$(235+15+0)×(375÷750)=125(万元)$$

③ B4 公司税额的计算

B4 公司符合 A 公司的间接抵免持股条件。B4 公司应纳税所得总额为 2 000 万元,其中来自 C4 公司的投资收益为 375 万元,按 10%缴纳 C4 公司所在国预提所得税额为 37.5 万元(375×10%),符合条件的间接负担下层公司税额 125 万元;

B4 公司适用税率为 30%,假设其当年享受直接和间接抵免后实际缴纳所在国所得税额为 462.5 万元;当年税前利润为 2 000 万元,则其税后利润为 1 500 万元(2 000−462.5−37.5),且全部分配;

B4 公司向 A 公司按其持股比例 100%分配股息 1 500 万元;

将将上述数据代入公式① 计算,A 公司就从 B4 公司分得股息间接负担的可在我国应纳税额中抵免的税额为 625 万元:

$$(462.5+37.5+125)×(1 500÷1 500)=625 万元$$

(5)上述计算后,A 公司可适用间接抵免的境外所得及间接负担的境外已纳税额分国为:

① 可适用间接抵免的境外所得(含直接所缴预提所得税但未含间接负担的税额)为 5 250万元,其中:

来自甲国的境外所得为 2 250 万元(B1 股息 380+B2 股息 1 870);

来自乙国的境外所得为 3 000 万元(B3 股息 1 500+B4 股息 1 500)。

② 可抵免的间接负担境外已纳税额为 2 203.75 万元,其中:

来自甲国的可抵免间接负担境外已纳税额为 912.5 万元(间接负担 B1 税额 120+间接负担 B2 税额 792.5);

来自乙国的可抵免间接负担境外已纳税额为 1 291.25 万元(间接负担 B3 税额 666.25+间接负担 B4 税额 625)

(6)计算 A 公司可适用抵免的全部境外所得税额为:

① 假设上项境外所得在来源国均按 10%税率直接缴纳境外预提所得税合计为 525 万元,其中:

缴纳甲国预提所得税为 225 万元(2 250×10%);

缴纳乙国预提所得税为 300 万元(3 000×10%)。

② 来自甲乙两国所得的全部可抵免税额分别为:

甲国:直接缴纳 225 万元+间接负担 912.5 万元=1 137.5 万元

乙国:直接缴纳 300 万元+间接负担 1 291.25 万元=1 591.25 万元

六、税收饶让抵免

税收饶让抵免(Tax Spring Credit)，亦称税收饶让，是指一国政府(居住国政府)对本国纳税人来源于国外的所得由收入来源地国减免的那部分税款，视同已经缴纳，同样给予税收抵免待遇不再按居住国税法规定的税率予以补征的一种制度。税收饶让是配合抵免方法的一种特殊方式，是税收抵免内容的附加。它是在抵免方法的规定基础上，为贯彻某种经济政策而采取的优惠措施。税收饶让这种优惠措施的实行，通常需要通过签订双边税收协定的方式予以确定。

财税〔2009〕125号文件第七条规定，居民企业从与我国政府订立税收协定(或安排)的国家(地区)取得的所得，按照该国(地区)税收法律享受了免税或减税待遇，且该免税或减税的数额按照税收协定规定应视同已缴税额在中国的应纳税额中抵免的，该免税或减税数额可作为企业实际缴纳的境外所得税额用于办理税收抵免。

我国企业所得税法目前尚未单方面规定税收饶让抵免，但我国与有关国家签订的税收协定规定有税收饶让抵免安排，本条对此进行了重申。居民企业从与我国订立税收协定(或安排)的对方国家取得所得，并按该国税收法律享受了免税或减税待遇，且该所得已享受的免税或减税数额按照税收协定(或安排)规定应视同已缴税额在我国应纳税额中抵免的，经企业主管税务机关确认，可在其申报境外所得税额时视为已缴税额。

税收饶让抵免应区别下列情况进行计算：

(1)税收协定规定定率饶让抵免的，饶让抵免税额为按该定率计算的应纳境外所得税额超过实际缴纳的境外所得税额的数额；

(2)税收协定规定列举一国税收优惠额给予饶让抵免的，饶让抵免税额为按协定国家(地区)税收法律规定税率计算的应纳所得税额超过实际缴纳税额的数额，即实际税收优惠额。

境外所得采用财税〔2009〕125号文件第十条规定的简易办法计算抵免额的，不适用饶让抵免。

企业取得的境外所得根据来源国税收法律法规不判定为所在国应税所得，而按中国税收法律法规规定属于应税所得的，不属于税收饶让抵免范畴，应全额按中国税收法律法规规定缴纳企业所得税。

【例6-16】 税收饶让抵免的计算

中国居民企业A公司，在甲国投资设立了B公司，甲国政府为鼓励境外投资，对B公司第一个获利年度实施了企业所得税免税。按甲国的税法规定，企业所得税税率为20%。A公司获得了B公司免税年度分得的利润2 000万元。根据中国和甲国政府签订税收协定规定，中国居民从甲国取得的所得，按照协定规定在甲国缴纳的税额可以在对居民征收的中国税收中抵免。所缴纳的税额包括假如没有按照该缔约国给予减免税或其他税收优惠而本应缴纳的税额。所缴纳的甲国税收应包括相当于所放弃的甲国税收的数额。计算如下：

A公司在计算缴纳企业所得税时，B公司的免税额＝2 000×20%＝400(万元)，应计算为由A公司抵免的间接负担的境外税额。

七、抵免限额的计算

财税〔2009〕125号文件第八条规定企业应按照企业所得税法及其实施条例和本通知的有关规定分国(地区)别计算境外税额的抵免限额。

$$\frac{某国（地区）所得}{税抵免限额} = 中国境内、境外所得依照\atop 规定计算的应纳税总额 \times \frac{来源于某国（地区）}{的应纳税所得额} \div \frac{中国境内、境外}{应纳税所得总额}$$

据以计算上述公式中"中国境内、境外所得依照规定计算的应纳税总额"的税率，除国务院财政、税务主管部门另有规定外，应为企业所得税法第四条第一款规定的税率（25%）。

企业按照企业所得税法及其实施条例和有关规定计算的当期境内、境外应纳税所得总额小于零的，应以零计算当期境内、境外应纳税所得总额，其当期境外所得税的抵免限额也为零。

中国境内外所得依照企业所得税法及实施条例的规定计算的应纳税总额的税率是25%，即使企业境内所得按税收法规规定享受企业所得税优惠的，在进行境外所得税额抵免限额计算中的中国境内、外所得应纳税总额所适用的税率也应为25%。今后若国务院财政、税务主管部门规定境外所得与境内所得享受相同企业所得税优惠政策的，应按有关优惠政策的适用税率或税收负担率计算其应纳税总额和抵免限额；简便计算，也可以按该境外应纳税所得额直接乘以其实际适用的税率或税收负担率得出抵免限额。

若企业境内所得为亏损，境外所得为盈利，且企业已使用同期境外盈利全部或部分弥补了境内亏损，则境内已用境外盈利弥补的亏损不得再用以后年度境内盈利重复弥补。由此，在计算境外所得抵免限额时，形成当期境内、外应纳税所得总额小于零的，应以零计算当期境内、外应纳税所得总额，其当期境外所得税的抵免限额也为零。上述境外盈利在境外已纳的可予抵免但未能抵免的税额可以在以后5个纳税年度内进行结转抵免。

如果企业境内为亏损，境外盈利分别来自多个国家，则弥补境内亏损时，企业可以自行选择弥补境内亏损的境外所得来源国家（地区）顺序。

【例 6-17】 抵免限额的计算

以例 6-15 中对居民企业 A 公司已确定的可予计算间接抵免的境外所得及税额为例，假设 A 公司申报的境内外所得总额为 15 796.25 万元，其中取得境外股息所得为 5 250 万元（已还原向境外直接缴纳 10% 的预提所得税 525 万元，但未含应还原计算的境外间接负担的税额），其中甲国 2 250 万元，乙国 3 000 万元；同时假设 A 公司用于管理四个 B 子公司的管理费合计为 433.75 万元，其中用于甲国 B1、B2 公司的管理费用为 184.5 万元，用于乙国 B3、B4 公司的管理费用为 249.25 万元。应在计算来自两个国家四个 B 子公司的股息应纳税所得时对应调整扣除。

【解析】

(1) 境外股息所得应为境外股息净所得与境外直接缴纳税额和间接缴纳税额之和 7 453.75 万元（5 250＋2 203.75），其中：

来源于甲国股息所得 3 162.5 万元（2 250＋912.5）；

来源于乙国股息所得 4 291.25 万元（3 000＋1 291.25）。

(2) 境外股息所得对应调整扣除相关管理费后的应纳税所得额为 7 020 万元（7 453.75－433.75），其中：

来源于甲国股息所得对应调整后应纳税所得额为 2 978 万元（3 162.5－184.5）；

来源于乙国股息所得对应调整后应纳税所得额为 4 042 万元（4 291.25－249.25）。

(3) 境外间接负担税额还原计算后境内、外应纳税所得总额为：

已还原直接税额的境内外所得总额＋可予计算抵免的间接税额＝15 796.25＋2 203.75＝

18 000（万元）。

（4）企业应纳税总额为：

应纳税所得总额×适用税率＝18 000×25％＝4 500（万元）。

（5）计算抵免限额为：

① 来源于甲国所得的抵免限额为：

应纳税总额×甲国的应纳税所得额÷中国境内、境外应纳税所得总额＝4 500×2 978÷18 000＝744.5（万元）；

② 来源于乙国所得的抵免限额为：

应纳税总额×乙国的应纳税所得额÷中国境内、境外应纳税所得总额＝4 500×4 042÷18 000＝1 010.5（万元）。

八、实际抵免境外税额的计算

财税〔2009〕125 号文件第九条规定，在计算实际应抵免的境外已缴纳和间接负担的所得税税额时，企业在境外一国（地区）当年缴纳和间接负担的符合规定的所得税税额低于所计算的该国（地区）抵免限额的，应以该项税额作为境外所得税抵免额从企业应纳税总额中据实抵免；超过抵免限额的，当年应以抵免限额作为境外所得税抵免额进行抵免，超过抵免限额的余额允许从次年起在连续五个纳税年度内，用每年度抵免限额抵免当年应抵税额后的余额进行抵补。

本条规定了企业在境外一国（地区）当年缴纳和间接负担的符合规定的企业所得税税额的具体抵免方法，即企业每年应分国（地区）别在抵免限额内据实抵免境外所得税额，超过抵免限额的部分可在以后连续 5 个纳税年度延续抵免；企业当年境外一国（地区）可抵免税额中既有属于当年已直接缴纳或间接负担的境外所得税额，又有以前年度结转的未逾期可抵免税额时，应首先抵免当年已直接缴纳或间接负担的境外所得税额后，抵免限额有余额的，可再抵免以前年度结转的未逾期可抵免税额，仍抵免不足的，继续向以后年度结转。

企业申报抵免境外所得税收（包括按照简易办法进行的抵免）时应向其主管税务机关提交如下书面资料：

（1）与境外所得相关的完税证明或纳税凭证（原件或复印件）。

（2）不同类型的境外所得申报税收抵免还需分别提供：

① 取得境外分支机构的营业利润所得需提供境外分支机构会计报表；境外分支机构所得依照中国境内企业所得税法及实施条例的规定计算的应纳税额的计算过程及说明资料；具有资质的机构出具的有关分支机构审计报告等；

② 取得境外股息、红利所得需提供集团组织架构图；被投资公司章程复印件；境外企业有权决定利润分配的机构作出的决定书等；

③ 取得境外利息、租金、特许权使用费、转让财产等所得需提供依照中国境内企业所得税法及实施条例规定计算的应纳税额的资料及计算过程；项目合同复印件等。

（3）申请享受税收饶让抵免的还需提供：

① 本企业及其直接或间接控制的外国企业在境外所获免税及减税的依据及证明或有关审计报告披露该企业享受的优惠政策的复印件；

② 企业在其直接或间接控制的外国企业的参股比例等情况的证明复印件；

③ 间接抵免税额或者饶让抵免税额的计算过程；

④ 由本企业直接或间接控制的外国企业的财务会计资料。

（4）采用简易办法计算抵免限额的还需提供：

① 取得境外分支机构的营业利润所得需提供企业申请及有关情况说明；来源国（地区）政府机关核发的具有纳税性质的凭证和证明复印件；

② 取得符合境外税额间接抵免条件的股息所得需提供企业申请及有关情况说明；符合企业所得税法第二十四条条件的有关股权证明的文件或凭证复印件。

（5）主管税务机关要求提供的其他资料。

以上提交备案资料使用非中文的，企业应同时提交中文译本复印件。

上述资料已向税务机关提供的，可不再提供；上述资料若有变更的，须重新提供；复印件须注明与原件一致，译本须注明与原本无异义，并加盖企业公章。

税务机关、企业在年度企业所得税汇算清缴时，应对结转以后年度抵免的境外所得税额分国别（地区）建立台账管理，准确填写逐年抵免情况。

【例6-18】 实际抵免境外税额的计算

以例6-15对A公司计算的可抵免境外负担税额及例8对其计算的境外所得应纳税总额和境外税额抵免限额为例，计算其当年度可实际抵免的境外税额。

【解析】

（1）甲国

可抵免境外税额＝直接税额225万＋间接负担税额912.5万＝1 137.5（万元）；

抵免限额＝744.5万元（＜1 137.5万元）；

当年可实际抵免税额＝744.5万元；

可结转的当年度未抵免税额＝1 137.5－744.5＝393（万元）；

（2）乙国

可抵免境外税额＝直接税额300万＋间接负担税额1 291.25万＝1 591.25（万元）；

抵免限额＝1 010.5万元（＜1 591.25万元）；

当年可实际抵免税额＝1 010.5万元；

可结转的当年度未抵免税额＝1 591.25－1 010.5＝580.75万元；

（3）当年度可实际抵免税额合计＝744.5＋1 010.5＝1 755万元；

再计算A公司2010年抵免境外所得税后应纳所得税额为（假设A公司没有适用税法规定的有关设备投资抵免税额等优惠）：

境内外应纳所得税总额－当年可实际抵免境外税额＝18 000×25％－1 755＝2 745（万元）。

九、简易办法计算抵免

根据财税〔2009〕125号文件第十条规定，属于下列情形的，经企业申请，主管税务机关核准，可以采取简易办法对境外所得已纳税额计算抵免：

（1）企业从境外取得营业利润所得以及符合境外税额间接抵免条件的股息所得，虽有所得来源国（地区）政府机关核发的具有纳税性质的凭证或证明，但因客观原因无法真实、准确地确认应当缴纳并已经实际缴纳的境外所得税税额的，除就该所得直接缴纳及间接负担的税额在所得来源国（地区）的实际有效税率低于我国企业所得税法第四条第一款规定税率50％以上的外，可按境外应纳税所得额的12.5％作为抵免限额，企业按该国（地区）税务机关或政府机关核发具有纳税性质凭证或证明的金额，其不超过抵免限额的部分，准予抵免；

超过的部分不得抵免。

属于本款规定以外的股息、利息、租金、特许权使用费、转让财产等投资性所得,均应按其他规定计算境外税额抵免。

(2)企业从境外取得营业利润所得以及符合境外税额间接抵免条件的股息所得,凡就该所得缴纳及间接负担的税额在所得来源国(地区)的法定税率且其实际有效税率明显高于我国的,可直接以按规定计算的境外应纳税所得额和我国企业所得税法规定的税率计算的抵免限额作为可抵免的已在境外实际缴纳的企业所得税税额。具体国家(地区)名单由财政部税务总局发布。财政部、国家税务总局可根据实际情况适时对名单进行调整。

属于本款规定以外的股息、利息、租金、特许权使用费、转让财产等投资性所得,均应按其他规定计算境外税额抵免。

需要说明的是,采用简易办法也须遵循"分国不分项"原则。上述"从所得来源国(地区)政府机关取得具有纳税性质的凭证或证明"是指向境外所在国家政府实际缴纳了具有综合税额(含企业所得税)性质的款项的有效凭证。"实际有效税率"是指实际缴纳或负担的企业所得税税额与应纳税所得额的比率。

法定税率且实际有效税率明显高于我国(税率)的国家,由财政部和国家税务总局列名单公布;各地税务机关不能自行作出判定,发现名单所列国家抵免异常的,应立即向国家税务总局报告。法定税率明显高于我国的境外所得来源国(地区)包括:美国、阿根廷、布隆迪、喀麦隆、古巴、法国、日本、摩洛哥、巴基斯坦、赞比亚、科威特、孟加拉国、叙利亚、约旦、老挝。财政部、国家税务总局可根据实际情况适时对上述名单进行调整。

"属于本款规定以外的股息、利息、租金、特许权使用费、转让财产等投资性所得"是指,居民企业从境外未达到直接持股20%条件的境外子公司取得的股息所得,以及取得利息、租金、特许权使用费、转让财产等所得,向所得来源国直接缴纳的预提所得税额,应按有关直接抵免的规定正常计算抵免。

【例 6-19】(CTA·2012)2011 年甲居民企业(经认定为高新技术企业)从境外取得应纳税所得额 100 万元,企业申报已在境外缴纳的所得税税款为 20 万元,因客观原因无法进行核实。后经企业申请,税务机关核准采用简易办法计算境外所得税抵免限额。该抵免限额为( )万元。

　　A. 12.5　　　　　B. 15　　　　　C. 20　　　　　D. 25

【答案】 A

【解析】

财税〔2009〕125 号规定,因客观原因无法真实、准确地确认应当缴纳并已经实际缴纳的境外所得税税额的,除就该所得直接缴纳及间接负担的税额在所得来源国(地区)的实际有效税率低于法定税率 50% 以上的外,可按境外应纳税所得额的 12.5% 作为抵免限额。

高新技术企业,在计算境外抵免限额时,可按照 15% 的优惠税率计算,这里的 15% 税率没在低于法定税率 50% 以上,所以计算抵免限额为:$100 \times 12.5\% = 12.5$(万元)。

十、境外分支机构与我国对应纳税年度的确定

财税〔2009〕125 号文件第十一条规定,企业在境外投资设立不具有独立纳税地位的分支机构,其计算生产、经营所得的纳税年度与我国规定的纳税年度不一致的,与我国纳税年度当年度相对应的境外纳税年度,应为在我国有关纳税年度中任何一日结束的境外纳税年度。

企业取得上款以外的境外所得实际缴纳或间接负担的境外所得税,应在该项境外所得实现日所在的我国对应纳税年度的应纳税额中计算抵免。

企业就其在境外设立的不具有独立纳税地位的分支机构每一纳税年度的营业利润,计入企业当年度应纳税所得总额时,如果分支机构所在国纳税年度的规定与我国规定的纳税年度不一致的,在确定该分支机构境外某一年度的税额如何对应我国纳税年度进行抵免时,境外分支机构按所在国规定计算生产经营所得的纳税年度与其境内总机构纳税年度相对应的纳税年度,应为该境外分支机构所在国纳税年度结束日所在的我国纳税年度。

【例 6-20】　境外分支机构纳税年度的判定

某居民企业在 A 国的分公司,按 A 国法律规定,计算当期利润年度为每年 10 月 1 日至次年 9 月 30 日。

【解析】

该分公司按 A 国规定计算 2009 年 10 月 1 日至次年 9 月 30 日期间(即 A 国 2009/2010年度)的营业利润及其已纳税额,应在我国 2010 年度计算纳税及境外税额抵免。

企业取得境外股息所得实现日为被投资方做出利润分配决定的日期,不论该利润分配是否包括以前年度未分配利润,均应作为该股息所得实现日所在的我国纳税年度所得计算抵免。

【例 6-21】　境外股息所得在我国计算抵免的时间

某居民企业的境外子公司于 2010 年 5 月 1 日股东会决定,将分别属于 2007 年、2008年的未分配利润共计 2 000 万元分配。

【解析】

该 2 000 万元均属于该居民企业 2010 年取得的股息,就该股息被扣缴的预提所得税以及该股息间接负担的由境外子公司就其 2008 年、2009 年度利润缴纳的境外所得税,均应按规定的适用条件在该居民企业 2010 年应纳我国企业所得税中计算抵免。

企业抵免境外所得税额后实际应纳所得税额的计算公式为:

$$\text{企业实际应纳所得税额} = \text{企业境内外所得应纳税总额} - \text{企业所得税减免、抵免优惠税额} - \text{境外所得税抵免额}$$

公式中抵免优惠税额是指按企业所得税法第三十四条规定,企业购置用于环境保护、节能节水、安全生产等专用设备的投资额,可以按一定比例实行税额抵免。境外所得税抵免额是指按照规定计算的境外所得税额在抵免限额内实际可以抵免的税额。

十一、个人所得税的抵免

《个人所得税法》第七条规定,纳税义务人从中国境外取得的所得,准予其在应纳税额中扣除已在境外缴纳的个人所得税税额。但扣除额不得超过该纳税义务人境外所得依照本法规定计算的应纳税额。

根据《个人所得税法实施条例》第三十二条、第三十三条规定,这里所说的已在境外缴纳的个人所得税税额,是指纳税义务人从中国境外取得的所得,依照该所得来源国家或者地区的法律应当缴纳并且实际已经缴纳的税额。因而,不包括有可能发生的所得来源国家或者地区税务机关错征或由纳税人错缴的税额,也不包括依照所得来源国家或者地区的法律应缴但给予减征或免征待遇而未实际缴纳的税额,税收协定另有规定的除外。这里所说的依照税法规定计算的应纳税额，是指纳税义务人从中国境外取得的所得，区别不同国家或者地区和不同所得项目，依照税法规定的费用减除标准和适用税率计算的应纳税额；同一国家或者地区内不同所得项目的应纳税额之和，为该国家或者地区的扣除限额。

正确计算扣除限额，是确保境外纳税合理抵免的重要一环。由于我国个人所得税法采用的是分项税制，对于各个应税所得项目，税法规定不同的费用扣除标准和适用税率，因此，在计算纳税人境外所得已纳税款的扣除限额时，必须区分不同国家（地区）和不同应税所得项目分别计算。根据这一原则，现行税法明确：在计算扣除限额时，对纳税义务人从中国境外取得的所得，应区别不同国家或者地区和不同应税项目，依照《个人所得税法》规定的费用减除标准和适用税率分别计算。此外，考虑到世界上许多国家和地区的个人所得税采用的是综合税制，他们在计算个人所得税税额时，通常是将各项所得综合起来，一并计算，因而，很难将纳税人在某国缴纳的个人所得税税额分解到各个单项应税所得上。针对这种情况，个人所得税法进一步明确：同一国家或者地区内不同所得项目的应纳税额之和，即为该国家或者地区的扣除限额。这就是说，在实际扣除境外税额时，实行分国不分项的综合扣除方法。

在依据上述方法计算出纳税人各国或者地区境外所得已纳税款的扣除限额后，依据《个人所得税法实施条例》第三十三条第二款规定，如果"纳税义务人在中国境外一个国家或者地区实际已经缴纳的个人所得税税额，低于依照前款规定计算出的该国家或者地区扣除限额的，应当在中国缴纳差额部分的税款；超过该国家或者地区扣除限额的，其超过部分不得在本纳税年度的应纳税额中扣除，但是可以在以后纳税年度的该国家或者地区扣除限额的余额中补扣。补扣期限最长不得超过五年"。

需要强调的是，纳税义务人依照《个人所得税法》第七条的规定申请扣除已在境外缴纳的个人所得税税额时，应当提供境外税务机关填发的完税凭证原件，复印件无效。

通过上述规定及分析不难发现，为了保证纳税人境外已纳税款能够得到正确抵免，必须重点注意：① 准确区分纳税人的收入来源国，不能将来源于不同国家或地区的收入归集到其中某一个国家；② 准确确定纳税人来源于境外的收入按照中国税法所应适用的应税项目，避免因适用应税项目的错误而使扣除限额的计算发生偏差；③ 严格审核境外已纳税款的完税凭证，以防以假冒的完税凭证骗取税款抵免。

【例 6-22】 中国居民纳税人张某 2012 年 1 月至 12 月在 A 国取得工资薪金收入 115 200 元（人民币，9 600 元/月），特许权使用费收入 7 000 元；同时，又在 B 国取得利息收入 1 000 元。该纳税人已分别按 A 国和 B 国税法规定，缴纳了个人所得税 2 280 元和 280 元，并已提供完税凭证原件。请计算应在中国缴纳多少个人所得税？

【解析】

其抵扣计算方法如下：

（1）张某在 A 国所得缴纳税款的抵免

① 工资、薪金所得按我国税法规定计算的应纳税额：

$\{(115\ 200 \div 12 - 4\ 800) \times 税率 - 速算扣除数\} \times 12(月份数) = (4\ 800 \times 20\% - 555) \times 12 = 4\ 860(元)$；

② 特许权使用费所得按我国税法规定计算的应纳税额：

$7\ 000 \times (1 - 20\%) \times 20\%(税率) = 1\ 120(元)$；

③ 抵免限额:4 860+1 120=5 980(元);

④ 该纳税人在 A 国所得缴纳个人所得税 2 280 元,低于抵免限额,因此,可全额抵免,并需在中国补缴税款 3 700 元(5 980-2 280)。

(2) 在 B 国所得缴纳税款的抵免

张某在 B 国取得的利息所得按我国税法规定计算的应纳税额,即抵扣限额:1 000×20%(税率)=200(元);

该纳税人在 B 国实际缴纳的税款超出了抵扣限额,因此,只能在限额内抵扣 200 元,不用补缴税款。

(3) 在 A、B 两国所得缴纳税款抵扣结果

根据上述计算结果,该纳税人当年度的境外所得应在中国补缴个人所得税 4 105 元;B 国缴纳税款未抵扣完的 80 元,可在以后 5 年内该纳税人从 B 国取得的所得中的征税抵扣限额有余额时补扣。

第七章 企业重组与清算业务所得税处理

企业重组中涉及的税收问题很多,其中所得税就有资产交易所得的确认或递延、资产和债务的计税基础与会计账面价值的差异与调整、亏损弥补等税收属性的延续等。为防止征税阻碍有正常经营目的的重组活动的顺利进行,对交易中涉及的现金流较小的重组,企业所得税通过坚持历史成本原则保持资产等计税基础不变。这样处理不改变资产的计税基础,防止让重组资产中蕴含的未确认的所得逃离到征税范围之外。

第一节 企业重组业务的税务处理

一、企业重组的概述

重组,是一个概括性地描述涉及一个或几个企业的法律或经济结构重大改变的全部交易类型的总括概念。企业重组,是指企业在日常经营活动以外发生的法律结构或经济结构重大改变的交易,包括企业法律形式改变、债务重组、股权收购、资产收购、合并、分立等。

2008年1月1日以前,我国税收法律、法规和规范性文件中涉及企业重组的规定主要有:国家税务总局《关于企业股权投资业务若干所得税问题的通知》(国税发〔2000〕118号)、《企业重组改制中若干所得税业务问题的暂行规定》(国税发〔1998〕97号)、《关于企业合并分立业务有关所得税问题的通知》(国税发〔2000〕119号)。

2008年1月1日起,内、外资企业所得税统一后,企业重组业务的所得税处理,应按企业所得税法及其实施条例和财政部、国家税务总局《关于企业重组业务企业所得税处理若干问题的通知》(财税〔2009〕59号)的规定进行。为规范和加强对企业重组业务的企业所得税管理,国家税务总局制定、发布了《企业重组业务企业所得税管理办法》(国家税务总局公告2010年第4号),自2010年1月1日起施行。

(一)企业重组类型

根据上述企业重组业务企业所得税处理新规定,企业重组可分为以下几种类型:

1. 企业法律形式改变

企业法律形式改变,是指企业注册名称、住所以及企业组织形式等的简单改变,但符合财税〔2009〕59号文规定的其他重组类型的除外。

2. 债务重组

债务重组,是指在债务人发生财务困难的情况下,债权人按照其与债务人达成的书面协议或者法院裁定书,就其债务人的债务作出让步的事项。

3. 股权收购

股权收购,是指一家企业(以下称为收购企业)购买另一家企业(以下称为被收购企业)的股权,以实现对被收购企业控制的交易。收购企业支付对价的形式包括股权支付、非股权支付或两者的组合。

股权支付,是指企业重组中购买、换取资产的一方支付的对价中,以本企业或其控股企业的股权、股份作为支付的形式;非股权支付,是指以本企业的现金、银行存款、应收款项、本企业或其控股企业股权和股份以外的有价证券、存货、固定资产、其他资产以及承担债务等作为支付的形式。这里所称支付的对价(与交易支付总额),是指重组一方为购买、换取资产给付对方的代价,即股权支付与非股权支付之和。控股企业,是指直接持有一定比例(如80％)以上本企业股份的企业。而 2010 年第 4 号公告规为:控股企业,是指由本企业直接持有股份的企业。以承担债务为非股权支付形式,是指承担购买、换取资产(包括与该资产相关联的负债)以外的债务。

股权收购只是被收购企业股东之间的股权所有者变换,其所涉及的纳税事项,主要是股权转让是否有所得,是否需要缴纳所得税。如果股权被收购后,股权转让有所得,对个人股东需要缴纳个人所得税(转让上市公司股票除外),企业股东需要缴纳企业所得税;如果发生股权转让损失,则可按规定在税前扣除。

4. 资产收购

资产收购,是指一家企业(以下称为受让企业)购买另一家企业(以下称为转让企业)实质经营性资产的交易。受让企业支付对价的形式包括股权支付、非股权支付或两者的组合。

这里所称实质经营性资产,是指企业用于从事生产经营活动、与产生经营收入直接相关的资产,包括经营所用各类资产、企业拥有的商业信息和技术、经营活动产生的应收款项、投资资产等。

5. 合并

依据公司法规定,公司合并是指两个或两个以上的公司,订立合并协议,依照公司法的规定,不经过清算程序,直接结合为一个公司的法律行为。公司合并有两种形式:一是吸收合并,是指一个公司吸收其他公司后存续,被吸收的公司解散;二是新设合并,是指两个或两个以上的公司合并设立一个新公司,合并各方解散。公司法第 173 条规定:"公司合并可以采取吸收合并或者新设合并。一个公司吸收其他公司为吸收合并,被吸收的公司解散。两个以上公司合并设立一个新的公司为新设合并,全并各方解散"。

根据财税〔2009〕59 号文件规定:合并,是指一家或多家企业(以下称为被合并企业)将其全部资产和负债转让给另一家现存或新设企业(以下称为合并企业),被合并企业股东换取合并企业的股权或非股权支付,实现两个或两个以上企业的依法合并。

根据民商法的原理、我国民法通则和合同法的有关规定,公司合并是合同权利义务即债权债务概括移转的法律原因,合并后的公司必须承受原公司的全部债权和债务,除非公司与债权人达成了另外的协议。如果公司在合并时未清偿债权债务,债权人有权请求合并后的公司清偿合并前的公司所负的债务。

6. 分立

依据公司法的有关规定,公司分立是指一个公司通过依法签订分立协议,不经过清算程序,分为两个或两个以上公司的法律行为。公司分立有两种形式:一是派生分立,是指公司以其部分资产另设一个或数个新的公司,原公司存续;二是新设分立,是指公司全部资产分别划归两个或两个以上的新公司,原公司解散。公司分立前的债务由分立后的公司承担连带责任。但是,公司在分立前与债权人就债务清偿达成的书面协议另有约定的除外。公司分立时,应当对其财产进行了分割。

根据财税〔2009〕59号文件规定：分立,是指一家企业(以下称为被分立企业)将部分或全部资产分离转让给现存或新设的企业(以下称为分立企业),被分立企业股东换取分立企业的股权或非股权支付,实现企业的依法分立。

需要说明的是,资产收购与分立重组所称资产,也可以包括与该资产相关联的负债。与资产相关联的负债,是指与该资产共同构成一项业务的负债。业务,是指企业内部某些生产经营活动或资产、负债的组合,该组合一般具有投入、加工处理过程和产出能力,能够独立计算其成本费用或所产生的收入,但不构成独立法人资格的企业。如,企业的分公司、分部、分厂、独立生产线等。

一项企业重组交易符合多种重组类型的,由企业按照该交易的实质确定重组业务的具体类型。

企业重组与企业普通资产交易的区别在于,普通资产交易限于企业一部分资产或商品的转让、处置,不涉及股东层次的股权交易,而企业重组是针对股权交易或由于整体资产、负债的交易,进而引起企业资本经济结构或法律形式的变更。

(二) 重组当事各方的确定

当事各方,是指共同参与重组交易并且按交易实质可以构成一项独立重组业务的双方或多方。按重组类型,其当事各方主要包括：

(1) 债务重组中当事各方,指债务人及债权人。

(2) 股权收购中当事各方,指收购方、转让方及被收购企业。

(3) 资产收购中当事各方,指收购方、转让方。

(4) 合并中当事各方,指合并企业、被合并企业及各方股东。

(5) 分立中当事各方,指分立企业、被分立企业及各方股东。

上述股权收购中转让方、合并中各方股东和分立中各方股东,可以是自然人。当事各方中的自然人应按照个人所得税的相关规定进行处理。

(三) 重组日的确定

企业重组,其重组日按以下原则确定：

(1) 债务重组,以债务重组合同(协议)生效日为重组日。

(2) 股权收购,以转让合同(协议)生效且完成股权变更手续日为重组日。收购方和转让方股权变更日不一致的,按照孰先原则确定。

(3) 资产收购,以转让合同(协议)生效且完成资产实际交割日为重组日。

(4) 企业合并,以合并合同(协议)生效、办理财产权转移手续且完成工商新设登记或变更登记日为重组日。

(5) 企业分立,以分立合同(协议)、办理财产权转移手续且完成工商新设登记或变更登记日为重组日。

重组业务完成当年,是指重组日所属的企业所得税纳税年度。重组业务完成年度的确定,可以按各当事方适用的会计准则确定,具体参照各当事方经审计的年度财务报告。由于当事方适用的会计准则不同导致重组业务完成年度的判定有差异时,各当事方应协商一致,确定同一个纳税年度作为重组业务完成年度。

二、企业重组税务处理的一般原则

企业重组业务是由重组当事各方之间的一系列资产转让、股份交换和资产置换业务构成。企业的各项重组业务，从所得税处理角度都应将其分解为按公允价值转让有关旧资产（包括股权），和按相当于旧资产公允价值的金额购置新资产（包括投资）两项交易。如果被转让资产的计税基础低于转让市价（公允价值），其差额应作为所得征税；如计税基础高于市价，将确认一笔损失。

因而，企业所得税法实施条例第七十五条规定，除国务院财政、税务主管部门另有规定外，企业在重组过程中，应当在交易发生时确认有关资产的转让所得或者损失，相关资产应当按照交易价格重新确定计税基础。

根据企业重组交易中的股权支付部分是否在重组时征收企业所得税，企业重组的税务处理分为一般性税务处理和特殊性税务处理。同一重组业务的当事各方企业应采取一致的税务处理原则，即统一进行一般性税务处理或特殊性税务处理。

三、一般性税务处理

根据财税〔2009〕59 号文件规定，企业重组的税务处理区分不同条件分别适用一般性税务处理规定和特殊性税务处理规定。企业重组，除符合该通知规定适用特殊性税务处理规定的外，按以下规定进行税务处理：

（一）企业法律形式改变

企业由法人转变为个人独资企业、合伙企业等非法人组织，或将登记注册地转移至中华人民共和国境外（包括港澳台地区），应视同企业进行清算（即应按照《财政部国家税务总局关于企业清算业务企业所得税处理若干问题的通知》（财税〔2009〕60 号）规定进行清算）、分配，股东重新投资成立新企业。新企业的全部资产以及股东投资的计税基础均应以公允价值为基础确定。

企业在报送《企业清算所得纳税申报表》时，应附送以下资料：

（1）企业改变法律形式的工商部门或其他政府部门的批准文件；

（2）企业全部资产的计税基础以及评估机构出具的资产评估报告；

（3）企业债权、债务处理或归属情况说明；

（4）主管税务机关要求提供的其他资料证明。

企业发生其他法律形式简单改变的，可直接变更税务登记，除另有规定外，有关企业所得税纳税事项（包括亏损结转、税收优惠等权益和义务）由变更后企业承继，但因住所发生变化而不符合税收优惠条件的除外。

（二）债务重组

1. 债务重组的会计处理

《企业会计准则第 12 号——债务重组》（以下简称新债务重组准则）是在 1998 年发布、2001 年修订的《企业会计准则——债务重组》（以下简称原债务重组准则）基础上修订完善而成的。原债务重组准则所定义的债务重组，是指债权人按照其与债务人达成的协议或法院的裁决同意债务人修改债务条件的事项。而新债务重组准则规定，债务重组是指在债务人发生财务困难的情况下，债权人按照其与债务人达成的协议或法院的裁定作出让步的事项。这与企业所得税有关债务重组的界定是一致的。

原债务重组准则所定义的债务重组既包括债权人作出让步的债务重组，也包括债权人未作出让步的债务重组。

新债务重组准则还改变了债务重组损益确认方法，将原债务重组准则因债权人让步而导致债务豁免或者少偿还的负债计入资本公积，不确认为当期损益的做法，改变为确认债务重组损益计入营业外收入或者营业外支出。

债务重组方式主要包括：以资产清偿债务、将债务转为资本、修改其他债务条件以及以上三种方式的组合。

【例 7-1】 对于上市公司的控股股东、控股股东控制的其他关联方、上市公司的实质控制人对上市公司进行直接或间接的捐赠、债务豁免等单方面的利益输送行为，如何进行会计处理？

【解析】

《上市公司执行企业会计准则监管问题解答》〔2009 年第 2 期〕（会计部函〔2009〕60 号）明确：由于交易是基于双方的特殊身份才得以发生，且使得上市公司明显地、单方面地从中获益，因此，监管中应认定为其经济实质具有资本投入性质，形成的利得应计入所有者权益。上市公司与潜在控股股东之间发生的上述交易，应比照上述原则进行监管。

对于企业接受的捐赠和债务豁免，旧准则都要求计入权益类科目"资本公积"，新企业会计准则计入损益类科目"营业外收入"，这就为上市公司进行机会主义盈余管理提供了空间，少数上市公司通过关联方的债务豁免或捐赠行为操纵利润变得更为直接和容易。

对于控股股东和子公司之间的捐赠，财政部《关于做好执行会计准则企业 2008 年年报工作的通知》（财会函〔2008〕60 号）认为，从经济实质上判断，这种行为属于控股股东对企业的资本性投入，应作为权益性交易，相关利得计入"资本公积"科目，这就从财务角度遏止了关联企业之间的利润操纵。但是，财会函〔2008〕60 号文件对于控股股东和子公司之间的债务重组行为并没有加以限制，会计部函〔2009〕60 号文件的这项规定，将有利于提高盈余信息披露的整体质量。

2. 债务重组的税务处理

根据财税〔2009〕59 号文件规定，企业债务重组，相关交易应按以下原则处理：

（1）以非货币资产清偿债务，应当分解为转让相关非货币性资产、按非货币性资产公允价值清偿债务两项业务，确认相关资产的所得或损失。

（2）发生债权转股权的，应当分解为债务清偿和股权投资两项业务，确认有关债务清偿所得或损失。

（3）债务人应当按照支付的债务清偿额低于债务计税基础的差额，确认债务重组所得；债权人应当按照收到的债务清偿额低于债权计税基础的差额，确认债务重组损失。

（4）债务人的相关所得税纳税事项原则上保持不变。

债务重组，在重组日确认债务重组所得或损失。以非货币资产清偿债务，债务人应将应偿付债务额与非货币资产公允价值的差额确认为债务重组所得，非货币资产公允价值与其计税基础的差额，确认为资产转让所得（或损失）；债权人应当将债权的计税基础与受让的非货币资产的公允价值之间的差额确认为债务重组损失，债权人取得非货币资产的计税基础应以该资产的公允价值为基础确定。债权转股权，债务人应将应偿付债务额与债权人因放弃债权而享有股权的公允价值的差额确认为债务重组所得（债务清偿所得）；债权人应当将债权的计税基础超过债权人因放弃债权而享有的股权公允价值的差额确认为债务重组损失

（债务清偿损失），取得的股权以公允价值作为计税基础。

此外，企业发生债务重组，债务人和债权人应准备以下相关资料，以备税务机关检查：① 当事各方签订的清偿债务或债权转股权的合同（协议）或法院裁定书，有权审批机关批准企业债务重组的证明文件；② 以非货币资产清偿债务的，非货币资产公允价值证明；③ 债权转股权的，债权人取得股权的公允价值证明，工商管理等有权机关批准相关企业股权变更事项的证明材料。

【例 7-2】 甲公司作为乙上市公司的控股股东，2008 年初销售给乙公司一批产品，产品不含税价格为 200 万元，增值税税率为 17％，按照合同规定，乙公司应于 2008 年 6 月 1 日前偿还货款。由于乙公司发生严重的财务困难，无法按照合同规定的期限偿还债务，甲公司为此对应收债权计提了坏账准备 50 万元。经过双方协商于 7 月 1 日进行债务重组。债务重组协议规定：甲公司同意把债权转换为对乙公司的投资，获得了 80 万股股份，每份股票的面值为 1 元，股票公允价值为 2 元。

要求：就上述乙公司重组交易进行相关会计与税务处理。

【解析】

会计处理：由于上述交易是基于双方的特殊身份才得以发生，且使得上市公司明显地、单方面地从中获益，会计部函〔2009〕60 号文明确，监管中应认定为其经济实质具有资本投入性质，形成的利得应计入所有者权益。

借：应付账款　　　　　　　　　　　　2 340 000
　　贷：股本　　　　　　　　　　　　　　800 000
　　　　资本公积——股本溢价　　　　　　800 000
　　　　资本公积——债务重组利得　　　　740 000

税务处理：在企业所得税处理时，对债务重组利得，应计入应纳税所得额，计算缴纳企业所得税。所以，应调增应纳税所得额 74 万元。

3. 债务重组所得应分时间段征免税

根据原债务重组准则规定，债务人应该将重组所得确认为资本公积；债权人应该将重组损失确认为损失或者计入重组资产价值。大部分情况下重组所得和损失是不会计入企业当期损益中，也就是不会反映在企业的利润中。但是，企业所得税规定与会计准则处理不一样，税收上确认为所得一方应该纳税，而损失一方允许按规定税前扣除。2003 年 3 月 1 日起施行的《企业债务重组业务所得税处理办法》（国家税务总局令第 6 号）第六条规定：债务重组业务中债权人对债务人的让步，包括以低于债务计税成本的现金、非现金资产偿还债务等，债务人应当将重组债务的计税成本与支付的现金金额或者非现金资产的公允价值（包括与转让非现金资产相关的税费）的差额，确认为债务重组所得，计入企业当期的应纳税所得额中；债权人应当将重组债权的计税成本与收到的现金或者非现金资产的公允价值之间的差额，确认为当期的债务重组损失，冲减应纳税所得。

【例 7-3】 2003 年甲企业销售产品一批给乙企业，价款 100 万元。由于乙企业资金周转困难，该笔款项一直未还。2005 年甲乙双方达成如下债务重组协议：甲企业同意乙企业归还 80 万元，其余款项不再偿还。

要求：进行相关的会计处理与税务处理。

【解析】

会计处理时，按照重组协议，乙企业应将不需要支付的 20 万元计入资本公积。

税务处理：根据《企业债务重组业务所得税处理办法》，需要将计入资本公积的 20 万元调增当期的应纳税所得额征税。

需要说明的是，税收政策中关于债务重组的税务处理规定，是从 2003 年 3 月 1 日开始执行的，而对于之前的债务重组，税收上没有明确的规定，而是按会计准则的规定执行。这一点国家税务总局《关于债务重组所得企业所得税处理问题的批复》(国税函〔2009〕1 号)在答复海南省国家税务局《关于企业债务重组所得征免企业所得税问题的请示》(琼国税发〔2008〕231 号)时已明确：《企业债务重组业务所得税处理办法》(国家税务总局令第 6 号)自 2003 年 3 月 1 日起执行。此前，企业债务重组中因豁免债务等取得的债务重组所得，应按照当时的会计准则处理，即"以低于债务账面价值的现金清偿某项债务的，债务人应将重组债务的账面价值与支付的现金之间的差额；或以债务转为资本清偿某项债务的，债务人应将重组债务的账面价值与债权人因放弃债权而享有股权的份额之间的差额"，确认为资本公积。可见，在税收政策对债务重组尚未制定相关政策之前，税收处理与会计处理保持一致。

【例 7-4】 接上例，假如该项重组时间发生在 2003 年之前，则乙企业的 20 万元重组所得计入"资本公积"后，不征收企业所得税。

新债务重组准则对债务重组的会计处理进行了调整，要求债务人将重组所得计入当期损益，同样，要求债权人将重组损失也计入当期损益。这样，新债务重组准则的会计处理与现行的税收政策就趋同了。

【例 7-5】 接上例，假如该项重组业务发生在 2007 年之后，乙企业执行新会计准则，则 20 万元重组所得应计入营业外收入，会计上会增加利润 20 万元，本身就将重组所得纳入了征税的所得额中。

但新准则对于重组中的或有支出和或有收益，会计上要求按当期支出或当期收益处理，而税收上由于或有收支不符合确定性原则，也尚未实际发生，因而暂时不予考虑征税和税前扣除。待该项或有收支实际发生时，再按规定征税或税前扣除。

(三) 企业股权收购、资产收购重组

根据财税〔2009〕59 号文件规定，企业股权收购、资产收购重组相关交易的税务处理为：

(1) 被收购方应确认股权、资产转让所得或损失。

(2) 收购方取得股权或资产的计税基础应以公允价值为基础确定。

(3) 被收购企业的相关所得税事项原则上保持不变。

股权收购，股权转让方应于重组日按股权的公允价值确认股权转让所得或损失。资产收购，资产转让方应于重组日按资产的公允价值确认资产转让所得或损失。

收购企业支付的对价包括存货、固定资产、无形资产等非货币资产时，由于资产的所有权属发生了变化，收购企业应按税法规定确认资产的转让所得或损失。被收购企业股东放弃被收购企业股权而取得的收购企业支付的股权和非股权，应分解为两项业务进行所得税处理，即先转让被收购企业股权，然后再以转让收入购买股权或非股权支付。

企业发生股权收购、资产收购重组业务，收购方和转让方应准备以下相关资料，以备税务机关检查：

(1) 有权审批机关批准股权收购、资产收购的证明文件，股权收购、资产收购业务合同

（协议）；

（2）评估机构出具的相关股权、资产的评估报告或其他公允价值证明；

（3）转让方以公允价值计算股权、资产转让所得或损失的涉税证明；

（4）股权收购业务，还应提供工商管理等有权机关批准被收购股权变更事项的证明材料。

【例 7-6】　如果 A 单位持有甲公司 100％股权，计税基础 200 万元，公允价值 600 万元，2009 年 8 月 B 公司以银行存款 600 万元收购 A 单位持有甲公司的全部股权。

要求：分析说明 A 单位、B 公司如何进行企业所得税处理。

【解析】

A 单位应确认股权转让所得：600－200＝400（万元）；

该项所得应缴纳企业所得税：400×25％＝100（万元）。

B 公司收购甲公司股权的计税基础以其公允价值 600 万元确定。

（四）企业合并

企业合并对于合并方主要是一种支付行为，除非货币性资产支付一般需要视同销售外，通常不涉及税收问题；对被合并方来说，企业资产被兼并转移后，企业被注销，企业股东获得收入，因此，被合并企业涉及资产转移的税收问题。

根据财税〔2009〕59 号文件规定，企业合并，当事各方的税务处理为：

（1）合并企业应按公允价值确定接受被合并企业各项资产和负债的计税基础。

（2）被合并企业及其股东都应按清算进行所得税处理。

（3）被合并企业的亏损不得在合并企业结转弥补。

企业发生合并重组业务，合并企业应准备以下相关资料，以备税务机关检查：① 工商管理等有权机关批准企业合并的证明文件，企业合并方案；② 评估机构出具的被合并企业资产及负债的评估报告或其他公允价值证明；③ 被合并企业所得税清算的相关证明。

企业发生合并，被合并企业应按照财税〔2009〕60 号文件规定进行清算。被合并企业在报送《企业清算所得纳税申报表》时，应附送以下资料：① 企业合并的工商部门或其他政府部门的批准文件；② 企业全部资产和负债的计税基础以及评估机构出具的资产评估报告；③ 企业债务处理或归属情况说明；④ 主管税务机关要求提供的其他资料证明。

【例 7-7】　甲公司合并乙公司，乙公司被合并时资产账面价值 10 000 万元，公允价值 12 000 万元，上一年度尚未弥补完的亏损 800 万元。乙公司股东收到合并后新公司股权 8 000 万元，银行存款等其他非股权支付 4 000 万元。

请问：甲、乙两公司应如何进行企业所得税处理？

【解析】

在此项合并中，甲公司接收乙公司的全部资产应按公允价值 12 000 万元作为计税基础，被合并的乙公司的亏损 800 万元，不得在甲公司结转弥补。

乙公司资产增值 2 000 万元，应按规定申报缴纳企业所得税 500 万元（2 000×25％）；乙公司及其股东按清算进行企业所得税处理。

【例 7-8】　乙公司由 A 公司和自然人李某投资设立，注册资本为 1 000 万元，A 公司和李某对乙公司投资的会计成本和计税基础分别为 700 万元和 300 万元，股权比例为 70％和 30％。

位于市区的甲公司吸收合并乙公司,合并日乙公司实收资本 1 000 万元,留存收益 5 000万元。乙公司为合并支付评估费 10 万元,合并基准日资产总额已剔除评估费。其资产负债情况如下表所示(单位万元):

项目	现金	存货	设备	办公楼	资产合计	负债
账面价值	1 000	2 500	2 500	2 000	8 000	2 000
计税基础	1 000	3 000	2 600	1 900	8 500	2 000
公允价值	1 000	2 800	2 500	3 700	10 000	2 000

甲公司拟向 A 公司和李某支付自身公司 20％的股份(公允价值为 3 000 万元);支付李某现金 500 万元和公允价值为 1 000 万元的别墅(该别墅原购入价为 700 万元,其中含土地使用权成本 100 万元;账面价值 600 万元;计税基础为 550 万元,旧房评估费 2 万元,房屋重置成本为 400 万元,成新率为 80％),支付 A 公司 500 万元的现金和公允价值为 3 000 万元的存货(该存货账面价值为 3 000 万元,计税基础为 3 600 万元)。

甲公司原实收资本为 4 000 万元。甲公司总支付价 8 000 万元(3 000＋500＋1 000＋500＋3 000),乙公司净资产公允价值 8 000 万元(10 000－2 000)。

要求:分析作出相关各方的税务处理。

【解析】

1. 乙公司企业合并的税务处理

(1) 将存货和设备转移到甲公司,合并环节不缴纳增值税

根据增值税暂行条例及其实施细则的规定,增值税的征税范围为销售货物或者提供加工、修理修配劳务以及进口货物。企业合并中,被合并企业动产转移到合并企业,不是合并企业购买被合并企业动产的行为,不缴纳增值税。

尽管被合并方在合并环节不缴纳增值税,但合并方在处置合并中取得的动产时仍需缴纳增值税。因而,从整体来看对国家税收没有影响。

(2) 将办公楼转移到甲公司不征营业税、免征土地增值税

根据营业税暂行条例及其实施细则的规定,营业税的征收范围为有偿提供应税劳务、转让无形资产或者销售不动产的行为。企业合并中,被合并方未从合并方取得经济利益(是被合并方股东取得了相关经济利益),故企业合并中转移不动产不存在营业税问题。因而,上述办公楼从乙公司转移到甲公司不征营业税。

根据财政部、国家税务总局《关于土地增值税一些具体问题规定的通知》(财税字〔1995〕48 号)规定,在企业兼并中,对被兼并企业将房地产转让到兼并企业中的,暂免征收土地增值税。因而,上述办公楼从乙公司转移到甲公司免征土地增值税。

(3) 乙公司清算所得应纳企业所得税。

根据财税〔2009〕59 号文件规定,企业重组除符合规定适用特殊性税务处理规定的外,被合并企业及其股东都应按清算进行所得税处理。企业重组中需要按清算处理的企业,应进行清算的所得税处理。企业的全部资产可变现值或交易价格,减除资产的计税基础、清算费用、相关税费,加上债务清偿损益等后的余额,为清算所得。

所以,乙公司应纳企业所得税为(9 000－7 500－10)×25％＝372.50(万元)。

2. 甲公司的税务处理

(1) 支付非货币资产涉及流转税、土地增值税和企业所得税。

① 甲公司转移别墅应视同销售,需要缴纳营业税、印花税、土地增值税和企业所得税。

根据营业税暂行条例规定,甲公司转移别墅获得了乙公司的资产,该行为应当缴纳营业税及附加为:$(1\,000-700)\times5\%\times(1+7\%+3\%)=16.5$(万元)。

根据财政部、国家税务总局《关于印花税若干政策的通知》(财税〔2006〕162号)规定,转让房地产应按"产权转移书据"税目缴纳印花税。甲公司应缴印花税为:$1\,000\times0.05\%=0.5$(万元)。

依据财税〔1995〕48号文件规定,转让旧房时土地增值税扣除项目包括取得土地使用权支付的价款、旧房的评估价以及转让环节缴纳的相关税费和评估等费用。但不能扣除购置时已缴的契税。

甲公司可以扣除的金额为:$400\times80\%+100+16.5+0.50+2=439$(万元),增值率为:$(1000-439)\div439\times100\%=128\%$,应缴土地增值税为:$(1\,000-439)\times50\%-439\times15\%=214.65$(万元)。

根据《关于企业处置资产所得税处理问题的通知》(国税函〔2008〕828号)规定,外购资产视同销售确认收入时,可按购入时的价格确定销售收入。

应纳税所得额为:$700-550-16.5-0.50-214.65-2=-83.65$(万元),上述转移房地产形成的亏损可以由其他盈利项目弥补。

所以,A公司转移别墅需缴纳税款为:$16.5+0.5+214.65=231.65$(万元)。

② 甲公司转移存货需视同销售缴纳增值税和企业所得税。

增值税暂行条例实施细则规定,将自产或者委托加工的货物用于非增值税应税项目,视同销售货物。转移存货应纳增值税为:$3000\times17\%=510$(万元)。

应纳税所得额为:$3\,000-3\,600=-600$(万元)。上述转移存货形成的亏损可以由其他盈利项目弥补。所以,甲公司转移存货需缴纳税款510万元。

(2) 契税

根据财政部、国家税务总局《关于企业改制重组若干契税政策的通知》(财税〔2008〕175号)的规定,两个或两个以上的企业,依据法律规定、合同约定,合并改建为一个企业,且原投资主体存续的,对其合并后的企业承受原合并各方的土地、房屋权属,免征契税。所以,甲公司接受乙公司的办公楼免征契税。

(3) 印花税

根据财政部、国家税务总局《关于企业改制过程中有关印花税政策的通知》(财税〔2003〕183号)的规定,以合并或分立方式成立的新企业,其新启用的资金账簿记载的资金,凡原已贴花的部分可不再贴花,未贴花的部分和以后新增加的资金按规定贴花。甲公司总的注册资本和资本公积增加金额为:$3\,000-1\,000=2\,000$(万元);应纳印花税:$2\,000\times0.5‰=1$(万元)。

(4) 接受乙公司资产的计税基础。根据财税〔2009〕59号规定,企业重组,除符合规定适用特殊性税务处理规定的外,合并企业应按公允价值确定接受被合并企业各项资产和负债的计税基础。所以,甲公司接受乙公司的资产和负债,应以公允价值为基础确定计税基础。即存货为2 800万元,设备为2 500万元,办公楼为3 700万元,负债为2 000万元。

甲公司应纳税款为：$231.65+510+1=742.65$（万元）。

3. 乙公司的股东的税务处理

（1）A公司的税务处理

① 股权转让涉及企业所得税

确认清算所得产生的新留存收益为：$(10\ 000-8\ 000)-(10\ 000-8\ 500-10)\times25\%=$ $1\ 627.50$（万元）；

确认总的留存收益$=5\ 000+1\ 627.50=6\ 627.50$（万元）。

A公司应确认的股息收益为：$6\ 627.50\times70\%=4\ 639.25$（万元）。该股息所得免征企业所得税。

确认股权转让所得为：$3\ 000\times70\%+500+3\ 000-372.5\times70\%-4\ 639.25-700=0$（万元）。

注意：乙公司应负担的企业所得税款为372.50万元，按比例减少股东A公司权益260.75万元，故实际A公司收到的对价中去掉260.75万元。该股权转让所得应纳税额为0万元。确认新投资的计税基础为$3\ 000\times70\%=2\ 100$（万元）。

② 股权转让的营业税

根据财政部、国家税务总局《关于股权转让有关营业税问题的通知》（财税〔2002〕191号）规定，对股权转让不属于营业税征税范围，不征收营业税。

（2）李某个人的税务处理

① 股权转让应纳的个人所得税。

对于李某而言，股息所得和股权转让所得，应纳个人所得税，税率为20%。股权转让应缴纳的个人所得税为：$[(3\ 000\times30\%+1\ 000+500)-372.5\times30\%-300]\times20\%=397.65$（万元）。

② 确认新投资的计税基础为：$3\ 000\times30\%=900$（万元）。

③ 接受别墅应纳契税为：$1\ 000\times3\%=30$（万元）。

李某应纳税额合计为：$397.65+30=427.65$（万元）。

（五）企业分立

1. 企业所得税处理

企业分立，当事各方的企业所得税处理为：

（1）被分立企业对分立出去资产应按公允价值确认资产转让所得或损失。

（2）分立企业应按公允价值确认接受资产的计税基础。

（3）被分立企业继续存在时，其股东取得的对价应视同被分立企业分配进行处理。

（4）被分立企业不再继续存在时，被分立企业及其股东都应按清算进行所得税处理。

（5）企业分立相关企业的亏损不得相互结转弥补。

企业分立，被分立企业继续存在时，应视同被分立企业以减资方式分离资产，其股东取得分立资产应按《国家税务总局关于企业所得税若干问题的通知》（国家税务总局公告2011年第34号）第五条投资企业撤回或减少投资的税务处理规定执行（即投资企业从被投资企业撤回或减少投资，其取得的资产中，相当于初始出资的部分，应确认为投资收回；相当于被投资企业累计未分配利润和累计盈余公积按减少实收资本比例计算的部分，应确认为股息所得；其余部分确认为投资资产转让所得。被投资企业发生的经营亏损，由被投资企业按规定结转弥补;投资企业不得调整减低其投资成本,也不得将其确认为投资损失)。股东取得分立企业股权的计税基础以分立资产的公允价值为基础确定。

被分立企业继续存在的,被分立企业和分立企业均应准备以下相关资料,以备税务机关检查:① 工商管理等有权机关批准企业分立的证明文件,被分立企业董事会、股东会(股东大会)关于实施企业分立的决议,企业分立方案;② 评估机构出具的被分立资产及负债的评估报告或其他公允价值证明。

被分立企业不再继续存在时,应按照财税〔2009〕60 号文件规定进行清算。分立企业应准备以下相关资料,以备税务机关检查:① 工商管理等有权机关批准企业分立的证明文件,被分立企业董事会、股东会(股东大会)关于实施企业分立的决议,企业分立方案;② 评估机构出具的被分立资产及负债的评估报告或其他公允价值证明;③ 被分立企业所得税清算的相关证明。

需要说明的是,在企业存续分立中,分立后的存续企业性质及适用税收优惠的条件未发生改变的,可以继续享受分立前该企业剩余期限的税收优惠,其优惠金额按该企业分立前一年的应纳税所得额(亏损计为零)乘以分立后存续企业资产占分立前该企业全部资产的比例计算。

2. 其他税种的处理

(1)营业税的处理

根据营业税暂行条例及其实施细则规定,营业税的征税范围是有偿提供营业税暂行条例规定的劳务、有偿转让无形资产或有偿转让不动产所有权的行为。而公司分立是资产、负债、股权、劳动力等要素的同时转移,其涉及的不动产和无形资产的转移,不属于营业税销售不动产、转让无形资产的征税范围,不征营业税。

(2)土地增值税的处理

根据《土地增值税暂行条例》及其实施细则规定,土地增值税的征税范围是有偿转让国有土地使用权、地上建筑物及其附着物。

根据上述分析,公司分立不属于《土地增值税暂行条例》规定的有偿转让房地产的行为,不征土地增值税。房地产权属转移是个大概念,不适用于合并、分立的情况。如,财政部、国家税务总局《关于土地增值税一些具体问题规定的通知》(财税〔1995〕48 号)规定,一家公司吸收合并另一家公司,另一家公司的房地产转移到合并方,免征土地增值税(其实应为不征土地增值税)。又如,财政部、国家税务总局《关于中国建银投资有限责任公司有关税收政策问题的通知》(财税〔2005〕160 号)规定,原中国建设银行实施重组分立改革设立中国建设银行股份有限公司及中国建银投资有限责任公司,重组分立过程中,原中国建设银行无偿划转给建银投资的货物、不动产、不征收增值税、营业税和土地增值税。另外,中国人民保险公司分立为财保、人保,以及邮电局分立分邮政、电信等分立改组业务均未征收土地增值税。其原因是公司分立涉及的不动产转移,不属于土地增值税的征税范围。

(3)契税的处理

财政部、国家税务总局《关于企业改制重组若干契税政策的通知》(财税〔2008〕175 号)规定,企业依照法律规定、合同约定分设为两个或两个以上投资主体相同的企业,对派生方、新设方承受原企业土地、房屋权属,不征收契税。

(4)印花税的处理

分立后的两家或多家公司实收资本和资本公积之和与原被分立企业的实收资本与资本公积之和相比,新增金额由新设企业按"记载资金账簿"税目,适用万分之五税率贴花。

(5) 纳税人资产重组的增值税处理

《关于纳税人资产重组有关增值税问题的公告》(国家税务总局公告〔2011〕13 号)规定:自 2011 年 3 月 1 日起(此前未作处理的,按照本公告的规定执行),纳税人在资产重组过程中,通过合并、分立、出售、置换等方式,将全部或者部分实物资产以及与其相关联的债权、负债和劳动力一并转让给其他单位和个人,不属于增值税的征税范围,其中涉及的货物转让,不征收增值税。

根据《关于纳税人资产重组有关增值税问题的公告》(国家税务总局公告 2013 年第 66 号)规定,自 2013 年 12 月 1 日起(纳税人此前已发生并处理的事项,不再做调整;未处理的,按本公告规定执行):纳税人在资产重组过程中,通过合并、分立、出售、置换等方式,将全部或者部分实物资产以及与其相关联的债权、负债经多次转让后,最终的受让方与劳动力接收方为同一单位和个人的,仍适用《国家税务总局关于纳税人资产重组有关增值税问题的公告》(国家税务总局公告 2011 年第 13 号)的相关规定,其中货物的多次转让行为均不征收增值税。资产的出让方需将资产重组方案等文件资料报其主管税务机关。

四、特殊性税务处理

在企业以整体资产交换股权、整体资产置换、企业合并或分立等重组活动中,对企业投资者而言,只不过是以不同的形式继续着他们的投资。如果对其投资形式的简单变化要求确认转让所得征收企业所税,会对企业正常的投资和重组行为造成阻碍。因为,企业或其投资者实际上并没有实现对资产的变现,如果要确认资产转让所得并纳税,产生的纳税义务可能非常大,重组方要另外筹集大量资金纳税,从而阻碍企业重组的顺利进行。

(一) 特殊性税务处理的适用条件

企业重组同时符合下列条件的,适用特殊性税务处理规定,进行企业所得税处理:

(1) 企业重组应具有合理的商业目的,且不以减少、免除或者推迟缴纳税款为主要目的。

企业发生重组业务,在备案或提交确认申请时,应从以下方面逐条说明企业重组具有合理的商业目的:

① 重组活动的交易方式。即重组活动采取的具体形式、交易背景、交易时间、在交易之前和之后的运作方式和有关的商业常规;

② 该项交易的形式及实质。即形式上交易所产生的法律权利和责任,也是该项交易的法律后果。另外,交易实际上或商业上产生的最终结果;

③ 重组活动给交易各方税务状况带来的可能变化;

④ 重组各方从交易中获得的财务状况变化;

⑤ 重组活动是否给交易各方带来了在市场原则下不会产生的异常经济利益或潜在义务;

⑥ 非居民企业参与重组活动的情况。

(2) 被收购、合并或分立部分的资产或股权比例符合财税〔2009〕59 号文件规定的比例(不低于全部资产或股权的 75%)。

这里被收购资产或股权比例,应按评估基准日资产或股权的公允价值计算。重组日超过资产或股权评估基准日一年的,应重新评估资产或股权的公允价值。

（3）企业重组后的连续 12 个月内不改变重组资产原来的实质性经营活动。

（4）重组交易对价中涉及股权支付金额符合本规定比例（不低于其支付总额的 85％）。

（5）企业重组中取得股权支付的原主要股东,在重组后连续 12 个月内,不得转让所取得的股权。

这里原主要股东是指原持有转让企业或被收购企业 20％以上股权的股东。企业重组后的连续 12 个月内,是指自重组日起计算的连续 12 个月内。此时,当事各方应在完成重组业务后的下一年度的企业所得税年度申报时,向主管税务机关提交书面情况说明,以证明企业在重组后的连续 12 个月内,有关符合特殊性税务处理的条件未发生改变。

财税〔2009〕59 号第 10 条规定:企业在重组发生前后连续 12 个月内分步对其资产、股权进行交易,应根据实质重于形式原则将上述交易作为一项企业重组交易进行处理。

根据上述第十条规定,若同一项重组业务涉及在连续 12 个月内分步交易,且跨两个纳税年度,当事各方在第一步交易完成时预计整个交易可以符合特殊性税务处理条件,可以协商一致选择特殊性税务处理的,可在第一步交易完成后,适用特殊性税务处理。主管税务机关在审核有关资料后,符合条件的,可以暂认可适用特殊性税务处理。第二年进行下一步交易后,应按本办法要求,准备相关资料确认适用特殊性税务处理。

上述跨年度分步交易,若当事方在首个纳税年度不能预计整个交易是否符合特殊性税务处理条件,应适用一般性税务处理。在下一纳税年度全部交易完成后,适用特殊性税务处理的,可以调整上一纳税年度的企业所得税年度申报表,涉及多缴税款的,各主管税务机关应退税,或抵缴当年应纳税款。

（二）特殊性税务处理

企业重组符合上述规定的特殊性税务处理条件的,交易各方对其交易中的股权支付部分（只限于股权支付部分,对非股权支付部分不适用）,可以按以下规定进行特殊性税务处理。

1. 债务重组

企业债务重组确认的应纳税所得额占该企业当年应纳税所得额 50％以上,可以在 5 个纳税年度的期间内,均匀计入各年度的应纳税所得额。

企业发生债权转股权业务,对债务清偿和股权投资两项业务暂不确认有关债务清偿所得或损失,股权投资的计税基础以原债权的计税基础确定。企业的其他相关所得税事项保持不变。企业发生债务重组,根据不同情形,应准备相关资料。

（1）发生债务重组所产生的应纳税所得额占该企业当年应纳税所得额 50％以上的,债务重组所得要求在 5 个纳税年度的期间内,均匀计入各年度应纳税所得额的,应准备以下资料:

① 当事方的债务重组的总体情况说明（如果采取申请确认的,应为企业的申请,下同）,情况说明中应包括债务重组的商业目的;

② 当事各方所签订的债务重组合同（协议）或法院裁定书;

③ 债务重组所产生的应纳税所得额、企业当年应纳税所得额情况说明;

④ 税务机关要求提供的其他资料证明。

（2）发生债权转股权业务,债务人对债务清偿业务暂不确认所得或损失,债权人对股权

投资的计税基础以原债权的计税基础确定,应准备以下资料:

① 当事方的债务重组的总体情况说明。情况说明中应包括债务重组的商业目的;

② 双方所签订的债转股合同(协议);

③ 企业所转换的股权公允价格证明;

④ 工商部门及有关部门核准相关企业股权变更事项证明材料;

⑤ 税务机关要求提供的其他资料证明。

2. 股权收购

股权收购交易的对象是被收购企业的股权,在股权收购过程中涉及收购企业、被收购企业及被收购企业股东,其中应按税法规定进行税务处理的是收购企业和被收购企业股东两方,不包括被收购企业。

为支持企业重组,缓解纳税人在资金上纳税困难,财税〔2009〕59号文件规定,股权收购,收购企业购买的股权不低于被收购企业全部股权的75%,且收购企业在该股权收购发生时的股权支付金额不低于其交易支付总额的85%,可以选择按以下规定处理:

(1) 被收购企业的股东取得收购企业股权的计税基础,以被收购股权的原有计税基础确定。

(2) 收购企业取得被收购企业股权的计税基础,以被收购股权的原有计税基础确定。

(3) 收购企业、被收购企业的原有各项资产和负债的计税基础和其他相关所得税事项保持不变。

企业发生这里所称的的股权收购业务,应准备以下资料:

(1) 当事方的股权收购业务总体情况说明,情况说明中应包括股权收购的商业目的;

(2) 双方或多方所签订的股权收购业务合同或协议;

(3) 由评估机构出具的所转让及支付的股权公允价值;

(4) 证明重组符合特殊性税务处理条件的资料,包括股权比例,支付对价情况,以及12个月内不改变资产原来的实质性经营活动和原主要股东不转让所取得股权的承诺书等;

(5) 工商等相关部门核准相关企业股权变更事项证明材料;

(6) 税务机关要求的其他材料。

【例7-9】 A单位持有甲公司100%股权,计税基础200万元,公允价值600万元,2009年8月B公司收购A单位持有的甲公司的全部股权,价款600万元以B公司的股权支付(即A单位将甲公司股权置换成B公司股权),股权支付比例为100%。

要求:分析说明A、B两公司如何进行企业所得税处理。

【解析】

由于A单位转让股权比例为100%,转让股权超过75%;B公司股权支付的比例为100%,超过交易支付总额的85%,符合特殊性税务处理条件。A公司转让股权的增值额400万元,可以选择特殊性税务处理暂时不纳税。此时A单位取得B公司新股的计税基础仍为200万元,B公司取得甲公司股权的计税基础以被收购股权原有计税基础200万元确定,而不是600万元。

【例7-10】 A公司以本公司20%的股权(公允价值为5 800万元)和400万元的银行存款作为对价,收购B公司持有的C公司的80%的股权(计税基础2 000万元,公允价值6 200万元)。由于A公司收购C公司股权80%大于75%,且股权支付占交易总额的5 800÷

6 200＝93.5％,符合并选择采用特殊性税务处理。

要求:分析说明交易各方应如何进行企业所得税处理。

【解析】

根据财税〔2009〕59号文件规定,符合特殊性税务处理条件的股权收购业务,被收购企业股东可暂不确认股权转让所得或损失。但如果被收购企业股东除取得收购企业的股权外,还取得收购企业支付的非股权,被收购企业股东应确认非股权支付额对应的股权转让所得或损失。

因而,B公司可暂不确认与股权支付相对应的转让C公司股权的转让所得,但应确认银行存款(非股权支付额)400万元对应的股权转让所得270.97万元[(6 200－2 000)×(400÷6 200)],股权转让所得应缴纳企业所得税67.74万元(270.97×25％)。

根据财税〔2009〕59号文规定,在符合特殊性税务处理条件下,被收购企业的股东取得收购企业股权的计税基础,以被收购股权的原有计税基础确定。即被收购企业的股东应以被收购企业股权的原计税基础加上非股权支付额对应的股权转让所得,作为取得的股权支付额和非股权支付额的计税基础。其中,非股权支付额的计税基础为其公允价值,取得收购企业股权的计税基础为被收购企业股权的原计税基础加上非股权支付额对应的股权转让所得减去非股权支付的公允价值。上例中B公司取得银行存款的计税基础为400万元,取得A公司股权的计税基础为1 870.97万元(2 000＋270.97－400)。将来B公司转让A公司股权时允许扣除的计税基础是1 870.97万元,而不是取得时的公允价值5 800万元。

由此可见,财税〔2009〕59号文件对股权收购特殊性税务处理的规定,并不是让被收购企业的股东真正享受所得税的免税待遇,而是为支持有正常目的企业并购重组,允许其递延确认缴纳企业所得税。

3. 资产收购

资产收购,受让企业收购的资产不低于转让企业全部资产的75％,且受让企业在该资产收购发生时的股权支付金额不低于其交易支付总额的85％,可以选择按以下规定处理:

(1)转让企业取得受让企业股权的计税基础,以被转让资产的原有计税基础确定。

(2)受让企业取得转让企业资产的计税基础,以被转让资产的原有计税基础确定。

企业发生这里所称的的资产收购业务,应准备以下资料:

(1)当事方的资产收购业务总体情况说明,情况说明中应包括资产收购的商业目的;

(2)当事各方所签订的资产收购业务合同或协议;

(3)评估机构出具的资产收购所体现的资产评估报告;

(4)受让企业股权的计税基础的有效凭证;

(5)证明重组符合特殊性税务处理条件的资料,包括资产收购比例,支付对价情况,以及12个月内不改变资产原来的实质性经营活动、原主要股东不转让所取得股权的承诺书等;

(6)工商部门核准相关企业股权变更事项证明材料;

(7)税务机关要求提供的其他材料证明。

【例7-11】　A企业将全部资产转让给B公司,B公司向A企业支付B公司股权,以及非股权支付额,完成A企业整体资产转让。A企业全部资产账面价值和计税基础都为8 000万元,公允价值15 000万元,B公司向A支付6 250万股本企业股票(面值1元),账面价值 6 250 万元，公允价值 14 000 万元。另外支付非股权支付额 1 000 万元（银行存款 200 万元，C 公司债券 400 万元，公允价值 800 万元）。A 企业将全部资产转让给 B 公司。

【解析】

本例中，非股权支付额占交易支付总额的比例为：$1\,000 \div 15\,000 = 6.67\%$，收购企业受让被收购企业全部资产的 100%，符合规定条件，可以选择适用特殊重组进行税务处理。

A 企业转让整体资产所得 $= 15\,000 - 8\,000 = 7\,000$（万元），同时，A 企业取得了非股权支付额，应按非股权支付额占改组交易额的比例，确认当期应纳税所得额。

A 企业当期资产收购交易的应纳税所得 $= 7\,000 \times (1\,000 \div 15\,000) = 466.67$（万元）。

A 企业换出整体资产后，股东取得 B 企业的股权和部分非股权支付额，需将所持有 B 企业股权及部分非股权支付额进行成本替换（剔除现金对价 200 万元）。

A 企业换出资产的计税基础：$8\,000 + 466.67 = 8\,466.67$（万元）。换入 B 企业股权计税基础：$8\,466.67 \times (14\,000 \div 14\,800) = 8\,009.01$（万元）；换入 B 企业所持 C 公司债券的计税基础：$8\,466.67 \times (800 \div 14\,800) = 457.66$（万元）。

如果 A 企业完全按上述计算的数据确认应税所得以及换入资产的账面价值，则会计与税法不存在差异。很多企业重组往往按评估价值入账，热衷于确认重组利润，做大资产总额，但不愿缴纳所得税，因此出现会计与税法差异，一方面对当期利润有影响，需要纳税调整；另一方面资产账面价值与计税基础发生差异，需要在资产存续期内逐年调整允许税前扣除的折旧、摊销额。

4. 企业合并

（1）企业所得税处理

企业合并，企业股东在该企业合并发生时取得的股权支付金额不低于其交易支付总额的 85%，以及同一控制下且不需要支付对价的企业合并，可以选择按以下规定处理：

① 合并企业接受被合并企业资产和负债的计税基础，以被合并企业的原有计税基础确定。

② 被合并企业合并前的相关所得税事项由合并企业承继。

③ 可由合并企业弥补的被合并企业亏损的限额 = 被合并企业净资产公允价值 × 截至合并业务发生当年年末国家发行的最长期限的国债利率。

这里所称可由合并企业弥补的被合并企业亏损的限额，是指按企业所得税法规定的剩余结转年限内，每年可由合并企业弥补的被合并企业亏损的限额。

④ 被合并企业股东取得合并企业股权的计税基础，以其原持有的被合并企业股权的计税基础确定。

这里的同一控制，是指参与合并的企业在合并前后均受同一方或相同的多方最终控制，且该控制并非暂时性的。能够对参与合并的企业在合并前后均实施最终控制权的相同多方，是指根据合同或协议的约定，对参与合并企业的财务和经营政策拥有决定控制权的投资者群体。在企业合并前，参与合并各方受最终控制方的控制在 12 个月以上，企业合并后所形成的主体在最终控制方的控制时间也应达到连续 12 个月。

企业发生这里所称的合并，应准备以下资料：

① 当事方企业合并的总体情况说明。情况说明中应包括企业合并的商业目的；

② 企业合并的政府主管部门的批准文件；

③ 企业合并各方当事人的股权关系说明;

④ 被合并企业的净资产、各单项资产和负债及其账面价值和计税基础等相关资料;

⑤ 证明重组符合特殊性税务处理条件的资料,包括合并前企业各股东取得股权支付比例情况、以及 12 个月内不改变资产原来的实质性经营活动、原主要股东不转让所取得股权的承诺书等;

⑥ 工商部门核准相关企业股权变更事项证明材料;

⑦ 主管税务机关要求提供的其他资料证明。

企业发生这里所称的分立,应准备以下资料:

① 当事方企业分立的总体情况说明。情况说明中应包括企业分立的商业目的;

② 企业分立的政府主管部门的批准文件;

③ 被分立企业的净资产、各单项资产和负债账面价值和计税基础等相关资料;

④ 证明重组符合特殊性税务处理条件的资料,包括分立后企业各股东取得股权支付比例情况、以及 12 个月内不改变资产原来的实质性经营活动、原主要股东不转让所取得股权的承诺书等;

⑤ 工商部门认定的分立和被分立企业股东股权比例证明材料;分立后,分立和被分立企业工商营业执照复印件;分立和被分立企业分立业务账务处理复印件;

⑥ 税务机关要求提供的其他资料证明。

【例 7-12】 2009 年 5 月甲公司合并乙公司,乙公司被合并时净资产账面价值和计税基础都为 10 000 万元,公允价值 12 000 万元,上一年度尚未弥补完的亏损 800 万元(假定截至合并业务发生当年年末国家发行的最长期限的国债利率为 5%)。乙公司股东收到合并后新公司股权 11 000 万元,银行存款等其他非股权支付 1 000 万元。(假定乙公司股东原投入乙公司的股权投资成本与计税基础都为 9 000 万元)。

请问:甲、乙公司如何进行所得税处理?

【解析】

股权支付额占交易支付总额的比例 $11\,000 \div 12\,000 \times 100\% = 91.67\%$,超过 85%,合并双方可以选择特殊性税务处理,即乙公司资产增值 2 000 万元中,与股权支付相对应部分 1 833.33 万元($2\,000 \times 11\,000 \div 1\,2000$)可以不缴纳企业所得税,同时合并双方的股份置换也不确认转让所得或损失。乙公司合并前的未弥补完的亏损等相关所得税事项由甲公司承继,可由甲公司弥补的乙公司亏损的限额为:$12\,000 \times 5\% = 600$(万元)。

乙公司股东取得合并后企业股权 11 000 万元,非股权 1 000 万元,"旧股"成本 9 000 万元,增值 3 000 万元。乙公司股东取得的非股权支付额 1 000 万元对应的股权转让所得: $3\,000 \times 1\,000 \div 12\,000 = 250$(万元),股东取得新股的计税基础为:$9\,000 - 1\,000 + 250 = 8\,250$(万元)。

合并企业甲公司接受乙公司资产的计税基础,按乙公司原账面价值(计税基础)10 000 万元确定。

(2)其他税种的处理

① 流转税

转让企业产权是整体转让企业资产、债权、债务及劳动力的行为,其转让价格不仅仅是由资产价值决定的,与企业销售不动产,转让无形资产的行为完全不同。因此,国家税务总局《关于转让企业产权不征收营业税问题的批复》(国税函〔2002〕165号)规定,转让企业产权的行为不属于营业税征收范围,不应征收营业税。

国家税务总局《关于转让企业全部产权不征收增值税问题的批复》(国税函〔2002〕420号,自2011年3月1日起,被国家税务总局公告〔2011〕13号废止)规定,转让企业全部产权是整体转让企业资产、债权、债务及劳动力的行为,因此,转让企业全部产权涉及的应税货物的转让,不属于增值税的征税范围,不征收增值税。

可见,若被合并企业在整体转让过程中符合上述规定,就既不缴纳营业税,也不缴纳增值税。但是,根据国家税务总局《关于纳税人资产重组有关增值税政策问题的批复》(国税函〔2009〕585号,自2011年3月1日起,被国家税务总局公告〔2011〕13号废止)规定,纳税人在资产重组过程中将所属资产、负债及相关权利和义务转让给控股公司,但保留上市公司资格的行为,不属于国税函〔2002〕420号文件规定的整体转让企业产权行为。对其资产重组过程中涉及的应税货物转让等行为,应照章征收增值税。对控股公司将受让获得的实物资产再投资给其他公司的行为,应照章征收增值税。

② 土地增值税

根据《关于土地增值税一些具体问题规定的通知》(财税字〔1995〕48号)规定,"在企业兼并中,对被兼并企业将房地产转让到兼并企业中的,暂免征收土地增值税"。

③ 契税

财税〔2008〕175号文件规定,在股权转让中,单位、个人承受企业股权,企业土地、房屋权属不发生转移,不征收契税;两个或两个以上的企业,依据法律规定、合同约定,合并改建为一个企业,且原投资主体存续的,对其合并后的企业承受原合并各方的土地、房屋权属,免征契税;企业依照法律规定、合同约定分设为两个或两个以上投资主体相同的企业,对派生方、新设方承受原企业土地、房屋权属,不征收契税。

④ 印花税

根据财税〔2003〕183号文规定,以合并或分立方式成立的新企业,其新启用的资金账簿记载的资金,凡原已贴花的部分可不再贴花,未贴花的部分和以后新增加的资金按规定贴花。企业债权转股权新增加的资金按规定贴花,企业改制中经评估增加的资金按规定贴花,企业其他会计科目记载的资金转为实收资本或资本公积的资金按规定贴花。

【例7-13】 (CTA·2012)2011年8月甲企业以吸收方式合并乙企业,合并业务符合特殊性税务处理条件。合并时乙企业净资产账面价值1 100万元,市场公允价值1 300万元,弥补期限内的亏损70万元,年末国家发行的最长期限的国债利率为4.5%。2011年由甲企业弥补的乙企业的亏损额为(   )万元。

A. 3.15   B. 49.5   C. 58.5   D. 70.00

【答案】 C

【解析】

根据现行企业所得税法规规定,符合特殊性税务处理条件的,可由合并企业弥补的被合并企业亏损的限额=被合并企业净资产公允价值×截至合并业务发生当年年末国家发行的最长期限的国债利率。

甲企业弥补乙企业的亏损额=1 300×4.5%=58.50(万元)。

5. 企业分立

企业分立,被分立企业所有股东按原持股比例取得分立企业的股权,分立企业和被分立企业均不改变原来的实质经营活动,且被分立企业股东在该企业分立发生时取得的股权支付金额不低于其交易支付总额的85%,可以选择特殊性税务处理,暂时不缴企业所得税。

（1）分立企业接受被分立企业资产和负债的计税基础,以被分立企业的原有计税基础确定。

（2）被分立企业已分立出去资产相应的所得税事项由分立企业承继。

（3）被分立企业未超过法定弥补期限的亏损额可按分立资产占全部资产的比例进行分配,由分立企业继续弥补。

（4）被分立企业的股东取得分立企业的股权（以下简称"新股"）,如需部分或全部放弃原持有的被分立企业的股权（以下简称"旧股"）,"新股"的计税基础应以放弃"旧股"的计税基础确定。如不需放弃"旧股",则其取得"新股"的计税基础可从以下两种方法中选择确定:直接将"新股"的计税基础确定为零;或者以被分立企业分立出去的净资产占被分立企业全部净资产的比例先调减原持有的"旧股"的计税基础,再将调减的计税基础平均分配到"新股"上。

【例7-14】　A有限责任公司,主要经营水泥生产及销售业务,拥有新型干法水泥资产、立窑水泥资产和水泥业务的相关资产,注册资本500万元。该公司共有6名股东,其中1名企业股东持有公司股份70%,其他30%的股份由6位自然人平均持有。为进一步做大做强,2009年5月,A公司准备将新型干法水泥的相关资产分立后成立新公司,由新公司和一家大型央企水泥企业合资经营。截至2008年底,A公司未超过法定弥补期限的亏损额为50万元。A公司分立前资产总额账面价值为1 620万元,净资产账面价值为780万元。该公司自成立后未进行过增资和股息分配。

根据分立协议,A公司将下列资产、负债经评估后分立成立B企业（如表所示）,同时将100名员工划归B企业。

单位:万元

资产	账面价值	计税基础	评估（公允）价值
固定资产	250	280	210
在建工程	300	300	350
无形资产（土地）	400	350	850
无形资产（采矿权）	160	140	480
资产合计	1 110	1 070	1 890
负债	账面价值	计税基础	评估价值
短期借款	100	100	100
应付账款	200	200	200
长期借款	300	300	300
预计负债（售后费用）	120	0	120
负债合计	720	600	720

A公司在工商部门办理了减资手续，并按2∶1的比例等比例缩股，即原股东持有2股，缩股后变为持有A公司1股。分立成立的B企业注册资本为1170万元，股东结构维持不变。

【解析】

首先，A公司的分立完全是有合理的商业目的的。同时，A公司以原有资产继续从事立窑水泥生产，也完全符合重组不改变原实质性经营活动的条件。其次，A公司分立后，其原有股东按原持股比例取得B企业股权，无任何非股权支付。假设分立后，取得B企业股权的股东承诺在分立后12个月内都不转让B企业股权，这样的分立就完全符合财税〔2009〕59号文件中特殊性税务处理的规定。

1. 特殊性税务处理[①]

（1）被分立企业

A公司无需对分立出去的资产按公允价值确认资产转让所得或损失。分立出去资产对应的相关所得税事项由B企业继承。

（2）分立企业

B企业接受被分立企业A公司资产和负债的计税基础，以被分立企业原有计税基础确定。因此，B企业取得的资产的计税基础为1070万元，负债的计税基础为600万元。

未弥补亏损的分配：$50 \times 1110 \div 1620 = 34$（万元）。因此，34万元和16（50－34）万元亏损分别由分立企业B和被分立企业A公司在税法规定的剩余期限内弥补。

（3）被分立企业股东取得B企业股权的计税基础

根据分立方案，分立后A公司进行了减资和缩股处理，被分立企业的股东是以放弃旧股的方式获得新股。根据财税〔2009〕59号文件规定，新股的计税基础应以放弃旧股的计税基础确定。对A公司的企业股东而言，其初始投资为350（500×70%）万元，由于按2∶1的比例进行等比例缩股，企业股东在分立后持有的A公司股份的计税基础就变为175万元，其持有的B企业股份的计税基础按放弃旧股的计税基础确定，即用350万元减去175万元，得到其持有B企业股份的计税基础为175万元。

假如，A公司股东不放弃"旧股"，根据财税〔2009〕59号文件规定，A公司原有股东持有的B企业股份的计税基础有两种方式确定：一是直接将其持有的B企业股份的计税基础确定为零；二是以被分立企业分立出去的净资产占被分立企业全部净资产的比例先调减原持有的旧股的计税基础，再将调减的计税基础平均分配到新股上。仍以A公司企业股东为例，其取得的B企业股份的计税基础为：$500 \times (1110 - 720) \div 780 \times 70\% = 175$（万元），其持有的原A公司股份的计税基础为：$350 - 175 = 175$（万元）。

2. 一般性税务处理

假设上述案例其他条件不变。A公司分立成立B企业后，需要引入央企作为战略投资者，如果A公司的企业股东在分立后3个月内按相关联营协议的要求，将其持有的B企业40%的股份转让给该央企，股份转让完成后，该央企再进一步增加注资，最终将其持有的B企业股份增加到60%以上不超过70%。

虽然该分立有合理的商业目的，分立后也从事原实质性经营活动，分立全部是股权支付且持股比例不变，但是，在该分立中取得股权支付的原主要股东（即A公司持股70%的企业

---

① 参见赵国庆、江霞：《企业分立所得税处理案例分析》，载《中国税务报》，2009年11月2日。

股东)在分立后 3 个月内就转让股份,短于 12 个月,不符合特殊性税务处理的条件,应按一般性税务处理规定进行税务处理。

(1)被分立企业

被分立企业 A 公司对分立出去资产应按公允价值确认资产转让所得或损失。资产转让所得为:1 890－1 070＝820(万元)。

需要注意的是,虽然整体资产转让是有所得的,但是固定资产转让是损失 70 万元。此时,A 公司需要根据国家税务总局《关于印发〈企业资产损失税前扣除管理办法〉的通知》(国税发〔2009〕88 号)的规定,履行资产损失税前扣除的报批手续。

(2)分立企业

分立企业应按公允价值确认接受资产的计税基础。因此,B 企业取得资产的计税基础应按评估价格确认。比如,其取得的无形资产的计税基础为 1 330 万元,所有资产合计的计税基础为 1 890 万元。

由于是一般性税务处理,A 公司未超过法定弥补期限的亏损额 50 万元不得相互结转弥补。被分立企业股东取得的对价应视同被分立企业分配进行处理。

以 A 公司的企业股东为例,其取得了 B 企业 70％的股权,该股权的公允价值为 819 万元(1 170×70％),因此,A 公司的企业股东取得的 819 万元股权应视为 A 公司对其股息分配。由于符合条件的居民企业间的股息红利所得是免税的,因此 A 公司的企业股东取得 B 企业价值 819 万元的股权免于缴纳企业所得税。此时,该企业股东持有的 A 公司股份的计税基础仍为 350 万元,B 企业股份的计税基础为 819 万元。但是,对于 A 公司 6 名自然人股东取得的合计 351 万元(1 170×30％)的 B 企业股份,A 公司应适用"利息、股息、红利"税目按 20％的税率扣缴个人所得税。

如果本案例中,A 公司在分立后注销,此时 A 公司以及 A 公司的所有股东都需要根据财政部、国家税务总局《关于企业清算业务企业所得税处理若干问题的通知》(财税〔2009〕60 号)规定进行所得税清算。

需要说明的是:重组交易各方按上述特殊重组交易规则对交易中股权支付部分暂不确认有关资产的转让所得或损失的,其非股权支付部分仍应在交易当期确认相应的资产转让所得或损失,并调整相应资产的计税基础。

非股权支付对应的资产转让所得或损失＝(被转让资产的公允价值－被转让资产的计税基础)×(非股权支付金额÷被转让资产的公允价值)

此外,企业在重组发生前后连续 12 个月内分步对其资产、股权进行交易,应根据实质重于形式原则将上述交易作为一项企业重组交易进行处理。

【例 7-15】 P 公司整体收购 S 公司资产。收购时 S 公司资产账面价值(与计税基础一致)为 12 000 万元,公允价值为 20 000 万元。P 公司以本公司的股权支付 18 000 万元,以银行存款支付 2 000 万元。由于 S 公司全部资产 100％转让给 P 公司,超过 75％比例。同时,P 公司支付股权 18 000 万元(计税基础 14 000 万元),占支付总额的 90％,超过 85％。符合免税重组的特殊性税务处理规定,S 公司选择免税重组。

要求:计算上述整体资产收购业务中 S 公司的资产转让所得和应缴纳的企业所得税。

【解析】

根据财税〔2009〕59 号文规定,如果企业的整体资产转让经税务机关备案按特殊性税务处理,资产增值额中与股权支付对应部分不缴纳企业所得税,但与非股权支付额对应的资产增值部分要纳税。S公司整体转让资产股权支付额18 000万元对应的增值部分,可以不确认资产转让所得,不缴企业所得税;但与2 000万元非股权支付相对应的增值部分要视同销售,缴纳企业所得税,并调整相应资产的计税基础。

S公司整体资产的增值额:20 000-12 000=8 000万元;

P公司非股权支付对应的资产转让所得:

$$(20\ 000-12\ 000)\times 2\ 000\div 20\ 000=800(万元)。$$

P公司需要就该项所得缴纳企业所得税:800×25%=200(万元)。

P公司与18 000万元股权支付相对应的资产转让所得7 200万元[(20 000-12 000)×18 000÷20 000]暂时不需要缴纳企业所得税。

财税[2009]59号文件第六条第三项规定,转让企业取得受让企业股权的计税基础,以被转让资产的原有计税基础确定。受让企业取得转让企业资产的计税基础,以被转让资产的原有计税基础确定。S公司转让资产的计税基础为12 000万元,被收购后取得银行存款2 000万元,税法确认转让所得800万元,所以,其取得股权的计税基础为10 800万元(12 000-2 000+800)。假如S公司以后以公允价值18 000万元转让股权,将实现转让所得7 200万元(18 000-10 800),与前面非股权支付确认的所得800万元合计正好实现增值所得8 000万元。

同样,假设P公司在收购S公司资产20 000万元时,所支付的股权18 000万元的计税基础为14 000万元,现金支付为2 000万元,则其收购资产的计税基础为转让资产的计税基础14 000万元再加上非股权现金支付2 000万元,即16 000万元,而不是按购入资产公允价值20 000万元作为计税基础。假如P公司也以公允价值20 000万元转让收购资产,将实现转让所得4 000万元(20 000-16 000)。P公司与S公司一样,在收购资产以18 000万元股权支付时,其暂时没有视同销售确认的所得4 000万元,将在资产折旧或处置时确认。

(三)跨境重组

企业发生涉及中国境内与境外之间(包括港澳台地区)重组交易的,应区分不同条件分别适用一般性税务处理和特殊性税务处理。

企业发生涉及中国境内与境外之间(包括港澳台地区)的股权和资产收购交易,除应符合财税[2009]59号文件第五条规定的条件外,还应同时符合下列条件,才可选择适用免税重组的特殊性税务处理规定。

(1)非居民企业向其100%直接控股的另一非居民企业转让其拥有的居民企业股权,没有因此造成以后该项股权转让所得预提税负担变化,且转让方非居民企业向主管税务机关书面承诺在3年(含3年)内不转让其拥有受让方非居民企业的股权。

该股权转让情形包括因境外企业分立、合并导致中国居民企业股权被转让的情况。

(2)非居民企业向与其具有100%直接控股关系的居民企业转让其拥有的另一居民企业股权。

国家税务总局《关于非居民企业股权转让适用特殊性税务处理有关问题的公告》(国家税务总局公告2013年第72号)规定:非居民企业发生上述两种股权转让选择特殊性税务处理的,应于股权转让合同或协议生效且完成工商变更登记手续30日内进行备案。属于上述第(1)项情形的,由转让方向被转让企业所在地所得税主管税务机关备案;属于上述第(2)项情形的,由受让方向其所在地所得税主管税务机关备案。股权转让方或受让方可以委托代理人办理备案事项;代理人在代为办理备案事项时,应向主管税务机关出具备案人的书面授权委托书。

(3)居民企业以其拥有的资产或股权向其100％直接控股的非居民企业进行投资。

居民企业以其拥有的资产或股权向其100％直接控股关系的非居民企业进行投资,其资产或股权转让收益如选择特殊性税务处理,可以在10个纳税年度内均匀计入各年度应纳税所得额。

发生该重组的,居民企业应向其所在地主管税务机关报送以下资料:

① 当事方的重组情况说明,申请文件中应说明股权转让的商业目的。

② 双方所签订的股权转让协议。

③ 双方控股情况说明。

④ 由评估机构出具的资产或股权评估报告。报告中应分别列示涉及的各单项被转让资产和负债的公允价值。

⑤ 证明重组符合特殊性税务处理条件的资料,包括股权或资产转让比例,支付对价情况,以及12个月内不改变资产原来的实质性经营活动、不转让所取得股权的承诺书等。

⑥ 税务机关要求的其他材料。

(4)财政部、国家税务总局核准的其他情形。

需要说明的是:根据国务院《关于取消和下放一批行政审批项目的决定》(国发〔2014〕5号),各级主管税务机关实施的"非居民企业股权转让选择特殊性税务处理核准"均取消。

(四)备案与管理

1. 特殊性税务处理备案

企业发生重组业务符合财税〔2009〕59号文件规定的特殊性重组条件并选择特殊性税务处理的,当事各方应在该重组业务完成当年企业所得税年度申报时,向主管税务机关提交书面备案资料,证明其符合各类特殊性重组规定的条件。企业未按规定书面备案的,一律不得按特殊重组业务进行税务处理。

如企业重组各方需要税务机关确认,可以选择由重组主导方向主管税务机关提出申请,层报省税务机关给予确认。采取申请确认的,主导方和其他当事方不在同一省(自治区、市)的,主导方省税务机关应将确认文件抄送其他当事方所在地省税务机关。省税务机关在收到确认申请时,原则上应在当年度企业所得税汇算清缴前完成确认。特殊情况,需要延长的,应将延长理由告知主导方。

2. 重组主导方的确定

企业重组主导方,按以下原则确定:

(1)债务重组为债务人;

(2)股权收购为股权转让方;

(3)资产收购为资产转让方;

(4)吸收合并为合并后拟存续的企业,新设合并为合并前资产较大的企业;

(5)分立为被分立的企业或存续企业。

3. 所得税事项的承继

财税〔2009〕59号文件第九条规定:在企业吸收合并中,合并后的存续企业性质及适用税收优惠的条件未发生改变的，可以继续享受合并前该企业剩余期限的税收优惠，其优惠金额按存续企业合并前一年的应纳税所得额（亏损计为零）计算。在企业存续分立中，分立后的存续企业性质及适用税收优惠的条件未发生改变的，可以继续享受分立前该企业剩余期限的税收优惠，其优惠金额按该企业分立前一年的应纳税所得额（亏损计为零）乘以分立后存续企业资产占分立前该企业全部资产的比例计算。

《企业重组业务企业所得税管理办法》还规定，企业合并或分立，合并各方企业或分立企业涉及享受《企业所得税法》第五十七条规定中就企业整体（即全部生产经营所得）享受的税收优惠过渡政策尚未期满的，仅就存续企业未享受完的税收优惠，按照财税〔2009〕59号文件第九条的规定执行；注销的被合并或被分立企业未享受完的税收优惠，不再由存续企业承继；合并或分立而新设的企业不得再承继或重新享受上述优惠。合并或分立各方企业按照企业所得税法的税收优惠规定和税收优惠过渡政策中就企业有关生产经营项目的所得享受的税收优惠承继问题，按照《企业所得税法实施条例》第八十九条规定（依照规定享受减免税优惠的项目，在减免税期限内转让的，受让方自受让之日起，可以在剩余期限内享受规定的减免税优惠；减免税期限届满后转让的，受让方不得就该项目重复享受减免税优惠）执行。

企业重组适用特殊性税务处理，被合并企业合并前的相关所得税事项由合并企业承继，以及企业分立，已分立资产相应的所得税事项由分立企业承继，这些事项包括尚未确认的资产损失、分期确认收入的处理以及尚未享受期满的税收优惠政策承继处理问题等。其中，对税收优惠政策承继处理问题，凡属于依照《企业所得税法》第五十七条规定中就企业整体（即全部生产经营所得）享受税收优惠过渡政策的，合并或分立后的企业性质及适用税收优惠条件未发生改变的，可以继续享受合并前各企业或分立前被分立企业剩余期限的税收优惠。合并前各企业剩余的税收优惠年限不一致的，合并后企业每年度的应纳税所得额，应统一按合并日各合并前企业资产占合并后企业总资产的比例进行划分，再分别按相应的剩余优惠计算应纳税额。合并前各企业或分立前被分立企业按照企业所得税法的税收优惠规定以及税收优惠过渡政策中就有关生产经营项目所得享受的税收优惠承继处理问题，按照《企业所得税法实施条例》第八十九条规定执行。

4. 后续管理

当事方的其中一方在规定时间内发生生产经营业务、公司性质、资产或股权结构等情况变化，致使重组业务不再符合特殊性税务处理条件的，发生变化的当事方应在情况发生变化的30天内书面通知其他所有当事方。主导方在接到通知后30日内将有关变化通知其主管税务机关。

上款所述情况发生变化后60日内，应按照规定调整重组业务的税务处理。原交易各方应各自按原交易完成时资产和负债的公允价值计算重组业务的收益或损失，调整交易完成纳税年度的应纳税所得额及相应的资产和负债的计税基础，并向各自主管税务机关申请调整交易完成纳税年度的企业所得税年度申报表。逾期不调整申报的，按照《税收征管法》的相关规定处理。

（五）上海自贸区内企业资产重组递延纳税优惠

中国（上海）自由贸易试验区（简称试验区）非货币性资产投资资产评估增值企业所得税政策，财政部国家税务总局《关于中国（上海）自由贸易试验区内企业以非货币性资产对外投资等资产重组行为有关企业所得税政策问题的通知》（财税〔2013〕91号）作出如下规定。

（1）注册在试验区内的企业，因非货币性资产对外投资等资产重组行为产生资产评估增值，据此确认的非货币性资产转让所得，可在不超过5年期限内，分期均匀计入相应年度的应纳税所得额，按规定计算缴纳企业所得税。

（2）企业以非货币性资产对外投资，应于投资协议生效且完成资产实际交割并办理股权登记手续时，确认非货币性资产转让收入的实现。

企业以非货币性资产对外投资，应对非货币性资产进行评估并按评估后的公允价值扣除计税基础后的余额，计算确认非货币性资产转让所得。

（3）企业以非货币性资产对外投资，其取得股权的计税基础应以非货币性资产的原计税基础为基础，加上每年计入的非货币性资产转让所得，逐年进行调整。

被投资企业取得非货币性资产的计税基础，可以非货币性资产的公允价值确定。

（4）企业在对外投资5年内转让上述股权或投资收回的，应停止执行递延纳税政策，并将递延期内尚未计入的非货币性资产转让所得，在转让股权或投资收回当年的企业所得税年度汇算清缴时，一次性计算缴纳企业所得税；企业在计算股权转让所得时，可按财税〔2013〕91号第三条第一款（上述（3））规定将股权的计税基础一次调整到位。企业在对外投资5年内注销的，应停止执行递延纳税政策，并将递延期内尚未计入的非货币性资产转让所得，在歇业当年的企业所得税年度汇算清缴时，一次性计算缴纳企业所得税。

企业应于投资协议生效且完成资产实际交割并办理股权登记手续30日内，持相关资料向主管税务机关办理递延纳税备案登记手续。主管税务机关应对报送资料进行审核，在规定时间内将备案登记结果回复企业。企业应在确认收入实现的当年，以项目为单位，做好相应台账，准确记录应予确认的非货币性资产转让所得，并在相应年度的企业所得税汇算清缴时对当年计入额及分年结转额的情况做出说明。

这里所称注册在试验区内的企业，是指在试验区注册并在区内经营，实行查账征收的居民企业。所称非货币性资产对外投资等资产重组行为，是指以非货币性资产出资设立或注入公司，限于以非货币性资产出资设立新公司和符合《财政部 国家税务总局关于企业重组业务企业所得税处理若干问题的通知》（财税〔2009〕59号）第一条规定的股权收购、资产收购。

第二节 企业清算的所得税处理

企业清算的所得税处理，是指企业在不再持续经营，发生结束自身业务、处置资产、偿还债务以及向所有者分配剩余财产等经济行为时，对清算所得、清算所得税、股息分配等事项的处理。

为规范企业清算所得税处理与申报，财政部、国家税务总局印发了《关于企业清算业务企业所得税处理若干问题的通知》（财税〔2009〕60号），国家税务总局下发了《关于印发〈中华人民共和国企业清算所得税申报表〉的通知》（国税函〔2009〕388号）和《关于企业清算所得税有关问题的通知》（国税函〔2009〕684号）。根据上述通知规定，按照《中华人民共和国公司法》（以下简称公司法）、《中华人民共和国企业破产法》（以下简称破产法）等规定需要进行清算的企业，以及企业重组中需要按清算处理的企业，应进行清算的所得税处理。

一、企业清算所得税处理概述

（一）企业清算

企业清算是指企业因破产、经营到期、被兼并、合并等原因终止经营活动时，清理企业财产、收回债权、清偿债务并分配剩余财产的行为。清算期间，公司存续，但不得开展与清算无关的经营活动。

公司法规定，公司因下列原因解散，应当在解散事由出现之日起十五日内成立清算组，开始清算：

（1）公司章程规定的营业期限届满或者公司章程规定的其他解散事由出现；

（2）股东会或者股东大会决议解散；

（3）依法被吊销营业执照、责令关闭或者被撤销；

（4）公司经营管理发生严重困难，继续存续会使股东利益受到重大损失，通过其他途径不能解决的，持有公司全部表决权百分之十以上的股东，可以请求人民法院解散公司。人民法院依照法律规定予以解散。

由此可知，公司因合并或者分立需要解散，公司法并没有规定必须进行清算。

（二）清算程序

清算过程就是在企业出现解散事由后对清算资产进行处置、分配，最终了结企业的一切债权、债务的过程。进行清算的企业应按照以下步骤履行清算程序。

（1）成立清算组，开始清算。

（2）通知或公告债权人并进行债权登记，债权人向清算组申报其债权。

（3）清算组清理公司财产、编制资产负债表和财产清单，并制定清算方案。

（4）处置资产，包括收回应收账款、变卖非货币资产等，其中无法收回的应收账款应作坏账处理，经专项申报后在税前扣除。

（5）清偿债务，公司财产（不包括担保财产）在支付清算费用后，应按照法定顺序清偿债务，即支付职工工资、社会保险费用和法定补偿金，缴纳所欠税款，清偿公司债务。

（6）分配剩余财产，公司财产在支付清算费用、清偿债务后有余额的，按照出资或持股比例向各投资者分配剩余财产，分配剩余财产应视同对外销售，并确认隐含的所得或损失。公司财产在未依照前款规定清偿前，不得分配给股东。

（7）制作清算报告，申请注销公司登记。

（三）企业清算的所得税处理内容

企业清算的所得税处理内容包括：

（1）全部资产均应按可变现价值或交易价格，确认资产转让所得或损失；

（2）确认债权清理、债务清偿的所得或损失；

（3）改变持续经营核算原则，对预提或待摊性质的费用进行处理；

（4）依法弥补亏损，确定清算所得；

（5）计算并缴纳清算所得税；

（6）确定可向股东分配的剩余财产、应付股息等。

二、清算所得及应纳所得税额

（一）清算所得

清算所得，是指企业的全部资产可变现价值或交易价格，减除资产净值（资产的计税基础）、清算费用以及相关税费，加上债务清偿损益等后的余额。计算公式为：

$$清算所得 = \frac{资产可变现价}{值或交易价格} - \frac{资产的计}{税基础} + \frac{债务清}{偿损益} - \frac{清算}{费用} - \frac{相关}{税费} + \frac{其他所得}{或减损失}$$

可变现价值或交易价格是指纳税人在清算过程中各项资产可变现价值或交易价格。纳税人全部资产按可变现价值或交易价格减除其计税基础后确认的资产处置收益或损失金额为资产处置损益。

债务清偿损益，是指纳税人在清算期间实际偿还的债务金额与负债计税基础的差额。即在偿还负债时，实际支付金额小于负债计税基础的金额，也就是税法上所说的确实无法偿还的债务。

负债清偿损益金额为纳税人全部负债按计税基础减除其清偿金额后确认的负债清偿所得或损失金额。负债计税基础是指纳税人按照税收规定确定的清算开始日的各项负债计税基础的金额，即负债的账面价值减去未来期间计算应纳税所得额时按照税收规定予以扣除金额的余额。负债清偿金额是指纳税人清算过程中各项负债的实际清偿金额。

清算费用是指纳税人在清算过程中发生的与清算业务有关的费用支出，包括清算组组成人员的报酬，清算财产的管理、变卖及分配所需的评估费、咨询费等费用，清算过程中支付的诉讼费用、仲裁费用及公告费用，以及为维护债权人和股东的合法权益支付的其他费用。

相关税费，是指在清算期间因处理资产、负债而产生的营业税、城市维护建设税、印花税、土地增值税、教育费附加等税费。即指纳税人清算过程中发生的除企业所得税和允许抵扣的增值税以外的各项税金及附加。

由此可见，清算所得又可表述为纳税人的全部资产处置损益加上债务清偿损益减除清算费用、相关税费等后的余额。

企业进行清算，是企业存在的最后一个过程。在计算清算所得时，还要考虑清算前企业尚未确认的递延收益、尚未在税前扣除的待摊费用、已在税前扣除而不再实际支付的预提性质的费用、商誉的扣除以及尚未超过弥补期限的亏损等问题。

（二）应纳税所得额

纳税人的清算所得减除免税收入、不征税收入、其他免税所得，弥补以前年度亏损后的余额为应纳税所得额。用公式表示为：

应纳税所得额＝清算所得－免税收入－不征税收入－其他免税所得－弥补以前年度亏损

免税收入是指纳税人在清算过程中取得的按税法规定免税的收入，包括国债利息收入、符合条件的权益性投资收益等。不征税收入是指纳税人在清算过程中取得的按企业所得税法规定不征税的收入。其他免税所得是指纳税人清算过程中取得的按税收规定免税的所得。弥补以前年度亏损是指纳税人按税法规定可在税前弥补的以前纳税年度尚未弥补的亏损额。

（三）应纳所得税额

纳税人的应纳税所得额应按照法定税率计算应纳所得税额，计算公式为：

$$应纳所得税额 = 应纳税所得额 \times 25\%$$

纳税人的应纳所得税额减除减（免）企业所得税额，加上境外应补所得税额，加上（或减去）以前纳税年度应补（退）所得税额后的余额为纳税人实际应补（退）所得税额。用公式表示为：

$$实际应补(退)所得税额 = 应纳所得税额 - 减(免)企业所得税额 + 境外应补所得税额 + (或减去)以前纳税年度应补(退)所得税额$$

减（免）企业所得税额是指纳税人按税法规定准予清算期间减免的企业所得税额。境外应补所得税额是指纳税人按税法规定在清算期间发生的境外所得应在境内补缴的企业所得税额。以前纳税年度应补（退）所得税额是指纳税人因以前纳税年度损益调整、汇算清缴多缴、欠税等在清算期间应补（退）企业所得税额。

国家对重点扶持和鼓励发展的产业和项目，给予企业所得税优惠。而企业清算期间，正常的产业和项目运营一般都已停止，企业取得的所得已非正常的生产经营所得，企业所得税优惠政策的适用对象已不存在，因而清算过程中处置资产产生的所得，除法律、法规另有规定外，均不能享受税收优惠政策。企业应就清算所得按税法规定的基本税率（25％）缴纳企业所得税。

此外，在计算清算所得税时，还应注意以下与税收优惠政策有关的问题。

第一，清算过程中通常不能享受税收优惠政策，但与资产处置有关的所得一般仍可享受免税待遇，如在清算过程中取得的国债利息收入，符合免税条件的股息、红利等权益性投资收益等免税收入不计算清算所得税；此外，取得的不征税收入也不计入清算所得。

第二，企业在定期减免税期间发生清算业务不能享受减免税待遇，即使是国家重点扶持的高新技术企业、小型微利企业以及适用过渡优惠税率的纳税人发生清算业务，计算清算所得税时也应一律适用 25％ 的基本税率，而不能适用 15％、20％ 或其他优惠税率。

第三，由于投资抵免税额不是在企业清算过程中产生的，而属于纳税人正常生产经营期间应享受的税收优惠，对在清算期间仍尚未享受完抵免税额，如在清算前，因购买环境保护、节能节水、安全生产专用设备抵免税额尚未执行到期的，应允许纳税人从清算所得税额中减去上述应享受的抵免税额。

第四，创业投资企业在清算前，投资于未上市的中小高新技术企业且符合抵扣应纳税所得额相关规定的，其投资额的 70％ 尚未完全享受抵扣应纳税所得额的，应允许创业投资企业将其余额抵扣清算所得。

三、可供分配剩余财产的税务处理

（一）可供分配剩余资产

可供分配剩余财产，是指企业全部资产的可变现价值或交易价格减除清算费用，职工工资、社会保险费用和法定补偿金，结清清算所得税、以前年度欠税等税款并清偿企业债务后的余额。

这里的职工工资，是指纳税人清算过程中偿还的职工工资。社会保险费用，是指纳税人清算过程中偿还欠缴的各种社会保险费用。法定补偿金，是指纳税人清算过程中按照有关规定支付的法定补偿金。

可供分配剩余财产的税务处理，主要涉及清算企业股东分回剩余财产计税基础的确定及所得税处理两个问题。由于清算企业已按税法规定确认了可供分配剩余财产的转让所得，因此，被清算企业的股东从被清算企业分得的资产应按可变现价值或实际交易价格确定计税基础；因股东身份不同（居民企业、非居民企业、中国公民、外籍个人）分回剩余财产的所得税处理不同。

财政部、国家税务总局《关于企业清算业务企业所得税处理若干问题的通知》（财税〔2009〕60 号）规定，企业全部资产的可变现价值或交易价格减除清算费用，职工工资、社会保险费用和法定补偿金，结清清算所得税、以前年度欠税等税款，清偿企业债务，按规定计算可以向所有者分配的剩余资产。

（二）股东取得清算资产的税务处理

企业所得税法实施条例第十一条规定，投资方企业从被清算企业分得的剩余资产，其中相当于从被清算企业累计未分配利润和累计盈余公积中应当分得的部分，应当确认为股息所得；剩余资产减除上述股息所得后的余额，超过或者低于投资成本的部分，应当确认为投资资产转让所得或者损失。

这里被清算企业累计未分配利润，是指企业按照国家统一财务会计制度规定计算的，截止开始分配剩余财产时累计的未分配利润金额。累计盈余公积，是指纳税人截止开始分配剩余财产时累计从净利润中提取的盈余公积金额。

被清算企业的股东从被清算企业分得的资产应按可变现价值或实际交易价格确定计税基础。被清算企业法人股东分得的剩余资产，应先确认股息所得，再将减去股息所得后的剩余资产余额与股东投资成本相比较，差额确认投资转让所得或损失。被清算企业的股东从被清算企业分得的财产应按可变现价值或实际交易价格确定计税基础。

【例 7-16】　亚洲集团是 S 公司的控股股东，2013 年 S 公司经营到期进行清算，亚洲集团公司分回现金 160 万元，其中包含 S 公司以前年度实现的未分配利润和累计盈余公积应分回金额 90 万元，企业初始投资成本为 100 万元。

要求：计算亚洲集团应确认的股息所得、投资转让所得或损失。

【解析】

根据税法规定，投资方企业从被清算企业分得的剩余资产，其中相当于从被清算企业累计未分配利润和累计盈余公积中应当分得的部分，应当确认为股息所得；剩余资产减除股息所得后的余额，超过或者低于投资成本的部分，应当确认为投资资产转让所得或者损失。

因而，亚洲集团取得的被投资企业以前年度实现的未分配利润和累计盈余公积中应分得的部分 90 万元，应确认为股息所得，该部分股息所得为免税收入，免纳企业所得税。取得的清算资产超过股息所得部分 70 万元（160－90），低于投资成本 100 万元的部分 30 万元，应确认为投资资产转让损失。

居民企业取得的股息所得符合税法规定的免税条件的免征企业所得税。非居民企业取得的股息所得，属于 2008 年 1 月 1 日之前被投资企业形成的累积未分配利润，免征企业所得税；2008 年及以后年度被投资企业新增未分配利润，应按规定缴纳 10% 的预提所得税。居民企业确认的投资转让所得或损失应合并到该企业纳税年度利润总额内；非居民企业确认的投资转让所得，按 10% 缴纳企业所得税。

《关于企业资产损失税前扣除政策的通知》（财税〔2009〕57 号）规定，被投资方财务状况严重恶化，累计发生巨额亏损，已完成清算或清算期超过 3 年以上的，减除可收回金额后确认的无法收回的股权投资，可以作为股权投资损失在计算应纳税所得额时扣除。对于纳税人因投资取得的清算资产，其中相当于从被清算企业累计未分配利润和累计盈余公积中应当取得的部分，确认为因股权投资关系从被投资单位税后利润中分配取得的股息所得，免予征收企业所得税；剩余资产扣除上述股息所得后的余额，是企业的投资返还和投资回收，应冲减投资计税基础；投资方获得的超过投资的计税基础的分配支付额，包括转让投资时超过投资计税成本的收入，确认为投资转让所得，反之则作为投资转让损失。

(三)债权人取得清算资产的税务处理

根据财税〔2009〕57号文件规定,企业除贷款类债权外的应收、预付账款,符合债务人依法宣告破产、关闭、解散、被撤销,或者被依法注销、吊销营业执照,其清算财产不足清偿的,减除可收回金额后确认的无法收回的应收、预付款项,可以作为坏账损失在计算应纳税所得额时扣除。

通常,由于清算企业大多都是因为经营管理不善而进行的破产清算,因此纳税人往往很难足额收回债权,经常是收回的资产不抵所欠的债务。对于纳税人因债权而从清算企业取得的清算资产,其债务损失部分在进行年度企业所得税纳税申报时,要按照税法规定进行专项申报扣除。对投资人取得的清算企业的非货币资产,还应当按照公允价值确定其价值。

四、企业清算的个人所得税处理

被清算企业的自然人股东分得的剩余财产低于其投资成本的,不征收个人所得税。被清算企业的自然人股东分得的剩余财产超过其投资成本,但不超过其占所有者权益份额的金额的,其中超过投资成本的部分,应确认为股息红利所得,按照"利息、股息、红利所得"项目缴纳个人所得税。被清算企业的自然人股东分得的剩余财产超过其占所有者权益份额的金额的,其中相当于被清算企业累计未分配利润和累计盈余公积中按该股东所占股份比例计算的部分,应确认为股息红利所得,按照"利息、股息、红利所得"项目缴纳个人所得税。分得的剩余财产减除股息红利所得后的余额,超过自然人股东投资成本的部分,应确认为投资转让所得,按照"财产转让所得"项目缴纳个人所得税。

非法人企业的清算所得应当视为年度生产经营所得,由投资者依法缴纳个人所得税。个人独资企业和合伙企业投资者的清算所得,比照"个体工商户的生产经营所得"应税项目,适用5%~35%的五级超额累进税率,计算清算期间的应纳个人所得税。

个人独资企业、合伙企业的清算所得,是指企业清算时的全部资产或者财产的公允价值扣除各项清算费用、损失、负债、以前年度留存的利润后,超过实缴资本的部分。清算所得的计算公式为:

$$\text{清算所得} = \text{全部资产公允价值} - \text{清算费用} - \text{损失} - \text{负债} - \text{以前年度留存的利润} - \text{实缴资本}$$

五、清算申报程序

(一)清算备案

国税函〔2009〕684号文件规定,进入清算期的企业应对清算事项,报主管税务机关备案。备案时应报送的资料主要有:

(1)企业终止正常生产经营活动并开始清算的证明文件;

(2)清算联络人员名单及联系方式;

(3)清算方案或计划书;

(4)欠税报告表;

(5)主管税务机关要求提供的其他资料。

(二)汇算清缴

企业所得税法第五十三条规定,企业在一个纳税年度中间开业,或者终止经营活动,使该纳税年度的实际经营期不足十二个月的,应当以其实际经营期为一个纳税年度。企业所得税法第五十五条规定,企业在年度中间终止经营活动的,应当自实际经营终止之日起六十日内,向税务机关办理当期企业所得税汇算清缴。

个人独资与合伙企业在年度中间合并、分立、终止时,投资者应当在停止生产经营之日起 60 日内,向主管税务机关办理当期个人所得税汇算清缴。

（三）清算申报

根据国税函〔2009〕684 号文件规定,企业清算时,应当以整个清算期间作为一个纳税年度,依法计算清算所得及其应纳所得税。企业应当自清算结束之日起 15 日内,向主管税务机关报送企业清算所得税纳税申报表和相关资料,办理企业所得税申报、结清税款。企业未按照规定的期限办理纳税申报或者未按照规定期限缴纳税款的,应根据《中华人民共和国税收征收管理法》的相关规定加收滞纳金。

这就是说,企业在办理注销税务登记之前,应针对实际经营期(纳税年度中间终止经营活动的)和清算期分别作为一个纳税年度,向主管税务机关办理当年度经营期企业所得税汇算清缴和清算期企业所得税纳税申报,并依法缴纳企业所得税。

六、注销税务登记与所得税清算

（一）需注销税务登记的情形

根据《税务登记管理办法》(国家税务总局令第七号)规定,以下 3 种情况应注销税务登记:

(1) 纳税人发生解散、破产、撤销以及其他情形,依法终止纳税义务的,应当在向工商行政管理机关或者其他机关办理注销登记前,持有关证件和资料向原税务登记机关申报办理注销税务登记。

(2) 纳税人因住所、经营地点变动,涉及改变税务登记机关的,应当在向工商行政管理机关或者其他机关申请办理变更、注销登记前,或者住所、经营地点变动前,持有关证件和资料,向原税务登记机关申报办理注销税务登记。

(3) 境外企业在中国境内承包建筑、安装、装配、勘探工程和提供劳务的,应当在项目完工、离开中国前 15 日内,持有关证件和资料,向原税务登记机关申报办理注销税务登记。

（二）企业所得税清算的情形

根据财税〔2009〕60 号文件等规定,下列企业应进行企业所得税清算处理:

1. 按公司法、企业破产法等规定需要进行清算的企业

(1) 企业解散

合资、合作、联营企业在经营期满后,不再继续经营而解散;合作企业的一方或多方违反合同、章程而提前终止合作关系解散的。

(2) 企业破产

企业资不抵债,按照企业破产法进行清算的。

(3) 其他原因清算

企业因自然灾害、战争等不可抗力遭受损失,无法经营下去,应进行清算;企业因违法经营,造成环境污染或危害社会公众利益,被停业、撤销,应当进行清算的。

2. 企业重组中需要按清算处理的企业

(1) 企业由法人转变为个人独资企业、合伙企业等非法人组织的。

(2) 企业将登记注册地转移至中华人民共和国境外(包括港澳台地区)的。

(3) 不适用特殊性税务处理的企业合并中,被合并企业及其股东都应按清算进行所得税处理。

（4）不适用特殊性税务处理的企业分立中，被分立企业不再继续存在时，被分立企业及其股东都应按清算进行所得税处理。

（三）不清算所得税的情形

① 纳税人因住所、经营地点变动，涉及改变税务登记机关的而进行税务登记注销时，一般不需要进行企业所得税清算。除企业将登记注册地转移至中华人民共和国境外（包括港澳台地区），应进行企业所得税清算，其他仅涉及企业登记注册点在中国境内转移的，一般不需要进行企业所得税清算。税法对因在境内变动注册地而享受了更优惠的企业所得税区域优惠政策，而要求进行清算处理的除外。

② 企业发生的除由法人转变为个人独资企业、合伙企业等非法人组织外，其他法律形式简单改变的也不需要进行企业所得税的清算，可直接变更税务登记。除另有规定外，有关企业所得税纳税事项（包括亏损结转、税收优惠等权益和义务）由变更后企业承继，但因住所发生变化而不符合税收优惠条件的除外。比如企业由有限责任公司变更为股份有限公司，就无须进行企业所得税的清算。

【例 7-17】 A公司（股东为B公司）成立于2000年，实收资本400万元，截至2012年12月31日，企业账面未分配利润为120万元。2013年9月30日股东会决定解散清算，并于当日成立清算组。2013年9月30日的资产负债情况如下：流动资产560万元，非流动资产40万元，流动负债142万元，非流动负债为0（资产与负债的计税基础与账面价值一致），所有者权益458万元（其中实收资本400万元，本年利润−62万元，未分配利润120万元）。2013年12月28日清算结束申请注销税务登记。清偿情况为：资产可收回金额（可变现金额）为580万元；债务偿还金额为100万元；发生清算费用5万元（假设没有发生相关税费）。请进行相关税务处理。

【解析】

（1）经营期企业所得税的计算及申报

同意企业提前解散的股东会决议签署日期是2013年9月30日，并在当日成立清算组，则2013年1月1日～2013年9月30日为经营期未满12个月的一个纳税年度。2013年1月～9月企业会计利润总额为−62万元（假设没有其他纳税调整事项，企业所得税税率为25%），企业应按规定进行2013年1月1日～2013年9月30日这一经营期的企业所得税汇算清缴申报。

（2）清算期企业所得税的计算及申报

2013年10月1日为清算期开始之日，2013年12月28日清算结束申请注销税务登记，清算期为2013年10月1日～2013年12月28日。清算情况为：

① 资产可收回金额（可变现金额）为580万元；

② 债务偿还金额为100万元，则债务清偿损益为：142−100＝42（万元）；

③ 清算费用合计5万。

则清算所得为：580−600＋42−5−62＝−45（元）；由于清算所得为负数，故就清算期作为一个纳税年度进行企业所得税申报时，不需要缴纳企业所得税。

（3）股东取得剩余资产的涉税处理

剩余资产＝580−100−5−0＝475（万元）；

累计未分配利润和累计盈余公积（即股息所得）：120−62＋0＝58（万元）；

剩余资产减除股息所得后的余额＝475－58＝417（万元）；

股东投资成本为 400 万元；

投资转让所得＝417－400＝17（万元）。

从以上计算可知，累计未分配利润和累计盈余公积余额为 58 万元，股东应确认的股息所得为 58 万元；剩余资产减除股息所得后的余额大于股东投资成本，故该股东应确认投资转让所得 17 万元，并依法并入 B 公司当年其他所得缴纳企业所得税。

这里需要说明两个问题：

（1）清算期开始日的确定

实际经营终止之日为经营期的截止日期，即当期企业所得税汇算清缴的最后日期，也是清算期开始之日的前一日。实务中清算期的开始日期一般由企业根据实际经营需要自行确定。

（2）以前年度亏损弥补

清算期作为一个独立的纳税年度，清算所得可依法弥补以前年度亏损。企业所得税法规定，不超过 5 年的企业以前年度的亏损额，可以用以后年度所得弥补，即清算期之前 5 个纳税年度的税法认可的亏损额，可以在计算清算所得时弥补，以弥补以前年度亏损后的所得作为清算所得计算清算所得企业所得税。

可弥补的以前年度亏损，应包括清算当年正常生产经营期间发生的亏损额，并且弥补的年限应从当年算起，向前推算 4 年，共计允许弥补 5 年发生的亏损。

七、清算所得税申报

（一）企业清算所得税申报表

企业清算所得税申报表及其附表适用于按税收规定进行清算、缴纳企业所得税的居民企业纳税人（以下简称纳税人）申报，根据《中华人民共和国企业所得税法》及其实施条例和相关税收政策规定计算填报。见表 7-1。

表 7-1　　　　　　　　　中华人民共和国企业清算所得税申报表

清算期间：　　　年　月　日至　　　年　月　日

纳税人名称：

纳税人识别号：□□□□□□□□□□□□□□□　　金额单位：元（列至角分）

类别	行次	项目	金额
应纳税所得额计算	1	资产处置损益（填附表一）	
	2	负债清偿损益（填附表二）	
	3	清算费用	
	4	清算税金及附加	
	5	其他所得或支出	
	6	清算所得（1＋2－3－4＋5）	
	7	免税收入	
	8	不征税收入	
	9	其他免税所得	
	10	弥补以前年度亏损	
	11	应纳税所得额（6－7－8－9－10）	

类别	行次	项目	金额
应纳所得税额计算	12	税率（25%）	
	13	应纳所得税额（11×12）	
应补（退）所得税额计算	14	减（免）企业所得税额	
	15	境外应补所得税额	
	16	境内外实际应纳所得税额（13－14＋15）	
	17	以前纳税年度应补（退）所得税额	
	18	实际应补（退）所得税额（16＋17）	

纳税人盖章： 清算组盖章： 经办人签字： 申报日期： 　年　月　日	代理申报中介机构盖章： 经办人签字及执业证件号码： 代理申报日期： 　年　月　日	主管税务机关 受理专用章： 受理人签字： 受理日期： 　年　月　日

填报说明：

1. 表头项目

（1）"清算期间"：填报纳税人实际生产经营终止之日至办理完毕清算事务之日止的期间。

（2）"纳税人名称"：填报税务机关统一核发的税务登记证所载纳税人的全称。

（3）"纳税人识别号"：填报税务机关统一核发的税务登记证号码。

2. 行次说明

（1）第1行"资产处置损益"：填报纳税人全部资产按可变现价值或交易价格扣除其计税基础后确认的资产处置所得或损失金额。本行通过附表一《资产处置损益明细表》计算填报。

（2）第2行"负债清偿损益"：填报纳税人全部负债按计税基础减除其清偿金额后确认的负债清偿所得或损失金额。本行通过附表二《负债清偿损益明细表》计算填报。

（3）第3行"清算费用"：填报纳税人清算过程中发生的与清算业务有关的费用支出，包括清算组组成人员的报酬，清算财产的管理、变卖及分配所需的评估费、咨询费等费用，清算过程中支付的诉讼费用、仲裁费用及公告费用，以及为维护债权人和股东的合法权益支付的其他费用。

（4）第4行"清算税金及附加"：填报纳税人清算过程中发生的除企业所得税和允许抵扣的增值税以外的各项税金及其附加。

（5）第5行"其他所得或支出"：填报纳税人清算过程中取得的其他所得或发生的其他支出。其中，其他支出以"－"号（负数）填列。

（6）第6行"清算所得"：填报纳税人全部资产按可变现价值或交易价格减除其计税基础、清算费用、相关税费，加上债务清偿损益等后的余额。

（7）第7行"免税收入"：填报纳税人清算过程中取得的按税收规定免税收入。

（8）第8行"不征税收入"：填报纳税人清算过程中取得的按税收规定不征税收入。

（9）第9行"其他免税所得"：填报纳税人清算过程中取得的按税收规定免税的所得。

（10）第10行"弥补以前年度亏损"：填报纳税人按税收规定可在税前弥补的以前纳税年度尚未弥补的亏损额。

(11) 第 11 行"应纳税所得额"：金额等于本表第 6－7－8－9－10 行。本行按照上述顺序计算结果为负数,本行金额填零。

(12) 第 12 行"税率"：填报企业所得税法规定的税率 25％。

(13) 第 13 行"应纳所得税额"：金额等于本表第 11×12 行。

(14) 第 14 行"减(免)企业所得税额"：填报纳税人按税收规定准予减免的企业所得税额。

(15) 第 15 行"境外应补所得税额"：填报纳税人按税收规定在清算期间发生的境外所得应在境内补缴的企业所得税额。

(16) 第 16 行"境内外实际应纳所得税额"：金额等于本表第 13－14＋15 行。

(17) 第 17 行"以前纳税年度应补(退)所得税额"：填报纳税人因以前纳税年度损益调整、汇算清缴多缴、欠税等在清算期间应补(退)企业所得税额。其中,应退企业所得税额以"－"号(负数)填列。

(18) 第 18 行"实际应补(退)所得税额"：金额＝本表第 16＋17 行。

3. 表内及表间关系

(1) 第 1 行＝附表一第 32 行"资产处置损益(4)"列的总计数。

(2) 第 2 行＝附表二第 23 行"负债清偿损益(4)"列的总计数。

(3) 第 6 行＝本表第 1＋2－3－4＋5 行。

(4) 第 11 行＝本表第 6－7－8－9－10 行。

(5) 第 13 行＝本表第 11×12 行。

(6) 第 16 行＝本表第 13－14＋15 行。

(7) 第 18 行＝本表第 16＋17 行。

(二) 资产处置损益明细表(见表 7-2)

表 7-2   资产处置损益明细表

填报时间： 年 月 日   金额单位： 元(列至角分)

行次	项目	账面价值(1)	计税基础(2)	可变现价值或交易价格(3)	资产处置损益(4)＝(3)－(2)
1	货币资金				
2	短期投资*				
3	交易性金融资产#				
4	应收票据				
5	应收账款				
6	预付账款				
7	应收利息				
8	应收股利				
9	应收补贴款*				
10	其他应收款				
11	存货				
12	待摊费用*				
13	一年内到期的非流动资产				
14	其他流动资产				
15	可供出售金融资产#				

行次	项目	账面价值(1)	计税基础(2)	可变现价值或交易价格(3)	资产处置损益(4)＝(3)－(2)
16	持有至到期投资#				
17	长期应收款#				
18	长期股权投资				
19	长期债权投资*				
20	投资性房地产#				
21	固定资产				
22	在建工程				
23	工程物资				
24	固定资产清理				
25	生物资产#				
26	油气资产#				
27	无形资产				
28	开发支出#				
29	商誉#				
30	长期待摊费用				
31	其他非流动资产				
32	总计				

经办人签字：　　　　　　　　　　　纳税人盖章：

填报说明：

1. 有关项目填报说明

(1) 标有＊行次由执行企业会计制度的纳税人填报；标有#行次由执行企业会计准则的纳税人填报；其他行次执行企业会计制度和企业会计准则的纳税人均填报。

执行企业会计制度和企业会计准则以外的纳税人，按照本表的行次内容根据其资产情况分析填报。

(2) "账面价值(1)"列：填报纳税人按照国家统一会计制度规定确定的清算开始日的各项资产账面价值的金额。

(3) "计税基础(2)"列：填报纳税人按照税收规定确定的清算开始日的各项资产计税基础的金额，即取得资产时确定的计税基础减除在清算开始日以前纳税年度内按照税收规定已在税前扣除折旧、摊销、准备金等的余额。

(4) "可变现价值或交易价格(3)"列：填报纳税人清算过程中各项资产可变现价值或交易价格的金额。

(5) "资产处置损益(4)"列：填报纳税人各项资产可变现价值或交易价格减除其计税基础的余额。

2. 表内及表间关系

(1) "资产处置损益(4)"列＝本表"可变现价值或交易价格(3)"列－"计税基础(2)"列

(2) 第32行"账面价值(1)"列总计＝本表"账面价值(1)"列第1＋…＋31行总计。

(3) 第32行"计税基础(2)"列总计＝本表"计税基础(2)"列第1＋…＋31行总计。

(4) 第32行"可变现价值或交易价格(3)"列总计＝本表"可变现价值或交易价格(3)"列第1＋…＋31行总计。

(5) 第32行"资产处置损益(4)"列总计＝本表第32行"可变现价值或交易价格(3)"列总计－本表第32行"计税基础(2)"列总计＝本表"资产处置损益(4)"列第1＋…＋31行总计。

(6) 第32行"资产处置损益(4)"列总计＝主表第1行。

（三）负债清偿损益明细表（见表7-3）

表 7-3   **负债清偿损益明细表**

填报时间： 年 月 日   金额单位： 元（列至角分）

行次	项目	账面价值 （1）	计税基础 （2）	清偿 金额 （3）	负债清偿 损益(4)＝ (2)－(3)
1	短期借款				
2	交易性金融负债[#]				
3	应付票据				
4	应付账款				
5	预收账款				
6	应付职工薪酬[#]				
7	应付工资 *				
8	应付福利费 *				
9	应交税费				
10	应付利息				
11	应付股利				
12	其他应交款 *				
13	其他应付款				
14	预提费用 *				
15	一年内到期的非流动负债				
16	其他流动负债				
17	长期借款				
18	应付债券				
19	长期应付款				
20	专项应付款				
21	预计负债[#]				
22	其他非流动负债				
23	总计				

经办人签字：   纳税人盖章：

填报说明：

1. 有关项目填报说明

（1）标有 * 行次由执行企业会计制度的纳税人填报；标有 ♯ 行次由执行企业会计准则的纳税人填报；其他行次执行企业会计制度和企业会计准则的纳税人均填报。

执行企业会计制度和企业会计准则以外的纳税人，按照本表的行次内容根据其负债情况分析填报。

（2）"账面价值(1)"列：填报纳税人按照国家统一会计制度规定确定的清算开始日的各项负债账面价值的金额。

（3）"计税基础(2)"列：填报纳税人按照税收规定确定的清算开始日的各项负债计税基础的金额，即负债的账面价值减去未来期间计算应纳税所得额时按照税收规定予以扣除金额的余额。

（4）"清偿金额(3)"列：填报纳税人清算过程中各项负债的清偿金额。

(4)"负债清偿损益(4)"列:填报纳税人各项负债计税基础减除其清偿金额的余额。

2. 表内及表间关系

(1)"负债清偿损益(4)"列=本表"计税基础(2)"列-"清偿金额(3)"列

(2)第23行"账面价值(1)"列总计=本表"账面价值(1)"列第1+…+22行总计。

(3)第23行"计税基础(2)"列总计=本表"计税基础(2)"列第1+…+22行总计。

(4)第23行"清偿金额(3)"列总计=本表"清偿金额(3)"列第1+…+22行总计。

(5)第23行"负债清偿损益(4)"列总计=本表第23行"计税基础(2)"列总计-本表第23行"清偿金额(3)"列总计=本表"负债清偿损益(4)"列第1+…+22行总计。

(6)第23行"负债清偿损益"列总计=主表第2行。

(四)剩余财产计算和分配明细表(见表7-4)

表 7-4   剩余财产计算和分配明细表

填报时间: 年 月 日   金额单位:元(列至角分)

类别	行次	项目	金额
剩余财产计算	1	资产可变现价值或交易价格	
	2	清算费用	
	3	职工工资	
	4	社会保险费用	
	5	法定补偿金	
	6	清算税金及附加	
	7	清算所得税额	
	8	以前年度欠税额	
	9	其他债务	
	10	剩余财产(1-2-…-9)	
	11	其中:累计盈余公积	
	12	累计未分配利润	

类别	行次	股东名称	持有清算企业权益性投资比例(%)	投资额	分配的财产金额	其中:确认为股息金额
剩余财产分配	13	(1)				
	14	(2)				
	15	(3)				
	16	…				
	17	…				

经办人签字: 纳税人盖章:

填报说明:

1. 有关项目填报说明

(1)第1行"资产可变现价值或交易价格":填报纳税人全部资产的可变现价值或交易价格金额。

(2)第2行"清算费用":填报纳税人清算过程中发生的与清算业务有关的费用支出,包括清算组组成人员的报酬,清算财产的管理、变卖及分配所需的评估费、咨询费等费用,清算过程中支付的诉讼费用、仲裁费用及公告费用,以及为维护债权人和股东的合法权益支付的其他费用。

（3）第 3 行"职工工资"：填报纳税人清算过程中偿还的职工工资。

（4）第 4 行"社会保险费用"：填报纳税人清算过程中偿还欠缴的各种社会保险费用。

（5）第 5 行"法定补偿金"：填报纳税人清算过程中按照有关规定支付的法定补偿金。

（6）第 6 行"清算税金及附加"：填报纳税人清算过程中发生的除企业所得税和允许抵扣的增值税以外的各项税金及其附加。

（7）第 7 行"清算所得税额"：填报纳税人清算过程中应缴的清算企业所得税金额。

（8）第 8 行"以前年度欠税额"：填报纳税人以前年度欠缴的各项税金及其附加。

（9）第 9 行"其他债务"：填报纳税人清算过程中偿还的其他债务。

（10）第 10 行"剩余财产"：填报纳税人全部资产按可变现价值或交易价格减除清算费用、职工工资、社会保险费用、法定补偿金、清算税费、清算所得税额、以前年度欠税和企业其他债务后的余额。

（11）第 11 行"其中：累计盈余公积"：填报纳税人截止开始分配剩余财产时累计从净利润提取的盈余公积金额。

（12）第 12 行"其中：累计未分配利润"：填报纳税人截止开始分配剩余财产时累计的未分配利润金额。

（13）第 13～17 行"股东名称"列：填报清算企业的各股东名称。

（14）第 13～17 行"持有清算企业权益性投资比例"列：填报清算企业的各股东持有清算企业的权益性投资比例。

（15）第 13～17 行"投资额"列：填报清算企业各股东向清算企业进行权益性投资总额。

（16）第 13～17 行"分配的财产金额"列：填报清算企业的各股东从清算企业剩余财产中按照其持有的清算企业的权益性投资比例分得的财产金额。

（17）第 13～17 行"其中确认为股息金额"列：填报清算企业的各股东从清算企业剩余财产分得财产中，相当于累计未分配利润和累计盈余公积按照其持有清算企业权益性投资比例计算确认的部分。清算企业的非企业所得税纳税人股东不填此列。

2．表内及表间关系

（1）第 10 行＝本表第 1－2－…－9 行。

（2）第 2 行＝主表第 3 行。

（3）第 6 行＝主表第 4 行。

（4）第 7 行＝主表第 16 行。

第八章　房地产开发经营业务的所得税处理

为了加强从事房地产开发经营企业的企业所得税征收管理,规范从事房地产开发经营业务企业的纳税行为,根据有关内资企业所得税法律、法规的规定,结合房地产开发经营业务的特点,2003年7月国家税务总局制定并下发了《关于房地产开发有关企业所得税问题的通知》(国税发〔2003〕83号)在各种经济性质的内资房地产开发企业,以及从事房地产开发业务的其他内资企业执行。针对执行过程中反映出的一些情况,国家税务总局对国税发(2003)83号文进行了修改完善,并于2006年3月6日以国税发(2006)31号文下发了《关于房地产开发业务征收企业所得税问题的通知》,该通知自2006年1月1日起执行,国税发(2003)83号文同时废止。

2008年1月1日以前,外资房地产开发企业适用《关于外商投资房地产开发经营企业所得税管理问题的通知》(国税发〔2001〕142号)。即内、外资房地产开发企业适用两套不同的所得税处理办法。

2008年1月1日起企业所得税法及其实施条例正式实施,内、外资企业统一适用一部企业所得税法。为适应这一变化,国家税务总局制定了新的《房地产开发经营业务企业所得税处理办法》(国税发〔2009〕31号),自2008年1月1日起,统一适用于中国境内从事房地产开发经营业务的内、外资企业(以下简称企业)。

第一节　收入的税务处理

一、开发产品销售收入的范围

(一) 开发产品销售收入的范围

企业房地产开发经营业务包括土地的开发,建造、销售住宅、商业用房以及其他建筑物、附着物、配套设施等开发产品。

开发企业开发产品销售收入的范围为销售开发产品过程中取得的全部价款,包括现金、现金等价物及其他经济利益。

(二) 代收款项的税务处理

1. 企业所得税处理

企业代有关部门、单位和企业收取的各种基金、费用和附加等,凡纳入开发产品价内或由企业开具发票的,应按规定全部确认为销售收入;未纳入开发产品价内并由企业之外的其他收取部门、单位开具发票的,可作为代收代缴款项进行管理。根据发票管理办法及其实施细则规定,填开发票的单位和个人必须在发生经营业务确认营业收入时开具发票。未发生经营业务的一律不得开具发票。

由此可见,房地产开发企业代收的款项,只有未纳入开发产品价内,并且由企业之外的其他收取部门、单位开具发票的,才可以不确认销售收入。否则,应一律纳入销售开发产品的销售收入进行企业所得税处理。

2. 营业税处理

除营业税暂行条例以及财政部、国家税务总局另有规定外,纳税人的营业额为纳税人提供应税劳务、转让无形资产或者销售不动产收取的全部价款和价外费用。价外费用,包括收取的手续费、补贴、基金、集资费、返还利润、奖励费、违约金、滞纳金、延期付款利息、赔偿金、代收款项、代垫款项、罚息及其他各种性质的价外收费,但不包括同时符合以下条件代为收取的政府性基金或者行政事业性收费:

(1) 由国务院或者财政部批准设立的政府性基金,由国务院或者省级人民政府及其财政、价格主管部门批准设立的行政事业性收费;

(2) 收取时开具省级以上财政部门印制的财政票据;

(3) 所收款项全额上缴财政。

由此可见,除另有规定外(如代收的住房专项维修基金,不征营业税),房地产开发企业代收款项通常都应纳入营业额计征营业税。

国家税务总局《关于住房专项维修基金征免营业税问题的通知》(国税发〔2004〕69号)规定,住房专项维修基金是属全体业主共同所有的一项代管基金,专项用于物业保修期满后物业共用部位、共用设施设备的维修和更新、改造。鉴于住房专项维修基金资金所有权及使用的特殊性,对房地产主管部门或其指定机构、公积金管理中心、开发企业以及物业管理单位代收的住房专项维修基金,不计征营业税。

3. 土地增值税处理

根据土地增值税暂行条例及其实施细则规定,纳税人转让房地产需要缴纳土地增值税的收入,包括转让房地产的全部价款及其他经济利益。

关于地方政府要求房地产开发企业代收的费用如何计征土地增值税问题,财政部、国家税务总局《关于土地增值税一些具体问题规定的通知》(财税字〔1995〕48号)规定,对于县级及县级以上人民政府要求房地产开发企业在售房时代收的各项费用,如果代收费用是计入房价中向购买方一并收取的,可作为转让房地产所取得的收入计税;如果代收费用未计入房价中,而是在房价之外单独收取的,可以不作为转让房地产的收入。

对于代收费用作为转让收入计税的,在计算扣除项目金额时,可予以扣除,但不允许作为加计20%扣除的基数;对于代收费用未作为转让房地产的收入计税的,在计算增值额时不允许扣除代收费用。

由此可见,房地产开发企业在售房时对代收款项的土地增值税处理,与企业所得税相似,如果代收费用是计入房价中向购买方一并收取的,可作为转让收入计征土地增值税。

【例8-1】 甲房地产开发企业2009年取得售房收入6 000万元,其中含用有线电视台提供的票据代收的有线电视初装费20万元。"其他应付款——房管局"账户核算用甲房地产开发企业销售不动产发票代收的房屋维修基金200万元;"其他应付款——供暖公司"账户核算用供暖公司发票代收的供暖初装费100万元。

要求:分析说明如何进行相关税务处理。

【解析】

1. 企业所得税处理

甲房地产开发企业为供暖公司代收的供暖初装费100万元,因未纳入所售房屋价内并且使用委托方提供的票据,可不作为开发企业计征企业所得税的收入。而为市房管局代收的房屋维修基金200万元,使用代收单位的发票,为有线电视台代收的初装费20万元,纳入所销售的房屋价内,这两笔均应按规定确认为企业所得税上的收入。

2. 营业税处理

甲房地产开发企业代收的款项,除住房维修基金和符合规定条件的行政事业性收费和政府性基金外,其他一切代收款项无论会计上如何核算,均应并入营业额计算缴纳营业税。

2009年营业税计税营业额为:6 000+100=6 100(万元);

应缴销售不动产营业税:6 100×5%=305(万元)。

3. 土地增值税处理

甲房地产开发企业为供暖公司代收的供暖初装费100万元,因未纳入所售房屋价内并且使用委托方提供的票据,根据财税字〔1995〕48号文件规定,可不作为开发企业计征土地增值税的收入。

为有线电视台代收的初装费20万元,纳入所销售的房屋价内,应按规定确认为土地增值税的计税收入。

为市房管局代收的房屋维修基金200万元,如果是计入房价中向购买方一并收取的,可作为转让房地产所取得的收入计征土地增值税;如果代收费用未计入房价中,而是在房价之外单独收取的,可以不作为转让房地产的收入。

二、开发产品销售收入的确认

国税发〔2009〕31号文件规定,企业通过正式签订《房地产销售合同》或《房地产预售合同》所取得的收入,应确认为销售收入的实现。可见,在企业所得税处理时,不存在预收账款的概念,只要是签订了《房地产销售合同》、《房地产预售合同》并收取款项,全部确认为销售收入。能够确认实际利润的,按实际利润确认企业所得额,不能确认实际利润的,按预计毛利率计算确认所得额。这与会计上的收入不同。

开发企业确认销售收入实现的具体方法有:

(一)一次性全额收款方式销售

采取一次性全额收款方式销售开发产品的,应于实际收讫价款或取得索取价款凭据(权利)之日,确认收入的实现。

取得索取价款凭据(权利)之日,一般为书面合同确定的付款日期的当天;未签订书面合同或者书面合同未确定付款日期的,为应税行为完成的当天。

(二)分期收款方式销售

采取分期收款方式销售开发产品的,应按销售合同或协议约定的价款和付款日确认收入的实现。付款方提前付款的,在实际付款日确认收入的实现。

(三)银行按揭方式销售

采取银行按揭方式销售开发产品的,应按销售合同或协议约定的价款确定收入额,其首付款应于实际收到日确认收入的实现,余款在银行按揭贷款办理转账之日确认收入的实现。

（四）委托销售

采取委托方式销售开发产品的,应按以下原则确认收入的实现:

1. 支付手续费方式委托销售

采取支付手续费方式委托销售开发产品的,应按销售合同或协议中约定的价款于收到受托方已销开发产品清单之日确认收入的实现。

2. 视同买断方式委托销售

采取视同买断方式委托销售开发产品的,属于企业与购买方签订销售合同或协议,或企业、受托方、购买方三方共同签订销售合同或协议的,如果销售合同或协议中约定的价格高于买断价格,则应按销售合同或协议中约定的价格计算的价款于收到受托方已销开发产品清单之日确认收入的实现;如果属于前两种情况中销售合同或协议中约定的价格低于买断价格,以及属于受托方与购买方签订销售合同或协议的,则应按买断价格计算的价款于收到受托方已销开发产品清单之日确认收入的实现。

可见,在企业参与签订售房合同的情况下,按合同价与买断价孰高的原则确认收入额。如企业不参与签订售房合同,则按买断价确认收入额。

3. 超基价分成方式委托销售

采取基价(保底价)并实行超基价双方分成方式委托销售开发产品的,属于由企业与购买方签订销售合同或协议,或企业、受托方、购买方三方共同签订销售合同或协议的,如果销售合同或协议中约定的价格高于基价,则应按销售合同或协议中约定的价格计算的价款于收到受托方已销开发产品清单之日确认收入的实现,企业按规定支付受托方的分成额,不得直接从销售收入中减除;如果销售合同或协议约定的价格低于基价的,则应按基价计算的价款于收到受托方已销开发产品清单之日确认收入的实现。即在开发企业参与签订销售合同的情况下,按基价与合同价孰高的原则,确认收入额。

属于由受托方与购买方直接签订销售合同的,则应按基价加上按规定取得的分成额于收到受托方已销开发产品清单之日确认收入的实现。

4. 包销方式委托销售

采取包销方式委托销售开发产品的,包销期内可根据包销合同的有关约定,参照上述(1)至(3)项规定确认收入的实现;包销期满后尚未出售的开发产品,企业应根据包销合同或协议约定的价款和付款方式确认收入的实现。

此外,《营业税暂行条例实施细则》第二十五条规定,纳税人转让土地使用权或者销售不动产,采取预收款方式的,其纳税义务发生时间为收到预收款的当天。因而,房地产开发企业收到的开发产品预售收入,不论会计上如何处理,都要按规定计算缴纳营业税及其附加。

【例8-2】（CTA·2011）下列关于房地产开发企业收入确认的企业所得税处理,错误的是（　　）。

A. 采取分期收款方式销售开发产品的,应将全部款项收回时确认收入的实现

B. 采取一次性全额收款方式销售开发产品的,应于实际收讫价款或取得索取价款凭据（权利）之日,确认收入的实现

C. 企业将开发产品用于捐赠、赞助、对外投资,于开发产品所有权或使用权转移,或于实际取得利益权利时确认收入的实现

D. 采取银行按揭方式销售开发产品的,应按销售合同或协议约定的价款确定收入额,其首付款应于实际收到日确认收入的实现

【答案】 A

【解析】

根据国税发〔2009〕31号文件规定,采取分期收款方式销售开发产品的,应按销售合同或协议约定的价款和付款日确认收入的实现。付款方提前付款的,在实际付款日确认收入的实现。因而,选项A错。

三、视同销售收入的确认

(一) 房地产视同销售范围

企业将开发产品用于捐赠、赞助、职工福利、奖励、对外投资、分配给股东或投资人、抵偿债务、换取其他企事业单位和个人的非货币性资产等行为,应视同销售,于开发产品所有权或使用权转移,或于实际取得利益权利时确认收入(或利润)的实现。

(二) 确认视同销售收入(或利润)的方法和顺序

企业确认开发产品视同销售收入(或利润)的方法和顺序为:

1. 按本企业近期或本年度最近月份同类开发产品市场销售价格确定;

2. 由主管税务机关参照当地同类开发产品市场公允价值确定;

3. 按开发产品的成本利润率确定。开发产品的成本利润率不得低于15%,具体比例由主管税务机关确定。

【例 8-3】 某房地产开发企业将新开发的写字楼100个标准间向A钢铁公司进行投资,开发成本3800万元,主管税务机关确定的成本利润率为20%,则这100个标准间应确认的视同销售收入为多少?

【解析】

按开发产品的成本利润率确定的视同销售收入:

$$3\ 800 \times (1+20\%) \div (1-5\%) = 4\ 800(万元)$$

【例 8-4】 2014年6月,某市地税稽查局对市区A房地产开发公司2013年度纳税情况进行纳税检查,发现如下问题:

(1) 2013年2月1日收到B公司转入的款项2 500万元,账务处理为:

借:银行存款　　　　　　　　　　　　　　　　　25 000 000

　　贷:其他应付款——B公司　　　　　　　　　　　　7 000 000

　　　　开发成本——C写字楼　　　　　　　　　　　18 000 000

经查,该款项系转让2012年9月立项的在建项目——C写字楼收入,双方签订了转让合同。C写字楼立项后仅对土地"三通一平",未进行其他开发。相关会计处理为:

借:开发成本——C写字楼　　　　　　　　　　　　15 000 000

　　贷:无形资产——土地使用权　　　　　　　　　　15 000 000

借:开发成本——C写字楼　　　　　　　　　　　　　3 000 000

　　贷:银行存款　　　　　　　　　　　　　　　　　3 000 000

直至检查时,转让在建项目C写字楼尚未办理更名过户手续,且已由B公司进行开发。

(2) 2013年10月将自行开发的商品房通过老龄委捐赠给敬老院用于老年活动室。该商品房开发成本为300万元,对外销售价格为450万元。当年会计利润为1 000万元,企业

申报应纳税所得额为 1 000 万元。账务处理为：

借:营业外支出　　　　　　　　　　　　　　　　　　3 000 000

　　贷:开发产品　　　　　　　　　　　　　　　　　　　　3 000 000

（3）2013 年 12 月以办公用房(当年 9 月投入使用的开发产品,成本为 1 200 万元,使用年限为 20 年)对外进行投资,与甲公司共同成立 C 房地产开发公司,办公用房公允价值为 1 400 万元,重置成本为 1 300 万元,成新度为 95%。账务处理为：

借:累计折旧　　　　　　　　　　　　　　　　　　　150 000

　　固定资产清理　　　　　　　　　　　　　　　　11 850 000

　　贷:固定资产　　　　　　　　　　　　　　　　　　　12 000 000

借:长期股权投资　　　　　　　　　　　　　　　　11 850 000

　　贷:固定资产清理　　　　　　　　　　　　　　　　　11 850 000

要求:分别指出上述业务的账务处理是否正确,如不正确请作出正确的账务处理。并分别计算所涉及业务应纳或应代扣代缴的相关税收。

【解析】

(1) 转让土地使用权环节账务处理不正确。正确的会计分录应为：

借:银行存款　　　　　　　　　　　　　　　　　　25 000 000

　　贷:主营业务收入　　　　　　　　　　　　　　　　25 000 000

借:主营业务成本　　　　　　　　　　　　　　　　18 000 000

　　贷:开发成本　　　　　　　　　　　　　　　　　　18 000 000

2014 年更正会计分录应为：

借:其他应付款——B 公司　　　　　　　　　　　　7 000 000

　　贷:以前年度损益调整　　　　　　　　　　　　　　　7 000 000

转让在建项目应申报缴纳营业税、城市维护建设税、教育费附加、印花税和土地增值税。

营业税:财税(2003)16 号文规定:转让已完成土地前期开发或正在进行土地前期开发,但尚未进入施工阶段的在建项目,按"转让无形资产"税目中"转让土地使用权"项目征收营业税。对转让已进入建筑物施工阶段的在建项目,按"销售不动产"税目征收营业税。因而应申报缴纳"转让土地使用权"营业税:(2 500-1 500)×5%=50(万元)。

城市维护建设税:50×7%=3.5(万元)。

教育费附加:50×3%=1.5(万元)。

印花税:应申报缴纳产权转移书据印花税:2 500×0.05%=1.25(万元)。

土地增值税:

扣除项目:根据国税函发(1995)110 号文件规定,对取得土地使用权后投入资金,将生地变为熟地转让的,计算其增值额时,允许扣除取得土地使用权时支付的地价款、交纳的有关费用,和开发土地所需成本再加计开发成本的 20% 以及在转让环节缴纳的税金。因而扣除项目为:1 500+300+(50+3.5+1.5)+300×20%=1 915(万元);

增值额:2 500-1 915=585(万元);

增值率:585÷1 915=31%;

应纳土地增值税:585×30%=175.5(万元);

应调增应纳税所得额:2 500－1 800－(50＋3.5＋1.5＋1.25)－175.5＝468.25(万元)。

(2) 账务处理正确。

企业所得税处理时,以开发产品对外捐赠应视同销售,计算缴纳企业所得税、营业税、城市维护建设税、教育费附加。

转让国有土地使用权、地上的建筑物及其附着物(以下简称转让房地产)并取得收入的单位和个人,为土地增值税的纳税义务人,应当依照规定缴纳土地增值税。《土地增值税暂行条例实施细则》(财法字〔1995〕第6号)规定,转让国有土地使用权、地上的建筑物及其附着物并取得收入,是指以出售或者其他方式有偿转让房地产的行为。不包括以继承、赠与方式无偿转让房地产的行为。根据财税字(1995)48号文规定,这里的赠与是指房产所有人、土地使用权所有人通过中国境内非营利的社会团体、国家机关将房屋产权、土地使用权赠予教育、民政和其他社会福利、公益事业。

根据上述分析,可知该赠与行为不缴纳土地增值税。根据现行税法规定,也不缴纳印花税。

应按公允价值视同销售缴纳营业税:450×5％＝22.5(万元);

应纳城市维护建设税和教育费附加:22.5×(7％＋3％)＝2.25(万元);

企业所得税上应视同销售确认资产转让所得150万元(450－300)。

允许税前扣除的捐赠限额为:(700＋1 000)×12％＝204(万元)。应调增应纳税所得额:300－204＝96(万元)。合计应调增应纳税所得额:150＋96－(22.5＋2.25)＝221.25(万元)。

(3) 投资的财务处理错误。正确的会计处理为(单位:万元):

借:长期股权投资 　　　　　　　　　　　　　14 000 000
　　累计折旧 　　　　　　　　　　　　　　　　150 000
　　贷:固定资产 　　　　　　　　　　　　　　12 000 000
　　　营业外收入 　　　　　　　　　　　　　　2 150 000

根据现行税法规定,房地产企业以不动产对外投资应纳土地增值税、印花税、应视同销售缴纳企业所得税,不缴营业税。

应纳印花税:1 400×0.05％＝0.7(万元)。

土地增值税:

扣除项目:1 300×95％＋0.7＝1 235.7(万元);

增值额:1 400－1 235.7＝164.3(万元);

增值率:164.3÷1 235.7＝13％

应纳土地增值税额:164.3×30％＝49.29(万元);

企业所得税调增应纳税所得额:1 400－1 185－49.29－0.7＝165.01(万元)。

(三) 向员工优惠售房业务的税务处理

1. 企业所得税

企业将开发产品用于职工福利、奖励等行为,应视同销售,于开发产品所有权或使用权转移,或于实际取得利益权利时确认收入(或利润)的实现。

2. 营业税

营业税暂行条例第七条规定,纳税人提供应税劳务、转让无形资产或者销售不动产的价格明显偏低并无正当理由的,由主管税务机关核定其营业额。

纳税人有上述价格明显偏低并无正当理由或者营业税暂行条例实施细则第五条所列视同发生应税行为而无营业额的,按下列顺序确定其营业额:

(1) 按纳税人最近时期发生同类应税行为的平均价格核定;

(2) 按其他纳税人最近时期发生同类应税行为的平均价格核定;

(3) 按下列公式核定:

营业额＝营业成本或者工程成本×(1＋成本利润率)÷(1－营业税税率)。

3. 土地增值税

国家税务总局《关于房地产开发企业土地增值税清算管理有关问题的通知》(国税发〔2006〕187 号)规定:房地产开发企业将开发产品用于职工福利、奖励、对外投资、分配给股东或投资人、抵偿债务、换取其他单位和个人的非货币性资产等,发生所有权转移时应视同销售房地产,其收入按下列方法和顺序确认:

(1) 按本企业在同一地区、同一年度销售的同类房地产的平均价格确定;

(2) 由主管税务机关参照当地当年、同类房地产的市场价格或评估价值确定。

4. 个人所得税

财政部、国家税务总局《关于单位低价向职工售房有关个人所得税问题的通知》(财税〔2007〕13 号)规定:

(1) 根据住房制度改革政策的有关规定,国家机关、企事业单位及其他组织(以下简称单位)在住房制度改革期间,按照所在地县级以上人民政府规定的房改成本价格向职工出售公有住房,职工因支付的房改成本价格低于房屋建造成本价格或市场价格而取得的差价收益,免征个人所得税。

(2) 除上述规定情形外,根据个人所得税法及其实施条例的有关规定,单位按低于购置或建造成本价格出售住房给职工,职工因此而少支出的差价部分,属于个人所得税应税所得,应按照"工资、薪金所得"项目缴纳个人所得税。差价部分,是指职工实际支付的购房价款低于该房屋的购置或建造成本价格的差额。

(3) 对职工取得的上述应税所得,比照国家税务总局《关于调整个人取得全年一次性奖金等计算征收个人所得税方法问题的通知》(国税发〔2005〕9 号)规定的全年一次性奖金的征税办法,计算征收个人所得税,即先将全部所得数额除以 12,按其商数并根据规定的税率表确定适用的税率和速算扣除数,再根据全部所得数额、适用的税率和速算扣除数,按照税法规定计算征税。

【例 8-5】　2008 年,A 房地产公司开发的商品房滞销,为缓解资金紧张局面,决定面向公司内部员工优惠销售商品房一批。对于有 5 年以上工龄的公司员工,以正常销售价格的60%作为内部优惠价格;对于 5 年以下工龄的公司员工,以正常销售价格的80%作为内部优惠价格,向公司员工销售其开发产品。假定该公司房产正常的销售价格为 4 500 元/平方米,平均建造成本为 3 000 元/平方米,单套面积 100 平方米。

要求:分析回答如下问题:

(1) 上述销售行为如何计算缴纳营业税、土地增值税、企业所得税和个人所得税?

(2) 对员工的优惠价款是否应该视同"工资、薪金所得"计算征收个人所得税?

(3) 个人所得税的计税基数如何确定?

【解析】

对于上述内部促销方案来说，由于内部销售价格偏低，主管税务机关应根据现行营业税、企业所得税、土地增值税的相关政策规定，核定或调整其计税收入。

此外，该企业只要内部优惠促销价格不低于建造成本出售商品房给职工，就不用扣缴个人所得税。比如，对于 5 年以下工龄的公司员工以正常销售价格的 80%，即 3 600 元（4 500×80%）为内部优惠价格，高于建造成本 3 000 元/平方米，就不用计算缴纳个人所得税；对于有 5 年以上工龄的公司员工以正常销售价格的 60% 为内部优惠价格，即销售价格为 2 700 元（4 500×60%），低于建造成本 3 000 元/平方米，需要按照"工资、薪金所得"计算缴纳个人所得税。

以每套商品房 100 平方米计算，销售价款 27 万元，成本 30 万元，职工实际支付的购房价款低于该房屋的购置或建造成本价格的差额为 3 万元，即计税基数为 3 万元，比照一次性奖金的个人所得税征税办法计算，应纳个人所得税为 4 375 元（30 000×15%－125）。

四、销售未完工开发产品的税务处理

（一）开发产品已完工的界定

除土地开发之外，其他开发产品符合下列条件之一的，应视为已经完工：

（1）开发产品竣工证明材料已报房地产管理部门备案。

（2）开发产品已开始投入使用。

（3）开发产品已取得了初始产权证明。

开发产品开始投入使用是指房地产开发企业开始办理开发产品交付手续（包括入住手续）或已开始实际投入使用。

国家税务总局《关于房地产企业开发产品完工标准税务确认条件的批复》（国税函〔2009〕342 号）明确，房地产开发企业建造、开发的开发产品无论工程质量是否通过验收合格，或是否办理完工（竣工）备案手续以及会计决算手续，当其开发产品开始投入使用时均应视为已经完工。房地产开发企业应按规定及时结算开发产品计税成本并计算此前以预售方式销售开发产品所取得收入的实际毛利额，同时将开发产品实际毛利额与其对应的预计毛利额之间的差额，计入当年（完工年度）应纳税所得额。

【例 8-6】 2008 年 1 月，甲房地产开发公司将一栋写字楼出包给大地建筑工程公司承建。9 月，甲公司将该写字楼的一到五层预售给某证券公司，收到预付款 800 万元，当月按规定计算出预计毛利额并入应纳税所得额申报缴纳了企业所得税。2009 年 2 月 5 日，甲公司将该写字楼的竣工证明材料上报房地产管理部门备案。2 月 20 日，甲公司取得了初始产权证明，但该写字楼已于 2009 年 1 月 10 日交付给购买方使用。

要求：分析说明如何确定完工时间。

【解析】

根据国税发〔2009〕31 号文件规定，开发产品符合下列条件之一的，应视为已经完工：① 开发产品竣工证明材料已报房地产管理部门备案；② 开发产品已开始投入使用；③ 开发产品已取得了初始产权证明。

上述日期不同时，应遵循孰先原则。因而该写字楼的完工时间应按实际交付时间 2009 年 1 月 10 日来确定。而不是 2 月 5 日，也不是 2 月 20 日。

（二）销售未完工开发产品，按预计毛利额计算纳税

企业销售未完工开发产品取得的收入，应先按预计计税毛利率分季（或月）计算出预计毛利额，计入当期应纳税所得额。开发产品完工后，企业应及时结算其计税成本并计算此前销售收入的实际毛利额，同时将其实际毛利额与其对应的预计毛利额之间的差额，计入当年度企业本项目与其他项目合并计算的应纳税所得额。

在年度纳税申报时，企业须出具对该项开发产品实际毛利额与预计毛利额之间差异调整情况的报告以及税务机关需要的其他相关资料。

房地产开发企业对已达到完工条件的开发产品未按成本对象结算计税成本的，主管税务机关有权确定成本对象并核定其计税成本，企业据此进行纳税调整。对从事房地产开发经营业务的外商投资企业在 2007 年 12 月 31 日前存有销售未完工开发产品取得的收入，至该项开发产品完工后，一律按国税发〔2009〕31 号文规定的办法进行税务处理。

（三）计税毛利率的确定

企业销售未完工开发产品的计税毛利率由各省、自治、直辖市国家税务局、地方税务局按下列规定进行确定：

（1）开发项目位于省、自治区、直辖市和计划单列市人民政府所在地城市城区和郊区的，不得低于 15%。

（2）开发项目位于地及地级市城区及郊区的，不得低于 10%。

（3）开发项目位于其他地区的，不得低于 5%。

（4）属于经济适用房、限价房和危改房的，不得低于 3%。

根据苏地税发〔2009〕53 号文件规定，经济适用房是指政府提供政策优惠，限定套型面积和销售价格，按照合理标准建设，面向城市低收入住房困难家庭供应，具有保障性质的政策性住房。房地产开发企业开发的经济适用房、按规定的计税毛利率申报纳税时，需向主管税务机关报送以下资料：① 立项批准机关对经济适用房立项的批准文件；② 土地管理部门划拨土地的批准文件；③ 物价部门核定的有关经济适用房销售价格的批件；④ 住房保障主管部门为低收入住房困难家庭出具的购房资格证明；⑤ 列明该项目的政府经济适用房建设投资计划；⑥ 经济适用房销售清册（包括购房人姓名和身份证号码、准购面积、合同号、订立合同日期、楼栋号、实际购买面积、单价、销售金额）；⑦ 主管税务机关要求提供的其他资料。

房地产开发企业开发的限价房和危改房按规定的预计毛利率申报纳税，需符合政府有关部门的规定和要求。房地产开发企业在企业所得税纳税申报时，需向主管税务机关报送以下资料：①《国有建设用地使用权出让合同》和政府主管部门出具的其他能证明限价房和危改房的证明文件；② 限价房和危改房销售清册（包括购房人姓名和身份证号码、准购面积、合同号、订立合同日期、楼栋号、实际购买面积、单价、销售金额）；③ 主管税务机关要求提供的其他资料。

对商品住宅小区配套建设经济适用房、限价房和危改房的，应分别核算销售收入，并按照对应的计税毛利率计算预计利润；不能分别核算的，一律从高适用计税毛利率。对经济适用房、限价房和危改房项目中配套建设的商铺、车库、车位等未完工产品取得的收入，不得按照经济适用房、限价房和危改房的计税毛利率执行。

（四）需要说明的几个问题

1. 预计毛利额（利润）可扣除营业税金及附加

营业税暂行条例实施细则第二十五条规定，纳税人转让土地使用权或者销售不动产，采取预收款方式的，其营业税纳税义务发生时间为收到预收款的当天。即房地产开发企业预收售房款，应按规定计算缴纳营业税金及附加。

根据企业所得税法实施条例规定，允许计算应纳税所得额时扣除的税金，是指企业发生的除企业所得税和允许抵扣的增值税以外的各项税金及其附加。国税发〔2009〕31号文件也规定，企业发生的期间费用、已销开发产品计税成本、营业税金及附加、土地增值税准予当期按规定扣除。这里准予税前扣除的营业税金及附加应包含按预售收入计缴的营业税金及附加。这一点，江苏省地方税务局转发《国家税务总局关于印发〈房地产开发经营业务企业所得税处理办法〉的通知》的通知（苏地税发〔2009〕53号）也已明确：房地产开发企业销售未完工开发产品取得的收入，按照规定的计税毛利率计算预计利润时，允许扣除营业税金及附加、土地增值税。

2. 预售收入可作为计提招待费、广告费和宣传费的基数

根据苏地税发〔2009〕53号文件精神，房地产开发企业销售未完工开发产品取得的收入，可以作为计提业务招待费、广告费和业务宣传费的基数，但开发产品完工会计核算转销售收入时，已作为计提基数的未完工开发产品的销售收入不得重复计提业务招待费、广告费和业务宣传费。

3. 出租开发产品的税务处理

企业将新建开发产品对外出租，采取直接收款或预收款方式的，其企业所得税纳税义务发生时间为收到款项的当天；分期付款的为合同约定付款日当天。

开发产品在尚未完工或办理房地产初始登记、取得产权证前与承租人签订租赁预约协议的，在开发产品交付承租人使用日确认预收租金收入的实现。

企业新建的开发产品在尚未完工或办理房地产初始登记、取得产权证前，与承租人签订租赁预约协议的，自开发产品交付承租人使用之日起，出租方取得的预租价款按租金确认收入的实现。

纳税人提供建筑业或者租赁业劳务，采取预收款方式的，其营业税纳税义务发生时间为收到预收款的当天。

第二节　成本、费用扣除的税务处理

一、计税成本与期间费用

企业在进行成本、费用的核算与扣除时，必须按规定区分期间费用和开发产品计税成本、已销开发产品计税成本与未销开发产品计税成本。

企业发生的期间费用、已销开发产品计税成本、营业税金及附加、土地增值税准予当期按规定扣除。

已销开发产品的计税成本，按当期已实现销售的可售面积和可售面积单位工程成本确认。可售面积单位工程成本和已销开发产品的计税成本按下列公式计算确定：

可售面积单位工程成本＝成本对象总成本÷成本对象总可售面积

已销开发产品的计税成本＝已实现销售的可售面积×可售面积单位工程成本

二、维修费和维修基金的税务处理

(一)维修费的税前扣除

企业对尚未出售的已完工开发产品和按照有关法律、法规或合同规定对已售开发产品(包括共用部位、共用设施设备)进行日常维护、保养、修理等实际发生的维修费用,准予在当期据实扣除。

(二)维修基金的税前扣除

企业将已计入销售收入的共用部位、共用设施设备维修基金按规定移交给有关部门、单位的,应于移交时扣除。

三、配套设施的税务处理

企业在开发区内建造的会所、物业管理场所、电站、热力站、水厂、文体场馆、幼儿园等配套设施,其税务处理为:

1. 属于非营利性且产权属于全体业主的,或无偿赠与地方政府、公用事业单位的,可将其视为公共配套设施,其建造费用按公共配套设施费的有关规定进行处理。

2. 属于营利性的,或产权归企业所有的,或未明确产权归属的,或无偿赠与地方政府、公用事业单位以外其他单位的,应当单独核算其成本。除企业自用应按建造固定资产进行处理外,其他一律按建造开发产品进行处理。

企业在开发区内建造的邮电通讯、学校、医疗设施应单独核算成本,其中,由企业与国家有关业务管理部门、单位合资建设,完工后有偿移交的,国家有关业务管理部门、单位给予的经济补偿可直接抵扣该项目的建造成本,抵扣后的差额应调整当期应纳税所得额。

四、担保金及资产损失的税务处理

(一)担保损失的扣除

企业对外提供与本企业应纳税收入有关的担保,因被担保人不能按期偿还债务而承担连带还款责任,经清查和追索,被担保人无偿还能力,对无法追回的,比照应收账款损失进行处理。

与本企业应纳税收入有关的担保是指企业对外提供的与本企业投资、融资、材料采购、产品销售等主要生产经营活动密切相关的担保。如房地产开发企业采取银行按揭方式销售开发产品,并约定企业为购买方的按揭贷款提供担保的,实际发生损失时可据实扣除。

企业为其他独立纳税人提供的与本企业应纳税收入无关的贷款担保等,因被担保方还不清贷款而由该担保人承担的本息等,不得申报扣除。因为这不符合税前扣除的损失应与应税收入相关的相关性原则。

房地产开发企业采取银行按揭方式销售开发产品的,凡约定企业为购买方的按揭贷款提供担保的,其销售开发产品时向银行提供的保证金(担保金)不得从销售收入中减除,也不得作为费用在当期税前扣除,但实际发生损失时可据实扣除。

(二)开发企业其他损失的扣除

企业因国家无偿收回土地使用权而形成的损失,可作为财产损失按有关规定在税前扣除。

企业开发产品(以成本对象为计量单位)整体报废或毁损,其净损失按有关规定审核确认后准予在税前扣除。

【例 8-7】 (CTA·2011)下列关于房地产开发企业成本、费用扣除的企业所得税处理，正确的是(　　)。

A. 开发产品整体报废或毁损的，其确认的净损失不得在税前扣除

B. 因国家收回土地使用权而形成的损失，可按高于实际成本的 10％在税前扣除

C. 企业集团统一融资再分配给其他成员企业使用，发生的利息费用不得在税前扣除

D. 开发产品转为自用的，实际使用时间累计未超过 12 个月又销售的，折旧费用不得在税前扣除

【答案】 D

【解析】

根据国税发〔2009〕31 号文规定，企业开发产品整体报废或毁损，其净损失按有关规定准予在税前扣除，因而选项 A 错；企业因国家无偿收回土地使用权而形成的损失，可作为财产损失按有关规定在税前扣除，而不是按高于实际成本的 10％在税前扣除，因而选项 B 错；企业集团或其成员企业统一向金融机构借款分摊集团内部其他成员企业使用的，借入方凡能出具从金融机构取得借款的证明文件，可以在使用借款的企业间合理的分摊利息费用，使用借款的企业分摊的合理利息准予在税前扣除，因而选项 C 错误。

五、利息费用的税务处理

(一)借款费用资本化与费用化

企业为建造开发产品借入资金而发生的符合税收规定的借款费用，可按企业会计准则的规定进行归集和分配，其中属于财务费用性质的借款费用，可直接在税前扣除。

根据《〈企业会计准则第 17 号——借款费用〉应用指南》规定，符合借款费用资本化条件的存货，主要包括企业(房地产开发)开发的用于对外出售的房地产开发产品、企业制造的用于对外出售的大型机械设备等。

房地产企业开发建造的商品房，建造周期通常在一年以上。对这类通常需要经过相当长时间的建造或者生产过程，才能达到预定可销售状态的存货，属于符合借款费用资本化条件的存货。房地产开发企业为开发房地产而借入资金所发生的借款费用，在房地产完工前，应计入有关房地产的开发成本。在房地产完工后，应计入财务费用，对已在开发成本列支的借款费用不能再从财务费用中重复税前扣除。

(二)统借统还借款利息的分摊

企业集团或其成员企业统一向金融机构借款分摊集团内部其他成员企业使用的，借入方凡能出具从金融机构取得借款的证明文件，可以在使用借款的企业间合理的分摊利息费用，使用借款的企业分摊的合理利息准予在税前扣除。

(三)土地增值税利息扣除与所得税不同

土地增值税暂行条例实施细则第七条规定，财务费用中的利息支出，凡能够按转让房地产项目计算分摊，并提供金融机构证明的，允许据实扣除，但最高不能超过按商业银行同类同期贷款利率计算的金额。

根据税法规定，只有提供了金融机构证明的利息支出才允许在土地增值税前扣除。对房地产开发企业从非金融机构取得的借款利息，如果不能提供金融机构证明的，即使能够按转让房地产项目计算分摊并按规定计入财务费用，也不能在计算土地增值税时扣除。这与

企业所得税法实施条例第三十八条的规定不同,在企业所得税中,非金融企业向非金融企业借款的利息支出,不超过按照金融企业同期同类贷款利率计算的数额的部分,企业所得税前允许扣除。

此外,土地增值税也不允许扣除超期利息和罚息。《关于土地增值税一些具体问题规定的通知》(财税字〔1995〕第48号)第八条规定,对于超过贷款期限的利息部分和加罚的利息不允许扣除。而根据企业所得税法实施条例第三十八条规定,非金融企业向金融企业借款的利息支出、金融企业的各项存款利息支出和同业拆借利息支出、企业经批准发行债券的利息支出,准予扣除。即从事房地产开发业务的纳税人向金融企业借款的利息支出,即使是超过贷款期限的利息部分和加罚的利息,也准予企业所得税前全额据实扣除。

六、临时自用开发产品不得扣除折旧

企业开发产品转为自用的,其实际使用时间累计未超过12个月又销售的,不得在税前扣除折旧费用。

开发产品转为自用的,应自投入使用之次月起按规定计算缴纳房产税。国家税务总局《关于房产税城镇土地使用税有关政策规定的通知》(国税发〔2003〕89号)第二条第四项规定,房地产开发企业自用、出租、出借本企业建造的商品房,自房屋使用或交付使用的次月起计征房产税。如,开发企业利用商品房作售楼部使用,应自开始使用售楼部的次月起缴纳房产税。作为自用的售楼部,根据《房产税暂行条例》的相关规定,按照其售楼部房产原值一次扣除10%～30%后的余值,按1.2%的税率缴纳房产税。

第三节　计税成本的核算

计税成本是指企业在开发、建造开发产品(包括固定资产,下同)过程中所发生的按照税收规定进行核算与计量的应归入某项成本对象的各项费用。成本对象是指为归集和分配开发产品开发、建造过程中的各项耗费而确定的费用承担项目。

一、开发产品会计成本的核算

为加强企业产品成本核算,保证产品成本信息真实、完整,促进企业和经济社会的可持续发展,财政部制定印发了《企业产品成本核算制度(试行)》(财会〔2013〕17号),自2014年1月1日起在除金融保险业以外的大中型企业范围内施行,鼓励其他企业执行(小企业参照执行本制度)。

(一)开发产品成本核算对象的确定

开发企业应当根据生产经营特点和管理要求,确定成本核算对象,归集成本费用,计算产品的生产成本。

房地产企业一般按照开发项目、综合开发期数并兼顾产品类型等确定成本核算对象。

(二)开发产品成本核算项目和范围

企业应当根据生产经营特点和管理要求,按照成本的经济用途和生产要素内容相结合的原则或者成本性态等设置成本项目。

房地产企业一般设置土地征用及拆迁补偿费、前期工程费、建筑安装工程费、基础设施建设费、公共配套设施费、开发间接费、借款费用等成本项目。

1. 土地征用及拆迁补偿费

土地征用及拆迁补偿费,是指为取得土地开发使用权(或开发权)而发生的各项费用,包括土地买价或出让金、大市政配套费、契税、耕地占用税、土地使用费、土地闲置费、农作物补偿费、危房补偿费、土地变更用途和超面积补交的地价及相关税费、拆迁补偿费用、安置及动迁费用、回迁房建造费用等。

2. 前期工程费

前期工程费,是指项目开发前期发生的政府许可规费、招标代理费、临时设施费以及水文地质勘察、测绘、规划、设计、可行性研究、咨询论证费、筹建、场地通平等前期费用。

3. 建筑安装工程费

建筑安装工程费,是指开发项目开发过程中发生的各项主体建筑的建筑工程费、安装工程费及精装修费等。

4. 基础设施建设费

基础设施建设费,是指开发项目在开发过程中发生的道路、供水、供电、供气、供暖、排污、排洪、消防、通讯、照明、有线电视、宽带网络、智能化等社区管网工程费和环境卫生、园林绿化等园林、景观环境工程费用等。

5. 公共配套设施费

公共配套设施费,是指开发项目内发生的、独立的、非营利性的且产权属于全体业主的,或无偿赠与地方政府、政府公共事业单位的公共配套设施费用等。

6. 开发间接费

开发间接费,指企业为直接组织和管理开发项目所发生的,且不能将其直接归属于成本核算对象的工程监理费、造价审核费、结算审核费、工程保险费等。为业主代扣代缴的公共维修基金等不得计入产品成本。

6. 借款费用

借款费用,是指符合资本化条件的借款费用。

房地产企业自行进行基础设施、建筑安装等工程建设的,可以比照建筑企业设置有关成本项目。

(三)产品成本归集、分配和结转

企业所发生的费用,能确定由某一成本核算对象负担的,应当按照所对应的产品成本项目类别,直接计入产品成本核算对象的生产成本;由几个成本核算对象共同负担的,应当选择合理的分配标准分配计入。

企业应当根据生产经营特点,以正常生产能力水平为基础,按照资源耗费方式确定合理的分配标准。

企业应当按照权责发生制的原则,根据产品的生产特点和管理要求结转成本。

房地产企业发生的有关费用,由某一成本核算对象负担的,应当直接计入成本核算对象成本;由几个成本核算对象共同负担的,应当选择占地面积比例、预算造价比例、建筑面积比例等合理的分配标准,分配计入成本核算对象成本。

二、计税成本对象的确定原则

成本对象由企业在开工之前合理确定,并报主管税务机关备案。成本对象一经确定,不能随意更改或相互混淆,如确需改变成本对象的,应征得主管税务机关同意。根据国务院

《关于取消和下放一批行政审批项目的决定》（国发〔2014〕5号），各级主管税务机关实施的"房地产开发企业计税成本对象确定核准"均取消。纳税人在确定计税成本对象时，应遵循如下原则：

（一）可否销售原则

开发产品能够对外经营销售的，应作为独立的计税成本对象进行成本核算；不能对外经营销售的，可先作为过渡性成本对象进行归集，然后再将其相关成本摊入能够对外经营销售的成本对象。

（二）分类归集原则

对同一开发地点、竣工时间相近、产品结构类型没有明显差异的群体开发的项目，可作为一个成本对象进行核算。

（三）功能区分原则

开发项目某组成部分相对独立，且具有不同使用功能时，可以作为独立的成本对象进行核算。

（四）定价差异原则

开发产品因其产品类型或功能不同等而导致其预期售价存在较大差异的，应分别作为成本对象进行核算。

（五）成本差异原则

开发产品因建筑上存在明显差异可能导致其建造成本出现较大差异的，要分别作为成本对象进行核算。

（六）权益区分原则

开发项目属于受托代建的或多方合作开发的，应结合上述原则分别划分成本对象进行核算。

【例8-8】 （CTA·2011）下列原则中，可用于确定房地产开发企业计税成本对象的有（　　）。

A. 可否销售原则　　　　　B. 分类归集原则
C. 定价差异原则　　　　　D. 功能区分原则
E. 收入配比原则

【答案】 ABCD

【解析】

根据国税发〔2009〕31号文件规定，收入配比原则不属于纳税人在确定计税成本对象时应遵循的原则。

三、计税成本支出的核算

（一）计税成本支出的内容

企业所得税中，开发产品计税成本支出的内容包括：土地征用费及拆迁补偿费、前期工程费、建筑安装工程费、基础设施建设费、公共配套设施费、开发间接费。

在计算土地增值税扣除项目开发成本时，也有基本相同的规定。根据土地增值税暂行条例实施细则第七条规定，开发土地和新建房及配套设施（以下简称房地产开发）的成本，是指纳税人房地产开发项目实际发生的成本（以下简称房地产开发成本），包括土地征用及拆迁补偿费、前期工程费、建筑安装工程费、基础设施费、公共配套设施费、开发间接费用。二者虽然表述相同，但在土地增值税与企业所得税处理中，仍有一些差异。

1. 土地征用费及拆迁补偿费

土地征用费及拆迁补偿费，是指为取得土地开发使用权（或开发权）而发生的各项费用，主要包括土地买价或出让金、大市政配套费、契税、耕地占用税、土地使用费、土地闲置费、土地变更用途和超面积补交的地价及相关税费、拆迁补偿支出、安置及动迁支出、回迁房建造支出、农作物补偿费、危房补偿费等。

而根据土地增值税暂行条例实施细则规定，土地征用及拆迁补偿费，包括土地征用费、耕地占用税、劳动力安置费及有关地上、地下附着物拆迁补偿的净支出、安置动迁用房支出等。不包含取得土地使用权所支付的金额。取得土地使用权所支付的金额（指纳税人为取得土地使用权所支付的地价款和按国家统一规定交纳的有关费用）在土地增值税中作为一项与房地产开发成本并列的单独的扣除项目处理。

2. 前期工程费

前期工程费，是指项目开发前期发生的水文地质勘察、测绘、规划、设计、可行性研究、筹建、场地通平等前期费用。这与土地增值税的规定相同。

3. 建筑安装工程费

建筑安装工程费，是指开发项目开发过程中发生的各项建筑安装费用。主要包括开发项目建筑工程费和开发项目安装工程费等。

土地增值税暂行条例实施细则规定，建筑安装工程费，是指以出包方式支付给承包单位的建筑安装工程费，以自营方式发生的建筑安装工程费。

由此可见，虽然企业所得税与土地增值税对建筑安装工程费的表述略有不同，但二者没有实质性的差异。

4. 基础设施建设费

基础设施建设费，是指开发项目在开发过程中所发生的各项基础设施支出，主要包括开发项目内道路、供水、供电、供气、排污、排洪、通讯、照明等社区管网工程费和环境卫生、园林绿化等园林环境工程费。与土地增值税对基础设施费的规定是一致的。

5. 公共配套设施费

公共配套设施费，是指开发项目内发生的、独立的、非营利性的，且产权属于全体业主的，或无偿赠与地方政府、政府公用事业单位的公共配套设施支出。

土地增值税暂行条例实施细则规定，公共配套设施费，包括不能有偿转让的开发小区内公共配套设施发生的支出。国家税务总局《关于房地产开发企业土地增值税清算管理有关问题的通知》（国税发〔2006〕187号）规定，房地产开发企业开发建造的与清算项目配套的居委会和派出所用房、会所、停车场（库）、物业管理场所、变电站、热力站、水厂、文体场馆、学校、幼儿园、托儿所、医院、邮电通讯等公共设施，按以下原则处理：① 建成后产权属于全体业主所有的，其成本、费用可以扣除；② 建成后无偿移交给政府、公用事业单位用于非营利性社会公共事业的，其成本、费用可以扣除；③ 建成后有偿转让的，应计算收入，并准予扣除成本、费用。

由此可见，企业所得税与土地增值税对公共配套设施费的处理存在一定的差异：企业所得税处理时有限制性条件，即必须是"独立的、非营利性的，且产权属于全体业主的，或无偿赠与地方政府、政府公用事业单位"的公共配套设施支出。对营利性的，或未明确产权归属的,或无偿赠与地方政府、政府公用事业单位以外的其他单位的,企业所得税处理时,应单独核算其成本。除企业自用应按固定资产处理外,其余一律按开发产品处理。

6. 开发间接费

开发间接费,是指企业为直接组织和管理开发项目所发生的,且不能将其归属于特定成本对象的成本费用性支出。主要包括管理人员工资、职工福利费、折旧费、修理费、办公费、水电费、劳动保护费、工程管理费、周转房摊销以及项目营销设施建造费等。

土地增值税暂行条例实施细则规定,开发间接费用是指直接组织、管理开发项目发生的费用,包括工资、职工福利费、折旧费、修理费、办公费、水电费、劳动保护费、周转房摊销等。

两税相比,企业所得税对开发间接费的规定多了工程管理费和营销设施建造费。工程管理费符合土地增值税间接费用范围,可以作为扣除项目。

（二）计税成本核算的一般程序

企业计税成本核算的一般程序如下:

（1）对当期实际发生的各项支出,按其性质、经济用途及发生的地点、时间进行整理、归类,并将其区分为应计入成本对象的成本和应在当期税前扣除的期间费用。同时还应按规定对有关预提费用和待摊费用进行计量与确认。

（2）对应计入成本对象中的各项实际支出、预提费用、待摊费用等合理的划分为直接成本、间接成本和共同成本,并按规定将其合理的归集、分配至已完工成本对象、在建成本对象和未建成本对象。

（3）对期前已完工成本对象应负担的成本费用按已销开发产品、未销开发产品和固定资产进行分配,其中应由已销开发产品负担的部分,在当期纳税申报时进行扣除,未销开发产品应负担的成本费用待其实际销售时再予扣除。

（4）对本期已完工成本对象分类为开发产品和固定资产并对其计税成本进行结算。其中属于开发产品的,应按可售面积计算其单位工程成本,据此再计算已销开发产品计税成本和未销开发产品计税成本。对本期已销开发产品的计税成本,准予在当期扣除,未销开发产品计税成本待其实际销售时再予扣除。

（5）对本期未完工和尚未建造的成本对象应当负担的成本费用,应分别建立明细台账,待开发产品完工后再予结算。

四、共同成本和间接成本的分配

（一）分配方法

企业开发、建造的开发产品应按制造成本法进行计量与核算。制造成本法也称为制造成本计算法或吸收成本法,是指以制造成本为产品成本计算范围的成本计算方法。制造成本法的发明是20世纪早期资本主义公司发展的产物,当时,材料和人工费用是产品成本的主要组成部分,间接费用和维护费用并不重要,且难以计量并直接计入产品成本。在公司标准成本系统建立后,材料、人工费直接归集于产品,间接费用使用一些本用于其他目的的分配标准,如直接人工费用、工时数或产品数进行分配。经过长时间的实践,在当今现代经济条件下,制造成本法存在着一定的信息扭曲现象,这主要由于费用的间接分配引起的。

在制造成本法下,开发企业应计入开发产品成本中的费用属于直接成本和能够分清成本对象的间接成本,直接计入成本对象;共同成本和不能分清负担对象的间接成本,应按受益的原则和配比的原则分配至各成本对象,具体分配方法有:

1. 占地面积法

占地面积法，是指按已动工开发成本对象占地面积占开发用地总面积的比例进行分配。

（1）一次性开发的，按某一成本对象占地面积占全部成本对象占地总面积的比例进行分配。

（2）分期开发的，首先按本期全部成本对象占地面积占开发用地总面积的比例进行分配，然后再按某一成本对象占地面积占期内全部成本对象占地总面积的比例进行分配。

期内全部成本对象应负担的占地面积为期内开发用地占地面积减除应由各期成本对象共同负担的占地面积。

2. 建筑面积法

建筑面积法，是指按已动工开发成本对象建筑面积占开发用地总建筑面积的比例进行分配。

（1）一次性开发的，按某一成本对象建筑面积占全部成本对象建筑面积的比例进行分配。

（2）分期开发的，首先按期内成本对象建筑面积占开发用地计划建筑面积的比例进行分配，然后再按某一成本对象建筑面积占期内成本对象总建筑面积的比例进行分配。

3. 直接成本法

直接成本法，是指按期内某一成本对象的直接开发成本占期内全部成本对象直接开发成本的比例进行分配。

4. 预算造价法

预算造价法，是指按期内某一成本对象预算造价占期内全部成本对象预算造价的比例进行分配。

（二）成本分配方法的适用

企业下列成本应按以下方法进行分配：

（1）土地成本，一般按占地面积法进行分配。如果确需结合其他方法进行分配的，应商税务机关同意。

土地开发同时连结房地产开发的，属于一次性取得土地分期开发房地产的情况，其土地开发成本经商税务机关同意后可先按土地整体预算成本进行分配，待土地整体开发完毕再行调整。

（2）单独作为过渡性成本对象核算的公共配套设施开发成本，应按建筑面积法进行分配。

（3）借款费用属于不同成本对象共同负担的，按直接成本法或按预算造价法进行分配。

（4）其他成本项目的分配法由企业自行确定。

五、非货币交换方式取得土地成本的确定

企业以非货币交换方式取得土地使用权的，其成本的确定方法为：

（一）以换取开发产品为目的，将土地投资企业的处理

1. 接受土地方的处理

企业、单位以换取开发产品为目的，将土地使用权投资企业的，按下列方法进行处理：

（1）换取的开发产品如为该项土地开发、建造的，接受投资的企业在接受土地使用权时

暂不确认其成本,待首次分出开发产品时,再按应分出开发产品(包括首次分出的和以后应分出的)的市场公允价值和土地使用权转移过程中应支付的相关税费计算确认该项土地使用权的成本。如涉及补价,土地使用权的取得成本还应加上应支付的补价款或减除应收到的补价款。

(2)换取的开发产品如为其他土地开发、建造的,接受投资的企业在投资交易发生时,按应付出开发产品市场公允价值和土地使用权转移过程中应支付的相关税费计算确认该项土地使用权的成本。如涉及补价,土地使用权的取得成本还应加上应支付的补价款或减除应收到的补价款。

2. 投出方的处理

企业以换取开发产品为目的,将土地使用权投资其他企业房地产开发项目的,按以下规定进行处理:

企业应在首次取得开发产品时,将其分解为转让土地使用权和购入开发产品两项经济业务进行所得税处理,并按应从该项目取得的开发产品(包括首次取得的和以后应取得的)的市场公允价值计算确认土地使用权转让所得或损失。

【例 8-9】 A 房地产开发公司开发项目占地 10 000m²,土地成本已发生货币性支出 5 000 万元,其中支付土地价款 3 500 万元,拆迁货币补偿 1 500 万元。另外,在本项目中,需要按照 1∶1 的比例,与拆迁户兑现回迁房 60 套(平均每套 150 m²)。

开发项目分两期进行建设。一期项目占地面积 6 000 m²,二期项目占地面积 4 000 m²。2009 年 9 月,完成一期 12 座 500 套 75 000 m² 楼房建设,建安成本实际支出 7 000 万元(基础设施费、公共配套设施费等暂不计算),一期有回迁房 40 套,剩余的 20 套回迁房在二期待建。假设一期房屋对外售价为 3 000 元/m²。

要求:计算一期完工开发产品会计成本和计税成本(单位:万元)。

【解析】

(1)第一期商品房的会计处理[①]

① 土地成本货币性支出 5 000 万元:

借:开发成本——土地征用及拆迁补偿费　　　　　　　　　　5 000

　　贷:银行存款　　　　　　　　　　　　　　　　　　　　　　　5 000

② 第一期 40 套回迁房建造支出:7 000÷75 000×40×150=560(万元)。

借:开发成本——土地征用及拆迁补偿费　　　　　　　　　　560

　　贷:开发成本——建筑安装工程费　　　　　　　　　　　　　560

③ 第二期回迁房 20 套因未实际发生,为反映成本的完整性,按照预算成本或第一期成本预提入账:7 000÷75 000×20×150=280(万元)

借:开发成本——土地征用及拆迁补偿费　　　　　　　　　　280

　　贷:预计成本——建筑安装工程费　　　　　　　　　　　　　280

④ 土地成本合计:5 000+560+280=5 840(万元)。

⑤ 第一期分配土地成本:5 840÷(6 000+4 000)×6 000=3 504(万元)。

⑥ 单位可售建筑面积土地成本:3 504÷(75 000-40×150)=507.83(元/m²)。

---

① 参见樊剑英、刘丽娟:《回迁房项目的会计和税务处理》,载《中国税务报》,2009 年 10 月 19 日。

⑦ 单位可售建筑面积建筑成本:(7 000－560)÷(75 000－40×150)＝933.33(元/m²)。

(2) 第一期商品房的计税成本

房地产开发经营中,拆迁补偿主要有产权调换、作价补偿、产权调换与作价补偿相结合三种方式。产权调换,属于房地产企业以自己的开发产品换取被拆迁人的土地使用权。企业所得税处理中,一般作非货币性交换处理,根据企业所得税法和国税发〔2009〕31号文规定,企业将开发产品换取其他企事业单位和个人的非货币性资产等行为,应视同销售,于开发产品所有权或使用权转移,或于实际取得利益权利时确认收入(或利润)的实现。

第一期回迁房视同销售处理,销售收入为:40×150×3 000＝1 800(万元)。

对于非货币交换的产权调换方式,同时涉及换入资产(土地)的计税成本确认问题,国税发〔2009〕31号文件第三十一条规定,企业以非货币交换方式取得土地使用权的,其税务处理为:换取的开发产品如为该项土地开发、建造的,接受投资的企业在接受土地使用权时暂不确认其成本,待首次分出开发产品时,再按应分出开发产品(包括首次分出的和以后应分出的)的市场公允价值和土地使用权转移过程中应支付的相关税费计算确认该项土地使用权的成本。如涉及补价,土地使用权的取得成本还应加上应支付的补价款或减除应收到的补价款。

本例中,房地产开发企业在接受土地使用权时,暂不确认计税成本,第一期40套回迁房交付后,按照其公允价值,即视同销售收入1 800万元计入土地计税成本。

第二期20套回迁房因未建造且没有公允价值,不属于国税发〔2009〕31号文件第三十二条规定的可以预提的计税成本,暂按成本为0计算。根据国税发〔2009〕31号文件第三十四条的规定,企业在结算计税成本时其实际发生的支出应当取得但未取得合法凭据的,不得计入计税成本,待实际取得合法凭据时,再按规定计入计税成本。这20套回迁房计税成本可以在二期房产中直接列支,以后结算二期计税成本时,不需要再调整一期的计税成本。

该项目在第一期开发产品完工后,可以计入的计税成本为:3 500＋1 500＋1 800＝6 800(万元)。

因为该项目分两期开发,所以土地成本需要按照各期占地面积进行分配。第一期分配土地成本:6 800÷(6 000＋4 000)×6 000＝4 080(万元),单位可售建筑面积土地成本为:4 080÷75 000＝544(元/m²),单位可售建筑面积建筑成本为:7 000÷75 000＝933(元/m²)。

以上计税成本高于会计入账成本,形成差异的原因可以归纳为:

(1) 回迁房视同销售的处理。

(2) 以回迁房换取的土地使用权价值是否可以预提入账的问题。假如在分配一期回迁房时,二期回迁房公允价值也能够确定,则根据国税发〔2009〕31号文件第三十一条的规定,可以将全部回迁房公允价值计入换取的土地计税成本并再行分配。

(二) 以股权的形式,将土地投资企业的处理

企业、单位以股权的形式,将土地使用权投资企业的,接受投资的企业应在投资交易发生时,按该项土地使用权的市场公允价值和土地使用权转移过程中应支付的相关税费计算确认该项土地使用权的取得成本。如涉及补价,土地使用权的取得成本还应加上应支付的补价款或减除应收到的补价款。

需要说明的是:在 2006 年 3 月 2 日以前,根据财政部、国家税务总局《关于土地增值税一些具体问题规定的通知》(财税字〔1995〕48 号)规定,以土地(房地产)作价入股进行投资或联营从事房地产开发的,暂免征收土地增值税。因而,被投资企业在土地增值税清算时,应以投资者取得土地价款和按国家统一规定交纳的有关费用作为其取得土地使用权所支付的金额,据以扣除。

2006 年 3 月 2 日起,根据财政部、国家税务总局《关于土地增值税若干问题的通知》(财税〔2006〕21 号)规定,在投资或联营环节,已对土地使用权投资确认收入,并对投资人按规定征收土地增值税,以征税时确认的收入作为被投资企业取得土地使用权所支付的金额,据以扣除。

六、预提费用的处理

除以下几项预提(应付)费用外,计税成本均应为实际发生的成本。

(一)发票不足金额预提最高不超过 10%

出包工程未最终办理结算而未取得全额发票的,在证明资料充分的前提下,其发票不足金额可以预提,但最高不得超过合同总金额的 10%。

房地产开发企业根据规定可以预提的出包工程,是指承建方已按出包合同完成全部工程作业量但尚未最终办理结算的工程项目。房地产开发企业可以据以预提的出包工程合同总金额,不包括甲供材料的金额。预提的出包工程款最高不得超过工程合同总金额的 10%,且已开发票金额与预提费用总计不得超过出包工程合同总金额。苏地税发〔2009〕53 号文件规定,预提的出包工程,自开发产品完工之日起超过 2 年仍未支付的,预提的出包工程款全额计入应纳税所得额;以后年度实际发生时按规定在税前扣除。

(二)可按预算造价合理预提公共配套设施建造费用

公共配套设施尚未建造或尚未完工的,可按预算造价合理预提建造费用。此类公共配套设施必须符合已在售房合同、协议或广告、模型中明确承诺建造且不可撤销,或按照法律法规规定必须配套建造的条件。

苏地税发〔2009〕53 号文件规定,房地产开发企业根据规定可以预提的公共配套设施建造费用,对售房合同、协议或广告,或按照法律法规及政府相关文件等规定建造期限而逾期未建造的,其预提的公共配套设施建造费用在规定建造期满之日起一次性计入应纳税所得额。未明确建造期限的,在该开发项目最后一个可供销售的成本对象达到完工产品条件时仍未建造的,其以前年度已预提的该项费用应并入当期应纳税所得额。以后年度实际发生公共配套设施建造费用时,按规定在税前扣除。

【例 8-10】 (CTA·2011)下列关于房地产开发企业预提(应付)费用的企业所得税处理,正确的是(   )。

A. 部分房屋未销售的,清算相关税款时可按计税成本预提费用

B. 公共配套设施尚未建造或尚未完工的,可按预算造价合理预提费用

C. 向其他单位分配的房产还未办理完手续的,可按预计利润率预提费用

D. 出包工程未最终办理结算而未取得全额发票的,可按合同总金额的 30% 预提费用

【答案】 B

【解析】

根据国税发〔2009〕31 号文规定,公共配套设施尚未建造或尚未完工的,可按预算造价

合理预提建造费用；未销售开发产品应负担的成本费用，待其实际销售时再予扣除；出包工程未最终办理结算而未取得全额发票的，在证明资料充分的前提下，其发票不足金额可以预提，但最高不得超过合同总金额的 10%。

（三）按规定预提尚未上交的报批报建费用、物业完善费用

应向政府上交但尚未上交的报批报建费用、物业完善费用可以按规定预提。物业完善费用是指按规定应由企业承担的物业管理基金、公建维修基金或其他专项基金。

房地产开发企业根据规定预提的报批报建费用、物业完善费用，必须是完工产品应上交的报批报建费用、物业完善费用，同时需提供政府要求上交相关费用的正式文件。未完工产品应上交的报批报建费用、物业完善费用不得预提在税前扣除。苏地税发〔2009〕53 号文件规定，除政府相关文件对报批报建费用、物业完善费用有明确期限外，预提期限最长不得超过 3 年；超过 3 年未上交的，计入应纳税所得额。以后年度实际支付时按规定在税前扣除。

【例 8-11】 甲房地产开发公司开发的某住宅楼于 2008 年 9 月完工，出包工程合同总金额 20 000 万元。2008 年，由于未最终办理结算，取得的发票金额为 15 000 万元，2009 年 3 月，取得发票 2 000 万元，2009 年 6 月取得发票 3 000 万元。

会计实务中，该住宅楼虽然于 2008 年 9 月完工，截止资产负债表日，"开发成本"科目归集的成本费用除已经取得合法凭据（发票）外，还包括已经结算未取得发票的预提工程成本。假设全部开发产品销售完毕（单位：万元）。

要求：进行相关的会计与税务处理。

【解析】

会计处理为：

预提成本时：

借：开发成本		5 000
贷：应付账款（预提）		5 000

结算完工成本：

借：开发产品		20 000
贷：开发成本		20 000

结算销售成本：

借：主营业务成本		20 000
贷：开发产品		20 000

次年 3 月、6 月取得结算发票：

借：应付账款（预提）		5 000
贷：应付账款（工程承包商）		5 000

资产负债表日前结转的完工成本以及销售成本都包含了预提的成本费用 5 000 万元。根据国税发〔2009〕31 号文件第三十四条关于"企业在结算计税成本时其实际发生的支出应当取得但未取得合法凭据的，不得计入计税成本，待实际取得合法凭据时，再按规定计入计税成本"的规定，假定企业计税成本核算终止日确定为 2009 年 5 月 30 日，则 2009 年 3 月取得的发票 2 000 万元可以计入计税成本，超过计税成本核算终止日取得的发票 3 000 万元不能够计入计税成本，但是在证明资料充分的情况下，企业可以预提合同总金额的 10%，即

2 000万元计入计税成本。这样2008年企业该项目计税成本:15 000＋2 000＋2 000＝19 000(万元),2009年汇算清缴后,尽管实际取得发票金额3 000万元,计入实际取得发票年度(2009年)的计税成本只能为1 000万元。

这样,2008年会计成本为20 000万元,2009年为0;而企业所得税计税成本2008年为19 000万元,2009年为1 000万元。虽然成本总额没有发生变化,但是由于计税成本核算终止日及预提成本形成的会计成本与计税成本的年度差异,对甲公司两个年度的企业所得税产生了一定影响。

七、其他相关事项的税务处理

(一)停车场所的税务处理

企业单独建造的停车场所,应作为成本对象单独核算。利用地下基础设施形成的停车场所,作为公共配套设施进行处理。

(二)税前扣除需要取得合法凭据

企业在结算计税成本时其实际发生的支出应当取得但未取得合法凭据的,不得计入计税成本,待实际取得合法凭据时,再按规定计入计税成本。

(三)计税成本核算的终止日的确定

开发产品完工以后,企业可在完工年度企业所得税汇算清缴前选择确定计税成本核算的终止日,不得滞后。凡已完工开发产品在完工年度未按规定结算计税成本,主管税务机关有权确定或核定其计税成本,据此进行纳税调整,并按征管法的有关规定对其进行处理。

第四节　特定事项的税务处理

一、合作或合资开发的税务处理

企业以本企业为主体联合其他企业、单位、个人合作或合资开发房地产项目,且该项目未成立独立法人公司的,分为分配开发产品和分配项目利润两种情况进行处理:

(一)分配开发产品的税务处理

凡开发合同或协议中约定向投资各方(即合作、合资方,下同)分配开发产品的,企业在首次分配开发产品时,如该项目已经结算计税成本,其应分配给投资方开发产品的计税成本与其投资额之间的差额计入当期应纳税所得额;如未结算计税成本,则将投资方的投资额视同销售收入进行相关的税务处理。

【例8-12】　乙单位以2 000万元人民币投资甲房地产公司的某住宅开发项目,双方约定不成立独立法人公司,由甲房地产公司独立开发,方案如下:

甲公司与乙单位按照投资比例分配开发产品,假定该投资项目每套住宅计税成本45万元,每套住宅销售价格75万元,乙单位享有40套住宅。正常项目利润为1 500万元。

要求:进行相关的税务处理。

【解析】

乙单位所享有的40套住宅,其计税成本为1 800万元(40×45),正常销售价格为3 000万元(40×75)。乙单位相当于以2 000万元购入了40套成本价为1 800万元的房产,该房产对外销售时,可实现销售收入3 000万元。

假设乙单位已将 40 套房产销售完毕，不考虑其他因素，其销售净利润为：$(3\,000-2\,000)\times(1-25\%)=750$（万元）。

对甲公司来说，正常项目利润为 1 500 万元，除去乙单位分成部分，可保留利润为 $1\,500-(3\,000-1\,800)=300$（万元）。但根据财税〔2009〕31 号文件规定，需要将乙单位分得的开发产品，其计税成本与其投资额之间的差额 200 万元（2 000－1 800）计入当期应纳税所得额，当期应纳税所得额即为 500 万元（300＋200），应纳企业所得税：$(300+200)\times25\%=125$（万元）。

（二）分配项目利润的税务处理

凡开发合同或协议中约定分配项目利润的，应按以下方法进行税务处理：

（1）企业应将该项目形成的营业利润额并入当期应纳税所得额统一申报缴纳企业所得税，不得在税前分配该项目的利润。同时不能因接受投资方投资额而在成本中摊销或在税前扣除相关的利息支出。

（2）投资方取得该项目的营业利润应视同股息、红利进行相关的税务处理。

【例 8-13】 接上例，合作开发合同约定，甲公司与乙单位按各自投资资金比例分配项目实现的利润。假设项目利润为 1 500 万元，乙单位可分得 1 000 万元。

要求：进行相关的税务处理。

【解析】

甲公司应将该项目实现的营业利润额 1 500 万元，并入甲公司当年其他项目实现的所得，统一计算缴纳企业所得税，不得在税前分配该项目的利润。也不得因接受投资方投资而在成本中摊销或在税前扣除相关的利息支出。

乙单位分得的项目利润 1 000 万元，属于居民企业直接投资于其他居民企业取得的股息、红利等权益性投资收益，根据现行税法规定应为免税收入。所以乙单位实现的净利润为 1 000 万元。

同时，甲公司不允许税前列支此 1 000 万元的利润分成，相当于在企业所得税前支付乙单位 $1\,000\div(1-25\%)=1\,333.33$（万元）。甲公司可实现净利润 $1\,500\times(1-25\%)-1\,000=125$（万元）。

甲公司、乙单位共实现净利润 1 125 万元。

二、以房地产进行投资或联营的税务处理

（一）土地增值税处理

在 2006 年 3 月 2 日以前，财税字（1995）48 号文件规定，对于以房地产进行投资、联营的，投资、联营的一方以土地（房地产）作价入股进行投资或作为联营条件，将房地产转让到所投资、联营的企业中时，暂免征收土地增值税。对投资、联营企业将上述房地产再转让的，应征收土地增值税。

财政部、国家税务总局《关于土地增值税若干问题的通知》（财税〔2006〕21 号）规定，自 2006 年 3 月 2 日起对于以土地（房地产）作价入股进行投资或联营的，凡所投资、联营的企业从事房地产开发的，或者房地产开发企业以其建造的商品房进行投资和联营的，均不适用财政部、国家税务总局《关于土地增值税一些具体问题规定的通知》（财税字〔1995〕48 号）第一条暂免征收土地增值税的规定。而应开始征收土地增值税。

这里应注意区分如下三种情况：

1. 要区分投资主体是房地产开发企业还是非房地产开发企业

对于房地产开发企业,以其建造的商品房对外投资或联营的,属于土地增值税的征税范围。这里的投资形式上是房地产开发企业建造的商品房而不是一般意义上的土地使用权与作为固定资产资产核算的房屋。对于非房地产开发企业,如果以土地(房地产)作价入股进行投资或联营的,凡所投资、联营的企业从事房地产开发的,应属于土地增值税的征税范围。凡所投资、联营的企业从事非房地产开发的,则不属于土地增值税的征税范围。

2. 要区分被投资联营企业是否属于从事房地产开发的行业

这里不再区分投资主体的行业性质,而以被投资、联营的企业所从事的行业是否属于房地产行业进行界定,对于以土地(房地产)作价入股进行投资或联营的,凡所投资、联营的企业从事房地产开发的,根据财税(2006)21 号文件规定,属于土地增值税的征税范围;凡所投资、联营的企业从事非房地产开发的,则适用财税字(1995)48 号文件的规定,暂免征收土地增值税。但对房地产开发企业以其建造的商品房进行投资和联营的,不论被投资企业是否从事房地产开发均不适用财税字(1995)48 号文第一条暂免征收土地增值税的规定。

3. 股权转让不缴土地增值税

无论房地产开发企业还是非房地产开发企业将投资形成的股权进行处置转让时,由于股权已不对应其初始投资所形成的房地屋产权或土地使用权,所以国家税务总局《关于陕西省电力建设投资开发公司转让股权征税问题的批复》(国税函〔1997〕700 号)规定,对房地屋产权或土地使用权投资入股所形成的股权转让的行为,暂不征收土地增值税。这里需要提及的是对被投资、联营企业将上述房地产再转让的,根据财税字〔1995〕48 号第一条的规定,应征收土地增值税。

(二)营业税处理

根据营业税有关规定,以不动产投资入股,参与接受投资方利润分配、共同承担投资风险的行为,不征收营业税;但以不动产投资入股,收取固定收入,不承担投资风险的行为,应按"服务业——租赁"税目依 5% 税率缴纳营业税,凡缴纳营业税的,应随同缴纳城市维护建设税和教育费附加。

三、售后返租的税务处理

售后返租,是指房地产开发企业在销售商品房时,在购房合同中约定,以折让优惠后的价款为成交价,同时与购房者签订该房的租赁合同,要求购房者在一定期限内将购买的房屋无偿或低价交给开发公司,由开发公司统一经营,经营收益归开发商。

(一)企业所得税处理

国家税务总局《关于从事房地产开发的外商投资企业售后返租业务所得税处理问题的批复》(国税函〔2007〕603 号)规定,从事房地产开发经营的外商投资企业以销售方式转让其生产、开发的房屋、建筑物等不动产,又通过租赁方式从买受人回租该资产,企业无论采取何种租赁方式,均应将售后回租业务分解为销售和租赁两项业务分别进行税务处理。企业销售或转让有关不动产所有权的收入与该被转让的不动产所有权相关的成本、费用的差额,应作为业务发生当期的损益,计入当期应纳税所得额。

（二）营业税处理

营业税暂行条例规定,纳税人的营业额为纳税人提供应税劳务、转让无形资产或者销售不动产收取的全部价款和价外费用。对从事售后回租业务的公司无偿取得的出租收益应作为价外费用计入营业税计税营业额。对此,一些地方已做出了明确规定。如,江苏省地方税务局《关于房地产开发公司销售返租有关营业税问题的批复》(苏地税函〔2008〕135号)规定,房地产开发公司销售不动产,采取优惠方式要求购房者无偿或低价将不动产交给开发公司使用若干年。这一经营方式名义上是开发公司让利给购房者,实质上是优先取得了购房者的不动产的使用权,即其他经济利益。因此,对房地产开发公司以此方式销售不动产的行为,应按照《营业税暂行条例实施细则》第十五条和《税收征管法实施细则》第四十七条规定核定其营业额。

又如,浙江省地税局《关于营业税若干政策业务问题的通知》(浙地税函〔2008〕62号)规定,房地产开发公司采用折让优惠等形式将商品房销售给购房者,在签订购房合同的同时,房地产开发公司(或房地产开发公司的关联企业)与购房者另行签订商品房委托管理合同,约定购房合同以折让后优惠价款为成交价,购房者自愿放弃一定时期的托管收益权和其他费用。房地产开发公司商品房折让优惠额(或商品房售价低于同类商品房价格部分)应并入商品房销售价款,一并按销售不动产征收营业税,购房者因放弃一定时期的托管收益权和其他费用而享受的折让优惠额属取得经济利益,应按"服务业——租赁业"税目征收营业税。

（三）个人所得税处理

国家税务总局《关于个人与房地产开发企业签订有条件优惠价格协议购买商店征收个人所得税问题的批复》(国税函〔2008〕576号)规定,房地产开发企业与商店购房者个人签订协议规定,房地产开发企业按优惠价格出售其开发的商店给购买者个人,但购买者个人在一定期限内必须将购买的商店无偿提供给房地产开发企业对外出租使用,其实质是购买者个人以所购商店交由房地产开发企业出租而取得的房屋租赁收入支付了部分购房价款。根据个人所得税法的有关精神,对上述情形的购买者个人少支出的购房价款,应视同个人财产租赁所得,按照"财产租赁所得"项目征收个人所得税,每次财产租赁所得的收入额,按照少支出的购房价款和协议规定的租赁月份数平均计算确定。

【例8-14】 A公司是一家外资投资房地产开发企业,采用售后返租方式销售商铺。开发商与购房者同时签订房地产买卖合同和租赁合同约定,其开发的商铺每间按总价100万元的85%即85万元作为优惠价出售给购房者,并同时约定在未来5年内,该商铺由开发商出租,收益归开发商所有。

开发商在销售时,将上述价款总额和折扣额在同一张发票上注明,并开具了销售不动产统一发票。开发商在销售房产时,对未来5年内转租房产能收取多少收益并不确定,当年A公司将商铺转租取得租金5万元(不考虑城市维护建设税、教育费附加、土地使用税)。

要求:对该项售后返租业务进行相关税务处理。

【解析】

（1）营业税

A公司销售不动产应缴纳"销售不动产"税目营业税:$100 \times 5\% = 5$(万元),转租商铺取得的租金收入应按"服务业——租赁业"税目缴纳营业税:$5 \times 5\% = 0.25$(万元)。

购房者返租商铺应缴纳营业税:$15 \times 5\% = 0.75$(万元)。

（2）印花税

A 公司不但销售了开发产品,还租赁了该开发产品后并转租(假设转租合同每年签订一次),应分别按"产权转移书据"税目缴纳印花税:$85 \times 0.05\% = 0.042\ 5$(万元),和按"财产租赁"税目缴纳印花税:$15 \times 0.001 + 5 \times 0.001 = 0.02$(万元)。

（3）企业所得税

对于上述售后返租业务,A 公司需将其分解为销售不动产和租赁两项业务处理,分别计算相关成本、费用和损益。

A 公司的租赁支出是一次性让利给购房者的折让优惠额,按权责发生制原则,A 公司每年的租赁支出为:$15 \div 5 = 3$(万元)。

根据国家税务总局《关于确认企业所得税收入若干问题的通知》(国税函〔2008〕875 号)规定,A 公司在销售房产时,以后年度商铺租赁能收取多少租金是不确定的。因此,对于此不确定的租赁金额不能并入企业销售商铺的收入总额中,企业应以折扣后的销售金额 85 万元作为所得税应税金额。转租收入 5 万元应在满足收入确认条件后,计入当年度应纳税所得额。则 A 公司当年应纳税所得额为:$85 + 5 = 90$(万元),扣除租赁支出 3 万元、开发产品成本、税金及费用后,即可计算出应纳企业所得税额。

（4）个人所得税

A 公司在以优惠价销售商品房给购房者时,需代扣代缴购房者应缴纳的个人所得税:$[15 \div (5 \times 12) - 0.08] \times 20\% \times 60 = 2.04$(万元)。

（5）房产税

购房者将购买的商铺返租给 A 公司,应按租金收入的 12% 计算缴纳房产税。

开发商再将商铺转租,按现行房产税相关规定,转租房屋取得的租赁收入不再缴纳房产税。

（6）土地增值税

土地增值税暂行条例第五条规定,纳税人转让房地产取得的收入,包括货币收入、实物收入和其他收入。A 公司销售商铺时不确定的转租收益不能作为其他收入计入收入中,应以 85 万元作为纳税人转让房地产取得的收入额,计算缴纳土地增值税。

四、所得税汇算与土地增值税清算

为加强房地产税收管理,国家税务总局先后下发了《关于印发房地产开发经营业务企业所得税处理办法的通知》(国税发〔2009〕31 号)和《关于印发土地增值税清算管理规程的通知》(国税发〔2009〕91 号)。对房地产业企业所得税汇算和土地增值税清算分别提出了要求,由于这两个税种分别是以所得额与增值额为计税依据,二者仍存在明显差异。

（一）汇（清）算时间不同

房地产企业的企业所得税征收,实行年中预缴、年终汇算清缴的方式,即每年汇算一次,不论开发产品是否完工,每年均按开发产品销售收入(或完工前销售收入)减除成本、费用、税金、损失等后的应纳税所得额征税。而土地增值税清算则采取项目清算,只有项目达到清算条件才清算,按收入减扣除项目后的增值额征税。一般是在开发项目完工且销售达到一定比例后进行清算,项目开发销售时间长,则清算时间跨度长;项目开发销售时间短,清算时间跨度就短。

国税发〔2009〕91号文件第九条规定，纳税人符合下列条件之一的，应进行土地增值税清算：

（1）房地产开发项目全部竣工、完成销售的。

（2）整体转让未竣工决算房地产开发项目的。

（3）直接转让土地使用权的。

对符合以下条件之一的，主管税务机关可以要求纳税人进行土地增值税清算：

（1）已竣工验收的房地产开发项目，已转让的房地产建筑面积占整个项目可售建筑面积的比例在85%以上，或该比例虽未超过85%，但剩余的可售建筑面积已经出租或自用的。

（2）取得销售（预售）许可证满3年仍未销售完毕的。

（3）纳税人申请注销税务登记但未办理土地增值税清算手续的。

（4）省（自治区、直辖市、计划单列市）税务机关规定的其他情况。

（二）成本项目计算不同

在计算开发产品的计税成本时，企业所得税要求按六项原则（可否销售原则、分类归集原则、功能区分原则、定价差异原则、成本差异原则和权益区分原则）确定成本对象。

而土地增值税在清算时，只要求按普通标准住宅和非普通标准住宅两个项目分开清算。国税发〔2006〕187号文件第一条规定，土地增值税以国家有关部门审批的房地产开发项目为单位进行清算，对于分期开发的项目，以分期项目为单位进行清算。开发项目中同时包含普通住宅和非普通住宅的，应分别计算增值额。

（三）扣除项目存在差异

房地产开发企业在计算其企业所得税应纳税所得额时，扣除项目主要包括：成本、费用、税金、损失和其他支出等内容。而土地增值税扣除项目则分为支付土地价款、房地产开发成本、开发费用、税金和加计扣除等内容。

在土地增值税扣除项目中，与企业所得税不同的地方，表现在房地产开发费用（管理费用、销售费用、财务费用）上，它不是按实际发生数扣除，而是按一定比例计算扣除（10%以内）。加计扣除部分，也不是实际发生的成本费用，而是按土地成本和开发成本合计数的20%计算扣除。

除此之外，计算土地增值税时扣除的开发成本是实际发生的成本，而且要求取得合法有效凭证。而在企业所得税的计税成本中，可以按照税法规定计算预提部分费用。国税发〔2009〕31号文第三十二条规定，除以下几项预提（应付）费用外，计税成本均应是实际发生的成本。

（1）出包工程未最终办理结算而未取得全额发票的，在证明资料充分的前提下，其发票不足金额可以预提，但最高不得超过合同总金额的10%。

（2）公共配套设施尚未建造或尚未完工的，可按预算造价合理预提建造费用。

（3）应向政府上交但尚未上交的报批报建费用、物业完善费用可以按规定预提。

（四）利息费用扣除存在差异

在企业所得税中，借款利息分为资本化和费用化两种处理方式，即企业为建造开发产品借入资金而发生的符合税收规定的借款费用，可按企业会计准则的规定进行归集和分配，其中属于财务费用性质的借款费用，可直接在税前扣除。而土地增值税清算中，利息支出只能单独计算扣除，企业要将计入成本中的利息费用从成本中剔除，与计入财务费用中的利息费用合并计算扣除。利息费用符合一定条件的，可以选择据实扣除；不符合条件的，也可以选择计算扣除。

土地增值税暂行条例实施细则第七条第三项规定，开发土地和新建房及配套设施的费用（简称房地产开发费用），是指与房地产开发项目有关的销售费用、管理费用、财务费用。财务费用中的利息支出，凡能够按转让房地产项目计算分摊并提供金融机构证明的，允许据实扣除，但最高不能超过按商业银行同类同期贷款利率计算的金额。其他房地产开发费用，按土地成本和开发成本之和的5%以内计算扣除。凡不能按转让房地产项目计算分摊利息支出或不能提供金融机构证明的，房地产开发费用按土地成本和开发成本之和的10%以内计算扣除。上述计算扣除的具体比例，由各省、自治区、直辖市人民政府规定。

【例8-15】 位于市区的一家房地产开发公司，2008年度开发建设办公楼一栋，12月与某生产性外商投资企业签订一份购销合同，将办公楼销售给该生产性外商投资企业，销售金额共计1 200万元。合同载明，外商投资企业向房地产开发公司支付货币资金900万元，另将一块未作任何开发的土地的使用权作价300万元转让给房地产开发公司。房地产开发公司开发该办公楼支付的土地价款200万元、拆迁补偿费100万元、基础设施费50、建筑安装工程费400万元，开发过程中发生的管理费用120万元、销售费用60万元。外商投资企业转让给房地产开发公司的土地，原取得使用权时支付的价款200万元，相关税费10万元。（说明：当地政府确定房地产开发费用的扣除比例为8%）

要求：按下列序号计算回答问题。

(1) 计算房地产开发公司签订的购销合同缴纳的印花税。
(2) 计算房地产开发公司销售办公楼应缴纳的营业税。
(3) 计算房地产开发公司销售办公楼应缴纳的城市维护建设税和教育费附加。
(4) 计算房地产开发公司销售办公楼的扣除项目金额。
(5) 计算房地产开发公司销售办公楼的增值额。
(6) 计算房地产开发公司销售办公楼应缴纳的土地增值税。
(7) 计算外商投资企业应缴纳的营业税。
(8) 计算外商投资企业应缴纳的印花税。
(9) 计算外商投资企业转让土地使用权的扣除项目金额。
(10) 计算外商投资企业转让土地使用权应缴纳的土地增值税。

【解析】

(1) 印花税＝(1 200＋300)×0.05%＝＝0.75(万元)；
(2) 营业税＝1 200×5%＝60(万元)；
(3) 城市维护建设税和教育费附加＝60×(7%＋3%)＝6(万元)；
(4) 扣除项目＝(200＋100＋50＋400)×(1＋8%＋20%)＋60＋6＝1 026(万元)；
(5) 增值额＝1 200－1 026＝174(万元)；
(6) 增值率＝174÷1 026＝16.96%，土地增值税额＝174×30%＝52.2(万元)；
(7) 营业税＝(300－200)×5%＝5(万元)；
(8) 印花税＝(1 200＋300)×0.05%＝0.75(万元)；
(9) 扣除项目＝200＋10＋5＋300×0.05%＝215.15(万元)；

(10) 增值额＝300－215.15＝84.85(万元)，增值率＝84.85÷215.15＝39.44％，土地增值税＝84.85×30％＝25.46(万元)。

五、房地产开发企业注销前有关企业所得税处理

有关房地产开发企业注销前由于预征土地增值税导致多缴企业所得税的退税问题，国家税务总局《关于房地产开发企业注销前有关企业所得税处理问题的公告》(国家税务总局公告2010年第29号)作出规定，自2010年1月1日起施行。

房地产开发企业(以下简称企业)按规定对开发项目进行土地增值税清算后，在向税务机关申请办理注销税务登记时，如注销当年汇算清缴出现亏损，应按照以下方法计算出其在注销前项目开发各年度多缴的企业所得税税款，并申请退税：

(1) 企业整个项目缴纳的土地增值税总额，应按照项目开发各年度实现的项目销售收入占整个项目销售收入总额的比例，在项目开发各年度进行分摊，具体按以下公式计算：

$$各年度应分摊的土地增值税 = 土地增值税总额 \times \frac{项目年度销售收入}{整个项目销售收入总额}$$

这里所称销售收入包括视同销售房地产的收入，但不包括企业销售的增值额未超过扣除项目金额20％的普通标准住宅的销售收入。

项目开发各年度应分摊的土地增值税减去该年度已经税前扣除的土地增值税后，余额属于当年应补充扣除的土地增值税；企业应调整当年度的应纳税所得额，并按规定计算当年度应退的企业所得税税款；当年度已缴纳的企业所得税税款不足退税的，应作为亏损向以后年度结转，并调整以后年度的应纳税所得额。

企业对项目进行土地增值税清算的当年，由于按照上述方法进行土地增值税分摊调整后，导致当年度应纳税所得额出现正数的，应按规定计算缴纳企业所得税。

(4) 企业按上述方法计算的累计退税额，不得超过其在项目开发各年度累计实际缴纳的企业所得税。

企业在申请退税时，应向主管税务机关提供书面材料证明应退企业所得税款的计算过程，包括企业整个项目缴纳的土地增值税总额、整个项目销售收入总额、项目年度销售收入、各年度应分摊的土地增值税和已经税前扣除的土地增值税、各年度的适用税率等。

企业按规定对开发项目进行土地增值税清算后，在向税务机关申请办理注销税务登记时，如注销当年汇算清缴出现亏损，但土地增值税清算当年未出现亏损，或尽管土地增值税清算当年出现亏损，但在注销之前年度已按税法规定弥补完毕的，不执行上述29号公告规定。

主管税务机关应结合企业土地增值税清算年度至注销年度之间的汇算清缴情况，判断其是否应该执行该公告，并对应退企业所得税款进行核实。

【例8-16】(CTA·2012)位于市区的某房地产开发企业，2011年发生相关业务如下：

(1) 1月份，购买一宗4 000平方米的土地，支付土地出让金5 000万元，缴纳相关税费200万元，月底办理好土地使用证。2月份，发生"三通一平"工程费用500万元，依据建筑合同约定款项已支付。

(2) 3月份，将其中2 000平方米的土地用于开发建造写字楼，8月份写字楼竣工，按合同约定支付建筑承包商建造费用6 000万元(包括装修费用500万元)，写字楼建筑面积

20 000平方米。

（3）写字楼开发过程中发生利息费用 400 万元，能提供金融机构贷款合同证明，年利率 5％。

（4）9 月份，将 15 000 平方米写字楼销售，签订销售合同，取得销售收入 30 000 万元；10月 31 日，将 2 000 平方米的写字楼出租，合同约定租赁期限为 3 年，自 11 月起每月收取租金 10 万元；12 月将 2 000 平方米写字楼转为办公使用，将 1 000 平方米写字楼作价 2 000 万元对外投资并约定共同承担投资风险，有关资产过户手续均已完成。

（5）在销售、租房等过程中发生销售费用 1 500 万元；发生管理费用（不含印花税）800万元（其中业务招待费 200 万元）。

（其他相关资料：该企业所在省份规定，按土地增值税规定的最高标准计算扣除房地产开发费用）

根据上述资料，回答下列问题：

（1）2011 年该企业应缴纳的印花税（　　）元。

A. 124 705 　　　　　　B. 205 205

C. 212 100 　　　　　　D. 212 105

（2）2011 年该企业征收土地增值税时应扣除的地价款和开发成本合计（　　）万元。

A. 6 880 　　　　　　B. 7 080

C. 8 850 　　　　　　D. 9 120

（3）2011 年该企业应缴纳土地增值税（　　）万元。

A. 5 730 　　　　　　B. 5 735

C. 6 735 　　　　　　D. 8 915

（4）2011 年该企业计算企业所得税时可以扣除的税金及附加（包括印花税）合计（　　）万元。

A. 7 406.65 　　　　　　B. 7 516.65

C. 8 407.31 　　　　　　D. 10 587.31

（5）2011 年该企业的应纳税所得额是（　　）万元。

A. 11 732.69 　　　　　　B. 13 912.69

C. 14 113.13 　　　　　　D. 15 112.88

（6）2011 年该企业应缴纳企业所得税（　　）万元。

A. 2 933.17 　　　　　　B. 3 228.28

C. 3 478.17 　　　　　　D. 3 528.28

【答案】

（1）D　（2）B　（3）D　（4）D　（5）A　（6）A

【解析】

（1）应缴纳印花税为：

5＋5 000×0.05％×10 000＋500×0.03％×10 000＋6 000×0.03％×10 000＋3×12×10×0.1％×10 000＋400÷5％×0.005％×10 000＋30 000×0.05％×10 000＋2 000×0.05％×10 000＝212 105（元）。

（2）计算土地增值税时应扣除的地价款和开发成本为：

5 200×2 000÷4 000×16 000÷20 000＋500×2 000÷4 000×16 000÷20 000＋6 000×16 000÷20 000＝7 080(万元)。

（3）扣除项目合计为：

7 080＋7 080×5％＋400＋30 000×5％×(1＋7％＋3％)＋7 080×20％＝10 900(万元)

增值额＝32 000－10 900＝21 100(万元)

增值率＝21 100÷10 900×100％＝193.58％

应缴纳土地增值税＝21 100×50％－10 900×15％＝8 915(万元)

（4）税前可以扣除的税金及附加为：

8 915＋1 650＋21.21＋2×10×5％×(1＋3％＋7％)＝10 587.31

（5）应纳税所得额为：

32 000＋20－7 080－10 587.31－1 500－800＋80－400＝11 732.69(万元)

（6）应缴纳企业所得税为：

11 732.69×25％＝2 933.17(万元)。

第九章　征收管理

第一节　所得税的征收管理

一、纳税地点

（一）以登记注册地或实际管理机构地为纳税地

除税收法律、行政法规另有规定外，居民企业以企业登记注册地为纳税地点；但登记注册地在境外的，以实际管理机构所在地为纳税地点。企业登记注册地，是指企业依照国家有关规定登记注册的住所地。

（二）以机构、场所所在地为纳税地

非居民企业取得企业所得税法第三条第二款规定的所得，以机构、场所所在地为纳税地点。非居民企业在中国境内设立两个或者两个以上机构、场所的，经各机构、场所所在地税务机关的共同上级税务机关审核批准，可以选择由其主要机构、场所汇总缴纳企业所得税。主要机构、场所，应当同时符合下列条件：

（1）对其他各机构、场所的生产经营活动负有监督管理责任；

（2）设有完整的账簿、凭证，能够准确反映各机构、场所的收入、成本、费用和盈亏情况。

非居民企业经批准汇总缴纳企业所得税后，需要增设、合并、迁移、停止、关闭机构、场所业务的，应当事先由负责汇总申报缴纳企业所得税的主要机构、场所向其所在地税务机关报告；需要变更汇总缴纳企业所得税的主要机构、场所的，仍需依照上述规定办理。

（三）以扣缴义务人所在地为纳税地

非居民企业取得企业所得税法第三条第三款规定的所得，以扣缴义务人所在地为纳税地点。

二、纳税年度

企业所得税按纳税年度计算。纳税年度自公历1月1日起至12月31日止。

企业在一个纳税年度中间开业，或者终止经营活动，使该纳税年度的实际经营期不足12个月的，应当以其实际经营期为一个纳税年度。

企业依法清算时，应当以清算期间作为一个纳税年度。

纳税人12月份或者第四季度的企业所得税预缴纳税申报，应在纳税年度终了后15日内完成，预缴申报后进行当年企业所得税汇算清缴。

三、预缴

（一）预缴期限

企业应当自月份或者季度终了之日起十五日内，向税务机关报送预缴企业所得税纳税申报表，预缴税款。

（二）预缴方法

企业根据企业所得税法规定分月或者分季预缴企业所得税时，应当按照月度或者季度的实际利润额预缴；按照月度或者季度的实际利润额预缴有困难的，可以按照上一纳税年度应纳税所得额的月度或者季度平均额预缴，或者按照经税务机关认可的其他方法预缴。预缴方法一经确定，该纳税年度内不得随意变更。

为确保税款足额及时入库，国家税务总局《关于加强企业所得税预缴工作的通知》（国税函〔2009〕34号）要求，各级税务机关对纳入当地重点税源管理的企业，原则上应按照实际利润额预缴方法征收企业所得税。税务机关根据企业上年度企业所得税预缴和汇算清缴情况，对全年企业所得税预缴税款占企业所得税应缴税款比例明显偏低的，要及时查明原因，调整预缴方法或预缴税额。税务机关要处理好企业所得税预缴和汇算清缴税款入库的关系，原则上各地企业所得税年度预缴税款占当年企业所得税入库税款（预缴数＋汇算清缴数）应不少于70％。

此外，企业预缴申报时，可以扣除以前年度待弥补亏损额和不征税收入、免税收入。

四、汇算清缴

企业所得税汇算清缴，是指纳税人自纳税年度终了之日起5个月内或实际经营终止之日起60日内，依照税收法律、法规、规章及其他有关企业所得税的规定，自行计算本纳税年度应纳税所得额和应纳所得税额，根据月度或季度预缴企业所得税的数额，确定该纳税年度应补或者应退税额，并填写企业所得税年度纳税申报表，向主管税务机关办理企业所得税年度纳税申报、提供税务机关要求提供的有关资料、结清全年企业所得税税款的行为。企业所得税汇算清缴，是企业所得税征收管理工作的重要组成部分，既是纳税人履行纳税义务的体现，也是对税务机关企业所得税征管工作的检验。

为加强企业所得税征收管理，进一步规范企业所得税汇算清缴工作，在总结近年来内、外资企业所得税汇算清缴工作经验的基础上，根据企业所得税法及其实施条例，国家税务总局重新制定并印发了《企业所得税汇算清缴管理办法》（国税发〔2009〕79号），自2009年1月1日起在企业所得税居民企业纳税人中执行。

（一）汇算清缴范围

凡在纳税年度内从事生产、经营（包括试生产、试经营），或在纳税年度中间终止经营活动的纳税人，无论是否在减税、免税期间，也无论盈利或亏损，均应按照企业所得税法及其实施条例和《企业所得税汇算清缴管理办法》的有关规定进行企业所得税汇算清缴。

实行核定定额征收企业所得税的纳税人，不进行汇算清缴

（二）补税与退（抵）税

纳税人在纳税年度内预缴企业所得税税款少于应缴企业所得税税款的，应在汇算清缴期内结清应补缴的企业所得税税款；预缴税款超过应纳税款的，主管税务机关应及时按有关规定办理退税，或者经纳税人同意后抵缴其下一年度应缴企业所得税税款。

纳税人因有特殊困难，不能在汇算清缴期内补缴企业所得税款的，应按照税收征管法及其实施细则的有关规定，办理申请延期缴纳税款手续。

超过应纳税额预缴的税款可办理退税，与原税法的规定略有不同，《中华人民共和国企业所得税暂行条例实施细则》（财法字〔1994〕第3号）第五十三条规定，纳税人在年终汇算清缴时，少缴的所得税税额，应在下一年度内缴纳；纳税人在年终汇算清缴时，多预缴的所得税

税额,在下一年度内抵缴。国税发〔1994〕250号文件进一步规定:企业所得税按年计算,分月或分季预缴,年度终了后四个月内汇算清缴,多退少补;纳税人在年终汇算清缴时,多预缴的所得税税额,也可在下一年度内抵缴;抵缴仍有结余的,或下一年度发生亏损的,应及时办理退库。

国家税务总局《关于2009年度企业所得税纳税申报有关问题的通知》(国税函〔2010〕249号)规定:因2010年5月31日后出台的个别企业所得税政策,涉及2009年度企业所得税纳税申报调整、需要补(退)企业所得税款的少数纳税人,可以在2010年12月31日前自行到税务机关补正申报企业所得税,相应所补企业所得税款不予加收滞纳金。各地税务机关对个别企业所得税政策出台、需要补正申报2009年企业所得税的企业,应按照规定程序和时间要求及时受理补正申报,补退企业所得税款。

(三)汇缴期限

1. 正常申报

纳税人应当自纳税年度终了之日起5个月内,进行汇算清缴,结清应缴应退企业所得税税款。

企业在年度中间终止经营活动的,应当自实际经营终止之日起六十日内,向税务机关办理当期企业所得税汇算清缴。

企业应当在办理注销登记前,就其清算所得向税务机关申报并依法缴纳企业所得税。

纳税人在年度中间发生解散、破产、撤销等终止生产经营情形,需进行企业所得税清算的,应在清算前报告主管税务机关,并自实际经营终止之日起60日内进行汇算清缴,结清应缴应退企业所得税款;纳税人有其他情形依法终止纳税义务的,应当自停止生产、经营之日起60日内,向主管税务机关办理当期企业所得税汇算清缴。

2. 延期申报

纳税人因不可抗力,不能在汇算清缴期内办理企业所得税年度纳税申报或备齐企业所得税年度纳税申报资料的,应按照税收征管法及其实施细则的规定,申请办理延期纳税申报。

3. 重新申报

纳税人在汇算清缴期内发现当年企业所得税申报有误的,可在汇算清缴期内重新办理企业所得税年度纳税申报。

(四)汇缴申报资料

企业在纳税年度内无论盈利或者亏损,都应当依照企业所得税法规定的期限,向税务机关报送预缴企业所得税纳税申报表、年度企业所得税纳税申报表、财务会计报告和税务机关规定应当报送的其他有关资料。企业在报送企业所得税纳税申报表时,应当按照规定附送财务报告和其他有关资料。

纳税人办理企业所得税年度纳税申报时,应如实填写和报送下列有关资料:

(1)企业所得税年度纳税申报表及其附表;

(2)财务报表;

(3)备案事项相关资料;

(4)总机构及分支机构基本情况、分支机构征税方式、分支机构的预缴税情况;

(5)委托中介机构代理纳税申报的,应出具双方签订的代理合同,并附送中介机构出具

的包括纳税调整的项目、原因、依据、计算过程、调整金额等内容的报告;

(6)涉及关联方业务往来的,同时报送《中华人民共和国企业年度关联业务往来报告表》;

(7)主管税务机关要求报送的其他有关资料。

纳税人采用电子方式办理企业所得税年度纳税申报的,应按照有关规定保存有关资料或附纸质纳税申报资料。

纳税人需要报经税务机关审批、审核或备案的事项,应按有关程序、时限和要求报送材料等有关规定,在办理企业所得税年度纳税申报前及时办理。

(五)征纳双方的汇缴职责

1.纳税人的职责

纳税人应当按照企业所得税法及其实施条例和企业所得税的有关规定,正确计算应纳税所得额和应纳所得税额,如实、正确填写企业所得税年度纳税申报表及其附表,完整、及时报送相关资料,并对纳税申报的真实性、准确性和完整性负法律责任。

纳税人未按规定期限进行汇算清缴,或者未报送有关资料的,按照税收征管法及其实施细则的有关规定处理。

2.税务机关的职责

各级税务机关应在汇算清缴开始之前和汇算清缴期间,主动为纳税人提供如下税收服务。应及时向纳税人发放汇算清缴的表、证、单、书。

(1)采用多种形式进行宣传,帮助纳税人了解企业所得税政策、征管制度和办税程序。

(2)积极开展纳税辅导,帮助纳税人知晓汇算清缴范围、时间要求、报送资料及其他应注意的事项。

(3)必要时组织纳税培训,帮助纳税人进行企业所得税自核自缴。

主管税务机关受理纳税人企业所得税年度纳税申报表及有关资料时,如发现企业未按规定报齐有关资料或填报项目不完整的,应及时告知企业在汇算清缴期内补齐补正。

主管税务机关受理纳税人年度纳税申报后,应对纳税人年度纳税申报表的逻辑性和有关资料的完整性、准确性进行审核。审核重点主要包括:

(1)纳税人企业所得税年度纳税申报表及其附表与企业财务报表有关项目的数字是否相符,各项目之间的逻辑关系是否对应,计算是否正确。

(2)纳税人是否按规定弥补以前年度亏损额和结转以后年度待弥补的亏损额。

(3)纳税人是否符合税收优惠条件、税收优惠的确认和申请是否符合规定程序。

(4)纳税人税前扣除的资产损失是否真实、是否符合有关规定程序。跨地区经营汇总缴纳企业所得税的纳税人,其分支机构税前扣除的资产损失是否由分支机构所在地主管税务机关出具证明。

(5)纳税人有无预缴企业所得税的完税凭证,完税凭证上填列的预缴数额是否真实。跨地区经营汇总缴纳企业所得税的纳税人及其所属分支机构预缴的税款是否与《中华人民共和国企业所得税汇总纳税分支机构分配表》中分配的数额一致。

(6)纳税人企业所得税和其他各税种之间的数据是否相符、逻辑关系是否吻合。

主管税务机关应结合纳税人企业所得税预缴情况及日常征管情况,对纳税人报送的企业所得税年度纳税申报表及其附表和其他有关资料进行初步审核后,按规定程序及时办理企业所得税补、退税或抵缴其下一年度应纳所得税款等事项。

五、汇总与合并纳税

(一)汇总和合并纳税企业汇算清缴

实行跨地区经营汇总缴纳企业所得税的纳税人,由统一计算应纳税所得额和应纳所得税额的总机构,按照规定,在汇算清缴期内向所在地主管税务机关办理企业所得税年度纳税申报,进行汇算清缴。分支机构不进行汇算清缴,但应将分支机构的营业收支等情况在报总机构统一汇算清缴前报送分支机构所在地主管税务机关。总机构应将分支机构及其所属机构的营业收支纳入总机构汇算清缴等情况报送各分支机构所在地主管税务机关。

经批准实行合并缴纳企业所得税的企业集团,由集团母公司(以下简称汇缴企业)在汇算清缴期内,向汇缴企业所在地主管税务机关报送汇缴企业及各个成员企业合并计算填写的企业所得税年度纳税申报表,以及规定的有关资料及各个成员企业的企业所得税年度纳税申报表,统一办理汇缴企业及其成员企业的企业所得税汇算清缴。

汇缴企业应根据汇算清缴的期限要求,自行确定其成员企业向汇缴企业报送税法规定的有关资料的期限。成员企业向汇缴企业报送的相关资料,应经成员企业所在地的主管税务机关审核。

(二)汇总和合并纳税企业汇算清缴的协同管理

居民企业在中国境内设立不具有法人资格的营业机构的,应当汇总计算并缴纳企业所得税。企业汇总计算并缴纳企业所得税时,应当统一核算应纳税所得额,具体办法由国务院财政、税务主管部门制定。除国务院另有规定外,企业之间不得合并缴纳企业所得税。

实行法人所得税制度是新企业所得税法的重要内容,也是促进我国社会主义市场经济进一步发展和完善的客观要求。

国家税务总局所得税管理司《关于合并缴纳企业所得税政策执行问题的函》(所便函〔2008〕027号)规定,在国务院对企业合并缴纳企业所得税政策尚未做出规定前,原经国家税务总局批准实行合并缴纳企业所得税的企业,暂按原规定继续执行。

税务机关应做好跨地区经营汇总纳税企业和合并纳税企业汇算清缴的协同管理。

(1)总机构和汇缴企业所在地主管税务机关在对企业的汇总或合并税申报资料审核时,发现其分支机构或成员企业申报内容有疑点需进一步核实的,应向其分支机构或成员企业所在地主管税务机关发出有关税务事项协查函;该分支机构或成员企业所在地主管税务机关应在要求的时限内就协查事项进行调查核实,并将核查结果函复总机构或汇缴企业所在地主管税务机关。

(2)总机构和汇缴企业所在地主管税务机关收到分支机构或成员企业所在地主管税务机关反馈的核查结果后,应对总机构和汇缴企业申报的应纳税所得额及应纳所得税额作相应调整。

六、源泉扣缴

(一)扣缴义务人的确定

企业所得税法第37条规定,对非居民企业取得企业所得税法第三条第三款规定的所得应缴纳的所得税,实行源泉扣缴,以支付人为扣缴义务人。税款由扣缴义务人在每次支付或者到期应支付时,从支付或者到期应支付的款项中扣缴。支付人,是指依照有关法律规定或者合同约定对非居民企业直接负有支付相关款项义务的单位或者个人。

这就是说，对非居民企业取得来源于中国境内的股息、红利等权益性投资收益和利息、租金、特许权使用费所得、转让财产所得以及其他所得应当缴纳的企业所得税，实行源泉扣缴，以依照有关法律规定或者合同约定对非居民企业直接负有支付相关款项义务的单位或者个人为扣缴义务人。

支付，包括现金支付、汇拨支付、转账支付和权益兑价支付等货币支付和非货币支付。到期应支付的款项，是指支付人按照权责发生制原则应当计入相关成本、费用的应付款项。

（二）指定扣缴

企业所得税法第 38 条规定，对非居民企业在中国境内取得工程作业和劳务所得应缴纳的所得税，税务机关可以指定工程价款或者劳务费的支付人为扣缴义务人。

税务机关可以指定扣缴义务人的情形，包括：

（1）预计工程作业或者提供劳务期限不足一个纳税年度，且有证据表明不履行纳税义务的；

（2）没有办理税务登记或者临时税务登记，且未委托中国境内的代理人履行纳税义务的；

（3）未按照规定期限办理企业所得税纳税申报或者预缴申报的。

扣缴义务人，由县级以上税务机关指定，并同时告知扣缴义务人所扣税款的计算依据、计算方法、扣缴期限和扣缴方式。

（三）自行缴纳与税款追缴

企业所得税法第 39 条规定，依照企业所得税法第 37 条、第 38 条规定应当扣缴的所得税，扣缴义务人未依法扣缴或者无法履行扣缴义务的，由纳税人在所得发生地缴纳。纳税人未依法缴纳的，税务机关可以从该纳税人在中国境内其他收入项目的支付人应付的款项中，追缴该纳税人的应纳税款。

所得发生地，是指依照企业所得税法实施条例第七条规定的原则确定的所得发生地。在中国境内存在多处所得发生地的，由纳税人选择其中之一申报缴纳企业所得税。该纳税人在中国境内其他收入，是指该纳税人在中国境内取得的其他各种来源的收入。

根据《非居民承包工程作业和提供劳务税收管理暂行办法》（国家税务总局令 2009 年第 19 号）规定，非居民企业从中国境内取得其他收入项目，包括非居民企业从事其他工程作业或劳务项目所得，以及企业所得税法第三条第二、三款规定的其他收入项目。非居民企业有多个其他支付人的，项目所在地主管税务机关应根据信息准确性、收入金额、追缴成本等因素确定追缴顺序。

税务机关在追缴该纳税人应纳税款时，应当将追缴理由、追缴数额、缴纳期限和缴纳方式等告知该纳税人。

因非居民企业拒绝代扣税款的，扣缴义务人应当暂停支付相当于非居民企业应纳税款的款项，并在 1 日之内向其主管税务机关报告，并报送书面情况说明。

扣缴义务人未依法扣缴或者无法履行扣缴义务的，非居民企业应于扣缴义务人支付或者到期应支付之日起 7 日内，到所得发生地主管税务机关申报缴纳企业所得税。

股权转让交易双方为非居民企业且在境外交易的，由取得所得的非居民企业自行或委托代理人向被转让股权的境内企业所在地主管税务机关申报纳税。被转让股权的境内企业应协助税务机关向非居民企业征缴税款。

（四）扣缴申报

企业所得税法第四十条规定,扣缴义务人每次代扣的税款,应当自代扣之日起7日内缴入国库,并向所在地的税务机关报送扣缴企业所得税报告表。

按照企业所得税法及其实施条例和相关税收法规规定,给予非居民企业减免税优惠的,应按相关税收减免管理办法和行政审批程序的规定办理。对未经审批或者减免税申请未得到批准之前,扣缴义务人发生支付款项的,应按规定代扣代缴企业所得税。

第二节　跨地区经营汇总纳税

实行法人所得税制度是新企业所得税法的重要内容,也是促进我国社会主义市场经济进一步发展和完善的客观要求。为妥善处理地区间利益分配关系,做好跨省市总分机构企业所得税收入的征缴和分配管理工作,财政部、国家税务总局、中国人民银行制定了《跨省市总分机构企业所得税分配及预算管理办法》(财预〔2012〕40号)。为加强跨地区经营汇总纳税企业所得税的征收管理,国家税务总局对《跨地区经营汇总纳税企业所得税征收管理暂行办法》(国税发〔2008〕28号)进行了修订,于2012年12月27日印发了《跨地区经营汇总纳税企业所得税征收管理办法》(国家税务总局公告2012年第57号,以下简称汇总纳税办法)自2013年1月1日起执行。

与老办法相比,新政策变化点主要体现在:① 明确总分机构参与汇算清缴税款分配,即汇算清缴应补应退税款按照预缴分配比例分配给总分机构,由总分机构就地办理税款缴库或退库,改变了汇缴补退税均通过中央国库办理、总分机构都不参与就地分享的做法。② 明确了总分机构查补税款就地入库问题,突破了就地监管的政策瓶颈。③ 不适用范围的调整,企业所得税全额归属中央收入的企业由14家调整为15家。④ 分支机构"三因素"所属区间的调整,统一确定为上年度,不再区分上上年度和上年度。⑤ 明确当年撤销的分支机构自办理注销税务登记之日起不参与分摊,不再从第二年起才不参与分摊。⑥ 采用会计准则的表述和口径,将"三因素"中的"经营收入"改为"营业收入","职工工资"调整为"职工薪酬",对"资产总额"的解释不再排除无形资产等。

一、汇总纳税企业所得税管理基本方法

（一）汇总纳税企业的界定

国家税务总局公告2012年第57号规定,居民企业在中国境内跨地区(指跨省、自治区、直辖市和计划单列市,下同)设立不具有法人资格分支机构的,该居民企业为跨地区经营汇总纳税企业(以下简称汇总纳税企业),除另有规定外,其企业所得税征收管理适用汇总纳税办法。

国有邮政企业(包括中国邮政集团公司及其控股公司和直属单位)、中国工商银行股份有限公司、中国农业银行股份有限公司、中国银行股份有限公司、国家开发银行股份有限公司、中国农业发展银行、中国进出口银行、中国投资有限责任公司、中国建设银行股份有限公司、中国建银投资有限责任公司、中国信达资产管理股份有限公司、中国石油天然气股份有限公司、中国石油化工股份有限公司、海洋石油天然气企业(包括中国海洋石油总公司、中海石油(中国)有限公司、中海油田服务股份有限公司、海洋石油工程股份有限公司)、中国长江电力股份有限公司等企业缴纳的企业所得税(包括滞纳金、罚款)为中央收入,全额上缴中央

国库,其企业所得税征收管理不适用该办法。

铁路运输企业所得税征收管理不适用该办法。

(二)汇总纳税企业所得税管理办法

属于中央与地方共享范围的跨省市总分机构企业缴纳的企业所得税,按照统一规范、兼顾总机构和分支机构所在地利益的原则,实行"统一计算、分级管理、就地预缴、汇总清算、财政调库"的企业所得税征收管理办法。

统一计算,是指总机构统一计算包括汇总纳税企业所属各个不具有法人资格分支机构在内的全部应纳税所得额、应纳税额。

分级管理,是指总机构、分支机构所在地的主管税务机关都有对当地机构进行企业所得税管理的责任,总机构和分支机构应分别接受机构所在地主管税务机关的管理。

就地预缴,是指总机构、分支机构应按汇总纳税办法的规定,分月或分季分别向所在地主管税务机关申报预缴企业所得税。

汇总清算,是指在年度终了后,总机构统一计算汇总纳税企业的年度应纳税所得额、应纳所得税额,抵减总机构、分支机构当年已就地分期预缴的企业所得税款后,多退少补。

财政调库,是指财政部定期将缴入中央国库的汇总纳税企业所得税待分配收入,按照核定的系数调整至地方国库。

(三)就地分摊缴纳企业所得税的机构

1. 就地分摊缴纳企业所得税的机构

汇总纳税办法第四条规定,总机构和具有主体生产经营职能的二级分支机构,就地分摊缴纳企业所得税。二级分支机构,是指汇总纳税企业依法设立并领取非法人营业执照(登记证书),且总机构对其财务、业务、人员等直接进行统一核算和管理的分支机构。这是对二级分支机构法律形式和运营特点的一般概括。

该办法第十六条规定,总机构设立具有主体生产经营职能的部门(非该办法第四条规定的二级分支机构),且该部门的营业收入、职工薪酬和资产总额与管理职能部门分开核算的,可将该部门视同一个二级分支机构,按规定计算分摊并就地缴纳企业所得税;该部门与管理职能部门的营业收入、职工薪酬和资产总额不能分开核算的,该部门不得视同一个二级分支机构,不得按该办法规定计算分摊并就地缴纳企业所得税。这是一种视同二级分支机构的情形,属于二级分支机构的特例。

2. 不就地分摊缴纳企业所得税的机构

以下二级分支机构不就地分摊缴纳企业所得税:

(1)不具有主体生产经营职能,且在当地不缴纳增值税、营业税的产品售后服务、内部研发、仓储等汇总纳税企业内部辅助性的二级分支机构,不就地分摊缴纳企业所得税。

(2)上年度认定为小型微利企业的,其二级分支机构不就地分摊缴纳企业所得税。

(3)新设立的二级分支机构,设立当年不就地分摊缴纳企业所得税。

(4)当年撤销的二级分支机构,自办理注销税务登记之日所属企业所得税预缴期间起,不就地分摊缴纳企业所得税。

(5)汇总纳税企业在中国境外设立的不具有法人资格的二级分支机构,不就地分摊缴纳企业所得税。

对新设立的二级分支机构,汇总纳税办法第十六条第二款、第三款明确了两种例外情形,即不视同新设二级分支机构的情形,主要考虑这些机构之前已经存在并已就地分摊缴纳税款,重组之后继续作为二级分支机构管理的,按照实质重于形式的原则,不应作为新设分支机构,应该按规定继续计算分摊并就地缴纳税款。具体包括如下企业外部重组与内部重组两种情形:

(1)汇总纳税企业当年由于重组等原因从其他企业取得重组当年之前已存在的二级分支机构,并作为本企业二级分支机构管理的,该二级分支机构不视同当年新设立的二级分支机构,按该办法规定计算分摊并就地缴纳企业所得税。

(2)汇总纳税企业内就地分摊缴纳企业所得税的总机构、二级分支机构之间,发生合并、分立、管理层级变更等形成的新设或存续的二级分支机构,不视同当年新设立的二级分支机构,应按该办法规定计算分摊并就地缴纳企业所得税。

二、税款预缴和汇算清缴

汇总纳税企业按照《企业所得税法》规定汇总计算的企业所得税,包括预缴税款和汇算清缴应缴应退税款,50%在各分支机构间分摊,各分支机构根据分摊税款就地办理缴库或退库;50%由总机构分摊缴纳,其中25%就地办理缴库或退库,25%就地全额缴入中央国库或退库。具体的税款缴库或退库程序按照财预〔2012〕40号文件第五条等相关规定办理。

(一)税款预缴

1. 预缴方式

企业所得税分月或者分季预缴,由总机构所在地主管税务机关具体核定。

汇总纳税企业应根据当期实际利润额,按照汇总纳税办法规定的预缴分摊方法计算总机构和分支机构的企业所得税预缴额,分别由总机构和分支机构就地预缴;在规定期限内按实际利润额预缴有困难的,也可以按照上一年度应纳税所得额的1/12或1/4,按照规定的预缴分摊方法计算总机构和分支机构的企业所得税预缴额,分别由总机构和分支机构就地预缴。预缴方法一经确定,当年度不得变更。

2. 税款分配基本格局

总机构应将本期企业应纳所得税额的50%部分,在每月或季度终了后15日内就地申报预缴。总机构应将本期企业应纳所得税额的另外50%部分,按照各分支机构应分摊的比例,在各分支机构之间进行分摊,并及时通知到各分支机构;各分支机构应在每月或季度终了之日起15日内,就其分摊的所得税额就地申报预缴。

分支机构未按税款分配数额预缴所得税造成少缴税款的,主管税务机关应按照《征收管理法》的有关规定对其处罚,并将处罚结果通知总机构所在地主管税务机关。

3. 纳税资料报送

汇总纳税企业预缴申报时,总机构除报送企业所得税预缴申报表和企业当期财务报表外,还应报送汇总纳税企业分支机构所得税分配表和各分支机构上一年度的年度财务报表(或年度财务状况和营业收支情况);分支机构除报送企业所得税预缴申报表(只填列部分项目)外,还应报送经总机构所在地主管税务机关受理的汇总纳税企业分支机构所得税分配表。

在一个纳税年度内,各分支机构上一年度的年度财务报表(或年度财务状况和营业收支情况)原则上只需要报送一次。

（二）汇算清缴

汇总纳税企业应当自年度终了之日起 5 个月内，由总机构汇总计算企业年度应纳所得税额，扣除总机构和各分支机构已预缴的税款，计算出应缴应退税款，按照规定的税款分摊方法计算总机构和分支机构的企业所得税应缴应退税款，分别由总机构和分支机构就地办理税款缴库或退库。

汇总纳税企业在纳税年度内预缴企业所得税税款少于全年应缴企业所得税税款的，应在汇算清缴期内由总、分机构分别结清应缴的企业所得税税款；预缴税款超过应缴税款的，主管税务机关应及时按有关规定分别办理退税，或者经总、分机构同意后分别抵缴其下一年度应缴企业所得税税款。

1. 汇算清缴时应报送的资料

汇总纳税企业汇算清缴时，总机构除报送企业所得税年度纳税申报表和年度财务报表外，还应报送汇总纳税企业分支机构所得税分配表、各分支机构的年度财务报表和各分支机构参与企业年度纳税调整情况的说明；分支机构除报送企业所得税年度纳税申报表（只填列部分项目）外，还应报送经总机构所在地主管税务机关受理的汇总纳税企业分支机构所得税分配表、分支机构的年度财务报表（或年度财务状况和营业收支情况）和分支机构参与企业年度纳税调整情况的说明。

分支机构参与企业年度纳税调整情况的说明，可参照企业所得税年度纳税申报表附表"纳税调整项目明细表"中列明的项目进行说明，涉及需由总机构统一计算调整的项目不进行说明。

2. 不按期提供资料的处罚

分支机构未按规定报送经总机构所在地主管税务机关受理的汇总纳税企业分支机构所得税分配表，分支机构所在地主管税务机关应责成该分支机构在申报期内报送，同时提请总机构所在地主管税务机关督促总机构按照规定提供上述分配表；分支机构在申报期内不提供的，由分支机构所在地主管税务机关对分支机构按照《征收管理法》的有关规定予以处罚；属于总机构未向分支机构提供分配表的，分支机构所在地主管税务机关还应提请总机构所在地主管税务机关对总机构按照《征收管理法》的有关规定予以处罚。

由此可知：汇算清缴的主体仍然是总机构，分支机构并不需要进行年度纳税调整，自行计算应纳税所得额和应纳税额，只是根据总机构填报的分配表中应缴应退的税款，就地申报补（退）税。为了保证汇缴工作的顺利进行，也需要分支机构填列年度纳税申报表，但只需要填列有限的几项，与总机构的年度纳税申报完全是两个概念。

三、总分机构分摊税款的计算

（一）计算分摊税款的公式

总机构按以下公式计算分摊税款：

总机构分摊税款＝汇总纳税企业当期应纳所得税额×50%

分支机构按以下公式计算分摊税款：

所有分支机构分摊税款总额＝汇总纳税企业当期应纳所得税额×50%

某分支机构分摊税款＝所有分支机构分摊税款总额×该分支机构分摊比例

（二）按"三因素"计算分摊税款比例

1. "三因素"的确定

总机构应按照上年度分支机构的营业收入、职工薪酬和资产总额三个因素计算各分支机构分摊所得税款的比例；三级及以下分支机构，其营业收入、职工薪酬和资产总额统一计入二级分支机构；三因素的权重依次为 0.35、0.35、0.30。

计算公式如下：

某分支机构分摊比例＝（该分支机构营业收入÷各分支机构营业收入之和）×0.35＋（该分支机构职工薪酬÷各分支机构职工薪酬之和）×0.35＋（该分支机构资产总额÷各分支机构资产总额之和）×0.30

这里所称分支机构营业收入，是指分支机构销售商品、提供劳务、让渡资产使用权等日常经营活动实现的全部收入。其中，生产经营企业分支机构营业收入是指生产经营企业分支机构销售商品、提供劳务、让渡资产使用权等取得的全部收入。金融企业分支机构营业收入是指金融企业分支机构取得的利息、手续费、佣金等全部收入。保险企业分支机构营业收入是指保险企业分支机构取得的保费等全部收入。

这里所称分支机构职工薪酬，是指分支机构为获得职工提供的服务而给予各种形式的报酬以及其他相关支出。分支机构资产总额，是指分支机构在经营活动中实际使用的应归属于该分支机构的资产合计额。

上年度分支机构的营业收入、职工薪酬和资产总额，是指分支机构上年度全年的营业收入、职工薪酬数据和上年度 12 月 31 日的资产总额数据，是依照国家统一会计制度的规定核算的数据。

分支机构所在地主管税务机关应根据经总机构所在地主管税务机关受理的汇总纳税企业分支机构所得税分配表、分支机构的年度财务报表（或年度财务状况和营业收支情况）等，对其主管分支机构计算分摊税款比例的三个因素、计算的分摊税款比例和应分摊缴纳的所得税税款进行查验核对；对查验项目有异议的，应于收到汇总纳税企业分支机构所得税分配表后 30 日内向企业总机构所在地主管税务机关提出书面复核建议，并附送相关数据资料。

总机构所在地主管税务机关必须于收到复核建议后 30 日内，对分摊税款的比例进行复核，作出调整或维持原比例的决定，并将复核结果函复分支机构所在地主管税务机关。分支机构所在地主管税务机关应执行总机构所在地主管税务机关的复核决定。总机构所在地主管税务机关未在规定时间内复核并函复复核结果的，上级税务机关应对总机构所在地主管税务机关按照有关规定进行处理。复核期间，分支机构应先按总机构确定的分摊比例申报缴纳税款。

2. 分摊税款比例的调整

分支机构分摊比例按上述方法一经确定后，当年一般不作调整，即在当年预缴税款和汇算清缴时均采用同一分摊比例。针对上市公司等在首次预缴分摊采用的"三因素"与其后经过注册会计师审计的"三因素"数据存在差异的情况，汇总纳税办法第十七条进一步明确规定，一个纳税年度内，总机构首次计算分摊税款时采用的分支机构营业收入、职工薪酬和资产总额数据，与此后经过中国注册会计师审计确认的数据不一致的，不作调整。保证了年度内分摊比例的一致性。

同时，汇总纳税办法第十五条也针对个别情况规定了例外情形，即出现该办法第五条第

（四）项（当年撤销分支机构不再参与分摊）和第十六条第二款（总机构设立具有主体生产经营职能部门视同分支机构，参与分摊）、第三款（企业外部重组与内部重组形成新分支机构不视同新设分支机构，参与分摊）情形，应重新计算分摊比例。考虑到这是例外情形，并不会对分配比例的一致性造成冲击。

（三）总分机构不同税率情况下的计算

对于按照税收法律、法规和其他规定，总机构和分支机构处于不同税率地区的，先由总机构统一计算全部应纳税所得额，然后按汇总纳税办法第六条规定的比例（50%由各分支机构分摊）和按第十五条计算的分摊比例（按"三因素"计算的某分支机构分摊比例），计算划分不同税率地区机构的应纳税所得额，再分别按各自的适用税率计算应纳税额后加总计算出汇总纳税企业的应纳所得税总额，最后按汇总纳税办法第六条规定的比例和按第十五条计算的分摊比例，向总机构和分支机构分摊就地缴纳的企业所得税款。

（四）计算错误的处理

汇总纳税企业未按照规定准确计算分摊税款，造成总机构与分支机构之间同时存在一方（或几方）多缴另一方（或几方）少缴税款的，其总机构或分支机构分摊缴纳的企业所得税低于按汇总纳税办法规定计算分摊的数额的，应在下一税款缴纳期内，由总机构将按规定计算分摊的税款差额分摊到总机构或分支机构补缴；其总机构或分支机构就地缴纳的企业所得税高于按规定计算分摊的数额的，应在下一税款缴纳期内，由总机构将按规定计算分摊的税款差额从总机构或分支机构的分摊税款中扣减。

四、日常管理

汇总纳税企业总机构和分支机构应依法办理税务登记，接受所在地主管税务机关的监督和管理。

（一）税务登记信息沟通

总机构应将其所有二级及以下分支机构（包括汇总纳税办法第五条规定的分支机构）信息报其所在地主管税务机关备案，内容包括分支机构名称、层级、地址、邮编、纳税人识别号及企业所得税主管税务机关名称、地址和邮编。

分支机构（包括该办法第五条规定的分支机构）应将其总机构、上级分支机构和下属分支机构信息报其所在地主管税务机关备案，内容包括总机构、上级机构和下属分支机构名称、层级、地址、邮编、纳税人识别号及企业所得税主管税务机关名称、地址和邮编。

上述备案信息发生变化的，除另有规定外，应在内容变化后30日内报总机构和分支机构所在地主管税务机关备案，并办理变更税务登记。

分支机构注销税务登记后15日内，总机构应将分支机构注销情况报所在地主管税务机关备案，并办理变更税务登记。

（二）二级分支机构判定与挂靠机构处理

汇总纳税办法规定，以总机构名义进行生产经营的非法人分支机构，无法提供汇总纳税企业分支机构所得税分配表，应在预缴申报期内向其所在地主管税务机关报送非法人营业执照（或登记证书）的复印件、由总机构出具的二级及以下分支机构的有效证明和支持有效证明的相关材料（包括总机构拨款证明、总分机构协议或合同、公司章程、管理制度等），证明其二级及以下分支机构身份。

二级及以下分支机构所在地主管税务机关应对二级及以下分支机构进行审核鉴定，对应按规定就地分摊缴纳企业所得税的二级分支机构,应督促其及时就地缴纳企业所得税。

以总机构名义进行生产经营的非法人分支机构,无法提供汇总纳税企业分支机构所得税分配表,也无法提供上述相关证据证明其二级及以下分支机构身份的,应视同独立纳税人计算并就地缴纳企业所得税,不执行汇总纳税办法的相关规定。

按上述规定视同独立纳税人的分支机构,其独立纳税人身份一个年度内不得变更。汇总纳税企业以后年度改变组织结构的,该分支机构应按照汇总纳税办法第二十三条规定报送相关证据,分支机构所在地主管税务机关重新进行审核鉴定。

(三)资产损失管理

汇总纳税企业发生的资产损失,应按以下规定申报扣除:

(1)总机构及二级分支机构发生的资产损失,除应按专项申报和清单申报的有关规定各自向所在地主管税务机关申报外,二级分支机构还应同时上报总机构;三级及以下分支机构发生的资产损失不需向所在地主管税务机关申报,应并入二级分支机构,由二级分支机构统一申报。

(2)总机构对各分支机构上报的资产损失,除税务机关另有规定外,应以清单申报的形式向所在地主管税务机关申报。

(3)总机构将分支机构所属资产捆绑打包转让所发生的资产损失,由总机构向所在地主管税务机关专项申报。

二级分支机构所在地主管税务机关应对二级分支机构申报扣除的资产损失强化后续管理。

(四)税收优惠管理

对于按照税收法律、法规和其他规定,由分支机构所在地主管税务机关管理的企业所得税优惠事项,分支机构所在地主管税务机关应加强审批(核)、备案管理,并通过评估、检查和台账管理等手段,加强后续管理。

(五)税务检查

总机构所在地主管税务机关应加强对汇总纳税企业申报缴纳企业所得税的管理,可以对企业自行实施税务检查,也可以与二级分支机构所在地主管税务机关联合实施税务检查。

总机构所在地主管税务机关应对查实项目按照《企业所得税法》的规定统一计算查增的应纳税所得额和应纳税额。

总机构应将查补所得税款(包括滞纳金、罚款,下同)的50%按照规定计算的分摊比例,分摊给各分支机构(不包括汇总纳税办法第五条规定的分支机构)缴纳,各分支机构根据分摊查补税款就地办理缴库;50%分摊给总机构缴纳,其中25%就地办理缴库,25%就地全额缴入中央国库。

汇总纳税企业缴纳查补所得税款时,总机构应向其所在地主管税务机关报送汇总纳税企业分支机构所得税分配表和总机构所在地主管税务机关出具的税务检查结论,各分支机构也应向其所在地主管税务机关报送经总机构所在地主管税务机关受理的汇总纳税企业分支机构所得税分配表和税务检查结论。

二级分支机构所在地主管税务机关应配合总机构所在地主管税务机关对其主管二级分支机构实施税务检查,也可以自行对该二级分支机构实施税务检查。二级分支机构所在地主管税务机关自行对其主管二级分支机构实施税务检查,可对查实项目按照《企业所得税法》的规定自行计算查增的应纳税所得额和应纳税额。计算查增的应纳税所得额时，应减除允许弥补的汇总纳税企业以前年度亏损；对于需由总机构统一计算的税前扣除项目，不得由分支机构自行计算调整。二级分支机构应将查补所得税款的50％分摊给总机构缴纳，其中25％就地办理缴库，25％就地全额缴入中央国库；50％分摊给该二级分支机构就地办理缴库。

汇总纳税企业缴纳查补所得税款时，总机构应向其所在地主管税务机关报送经二级分支机构所在地主管税务机关受理的汇总纳税企业分支机构所得税分配表和二级分支机构所在地主管税务机关出具的税务检查结论，二级分支机构也应向其所在地主管税务机关报送汇总纳税企业分支机构所得税分配表和税务检查结论。

（六）信息平台建设和维护

税务机关应将汇总纳税企业总机构、分支机构的税务登记信息、备案信息、总机构出具的分支机构有效证明情况及分支机构审核鉴定情况、企业所得税月（季）度预缴纳税申报表和年度纳税申报表、汇总纳税企业分支机构所得税分配表、财务报表（或年度财务状况和营业收支情况）、企业所得税款入库情况、资产损失情况、税收优惠情况、各分支机构参与企业年度纳税调整情况的说明、税务检查及查补税款分摊和入库情况等信息，定期分省汇总上传至国家税务总局跨地区经营汇总纳税企业管理信息交换平台。

（七）主管税务机关与征收方式鉴定

2008年年底之前已成立的汇总纳税企业，2009年起新设立的分支机构，其企业所得税的征管部门应与总机构企业所得税征管部门一致；2009年起新增汇总纳税企业，其分支机构企业所得税的管理部门也应与总机构企业所得税管理部门一致。

汇总纳税企业不得核定征收企业所得税。

五、跨地区经营建筑企业所得税处理

实行总分机构体制的跨地区经营建筑企业应严格按照"统一计算，分级管理，就地预缴，汇总清算，财政调库"的办法计算缴纳企业所得税。为进一步加强对跨地区（指跨省、自治区、直辖市和计划单列市，下同）经营建筑企业所得税的征收管理，国家税务总局《关于跨地区经营建筑企业所得税征收管理问题的通知》（国税函〔2010〕156号），对跨地区经营建筑企业所得税征收管理问题作出规定，自2010年1月1日起施行。

（1）建筑企业所属二级或二级以下分支机构直接管理的项目部（包括与项目部性质相同的工程指挥部、合同段等，下同）不就地预缴企业所得税，其经营收入、职工薪酬和资产总额应汇总到二级分支机构统一核算，由二级分支机构按照规定的办法预缴企业所得税。

（2）建筑企业总机构直接管理的跨地区设立的项目部，应按项目实际经营收入的0.2％按月或按季由总机构向项目所在地预分企业所得税，并由项目部向所在地主管税务机关预缴。

（3）建筑企业总机构应汇总计算企业应纳所得税，按照以下方法进行预缴：① 总机构只设跨地区项目部的，扣除已由项目部预缴的企业所得税后，按照其余额就地缴纳；② 总机构只设二级分支机构的，按照规定计算总、分支机构应缴纳的税款；③ 总机构既有直接管理的跨地区项目部，又有跨地区二级分支机构的，先扣除已由项目部预缴的企业所得税后，再按照规定计算总、分支机构应缴纳的税款。

（4）建筑企业总机构应按照有关规定办理企业所得税年度汇算清缴，各分支机构和项目部不进行汇算清缴。

（5）跨地区经营的项目部（包括二级以下分支机构管理的项目部）应向项目所在地主管税务机关出具总机构所在地主管税务机关开具的《外出经营活动税收管理证明》，未提供上述证明的，项目部所在地主管税务机关应督促其限期补办；不能提供上述证明的，应作为独立纳税人就地缴纳企业所得税。同时，项目部应向所在地主管税务机关提供总机构出具的证明该项目部属于总机构或二级分支机构管理的证明文件。

（6）建筑企业总机构在办理企业所得税预缴和汇算清缴时，应附送其所直接管理的跨地区经营项目部就地预缴税款的完税证明。

（7）建筑企业在同一省、自治区、直辖市和计划单列市设立的跨地（市、县）项目部，其企业所得税的征收管理办法，由各省、自治区、直辖市和计划单列市国家税务局、地方税务局共同制定，并报国家税务总局备案。

六、仅在省内设立分支机构的管理

居民企业在中国境内没有跨地区设立不具有法人资格分支机构，仅在同一省、自治区、直辖市和计划单列市（以下称同一地区）内设立不具有法人资格分支机构的，其企业所得税征收管理办法，由各省、自治区、直辖市和计划单列市国家税务局、地方税务局参照汇总纳税办法联合制定。

居民企业在中国境内既跨地区设立不具有法人资格分支机构，又在同一地区内设立不具有法人资格分支机构的，其企业所得税征收管理实行汇总纳税办法。

第十章　企业所得税规划

第一节　税务规划概述

一、税务规划的概念

税务规划（Tax Planning）也称纳税筹划，是指纳税人在不违反国家法律、法规的前提下，以公司整体战略目标为导向，在可接受的风险范围内，根据成本与效益分析的原则，对企业生产经营各个环节的涉税事项进行科学的预先筹划，使企业的税负最优，以实现企业的价值最大化。

在国外，税务规划几乎家喻户晓，企业尤其是大企业已经形成了在做财务决策之前，必先经税务规划的习惯做法。在国内，税务规划虽然已经有了一定的发展，但尚未被普遍认知，很多企业特别是国有企业，对税务规划的认识不够，意识淡薄。

二、税务规划的基本原则

为规避涉税风险，取得税务规划的真正成功，企业在进行税务规划时，必须遵循以下基本原则：

（一）合法性原则

合法性是税务规划的根本原则。由于税务规划不是偷税、骗税，也不完全是钻政策的空子，或打政策的擦边球，只有深刻理解、精准把握税法，并具有对税收政策深层次的加工能力，税务规划才有可能取得成功，否则税务规划可能会成为变相的偷税，结果很可能是"节税"越多，处罚越重。

（二）事前规划原则

税务规划作为一种高层次、高智力型的财务管理活动，是企业运用税收政策的导向作用，通过事先对生产经营、投资活动、筹资活动等进行全面的统筹规划与安排，达到减少或降低税负的目的。因此开展税务规划必须着眼于生产经营全过程，注重事前规划，如果经济业务已经发生，纳税项目、计税依据和税率已成定局，事后补救式的规划往往就会变成"偷税"行为。

（三）企业价值最大化原则

税务规划作为企业财务管理的范畴，其目的不能脱离财务管理的目标。因而，税务规划的目的不光是"节税"，企业价值最大化才是税务规划的应有目标。如某一方案虽然可以使企业当期税负降低，但从长远和全局看，总体利润和企业价值反而减少，则该规划就不可取了。

（四）全局性原则

根据企业价值最大化原则，税务规划不能只注重个别税种税负的降低，或某一纳税期间内少缴或不缴税款，也不能仅仅着眼于税收政策的选择。还要考虑规划的风险和企业整体税负的减轻,并与企业的发展战略结合起来,才能真正实现企业价值最大化的目的。

（五）成本效益原则

只有在税务规划收益大于规划成本,并且因规划而增加的税务风险是可控时,税务规划方案才是可行的,否则,应当放弃该规划方案。

三、税务规划的基本技术

根据税务规划采用的方法和手段不同,国内目前一般把税务规划技术分为三类:即节税规划技术、避税规划技术和转嫁规划技术,其中,从税制要素考虑,节税规划技术可以归纳为八种:免税技术、减税技术、税率差异技术、分割技术、扣除技术、抵免技术、延期纳税技术和退税技术[①]。

（一）免税技术

免税技术（tax exemption technique）是指在合法和合理的前提下,使企业成为免税人,或使企业从事免税活动,或使征税对象成为免税对象而免纳税款的纳税规划技术。免税是国家对特定地区、行业、企业、项目或情况（特定的纳税人或纳税人的特定应税项目,或由于纳税人的特殊情况）所给予纳税人完全免征税收的奖励或照顾的一种措施。各国一般都有两类不同目的的免税:一类是照顾性的免税,它们对纳税人来说只是财务利益的补偿;另一类是奖励性免税,这对纳税人来说则是财务利益的取得。照顾性免税的取得一般是在比较苛刻的条件下取得的,而且一般只是弥补损失,所以税务规划不能利用这项条款达到节税的目的,只有取得国家奖励性质的免税才能达到节减税收目的。例如,企业所得税法第二十六条规定,企业的下列收入为免税收入:① 国债利息收入;② 符合条件的居民企业之间的股息、红利等权益性投资收益;③ 在中国境内设立机构、场所的非居民企业从居民企业取得与该机构、场所有实际联系的股息、红利等权益性投资收益;④ 符合条件的非营利组织的收入。

（二）减税技术

减税技术（tax reduction technique）是指在合法和合理的前提下,使企业减少应纳税款而直接节税的税务规划技术,与缴纳全额税收相比,减征的税收越多,节减的税收也越多。一般而言,尽管减税实质上也相当于财政补贴,但各国也有两类不同减税方式:一是出于税收照顾目的的减税,比如,国家对遭受自然灾害地区企业等的减税,这类减税是一种税收照顾,是国家对纳税人出于各种不可抗力原因造成的财务损失进行的财务补偿;另一类出于税收奖励目的的减税,比如,高新技术企业的减税,这类减税是对纳税人贯彻国家产业、经济政策的一种税收奖励。减税技术主要是合法和合理地利用国家奖励性减税政策而节减税收的技术。

减税技术与免税技术的特点相似,都具有:① 绝对节税;② 技术简便;③ 适用范围较小;④ 具有一定风险性。

（三）税率差异技术

税率差异技术（tax rates difference technique）是指在合理和合法的情况下,利用税率的差异而直接节减税收的规划技术。与按高税率缴纳税收相比,按低税率少缴纳的税收就是节减的税收。因为税率差异是普遍存在的,只要不是出于逃避缴纳税收,而是具有真正的商

---

① 参见方为民:《税收筹划理论初探》,载《上海财会》,1999 年第 4 期。

业目的,在市场经济条件下,一个企业完全可以根据国家有关法律和政策决定企业的组织形式、投资规模和投资方向等,利用税法中税率之间的差异来节减税收实现企业价值的最大化。例如:企业所得税基本税率为25%,对国家需要重点扶持的高新技术企业,减按15%的税率征收企业所得税。在其他条件相似或基本相同的条件下,企业从事符合条件的高新技术企业的产业,就会比从事一般行业节减不少的税务成本。

与免税、减税技术相比,税率差异技术的特点是:① 绝对节税;② 技术较为复杂;③ 适用范围较大;④ 具有相对确定性。

（四）分割技术

分割技术(splitting technique)是指企业所得和财产在两个或更多企业之间进行分割而使节减税款达到最大化的纳税规划技术。出于调节收入等社会政策的考虑,各国的所得税和一般财产税一般都是采用累进税率,计税基数越大,适用的边际税率也越高,因此,如果企业所得和财产在两个或更多的企业之间进行合理的配置,就可以减少每个企业的计税基数,降低最高边际适用税率,节减税款。例如,我国企业所得税法规定,对符合条件的小型微利企业减按20%的税率征收企业所得税。自2012年1月1日至2015年12月31日,对年应纳税所得额低于6万元(含6万元)的小型微利企业,其所得减按50%计入应纳税所得额,按20%的税率缴纳企业所得税。

分割技术的特点包括:① 绝对节税;② 适用范围狭窄;③ 技术较为复杂。

（五）扣除技术

扣除技术(deduction technique)即税前扣除技术,是指在合法和合理的前提下,使扣除增加而直接节税,或调整各个计税期的扣除额而相对节税的纳税规划技术。在收入相同条件下,各项扣除额、冲抵额等越大,计税基数就会越小,应纳税额也就越小,所节减的税款就越大。例如,企业为开发新技术、新产品、新工艺发生的研究开发费用,未形成无形资产计入当期损益的,在按照规定据实扣除的基础上,按照研究开发费用的50%加计扣除;形成无形资产的,按照无形资产成本的150%摊销。

扣除技术的特点是:① 可用于绝对节税和相对节税;② 技术较为复杂;③ 适用范围较大;④ 具有相对确定性。

（六）抵免技术

抵免技术(tax credit technique)是指在合法和合理的前提下,使税收抵免额增加而绝对节税的纳税规划技术。税收抵免额越大,冲抵应纳税额的数额就越大,应纳税额则越小,从而节减的税额就越大。例如,企业所得税法规定,企业购置用于环境保护、节能节水、安全生产等专用设备的投资额,可以按投资额的10%从企业当年的应纳税额中抵免,当年不足抵免的,可以在以后5个纳税年度结转抵免;又如,创业投资企业从事国家需要重点扶持和鼓励的创业投资,可以按投资额的一定比例抵扣应纳税所得额。

抵免技术的特点有:① 绝对节税;② 技术较为简单;③ 适用范围较大;④ 具有相对确定性。

（七）延期纳税技术

延期纳税技术(tax deferral technique),是指在合法和合理的情况下,使企业延期缴纳税款而相对节税的纳税规划技术。企业延期缴纳本期税款并不能减少纳税人应纳税总额,但它能使应该缴纳的税款可以向后推迟一段时间,而且不需支付任何报酬,相当于得到一笔无息贷款,可以增加纳税人本期的现金流量,使纳税人在本期有更多的资金扩大流动资本,用于资本投资;由于货币的时间价值,即今天多投入的资金可以产生收益,使将来可以获得更多的税后所得,相对节减税收。

延期纳税技术的特点表现在:① 相对节税;② 技术复杂;③ 适用范围大;④ 具有相对确定性。

（八）退税技术

退税技术(tax repayment technique)是指按照税法的规定应缴纳的税款,由税务机关在征税后,全部或部分退还给纳税人的一种纳税规划技术。再投资退税与出口退税、先征后退一并属于退税的范畴,是一种特殊的免税和减税方式。退税技术所涉及的退税是税务机关退还纳税人符合国家退税奖励条件的已交纳的税款。例如,自 2008 年 1 月 1 日起至 2010年底,对集成电路生产企业、封装企业的投资者,以其税后利润,直接投资于本企业增加注册资本,或作为资本投资开办其他集成电路生产企业、封装企业,经营期不少于 5 年的,按40％的比例退还其再投资部分已缴纳的企业所得税税款。对国内外经济组织作为投资者,以其在境内取得的缴纳企业所得税后的利润,作为资本投资于西部地区开办集成电路生产企业、封装企业或软件产品生产企业,经营期不少于 5 年的,按 80％的比例退还其再投资部分已缴纳的企业所得税税款。

退税技术的特点为:① 绝对节税;② 技术较为简单;③ 适用范围较小;④ 具有一定的风险性。

第二节　企业所得税规划的八大思路

一、利用特定区域优惠,选择新办企业投资地

为继续发挥经济特区和上海浦东新区的特殊作用,企业所得税法对其给予了一定的过渡性优惠政策,即对经济特区和上海浦东新区内在 2008 年 1 月 1 日（含）之后完成登记注册的国家需要重点扶持的高新技术企业,在经济特区和上海浦东新区内取得的所得,自取得第一笔生产经营收入所属纳税年度起,第一年至第二年免征企业所得税,第三年至第五年按照25％的法定税率减半征收企业所得税。

企业所得税法第二十九条规定,民族自治地方的自治机关对本民族自治地方的企业应缴纳的企业所得税中属于地方分享的部分,可以决定减征或者免征。对民族自治地方内国家限制和禁止行业的企业,不得减征或者免征企业所得税。

根据国务院实施西部大开发有关文件精神,财政部、国家税务总局、海关总署《关于西部大开发税收优惠政策问题的通知》（财税〔2001〕202 号）中规定的西部大开发企业所得税优惠政策继续执行。

因此,新办企业可以利用上述优惠政策,在上述特定地区设立国家需要重点扶持的高新技术企业,享受过渡性优惠;或在西部大开发地区成立国家鼓励类的企业,继续享受所得税优惠;还可以在民族自治地方成立国家非限制或禁止行业的企业,享受民族自治地方的自治机关给予的减征或者免征地方分享部分的所得税。

需要说明的是:经济特区和上海浦东新区内新设高新技术企业,同时在经济特区和上海浦东新区以外的地区从事生产经营的,应当单独计算其在经济特区和上海浦东新区内取得

的所得，并合理分摊企业的期间费用；没有单独计算的，不得享受企业所得税优惠。此外，经济特区和上海浦东新区内新设高新技术企业在按照规定享受过渡性税收优惠期间，由于复审或抽查不合格而不再具有高新技术企业资格的，从其不再具有高新技术企业资格年度起，停止享受过渡性税收优惠；以后再次被认定为高新技术企业的，不得继续享受或者重新享受过渡性税收优惠。

二、适时调整投资行业，享受定期减免税优惠

如果纳税人要享受行业定期减免税优惠，可以选择税收政策鼓励和扶持的项目。这些项目主要有：从事农、林、牧、渔业项目的所得，可以免征或减征企业所得税；从事港口码头、机场、铁路、公路、城市公共交通、电力、水利等项目的所得，自项目取得第一笔生产经营收入所属纳税年度起，第一年至第三年免征企业所得税，第四年至第六年减半征收企业所得税（以下简称"三免三减半"）；从事包括公共污水处理、公共垃圾处理、沼气综合开发利用、节能减排技术改造、海水淡化等环境保护项目、节能节水项目的所得，可以"三免三减半"。

因此，纳税人要从事这些受政策鼓励和扶持的项目，必须研究行业的具体规定，注意审批程序，取得行业准入资格。如选择公共基础设施投资减免税项目，就必须符合《公共基础设施项目企业所得税优惠目录》的规定，否则即使从事公共设施建设，也不一定能享受减免税优惠。

此外，企业同时从事适用不同企业所得税待遇的项目的，其优惠项目应当单独计算所得，并合理分摊企业的期间费用；没有单独计算的，不能享受企业所得税优惠。

三、利用特定老企业的过渡优惠期，借壳经营

税法规定，企业所得税法公布前已经批准设立的企业，依照当时的税收法律、行政法规规定，享受低税率优惠的，按照国务院规定，可以在税法施行后五年内，逐步过渡到税法规定的税率。

享受定期减免税优惠的，按照国务院规定，可以在税法施行后继续享受到期满为止，但因未获利而尚未享受优惠的，优惠期限从2008年企业所得税法实施年度起计算。

因此，对原享受"两免三减半"优惠的企业，可加快新办企业投产进度，加紧实现盈利，充分享受税收优惠。因为"两免三减半"从投产年度起算，因未获利而未享受优惠的，优惠期限从企业所得税法施行的2008年起计算，2008年尚未获利的，则当年无法享受免税优惠。

税法规定，原享受15%和24%等低税率优惠的企业，在企业所得税法实施后5年内可享受低税率过渡照顾，逐步过渡到企业所得税法的法定税率。因而，可进行如下纳税筹划：假定甲公司是享受低税率的优惠企业，目前有新业务要新设公司，则可考虑暂不新设，用老企业做新业务，或通过买壳的方式接受一家名存实亡的企业，通过工商变更作为子公司，以享受5年过渡期的税收优惠。

四、赞助支出向广告宣传费或捐赠支出"靠齐"

企业所得税法规定赞助支出在计算应税所得时，不得扣除。所谓赞助支出是指企业发生的与生产经营活动无关的各种非广告性质支出。在现实经济生活中，赞助活动一般都带有广告宣传性质，跟企业的生产经营活动具有相关性，而且其边界也模糊不清。这时，税务规划的基本思路为：将赞助支出向广告费和业务宣传费"靠齐"。充分利用"企业发生的符合条件的广告费和业务宣传费支出,不超过当年销售(营业)收入15%的部分,准予扣除"的政策。如果企业当年预计税前可以列支的广告费和业务宣传费不超过15%标准,可将赞助支出转化为广告费和业务宣传费支出。即使当年发生的广告费和业务宣传费已超标,这种规划也是有利的,因为税法同时规定超过"当年销售(营业)收入15%的部分",准予在以后纳税年度结转扣除。这样就可以将不能抵扣的赞助支出"变成"可抵扣的费用支出。

如果预计将来较长时间内广告费和业务宣传费支出都会超过销售(营业)收入的15%,在可以预见的未来不可能产生足够的销售(营业)收入来利用广告费和业务宣传费扣除限额时,则可以选择将赞助支出转化为公益性捐赠支出。企业所得税法规定公益性捐赠支出在年度利润总额12%以内的部分,准予在计算应纳税所得额时扣除。但是,公益性捐赠支出的界定条件很严格,因而这一规划思路只对那些符合公益性捐赠支出条件,并且可以用捐赠行为来替代赞助行为的赞助支出才适用。

五、工资薪金支出的税务规划思路

工资薪金,是指企业每一纳税年度支付给在本企业任职或者受雇的员工的所有现金或者非现金形式的劳动报酬,包括基本工资、奖金、津贴、补贴、年终加薪、加班工资,以及与员工任职或者受雇有关的其他支出。企业所得税法实施条例第三十四条规定,企业发生的合理的工资薪金,准予扣除。

同时,根据企业所得税法第三十条规定,企业安置残疾人员及国家鼓励安置的其他就业人员所支付的工资,可以在计算应纳税所得额时加计扣除。企业安置残疾人员所支付的工资的加计扣除,是指企业安置残疾人员的,在按照支付给残疾职工工资据实扣除的基础上,按照支付给残疾职工工资的100%加计扣除。企业安置国家鼓励安置的其他就业人员所支付的工资的加计扣除办法,由国务院另行规定。

工资据实扣除的存在,表面上看工资支付越高,可以扣除的工资成本就越大,从而越少缴纳企业所得税,但实际上这种认识是不全面的,因为工资支出虽然可以达到少缴企业所得税的目的,但同时也因扩大工资支出而减少了企业的利润总额,而且增加的工资支出额一定大于因此而少缴纳的企业所得税额(其中还要考虑对个人所得税的影响),除非企业进行虚假的工资申报,但这不属于税务规划,而是一种逃税行为。因此,在合理的工资薪金据实扣除和国家鼓励安置的就业人员工资加计扣除同时存在的条件下,建议在不影响企业正常生产的前提下,企业可以考虑安置税法规定可以实行工资加计扣除的人员,从而使相同的工资支付实现更多的节税目的,进而提高税后收益,实现企业价值最大化。

六、技术转让所得的税务规划思路

企业所得税法第二十七条第(四)项规定,符合条件的技术转让所得可以免征、减征企业所得税。符合条件的技术转让所得免征、减征企业所得税,是指一个纳税年度内,居民企业技术转让所得不超过500万元的部分,免征企业所得税;超过500万元的部分,减半征收企业所得税。纳税年度自公历1月1日起至12月31日止。

从上述规定可知,对技术转让所得实质上是按两级超额累进税率征收企业所得税,即500万元以下(包括500万元)的所得税率为0,超过500万元的部分按12.5%税率征收企业所得税。

于是,企业可以利用税法对纳税年度的界定来进行税务规划。即将技术转让收入中超过500万元的部分通过事前规划使其在另一个纳税年度实现,如将技术分割转让等,如此可以实现少缴甚至免缴企业所得税的目的。需要注意的是由于货币时间价值和机会成本的存在，在进行税务规划之前首先要明确技术转让发生在一年之中的哪个时间点和所期望的收益率，因为通过该规划实现少缴或免缴企业所得税的同时，也可能一并递延了该笔收入的时间价值及相关机会收益。因此在运用该规划思路时要对相关收支进行权衡。

七、小型微利企业临界点的税务规划思路

企业所得税法规定符合条件的小型微利企业，减按 20％的税率征收企业所得税。自 2012 年 1 月 1 日至 2015 年 12 月 31 日，对年应纳税所得额低于 6 万元（含 6 万元）的小型微利企业，其所得减按 50％计入应纳税所得额，按 20％的税率缴纳企业所得税。

符合条件的小型微利企业，是指从事国家非限制和禁止行业，并符合下列条件的企业：① 工业企业，年度应纳税所得额不超过 30 万元，从业人数不超过 100 人，资产总额不超过 3 000 万元；② 其他企业，年度应纳税所得额不超过 30 万元，从业人数不超过 80 人，资产总额不超过 1 000 万元。如果企业从业人数与资产总额都在规定标准之内，那么这时就出现了两级超额累进税率，应纳税所得额在 30 万元以下（包括 30 万元）6 万元以上时，适用企业所得税率为 20％，超过 30 万元时，其全部应税所得按 25％税率征收企业所得税。面对超额累进税率，存在非常多的税收规划思路，但其本质是把握好应纳税所得额的大小范围。

通过计算，可以得出企业应纳税所得额的不可行区域为：(300 000,320 000)[①]，即在这一区域内，应纳税所得额的增加额不足以弥补因此而增加的企业所得税额，换句话说，与其在这个区域内实现应税所得额（或利润总额）的增加，还不如把应税所得"刚好"维持在 30 万元以下或者是突破 32 万元。因此当预计应纳税所得额在这个不可行区域时，其中一个规划思路就是将应纳税所得控制在 30 万元以下。利用税法中的一些允许扣除的规定，可实现应纳税所得额的下降，如用足准予扣除的不超过工资薪金总额 14％部分的职工福利费支出、准予扣除不超过工资薪金总额 2％部分的工会经费、准予扣除的不超过工资薪金总额 2.5％部分的职工教育经费支出、准予扣除的符合条件的不超过当年销售（营业）收入 15％部分的广告费和业务宣传费支出等。如有需要，企业还可以利用税法规定的职工教育经费和广告与业务宣传费支出可以结转以后纳税年扣除政策，扩大并在各纳税年度之间合理调节这两项支出。

企业应纳税所得额的计算，以权责发生制为原则。但企业所得税法第二十三条规定，企业的下列生产经营业务可以分期确认收入的实现：① 以分期收款方式销售货物的，按照合同约定的收款日期确认收入的实现；② 企业受托加工制造大型机械设备、船舶、飞机等，以及从事建筑、安装、装配工程业务或者提供劳务等，持续时间超过 12 个月的，按照纳税年度内完工进度或者完成的工作量确认收入的实现。于是，可以考虑通过事前签订合同将收入分期实现，并且实现跨纳税年度收款，这样可以减少当年的应纳税所得并将其控制在 30 万元以下。

另外一个规划思路就是减少费用支出，从而扩大和提高应纳税所得额，使其超过 32 万元，当然这个思路可能不利于职工福利的改善和企业形象品牌的推广，只有在预计应纳税所得在 32 万元左右时才采用。当然，企业财务目标是企业价值最大化，通常收益越大越好，所以从长远来看，最好的规划思路则是不失时机地增强生产和销售能力，突破 32 万元的规模，

---

① 计算方法为［300 000,30 000＋300 000×5％÷(1－25％)］，限于篇幅其中的推理和说明过程略。

实现更多的利润,这也是国家对小型微利企业实行低税率优惠政策意图所在。

八、利用"三免三减半"进行税务规划

根据企业所得税法实施条例第八十七条规定,企业从事税法规定的国家重点扶持的公共基础设施项目的投资经营的所得,自项目取得第一笔生产经营收入所属纳税年度起,第一年至第三年免征企业所得税,第四年至第六年减半征收企业所得税。根据企业所得税法实施条例第八十八条规定,企业从事税法规定的符合条件的环境保护、节能节水项目的所得,自项目取得第一笔生产经营收入所属纳税年度起,第一年至第三年免征企业所得税,第四年至第六年减半征收企业所得税。

因此,企业在进行投资决策时,可以考虑向上述项目转移,以满足适用"三免三减半"的税收优惠条件。然而从税务规划角度看,这还只是该项税收规划的低级层次,因为税务规划的目的是用好用足税收政策,在节税的同时也要使税后收益最大化(企业价值最大化),所以在运用此思路进行税务规划时,还要进行综合的衡量。首先,"三免三减半"的起始年度是项目取得第一笔生产经营收入所属纳税年度,而不是以是否实现利润为标准,因此为了用足第一年免税优惠,应当让第一笔生产经营收入在年初或上半年实现,如果在下半年或年末实现,则意味着当年实际享受的免税优惠只享受了不到半年甚至更少的时间,因此做好投资与产销时间规划对该规划非常重要。其次,在"三免三减半"期间,企业要尽可能多地实现应纳税所得额,尤其在免税的三年中。更多地实现收入,可以考虑从权责发生制入手,除税法另有规定外,属于当期的收入和费用,不论款项是否收付,均作为当期的收入和费用;不属于当期的收入和费用,即使款项已经在当期收付,均不作为当期的收入和费用。第三,在享受"三免三减半"税收优惠的同时,尽量避免同时去享受其他的企业所得税优惠,即两个税收优惠政策不要同时享受,尤其在三年免税时间内。因为免税即不征税,没有企业所得税税收负担,也就不应该有相关的企业所得税税务规划。

第三节 固定资产的税务处理与纳税规划

企业所得税法及其实施条例已于 2008 年 1 月 1 日起在我国境内的企业和其他取得收入的组织中施行,新企业所得税法有关固定资产的界定、计价、折旧方法、折旧年限、后续支出等的税务处理,与原内、外资企业所得税法相比,都存在较大的变化。这些变化在限制企业会计政策选择的同时,也为纳税人提供了广阔的税务规划空间。

一、固定资产界定的规划

根据企业所得税法,固定资产是指企业为生产产品、提供劳务、出租或者经营管理而持有的、使用时间超过 12 个月的非货币性资产,包括房屋、建筑物、机器、机械、运输工具以及其他与生产经营活动有关的设备、器具、工具等。

与原内资企业所得税暂行条例相比,取消了"不属于生产、经营主要设备的物品,单位价值在 2 000 元以上,并且使用期限超过两年的,也应当作为固定资产"的限制性规定。而与原外资企业所得税法相比,取消了"不属于生产、经营主要设备的物品,单位价值在 2 000 元以下或者使用年限不超过两年的,可以按实际使用数额列为费用"的规定。

由于企业所得税法就固定资产界定方面的规定,取消了金额限制,在与固定资产准则保持一致的同时,也为企业利用固定资产的特征制定固定资产目录提供了更大的税务规划空间。

从税务规划角度讲，企业在利润充足时期，应当根据企业所得税法及企业会计准则与小企业会计准则的相关规定，并结合企业自身的实际情况，适当提高本企业固定资产的金额标准，制定符合本企业最大利益的固定资产目录，经股东大会或董事会、经理（厂长）会议或类似机构批准，按照规定报送主管税务机关等有关各方备案。

而在享受企业所得税定期减免或法定的低税率优惠时期，则可适当降低本企业固定资产的金额标准，减少存货费用的税前扣除额，增加优惠期结束后固定资产折旧额的税前扣除金额，从而实现少缴企业所得税的税务规划目的。

二、固定资产计价的规划

为降低税务机关税收执行成本和纳税人纳税遵从成本，企业所得税法在资产税务处理的规定上，尽量与企业会计准则保持一致。但在自行建造固定资产的计税基础与会计成本的确定方面，仍然存在一些差异，这为纳税人进行税务规划提供了一定的空间。

企业所得税法规定，自行建造的固定资产，以竣工结算前发生的支出为计税基础。这与原内、外资企业所得税法的有关规定一致，而与企业会计准则规定的固定资产成本却不同。固定资产准则规定，自建固定资产的成本由建造该项资产达到预定可使用状态前所发生的必要支出构成。

因此，在会计处理上，已达到预定可使用状态但尚未办理竣工结算的固定资产，应当按照估计价值确定其成本，并计提折旧；待办理竣工结算后，再按实际成本调整原来的暂估价值，但不需要调整原已计提的折旧额。

根据《企业财务通则》，企业在建工程项目交付使用后，应当在一个年度内办理竣工决算。因而，在税务规划时，企业可以利用"竣工结算"日与"预定可使用状态"日的不同，实现企业的税务规划目标。如当期亏损尤其是近5年内很难实现足够的应纳税所得额弥补前期亏损时，企业可以适当推迟竣工结算，以减少当期可税前扣除的折旧费，增加以后盈利期间所得税前可扣除的折旧金额，从而减少或延迟企业所得税税款的流出，实现企业税后收益的最大化。

三、折旧方法的规划

会计处理时，企业应当根据与固定资产有关的经济利益的预期实现方式，合理选择折旧方法。企业可选的折旧方法有直线法（包括年限平均法和工作量法）和加速折旧法（包括双倍余额递减法和年数总和法）。由于存在多种折旧方法可供选择，这为企业进行税务规划提供可能。

在直线法下，计入各期的折旧额相同，从而对各年损益的影响均等；而在加速折旧法下，前期折旧多而后期折旧少，从而使企业前期的利润减少而后期的利润增加。在我国企业所得税实行比例税率的情况下，在固定资产使用年限内，折旧影响纳税金额总额相同，但由于资金存在时间价值，加速折旧法滞后了纳税期，企业将因此获得资金时间价值收益和承担不同的实际税负。

因而，从税务规划角度讲，加速折旧法与直线法相比，可以使企业获得延期纳税的好处，相当于企业在固定资产折旧初始年份内获得了政府提供的一笔无息贷款，而且加速折旧法的抵税作用在当前通货膨胀环境下显得更为突出。但是，如果企业享受所得税优惠，特别是享受所得税定期减免税优惠时，则不宜采用加速折旧法。

企业在选择固定资产折旧方法时,应当严格遵守现行税法。企业所得税法规定,固定资产按照直线法计算的折旧,准予扣除。企业拥有并用于生产经营的主要或关键的固定资产由于技术进步等原因,确需加速折旧的,可以缩短折旧年限或者采取加速折旧的方法。可以采取缩短折旧年限或者采取加速折旧的方法的固定资产,包括:① 由于技术进步,产品更新换代较快的固定资产;② 常年处于强震动、高腐蚀状态的固定资产。采取缩短折旧年限方法的,最低折旧年限不得低于税法规定折旧年限的60%。

国家税务总局《关于企业固定资产加速折旧所得税处理有关问题的通知》(国税发〔2009〕81号)规定,企业在原有的固定资产未达到企业所得税法实施条例规定的最低折旧年限前,使用功能相同或类似的新固定资产替代旧固定资产的,企业可根据旧固定资产的实际使用年限和相关规定,对新替代的固定资产采取缩短折旧年限或者加速折旧的方法。这就为企业进行税务规则提供了一定的空间。盈利企业在未享受企业所得税优惠期间,如更新购置的固定资产符合税法规定的可以采取缩短折旧年限或者加速折旧方法的条件,在原有设备使用价值不大且对生产经营没有影响的前提下,可考虑适当提前进行设备更新,以符合享受加速折旧的税收优惠政策条件。

国税发〔2009〕81号文件还规定,对于采取缩短折旧年限的固定资产,足额计提折旧后继续使用而未进行处置(包括报废等情形)超过12个月的,今后对其更新替代、改造改建后形成的功能相同或者类似的固定资产,不得再采取缩短折旧年限的方法。为此企业可根据设备使用情况,合理估计使用年限,如预期在缩短折旧年限后还要使用的,可考虑选择加速折旧的方法。为控制涉税风险,在进行税务规划时,企业必须在现行税法规定的范围内,对固定资产的折旧方法做出选择,超出税法规定选择折旧方法不仅不能给企业带来节税收益,相反还可能因其行为违法而遭受诸如罚款的损失。

【例11-1】[①]

境内盈利企业甲公司是增值税一般纳税人,适用企业所得税率为25%,未享受所得税优惠政策。2009年5月,企业计划加大技术投入力度,增强自主创新能力,拟对一组因技术进步、产品更新较快的关键设备进行更换。该组设备固定资产原值3 000万元,已使用9年,折旧年限10年,预计净残值150万元,已无多大使用价值。类似的新设备市场价格仍为3 000万元。甲公司管理层在决策时认为,依据企业固定资产5年投资规划,计划在2010年报废该组设备,并同时购置新设备。如果提前更新购置该组设备,将大大提高产品更新水平和市场竞争力。但是年初财务资金预算时没有安排该部分资金,如需购置,应调整年度财务预算,并增加银行贷款3 000万元。

要求:从资金角度对提前购置该组设备进行税务规划。

【解析】

甲公司新购置的设备应尽量享受加速折旧的税收优惠政策。甲公司现有设备已使用9年多,企业所得税法实施条例规定的最低折旧年限为10年,企业如选择在最低折旧年限到期3个月前购置该组设备,则符合上述政策要求,可享受采取缩短折旧年限或者加速折旧的税收优惠政策。

1. 银行贷款利息。该组设备价值3 000万元,含税价3 510万元,因增值税进项税额可

---

① 参见冷雪静、谌祖江:《设备更新提前 税收优惠更多》,载《中国税务报》,2009年5月18日。

以抵扣，暂不考虑该部分增值税对资金的影响。按年利率 6% 计算，3 000 万元银行贷款支付的利息为：3 000×6%×1÷4＝45（万元），因银行利息可在税前扣除，企业因支付利息净流出资金为：45×(1－25%)÷(1＋6%/4)＝33.251 2（万元）（年利率 6%，按 3 个月折现）。

2. 采取通常折旧方法。企业不考虑税收优惠政策而按通常折旧方法计提折旧，以年限平均法计提折旧，固定资产折旧年限 10 年，年折旧额为：(3 000－150)÷10＝285（万元），年利率为 6% 的 10 年期年金现值系数为 7.360 1，则累计折旧现值合计为：285×7.360 1＝2 097.628 5（万元），因折旧可税前扣除，相应抵税：2 097.628 5×25%＝524.407 1（万元）。

3. 采取缩短折旧年限方法。企业选择最低折旧年限为固定资产预计使用寿命的 60%，则该固定资产最低折旧年限为：10×60%＝6（年），按年限平均法分析，年折旧额为：(3 000－150)÷6＝475（万元），年利率为 6% 的 6 年期年金现值系数为 4.917 3，累计折旧现值合计为：475×4.917 3＝2 335.717 5（万元），因折旧可税前扣除，相应抵税：2 335.717 5×25%＝583.93（万元）。

企业提前 3 个月购置新设备，因银行贷款而支付利息，资金净流出 33.251 2 万元，但可享受到采取缩短折旧年限方法的税收优惠政策，较采取通常折旧方法多抵税而少流出资金：583.93－524.407 1＝59.522 9（万元）。两项因素合计，因提前 3 个月购置新设备可减少资金净流出：59.522 9－33.251 2＝26.271 7（万元），企业提前更新设备为佳。

甲公司提前更新设备，报废原有设备，根据财政部、国家税务总局《关于企业资产损失税前扣除政策的通知》（财税〔2009〕57 号）的规定，应提供能够证明资产损失已实际发生的合法证据，包括具有法律效力的外部证据、具有法定资质的中介机构的经济鉴证证明、具有法定资质的专业鉴定证明等在企业所得税前申报扣除。

四、折旧年限的规划

在进行固定资产折旧税务规划时，还必须考虑折旧年限的影响。根据《企业财务通则》规定，企业自行选择、确定固定资产折旧办法，固定资产折旧办法一经选用，不得随意变更。确需变更的，应当说明理由，经投资者审议批准。即根据现行的财务、会计制度规定，固定资产的折旧年限和残值率等，都由企业自主决定。

而企业所得税法规定，除国务院财政、税务主管部门另有规定外，固定资产计算折旧的最低年限如下：① 房屋、建筑物，为 20 年；② 飞机、火车、轮船、机器、机械和其他生产设备，为 10 年；③ 与生产经营活动有关的器具、工具、家具等，为 5 年；④ 飞机、火车、轮船以外的运输工具，为 4 年；⑤ 电子设备，为 3 年。与原内、外资企业所得税法相比，新增 4 年与 3 年两档，这为企业利用折旧年限进行税务规划提供了更为广阔的空间。

一般情况下，在企业创办初期且享受减免税优惠待遇时，企业通过适当延长固定资产折旧年限，将计提的折旧递延到减免税期满后计入成本、费用，从而获取"节税"的税收利益。但对一般企业而言，缩短折旧年限，往往可以加速固定资产成本的回收，使企业后期成本费用前移，前期的利润后移，从而获得延期纳税的好处。

此外，在进行固定资产折旧规划时，企业还应当根据固定资产的性质和使用情况，合理确定固定资产的预计净残值。固定资产的预计净残值一经确定，不得变更。新企业所得税法与原内、外资企业所得税法相比，取消了残值比例（内资在原价的 5% 以内，外资不低于原价 10%）的规定。企业所得税法与企业会计准则取消了残值比例的限制性规定，也给纳税人增加了利用残值比例进行税务规划的空间。

五、大修理支出的规划

会计上,固定资产的更新改造等后续支出,满足固定资产确认条件的,应当计入固定资产成本,如有被替换的部分,应扣除其账面价值;与固定资产有关的修理费用等后续支出,不符合固定资产确认条件的,应当在发生时计入当期损益。

在计算应纳税所得额时,企业发生的下列支出作为长期待摊费用,按照规定摊销的,准予扣除:① 已足额提取折旧的固定资产的改建支出;② 租入固定资产的改建支出;③ 固定资产的大修理支出;④ 其他应当作为长期待摊费用的支出。

这里的固定资产的大修理支出,是指同时符合以下条件的支出:① 修理支出达到取得固定资产的计税基础50%以上;② 修理后固定资产的使用寿命延长2年以上。固定资产的大修理支出,按照固定资产尚可使用年限分期摊销。而对纳税人发生的固定资产日常修理费支出可在发生当期直接扣除。

由此可见,新企业所得税法界定的固定资产大修理支出,与《企业所得税税前扣除办法》(国税发〔2000〕84号)规定的固定资产改良支出不同。与原内、外资企业所得税法相比,新企业所得税法取消了固定资产改良的界定,取而代之的是大修理支出的新规定。

在固定资产大修理等后续支出过程中,蕴藏着很多税务规划机会。如果纳税人能够在盈利年度,及时安排好固定资产的修理,而不是等到其快要瘫痪时才进行大换血,从而将固定资产的大修理尽可能转化为固定资产的日常修理或分解为几个年度的几次修理,便能获得可观的税务规划收益。因为固定资产大修理支出属于资本性支出,要按照固定资产尚可使用年限分期摊销。而日常修理费支出在发生当期可直接扣除。